Irmbert Schenk, Margrit Tröhler, Yvonne Zimmermann (Hg./eds.)

Film – Kino – Zuschauer: Filmrezeption
Film – Cinema – Spectator: Film Reception

ZÜRCHER FILMSTUDIEN

HERAUSGEGEBEN VON

CHRISTINE N. BRINCKMANN

IRMBERT SCHENK, MARGRIT TRÖHLER, YVONNE ZIMMERMANN (Hg./eds.)

FILM – KINO – ZUSCHAUER
FILMREZEPTION

FILM – CINEMA – SPECTATOR
FILM RECEPTION

Bibliografische Information der Deutschen Nationalbibliothek
Die Deutsche Nationalbibliothek verzeichnet diese Publikation in der
Deutschen Nationalbibliografie; detaillierte bibliografische Daten sind im
Internet über http://dnb.d-nb.de abrufbar.

Dank

Die Tagung *Film – cinema – spettatore: La ricezione cinematografica / Film – Cinema – Spectator: Film Reception* (2008) wurde organisiert von den Universitäten Zürich und Bremen in Kooperation mit dem Istituto Svizzero di Roma und drei italienischen Universitäten: Università Cattolica del Sacro Cuore Milano (Francesco Casetti), Università Roma III (Giorgio De Vincenti) und Università degli Studi di Udine (Leonardo Quaresima). Unser Dank gilt diesen sechs Kooperationspartnern, nicht zuletzt aber auch den weiteren Mittelgebern:

Schweizerischer Nationalfonds zur Förderung der wissenschaftlichen Forschung
Deutsche Forschungsgemeinschaft
Sparkasse Bremen
Hochschulstiftung der Universität Zürich
Réseau/Netzwerk Cinema CH (Seminar für Filmwissenschaft der Universität Zürich)

Schüren Verlag GmbH
Universitätsstr. 55, D-35037 Marburg
www.schueren-verlag.de
© Schüren 2010
Alle Rechte vorbehalten
Redaktionelle Mitarbeit: Veronika Rall
Korrektorat, englisch: Mark Kyburz
Gestaltung: Erik Schüßler
Umschlaggestaltung: Bringolf Irion Vögeli, Aarau/Zürich
Druck: druckhaus köthen, Köthen
Printed in Germany
ISSN 1876-3708
ISBN 978-3-89472-524-2

Inhaltsverzeichnis
Table of Contents

Irmbert Schenk, Margrit Tröhler, Yvonne Zimmermann
Vom idealen Zuschauer zur sozialen Praxis der Rezeption:
Eine Einleitung   9

Irmbert Schenk, Margrit Tröhler, Yvonne Zimmermann
From the Ideal Spectator to the Social Practice of Reception:
An Introduction   17

Topografien der Rezeption
Topographies of Reception

Annette Kuhn
Heterotopie, Heterochronie: Ort und Zeit der Kinoerinnerung   27

Francesco Casetti
Rückkehr in die Heimat: Das Kino in einer post-kinematografischen
Epoche   41

Frank Kessler
Viewing Pleasures, Pleasuring Views: Forms of Spectatorship in
Early Cinema   61

Michèle Lagny
Historicizing Film Reception: A "longue durée" Perspective   75

Janet Staiger
The Centrality of Affect in Reception Studies   85

Rainer Winter und Sebastian Nestler
«Doing Cinema»: Filmanalyse als Kulturanalyse in der Tradition der
Cultural Studies   99

Margrit Tröhler
Filme, die (etwas) bewegen: Die Öffentlichkeit des Films   116

Film/Kino, selbstreflexiv
Film/Cinema, Self-Reflective

Thomas Elsaesser
Archäologien der Interaktivität: Frühes Kino, Narrativität und
Zuschauerschaft   137

Sabine Hake
Film, Folk, Class: Béla Balázs on Spectatorship — 158

Johannes von Moltke
"Der Reiz, der das Hirn träumen macht": Alexander Kluge on Film, Spectatorship, and Emotion — 173

Schlaglichter auf die deutsche Geschichte: Kino, Alltag und Affekt
Spotlighting German History: Cinema, Everyday Life, and Affect

Martin Loiperdinger
Monopolfilm, Publikum und Starsystem: Asta Nielsen in ABGRÜNDE – ein Medienumbruch auf dem deutschen Filmmarkt 1910/11 — 193

Stephen Lowry
Movie Reception and Popular Culture in the Third Reich: Contextualization of Cinematic Meanings in Everyday Life — 213

Helmut Korte
WUNSCHKONZERT (D 1940) – Reconstructing Historical Effects — 228

Knut Hickethier
Heimat-, Kriegs- und Kriminalfilme in der bundesdeutschen Rezeption der 1950er Jahre — 245

Irmbert Schenk
Populäres Kino und Lebensgefühl in der BRD um 1960 am Beispiel des Krimigenres — 261

Cinema-Going: Sozialisierungen und Diskurse
Cinema-Going: Socialisations and Discourses

Yvonne Zimmermann
Nestlé's Fip-Fop Club: The Making of Child Audiences in Non-Commercial Film Shows in Switzerland (1936–1959) — 281

Mariagrazia Fanchi
"Tra donne sole": Cinema, Cultural Consumption, and the Female Condition in Post-war Italy — 305

Philippe Meers, Daniel Biltereyst, and Lies Van de Vijver
Memories, Movies, and Cinema-Going: An Oral History Project on Film Culture in Flanders (Belgium) — 319

Anna Lisa Tota
Narrating the Shoah: From *Maus* to LIFE IS BEAUTIFUL — 339

Transnationale Praktiken
Transnational Practices

Melvyn Stokes und Raphaëlle Costa de Beauregard
Zur Rezeption amerikanischer Filme in Frankreich, 1910–20   354

Leonardo Quaresima
«Um die deutsche Produktion kennen zu lernen, braucht man nicht nach Europa zu fahren»: Verbreitung und Vertrieb deutscher Filme in den USA der 1930er Jahre   375

Wolfgang Fuhrmann
Deutsche Kultur- und Spielfilme im Brasilien der 1930er Jahre: Eine transnationale Perspektive   399

Pierre Sorlin
Reception in Context: What Spectators Learned from Newsreels During the Spanish Civil War   419

Gianni Haver
"To Rely on Verdi's Harmonies and not on Wagnerian Force": The Reception of Italian Cinema in Switzerland, 1939–45   433

Jörg Schweinitz
Ein amerikanischer Spielfilm als ‹Kultfilm› in der DDR: 1968, THE STRAWBERRY STATEMENT und die Dialektik der Rezeption   451

Autorinnen und Autoren / Herausgeberinnen und Herausgeber
Authors and editors   477

Bildnachweis
Image Credits   483

IRMBERT SCHENK, MARGRIT TRÖHLER, YVONNE ZIMMERMANN

Vom idealen Zuschauer zur sozialen Praxis der Rezeption
Eine Einleitung

Mehr zu wissen über die Rezeption von Filmen, über die ‹Wirkung› von Filmen auf *den* Zuschauer, auf *die* Zuschauer oder auf *bestimmte* Zuschauer, heute oder früher, ist eine Art geheimer Wunsch wohl der meisten Filmwissenschaftlerinnen und Filmwissenschaftler. Ein Wunsch, der zumeist unerfüllt bleibt – vielleicht im Letzten auch Aporie bleiben muss.

Der Begriff ‹Wirkung› steht hier mit Bedacht; nicht so sehr, um auf das inzwischen weitgehend obsolete behavioristische Modell zu verweisen, sondern weil sich die Nutzung von Film und Kino dahingehend auswirkt, dass Zuschauerinnen und Zuschauer etwas damit anfangen, dass sie diese in ihre Alltagspraxis sozial und kulturell einbinden und sie für ihre psychische Konstitution in Gebrauch nehmen. Wenn wir heute eher von ‹aneignen› und von ‹Lesarten› sprechen, so glauben wir, dabei die komplexen Prozesse der Filmrezeption treffender zu fassen, auch wenn diese Formulierung vielleicht schon zu *textlastig* sein könnte. Der ausschließlich durch den Text konstituierte Zuschauer jedenfalls lässt, insbesondere wenn er, wie in vielen ästhetischen und semantischen Filmanalysen, als implizites Konstrukt eines intentionalen Lesers respektive Zuschauers dient, keine Aussagen über die realen Zuschauer als soziale und historische Instanz eines Kommunikationsprozesses zu. Diese Aussparung mag zu einem guten Teil mit der disziplinären Herkunft der Filmwissenschaft zusammenhängen, die sich vielerorts aus der Literatur- und Kunstwissenschaft oder der strukturalen Linguistik heraus entwickelt und theoretisch und methodisch an diesen Traditionen orientiert hat. Dies wirkte sich produktiv aus auf die Verfahren der Textanalyse, eröffnete aber auch Desiderata hinsichtlich der methodologischen Reflexion über historische Prozesse und Publika sowie des Verständnisses des massenmedialen Charakters von Film und Kino und deren grundsätzlich anderen Produktions- und Rezeptionsbedingungen. Dort hingegen, wo sich die akademische Beschäftigung mit dem filmischen Gegenstand aus der Geschichtswissenschaft oder einer anderen sozialwissenschaftlichen Disziplin entwickelt hat, standen lange Zeit eher Fragen der Repräsentation historischen Geschehens denn die medienspezifischen, sozialen Praktiken der Zuschauer im Vordergrund. Zweifellos erweitert hat sich der Blick aller durch die *kulturwissenschaftliche Wende*, die sich seit einiger Zeit auch in der Filmwissenschaft etabliert hat und vermehrt zur Annäherung und Verbindung der verschiedenen Positionen, Ansätze und Methoden drängt.

Das Anliegen dieses Bandes ist, mehr Licht in den Zusammenhang von Film, Kino und Publikum zu bringen, wobei die Herausgeber hoffen, die Zuschauerinnen und Zuschauer zunehmend in ihr Recht zu setzen: das heißt, die filmischen Artefakte verstärkt als soziale Texte und die Zuschaueraktivitäten als kulturelle Praktiken wahrzunehmen, um dabei die Prozesse der Bedeutungskonstruktion nicht nur auf der Produktionsseite, sondern – zusammen mit dem affektiven Erleben von Kino und Film – vor allem auf der Rezeptionsseite zu untersuchen. Wenn wir dabei auch nicht vorrangig auf hartes empirisches Datenmaterial zielen, so erlangt doch die Erarbeitung unterschiedlichster Kontexte, innerhalb derer die Rezeption stattfindet, zentrale Aufmerksamkeit – von der sozialen und wirtschaftlichen Lage über das intermediale und diskursive Umfeld bis hin zu Lebensstil und Lebensgefühl, um den breiten Rahmen möglicher Kontextualisierungen abzustecken. Sie kann nur gelingen in einer disziplinüberschreitenden Forschungsanordnung, die der Komplexität der Konstitution kultureller Identitäten und Praktiken – historisch wie aktuell – gerecht wird und damit auch der vielfältigen, eigenwilligen und widersprüchlichen Nutzung von Filmen durch Zuschauer. Voraussetzung dafür ist die Akzeptanz der Besonderheiten des Mediums, nützlich der Blick auf seine populären Formen und Genres. Dabei kommt der Genreausbildung, über die ein Großteil der Zuschaueranbindung geschieht, eingehende Beachtung zu.

Im angelsächsischen Raum sind die *reception studies* schon seit geraumer Zeit ein wichtiger Gegenstand der Filmwissenschaft. Im kontinentaleuropäischen Bereich rücken entsprechende Fragen erst in jüngerer Zeit vermehrt in den Blickpunkt des Forschungsinteresses – mit großen nationalen Unterschieden. Wesentliche Beiträge finden wir auf internationaler Ebene zum weitest zurückliegenden Abschnitt der Filmgeschichte, dem Frühen Film. Hier liefert eine oft notwendig deskriptive, häufig lokal oder regional eingegrenzte Historiografie wichtige Informationen zu Kinobetrieb und Kinobesuch unter Einschluss der sozialen Zusammensetzung und des Verhaltens der Zuschauer. Es kann durchaus sein, dass das auf die niederen sozialen Schichten als vermeintliche Kinozuschauer gerichtete Abwehrverhalten von Staat und Bourgeoisie mit seinen Zensur- und Kinoreformbestrebungen diesen Blick auf die Zuschauer begünstigt hat (der übrigens auch später noch in Deutschland die – üblicherweise konservative – Filmpädagogik).

Und trotzdem sind auch zu diesem Zeitabschnitt so grundsätzliche Fragen wie die nach dem Hauptkontingent des Publikums – beispielsweise ob Frauen oder Kinder – weiterhin umstritten (und in späteren Abschnitten der Filmgeschichte wurde der Bedeutung des weiblichen oder jugendlichen Publikums noch kaum nachgegangen). Nicht erschöpfend erforscht sind außerdem die Auswirkungen von Präsentationsbesonderheiten und spezifischen Vorführsituationen auf die Rezeption, wie etwa das Nummernprogramm, die Rolle des Filmerklärers, das Reden der Zuschauer untereinander oder zur Leinwand sowie die Verknüpfung von Kino, Theater und anderen, populären Vergnügungsangeboten. Dennoch ist gerade für die Stummfilmzeit die Auswertung von Primärzeugnissen zum Kinoerlebnis (Tagebücher, autobiographische Belletristik etc.) – wohl der Neuigkeit des Mediums wegen – am weitesten fortgeschritten. Auch durch den Einbezug von Paratexten zur Erforschung der Institution Kino (Inserate, Programme, Publikumszeitschriften, Rezensionen etc.) in den seit über 20 Jahren publizierten lokalen Kinogeschichten werden die Zuschauer in der Regel direkter angesprochen als in der üblichen Filmgeschichtsschreibung. Eine generelle Problematik bei der Rekonstruktion von Rezeptionssituationen – die keineswegs nur das Frühe Kino betrifft – bleibt bestehen: Die am leichtesten zugänglichen Dokumente, die Rezensionen, geben nur in seltenen Fällen Auskunft über das Publikum. Darüber hinaus stellt die Erforschung von alltäglichen Praktiken, die kaum oder nur indirekt zu sprachlich festgehaltenen Reaktionen führen, oft eine Hürde dar, um das konkrete Verhalten im Kinosaal oder hinsichtlich einzelner Filme nachzuvollziehen. So machen die Fragen nach den konkreten Gebrauchsweisen und Funktionen von Film und Kino oft spekulative Annahmen und kulturtheoretische Konzepte notwendig. Eine Erweiterung des Blicks auf die Institution Kino und die Aufarbeitung der *Kino*geschichte(n) verspricht hier etwa der Begriff der *Kinoöffentlichkeit*, der nach dem Rekurs auf Öffentlichkeitstheorien aus dem Umkreis der Frankfurter Schule in der *cultural history of cinema* der 1990er Jahre kürzlich erneut aufgegriffen worden ist und in enger Verbindung mit der Rezeptionsthematik weiterentwickelt wird.

Die ‹klassische› Filmgeschichtsschreibung scheint dort am zuschauernahsten zu sein, wo sie sich kultur- und ideologiegeschichtlich oder, wie man früher sagte, mentalitätsgeschichtlich orientiert: wo sie sich zum Beispiel kritisch an Siegfried Kracauer reibt oder wo Film und Kino Auskunft geben sollen über den inneren Zustand einer Gesellschaft, ihre sozialen und psychischen Befindlichkeiten. Die *New Film History* hat der Beschäftigung mit dem Kinopublikum und den Fragen nach dem Filmkonsum im Zusammenhang breiter historischer und kultureller Kontexte einen enormen Schub verliehen. Mit ihrem Fokus auf spezifische Publika hat auch die jüngere *New Cinema History* die Zuschauerforschung noch einmal befördert, indem sie das Moment der subjektiven Zeugenschaft und der Erinnerung durch die Methoden der *Oral History* fruchtbar macht und auf eine Alltagsgeschichte des Mediengebrauchs zielt. Dabei kann sie auf Ansätze der Medienbiographieforschung aus den 1970er und 80er Jahren zurückgreifen. Dazu kommen Ansätze aus den *Cultural Studies*, die allerdings selten das Kino und noch seltener Filme (erst recht nicht in ihrer filmästhetischen Dimension) in ihre zumeist auf die Gegenwart begrenzten Untersuchungen einbeziehen. Es wäre wünschenswert, dass all diese Perspektiven vermehrt zusammengeführt würden, gewissermaßen zur Verknüpfung von Mikro- und Makrogeschichte(n). Auch methodologische Überlegungen zu unserer Thematik sind nach wie vor notwendig, ebenso wie (theoretisch gestützte) konkrete Ausarbeitungen zu historischen und gegenwärtigen Praktiken der Filmrezeption.

Eine Besonderheit der Filmgeschichtsschreibung in ihrer üblichen Beschaffenheit erschwert den Blick auf die Zuschauer zusätzlich: Gemeint ist die der Filmauswahl zugrunde liegende *Kanonbildung*. Sie verfährt nach einer Kunstwerk-Kategorisierung, fast immer ohne auf die soziale und kulturelle Zirkulation der Filme einzugehen. Kanonisierten Werken wird häufig ein abstraktes Eigenleben zugeschrieben, unabhängig davon, ob sie Zuschauer fanden/finden oder nicht. Dieses Missverhältnis zwischen den untersuchten Filmen und dem tatsächlichen Filmkonsum hatte lange Zeit zur Konsequenz, dass ganze historische Abschnitte vor allem – aber nicht nur – des populären Kinos (also des Filmsegments mit den größten Zuschauerzahlen) filmhistorisch kaum existent waren. In diesem Feld sind in den letzten Jahren insbesondere im angloamerikanischen Raum Studien entstanden, die sich mit historischen oder zeitgenössischen *fan communities* auseinandersetzen, wie sie sich oft zu einzelnen Filmen oder ganzen Ensembles bilden, die eher zur so genannten *trash*- als zur Kanon-Kultur gehören. Und die Gebrauchsfilmforschung, die sich im deutsch- und englischsprachigen Raum zu etablieren beginnt, beschäftigt sich dezidiert mit ephemeren Filmformen, die außerhalb des gängigen Kunstkanons liegen, wie die Industrie-, Schul-, Wissenschafts- und Amateurfilme. Mit ihrem Fokus auf Aufführungspraktiken außerhalb des kommerziellen Kinobetriebs vermag die Gebrauchsfilmforschung den Blick auf bislang vernachlässigte Aspekte und alternative Modi der Filmrezeption im Bereich des *non-theatrical* Films zu erweitern.

Im vorliegenden Band sind – über die schon genannten hinaus – höchst unterschiedliche Zugänge zur Untersuchung der Filmrezeption vertreten. Sie knüpfen, mehr oder weniger explizit, an viele der historisch gewachsenen Ansätze der Zuschauerbetrachtung und deren methodische Implikationen an, oft diese variierend oder modifizierend. Das geht in einem reziproken Diskussionsprozess von den ideologie- und herrschaftskritischen zu den semiotisch-psychoanalytischen Orientierungen, wie sie in der Filmtheorie und den *film studies* der 1970er und 80er Jahre – mit einem bedeutenden feministischen Korrelat – repräsentativ sind, und schließt das breite Feld kognitivistisch und (semio-)pragmatisch grundierter Positionen ein. Zu ergänzen ist zum einen die affekt- und emotionspsychologische Ausrichtung, die in der Regel eng mit den kognitivistischen Ansätzen der Filmwissenschaft verbunden ist, zum anderen die ethnographische Ausformung einzelner Orientierungen, die auf die Integration des Filmkonsums in das Alltagsleben oder die Lebenswelten bestimmter sozialer und ethnischer Gruppen abhebt. Alle diese und die weiter oben genannten historischen Ansätze wirken bis heute weiter und ergänzen sich in vielen der hier präsentierten Aufsätze. So lotet die Anthologie Schnittstellen zwischen historischen Kontexten, empirischen Daten und übergreifenden theoretischen Modellen aus und konfrontiert sie einerseits mit den Filmen, ihrem Bedeutungspotenzial und sinnlich-emotionalen Angebot, andererseits mit dem Filmerleben als sozialer und ästhetischer Praxis. Der Band versammelt eine breite, internationale Palette von Forschungsfragen, Herangehensweisen und Gegenständen zur Rezeption durch die Filmgeschichte und verschiedene Kulturen hindurch – und dies erstmals für den deutschen Sprachraum. Hier ist auch anzumerken, dass in der deutschsprachigen Forschung der Einfluss der in Englisch und Französisch geführten Grundsatzdebatten (abgesehen von der feministischen Variante) bis vor wenigen Jahren eher gering war, obwohl es mit der international bis heute breit rezipierten literaturwissenschaftlichen Rezeptionsästhetik eine eigenständige und entwicklungsfähige Tradition gegeben hätte.

Ausgespart sind im vorliegenden Band sowohl der Bereich der aktuellen neurophysiologischen und neuropsychologischen Diskussionen mit ihren Ableitungen zu Wahrnehmung und Emotionsverarbeitung als auch die sozialstatistische Empirie (etwa der *audience research* in der Publizistik- und Kommunikationswissenschaft). Grund dafür ist, dass unsere Fragestellung vorrangig auf die Rolle der Filmrezeption bei der Konstitution sozialer, geschlechtsspezifischer, ethnischer und letztlich kultureller Identitäten und Praktiken zielt. Das hindert nicht, empirisches Datenmaterial dankbar in Gebrauch zu nehmen, wo immer es vorliegt, wenn es zur Entfaltung dieser Fragestellung beiträgt. Aus pragmatischen Gründen unberücksichtigt bleiben ferner nicht-funktionalistische kultursoziologische Orientierungen, die den Zusammenhang von medial-audiovisuellen und sozialen Welten untersuchen, wie etwa der Symbolische Interaktionismus. Dass viele der Texte explizit methodologische Überlegungen vortragen, hängt mit dem breiten und immer noch weitgehend ungefestigten Arbeitsfeld ‹Filmrezeption› zusammen, bei dem die Zugangsweise stets mit bedacht werden muss.

Der Band versammelt die Beiträge der gleichnamigen Tagung vom September 2008 am Schweizer Institut in Rom, ergänzt durch weitere originale, deutsch- und englischsprachige Aufsätze sowie eine kleine Auswahl bestehender, exemplarischer Texte zum Thema, die wir erstmals in deutscher Übersetzung vorlegen. Die Präsentation der Beiträge in Deutsch oder Englisch spiegelt das Anliegen der Anthologie: Sie zielt nicht auf Vollständigkeit in der Betrachtung der Filmrezeption und des Umgangs der Zuschauerinnen und Zuschauer mit Film und Kino, sondern versteht sich als Anregung, die im deutschen Sprachraum in jüngster Zeit verstärkt geführte filmwissenschaftliche Diskussion zu diesem Bereich weiterzutreiben und über die Sprachgrenzen hinaus enger mit der internationalen Forschung zu verknüpfen, um damit die Selbstverständigung sowohl innerhalb der Disziplin als auch über die disziplinären Grenzen hinaus zu fördern.

Die Aufsätze sind in fünf große Blöcke eingeteilt: Im ersten Teil *Topografien der Rezeption* stellen wir unterschiedliche theoretisch-methodologische Modelle vor, die über den filmischen Text und den impliziten Zuschauer hinausführen und einen neuen Zugang zur Interaktion zwischen Zuschauer und Film eröffnen. Bei aller Unterschiedlichkeit ist ihnen gemeinsam, dass sie inhaltlich wie methodisch dezidiert kritische Positionen zu herkömmlichen Fragestellungen und Forschungsansätzen vertreten. Ein Teil dieser Beiträge widmet sich explizit der Frage nach den neuen Konstellationen der Zuschauersituation auf Grund aktueller Medientechnologien (neue Kino- und Präsentationsformen mit entsprechenden Filmen sowie nicht kinogebundene Sichtungen: Fernsehen, Video, DVD, Internet, Digitalisierung allgemein). Deren mögliche Bedeutungen und Auswirkungen für das Filmeschauen und dessen Niederschlag im Alltagsleben werden vor dem Hintergrund der Filmgeschichte ausgelotet. Dabei können erstaunliche Ähnlichkeiten zwischen zeitgenössischen Kinoperformances und dem frühen Kino der Attraktionen festgestellt werden.

Ein zweiter Block *Film/Kino, selbstreflexiv* umfasst einerseits Überlegungen, wie das Kino in seinen Filmen im Lauf der Geschichte den Zuschauer oder das Zuschauen thematisiert und dargestellt hat. Auch dieser Aspekt der oft ironischen Selbstreflexion von Film und Kino im Blick auf seine Zuschauer ist in der Forschung weitgehend noch *terra incognita* – ebenso wie die Herausbildung von Zuschauertypen im Verlauf der Film- und Kinogeschichte. Andererseits sind dieser Gruppe zwei Texte beigefügt, in denen die Vorstellungen vom Zuschauer verhandelt werden, wie sie in den Texten und Werken von Filmtheoretikern und/oder Filmpraktikern in Erscheinung treten; im vorliegenden Fall von Béla Balázs und Alexander Kluge. Gerade bei Filmemachern, die sich umfassend theoretisch äussern, steht die Zuschauerbeziehung oft im Zentrum der Reflexion.

Die beiden nächsten Blöcke präsentieren *historische Rezeptionsstudien* zur Beziehung von Film-Kino-Zuschauer anhand von Filmen und Filmensembles unterschiedlicher Epochen der Filmgeschichte. Der erste der beiden Blöcke wirft *Schlaglichter auf die deutsche (Kino-)Geschichte* und fragt nach der Auswirkung von Filmen auf den Alltag und die psychosoziale Lebenswelt der Zuschauerinnen und Zuschauer. Die zweite Gruppe *Cinema-Going: Sozialisierungen und Diskurse* stellt Untersuchungen zu Rezeptionssituationen in anderen europäischen Ländern vor. Den Autorinnen und Autoren dieser Texte geht es um die Konstitution und Rekonstruktion von sozialer Kinoerfahrung oder kulturell bedingtem Filmkonsum und/oder um die narrative, diskursive und intermediale Nachbearbeitung von Zuschauererlebnissen. Fast alle Beiträge in beiden Gruppen vertreten – zum Teil offensiv – neue Forschungsansätze und stellen sowohl die entsprechenden Verfahren wie die damit erzielten Ergebnisse in historischen Fallstudien vor.

Besondere Aufmerksamkeit liegt auf dem letzten Block zu den *transnationalen Praktiken* der Rezeption. Hier werden Mechanismen der Zirkulation von Filmen sowie deren Präsentation und Nutzung auf einem bestimmten Auslandsmarkt untersucht, wobei die politisch-ideologischen Implikationen ebenso eine Rolle spielen wie inter- und transkulturelle Faktoren. All diese Fallstudien weisen letztlich darauf hin, wie unterschiedlich das semantische und sinnlich-emotionale Angebot der Filme in jeweils anderen kulturellen Zusammenhängen aufgenommen und verhandelt wird. Auch dieses Feld erscheint uns in der Filmwissenschaft nicht ausreichend beleuchtet und bietet sich zur weiteren Ausarbeitung gerade in internationalen Kooperationen an. Unerforscht sind bislang beispielsweise – um ein Thema anzuführen, das diesen Aspekt zuspitzt – in der Filmgeschichtsschreibung immer wieder auftauchende Andeutungen, dass hochgradige Propagandafilme in einer anderen Gesellschaft als weitgehend unpolitische Unterhaltung rezipiert werden, dass dieselben Filme also – eingebunden in andere kulturelle und ideologische Kontexte – gänzlich andere Funktionen für die Konstitution nationaler und individueller Identitäten zu erfüllen scheinen. Dazu gehört als transhistorische Untergruppe auch der Gesichtspunkt des historischen Wandels kultureller Dispositionen und Vorlieben, was verursacht, dass Filme erst ‹floppen› können, nach einem Vierteljahrhundert aber überraschend zu Publikumserfolgen werden; oder dass sie zunächst nur cinephilen Kreisen gefallen, dann aber auch dem breiten Publikum – oder umgekehrt.

Als vorläufiges und vorsichtiges Fazit ließe sich folgende Übereinstimmung der ansonsten höchst vielfältigen Argumentationen der Beiträge konstatieren: Die Filmwissenschaft und insbesondere die Filmgeschichtsschreibung bedarf einer erweiterten Bestimmung des Verhältnisses von Kino, Film und Zuschauer, von Textstrukturen und Kontextfaktoren, um die filmischen Artefakte als soziale Texte und die Rezeptionsaktivitäten als Praktiken der Sinnerzeugung und der affektiven Erfahrung wahrzunehmen, so dass die Prozesse der Bedeutungskonstruktion auf Produzenten- *und* Rezipientenseite untersucht werden können. In jedem Fall sind Publika und Zuschauer nicht ausschliesslich als vom Film adressierte Konstrukte oder rein theoretische Modelle zu sehen, sondern auf ihre historische Verankerung und die Veränderung ihrer Wahrnehmung von Filmen hin zu befragen. Dabei kommt offenbar der Erarbeitung *unterschiedlichster* Kontexte, innerhalb derer die Rezeption (im breitesten Sinn des Begriffs) stattfindet, zentrale Funktion zu. Die Auswahl dieser Kontexte entscheidet letztlich über die Relevanz der Ergebnisse bezüglich Aneignung und Identitätsbildung der Zuschauer, wobei Ambivalenz und Widersprüchlichkeit sowohl der medialen Texte und ihrer Paratexte wie der sozialen Kinoerfahrung oder allgemeiner der Lebenswelten einzubeziehen sind. Gleichwohl müssen Polysemie wie Kontextualisierung aber auch begrenzt werden, damit sich ihre Untersuchung nicht von vornherein in Aporie verliert.

Resultat wäre also eine Art *negotiated reading* des Arbeitssettings wie der filmischen Analysegegenstände. Dabei sind Letztere umfassend ‹ästhetisch›, im strukturellen Zusammenhang von Filminhalt *und* Filmform, zu erschliessen. Dieser Appell an die Aushandlung von Film/Kino und Zuschaueranbindung soll selbstverständlich einer radikaleren Positionsnahme der absoluten Verfügungsautonomie des Zuschauers im Sinne einer oppositionellen bis subversiven oder zumindest *eigen-willigen* Praxis nicht im Wege stehen. In Anbetracht der gegenwärtigen Forschungssituation scheint jedenfalls die methodologisch reflektierte Verbindung zwischen der Zuwendung zum Text und zum Kontext der Rezeption im engeren und weiteren Sinn, zwischen dem idealen, deduzierten Zuschauer und dem realen Zuschauer und seiner Erfahrungswelt vielversprechend. Auch wenn nicht alle Beiträge des Bandes diese Forderungen vollends einlösen, so wird doch deutlich, wie sich die Argumentation zunehmend auf die Kontextualisierung der Filmanalysen mit dem Fokus auf die Zuschauerinnen und Zuschauer hin öffnet. Dass diese Entwicklung weitergehe und dass dieses Buch zu einer Beschleunigung der entsprechenden Diskurse in der Film- und Medienwissenschaft beitrage, ist der Wunsch der Herausgeberinnen und des Herausgebers.

IRMBERT SCHENK, MARGRIT TRÖHLER, YVONNE ZIMMERMANN

From the Ideal Spectator to the Social Practice of Reception
An Introduction

Presumably, most film scholars secretly wish to know more about film reception, that is, about the "effect" of films on *the* spectator or spectators, or indeed on *certain* spectators, both now and in the past. Mostly, this wish remains unfulfilled – and perhaps it must ultimately remain a stumbling block.

The term "effect" is used here with caution. Not so much because we intend to refer to the meanwhile largely obsolete behaviourist model, but because film and cinema lead spectators to do things, integrate both into their everyday social and cultural practices, and use them for their psychic make-up. Instead, we prefer to speak of "appropriation" or "ways of reading," in the belief that these terms more appropriately grasp the complex processes of film reception, even if they are perhaps already too *text-heavy*. In any event, the category of the "ideal spectator," derived exclusively from textuality and serving many aesthetic and semantic approaches to film analysis as an implicit construct of the intentional reader or spectator, this ideal spectator actually stifles discussion about real spectators as the social and historical instances of a communication process. The resulting gap might to a large extent be linked to the origins of film studies as a discipline. In many places, it emerged from literary studies and art history, or from structural linguistics, whose theories and methods, and their underlying traditions, inform film studies. While this had a productive effect on text analysis, it also foregrounded the need for greater methodological reflection on historical processes and audiences so as to understand film and the cinema as mass media and to account for their fundamentally different conditions of production and reception. Where, however, film studies evolved from history or other social science disciplines, attention focused for a long time on questions concerning the representation of historical events rather than the media-specific, social practices of spectators. The turn toward cultural studies has unquestionably broadened the horizon of film scholarship in general; already established for some time in film studies, cultural studies has increasingly urged scholars to align and link different positions, approaches, and methods.

The present volume seeks to shed more light on the interrelations between film, cinema, and spectators. We thus hope to assign to spectators their rightful place, namely, that filmic artefacts are perceived increasingly as social texts, and spectator activities as cultural practices, so that the construction of meaning can be explored not only on the side of production, but – together with the affective experience of cinema and film – especially on the side of reception. Even if the essays gathered here are not primarily concerned with amassing hard empirical data, they nevertheless focus on various contexts of reception, ranging from social and economic conditions over intermedia and discursive environments to lifestyles and attitudes, with a view to framing a broad range of possible contextualisations. Such an endeavour can succeed only through cross-disciplinary research, which thereby does justice to the complex constitution of cultural identities and practices – both now and then – and thus accounts for the manifold, idiosyncratic, and contradictory uses made of films by spectators. Doing so requires accepting the particularities of the medium, while also usefully considering its popular forms and genres. Particular emphasis is placed on the formation of genres, through which audience retention largely works.

Reception studies have played an important role in film studies in the English-speaking world for quite some time. By contrast, such questions have risen to the fore only recently in Continental European film studies, albeit with significant national differences. On an international level, essential contributions have been made to our understanding of the earliest period of film. Here, an often necessarily descriptive, locally or regionally delimited historiography furnishes important details on cinema management and attendance, including the social composition of the audience and its behaviour. Quite possibly, the endeavour of the state and bourgeoisie to censor and reform the cinema (both were suspicious of the lower social strata going to the cinema) favoured this defensive view of the audience (just as – customarily conservative – film education did subsequently in Germany).

Nevertheless, the fundamental questions about this early period and its principal audience contingent – for example, whether these were women or children – remain controversial (notably, later periods of film history hardly ever attended to the significance of the female or young audience). Other issues that have been far from exhaustively treated include the effects on reception of specific presentation modes and screening situations, such as the variety show, the role of the live narrator, discussions among spectators or comments directed toward the screen, and the interrelations between the cinema, theater, and other popular forms of entertainment. Nevertheless, research on primary accounts of the cinema experience (diaries, autobiographical fiction, and so forth) dating from the silent era of film is most advanced, probably because of the novelty of the medium. Besides, the paratextual materials involved in researching the cinema as an institution (classified advertisements, programmes, audience magazines, reviews, and so on) in local histories of the cinema, which have now been appearing for over twenty years, tend to refer more directly to spectators than standard film historiography does. One general problem of reconstructing reception situations – which by no means concerns only early cinema – remains: the most readily accessible documents, namely, film reviews, only rarely provide information about the popular audience. Moreover, researching everyday practices, which evoke reactions that are hardly ever or only indirectly recorded in writing, often represents an obstacle for understanding actual auditorium behaviour or the reception of individual films. Questions concerning the concrete uses and functions of film and cinema thus often necessitate speculative assumptions and cultural-theoretical concepts. Among others, the notion of *cinema's public sphere* promises to extend the scope of analysis to the cinema as an institution and the reappraisal of *cinema* history/ies. Following the recourse to theories of the public sphere associated with the Frankfurt School, this notion recently re-emerged in the *cultural history of cinema* during the 1990s, and has since been further developed in close association with the theme of reception.

"Classical" film historiography seems to most closely approach the spectator when it is informed by the history of culture and ideology, or by what used to be called the history of mentalities. This occurs, for example, when it collides with Siegfried Kracauer or when film and cinema are supposed to provide information on the social and psychic state of a society. *New Film History* has lent a tremendous impetus to exploring the cinema audience and film consumption in connection with broad historical and cultural contexts. By focusing on specific audiences, the more recent *New Cinema History* has further promoted audience research by rendering fruitful subjective testimony and memory through the methods of *Oral History*, and by aiming at an everyday history of media use. It draws on the approaches of media biography research of the 1970s and 80s. Other approaches originate in *Cultural Studies*, which, however, seldom refer to cinema and even less to individual films (least of all their aesthetics) confining their investigations mostly to the present. It would be desirable to increasingly combine these perspectives, thereby interlinking micro- and macrohistories of film and cinema. Further methodological reflections on our present theme are still needed, just as (theoretically grounded) concrete elaborations on historical and current film reception practices.

One particularity of established film historiography further complicates a focus on the audience, namely, the *canon formation* underlying the selection of films. Selection proceeds according to the categorisation of works of art, which almost always excludes their social and cultural circulation. Canonised works are frequently attributed an abstract life of their own, regardless of whether they reached or reach an audience or not. For a long time, the imbalance between the films investigated and those actually viewed, meant that entire historical periods, especially – but not only – of popular cinema (that is, the segment with the largest attendance figures) hardly existed in film history. In this field, various studies on historical or contemporary fan communities have been undertaken in recent years, especially by Anglo-American scholars. Such communities often form around individual or entire groups of films, which belong rather to so-called trash than canonical culture. Furthermore, research on film use, which is beginning to establish itself in the German- and English-speaking world, takes a firm approach toward ephemeral forms of film, which lie beyond the conventional artistic canon, such as industrial, school, science, or amateur films. Focusing on screening practices outside commercial cinema allows such research to broaden the scope to hitherto neglected aspects and alterative modes of film reception within the area of non-theatrical films.

In addition to the above-mentioned approaches, the present collection includes highly diverse perspectives on film reception. More or less explicitly, they take up many historically grown approaches to studying the audience and their methodological implications, often varying or modifying them. Entering into a reciprocal discussion, these approaches include those critiquing ideology and power through orientations toward semiotics and psychoanalysis, which are representative of film theory and film studies of the 1970s and 80s (and which feature a significant feminist correlative), as well as the broad field of cognitivist and (semio-) pragmatic positions. Other approaches include the psychology of affect and emotion, which is generally closely interrelated with cognitivist approaches within film studies, as well as those oriented toward ethnography, which consider the integration of film consumption into daily life or the lifeworlds of certain social and ethnic groups. All these approaches, and those mentioned above, have remained effective until today and complement each other in many of the essays gathered here. Thus, this collection fathoms the interfaces between historical contexts, empirical data, and over-arching theoretical models. On the one hand, it confronts them with films, their semantic potential, and what they offer the senses and emotions; on the other, it confronts them with the experience of film as a social and aesthetic practice.

The volume presents a broad, international palette of research questions, approaches, and topics concerning reception across the history of film and various cultures – for the first time in the German-speaking world. It might be added that until recently the fundamental debates waged mainly in English and French (with the exception of the one focused on feminism) exerted rather little influence on German-speaking research, although reception aesthetics, developed within literary studies and internationally widely acclaimed until today, would have provided an independent tradition capable of development.

The present collection omits the current discussions in neurophysiology and neuropsychology, and the debates on perception and the processing of emotions deriving from these fields. It also leaves out social statistics and its empiricism (as applied, for instance, in the *audience research* conducted within media and communication studies). These approaches have been omitted because the essays gathered here focus primarily on the role of film reception in the constitution of social, gender-specific, ethnic, and ultimately cultural identities and practices. However, this does not exclude gratefully making use of empirical data wherever available and if it sheds further light on our present theme. For pragmatic reasons, no consideration is given either to non-functionalist, cultural sociology orientations examining the interrelation between media-audiovisual and social worlds, such as symbolic interactionism. The fact, however, that many of the contributions to this volume explicitly present methodological considerations is related to the broad and as yet largely unconsolidated area of "film reception," where one needs to be mindful of the approach adopted.

This volume collects the papers delivered at a conference bearing the same title, held in September 2008 at the Swiss Institute in Rome. It also includes various essays written in German and English especially for this collection, as well as a small selection of existing, illustrative essays on the theme, which are published here for the first time in German translation. Including contributions in either German or English reflects our concern to present not so much a comprehensive overview of film reception and how spectators deal with film and cinema, but instead to further encourage discussion within German-speaking film studies, which has intensified recently. This collection also aims to forge closer links with international research, thereby reaching beyond language boundaries, to foster self-understanding both within the discipline and also beyond disciplinary boundaries.

We have divided contributions into five large sections: the first, *Topographies of Reception*, presents various theoretical-methodological models, which lead beyond the filmic text and the implicit spectator to open up new perspectives on the interaction between audience and film. Irrespective of their differences, the essays gathered in this section adopt a firmly critical stance toward established questions and research approaches. Some of these contributions focus explicitly on the new constellations of audience situations based on current media technologies (new forms of cinema and screening, involving relevant films and non-cinematic viewing: television, video, DVD, Internet, and digitisation in general). The authors explore their possible meanings for, and effects on, viewing films, as well as their impact on everyday life against the background of film history. The contributions thus reveal astonishing similarities between contemporary cinema performances and the early cinema of attractions.

The second section, *Film/Cinema, Self-Reflective*, on the one hand considers how cinema itself has addressed and represented spectatorship and film viewing over the course of its history. Within the often ironic self-reflection of film and cinema as regards its spectators, this aspect still remains largely uncharted territory in research – just as the emergence of audience types during film and cinema history. On the other, this section also includes two contributions that discuss the notions of spectatorship in the writings and works of film theorists and film practitioners (here, Alexander Kluge and Béla Balázs). Especially filmmakers advancing comprehensive theoretical statements often foreground the audience relationship.

The next two sections present *historical reception studies* on the interrelations between film, cinema, and audience through individual films and groups of films from different periods of film history. The first *spotlights German (film) history*, and explores the impact of films on everyday life and the audience's psychosocial world. The second, *Cinema-Going: Socialisations and Discourses*, studies reception situations in other European countries. The essays collected here attempt to constitute and reconstruct cinema as a social experience, or to illustrate how culture conditions film consumption, or to reconstruct spectator experiences in narrative, discursive, and intermedia terms. Almost all contributions in these two sections represent, partially in a forthright manner, new research approaches by using historical case studies to present the procedures adopted and the results obtained thereby.

Particular attention is devoted to the final section, the *transnational practices* of reception. Contributions gathered here consider the mechanisms of film circulation and the presentation and use of films in a certain foreign market, whereby the political-ideological implications play a role as much as inter- and transcultural factors. Ultimately, these case studies reveal how differently the meanings of films and what they offer the senses and emotions is perceived and understood in different cultural contexts. Film studies have not adequately explored this field to date, which provides excellent opportunities for international research cooperations. One issue worth mentioning here, and which further sharpens this point, is that allusions recurring throughout film historiography to the fact that highly propagandistic films are received in another society as largely unpolitical entertainment have remained uninvestigated. Thus, the same films, when becoming part of other cultural and ideological contexts, seem to fulfil an entirely different function for the constitution of national and individual identities. One transhistorical subgroup here concerns evolving cultural dispositions and preferences, which can cause a film to "flop" at the box office, only to become a surprising popular success quarter of a century later; or that certain films at first please only cinephile circles, but subsequently also a wider audience – or vice versa.

By way of a preliminary and cautious conclusion, the otherwise highly diverse contributions to the present volume concur that film studies and especially film historiography need to further determine the relationship between cinema, film, and audience, and between textual structures and contextual factors, to perceive filmic artefacts as social texts and reception activities as sense-making and affective experience so that the processes involved in the construction of meaning can be investigated among both producers *and* recipients. Audiences and spectators, in any event, should be seen neither as constructs addressed exclusively by film nor as purely theoretical models. Rather, they need to be explored as regards their historical anchoring and how their perception of films changes over time. Investigating the *most diverse* contexts of reception (in the broadest sense of the term) is crucial in this respect. The choice of contexts ultimately decides on the relevance of the results obtained as regards audience appropriation and identity formation. Analysis must consider the ambivalence and contradictoriness not only of the media texts but also of their paratexts, as well as of the social experience of cinema or more generally of lifeworlds. At the same time, however, polysemy and contextualisation must also be clearly delimited to prevent their study from losing itself in aporia from the outset.

Thus, the outcome would be a kind of *negotiated reading* of both the work setting and the film as an object of analysis. The latter should be approached "aesthetically," through the structural interrelation between a film's content *and* its form. Obviously, this appeal to negotiate between film, cinema, and audience retention should not obstruct a more radical positioning of the spectator's absolute liberty to make choices, in the sense of an oppositional-to-subversive, or at least *self-willed* practice. Given the current state of research, it seems promising to reflect methodologically on the connections between turning toward the text and the context of reception, in a narrower and broader sense, and between the ideal, deduced spectator and real, historical spectators situated in actual worlds of experience. Although not all the contributions to this volume quite satisfy these demands, the collection nevertheless clearly shows how the debate is opening up increasingly toward analysing films within a context focused on spectatorship. The editors hope that this development may continue and that this volume will contribute to accelerating such discourses in film and media studies.

English translation by Mark Kyburz

Topografien der Rezeption

Topographies of Reception

ANNETTE KUHN

Heterotopie, Heterochronie
Ort und Zeit der Kinoerinnerung

Der vorliegende Aufsatz stützt sich auf Ergebnisse einer groß angelegten historisch-ethnografischen Studie zur Rezeption und Konsumtion des Kinos in den 1930er Jahren in Großbritannien, die sich über mehrere Jahre erstreckte.[1] Da das Projekt unter anderem ausführliche Interviews mit Kinobesucherinnen und -besuchern der 1930er Jahre umfasste, ist es auch eine Studie über das kulturelle Gedächtnis. Im Folgenden werde ich einige spezifische Aspekte der Kinoerinnerung als eines Subtyps des kulturellen Gedächtnisses untersuchen und dabei vor allem auf die Rolle der Zeit eingehen. Ich möchte behaupten, dass die Fragen, die sich aus diesem speziellen induktiven Verfahren ergeben, von breiter historischer, kultureller und sogar konzeptueller Tragweite sind, insbesondere hinsichtlich unserer Erfahrung *gelebter* Zeit, der Zeit unseres inneren Lebens: eine Zeit (und das ist wichtig), die sowohl kollektiv als auch individuell gelebt wird; eine Zeit, die nicht vollständig in der Linearität der geschichtlichen Zeit aufgeht. So gesehen bewege ich mich auf dem Territorium von Geoffrey Nowell-Smiths Ansatz zu einer «Geschichte der Subjektivitäten» (1990),[2] obwohl sich mein Weg etwas von dem seinen unterscheidet.

> Das Kino war damals richtig aufregend. ... Wenn ich darüber spreche, kann ich fast fühlen, wie ich mich fühlte. Ja. Jaa. Mmh. Es war wunderbar.
>
> *(Beatrice Cooper, CCINTB T95–153)*[3]

Inhalte und Sprachebene der erzählten Erinnerung sind durchgehend von den Kontexten des Erinnerns geprägt (vgl. Kuhn 2000), und für die 1930er Generation, zu der Beatrice Cooper gehört, ist der damalige Lebensabschnitt ein signifikanter Bestandteil im Kontext des Erzählens.

---

1   *Cinema Culture in 1930s Britain* (hiernach CCINTB), ESRC Projekt R000235385. Vgl. ebenfalls: Kuhn 2002 und Kuhn 2011.
2   Vgl. auch Radstone 2003, darin die Einleitung von Susannah Radstone und Katharine Hodgkin, S. 15, sowie die Essays von Bill Schwarz und Karl Figlio im selben Band.
3   Beatrice Cooper, interviewt in Harrow, 27.11.1995. Alle CCINTB-Zitate stammen von Zeugenaussagen der Kinobesucher und -besucherinnen der 1930er Jahre, die bei diesem Projekt mitgearbeitet haben.

Ältere Menschen versuchen, sinnvolle Geschichten aus ihrem individuellen und kollektiven Leben zu gestalten, indem sie ihre Rolle als Protagonisten der eigenen Biografie überdenken und ein passendes Ende dafür anbieten. Oft ist auch ein Erzählduktus der Dringlichkeit zu konstatieren. Es ist offenbar wichtig, dass die eigene Biografie für kommende Generationen festgehalten wird; man hofft, dass sie bleibenden Wert für die Welt besitzen möge. Häufig haben die Geschichten auch eine elegische Qualität: Sie fassen ein Leben zusammen; sie formulieren ein Urteil («es war wunderbar»), einen Abschied. Elegie kann manchmal auch eine eigene Transzendenz ausdrücken – als ob eine spezifische Lebensgeschichte jenseits der Individualität ihrer Erzähler Sinn machte.

Dem Kino gebührt in den Lebensgeschichten der «movie-made»-Generation[4] der 1930er Jahre besonderer Stellenwert. Einigen erscheint es sogar als zentraler Protagonist, als Fokus einer Suche nach Sinn im Leben. Für die Mehrheit hingegen, also jene Männer und Frauen, für die der Kinobesuch im Rückblick als Routine, als selbstverständlicher Teil des Alltagslebens erscheint, sind diese Erinnerungen an Orte und Menschen aus der Jugendzeit geknüpft. Sie sind retrospektiv angenehm und zugleich von Verlustgefühlen durchzogen. Geschichten von den Schlangen an der Kasse und dem Gedränge vor den Kinos, davon, wie man nach Hause galoppierte, nachdem man einen Cowboyfilm gesehen hatte, oder davon, dass man wie Fred Astaire tanzte, sind auch Zeugnisse der Verluste, die sich mit dem Altern einstellen: Verlust der geliebten Menschen aus Kindheit und Jugend, Verlust der Zugehörigkeit zu einer Nachbarschaft oder einer *peer group*, Verlust von Gesundheit, Energie und physischen Fähigkeiten.

Gibt es in den Erinnerungen der Männer und Frauen, die in den 1930er Jahren mit dem Kino aufwuchsen, etwas Unverwechselbares? Was ist die Essenz der Kinoerinnerung für diese Generation? Was könnte sie uns über die Beziehung zum kulturellen Gedächtnis sagen? Unter den vielen und verschiedenartigen Darstellungen der Kinoerinnerung, die aus den Zeugenaussagen zu den 30er Jahren hervorgehen, lassen sich zwei grobe Kategorien der Erinnerung ausmachen: Ich nenne sie *das Kino in der Welt* und *die Welt im Kino*.

Kino in der Welt beschreibt, was die Kinobesucher von 1930 hinsichtlich der Rolle erinnern, die das Kino zu dieser Zeit in ihrem Leben spielte – im Kreis der Familie, der Freunde und Nachbarn sowie im Alltag zwischen Schule, Arbeit und Freizeit. Diese Erinnerungen sind vor allem durch das Behar-

---

4   Der Begriff «movie-made» («kino-gemacht») ist eine Anspielung auf den Titel des Buchs von Henry James Forman, *Our Movie-Made Children* (1933), in dem die Payne Fund Studies der 1930er Jahre ausgewertet werden.

1 Prince's cinema, North Street, Brighton, 1933.

ren auf einem *Ort* geprägt, oder vielmehr auf sehr besonderen Orten, den Orten der frühesten Erinnerung; denn für diese Generation decken sich die Orte der frühesten Erinnerung mit den Orten der ersten Kinoerfahrung.

Zum Beispiel wird zwischen den unscheinbaren, billigen und vertrauten Kinos in der kindlichen Nachbarschaft und den wenigen exotischen, luxuriösen Kinopalästen unterschieden, die sich ausnahmslos weit entfernt vom Wohnort befanden. Im Gedächtnis nehmen die vertrauten Kinos die Gestalt eines erweiterten Zuhauses an, als normale und selbstverständliche Einrichtungen im alltäglichen Lebensraum. Es sind Orte, an die man immer wieder zurückkehrt. Die Kinopaläste hingegen werden mit einem speziellen Genuss, besonderen Anlässen und insbesondere mit romantischen Verabredungen assoziiert.

Alle Kinos aber, alltägliche wie besondere, erscheinen in der Erinnerung als Knotenpunkte, als Zentren der Attraktion und Energie, als Magneten für Menschen, die sich in die Gedächtniskarten des jugendlichen Lebensraums einschreiben. Immer drängeln sich die Massen an diesen Orten, immer muss man sich anstellen, um Einlass zu finden. Drinnen rauchen alle, Stammkunden suchen schnurstracks ihre Lieblingsplätze auf, und es herrscht konstant Lärm, während Menschen kommen und gehen. Mütter bringen ihre Babys mit, Kinder folgen keinen Regeln, die Platzanweiserinnen ringen um Ordnung, Einlasser versprühen Desinfektionsmittel, während Pärchen – belauscht von kleinen Jungs – in der letzten Reihe knutschen. Selbst das normalste Kino wird im Gedächtnis mit Überfluss und Großzügigkeit assoziiert: von den Eltern mit Süßigkeiten verwöhnt werden; zur Matinee Früchte und Comics geschenkt bekommen; zur ersten Verabredung mit einer Schachtel Pralinen überrascht werden; das Programm, für das man nur einmal bezahlt hat, dreimal anschauen. Dieses Bild der Fülle und Energie mag einen Anhaltspunkt dafür bieten, was hinter dem geradezu zwanghaften Gefühl in so vielen Erinnerungsgeschichten liegt, auf diese Oberflächen zurückzukommen. Es vermittelt ein Verständnis dafür, was so viele Leute ins Kino zog und sie veranlasste, immer wiederzukommen.

Gleichzeitig beinhalten solche Erinnerungen an die Überfülle aber auch ihr Gegenteil, denn ebenso markant in diesem Kontext sind die Geschichten, die von Hindernissen auf dem Weg ins Kino erzählen. Zwänge und Grenzen der einen oder anderen Art prägen die Reminiszenzen dieser Generation nachhaltig. Ihre Erinnerungen nehmen insbesondere die Form von Berichten über Sorgen und Probleme an, Geld für ein Kinoticket aufzutreiben; ebenso wird, wenn auch nicht im gleichen Ausmaß, von familiären oder öffentlichen Verboten berichtet, Kinos generell, bestimmte Genres oder bestimmte Filme zu besuchen. Wie in allen erzählten Geschichten existieren aber auch hier die Hindernisse, um überwunden zu werden, und es gibt zahlreiche Berichte von genialen, listigen – und in den Versionen der Erzähler und Erzählerinnen immer erfolgreichen – Tricks, all die Schwierigkeiten zu meistern und trotz allem ins Kino zu gelangen.

Solche evasiven Strategien, die helfen, Verbote zu umgehen (oder mit ihnen «zurecht zu kommen», vgl. de Certeau 1980, Kapitel 3) prägen einige Erinnerungen an den jugendlichen Kinobesuch: Etwa wenn erzählt wird, wie man während einer rauflustigen Matinee gemeinsam die Grenzen akzeptierten Verhaltens durchbrach oder sich während der Schule oder Arbeit Zeit nahm, Frisuren und Make-up auszuprobieren, die man in einem Film gesehen hatte – oder sogar zu schwänzen, um ins Kino zu gehen. All diesen Erinnerungen haftet ein Gefühl der Anarchie, der Subversion oder Rebellion gegen die oft verwirrenden Grenzsetzungen der Erwachsenenwelt an. Im Wesentlichen sind es Geschichten der Individuation, der Entdeckung der Welt außerhalb von Heim und Familie. Es geht darum, wie jemand ein Individuum wird, ein gewisses Maß an Unabhängigkeit erkämpft, wobei das Kino in der Nachbarschaft als sicherer ‹Übergangsort› dient.[5] Auch verkörpern diese Geschichten einen Topos, in dem die Vergangenheit im Gegensatz zur Gegenwart konzipiert wird: Da sie aus der Perspektive von älteren Menschen erzählt werden, drehen sie sich darum, wie man mit harten Verhältnissen zurecht kommt und Wege findet, das Leben auch in rauen Zeiten zu genießen.

Es sind aber auch Geschichten über die *Zeit:* Die Zeit des Kinos in der Welt wird insbesondere in zeitlichen Begriffen der Wiederholung und Routine im Alltagsleben erinnert, einer ‹Gewohnheit, ins Kino zu gehen›, eines zwei- oder dreimaligen Besuchs pro Woche, wie er sich zwischen andere Alltagsaktivitäten fügt.

Die Temporalität des Kinos in der Welt verbindet sich mit der Temporalität *der Welt im Kino*. Dort, wo sich beide treffen, wird das Kino (in Foucaults Bedeutung des Wortes) eine *Heterotopie*, «gewissermaßen [ein] Ort […] außerhalb aller Orte, wiewohl [er] tatsächlich geortet werden [kann]» (Foucault 1993 [1967], 39).[6]

Die Welt im Kino wird gewöhnlich als eine ‹andere Welt› erinnert (um eine Redewendung zu benutzen, die in den Aussagen der Befragten immer wieder vorkommt). Im Gedächtnis erscheint dieser andere Ort einerseits als radikal vom Alltäglichen unterschieden und andererseits als ‹lokalisierbar› – eingebettet in den Alltag. In der erinnerten Welt im Kino besitzt auch die Zeit etwas von diesem Mix aus ‹verortbar› und ‹außerhalb›, der die Foucault'sche Heterotopie charakterisiert.

> Und überhaupt … man kam aus dem stumpfsinnigen Leben raus und wissen Sie, … das sind *zwei Stunden Freiheit*.
> *(Arthur Orrell, CCINTB T95–60; Herv. i. O.)*[7]

---

5   Vgl. Annette Kuhn, «Spatial Practices: Some Thoughts on Cinema Memory and its Future». Vortrag an der Konferenz «Cinema: Dead or Alive?», Screen Studies Symposium, University of London, 14.2.2003.
6   Hinsichtlich der heterotopischen Qualitäten des Kinos in den 1930er Jahren vgl. Kuhn 2002, Kapitel 6 und 7.
7   Arthur Orrell, interviewt in Manchester, 9.6.1995.

Viele der Kinobesucherinnen und -besucher der 1930er erinnern die Erfahrung, im Kino zu sein, als begrenzte Lizenz, als einen Typ Freiheit, dessen eingebaute Grenzen zumindest retrospektiv erkannt und akzeptiert werden, ja sogar Vergnügen bereiten. In den «zwei Stunden Freiheit», die der Kinobesuch gewährt, ist der Zeitrahmen ebenso wichtig wie die Freiheit selbst. Implizit oder explizit prägen die Vorstellung oder auch das Gefühl der Freiheit die Erinnerungen an die Zeiterfahrung im Kino. Aber diese Freiheit wird nicht als grenzenlos erinnert; eher hat sie die paradoxe Qualität, sowohl endlos als auch endlich zu sein. Insofern diese Zeit sowohl außerhalb der normalen Zeit wie auch in sie eingebettet erscheint, kann man die erinnerte Kinozeit (um Foucaults Begriff zu dehnen) als *Heterochronie* verstehen.

Aber selbst dort, wo die Temporalitäten des Kinos in der Welt und der Welt im Kino sich verknüpfen, verkörpern sie doch zwei radikal unterschiedliche Zeitordnungen. Im Gedächtnis scheint die Zeit im Kino als flexibel und/oder zyklisch: Während «zwei Stunden» die messbare Zeit, den strukturierten und begrenzten Zeitrahmen der äußeren Welt repräsentieren, nimmt dieses Zeitfragment im Kino eine ganz eigene Form an.

Ihre erste Begegnung mit der kontinuierlichen Programmierung[8] wird von den meisten Kinobesucherinnen und -besuchern der 1930er Jahre lebhaft erinnert; teilweise unzweifelhaft aufgrund des eigenartigen Vergnügens an der Zeiterfahrung, die sie mit sich brachte:

> Man konnte dasitzen und ihn dreimal anschauen, wenn man wollte. ... Wenn das ein Film war, den ich mochte, wissen Sie, ... da sagte ich mir, das schaue ich mir noch mal an. *(Phyllis Bennett, CCINTB T95–144)*[9]

> Man konnte jederzeit reingehen. Es konnte in der Mitte sein oder wann immer. Und dann hat man das Programm irgendwie durchgesessen und darauf gewartet, endlich die Dinge zu sehen, die man verpasst hatte.
> *(Eileen Barnett, CCINTB T95–91)*[10]

Fortlaufende Programmierung fördert einen Umgang mit der Organisation der Narration und der narrativen Zeit im Spielfilm, der gegen die Linearität verstößt, welche sowohl die reale, messbare Zeit als auch die Temporalität kennzeichnet, die man dem klassisch-narrativen Hollywoodfilm

---

8   Der Terminus «kontinuierliche Programmierung» bezieht sich auf eine Aufführungspraxis, in der das Filmprogramm ohne Unterbruch ständig wiederholt wurde, ohne dass der Saal zwischendurch geräumt wurde. Man konnte jederzeit eintreten und bleiben, so lange man mochte.
9   Phyllis Bennett, interviewt in Norfolk, 17.11.1995.
10 Eileen Barnett, interviewt in Harrow, 18.7.1995.

2 Empire Cinema, Haddington Street, Hove, 1932.

üblicherweise zuschreibt. Da es aber nicht als außergewöhnlich galt, einen Spielfilm beispielsweise erst ab der Mitte anzuschauen, war es zwischen den 1930er und den späten 1950er Jahren eine ganz normale Kinoerfahrung, das Ende vor dem Anfang zu sehen. Diese Form der Rezeption unterläuft offensichtlich das Konzept einer in sich geschlossenen, linearen Narration mit Anfang, Mitte und Ende (zumindest in dieser Reihenfolge).

Mit der fortlaufenden Programmierung werden die narrative Zeit und die Geschlossenheit der Erzählung verändert, ebenso verschieben sich narrative Zeit und Sichtungszeit gegenläufig. In Kombination mit der Möglichkeit, das gleiche Programm mehrmals anzuschauen, sind diese Verschiebungen mit zeitlicher Dehnung und Zirkularität assoziiert. Und doch wird die Kinozeit immer innerhalb der Grenzen der Zeitlichkeit der Realität erinnert, einer Zeitlichkeit, die sich nach dem Film unweigerlich wieder behauptet. Eine Befragte erzählt eine amüsante Geschichte über ihren frühesten Kinobesuch, die sie den Unterschied zwischen der Zeit im Kino und der Zeit außerhalb lehrte:

> [Ich] muss ungefähr neun gewesen sein und mir wurde gesagt, ich könnte gehen, es war übrigens FOUR SONS [John Ford, USA 1928] [lacht]. Und … ich durfte in die erste Vorstellung um 14 Uhr. Ich ging also mit einer Freundin zur ersten Vorstellung, und damals konnte man einfach sitzen bleiben. Es gab

keinen Wechsel, kein Rausgehen. Man ging einfach, in der Mitte oder wann immer man gekommen war und den Eintritt bezahlt hatte. Meine Freundin sagte also am Ende, «Helen, ich muss gehen». Und wie gesagt, es fing einfach wieder von vorn an. Ich sagte, «Ich denke, ich schaue ihn noch mal an». Also blieb ich sitzen und habe ihn noch mal angeschaut und ging raus. Ich stand auf, um rauszugehen, da traf ich eine Freundin mit ihren Eltern, und sie sagte, «Ach, komm schon, setz dich neben mich. Geh nicht raus, Helen, bleib doch bei mir» [lacht]. Also habe ich den Film noch mal geschaut! Und am Schluss gingen ihre Eltern, und sie fragte sie, «Kann ich ihn noch mal sehen?», und sie sagten, «Na ja, wenn Helen auch noch bleibt» [lacht]. Ich habe den Film viermal gesehen [Lachen]. ... Und als ich rauskam, hat mein Vater gewartet, in einem total schrecklichen Zustand, und wusste nicht, was mit mir passiert war. Sie waren bei all meinen Freundinnen gewesen und haben nach mir gesucht. ... Und mein Vater war, er war so froh, mich zu sehen [lacht], er konnte sich nicht entscheiden, ob er mich umbringen oder in den Arm nehmen sollte. Meine Mutter hat mich zuhause begrüßt und gesagt, «wenn du das jemals wieder tust, dann gehst du nie mehr ins Kino!» [lacht].
(Helen Smeaton, CCINTB T95–2)[11]

In den Aussagen des Publikums der 30er Jahre ist Kinozeit tatsächlich eine Heterochronie: Erinnerungen daran beziehen ihre Qualität, ihre Struktur genau aus dem Unterschied zwischen der Kinozeit und der Zeit der realen Außenwelt.

Kollisionen zwischen den beiden Ordnungen der Temporalität – der des Kinos in der Welt und jener der Welt im Kino – zeichnen sich in der Kinoerinnerung deutlich ab. Das gilt vielleicht vor allem für die Erinnerungen an Filmserien – und auf ganz besondere Weise für *cliffhanger*. Tatsächlich sind die *cliffhanger*, die einzelne Filmepisoden beenden, im Kinogedächtnis fast übermäßig präsent. Der gefürchtete Schlusstitel

FORTSETZUNG FOLGT ...

scheint in das Gedächtnis vieler Kinobesucherinnen und -besucher der 30er eingebrannt, zweifellos deshalb, weil es den Schock einer Kollision zwischen der Zeit der Welt im Kino und der Zeit des Kinos in der Welt freisetzte:

Weil, man musste einfach gehen, weißt du. Weil, die hatten eine Serie laufen. ... Und es war gerade spannend, und dann hat es bis nächste Woche gedauert. Also musste man gehen. *(Phyllis Bennett, CCINTB T95–127)*.[12]

---

11 Helen Smeaton, interviewt in Glasgow, 23.1.1995.
12 Phyllis Bennett, interviewt in Norfolk, 27.11.1995.

Erinnerungen an ein Gefühl der Unvollständigkeit, die schmerzhafte und frustrierende Erfahrung, dass man auf das *dénouement* des *cliffhangers* eine ganze Woche warten musste, sind Hauptmerkmale der Berichte dieser Generation über das Kino in der Welt. Neben der Kollision zwischen zwei Zeiterfahrungen drehen sich diese Erinnerungen um den Stellenwert des Kinobesuchs in einer wöchentlichen Routine, um die Gewohnheit – ja um das Bedürfnis –, regelmäßig und wiederholt ins Kino zu gehen. Denn im Grunde fasst das Sprechen über die *cliffhanger* genau die Erfahrung eines Wiederholungszwangs in Worte: «Man *musste* einfach gehen, weißt du.»

> Das hieß, wir mussten dreizehn Wochen hintereinander ins Kino gehen. Aber wissen Sie, es konnte nicht schnell genug kommen.
> (*Thomas McGoran, CCINTB T94–14*)[13]

In der Erinnerung nehmen die Heterotopie und die Heterochronie, die die Welt im Kino charakterisieren, die Sinne und den Körper auf spezifische Weise in Anspruch. Die Wärme im Saal und der gepolsterte Komfort der Sitze schläfern den Körper ein, sie lassen ihn in eine Sinnlichkeit und ein sinnliches Gefühl einer Zeit mit gelockerten Grenzen gleiten. Und diese erinnerten somatischen Eindrücke und Erfahrungen von Zeitlichkeit scheinen eins zu sein mit bestimmten Verbindungen zu einer weiteren Dimension der Welt im Kino – der Welt der Leinwand.

Die frühesten Begegnungen der Kinobesucherinnen und -besucher der 30er mit der Welt auf der Leinwand werden häufig als seltsam, ja sogar als beängstigend erinnert. Das kommt vermutlich daher, dass zunächst Wege gefunden werden mussten, den Wechsel zwischen dem Kino in der Welt und der Welt im Kino zu bewältigen. Doch obwohl die Welt im Kino bald lesbar wurde und so ihre Fremdheit mehr oder weniger verlor, wurde sie doch weiterhin als größer, perfekter und magischer als die Alltagswelt draußen erfahren. Erinnerungen daran, wie man ‹mitgerissen› wurde, wie man sich selbst als Teil der Welt auf der Leinwand fühlte; Erinnerungen daran, wie man mit der Welt des Kinos verschmolz, ja in zeitweilige Ekstase geriet, einen Verlust seiner selbst erlebte (der manchmal in den gleichen Worten ausgedrückt wird wie ein Liebestaumel), kann man sicherlich aus dieser Perspektive verstehen.

Diese Tropen der Kinoerinnerung – das Beharren auf den *Orten* des Kinos in der Welt, die Verknüpfung mit und die Kollision zwischen der Zeit und dem Ort des Alltags sowie der Zeit und dem Ort des Kinos – kommen in spezifischen Facetten des Erinnerungsdiskurses zum Ausdruck. Gera-

---

13 Thomas McGoran, interviewt in Glasgow, 30.11.1994.

3 Scala Cinema, Western Road, Brighton, 1930.

dezu auffällig ist, dass sich Erinnerungen an die frühesten Kinobesuche oft durch eine mythische oder legendäre Qualität auszeichnen. In der Wiederholung und Präzision, mit der zum Beispiel Kinolandschaften in den Erinnerungen an frühe Kinobesuche entworfen werden, oder in dem formelhaften Charakter der Geschichten über wiederholte, Odyssee-artige Ausflüge von zuhause zum Kino und (das ist wichtig!) vom Kino nachhause, scheint eine kollektive Imagination am Werk. Diese Erinnerungsgeschichten, die als individuelle erfahren und präsentiert werden, speisen sich aus der Quelle einer kollektiven kulturellen Erinnerung.[14]

So mögen beispielsweise Geschichten über Marmeladengläser voller Kleingeld, die als Taschengeldersatz dienten, über die Anarchie, die in der Kindersektion der Matinee herrschte, oder über lebhafte, albtraumartige Visionen, die durch Filmszenen inspiriert wurden, für ihre Erzähler in einer spezifischen Zeit und an einem spezifischen Ort verankert sein;[15] sie haben jedoch in ihren wesentlichen Bestandteilen viel gemeinsam mit

---

14 Zu dieser Frage vgl. Portelli 2003.
15 Für Details vgl. Kuhn 2002, Kapitel 3 und 4.

Kindheitserfahrungen quer durch eine Generation. Auf einer bestimmten Ebene drehen sich diese Geschichten um die Herausforderungen, mit denen jedes Kind konfrontiert wird, während es heranwächst: eine individuelle Person zu werden, Bereiche außerhalb von Haus und Familie zu erkunden, Ängste und Verbote zu bewältigen, die jeder Vorstoß ins Unbekannte mit sich bringt.

Auffällig ist am Kinogedächtnis auch eine bestimmte Einschreibung des Körpers, so etwa bei sehr konkreten Erinnerungen, die sogar physische Empfindungen und Sinneseindrücke einbeziehen. Bewegte Geschichten: zum Kino laufen, sich unter dem Sitz verstecken, nach einem Fred-Astaire-Film das Trottoir entlang tanzen. Gefühlte Geschichten: der Geruch des Desinfektionssprays in der heimischen ‹Flohkiste›; die Vorstellung, wie sich die wunderschönen Kleider, die die Filmstars tragen, auf der Haut anfühlen, oder vielleicht das erinnerte Gefühl, ein Lieblingskleid zu tragen, das aus Filmen kopiert oder von ihnen inspiriert war; ein flüchtiger Blick auf eine kurz enthüllte Schulter oder ein nacktes Bein auf der Leinwand; selbst die regressive Lust, sich im Dunkeln in die Tiefe eines Kinosessels zu kuscheln.

In diesen Erinnerungsgeschichten übernimmt die Narration selbst den Charakter einer Verkörperung. So kann die Wortwahl oder vielleicht die Art des Sprechens der Befragten eine Bewegung oder einen Sinneseindruck andeuten. Oder das Erzählen kann seinerseits somatisiert sein, was durch den Körper des oder der Sprechenden ausgedrückt wird (indem man sich übers Haar streicht oder mit einer Geste ein Galoppieren andeutet) oder in ein paar Tanzschritten oder ein paar Takten eines Lieds. Es scheint, als bewohne die Erinnerung den Körper und könne wortlos wiedererlebt, wiedererzählt werden; ja, als ob die Welt im Kino tatsächlich durch den eigenen Körper in das Kino in der Welt getragen werden konnte und kann. Für die Generation der 1930er Jahre stellt das Kino sowohl die Inhalte als auch die Formen einer derartigen somatischen Erinnerung bereit. Das Gedächtnis der Welt im Kino und des Kinos in der Welt umfasst den Körper wie auch die Sinne. Und doch gehen solche physischen Erinnerungsmodi weit über das Kino und die Kinoerinnerung hinaus und nehmen innerhalb der kulturellen Erinnerung eine wesentlich relevantere Position ein als diese.

Der Ort, an dem sich Erinnerungen des Kinos in der Welt mit Erinnerungen der Welt im Kino treffen, bietet einen günstigen Ausgangspunkt für die Erforschung der spezifischen Bedeutung des Kinobesuchs für die Generation von 1930. Günstig scheint er zudem für die Untersuchung der Beziehung zwischen dem Kinogedächtnis und dem kulturellen Gedächtnis allgemein, in ihren Organisationsformen von Ort, Zeit und Körper. Erinnerungen an die frühesten Kinobesuche, an die Versuchungen der kontinuierlichen Programmierung und nicht zuletzt an die *cliffhanger* der Serials geben Aufschluss darüber, wie die Zeiterfahrung innerhalb und außerhalb des Kinos die Zeiterfahrung im kollektiven Gedächtnis der «moviemade»-Generation strukturiert.

Auch findet die Welt im Kino in ihrer Größe, ihrer Fülle und Perfektion eine Entsprechung in der erinnerten Welt draußen: Diffuse Sehnsüchte nach der ‹wunderbaren› Welt auf der Leinwand verknüpfen sich mit dem allgemeinen Verlangen nach einem irgendwie besseren Leben sowie mit durchaus fundierten, geschlechts- und klassenspezifischen Wünschen, mehr Chancen gehabt zu haben (um schlauer, besser ausgebildet, reicher oder was auch immer geworden zu sein).

In der mündlichen Erinnerung existieren diese Kontraste und Widersprüche in glücklicher Eintracht nebeneinander, sie durchdringen, begrenzen und ergänzen sich gegenseitig; so werden im Aufeinandertreffen der Welt im Kino und des Kinos in der Welt Träume, Sehnsüchte und Wünsche *domestiziert*. Es gibt eine Art Assimilation des Magischen und eine Verzauberung des Alltäglichen, die für das Kinogedächtnis als besonderer Form des kulturellen Gedächtnisses durchaus spezifisch sein könnte. Kinobesucherinnen und -besucher der 1930er Jahre behaupten, dass sie den Unterschied zwischen der Welt im Kino einerseits und dem Kino in der Welt andererseits sehr wohl verstehen. Und obwohl ihre Aussagen deutlich machen, dass das Kino auf verschiedenste Weise auf ihr Alltagsleben abfärbte, wird die Wahrheit dieser Behauptung dadurch nicht widerlegt. Denn die Träume, die Sehnsüchte, die Gefühle und das Verhalten, die das Kino aufgriff und inspirierte, waren in den sehr konkreten, vertrauten Zeiten und Orten des Alltags verwurzelt und wurden dort gelebt.

Aus: Screen, *45/2, Sommer 2004, S. 106–114.*
Übersetzung aus dem Englischen von Veronika Rall

Literatur

De Certeau, Michel (1988 [1980]) *Kunst des Handelns*. Berlin: Merve.
Forman, Henry James (1933) *Our Movie-Made Children*. New York: MacMillan.
Foucault, Michel (1993 [1967]) Andere Räume. In: *Aisthesis: Wahrnehmung heute oder Perspektiven einer anderen Ästhetik*. Hg. von Karlheinz Barck, Peter Gente, Heidi Paris & Stefan Richter (5. durchges. Aufl.). Leipzig: Reclam, S. 34–46.
Kuhn, Annette (2000) A Journey Through Memory. In: *Memory and Methodology*. Hg. von Susannah Radstone. London: Berg, S. 179–196.

Kuhn, Annette (2002) *An Everyday Magic. Cinema and Cultural Memory*. London: IB Tauris. In den USA veröffentlicht als *Dreaming of Fred and Ginger*. New York: New York University Press, 2002.

Kuhn, Annette (2011) What to Do With Cinema Memory. In: *New Cinema History*. Hg. von Daniel Biltereyst, Richard Maltby & Philippe Meers. Oxford: Blackwell (im Druck).

Nowell-Smith, Geoffrey (1990) On History and the Cinema. In: *Screen*, 31/2, S. 160–171.

Portelli, Alessandro (2003) The Massacre of the Fosse Adreatine: History, Myth, Ritual, and Symbol. In: *Contested Pasts: the Politics of Memory*. Hg. von Katharine Hodgkin & Susannah Radstone. London: Routledge, S. 29–41.

Radstone, Susannah / Hodgkin, Katharine (Hg.) (2003) *Regimes of Memory*. London: Routledge.

FRANCESCO CASETTI

Rückkehr in die Heimat
Das Kino in einer post-kinematografischen Epoche

Anna und Nicole haben sich fürs Kino verabredet. Aber sie sind in zwei verschiedenen Sälen gelandet: Anna schaut VIVRE SA VIE (F 1962) von Jean-Luc Godard, Nicole THE ADJUSTER (CAN 1991) von Atom Egoyan. Anna schickt Nicole eine SMS; Nicole empfängt sie und antwortet. Im Film von Godard, den Anna sieht, ist Nana, die Protagonistin, in ein Kino gegangen, in dem LA PASSION DE JEANNE D'ARC (F 1928) von Carl Theodor Dreyer gezeigt wird. Ein Zuschauer, der sich ebenso für Nana wie für den Film interessiert, setzt sich neben sie; im selben Augenblick wird auch in dem Film, den Nicole anschaut, die Protagonistin, Hera, von einem Zuschauer im Kino angemacht. Nana schaut weiter LA PASSION DE JEANNE D'ARC: Ein Mönch, gespielt von Antonin Artaud, bedrängt Jeanne mit Fragen, die ihm Antwort steht; Nana kommen die Tränen. Anna dagegen, die dieselben, in Godards Film integrierten Bilder sieht, ist von Artauds Schönheit überwältigt. Mit ihrem Handy nimmt sie daher die Szene auf und schickt sie an Nicole, die auf diese Weise einen zweiten Film verfolgt neben dem, für den sie bezahlt hat. In eben dem Augenblick, in dem in den Bildern, die auf ihrem Mobiltelefon ankommen, das Wort «Tod» erscheint, läuft auf der Leinwand vor ihr eine Sequenz aus THE ADJUSTER, die eine Feuersbrunst zeigt.

ARTAUD DOUBLE BILL von Atom Egoyan ist eine Filmepisode,[1] die sich in drei Minuten auf unglaubliche Weise verschachtelt. Wir haben zwei Zuschauerinnen aus unserer Gegenwart, Anna und Nicole, die in zwei getrennten Sälen sitzen, aber am Seherlebnis der jeweils anderen teilhaben; wir haben zwei Filme, VIVRE SA VIE und THE ADJUSTER, die zwar sehr unterschiedlich sind, doch in beiden gehen die Protagonistinnen ins Kino. In VIVRE SA VIE sieht Nana, eine Zuschauerin der 1960er Jahre, LA PASSION DE JEANNE D'ARC und ist tief berührt; Anna, eine Zuschauerin der Gegenwart, die den gleichen Film mit den Augen von Nana sieht, reagiert

---

1 Es handelt sich um eine Episode aus dem Film CHACUN SON CINÉMA OU CE PETIT COUP AU CŒUR QUAND LA LUMIÈRE S'ÉTEINT ET QUE LE FILM COMMENCE (F 2007). Der Film, eine Produktion des Festivals in Cannes, besteht aus Kurzfilmen von etwa vierzig Regisseuren, von Theo Angelopoulos bis Zhang Yimou.

1–3 Artaud double Bill (Atom Egoyan, F 2007): Anna geht ins Kino, sieht Vivre sa vie (Jean-Luc Godard, F 1962) und sucht ihre Freundin per SMS.

fast entgegengesetzt. Dennoch gibt es auf den verschiedenen Leinwänden Ereignisse, die aufeinander verweisen und sich ergänzen (die sexuelle Belästigung, die Feuersbrunst). Zudem haben wir das Display eines Handys, das die Bilder von der Kinoleinwand exportiert, indem es sie aufzeichnet und übermittelt; und wir haben, ebenfalls auf dem Handy, Wörter, die das beschreiben, was die zwei Freundinnen gerade sehen.[2] Diese Verschachtelung – unterstützt durch die Anagramme und Homophone der Namen: Anna, Nana, Jeanne[3] – verursacht leichten Schwindel: Die Welt scheint zu flimmern, wir uns in ihr zu verlieren. Aber aus diesen ineinander verhakten und sich gegenseitig widerspiegelnden Situationen erwachsen dennoch genaue Hinweise darauf, was es heute bedeuten kann, einen Film im Kino zu sehen.

Wir verfolgen also das Dreieck Anna, Nana und Nicole in Hinblick auf die Abweichungen, die zwischen Anna und Nana bestehen – die Zuschauerinnen desselben Films sind, aber auf unterschiedlichen Ebenen –, sowie im Hinblick auf die Übereinstimmungen, die sich zwischen Anna und Nicole ergeben – die Zuschauerinnen unterschiedlicher Filme sind, aber zugleich danach trachten, miteinander Verbindung aufzunehmen. Zunächst fällt auf, dass Nana im Film von Godard den Film von Dreyer

---

2   Es sei daran erinnert, dass Egoyan sowohl der Autor von Artaud Double Bill als auch von The Adjuster ist, einem der Filme, den die beiden Freundinnen sich ansehen; deshalb ist Nicole nicht nur Zuschauerin des einen Egoyan-Films, sondern auch Protagonistin des anderen.

3   Ich verdanke Carol Jacobs einige wertvolle Beobachtungen hinsichtlich der Namen, die in diesem Film eine Kette von Anagrammen und Verschlüsselungen bilden: sei es auf der Ebene der Protagonistinnen (so trägt etwa Anna, die Zuschauerin des Godard-Films, den Namen der Schauspielerin, Anna Karina, die die Figur Nana spielt), sei es auf der Ebene des Regisseurs (angefangen mit dem ‹Ego›, das im Namen Egoyan eingeschrieben ist).

anschaut, eine simple Ausgangslage, während sich Anna im Film von Egoyan einem komplexeren Sachverhalt aussetzt. Sie schaut vor allem den Film von Godard an, aber innerhalb dessen auch den Film von Dreyer: Sie ist Zuschauerin einer doppelten Bilderreihe. Sie sieht LA PASSION DE JEANNE D'ARC von Dreyer, aber auch Nana, die dieselben Bilder sieht: Sie ist Zuschauerin einer fiktionalen Filmvorführung. Des Weiteren sieht Anna in dem Film von Godard, wie Nana von einem Zuschauer bedrängt wird – etwas, das sich auch in dem Film, den ihre Freundin sieht, ereignet

4–5 ARTAUD DOUBLE BILL: Nicole sieht THE ADJUSTER (Atom Egoyan, CAN 1991), in dem die Protagonistin, Hera, ebenfalls ins Kino geht.

und vielleicht sogar dieser selbst geschieht: Sie ist Zuschauerin einer Geschichte, die sich später weiterentwickelt. Schließlich sieht Anna einen Film und verschickt und liest gleichzeitig Nachrichten von und auf ihrem eigenen Handy: Sie ist Zuschauerin, Autorin und Leserin in einem. Nicole, ihr Alter Ego, befindet sich in einer analogen Situation: Auch sie schaut sich ihren Film an und zugleich den Ausschnitt aus Dreyer, den ihre Freundin ihr schickt; auch sie sieht Dinge mit den Augen anderer; auch sie sieht Dinge, die anderes ergänzen (die Feuersbrunst, die sich mit der zum Tode verurteilten Jeanne überlagert); auch sie sieht, schreibt und liest.

Tatsächlich aber sind Nana auf der einen Seite und Anna und Nicole auf der anderen mit ganz unterschiedlichen Objekten konfrontiert. ‹Film› bedeutet für sie nicht dasselbe. Für Nana geht es um ein einzelnes und wohl definiertes Werk: ‹Film› bedeutet ‹dieser› Film, der ausschließlich und direkt genossen wird, und nur dieser. Für Anna und Nicole dagegen geht es um einen Diskurs, der sich an andere Diskurse anlehnt und letztlich andere Diskurse hervorbringt: Es ist ‹dieser› Film, aber noch ein zweiter, auf den man sich einlässt, eventuell durch die Vermittlung von jemandem, der einem hilft, an ihn heranzukommen; so wie er auch eine Bilderreihe ist, die einen dazu bringt, eine SMS zu schreiben, die reflektiert, was man gerade sieht; ‹Film› bedeutet hier eine Reihe von Situationen, die auch in anderen Filmen, oder vielleicht im Leben, vorkommen oder zu Ende gebracht werden; und er ist ein Verzeichnis typischer Situationen (zum Beispiel die Feuersbrunst), das wie ein Album mit sehr persönlichen Bildern funktionieren kann (die erste Einstellung mit Artaud für Anna).

Kurz, wenn die traditionelle Zuschauerin Nana sich noch mit einem *Text* auseinandersetzt, so tun dies die beiden modernen Zuschauerinnen mit einem *Hypertext*, der aus verschiedenen Komponenten, Links und möglichen Weiterführungen besteht (vgl. Landow 1997; 2006). Sie geraten eventuell sogar in ein *Netz aus gesellschaftlichen Diskursen*, das in der Lage ist, verschiedene diskursive Bedarfsfälle, Gattungen, Systeme und Ebenen aufzureihen und gleichzeitig ineinander zu verkanten, wobei der Film im engeren Sinne eine relevante, aber sicher nicht exklusive Rolle spielen kann (vgl. Casetti 2002; 2005).

Mein zweiter Punkt betrifft nicht das Objekt des Zuschauerblicks, sondern dessen Beschaffenheit. Nana richtet ihr gesamtes Interesse auf den Film, den sie sich anschaut: Sie ist sozusagen ganz Auge. Anna verhält sich dagegen mehrgleisig: Sie verfolgt den Film, aber gleichzeitig bemüht sie sich herauszufinden, wo ihre Freundin Nicole gelandet ist, sie schreibt ihr eine SMS, dass sie Vivre sa vie sieht, nimmt Bilder aus dem Film mit dem Handy auf, empfindet cinephile Begeisterung usw. Kurz, während Nana sich konzentriert, dezentriert sich Anna.

Diese Dezentrierung hat etwas von der *zerstreuten Wahrnehmung*, die Benjamin (1991) dem Kino zuschrieb und die später noch passender dem Fernsehen zugeschrieben wurde. Somit sind wir bei den Antipoden jenes Zuschauerverhaltens angelangt, welches das Kunstwerk früher noch zu verlangen schien, und nähern uns einem eher beiläufigen, weniger involvierten Wahrnehmen, wie es die Medien heute verlangen. In diesem Sinne können wir im Rückgriff auf die jeweiligen Begriffe von John Ellis und Stanley Cavell sagen, dass Anna und Nicole dem Film nicht mit einem frontalen, starren Blick (*gaze*) begegnen, sondern mit einem eher beiläufigen Blick aus den Augenwinkeln (*glance*);[4] sie lassen sich nicht auf eine eingehende Betrachtung (*viewing*) ein, sondern unterziehen das, was sie sehen, einer oberflächlichen Überprüfung (*monitoring*) (Cavell 2005). Dabei mangelt es den beiden nicht an Aufmerksamkeit: Sie konzentrieren sich jedoch auf eine Vielzahl von Objekten und Aktivitäten. So verfolgen sie zwar die Filmhandlung, wenden sich aber zugleich sekundären Dingen zu; so achten sie zwar auf den Film, aber ebenso auf ihre Handys; so reagieren sie zwar auf die Bilder, aber auch auf das, was nebenher geschieht. Allerdings ‹zerstreuen› sie sich nicht: Sie wechseln nur die Fronten; sie vervielfachen ihren Fokus; sie modulieren ihren Blick. Sie setzen eine ‹dezentrierte› Aufmerksamkeit in Gang, das heißt eine Aufmerksamkeit ohne

---

4   Die Opposition *gaze/glance* wurde von Ellis (1982) vorgeschlagen und hat in der Folge große Verbreitung in der Filmwissenschaft gefunden; vgl. Fanchi (2005, 38ff).

vorgeschriebenes Zentrum, das sich auf viele Ziele und Zwecke richtet; eine Aufmerksamkeit, die nach dem Prinzip des Multi-Tasking funktioniert (vgl. Fanchi 2005, 43ff). Damit hindern sie sich daran, den Film, den sie vor sich haben, zu ‹resakralisieren› (anders als Nana, die bereit ist, sich exklusiv auf die Welt, die sich vor ihren Augen auftut, einzulassen); die beiden Freundinnen schauen den Film so an, wie man eines der vielen Objekte anschaut, die sich in der eigenen Lebenswelt finden: Manchmal wendet man sich ihnen zu, manchmal auch nicht.

So kommen wir zu einem dritten Punkt. Nana konzentriert sich nicht nur auf den Film, sie taucht in ihn ein. Mittels eines expliziten Spiels von Identifikations- und Projektionsprozessen versetzt sich die Protagonistin von Vivre sa vie in die von Dreyer erzählte Begebenheit, bis sie sich schließlich als Teil davon fühlt. Hier setzt die Katharsis ein, wie wir an der Träne sehen, die ihr beim Zwischentitel «Tod» über die Wange läuft: Im Schicksal von Jeanne d'Arc erkennt Nana ihr eigenes; sie weint um die Jungfrau und gleichzeitig um sich selbst. Anna dagegen bleibt an der Oberfläche dessen, was sie sieht: Sie greift die Stelle auf, die sie interessiert, isoliert sie vom Rest und schickt sie ihrer Freundin. Anstatt sich in den Film zu vertiefen, surft sie sozusagen darüber hinweg. Das verhindert natürlich jegliche Katharsis: Anna identifiziert sich nicht und projiziert sich nicht in Jeanne und auch nicht in Nana; sie bleibt sie selbst, distanziert und verschieden von den Figuren, die sie vor sich hat.[5] Allenfalls erfolgt eine ästhetische Reaktion: Sie ist überwältigt von der Schönheit Antonin Artauds.

Aber dabei handelt es sich um eine Reaktion an der Oberfläche, in dem Sinne, dass sie eine Empfindung auslöst, deren Bedeutungen unklar bleiben und die daher kaum im Zusammenhang mit dem Gesehenen steht. Zwar trifft Annas Blick die Leinwand, doch das, was sie sieht, betrifft sie nicht.

Unter diesem Gesichtspunkt ist es wohl berechtigt, mithilfe der schönen Formulierung von Roland Barthes zu sagen, dass es Anna nicht gelingt, an der Leinwand «zu kleben» [*incollarsi; coller,* i.O.] (Barthes 2006, 379; Barthes 1975, 106). Sie findet nicht in die diegetische Welt hinein, sie durchquert sie allenfalls. Sie nimmt nicht an der Geschichte teil, sie nimmt sich höchstens einen Teil. Auch sind die Umstände nicht gerade günstig: Die Abwesenheit der Freundin wiegt schwer; die Notwendigkeit, sie zu kontaktieren, lenkt ab. Anna, um bei Barthes zu bleiben, gelingt es also auch nicht «abzuheben» [*decollare; décoller,* i.O.] – womit gemeint ist, dass

---

5   Zur kinematografischen Katharsis und ihrem derzeitigen Niedergang vgl. Pedullà 2008, 219ff.

6 Vivre sa vie – Nana flüchtet ins Kino.

7 Artaud Double Bill – Anna sieht, mit den Augen Nanas, La passion de Jeanne d'Arc (Carl Theodor Dreyer, F 1928).

sie sich nicht der Situation hingibt; weder ist sie in der Lage, sich für den Film zu begeistern noch sich im Kinosaal einzurichten. Sie bleibt von beiden «losgelöst» [*scollata*; keine Entsprechung im Original]. Die Folge ist, dass die Filmvorführung ihren rituellen Charakter verliert – was zeigt, wie zufällig, provisorisch und ungeregelt die Situation ist. Einen Film zu sehen wird zu einem Abenteuer ohne Haltepunkte.

Viertens geht es um den Kinosaal. Nana sucht im Kino eine Art Unterschlupf,[6] sie geht hinein, um sich von der Außenwelt abzugrenzen, vor dem Alltag zu flüchten. Damit begibt sie sich in gewisser Weise in eine Falle: Im Film von Dreyer wird sie entdecken, dass auch sie dem Tod geweiht ist. Und diese Erkenntnis wird ihr gerade deshalb zuteil, weil sie sich aus ihrem eigenen Universum herausgelöst hat; nur eine völlig andere Figur, in diesem Falle Jeanne d'Arc, kann ihr verdeutlichen, was sie erwartet. Anna dagegen ist ins Kino gegangen, um Zeit mit ihrer Freundin zu verbringen: Sie betrachtet das Kino nicht als Alternative, sondern als Fortsetzung ihrer Alltagswelt. Deshalb nimmt sie, sobald sie bemerkt, dass Nicole nicht aufgetaucht ist, Kontakt mit ihr auf: Denn im Kinosaal als Fortsetzung der Außenwelt kann man die Verbindung mit anderen aufrechterhalten. Es verblüfft daher nicht, dass auch das, was auf der Leinwand erscheint, sich an einen anderen Ort verschieben lässt. In der Tat landet die erste Einstellung von Artaud auf dem Mobiltelefon von Nicole, nachdem Anna sie aufgezeichnet hat. Außerdem findet die in Vivre sa vie angedeutete sexuelle Belästigung auch in The Adjuster statt. Trotzdem ist keine dieser Übereinstimmungen entscheidend. Während die Verurteilung von Jeanne Nana den Sinn ihres Lebens enthüllt, nutzen Anna und Nicole solche Hinweise nur als Anregung – als Vorstellungssplitter, die zur allgemeinen Verfügung stehen und auf eher zufällige als mysteriöse Weise miteinander verbunden sind.

---

6   Zum Kino als «Asyl für Obdachlose» vgl. Siegfried Kracauer 1980 [1927], 91–101.

Der Kinosaal von Nana ist, um es genauer zu formulieren, ein *heterotopischer Ort* im klassischen Sinne des Begriffs (vgl. Foucault 1991): Er ist ein umzäuntes Gehege mit einer Brücke in eine andere Welt, aus der wir Energien für die unsere ziehen. Der Kinosaal von Anna und Nicole funktioniert dagegen anders: Er ist kein Gehege im eigentlichen Sinn, sondern eine Zone, die zur Alltagswelt gehört; auch in dieser Zone gibt es Durchgänge zu Universen, die sich von dem unseren unterscheiden, aber wir werden nicht aufgefordert, wahre Schwellen zu überschreiten, jenseits derer wir uns selbst entdeckten; die Momente, mit denen wir konfrontiert sind, stellen nur mögliche Ereignisse dar, keine Interpretationsschlüssel für das, was uns geschieht; und solche Momente stehen auch vielen anderen Zuschauern zur Verfügung, welchen Film auch immer sie sehen. Letztlich zeigt der Kinosaal von Nana ein Publikum, dem mit dem Geschehen auf der Leinwand die Essenz des eigenen Lebens bewusst wird, und zwar dank einer Darstellung, die weit von der eigenen Realität entfernt ist. Hingegen hält der Kinosaal von Anna und Nicole ein versprengtes Publikum zusammen, das eher der Fernseh-*audience* oder den Teilnehmern eines *social network* ähnelt – ein Publikum, das sich mit Bildern auseinandersetzt, die nicht unbedingt als Offenbarungen funktionieren, zu denen man jedoch auch aus der Distanz Zugang hat, um ihnen Bedeutungen abzugewinnen, die sich für verschiedene Zuschauer an verschiedenen Punkten im Netz ergeben können.

Der Aneignung eines Textes steht also die Verwendung eines Hypertextes oder die eines Netzes aus gesellschaftlichen Diskursen gegenüber; der konzentrierten Sichtung eines Films die einer dezentrierten, die mehr Objekte mit einbezieht und größere Aktivität verlangt; der Möglichkeit, in die erzählte Begebenheit einzutauchen, steht das Verharren an der Oberfläche gegenüber; dem Einsetzen der Katharsis eine der *bricolage* ähnlichere Verhaltensweise; einem geschlossenen Ort, der ein Publikum eingrenzt, ein offenerer Ort, der wie der Knotenpunkt eines idealen Netzes funktioniert; der Darstellung einer ‹anderen› Welt, die dennoch von der ‹realen› spricht, die Darstellung einer ‹möglichen› Welt, die überall ihre ‹Verwirklichung› finden kann. So umreißt ARTAUD DOUBLE BILL ein klar konturiertes Feld: Indem er die Dreiecksbeziehung zwischen Nana, Anna und Nicole entwickelt, erinnert er uns daran, was es früher bedeutet hat, einen Film anzuschauen, und was heute daraus geworden ist.

Was für Schlüsse können wir nun aus der Konfiguration ziehen, die Egoyan uns anbietet? Gehen wir zunächst davon aus, dass wir es sowohl im Fall von Nana als auch in dem von Anna und Nicole nicht mit dem zu tun haben, was man normalerweise ‹Rezeption› nennt. So sehr der Begriff auf dem Gebiet der Filmwissenschaft anerkannt sein mag, er erscheint hier zutiefst unangebracht. In der Tat ‹empfängt› keine der drei Zuschauerinnen Bilder oder Töne: Allenfalls ‹leben› sie sie, beziehen sie auf sich, reagieren auf sie, vergleichen sie mit der eigenen Lebenssituation, versuchen sie sich anzueignen usw. Deshalb möchte ich statt von ‹Rezeption› von *filmischer Erfahrung* sprechen: Wer sich vor der Leinwand befindet, wird von dem, was sich seinen Augen (und Ohren) darbietet, überrascht und überwältigt, und gleichzeitig versucht er, indem er es auf sich rückbezieht, zu erkennen, was sich ihm darbietet und was ihm geschieht, um so zu einem genuinen Zuschauer zu werden.

Auf die heutige Zeit bezogen sagen uns Nana, Anna und Nicole aber auch, dass sich die Konturen der filmischen Erfahrung seit den 1960er Jahren tiefgreifend verändert haben. Verlassen wir für einen Augenblick den Film von Egoyan und wenden uns dem Akt des Zuschauens allgemein zu. Offensichtlich läuft ein Modell aus, das lange vorherrschte und besagte, dass ein Zuschauer an einer Filmvorführung teilnimmt, ihr «beiwohnt». Beiwohnen (*to attend*) bedeutet, sich etwas auszusetzen, an dem wir nicht unbedingt beteiligt sind, aber von dem wir Zeuge werden. Es handelt sich also darum, bei einem Ereignis anwesend zu sein und gleichzeitig die Augen darauf zu richten, sei es, um es wie ein Geschenk zu empfangen, sei es, um es zu erobern.[7] Heute scheint dieses Modell nicht mehr standzuhalten: Die Sichtung eines Films bringt immer öfter ein direktes Tun des Zuschauers mit sich, der letztlich entweder das, was er vor sich hat, oder die Umgebung, in der er sich bewegt, oder gar sich selbst sozusagen ‹verwalten› muss.

Er tut dies beispielsweise in der Benutzung bestimmter Geräte, sei es der traditionelle ‹Apparatus› Film/Projektor/Leinwand, sei es ein DVD-Player oder ein Computer. Außerdem tut er dies, indem er Zeit und Ort seiner Sichtung selbst bestimmt: Ein Film kann als Ganzes genossen werden, aber auch in Etappen (was zu abweichenden Ergebnissen führt) oder nur in seinen wichtigsten Szenen. Der Zuschauer kann aber auch der jeweiligen Situation Rechnung tragen: Ein Film kann je nach Wunsch im vollen Kinosaal angeschaut werden, aber auch während einer Reise die Zeit verkürzen oder die Neugier eines Internet-Surfers befriedigen. Vor allem aber definiert sich dabei das Spielfeld neu: Ein Film kann vorgeführt werden, aber auch Sammel- oder Kultobjekt sein (vgl. Klinger 2001), Objekt einer Manipulation oder, dank der *File-Sharing*-Programme, eines Tausches: die Möglichkeit, frei zu wählen, wo zuvor nur etwas Vorgege-

---

[7] Cavell beschreibt diesen Zustand sehr gut, wenn er über das Kino bemerkt: «We wish to see […] the world itself», und gleichzeitig «we are wishing for the condition of seeing as such» (Cavell 1979, 101f).

benes stattfand; die Notwendigkeit, die Spielregeln zu explizieren, wo diese zuvor implizit waren; der starke Zusammenhang mit der eigenen Lebenswelt, wo zuvor immer ein Abstand blieb; und schließlich eine Erweiterung des Blickfeldes, wo dies zuvor begrenzt war – all das sind Kriterien, die zeigen, wie sehr sich die Umstände geändert haben.[8] Ließ sich der traditionelle Zuschauer vom Film formen, so ist es heute – dank einer Mischung von genauen und gezielten Praktiken, die das Objekt, die Modi und die Bedingungen der Sichtung betreffen – er selbst, der den Film nach eigenem Ermessen formt. Dadurch wird er zum aktiven Protagonisten des Spiels. Vom Zuschauer wird nicht mehr nur verlangt, einer Filmvorführung mit weit geöffneten Augen beizuwohnen, sondern er soll handeln: Die *attendance* weicht einer *performance*.[9]

Das Sehen wird somit zu einem Tun – einem vielfältigen Tun, das verschiedene Aspekte des Erlebens einschließt und tendenziell sogar über eine rein zielgerichtete Aktivität, über die Ausübung des Sehens hinausgeht.[10] Von den hier erwähnten Praktiken der Filmsichtung mögen einige dennoch traditionell erscheinen, werden jetzt aber ganz anders vollzogen. Zum Beispiel spielt nach wie vor ein *sensorischer Modus* in unserem Verhalten eine Rolle, der unsere Wahrnehmung stimuliert, doch seine Grenzen sind deutlich erweitert. Statt lediglich die Augen zu beschäftigen, werden immer mehr Sinne involviert: das Gehör (einen Film anschauen bedeutet, sich in eine Tonumgebung zu begeben), aber auch der Tastsinn (wird der Film auf einem DVD-Player oder auf dem Computer gesichtet, so muss man die eigene Hand betätigen).[11]

Daneben bestimmt nach wie vor ein *kognitiver Modus* unser Verhalten, dank dessen wir interpretieren, was wir sehen; doch es dezentriert sich sozusagen. Der Zuschauer muss heute, viel eher als einen Film ‹zu verstehen›, entweder auf einer abstrakten Ebene ‹erkunden›, was er vor sich hat, um sich besser orientieren zu können (ich denke etwa an die Schwierigkeit, die früher eindeutige, heute aber oft diffuse Genrezugehörigkeit eines Films zu erkennen), oder ganz konkret Versatzstücke sammeln, um sie für

---

8   Laut Fanchi (2007, 90) eröffnet sich dem neuen Filmzuschauer ein breiter Verhandlungsraum: Er muss vor allem eine eigene Kartografie der Medien erstellen, dann diesen Plattformen Rollen und Funktionen zuweisen. Und schließlich ist er gehalten, dem Apparat in einem demiurgischen Akt seine Anwendungszeiträume, -arten und -gelegenheiten vorzuschreiben.
9   Der Begriff *performance* wird von Corrigan (1991) verwendet. Hier versuche ich allerdings, ihn weiter zu fassen und ihm einen anderen Inhalt zu verleihen.
10 Debray (1992) spricht bei seiner Behandlung des Übergangs zur «Videosphäre» ganz offen vom «Ende der Vorstellung» und meint damit eine viel allgemeinere Schwächung der Rolle des Sehens.
11 Zur synästhetischen Beteiligung des Zuschauers vgl. Cohen 2001.

spätere, vielleicht noch selektivere Sichtungen in Reserve zu haben (wie wenn man aus einer DVD die ‹Lieblingsszenen› herauskopiert).

Dasselbe gilt für den *emotionalen Modus*.[12] Schon immer hat der Film seinen Zuschauer ‹berührt›. Heute scheinen jene Komponenten, die Gefühl und Leidenschaft betreffen, jedoch abnormes Gewicht gewonnen zu haben: Einerseits geht man immer öfter ins Kino, um sich von den Spezialeffekten überwältigen zu lassen; andererseits sprengen besonders intensive Szenen das Erzählgewebe auf, wodurch der Film ‹in Blöcken› oder ‹in Fragmenten› gesehen wird.

Aber die *performance* bezieht vor allem auch neue Ebenen mit ein. So zum Beispiel im *technologischen Modus*: Sobald der Zugang zu einem Film nicht direkt ist, sondern über einen Apparat gesteuert wird, den der Zuschauer bedient (das ist der Fall bei der VHS, der DVD, dem *home theater* usw.), oder über einen Kanal, mittels dessen man auswählt, was und wie man sehen will (das Video *on demand* oder MySky), wird eine ganze Reihe von Schritten notwendig, für die man eine spezifische Kompetenz benötigt (vgl. Casetti/Fanchi 2006).[13]

Daneben ist auch ein *Gemeinschaft stiftender Verhaltensmodus* relevant: Der einzelne Zuschauer hat, besonders nach Verlassen des Kinos, das Bedürfnis, eine Gruppe zu bilden, mit der er seine Erfahrung teilen kann, ein Netz aus Kontakten, die das Erleben begleiten, ob in Gestalt von Telefongesprächen oder einer *Twitter*-Nachricht.

Ebenso relevant ist der *expressive Modus*: War die Vorführung von Kultfilmen wie THE ROCKY HORROR PICTURE SHOW (Jim Sharman, USA 1975) oder STAR WARS (George Lucas, USA 1977) früher häufig von ‹Kostümierungsspielen› begleitet, so findet heute die Selbstdarstellung auch in *blogs* statt, in denen der Zuschauer einen *post* unterbringt,[14] oder in manchen *social networks*,[15] in denen er, während oder nach der Sichtung, von seinen ganz persönlichen Reaktionen berichtet.

Und schließlich ist ein *textueller Modus* zu konstatieren, der darauf beruht, dass der Zuschauer mehr und mehr die Möglichkeit hat, den Film während der Sichtung zu manipulieren, nicht nur in dem Sinne, dass er ihn für sich ‹anpasst› (wenn er entscheidet, ob er das Format des Filmclips beibehalten oder verändern, ihn in niedriger oder in hoher Auflösung anschauen will), sondern auch in dem Sinne, dass er ausdrücklich selbst

---

12 Vgl. Plantinga/Smith 1999 sowie Brütsch et al. 2005.
13 Was die Möglichkeit des Subjekts betrifft, mit dem *Apparat* zu interagieren, ist auf die nun klassische Kategorisierung der Interaktivitätsebenen von Van Dick/De Vos 2001; Downes/McMillan 2000 zu verweisen.
14 Vgl. Schmidt 2007 sowie Herring/Scheidt/Wright/Bonus 2005.
15 Vgl. Boyd/Ellison 2007 sowie Livingstone 2008 und Scifo 2008.

eingreift (genau das ist der Fall bei den neu montierten und vertonten Filmausschnitten, die auf *YouTube* zu finden sind).[16]

Bei dieser kurzen Beschreibung des neuen Zuschauers war es unvermeidlich, den Kinosaal in einer gleitenden Bewegung zu verlassen und in andere Umgebungen und Dispositive vorzudringen, um schließlich sogar die Grenzen des Wahrnehmungsaktes zu überschreiten. Einen Film anzuschauen ist keine örtlich beschränkte Aktivität mehr und auch keine ausschließlich zielgerichtete. Es setzt längst nicht mehr eine Leinwand voraus und geht deutlich über das einfache Offenhalten der Augen hinaus.

Nun bleibt zu fragen, wie es kommt, dass die innovativsten Aspekte des neuen Zuschauerverhaltens aus Praktiken hervorzugehen scheinen, die sich außerhalb des Kinosaals und außerhalb der engen

8–10 ARTAUD DOUBLE BILL – Anna schreibt eine SMS, Nicole empfängt ein Bild von Artaud, das Feuer aus THE ADJUSTER beleuchtet das Schicksal von Jeanne d'Arc.

Grenzen der Filmvorführung entwickeln. Sie stehen vielmehr im Verbund mit anderen Medien und in anderen Handlungsrahmen, ganz besonders im Verbund mit den drei neuen Leinwänden, mit denen wir verstärkt konfrontiert sind: TV-Mattscheibe, Computerbildschirm und Handydisplay. Denken wir an die explorative Aktivität, die eher einem Verlangen nach Orientierung als einem nach Verständnis gehorcht – sie entsteht zweifellos durch den Kontakt mit dem Fernsehen, dessen unzählige Kanäle wir auf der Suche nach der uns genehmsten Sendung mit der Fernbedienung durchkämmen. Oder denken wir an die Aktivität des Sammelns, wenn wir Filmschnipsel von besonderem Interesse auswählen und horten: Diese Sammeltätigkeit findet ihren Ursprung sicherlich in solchen Praktiken der *Fans*, dank Aufnahmegeräten wie dem Videorekorder ganz persönliche

---

16 Zum *textuellen Modus* vgl. Abercrombie/Longhurst 1998. Zum manipulativen Eingreifen des Publikums könnte auch der Verweis auf die Figur des *prosumer* interessant sein, wie sie Toffler 1980 oder De Kerckhove 1991 beschreiben.

‹Bilderalben› zu erstellen und untereinander auszutauschen.[17] Denken wir auch an das emotionalisierte Sehen, das eine Intensivierung des ‹Fühlens› bewirkt: Es hat seinen Ursprung hauptsächlich in der enormen Menge von Stimuli aus der medialen wie der urbanen Welt – Stimuli, die einerseits von uns verlangen, das Niveau unserer Vernetzung zu heben, und uns andererseits zu einer Art Isolation von der Welt zwingen können, in beiden Fällen mit der Folge, dass wir die traditionelle Dimension des Sublimen für immer verlassen.

Die Fähigkeit, unter Verwendung aller zur Verfügung stehenden Technologien auszuwählen, was man sehen möchte, verweist uns zum Beispiel auf das wachsende Geschick des Publikums beim taktischen *Online*-Surfen nach Inhalten und Informationen, die es für wesentlich hält; während die Fähigkeit, sich von den Vorgaben der Programmierung zu lösen, sicherlich durch die Verbreitung mobiler Plattformen erleichtert wird, die *everywhere* und *anytime* Zugang gestatten (Urry 2000; Sheller/ Urry 2006).[18] Die manipulatorische Aktivität hingegen, die es ermöglicht, dass der Zuschauer auf die Geräte einwirkt, die sein Seherlebnis ermöglichen, hat offensichtlich ihren Ursprung in Dispositiven wie dem *home theater*, die kontinuierlich eingestellt und instand gehalten werden wollen. Der Gemeinschaft stiftende Modus, bei dem sich eine Cliquenbildung beobachten lässt, hat seinen Ursprung dagegen in dem stärker werdenden Einfluss von *social networks*, wirklichen und einzigartigen virtuellen Gemeinschaften, dank derer man ein Netz aus Zugehörigkeiten knüpfen kann. Eben diese *social networks* nähren auch das expressive Bedürfnis, das einen dazu bringt, ein Selbst zu konstruieren und auszustellen: Auf *YouTube* kosten und loten die gesellschaftlichen Subjekte die Lust, sich auszutauschen, unbegrenzt aus und treiben zugleich ‹Handel› mit dem eigenen Ich. Die Lust zu textuellem Verhalten schließlich wird zweifellos geschürt von der Möglichkeit, das aufzunehmen, was man sieht, um es sogleich, dank preiswerter Software, auf dem eigenen Computer neu zu schneiden. Alles in allem findet der Filmzuschauer von heute seine Schule außerhalb des Kinosaals. Es scheint ihm zu gelingen, sich in großer Distanz zum Kino und seinen kanonischen Orten fortzubilden.

Und trotzdem … Wenn es wahr ist, dass der Zuschauer heute das Kino dort sucht, wo es niemals gewesen ist, dann stimmt es auch, dass er sich nun selbst genau dort findet, wo das Kino so lange war. Die Prakti-

---

17 Zu den Aktivitäten der Fans, und zwar nicht nur, was das Sammeln von Ausschnitten betrifft, sondern auch die wirkliche und wahrhaftige Rekonstruktion ihres Kultobjektes, vgl. die klassische Studie von Jenkins 1992.
18 Für eine erschöpfende Behandlung des Konzeptes der Mobilität im italienischen Kontext vgl. Scifo 2005 und Mascheroni 2007.

ken, von denen wir gesprochen haben und deren Brutstätten sich in einem anderen Umfeld und in Nachbarschaft zu anderen Medien entwickeln, stehen bereit, um in den Kinosaal zurückzufließen und die traditionellen Formen der Filmerfahrung neu zu entwerfen. Als Markenzeichen einer bereits abgewanderten Zuschauerschaft kehren sie dahin zurück, wo das Filmerlebnis sich konstituiert hatte; sie kehren letztlich wieder heim, womöglich aus nostalgischen Gründen, vor allem aber bringen sie das mit, was sie in der Zwischenzeit gelernt haben. Genau dies führt uns ARTAUD DOUBLE BILL in großer Deutlichkeit vor, indem er uns zwei heutige Zuschauerinnen zeigt, die sich, so anomal sie sich ansonsten verhalten, ihren Film in einem richtigen Kinosaal anschauen. Doch das ist noch nicht alles. Man denke an den regen Austausch von Mails oder Telefonaten, ein regelrechtes *social network*, das aktiv wird, wenn sich eine Zuschauergruppe zum Kino verabreden will. Oder an die Vielzahl auf lautlos gestellter, aber angeschalteter Mobiltelefone, die den Kontakt mit der Außenwelt wach halten. Oder an den Umstand, dass immer häufiger Kritiken und Kommentare am Eingang des Kinos verteilt werden, die aus dem jeweiligen Film ein nachgerade multimediales Produkt machen. Oder an den Kauf der DVD des Films, den man gerade gesehen hat und zu Hause noch einmal anschauen möchte. Wenn es also stimmt, dass sich relevante Praktiken außerhalb der Welt des Kinos und des Films entwickeln, dann stimmt es auch, dass sie wieder ins Kino eingebracht werden, um dort den Charakter der filmischen Erfahrung innovativ zu verändern. Mit der Konsequenz, dass selbst im Tempel der *attendance* das Sehen eines Films zur *performance* wird.

Eine Rückkehr in die Heimat also. Ich werde diese Heimkehr *Rück-Verortung* [*ri-rilocazione*] nennen: Gemeint ist eine doppelte Bewegung, das Verlassen des Kinos auf der Suche nach neuen Umgebungen und neuen Dispositiven (als Verortung) einerseits, und die Rückkehr mitsamt dem in der Zwischenzeit erworbenen Gut ins Kino (als Rück-Verortung) andererseits. Der Vollständigkeit halber füge ich hinzu, dass sich diese doppelte Bewegung in vieler Hinsicht in einer Art Kampfarena abspielt. Auf der einen Seite haben wir die neuen Kontexte und Dispositive, in die sich das Kino einpasst, so dass sich die Erfahrung, die es zu bieten hat, erweitert und transformiert; und wir haben den Saal, in den das Kino, bereichert um die neuen Praktiken und Sehgewohnheiten, zurückkehrt. Auf der anderen Seite stehen neue Kontexte und Dispositive, die das Kino in sich aufnehmen und dabei ihr Möglichstes tun, um seinen Charakter zu konservieren (so beim *home theater* im Wohnzimmer, wo man einen Film gemütlich im Sessel, bei gedimmtem Licht und in gebotener Stille anschaut, wobei die traditionellen Vorführbedingungen fast buchstäblich reproduziert werden). Und es gibt schließlich auch ein Kino, das die Einführung neuer Sichtungsmodi verweigert, um sich möglichst so zu erhalten, wie es war (dies besonders bei ‹zeremoniellen› Anlässen wie Festivals, Premieren oder Retrospektiven für Cinephile, bei denen vom Zuschauer nach wie vor nichts weiter erwartet wird, als einem Film ‹beizuwohnen›).

Daraus ergeben sich weitere Konsequenzen. Abgesehen von der Verortung, die wir innovativ nennen können (da an neuen Umgebungen und *Apparaturen* ausgerichtet), ist eine Tendenz zur konservativen Verortung zu konstatieren (da an Umgebungen und Apparaturen ausgerichtet, die die traditionelle Erfahrung wieder ins Spiel bringen); und abgesehen von der Rück-Verortung (als Rückkehr ins Kino, mit veränderten Sichtungsmodi), existiert auch eine Nicht-Verortung (eine Verbannung jeglicher Erneuerungsversuche aus dem Kinosaal).

Doch wenden wir uns wieder dem Fall zu, um den es hier im Wesentlichen geht. Warum in die Heimat zurückkehren und dabei das Neue mitbringen, das man erworben hat? Der Gesamtkontext erleichtert uns eine Antwort. Im Kern der Rück-Verortung gibt es mindestens vier Motive, die jeweils menschlichen Grundbedürfnissen entsprechen.

- Das erste Motiv betrifft ein *Bedürfnis nach Verankerung*. Einen Film anschauen ist immer mit einem Ort verbunden und wird es auch weiterhin sein – ein ‹Wo› anschauen neben einem ‹Was›. Doch die neuen Formen des Filmgenusses bieten dem Zuschauer nur eine existentielle Blase, in die er sich verkriechen kann (ich denke an den Zugreisenden, der einen Film auf seinem DVD-Player anschaut und sich von seiner Umgebung isoliert, indem er Kopfhörer aufsetzt und ignoriert, was um ihn herum geschieht); eine empfindliche, fragile Blase, die im Nu zerplatzt (durch den Fahrkartenkontrolleur oder die Einfahrt in den Bahnhof ...). Der Kinosaal dagegen stellt ein solideres, klareres, geschützteres Territorium dar. Eigentlich wird er nach wie vor als eine Art Wohnung betrachtet, sei es als Raum, in dem man sich gemeinsam mit anderen entspannt (ein Dach für die Gemeinschaft), oder als Raum, in dem man in eine gemeinsame Vorstellungswelt eintaucht (mit Heidegger gesprochen: die Sprache, die uns beherbergt). Der Saal ist als physischer und zugleich symbolischer Ort jene Bleibe, die das Kino und seine Zuschauer nach wie vor suchen.
- Die zweite Antwort wirft hingegen Licht auf ein *Bedürfnis nach Vertrautheit*. Die Verortung bringt zweifellos eine Veränderung mit sich: im Fall der konservativen Verortung eine minimierte oder im Fall

der innovativen eine maximierte. Im einen wie im anderen Fall lässt sich daraus ein Misstrauen gegenüber den traditionellen Modi ableiten – die weniger ihr Aussterben riskieren als vielmehr die Tatsache, nicht mehr als relevant für die Filmerfahrung zu gelten. Die Rück-Verortung, die Heimkehr in den Kinosaal, führt also dazu, dass die Neuheiten buchstäblich einer Erfahrung, die ihre Wurzeln deutlich am Leben hält, ‹einverleibt› werden: Da sie alle an einem ‹typischen› Ort zusammenfließen, erscheinen diese Neuheiten ‹akzeptabel› und miteinander ‹vertraut› – praktikabel und gewöhnlich. Auf diese Weise erfährt der Sichtungsvorgang als *performance* – so weit entfernt von der Tradition er auch zu sein scheint – völlige Anerkennung und löst gleichzeitig ein Wiedererkennen aus: Er wird als angemessene Art und Weise begrüßt, einen Film anzuschauen (Anerkennung als eine Form der Legitimierung), und gleichzeitig als ein Muster ausgestellt, das jeder kennt (Wiedererkennen als Form der Identifikation).

- Drittens wirft die Rückkehr in die Heimat Licht auf ein *Bedürfnis nach Institution*. Wenn wir mit den neuen Apparaturen oder in neuen Kontexten zugange sind, wird die Filmsichtung mit je anderen Aktivitäten konfrontiert, die in denselben Dispositiven oder in denselben Räumen stattfinden (wie das Radiohören, das Internetsurfen, das Herunterladen von Dateien oder das Empfangen von SMS), und diese überlagern sich mit jener. Ebenso befinden sich auch die Filme, um die es uns geht, in Gemeinschaft und oft in Überlagerung mit anderen Produkten (wie touristische Dokumentationen, Werbung, Schnipsel auf *YouTube*, neu vertonte oder geschnittene Werke im Netz usw.), welche im Rahmen derselben Dispositive an denselben Orten stattfinden. Alles in allem gleiten wir unvermeidlich vom Bereich des Kinos in den der Medien und vom Bereich des Films in den der audiovisuellen Produkte insgesamt. Dieser doppelte Übergang wird von der *Konvergenz*[19] reflektiert, die unsere Epoche bestimmt: Die alten Apparate (eingeschlossen der ‹Apparatus› Kino bestehend aus Leinwand/Projektor/Filmstreifen) lösen sich auf zugunsten multifunktionaler Plattformen (und die drei ‹neuen› Leinwände – Fernseher, Computer und Mobiltelefon – sind genau dies); die alten mit dem Einzelmedium verbundenen Produkte (inklusive der Langspielfilm) lösen sich auf zugunsten einer reichen Palette an Multiplattform- oder *Crossover*-Produkten (der Film, den man sich im Kino anschaut;

---

19 Zur Konvergenz vgl. Jenkins 2006; zur Etablierung des Digitalen Negroponte 1995; Fidler 1997; Feldman 1997; zur Konvergenz und den neuen Produkten Murray 2005; Askwith 2007; zur Konvergenz und den neuen Konsumstrategien Brooker/Jermyn 2003, 323ff.

der *Director's Cut*, den man sammelt; der Clip, den man auf das eigene Handy lädt, usw.). In einer Epoche der Konvergenz könnte es also wie ein verzweifeltes Unternehmen aussehen, den Kinosaal als umzäuntes Gehege und den Film als unveränderlich zu betrachten. Und doch gibt uns die Rück-Verortung die Sicherheit, dass ein Medium, dessen Anhänger wir so lange gewesen sind, weiterhin seinen Platz und seine eigene Identität bewahrt. Was bedeutet, dass das Kino weiter existieren wird, was auch immer geschehen mag, und zwar als Kino.

- Viertens wirft das, was ich ‹die Rückkehr in die Heimat› genannt habe, Licht auf ein *Bedürfnis nach Erfahrung*. Dies ist der delikateste, aber auch der entscheidende Punkt. Die Abwanderung in neue Kontexte und zu neuen Apparaturen stellt ein doppeltes Risiko dar: Einerseits löst sie die Filmerfahrung, wie angedeutet, in einer viel vageren medialen Erfahrung auf; andererseits zwingt sie diese Erfahrung in vorgeschriebene Bahnen – jene Bahnen, die sich besonders im Fall von klar festgelegten Technologien aufdrängen, ob aufgrund der Funktionsweise des Dispositivs oder aufgrund der Art und Weise, wie die Anwender es benutzen (vgl. Montani 2007). Im ersten Fall verliert die filmische Erfahrung ihre Eigentümlichkeit und damit ihre Kraft; im zweiten verliert sie ihre Unvorhersehbarkeit und damit ihre Freiheit. Die Rück-Verortung aber weist einen Ausweg aus dieser Situation. Sie schafft eine Umgebung, die die filmische Erfahrung wiederbelebt: die große Leinwand, die den Zuschauer überragt, ihn fordert, statt ihm zahm zu gehorchen wie das *display* eines Mobiltelefons oder eines Computers. Und sie verlangt eine Haltung, die dem Kinobesuch seine Freiheit zurückgibt: Die Tatsache, dass man sich in Bewegung setzen muss, um einen Film zu sehen, statt ihn sich buchstäblich aushändigen zu lassen (dies bedeutet *Rück*-Verortung), erlaubt dem Zuschauer, eine viel eindeutigere und aufwändigere Auswahl zu treffen. Die filmische Erfahrung erlangt ihren präzisen und persönlichen Sinn zurück.

Wir können noch radikaler sein: Ein Schuss *attendance* kann einer Erfahrung, wie sie die *performance* oft verspricht, aber kaum umsetzt, zusätzliche Substanz verleihen. Eine Sichtung, die sich mit einem aktiven Tun vermischt, scheint mich als Zuschauer ins Zentrum des Spiels zu versetzen, aber diese Zentralität – und dieses Spiel – mag letztlich illusorisch erscheinen. Auf der einen Seite verweist mich dieses Tun auf alltägliche Praktiken und tendiert somit dazu, sich einen Anstrich von Belanglosigkeit zu geben. Ich denke an meinen Computer, der mir einen Film anbietet, wie er dies mit jeder anderen Sache machen könnte. Auf der anderen Seite absorbiert mich dieses Tun so sehr, dass ich keinen Raum mehr habe, um dem zu begegnen, was sich mir darbietet, um also wirklich sehen zu können, was sich mir präsentiert. Ich denke an das *file sharing*, das sich oftmals im reinen und einfachen Austausch von Material zu erschöpfen scheint; oder an das *remix*, das oft nur dazu dient, die eigene Geschicklichkeit vorzuführen. Was soll mich dabei wirklich überraschen, was packt mich? Und wie soll ich mir meiner selbst und dessen, was ich vor mir habe, bewusst werden? Mache ich letzten Endes wirklich eine Erfahrung – jene Erfahrung, die sich erst über ein gewisses Staunen und Wiedererkennen/Anerkennen definiert? Bei der *attendance* setzte sich der Zuschauer noch in Beziehung zu einer – auf der Leinwand oder um sie herum bestehenden – Welt, die gleichzeitig in der Lage war, Fragen zu stellen und Antworten zu liefern. Daher stammt das Gefühl, man habe es mit einer nicht vorhersehbaren Begegnung zu tun, und doch gleichzeitig die Möglichkeit, sich dessen zu bemächtigen, was einem begegnet. Bei den neuen Apparaturen dagegen weicht das Staunen der Selbstbefriedigung und das Wiedererkennen und Anerkennen der Geschicklichkeit. Es gibt keine Überraschung, nur Selbstgefälligkeit; es gibt kein Bewusstsein, nur Virtuosität. Der Zuschauer handelt, aber sein Tun mag sich oft selbst genügen.

Die Rückkehr in die Heimat scheint mir, insofern sie einen neuen Umgang mit der Filmerfahrung mit sich bringt, erneut Bedingungen zu schaffen, unter denen das Staunen und das Wiedererkennen/Anerkennen ihre Bedeutung zurückgewinnen können. In der Tat erscheint ein Film im Kino nach wie vor als Ereignis, zu dem ich mich in Beziehung setzen muss und von dem ausgehend ich meine eigene Umgebung wiederentdecken kann. Man muss sich nur vergegenwärtigen, wie sehr das Ereignis sich gerade dort nicht auf etwas Alltägliches, Gewohntes reduzieren lässt – es hebt sich nach wie vor vom Alltag ab. Oder wie es mich dazu zwingt, mich zu bewegen, um daran teilzuhaben – aus dem Haus zu gehen, eine Eintrittskarte zu kaufen, mich unter die Leute zu mischen; das verleiht dem, was ich tue, Wert. Oder wie es mich mit anderen Menschen gemeinsam etwas erfahren lässt, als eine Art Privileg. Oder wie es mich in einen Rhythmus einbindet und mich gleichzeitig in einen Ritus einführt.[20] Ja, im Kino ist der Film mehr als anderswo ein Ereignis: und in diesem Sinne ein kleines

---

20 In diesem Rahmen könnte es interessant sein, auf die parallele Neigung des Fernsehpublikums zu verweisen, sich physisch an den Ort zu begeben, an dem sich die Aufnahmen abspielen, an großen Events *on the ground* teilzunehmen, die entweder eine einzelne Sendung oder einen ganzen Sender betreffen (z.B. das *Mtv-Day-Event*). Zu diesem Thema vgl. Couldry 1998 und Hills 2003; wiederaufgegriffen von Sfardini 2009.

Rätsel, das mich fordert und mir zugleich ein Bewusstsein von mir und meiner Lebenswelt vermittelt. Im Endeffekt wird meine Begegnung mit dem Film umso mehr den Charakter einer Erfahrung zurückerlangen können, je mehr sie von konkretem Tun durchwoben ist – desto weniger sie also einer einfachen Konfrontation mit dem Objekt entspricht. Die Dinge beginnen mich wieder zu überraschen und zu packen; und ich beginne, meinem Bewusstsein wieder Raum zu schaffen. In diesem Sinne dürfen wir wohl sagen, dass die *attendance* uns dank der Rück-Verortung ein Erbe vermacht – wir haben von Geschenken und Eroberungen gesprochen –, das die Löcher der *performance* stopft. Einen Film anschauen muss nicht mehr zu einer Übung in Narzissmus werden oder automatisch in Belanglosigkeit versinken.

Ein Ereignis also: die Überraschung und das Wiedererkennen/Anerkennen aufrechterhalten; Widerstand gegen Narzissmus und Gleichgültigkeit leisten. In der Überlagerung von *attendance* und *performance*, in der Verknüpfung von Tradition und Neuheit öffnet sich die Rück-Verortung mehr als jede andere Geste der Dimension der Erfahrung. Und diese Dimension ist der wahre Spieleinsatz. Sie lohnt sich.

Übersetzung aus dem Italienischen von Christoph Wahl

Für ihre Beobachtungen und Anregungen möchte ich Sara Sampietro danken.

Literatur

Abercrombie, Nick / Longhurst, Brian (1998) *Audiences. A Sociological Theory of Performance and Imagination*. London/Thousand-Oaks: Sage.
Askwith, Ivan D. (2007) *Television 2.0. Reconceptualizing TV as an Engagement Medium*. Thesis, Master of Science in Comparative Media Studies, Massachusetts Institute of Technology. URL: http://cms.mit.edu/research/theses/IvanAskwith2007.pdf [18.07.2009].
Barthes, Roland (2006) Beim Verlassen des Kinos. In: Ders.: *Das Rauschen der Sprache*. Frankfurt a.M.: Suhrkamp, S. 376–380; franz.: (1975) En sortant du cinéma. In: *Communications* 23, S. 107–104.
Benjamin, Walter (1991) Das Kunstwerk im Zeitalter seiner technischen Reproduzierbarkeit (dritte Fassung) [1936]. In: *Gesammelte Schriften*, Bd. I/1: *Abhandlungen*. Hg. von Rolf Tiedemann & Hermann Schweppenhäuser. Frankfurt a.M.: Suhrkamp, S. 471–508.
Boyd, Danah M. / Ellison, Nicole B. (2007) Social Network Sites. Definition, History, and Scholarship. In: *Journal of Computer-Mediated Communication* 13/1, http://jcmc.indiana.edu/vol13/issue1/boyd.ellison.html [18.07.2009]

Brooker, Will / Jermyn, Deborah (Hg.) (2003) *The Audience Studies Reader*. London: Routledge.
Brütsch, Matthias / Hediger, Vinzenz / Keitz, Ursula von / Schneider, Alexandra / Tröhler, Margrit (Hg.) (2005) *Kinogefühle. Emotionalität und Film*. Marburg: Schüren.
Casetti, Francesco (2002) Cinema, letteratura e circuito dei discorsi sociali. In: *Cinema e letteratura: percorsi di confine*. Hg. von Ivelise Perniola. Venedig: Marsilio, S. 21–31.
Casetti, Francesco (2005) Adaptations and Mis-adaptations. Film, Literature, and Social Discourses. In: *A Companion to Literature and Film*. Hg. von Robert Stam & Alessandra Raengo. Malden/Oxford: Blackwell, S. 81–91.
Casetti, Francesco / Fanchi, Mariagrazia (Hg.) (2006) *Terre incognite*. Florenz: Carocci.
Cavell, Stanley (1979) *The World Viewed* (erw. Aufl.). Cambridge: Harvard University Press.
Cavell, Stanley (2005 [1982]) The Fact of Television. In: Ders.: *Cavell on Film*. Albany: Suny Press, S. 59–85.
Cohen, Alain J.J. (2001) Virtual Hollywood and the Genealogy of its Hyper-Spectator. In: *Hollywood Spectatorship. Changing Perceptions of Cinema Audiences*. Hg. von Melvyn Stokes & Richard Maltby. London: BFI, S. 152–163.
Corrigan, Timothy (1991) *A Cinema Without Walls. Movies and Culture after Vietnam*. New Brunswick: Rutgers University Press.
Couldry, Nick (1998) The View from Inside the ‹Simulacrum›. Visitors' Tales from the Set of Coronation Street. In: *Leisure Studies* 17/2, S. 94–107.
De Kerckhove, Derrick (1991) *Brainframes. Technology, Mind and Business*. Utrecht: Bosch & Keuning.
Debray, Régis (1992) *Vie et mort de l'image. Une histoire du regard en Occident*. Paris: Gallimard.
Downes, Edward J. / McMillan, Sally J. (2000) Defining Interactivity. A Qualitative Identification of Key Dimensions. In: *New Media & Society* 2/2, S. 157–179.
Ellis, John (1982) *Visibile Fictions. Cinema, Television, Video*. London: Routledge.
Fanchi, Mariagrazia (2005) *Spettatore*. Mailand: Il Castoro.
Fanchi, Mariagrazia (2007) L'esperienza della visione. In: *E' tutto un altro film. Più coraggio e più idee per il cinema italiano*. Hg. von Francesco Casetti & Severino Salvemini. Mailand: Egea, S. 85–124.
Fidler, Roger (1997) *Mediamorphosis. Understanding New Media*. Thousand Oaks: Pine Forge.
Feldman, Tony (1997) *An Introduction to Digital Media*. London: Routledge.
Foucault, Michel (1991 [1967]) Andere Räume. In: *Aisthesis. Wahrnehmung heute oder Perspektiven einer anderen Ästhetik*. Hg. von Karlheinz Barck, Peter Gente, Heidi Paris & Stefan Richter. Leipzig: Reclam, S. 33–45.
Herring, Susan C. / Scheidt, Lois Ann / Wright, Elijah / Bonus, Sabrina (2005) Weblogs as a Bridging Genre. In: *Information Technology and People* 18/2, S. 142–171.
Hills, Matthew (2003) Cult Geographies. Between the ‹Textual› and the ‹Spatial›. In: Ders.: *Fan Cultures*. London: Routledge, S. 144–157.
Jenkins, Henry (1992) *Textual Poachers. Television Fans and Participatory Culture*. New York, London: Routledge.
Jenkins, Henry (2006) *Convergence Culture. Where Old and New Media Collide*. New York: New York University Press.

Klinger, Barbara (2001) The Contemporary Cinephile. Film Collecting in the Post Video Era. In: *Hollywood Spectatorship. Changing Perceptions of Cinema Audiences*. Hg. von Melvyn Stokes & Richard Maltby. London: BFI, S. 131–151.
Kracauer, Siegfried (1980 [1927]) *Die Angestellten. Aus dem neuesten Deutschland*. Frankfurt a.M.: Suhrkamp.
Landow, George P. (1997) *Hypertext 2.0*. Baltimore: Johns Hopkins University Press.
Landow, George P. (2006) *Hypertext 3.0. Critical Theory and New Media in an Era of Globalization*. Baltimore: Johns Hopkins University Press.
Livingstone, Sonia (2008) Taking Risky Opportunities in Youthful Content Creation. Teenagers' Use of Social Networking Sites for Intimacy, Privacy and Self-Expression. In: *New Media & Society* 10/3, S. 393–411.
Mascheroni, Giovanna (2007) *Le comunità viaggianti. Società reticolare e mobile dei viaggiatori indipendenti*. Mailand: Franco Angeli.
Montani, Pietro (2007) *Bioestetica. Senso comune, tecnica e arte nell'eta della globalizzazione*. Rom: Carocci.
Murray, Simone (2005) Brand Loyalties. Rethinking Content Within Gobal Corporate Media. In: *Media, Culture and Society* 27/3, S. 415–435.
Negroponte, Nicholas (1995) *Being Digital*. New York: Alfred A. Knopf.
Plantinga, Carl / Smith, Greg M. (Hg.) (1999) *Passionate Views. Film, Cognition, and Emotion*. Baltimore: Johns Hopkins University Press.
Pedullà, Gabriele (2008) *In piena luce. I nuovi spettatori e il sistema delle arti*. Mailand: Bompiani.
Schmidt, Jan (2007) Blogging Practices. An Analytical Framework. In: *Journal of Computer-Mediated Communication* 12/4, S. 1409–1407.
Scifo, Barbara (2005) *Culture mobili. Ricerche sull'adozione giovanile della telefonia cellulare*. Mailand: Vita & Pensiero.
Scifo, Barbara (2008) Prácticas y rituales de consumo de la telefonía móvil multimedia entre jóvenes italianos. In: *Sociedad móvil. Tecnología identidad y cultura*. Hg. von Juan Miguel Aguado Terrón & Inmaculada José Martínez Martínez. Madrid: Biblioteca Nueva, S. 239–263.
Sfardini, Anna (2009) *Reality TV. Pubblici fan, protagonisti, performer*. Mailand: Unicopli.
Sheller, Mimi / Urry, John (2006) The New Mobilities Paradigm. In: *Environment and Planning A* 38/2, S. 207–226.
Toffler, Alvin (1980) *The Third Wave*. New York: Bantam.
Urry, John (2000) *Sociology beyond Societies. Mobilities for the Twenty-First Century*. London / New York: Routledge.
Van Dick, Jan A.G.M. / De Vos, Loes (2001) Searching for the Holy Grail. Images of Interactive Television. In: *New Media & Society* 3/4, S. 443–465.

FRANK KESSLER

Viewing Pleasures, Pleasuring Views
Forms of Spectatorship in Early Cinema

In an interview that Paul Verstraten and I conducted with Christian Metz in 1986 for the Dutch journal *Versus*, we addressed, among other things, the issue of spectatorship (Kessler/Verstraten 1986). In particular, we asked Metz about the different ways in which the spectator could be conceived in film theory – as a "sociological," a "pragmatic," a "meta-psychological" entity – and what kinds of problems resulted from this. In his answer, Metz declared:

> To begin with, one remark. The meta-psychological spectator ('my' spectator) is the least problematic one. Yes, strangely enough, he is the least problematic one, as he is inside every one of us. And if I analyse the spectator's split belief structure, then this structure is quite simple to verify, as it is accessible to our experience, to introspection. One can certainly criticise my approach, but not inasmuch as the fact itself of this mixture of belief and disbelief is concerned.
> *(Kessler/Verstraten 1986, 110, trans. F.K.)*

A bit further on in the interview, Metz described "his" spectator as "the part of us that goes to the movies." He thus underscored the fact that, in spite of this experience being accessible by means of introspection, the metapsychological spectator is a rather abstract construction. Consequently, Metz by no means claimed to describe the concrete experience of an empirical individual (ibid., 111–112). Moreover, in his seminal essay "Le film de fiction et son spectateur," Metz had in fact already explicitly acknowledged the cultural and historical specificity of the particular regime of spectatorship attributed to what is generally called classical narrative cinema (Metz 1977, 132–133) – thus revealing himself to a certain extent as a *pragmaticien malgré lui*.[1] This also indicates the limits of the introspective – or rather, as Roger Odin has pointed out (1995a), the fundamentally phenomenological – approach that Metz, in the interview, declared to be the least problematic: it is, by definition, dependent on the historical, social,

---

1   Concerning Metz' arguing along pragmatic lines, I am convinced that I owe this observation to Roger Odin, but have so far been unable to actually track the reference down in his writings.

and cultural situation of the scholar observing her or his reactions to a film. The "part of us that goes to the movies," even if it is thought to be an abstraction, is neither transcultural nor transhistorical, as Metz undoubtedly would have been the first to acknowledge.

The Unattainable Audience

This, of course, raises the question of how to approach historical forms of film spectatorship, experiences of movie-going that are by no means accessible to introspection, as they are irretrievably lost in the past. And, to push matters even further, when looking at the early period this confronts us with the problem of how to address the issue of spectatorship with regard to a cinematic mode that has been conceived as being diametrically opposed to the one considered dominant for the classical narrative fiction film – or, to use Noël Burch's term, the Institutional Mode of Representation (see Burch 1990) – namely the so-called "cinema of attractions" (Gunning 1990). Surely, there is no way in which one could pretend to retrieve the spectators' gaze of that period, not even if one attempted to meticulously reconstruct and reenact such an experience. There is no way, in other words, for a spectator of 2009 to look at D. W. Griffith's THE LONELY VILLA (USA) in the same way as an audience in 1909, when the film was first shown.

On the other hand, however, one could also turn this question around and ask whether there is a way to approach any historical film form *without* presuppositions of some sort with regard to a mode of spectatorship, a type of audience, a general idea of a viewing position to which it is addressed? And indeed, whether openly addressed or not, whether the result of a methodological reflection or of a simple and non-reflected projection of current forms of spectatorship into the past, historical research on individual films, genres, or movements, on movie-going, film programmes, on the social, cultural and aesthetic functions of moving pictures – there is always and inevitably an underlying conception of viewers at some level at least.[2]

Let us start with an example. Take this photo of the interior of a cinema in Great Britain, supposedly taken sometime in the 1910s. People of

---

2   One important distinction, of course, concerns the concepts of "spectator," "viewer," and "audience" themselves. While "spectator" in many cases is used to refer to an abstract and rather theoretical entity, "audience" is more often concerned with historically attested groups; the third concept, "viewer", implies a psychic personality as well as the notion of a historically specific subject. However, the terms are used variously, and I will thus refrain from drawing strict boundaries between them. Hopefully, the scope of these terms in my reflections here will become clear from the respective contexts of use.

1 Cinema audience at the Mile End Palladium, Great Britain, ca. 1913.

different age groups are sitting on simple chairs, most of them turning their eyes toward the photographer. Standing at the back, in front of the screen, are other patrons and apparently also some employees, facing the camera. To some extent, one could say that this is as close as we can get to an actual cinema audience from that period. Waiting for the show to begin when the photograph is taken, they all of a sudden become performers themselves, enacting a cinema audience. There they are, real people, real moviegoers, caught in the act as it were (even though the film has not yet started and they have not turned into spectators yet). But at the same time they are so very far removed, quite out of reach. Looking at them, one realises how many questions such a photo leaves unanswered: Who are they? What do they do when they are not in a cinema? How typical are they as an audience of those days? What do they tell us about moviegoers? Obviously, one can use this photo as a historical source. One needs to try and contextualise it, of course, and date it with at least some precision. One can say something about the composition of the crowd in terms of gender, perhaps also with regard to class by reading these people's clothes in terms of social standing, for instance. Given the location of the cinema, most of them, presumably, were working-class. But still, so many questions will remain unanswered.

So again, even when we can look them in the eyes, the historian's conception of such an audience will always and inevitably be a construction and an abstraction. Elsewhere, I have tried to give an account of such constructions of spectatorship as they appear, implicitly or explicitly, in a number of studies on various aspects of early cinema (Kessler 2000). In what follows, I will try to use the categories I established at the time as a means of mapping the presuppositions and principles according to which early cinema audiences have been conceived.

Constructions of Spectatorship

An equivalent of some sort to the photo of an actual cinema audience are studies describing historically attested or attestable forms of spectatorship. An early, and famous, example here is Emilie Altenloh's 1914 publication, which presents the results of her empirical research on cinema audiences in the German town of Mannheim (Altenloh 1914). Next to a – rather limited – number of other contemporary surveys (such as the Rev. J. J. Phelan's 1919 study on cinema-going in Toledo, Ohio, see Phelan 2001), it is mainly in studies on local cinema history that relevant information about early film spectators surfaces. Many examples could be quoted here, among others the special issues of *KINtop* (Kessler/Lenk/Loiperdinger 2000) and *Film History* (Fullerton 2005), which were dedicated to local film histories. The local being, *par excellence*, the level where films and spectators meet, municipal archives and small community newspapers often provide an extraordinary amount of detailed information on aspects of the movie-going experience. Obviously, such materials ought to be interpreted with care and caution, and the craft of source criticism is needed here; on the other hand, as the example of the photo also shows, this is the case with any form of sound historical research.

Generally speaking, however, such source material is rather rare or only allows for drawing conclusions in a relatively limited way. Consequently, most studies prefer to construct hypothetical spectators or audiences. Arguably, the most influential example of the construction of spectatorship on the basis of a general hypothesis, at least as far as early cinema is concerned, is Tom Gunning's notion of the "cinema of attractions" (Gunning 1990). Postulating a form of address that differs radically from the one dominant in classical narrative cinema, Gunning by the same token posits a different form of spectatorship entailing different expectations with regard to, and different criteria for, the appreciation of films. In turn, this hypothetical construction of a viewing position provides the frame of reference for analysing the stylistic features of films. So, to give but one example, the frontal staging and the look directed toward the camera are no longer to be understood as traces of primitivism, as residues of a theatricality not yet overcome, but rather as a coherent formal strategy aimed at displaying attractions rather than telling a psychologically grounded story.

A more specific hypothesis is proposed by Heide Schlüpmann (1990) in her study on early German cinema, where she insists on the importance of women as a major group in film audiences of the 1910s. According to Schlüpmann, the German film industry was eager to provide female spectators with a product corresponding to their demands. This allows her to read German film production of the early 1910s in a new and original perspective, producing stimulating insights into the stylistic and narrative features of these films. Interestingly, Schlüpmann also refers to Gunning's concept of the "cinema of attractions" to ground her analyses of the specific mode of address in the films of her corpus. To the extent that these cater to visual pleasure (*Schaulust*) even when otherwise presenting narratives, Schlüpmann argues, they create a specific viewing position for women in the audience.

Both Gunning and Schlüpmann, albeit in different ways, start out from a general hypothesis (that, in itself, is of course developed out of extensive viewings and documentary research), which they then use as a heuristics for analysing films. A slightly different, though clearly related path is followed where textual, paratextual, or co-textual sources are used to infer viewing positions, how the industry saw its patrons, and the presupposed competences or cultural backgrounds audiences would need to draw on to understand films. Again, let me offer a few examples to clarify these different approaches: Livio Belloï, for instance, in his book *Le regard retourné* proceeds by means of a close reading of different groups of early films in order to describe the ways in which they address their viewers (Belloï 2001). The viewing positions distilled from various textual figures such as the "emblematic shot," explicit messages to the audience, movements toward the spectator as in How It Feels to be Run Over (Cecil Hepworth, UK 1900), point-of-view shots, and so forth, are inferred from both representational strategies and institutional factors such as, for instance, the range of choices offered to exhibitors. Although Belloï somehow constructs a "spectator in the text," he does so in the form of hypotheses based on inferences that can be, and are, tested against empirically attestable historical practices.

Similar inferential operations mostly start from written sources that either mention – more or less in passing – aspects of the behaviour and reactions of audiences (often enough in a literary rather than factual perspective), and also include promotional texts in sales catalogues, advertisements, programme bills, posters, legal regulations, architectural drawings, and other sorts of material related to, or referring to, the experience of movie-going during the period. In fact, even purely literary accounts or caricatures can provide relevant information. Yuri Tsivian's book on the cultural reception of cinema in Tsarist Russia is a case in point here, not least because his scrupulous analyses of historical material, often reading it "against the grain," is exemplary of the extreme and scrupulous caution that is needed with this kind of material to avoid jumping to conclusions (see Tsivian 1994).

While Tsivian focuses on the culturally specific discourses about cinema without claiming to reconstruct the historical experience of Russian audiences, the work of Nicholas Hiley, at the other end of the spectrum, is clearly aimed at the latter (see for example Hiley 1998). Well aware of the necessarily fragmentary outcome of such an enterprise, Hiley nevertheless formulates a series of questions guiding his research, and these quite comprehensibly sketch the scope of issues surrounding the phenomenon of early film spectatorship: What materials exist for a history of audiences? Where did the audience come from? What was new about picture-going? What was different about being in the cinema? What did the audience expect for their money? And so on. All in all, he raises "fifteen questions" to map the various facets of the cinema-going experience (Hiley 1997) – most of which, of course, would also be triggered by a more thorough analysis of the photo discussed above. The reconstruction that Hiley proposes to undertake is a multi-dimensional and differential one, based on inferences that must transpire from a variety of sources, most of which paratextual.

Yet another inferential strategy refers to co-texts rather than paratexts. With this term, I want to allude to the type of material often called "the context." Choosing to talk about co-texts, I attempt to avoid the conceptual vagueness of the term "context" on the one hand, and on the other to stress the fact that all the various phenomena routinely said to constitute a context for a given text, are in fact accessible to us only in textual form. So when we situate a text within a context, we actually situate it in relation to other texts, which become its co-texts for analysis.[3] Typically, an approach aiming at the construction of forms of spectatorship based on inferences drawn from various co-texts will try to explain in what ways audiences could make sense of a text thanks to, for instance, their cultural

3   I owe the idea to speak of co-texts rather than contexts to Emile Poppe. Conversely, at the 2009 Udine conference, during one of the discussions, Francesco Casetti pointed out that in many cases, when the term "context" is used, it would actually be more appropriate to speak of an "environment."

knowledge and competence. One example here would be the study of the Vitagraph quality productions between 1908 and 1913 by William Uricchio and Roberta Pearson (1993). Considering the Vitagraph adaptations of Shakespeare or Dante, the authors attempt to reconstruct the various cultural discourses on these writers circulating at the time in the United States. Their starting point is that the films could be read in different ways, depending on the manner in which they were framed by socio-cultural discourses, and so Uricchio and Pearson set out to explore how different groups of audiences may have understood these adaptations.

In all such cases of inferred audiences or spectators, the validity claim of the analysis depends ultimately on the coherence of the argument with regard to the sources used, the plausibility of the inferences proposed, and the degree of generalisation the material supports. While in some cases the viewing position constructed will function mainly as a heuristic tool, in others a scholar may even claim to be able to provide a historically more or less accurate account. Obviously, these different constructions of spectatorship are far from being mutually exclusive. Quite on the contrary, within the field of early cinema studies, the relative scarcity of surviving source material rather calls for approaches drawing on various types of research perspectives in order to close the gaps that we inevitably will have to deal with. So looking at films can be as productive as scrutinizing all sorts of paper archives. Advertisements are no less interesting here than accounts of screenings in the trade press or in a local newspaper. Memoirs can provide information as valuable as police reports on incidents occurring during a film show. The range of possible source materials is vast, the challenge being to carefully assess and critique the various shreds of historical evidence one may find in the most unsuspected places.

Toward an Historical Pragmatics of Spectatorship. Or: the Spectator in the Handbill Text

To further clarify the level of intervention of the different conceptions of film viewers sketched above, it may be helpful to make use of the vocabulary coined by the French *Ecole de filmologie* in the early 1950s. There are in fact two facets, or dimensions, of the "filmic universe" described by the filmologists that concern the phenomenon of spectatorship. On the one hand, there is the "spectatorial" (*spectatoriel*), which Etienne Souriau defines as: "all *subjective* phenomena brought into play by the psychic personality of the viewer." On the other, there is the "filmophanic" (*filmophanique*), which includes everything happening during the projection of the film (Souriau 1951, 238). The spectatorial and the filmophanic facts actually occur simultaneously, or rather in parallel, the difference being that the former are conceived as subjective, whereas the latter are defined as objective in so far at least as they can be observed and also quantified. In order to "objectify" spectatorial facts, the filmologists resorted to all sorts of experimental studies, producing, for instance, encephalograms or other records of viewers' reactions. However, the spectatorial phenomena in the strict filmological definition of the term appear to be largely inaccessible to historical reconstruction, except in the form of autobiographical accounts, memories, ego-documents such as diaries or letters, or when records of experiments are being used as historical documents. The filmophanic situation as such is in fact equally inaccessible. Arguably, its reconstruction is the – admittedly unattainable – goal of the above-mentioned inferential strategies, especially those relying on paratextual source material. Analyses that concern spectators' competences, knowledge, or expectations could thus be characterised, in Souriau's words, as "pre-filmophanic spectatorial facts" (ibid., 238). Such terminological distinctions, as arcane as they may sound, can in fact help us to be more precise when describing the scope of an analysis of historical forms of spectatorship. Moreover, they can help us to avoid hasty generalisations, such as referring to "the" spectator or "the" audience as more or less undifferentiated entities.

Another observation I would like to make at this point is that the different approaches to, or hypothetical constructions of, audiences and viewers that I discussed earlier can be seen, at least potentially, as pragmatic conceptions in that they postulate a historically more or less specific "communicational space" or a "communicative situation," to borrow terms used by Roger Odin (1995b) and Francesco Casetti (2002) respectively. Consequently, one potentially productive way of considering spectatorship in early cinema is the attempt to reconstruct the communicative conditions under which an encounter between films and viewers could take place.[4]

Let me try and illustrate how such a historical communicative space could be described, or rather constructed, and what kind of inferences are possible on the basis of a document. This is, of course, a somewhat artificial exercise, as it is not based on the kind of archival research that would be needed in order to situate this document within a series of others. At the same time, it draws on earlier research findings not presented in detail here. Nevertheless, I hope to provide some ideas about the kind of reasoning that we can apply when investigating the status of spectatorship in early cinema.

4   I have outlined such an approach in Kessler 2002.

2 Handbill for a show at the Cirque Féerique Anderson, 1902.

In the wonderful catalogue that Jacques Malthête and Laurent Mannoni compiled for their extraordinary exhibition on Georges Méliès in 2002, there is a reproduction of a handbill presenting an evening programme of the *Cirque Féerique Anderson* in 1902. The famous film by Georges Méliès, LE VOYAGE DANS LA LUNE (F 1902), is the closing number of this soirée, and the film's 30 tableaux are listed on the bill (see Malthête/ Mannoni 2002, 176).

An initial and somehow fundamental presupposition would be to see the film as an example of the cinema of attractions. Consequently, its principal mode of address is one that foregrounds visual splendour, the display of fantastic, perhaps even – literally – colourful visual delights (the print may have been hand-coloured, and given the film's prominent place in the programme, this is quite probable), and not the spectators' involvement in the narrative. This is a fundamental presupposition, in this case a historical hypothesis concerning what is basically a pre-filmophanic spectatorial fact, which guides our reading, and thus interpretation, of this document.

More detailed historical research would, of course, attempt to discover more about the *Cirque Féerique Anderson*. With a little luck, such research might unearth more detailed documentation, allowing one to historically situate this venue. Already a cursory Internet search, however, informs us that the circus owner and director, Anderson (Emile Alphonse Duval, 1858-1933), was the magician of the Musée Grevin from 1889-1892 and 1932-1933, that he presented a three-hour magic show, and that he apparently toured France, as evidenced by a poster for the travelling show under the name Nouveau Cirque Féerique Anderson, 22 wagons, 3000 seats.[5] We can thus presume that this was a relatively large enterprise. Besides needing to attract a large number of spectators in order to fill the seats, it also required a venue offering a certain amount of lavishness, which again allows for some conclusions about the type of audience the Cirque attracted.

The first part of the programme (as printed on the handbill) presents the orchestra, Miss Jenny, the trapeze artist, Les Omers, the musical clowns, followed by M. Niardou, the Indian juggler, and the brothers Wil-Hoskar, apparently two strongmen. This part ends with an acrobatic act. In the second part, opened again by the orchestra, Anderson himself appears with eleven acts from his repertoire, followed by the film programme. There are five "vues comiques," whose titles are not mentioned, followed by the Méliès film, which is presented in great detail as a *"Grande Féerie en 30 tableaux, tirée du roman de Jules Verne."* For the major part of the show, spec-

---

5   Some information on Anderson is available on online auction websites, such as http://hjalmar-fr.com/gal41.htm (accessed on May 25, 2009).

tators thus see live entertainment, featuring Anderson as the main attraction. However, the Méliès film occupies even more space than Anderson on the bill, a fact that suggests that the film was indeed one of the programme's main attractions. In any event, its status was very different from the one enjoyed by five anonymous comic films. While this, of course, does not tell us anything about the reception of the film at a spectatorial level (in the filmological sense of the term), it does cast light on how filmophanic experience was organised, what kinds of expectations about the film's status in the overall programme were suggested to the audience, and how the tableaux' titles allowed the spectators to better understand the events shown on the screen.

The fact that the film was announced as a "Grande Féerie" situated it within an intermedial field of spectacular performances – the féerie being a well-known stage genre in France – somewhat like the cinema of attractions, it privileged visual splendour over narrative coherence, and amazing effects over suspense. Here, genre indication indeed creates pre-filmophanic expectations, even for an audience unfamiliar with the cinematograph. The reference to Jules Verne, in addition, opens up an intertextual field that, for the initiated, also links the film to Jacques Offenbach's opéra-féerie of the same title, but with an entirely different story-line.[6] So here at least some inferences are possible with regard to the spectators' presumable cultural background knowledge and competence, which, given the location and the programme context of the screening of Méliès's film, are in line with the type of audience that one can expect to have patronised Anderson's circus.

So even on the basis of such a superficial and preliminary analysis, it is possible to formulate a number of hypotheses about the spectators that attended the soirée described in this handbill, the organisation of the filmophanic experience, how viewers were addressed by the showman in terms of the generic categorisation of the film, the status of Méliès's film within the programme and thus also for the viewers, the generic viewing position suggested by the programme etc. Strange as it may seem, there emerge some contours of a spectator from a handbill text. In similar ways, to return to the first example, information could be gathered about the cinema audience in the photo I discussed earlier. While such material might prompt different questions, the strategies used to explore such a source would be quite comparable. Unattainable as they may seem in a number of respects, there also are numerous ways in which we can actually try to make sense of historical cinema audiences.

6   On the intertextual network surrounding Méliès's film, see Lefebvre (2002).

The various ways in which spectatorship in early cinema can be conceptualised and analysed may all seem justified in spite of the relative modesty of their results, given the temporal and cultural gap that separates us from the moviegoers of that period. The smaller this gap becomes, the more we tend to presuppose a fundamental similarity with how we experience moving pictures ourselves. The historical difference more often than not appears to have been considered a *quantité négligeable*. So what we can learn from early cinema studies is to look at spectatorship as a necessarily situated experience that always needs to be historicised. Moviegoing and film viewing can be conceived neither outside a communicative space nor outside time.

References

Altenloh, Emilie (1914) *Zur Soziologie des Kino. Die Kino-Unternehmung und die sozialen Schichten ihrer Besucher.* Jena: Eugen Diederichs.

Belloï, Livio (2001) *Le Regard retourné. Aspects du cinéma des premiers temps.* Québec: Nota Bene / Paris: Méridiens Klincksieck.

Burch, Noël (1990) *Life to those Shadows.* Berkeley: University of California Press.

Casetti, Francesco (2002) *Communicative Negotiation in Cinema and Television.* Milano: Vita e Pensiero.

Fullerton, John (ed.) (2005) *Film History* 17,1, special issue: *Local Film*.

Gunning, Tom (1990) The Cinema of Attractions. Early Film, Its Spectator and the Avant-Garde. In: *Early Cinema. Space, Frame, Narrative.* Thomas Elsaesser (ed.). London : BFI, pp. 56–62.

Hiley, Nicholas (1997) Fifteen Questions about the Early Film Audience. In: *Uncharted Territory: Essays on Early Non-Fiction Film.* Daan Hertogs & Nico de Klerk (eds.). Amsterdam: Stichting Nederlands Filmmuseum, pp.105–118.

Hiley, Nicholas (1998) 'At the Picture Palace': The British Cinema Audience, 1895–1920. In: *Celebrating 1895: The Centenary of Cinema.* John Fullerton (ed.). Sidney: John Libbey, pp. 96–103.

Kessler, Frank (2000) Le spectateur en creux. Le cinéma des premiers temps et la construction des faits spectatoriels. In: *Réseaux* 99, pp. 73–98.

Kessler, Frank (2002) Historische Pragmatik. In: *Montage AV* 11,2, pp. 104–112.

Kessler, Frank / Lenk, Sabine / Loiperdinger, Martin (eds.) (2000) *KINtop. Jahrbuch zur Erforschung des frühen Films 9: Lokale Filmgeschichten.* Frankfurt M. / Basel: Stroemfeld / Roter Stern.

Kessler, Frank / Verstraten, Paul (1986) Het heden en verleden van de filmtheorie. Interview met Christian Metz. In: *Versus* 3, pp. 101–114.

Lefebvre, Thierry (2002) LE VOYAGE DANS LA LUNE, film composite. In: Malthête/ Mannoni (ed.) (2002), pp. 170–192.

Lowry, Ed (1985) *The Filmology Movement and Film Studies in France.* Ann Arbor: UMI Research Press.

Malthête, Jacques / Mannoni, Laurent (eds.) (2002) *Méliès. Magie et cinéma*. Paris: Paris-Musées.
Metz, Christian (1977) *Le Signifiant imaginaire*. Paris: UGE, coll. 10/18.
Odin, Roger (1995a) Sémiologie, cognitivisme et pragmatique. Et si l'on suivait la leçon de Christian Metz! In: *Cahiers du CIRCAV* 6–7, pp. 269–278.
Odin, Roger (1995b) A Semio-Pragmatic Approach to Documentary Film. In: *From Sign to Mind*. Warren Buckland (ed.). Amsterdam: Amsterdam University Press, pp. 227–235.
Phelan, J.J. (2001 [1919]) *Motion Pictures as a Phase of Commercialized Amusement in Toledo, Ohio*. Repr. in *Film History* 13,3, 2001, pp. 238–328.
Schlüpmann, Heide (1990) *Die Unheimlichkeit des Blicks. Das Drama des frühen deutschen Kinos*. Frankfurt & Basel: Stroemfeld.
Souriau, Etienne (1951) La structure de l'univers filmique et le vocabulaire de la filmologie. In: *Revue internationale de Filmologie*, 2,7–8, pp. 231–240.
Tsivian, Yuri (1994) *Early Cinema in Russia and Its Cultural Reception*. London: Routledge.
Uricchio, William / Pearson, Roberta (1993) *Reframing Culture. The Case of the Vitagraph Quality Films*. Princeton: Princeton University Press.

MICHÈLE LAGNY

Historicizing Film Reception
A "longue durée" Perspective

Within the diversification of audiovisual media, the current state of the film industry has both broadened and complicated the notion of public reception. The changes in the methods of film distribution and exploitation, especially via television, DVDs, and on-demand services, not to mention the mobile telephone, have substantially transformed views on film spectatorship. Spectators are now no longer only considered a component of a collective public, but they have become individualized, potentially mobile, and interactive, as analyzed by Francesco Casetti in "Nuovi Territori" (2006).

In the context of these changes, theories of reception, formulated primarily by communications specialists, have evolved considerably in the past three decades. Thus, new approaches have arisen, based on more complex models than those initially linking the suggestions made by the text (contract, promises) to the hypothetical expectations of the audience. Especially under the influence of the pragmatics, it is now widely accepted that movie spectators not only respond to the filmic text, but also to its stated objectives (art, entertainment, education/information) and to the conditions of its diffusion. The knowledge of these conditions has been modified by various factors: the expansion of archives and their accessibility, film restoration and new, high-quality projections, and the video reissue of "classics" or of lesser-known and rediscovered films.

In addition, the legitimation of cinema not only as an art, but also as a form of social expression, and thus as a socio-historical document, increasingly questions the evolution of reception and of the various uses of films when considered after the period in which they were produced. It is particularly these "historical" variations that interest me here. The collaboration between theorists and historians, which is indispensable and henceforth accepted despite some longstanding mutual reservations, allows us to develop theoretical models and to make concrete historical observations in social spheres throughout different times and places. It also allows us to reconsider the relationship between the text and the "contexts" that influence spectators, and to envisage a new history of reception. Such a history, however, has yet to be created. Already begun for traditional distribution, particularly in theaters, ciné-clubs, and cinematheques, this new history must ask new questions in the framework of the new modes of diffusion, as well as reconceive its problems and methods.

In fact, these questions change insofar as the spectator or the audience are no longer considered as abstract entities but as historical subjects whose perception and uses of films are modified in relation to the conditions of reception. Before evaluating the methodological consequences of this altered point of view, which attaches more importance to the spectatorial subject as well as to the concrete reception situation, I would like to discuss how films themselves deal with these shifts regarding their modes of dissemination through the mise-en-scène of the historical reception conditions.

Film's awareness of how projection affects reception

For example, Italian cinema in the golden age very early on adopted a self-critical stance toward the link between films, their functions, their possible uses, and their screening conditions. Particularly, it mourned the loss of a desirous and close relationship between a given film, its actors, and its audience in the context of the shared performance in the movie theater. This became a subject of nostalgia in films from BELLISSIMA (Luchino Visconti, IT 1951) over CINEMA PARADISO (Giuseppe Tornatore, IT/F 1988) to SPLENDOR (Ettore Scola, F/IT 1989),

Instead of rehearsing what are all exquisite and well-known cases, I will discuss three sequences from Scola's also quite well-acclaimed C'ERAVAMO TANTO AMATI (WE ALL LOVED EACH OTHER SO MUCH, IT 1974). These sequences provide a dazzling summary of the degradation of this traditional relationship within the changing media landscape of the early 1970s, generally considered the end of "the golden age" of European cinema. The first scene consists of a projection of the end of LADRI DI BICICLETTE (BICYCLE THIEF, Vittorio De Sica, IT 1948), shown after the war in a classroom that houses a ciné-club: it highlights the notion of a social and educational function of cinema, as both art and testimony, in the middle of the neo-realist movement (or illusion). In a subsequent sequence, as well as chronologically later (1960), the threat represented by a new medium at the height of Italian cinema becomes manifest in the reenactment of the shooting of LA DOLCE VITA (Federico Fellini, IT/F 1960), when a police commissioner is proud to shake the hand of "our great Rossellini" while speaking to Fellini! By way of a TV game show, we witness how a body of knowledge is established and conveyed through a few shots taken from LADRI DI BICICLETTE and through some anecdotes. Couched in the traditional categories (schools, auteurs, actors), this could be seen as academic knowledge (the professor's dream) that is poorly digested by the audience (the commissioner's error). In a third sequence, set in the early 1970s (when C'ERAVAMO TANTO AMATI was shot), De Sica gives a talk in a stadium that evokes football and its *tiffosi* (fan groups) more effectively than the movie theater on Saturday night, and where all kinds of media-based entertainment coalesce. We no longer see any image of LADRI DI BICICLETTE and, because of the reverberation, we cannot even hear what De Sica says. Everything turns into a big spectacle, a triumphant parade of the anecdotes about shooting the film, and the ultimate "starization" of the auteur-actor.

The film's nostalgia, evoking the disappearance of the "feature film" and the "film screening," reflects a cinephile point of view, prevalent among filmmakers, critics, and producers due to the advertising and public relations surrounding film releases. This cinephile model can be analyzed through the prescriptions of criticism, which are meant to influence reception and that have justified studies, usually monographic, about journals and newspapers (specialized or not), professional publications, and the activities of various cinematheques. Such studies include Laurent Scotto d'Ardino's book on the Italian journal *Cinema* (1999), Antoine De Baecque's *Les Cahiers du cinéma* (2001), or Laurent Mannoni's study on the Cinémathèque française (2006).

Sociological approaches and new questions

In the last three decades, this point of view has led to the development of local studies on an "audience at the theater." There have been a number of important books, essentially on the consumption of films in movie theaters. In 1985, Robert C. Allen and Douglas Gomery advanced some methodological propositions for a social history of audiences in *Film History, Theory and Practice*. On the one hand, and ever since Jacques Durand's pioneering *Le Cinéma et son public* (1958), such research has been based on quantitative criteria, such as attendance and ticket sales, made possible by a breakdown of audience figures, or in some cases on how long particular films ran in theaters. On the other hand, these studies are supported by descriptions of spaces and by analyses of the socio-geographical distribution of movie theaters, as well as by details on screening rituals and actual audience practices whenever possible. Cases in point include Gian-Piero Brunetta's

Buio in sala (1989) or Francesco Casetti and Elena Mosconi's analysis of *Spettatori italiani. Riti e ambienti del consumo cinematografico* (2006). All such (chiefly socio-historical) research calls for considerable and laborious documentation, which explains why these studies often deal with local microhistories, particularly those of individual cities, such as *Un secolo di cinema a Milano* (1996).

All such more or less empirical research on reception conditions has led to a culturally differentiated image of spectators. These are socially delineated, by age or by gender, as opposed to the theoretical model of the spectator advocated by both semiotically interpreted film texts and judgments prescribed a priori by critics. While linking empirical facts of the history of cinema with sociological and cultural-historical analyses of reception conditions provides some insight into its frames, it does not, however, resolve the problem of the construction of the notion itself. In his recent book about Italian cinema audiences, Pierre Sorlin (2008) therefore insists on the need to "construe" the audience as an object of research in two ways. First, by considering audience practices and behavior in front of the screen; and secondly, by questioning the success of the screened films and the discourses they generate about audience desires. But he insists also on the fact that no general and unique model exists to evaluate what film reception really is.

New axes of research

Thus, a new methodological approach has appeared to be necessary. In its wake, new research perspectives and diversified critical viewpoints have emerged. These viewpoints have been inspired by the questions frequently asked by cultural history, of which film history is part, and which is interested in functional analysis and how audiences can or want to use cultural productions.

First, we can observe a wider conception of "cinema" and greater interest in its "functions," venturing beyond the feeling of pleasure produced either by its artistic or entertainment value. One new interest, for instance, concerns the educational or socio-political relevance of cinema, which producers and distributors themselves have been pointing to for a long time, as evidenced by the earliest professional film journals. Thus, we are now able to consider cinema in its different forms, ranging from amateur, familial, local, industrial or educational formats to the role of the most sophisticated memorial cinema (see, for instance, NUIT ET BROUILLARD [NIGHT AND FOG, Alain Resnais, F 1955] and S 21, LA MACHINE DE mort Khmère rouge [S 21, The Khmer Rouge Killing Machine, Rithy Pan, K/F 2003). Likewise, we are today not only interested in the myriad kinds of festivals, but also in network broadcasts, for example the airing of the documentary, or even in the utilization of films in the academic institution itself.

The most intriguing question remains that of public taste, often invoked by the industry to justify its productions, which could contribute to analyzing the evolution of reception. In this case, direct sources being rare, we often refer to audience "souvenirs," like those of Italo Calvino (1994), once again in Italy, or to surveys that can sometimes be direct and a bit simplistic (most notably, when they are conducted by the producers and theater managers). Alternatively, such surveys can on the contrary be scientifically organized and utilized mostly by sociologists (for instance, in France, Jean-Pierre Esquenazi, 2003, or Emmanuel Ethis, 2007). With reference to the already long-established but still influential works of Michel de Certeau (1980), current research is more interested in the recognition of "uses" that can be detected in different forms of cinematic consumption.

In France, Fabrice Montebello, whose research focuses on blue-collar audiences, has concentrated on the question of "use." His *Le Cinéma en France depuis les années 1930* (2005) studies the "screening" of a film as a mode of film "consumption" by an audience that moves indifferently from the theater, the festival, or the ciné-club to domestic film viewing on video, television, or indeed even on computer screens. His hypothesis is that reception rests upon "cultural expertise," a concept borrowed from sociological theory (see Leveratto 2003). This "expertise," which shapes the power of judgment and models tastes, can be evaluated through a set of practices that leave documents calling for close research, using a wide variety of original sources. Montebello thus examines professional directories as well as local advertisements in order to analyze screening schedules, militant publications and parish bulletins, as well as the notes and memoirs of even the most anonymous spectators, in addition to studying their personal multimedia libraries. (Nowadays, of course, we would have to consider blogs and video websites.) These sources allow him to trace the constitution of "spectatorial competency" and to identify public reception as a process less directed than the critics of mass culture believed (Theodor W. Adorno or, in a different way, Pierre Bourdieu), and less "nocturnal" (hidden in the dark) than Certeau claims.

The above example helps us gauge the difficulties of the task to hand. Not only do we have to use a new sociological concept, but we must also tackle the multiplication of sources, which we must "invent" from the problems presented by the object of study, in what amounts to a sort of treasure hunt. But we can try to evaluate an entire range of attitudes that can come from individual identification (for example, in the family film, the local cinema, the newsreel films of the First World War, as shown by various French scholars, including Roger Odin, François de la Bretèque, and Laurent Veray[1]) to a collective recognition of identities seen as constructions of different *imagined communities*, as reported by Benedict Anderson (1983). We are able to think of social or national perceptions through the notion of an "autentico film italiano," that is, "cinema nostrano" (Sorlin 2008, 105 & 115); or alternatively, through the analysis of queer or feminist receptions (which are the privilege of cultural studies).

"Longue durée" variations on film reception

Seen thus, how can we attempt to evaluate the reception of an old film in a new era, moreover from a diachronic perspective? Can we find a convenient frame in which to analyse the evolution of the perception of yesterday's films? If I have insisted at length on the broadening of the field of research, it is because the increasingly open-ended ways of contemplating the conditions of reception complicate the interpretation of the evolving public reception of old films.

Traditionally, we attempt to relate the reception of a film, not to mention its "multiple versions," to conditions explicable by its "context." Right now, the new releases of these old films do not have to do with "reruns" of the classics: they owe less to cinephilia than to the need to light up all of the screens offered to the spectator, whether they be for various themed festivals or on myriad television channels, which does not include the fantasy of the lone spectator spoiled by his home cinema and on-demand subscription. Given the recognition of the diverse social functions of cinema and the wide variety of film usage, the notion of context is considerably extended and elaborated: its analysis takes its roots in a broader political, social, and cultural sphere.

As long as the context is defined in general terms, the analyses of changing reception are connected with historical changes (especially in the political sphere, as a function of censoring conditions). This is how Marc Ferro (1975) approached reception in an essay that discussed Jean Renoir's LA GRANDE ILLUSION (F 1937), which became accessible to a wider public again after the war and a period of being taboo. Ferro mostly considers the significant upheavals in opinion that affected French spectators after the

---

1   For France, see for instance: Odin 1995; Bretèque 2007; Veray 1995.

Nazi invasion: while they were often pacifist before the war, it was difficult for them to accept the equal treatment of the German and French militaries afterwards. The film evokes a friendship between the two which, after the war, recalled the political collaboration between Vichy and Nazis; certain dialogues, moreover, retained an anti-semitic dimension that was heightened given the persecution of the Jews during the war.

Matters, however, are not always so easy: for instance, what is the influence of what Raphaëlle Moine (2007) calls *cultural imaginations*, with reference to the *national imaginations* proposed by Benedict Anderson, when these are (at least somewhat) changing due to the films themselves? For instance, the role of widely distributed Hollywood cinema has been highlighted for a long time in European cinema's representations of the world, which are imposed by American models as well as by national patterns (see Sorlin 1991; Elsaesser 2005). Thus one question becomes essential: to what extent do changes in the systems of representation, on the diachronic axis as well as in their geo-cultural diversity, transform the perception of an earlier film?

Increasingly, the idea of including the history of cinema within a larger cultural history, one encompassing the legitimate arts and parallel forms of entertainment (which compete with cinema), raises questions about the changes in "spectatorial competency" through links that allow audiences to simultaneously see different kinds of artistic productions or different types of spectacles. This is why André Gaudreault (2008) emphasizes the connections between early "cinematic views" and the various attractions en vogue at the beginning of the 20th century. We must also look at the established present-day links between current films and certain televisual formats or music videos, not to mention the many opportunities for interactivity owing to the use of the internet (see *YouTube* or *Dailymotion*), which are beginning to change the practices of contemporary reception even more.

This wider and more sophisticated conception of "contexts" is essential for the diachronic perspective. Here, Sylvie Lindeperg's NUIT ET BROUILLARD (2007) provides a fine book-length study of the modes of diffusion and their relationship. She begins with an isolated event (the commissioning in 1955 of a film in memory of the victims of the concentration camps), which has become, over the course of several decades, one of the entry points to the understanding of genocide. From here, Lindeperg seeks to gauge the transformations that the usage of film in different contexts has imposed regarding the depiction of concentration camps. After a very precise and well-documented analysis of the production and aesthetics of the film, she applies a new approach to lead us from the film's original concept to its reception. In order to understand the stakes at hand, she analyzes the variations in public use and in the perception of the documentary from the perspective of a "history of the gaze." The focus is not on the object of memory (that is, the camps) or on the value of the film, but rather on the diverse reactions that it provokes, through geo-political space as well as time. Lindeperg roams in archives around the world, exploring the documents which bear witness to the different manipulations and uses of the film according to the place and time of its presentation, as well as its place and function in the development of the "duty of memory." From the censoring problems and diplomatic incidents at the Cannes festival in 1956 to the 1980s, she explores the political and cultural trajectory of the memory of the camps.

Lindeperg pursues two avenues of research. First, she analyzes the modifications of the film itself. Secondly, she considers the existing written sources, among others of the institutional modes of the film's uses. Thus, she studies Paul Celan's translations of Jean Cayrol's commentary in the West and its different versions in the East. These various "commentaries" are a measure of the inquietudes in the Federal Republic of Germany as well as in the German Democratic Republic. In the United States, the film was not shown in its entirety during the 1960s but presented in the form of insipid excerpts on a program called "Remember Us," so as to go easy on the sensibilities of the American audience (or to soften the blame on the Allies who "didn't know"). Furthermore, Lindeperg examines how NUIT ET BROUILLARD has been perceived through other films, no matter their format. In 1961, the American filmmaker Leo Hurwitz, who was responsible for video-recording the Eichmann trial in Jerusalem, reintegrated some sequences of NUIT ET BROUILLARD into the recording (Eichmann was shown the American version of the film). Hurwitz's film, however, deals only indirectly with the Jewish question. It is not until after SHOAH (Claude Lanzmann, F 1985) that a significant change in the interpretation of the film occurred, namely, that it was seen as a denunciation of antisemitism. From an institutional point of view, West Germany, for example, at once accepted the film's use in schools outright. It sparked contrasting reactions, often provoking incredulousness in the 1950s but then becoming an essential point of reference for "New German Cinema" in the 1970s. In France, NUIT ET BROUILLARD initially met with strong reservations within educational settings, before coming to serve more intensely the "duty of memory" at the end of the 1980s, for practical and moral reasons (numerous VCR copies were distributed by the Éducation Nationale).

Whatever the weight of the empirical observations used, they are absolutely indispensable. However, the work imposes the choice of a theoretical purpose and a fairly advanced conceptualization. Here, Lindeperg does not try to present the "popular reception" of an institutional film; instead, she strives to evaluate the institutional issues of reception, and beyond this, to open up the question of the fabrication of history itself. Such an approach emphasizes the precariousness of reception in the long term, and also the anxiety that resides in the idea of historical intelligibility, constantly advancing "on the edge of a cliff" (as captured by Roger Chartier in the title of his acclaimed 1998 book).

The consequences of such research, which involves jointly analyzing the texts, functions, and uses of cinematographic works, is to mark the complexity and the intersection of factors considered as susceptible to the changing perception, comprehension, and appreciation of a film. Reception is the complex product desiring the analysis of distribution choices, social studies of audiences, and an understanding of spectatorial competency. In addition, diachronic analysis shows how the "context" can be heterogeneous, and subject to political, social, and cultural influences. None of these conditions evolve at the same pace, and they do not necessarily follow the same rhythms. More or less contradictory histories can be construed from the points of view of production, distribution, or audiences. Their intersections, moreover, delineate an idea of reception as an interpretation of its evolution. Thus, we can no longer define them as the product of a stable relation between texts, audiences analyzed as social groups, and the metamorphosis of a homogeneous context. This is why, to answer in response to Sorlin's observations (2008), we are therefore constrained, both broadly and in a synchronic and diachronic manner, to renounce "models" and to produce abounding and fragmentary analyses. We need to write "micro-histories" of the plural "receptions" of films in their own time as well as in their "longue durée"[2] – provided they have one.

English translation by Liam Andrew

---

2   Carlo Ginzburg and Giovanni Levi's concept of "micro-storia" and Fernand Braudel's "longue durée" have been common parlance among historians across the world for decades. I hence use them without special references.

References

Allen, Robert C. / Gomery, Douglas (1985) *Film History, Theory and Practice*. New York: Knopf.
Anderson, Benedict (1983) *Imagined Communities*. London: Verso.
Brunetta, Gian-Piero (1989) *Buio in sala. Cent' anni di passione dello spettatore cinematografico*. Venice: Marsilio.
Calvino, Italo (1994) Autobiografia di uno spettatore. In: Calvino, *Romanzi e racconti*. Vol. III: *Racconti sparsi e altri scritti d'invenzione*. Milan: Mondadori.
Casetti, Francesco (2006) Nuovi territori. In: *Terre incognite*. Francesco Casetti & Mariagrazia Fanchi (eds.). Rome: Carrocci, p. 9–13.
Casetti, Francesco / Mosconi, Elena (eds.) (2006) *Spettatori italiani. Riti e ambienti del consumo cinematografico*. Rome: Carocci.
Chartier, Roger (1998) *Au bord de la falaise. L'histoire entre certitudes et inquiétude*. Paris: Albin Michel; [a collection of essays published in English in 1997: *On the Edge of the Cliff. History, Language and Practices*. Baltimore/London: Johns Hopkins University Press].
De Baecque, Antoine / Lucantonio, Gabrielle (2001) *Critique et cinéphilie. Petite Anthologie des Cahiers du cinéma (T6)*. Paris: Cahiers du Cinéma.
De Berti, Raffaele (ed.) (1996) *Un secolo di cinema a Milano*. Milan: Il Castoro.
de Certeau, Michel (1990 [1980]) *L'Invention du quotidien*. Vol. 1: *Arts de faire*. Paris: Gallimard.
de la Bretèque, François Amy (2007) *Le "local" dans l'histoire du cinéma*. Montpellier: Presses Universitaires de la Méditerranée.
Durand, Jacques (1958) *Le Cinéma et son public*, Paris: Sirey.
Elsaesser, Thomas (2005) *European Cinema. Face to Face with Hollywood*. Amsterdam: Amsterdam University Press.
Esquenazi, Jean-Pierre (2003) *Sociologie des publics*. Paris: La Découverte.
Ethis, Emmanuel (2007) *Sociologie du cinéma et de ses publics*. Paris: Armand Colin.
Ferro, Marc (1993 [1975]) Double accueil à LA GRANDE ILLUSION. In: Marc Ferro, *Cinéma et histoire*. Paris: Gallimard, p. 184–190.
Gaudreault, André (2008) *Cinéma et attraction. Pour une nouvelle histoire du cinématographe*. Paris: CNRS Editions.
Leveratto, Jean-Marc (2003) Histoire du cinéma et expertise culturelle. In: *Politix* 16/61, p. 17–50.
Lindeperg, Sylvie (2007) NUIT ET BROUILLARD. *Un film dans l'histoire*. Paris: Odile Jacob.
Mannoni, Laurent (2006) *Histoire de la Cinémathèque française*. Paris: Gallimard.
Moine, Raphaëlle (2007) *Remakes. Les films français à Hollywood*. Paris: CNRS Editions.
Montebello, Fabrice (2005) *Le Cinéma en France depuis les années 1930*. Paris: Armand Colin.
Odin, Roger (1995) *Le Film de famille*. Paris: Méridiens Klincksieck.
Scotto d'Ardino, Laurent (1999) *La Revue* Cinema *et le néo-réalisme italien. Autonomisation d'un champ esthétique*. Paris: Presses universitaires de Vincennes.
Sorlin, Pierre (1991) *European Cinemas, European Societies 1939–1990*. London, New York: Routledge.
Sorlin, Pierre (2008) *Gli italiani al cinema. Imaginario e identità sociale di una nazione*. Mantua: Tre Lune.
Veray, Laurent (1995) *Les Films d'actualité français de la Grande Guerre*. Paris: AFRHC/SIRPA.

JANET STAIGER

The Centrality of Affect in Reception Studies

It is not surprising that the play, *Sweeney Todd: The Demon Barber of Fleet Street*, performed mostly comically, would delight an US Broadway audience in 1979. A barber with no regard for human life, a neighbor pie-maker who finds a solution to profit from his dead bodies, and a villainous judge, at the intensification of post-Fordist culture, seem ripe for allegorical reading. Nearly thirty years later, Tim Burton's adaptation of the Stephen Sondheim "musical thriller" (USA 2007) produces a very different feel. Moreover, the filmed version exploits the possibilities of cinematic specificity. I watched my fellow audience members flinch at the crunch of the first head as it hits the floor, falling into the cellar from Sweeney's barber chair.

In film scholarship, reception studies has a long-standing attention to spectator affect in theorizing textual effects such as "identification." As Stephen Heath elegantly borrows from Roland Barthes, Heath describes a film as a "festival of affects" (1975, 98). And any film is. However, in the rush to consider subject and ideological positioning, scholars often consider affect as a sneaky gimmick to trick audiences into corruption, agreeing with disreputable ideological positions because of the sway of their emotions. That theoretical hypothesis is not uniformly accepted. In a 1974 essay, Hans Robert Jauss continues a debate with Theodor Adorno over these matters. Adorno has been arguing for a disinterested reader. Jauss counters that it is only through identification and catharsis that the reader can achieve distance – and aesthetic pleasure. He argues two steps are required: first, a pre-reflective experience and imaginative entry into a character's situation, freeing the reader from the everyday world, and second, thought about the art's intention for critical reflection. Yet, for those holding to the affect-as-clouding-judgment position, they fear that the second step may not occur.

In the work that I have been pursuing about affect and reception, I would like to take a third approach. It is obvious to me that every theorist of affect now emphasizes the impossibility of separating out cognitive and affective responses; that is, for any real, socially constructed individual, meanings and emotions are bonded to, and constructed by, each other. Moreover, embodiment as part of that affective experience also often occurs. In other words, no "disinterested observer" exists.

More pivotally to the point I want to make here, affect is not only bonded to meaning but also core to value; it constitutes it. Aesthetic judgments are expressed in vocabulary laced with emotional terms (and probably *felt* as well). I am going to make this argument through what may appear to be an obvious, even ridiculously transparent, observation: people who enjoy a film evaluate it as excellent; those who are repelled, do not. No such thing as a "purely cognitive" aesthetic judgment occurs. Yet my point *is* as obvious as something we all know. Affect is not just a side feature of experiencing an art object; it constitutes the experience and the film's so-called "meaning" and value. To sidestep matters of affect – what constitutes pleasures and displeasures, what emotions are raised, how aspects of the text create these, and how our culture evaluates those emotions, indeed the *politics* of emotions – is likely to miss fundamental factors in the constitution of the reception of the text and the text's ideological work. Our horizons of expectation are not only historical context, generic and intertextual knowledges, and the author-function; our horizons include socially constituted politics of affect.

Affective capital

Because of the restricted length of this essay, I want only to gesture toward sites of scholarship on feelings, affects, and emotions that establish the intertwining of affect with cognition and the necessity for political analysis of affect. Depending on various theories, the affective terms will have different definitions and relations. For this essay, I am going to follow the general drift of cognitive psychology that postulates "affect" as a rather amorphous bodily experience and "emotion" as more specifically connected to a situation that has a cognitive analysis and evaluation by an individual. I also want to note simply that psychoanalytic theory assumes that affect and cognitive analysis are associated. It is to Sigmund Freud's credit to theorize the linkage of ideas, affects, and body.

Due to the power of Freud's observation, cognitive psychologists, especially individuals concerned to raise matters of sex, gender, sexuality, and race/ethnicity, have now produced sophisticated models of this. In their book *Emotion and Gender*, June Crawford, Susan Kippax, Jenny Onyx, Una Gault, and Pam Benton describe the standing social-construction cognitive paradigm that the situation, cognition of the situation, the feeling or affect, and behavior constitute the whole, *is* the whole emotion (1992, 30). Emotions are constructed through interactions with people. Self-appraisal can be part of the experience. They emphasize the "role of self as agent, as moral evaluator" and focus on how women are socialized differently from men. As they put it, "emotion is gendered" (36). This is a highly contextual theory of meaning-making and affect.

One major contribution to applying cognitive psychology theory to film is Ed Tan's *Emotion and the Structure of Narrative Film*, which he subtitles *Film as an Emotion Machine* (1996). Particularly useful is Tan's distinction between "fictional" emotions and "artifact" emotions created in the textual engagement. A fictional emotion is one derived from the imaginary world such as feeling sadness from the death of a fictional character. The artifact emotion comes from experiencing the text as an aesthetic object with plot and stylistic features, formal orders, and so forth (35-6). Tan wants to argue that spectator "interest" in a film is an artifact *emotion*, not (solely) a cognitive experience. He states: "As an ever-present and self-enhancing emotion, interest dominates the affect structure of the feature film. It is not only a *tonic* [people keep watching] but also a *permanent emotion*" (118). Thus, what might normally be referred to as an aesthetic response becomes in Tan's work theorized within a cognitive framework but one that insists on an equivalent emotional register.

Also working from this general perspective, Dirk Eitzen criticizes David Bordwell's attempt to exclude emotion from cognitive theory of spectatorship. Eitzen believes further that, to analyze what engages the spectator in watching a film, the emotional experience is an even *better* explanation than Bordwell's problem-solving/question-answering model. Thinking of movies as an emotional trajectory, he notes,

> aligns the Hollywood cinema more closely with amusement park attractions, variety shows, video games, nonfiction, television, and other popular non-narrative entertainments. Furthermore, it explains why we can find the same movie enjoyable twice in a row – we can experience the same emotions the second time through, even if we already know what is going to happen.
>
> *(Eitzen, 1999, 91)*

It is not apparent to me, however, that Bordwell escapes into a solely cognitive mode although he surely tries to do this. The language he uses in developing his problem-solving model of spectator activity is laced with affective terms. For instance, he writes, "the [detective film] aims to create curiosity about past story events (e.g., who killed whom), suspense about upcoming events, and surprise with respect to unexpected disclosures about either story or syuzhet" (1985, 65). "Curiosity," "suspense," and "surprise" are good examples of cognitive/affective states-of-viewing.

Besides psychoanalysis and cognitive theory, another approach to affect theory comes from cultural studies and deconstruction critics. Drawing more from sources such as Michel Foucault and Jacques Derrida, these scholars assert the social and discursive construction of affect: that is, our social world gives us terminology for our experiences, and it values (and devalues) these feelings. Although a whole "affective turn" is present in this cultural analysis, one nicely phrased thesis applied to cinema comes from Amy Villarejo in her 2003 book, *Lesbian Rule. Cultural Criticism and the Value of Desire*. Drawing from Marx and these more recent scholars, Villarejo describes the political economy at stake in marking out affects. She explains: "The production and appropriation of value apply to affective and social codings as well as (not 'merely') economic codings" (36). Thus, I would point out, producing affect is not a "negligible" act, isolated in "aesthetics," but material, social, and valuable. For film, it is economic in that the "right" affects and consequent evaluations matter; they matter for the profit-machine. As part of Villarejo's project, she reconsiders theories of the fetish from this perspective, seeing it as "a framework for understanding the coding of affective value and articulating the relation of the individual to the social through specific intensities, investments, perceptions, and codings" (37).

Although other scholars in this area of research have previously insisted on the politics of emotion, Villarejo's phrasing here refines the relations and connotations that I have introduced. Affective responses are produced (we learn them from social mappings), have consequences for evaluation, and have value not only to the spectator but also to the cinema profit-makers. Affective responses are not private but very public. It is from these theoretical foundations that I can claim that our horizons of expectations in encountering texts include *socially constituted politics of affect* that are core to value. One implication of this project is a marking out of the historical construction of how particular affects have come to be associated with pleasure or disgust. What is the history of the political economy of aesthetics? Who has the better affective capital?

I do not intend to try to answer these questions here. Rather, I will look at a much simpler problem – the reception of Burton's SWEENEY TODD. The case will not produce any surprises, but it has a function in displaying the arrangement of relations among critical discourse, affect, and value.

"Bloody Good"

Jauss is very helpful in laying out some terms for thinking about the reception of a text. In his *Toward an Aesthetic of Reception*, he lists what we might consider as part of the horizons of expectation: "a pre-understanding of

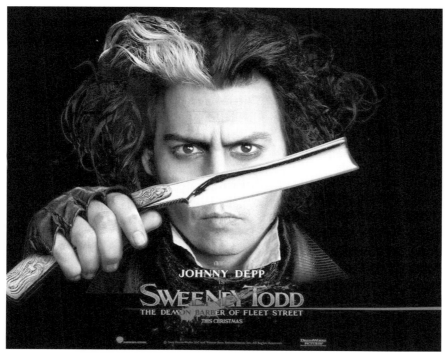

1 Placard for SWEENEY TODD (Tim Burton, USA 2007).

the genre, [...] the form and themes of already familiar works, and [...] the opposition between poetic and practical language" (1982, 22). Many of these features we learn before walking into the theater. What happens then is that the text

> awakens memories of that which was already read, brings the reader to a specific emotional attitude, and with its beginning arouses expectations for the 'middle and end,' which can then be maintained intact or altered, reoriented, or even fulfilled ironically in the course of the reading. *(Jauss 1982, 23)*

Burton's SWEENEY TODD is a complex case since its horizons of expectation are rather incongruous in terms of both genre and authorship. On the one hand is Tim Burton, a director well known for his explorations of the macabre and horror film. On the other hand is Stephen Sondheim, a composer of complex and less-than-singable-after-you-leave-the-theater Broadway shows, and Hal Prince who staged Sondheim's composition. One Liverpool, England, journalist claims that because the trailer for the film included no singing, US audiences left the theater when they realized the film was a musical.[1]

---

1   Valerie Hill, Not in Tune with US Audiences. In: *Daily Post* (Liverpool), 8 February 2008.

Indeed, the US trailer certainly emphasizes the Burton, not the Sondheim hand in the movie. A viewer of the trailer will notice, however, that Sweeney, played by Johnny Depp, does sing just a bit. Moreover, in the US, publicity emphasized that Depp would be doing his own songs, not dubbing in someone else's voice. Depp even achieves a cover story about this in *The Rolling Stone* (2008, no. 1044, 24 January), a music magazine aimed at the target audience for the film. Also the case is that in the press that I read for this essay, no US journalist mentions people surprised that this is, essentially, a musical. Rather, what seems to be on at least most critics' minds is, does the Burton adaptation do justice to Sondheim and Prince's highly favored musical, can the actors sing, and is the movie affectively powerful in "good ways" – especially since it seems to be a melding of the slasher film and song?

Parenthetically, I think the marketers constructed the trailer as they did because most trailers today tell the story in a short version (hard to do in two minutes when lyrics stretch out) and because Depp creates the character of Sweeney in multiple ways over a period of time. The point of this film is not the voice of Depp as it might be in the theater but the story of the demon barber. Thus, the trailer crams in the plot's outline and not the singing.

To look at the reception, I admit to being US-centric. I am going to survey briefly the main themes presented in thirteen reviews by US journalistic critics – who do not represent the audiences and who have a very socialized norm of presenting their responses to the public. I am then going to consider significant points of difference that I encountered in twenty-seven non-US reviews. Finally, out of the forty reviews total, I will comment on the five reviews – all from outside the US – that are negative.[2] Incidentally, reviewers either really, really liked SWEENEY TODD or really, really did not; they were not particularly lukewarm or cool to the film.

In considering the questions of whether Burton's adaptation does justice to the source[3] and whether Depp and Helena Bonham Carter who plays Mrs. Lovett can sing, the critics focus on questions of media specificity. What are the differences between a theatrical experience and the movies? What does Burton do to the narrative and narration? And what does Sondheim think?

Sondheim thinks that movies are different from theater and closely supervised and approved the casting and changes in the narrative and

---

2   The reviews are from: US (13); Canada (4); England (5); Scotland (1); Ireland (2); Australia (6); English-speaking South Asia (4); France (2); and Germany (3). Thanks to Peter Staiger for helping me with translations of the German reviews.
3   Sondheim's musical is based on a play written by Christopher Bond; Hal Prince directed. The story of Todd goes back into the 1800s.

music. In a preview essay, one journalist quotes him: "In the theater you can sing for three or four minutes even though there's nothing happening. On film you want to keep things moving."[4]

But it is not just pacing that makes for differences. David Ansen remarks:

> These murders, which transpired from an almost comic Brechtian distance in Hal Prince's original stage production, become something else in Burton's loving close-ups. The highly stylized blood doesn't just ooze, it spurts and sprays like water from a garden hose. All of this accompanied by some of the most beautiful, witty and disturbing songs in the musical-theater canon [...]. It's bloody wonderful.[5]

In a review headlined "Bloody Good" and also noting a Brechtian quality to the 1979 source, Ty Burr writes: "What Tim Burton has done to Stephen Sondheim's 1979 show is tighten it, Gothify it, and heighten all the bloodletting that stage craft can only imply [...]. This makes it harder to watch."[6]

Can Depp sing? Anthony Tommasini explains, using media specificity claims:

> Indeed he can. Or perhaps the way to put it is that his performance as captured on screen is stunning in every dimension: dramatically, psychologically, physically and, yes, vocally [...]. His voice does not have much heft or power. Don't expect him to play the role onstage. But in the film he can almost whisper many lines [...]. The effect is chilling.[7]

Peter Marks agrees:

> The narrative demands of moviemaking, however, require the music ideally to become more seamlessly a partner of the dialogue – to feel as though it doesn't assert primacy over the spoken scenes. That integration has been carried out with remarkable suppleness so that the numbers seem, to a degree rarely experienced, an extension of character and plot.[8]

These choices in narration – pacing, spurting blood, close-ups, whispers – create affects expected, not for a musical, but for a Burton movie (after all, and one reason I chose this case, a slasher musical is an oxymoron), and the outcome is judged good: that is, the affects associated with the horror

---

4   Sondheim quoted in: Sylviane Gold, Demon Barber, Meat Pies and All, Sings on Screen. In: *The New York Times*, 4 November 2007, sect. 2, p. 6.
5   David Ansen, SWEENEY TODD. In: *Newsweek* 150, no. 25, 17 December 2007, p. 70.
6   Ty Burr, Bloody Good. In: *The Boston Globe*, 21 December 2007, p. C1.
7   Anthony Tommasini, An Actor Whose Approach to Singing Lets the Words Take Center Stage. In: *The New York Times*, 12 January 2008, p. B13.
8   Peter Marks, SWEENEY TODD. A Savory Pie, Any Way You Slice It. In: *The Washington Post*, 21 December 2007, p. C1.

genre are expected to be such-and-such, and delivery of those increases the aesthetic score. US critics often link Sweeney Todd not only to Burton's author-function as a director who turns "comic books and children's tales into scary, nightmarish shadow plays,"[9] but also to other recent slasher and violence-laden horror and drama. A.O. Scott becomes nearly ecstatic:

> Mr. Burton's film adaptation [...] is as dark and terrifying as any motion picture in recent memory, not excluding the bloody installments in the *Saw* franchise. Indeed, Sweeney is as much a horror film as a musical: It is cruel in its effects and radical in its misanthropy, expressing a breathtakingly rigorously pessimistic view of human nature. It is also something close to a masterpiece, a work of extreme – I am tempted to say evil – genius.[10]

Other critics experience other affects: "The movie exists in a constant state of dread";[11] "There will be blood – seeping, spurting and splattering – in this mesmerizing and highly entertaining film adaptation."[12]

These affects produce body effects:

> It should be noted that the squeamish might find Burton's virtuosic treatment of Sweeney's serial murders [...] occasions to turn away from the screen. But others will recognize, in the syrupy consistency and saturated colors of what oozes out of everyone's neck, that we are not in the province of chainsaw massacres, but of art.[13]

In a climax, synaesthesia is invoked: "The red liquid latex his razor sent spurting from the nicks of Sweeney's victims during the 50-day shoot last winter was, well, thicker than water. 'You see it, you feel it, you hear it,' [Depp] said, 'It wasn't subtle.'"[14] And evaluation derives from this conformance between expectation related to genre and outcome. Scott's remarks exemplify this as he describes having taken his sixth-grade son to the film: "It is a scary, brutal, horrifying film – also a musical, by the way – and two-thirds of the way through it my son turned to me and said, 'I'm loving this.' And why wouldn't he? [...]. 'It's one of the best movies of the year,' he said."[15]

---

9   A.O. Scott, Murder Most Musical. In: *The New York Times*, 21 December 2007, p. E1.
10 Ibid.
11 Steve Persall, Film Nicks the Jugular. In: *The St. Petersburg Times* (Florida), 20 December 2007, p. 8W.
12 Claudia Puig, Sweeney Todd. A Sharp Adaptation with a Comic Edge. In: *USA Today*, 21 December 2007, p. 6E.
13 Peter Marks, Sweeney Todd. A Savory Pie, Any Way You Slice It. In: *The Washington Post*, 21 December 2007, p. C1.
14 Sylviane Gold, Demon Barber, Meat Pies and All, Sings on Screen. In: *The New York Times*, 4 November 2007, sect. 2, p. 6.
15 A.O. Scott, Take the Kids, and Don't Feel Guilty. In: *The New York Times*, 11 January 2008, p. E1.

Now I want to underline a point here: the aesthetic evaluation of the film lies in a direct line from an affect that filmgoers learn as in correspondence with the genre, the authorial source, and cinematic specificity. This perfect conformity means high affective value. Affect can also be embodied beyond a general sensation. In one of the earliest essays that I published on reception studies in 1986, I noted the correspondence between aesthetic evaluation and metaphors of smell and taste that become literal: it is said that a film "stinks" or leaves an awful taste in the mouth. In a 1993 essay on THE SILENCE OF THE LAMBS (Jonathan Demme, USA 1991), I also described the symptomatic tendency of critics to enjoy, even seem compelled to employ, comic puns about horrific features in the film (see Staiger 1992, 131; Staiger 2000, 165–67). Reviewers of SWEENEY TODD both in the US and elsewhere display these two tendencies not only in the repetitive occurrence of the phrase, "bloody good," but also in word puns and jokes about Mrs. Lovett's meat pies. I wish I had space to give you many examples (some will appear below), but trust me that the naughty feature of unwitting cannibalism also provided much affective capital – both positively and negatively.

Grouping the non-US reviews by nation, I had hoped to find some cultural conclusions. Because of the eventual small sampling (often only five or six reviews but sometimes only one or two per country) and because most of the reviews were from Anglophone nations, I do not want to make any serious cultural or national claims here. However, a few observations are worth making for contemplation. First of all, the tactic of turning to media specificity to discuss the quality of the adaptation and musical treatment is consistent through the non-US press. Second, the sequence of proper affect in relation to genre and authorial expectations results in high marks in the category of aesthetic valuation – with the exception of the negative reviews that I will discuss below. What differs is sometimes the approach to these broader strategies, differences that may well be just a matter of my sampling.[16] Still, several divergences are rather intriguing and, a couple, amusing.

I looked at four reviews from Canada. Three of these reviewers remark about how the film employs flashback for exposition, a narrational tactic not used in the theatrical version and something no US reviewer notes. Moreover, the reviewers consider the flashbacks and fantasy scenes very cinematic, e.g., something films can do exceedingly well. Secondly, although SWEENEY TODD opened in Canada the same December 19th week-

---

16 I did a standard search of the *Readers' Guide to Periodical Literature* and *LexisNexis* and pulled out as many articles as possible that appeared to be reviews and not preview essays.

end as in the US, all four of the Canadian reviewers (against no US reviewer) point out that the film is rather gory for the holiday season. Still they think the film is "bloody good" and "bloody brilliant."[17]

For the British reviewers, the reference points are not the 1930s Universal horror films, the SAW series (USA/CND 2004–2008), and gory horror such as THE TEXAS CHAINSAW MASSACRE (Tobe Hooper, USA 1974) as they are for the US critics but the British-produced Hammer horror films and Terence Fisher. David Benedict has valuable comments to make about the sound design and its affective consequences. He remarks that using from the start of the film a 75-piece orchestra "prepares audiences by giving serious aural scale to the spectacle about to unfold."[18] In my sole Scottish review, entitled "A Prime Cut of Blood, Song and Fantasy," Alison Rowat also dwells on sound: "The splatterfest does become more intense as the story grinds on, however. If the blood is just about manageable, the slashing, stabbing and crunch of neck bones as bodies fall through trap doors and hit concrete are something else."[19] In Australia, the reviewers are back to the Universal horror films rather than British ones. So for these reviewers intertextual horizons of expectation and the aspects of the medium they notice change. The former is likely cultural; the latter seems merely coincidental.

In my sample were two French reviews, from *Le Monde* and *Le Temps*, and three German ones. The French critics fly into cinephilia, both stressing the genre and authorship heritage. Julia Sykes takes the reader through a history of US musicals and believes that this film is the culmination of soul mates, Burton and Sondheim.[20] Jean-Luc Douin's intertextual references[21] go to Jean Valjean, Victor Hugo's hero in *Les Misérables*, falsely incarcerated like Sweeney; the black-and-white silent cinema in contrast to the color flashbacks and fantasy scenes; Alan Rickman who plays Judge Turpin displaying echoes of American horror actor Vincent Price; the films of British horror director Terence Fisher (Douin goes to the British horror movies); and the motif of the eye that occurs in Italian horror master Mario Bava. I do not want to imply here that other critics were negligent in constructing the textual contexts that occurred for them as part of the "form

17 See Chris Knight, Eat, Drink, Man, Woman. In: *National Post* (Canada), 21 December 2007, p. PM4; Liam Lacey, Burton's Sharp Vision Meets Sondheim's Cutting Wit. In: *The Globe and Mail* (Canada), 21 December 2007, p. R6; Geoff Pevere, Bloody Good … In: *The Toronto Star*, 21 December 2007, p. E1; Jay Stone, Musical is no Singalong, but it's Bloody Brilliant. In: *The Gazette* (Montreal), 21 December 2007, p. D3.
18 David Benedict, A Review. In: *The Observer* (England), 23 December 2007, p. 4.
19 Alison Rowat, A Prime Cut of Blood, Song and Fantasy. In: *The Herald* (Glasgow), 24 January 2008, p. 2.
20 Julia Sykes, L'Horreur en chantant. In: *Le Temps*, 19 January 2008.
21 Jean-Luc Douin, Excellent – Le barbier démoniaque de Tim Burton. In: *Le Monde*, 23 January 2008, p. 23.

The Centrality of Affect in Reception Studies

2 Placard of SWEENEY TODD – Johnny Depp, Helena Bonham Carter.

and themes of already familiar works" (Jauss 1982, 22) informing their response; Douin's gestures are just particularly intense.

The three German reviewers enjoy word play, again a symptom everywhere in the sample. However, two of the review headlines employ made-up, hybrid names for this movie, something that I did not find in the other ones. Daniel Kothenschulte calls SWEENEY TODD a "splatter-musical"[22] and Michael Althen labels it a "grusical."[23]

"Unsavory Fare"

Of the forty reviews, only five are negative. Oh, here and there the other reviewers might have criticisms – part of the requirement of reviewing. Yet their overall tone and assessment is enthusiastic. The five negative reviews

22 Daniel Kothenschulte, Köpfe werden rollen. Das Splatter-Musical. Tim Burton verfilmt Sondheims SWEENEY TODD. In: *Frankfurter Rundschau*, 20 February 2008, p. 31.
23 Michael Althen, Aufs Blut. Tim Burtons Grusical SWEENEY TODD. In: *Frankfurter Allgemeine Zeitung*, 23 February 2008, p. 36.

come from Edward Porter (Britain's London *Sunday Times*, 2008), Clarence Tsui (*South China Morning Post*, 2008), an anonymous reviewer in *Canberra Times* (Australia, "Demon Barber Doesn't Cut It"), Tom Baker (Tokyo's *Daily Yomiuri*, 2008), and Michael Althen (*Frankfurter Allgemeine Zeitung*, 2008). While none of these critics has the same take on why the film failed, affect is central to each one's evaluation.

Take, for instance, Porter. The actors do "conventional" work, none of which is "surprising," and the singing is only so-so. More significantly, Porter wants less character and more of a particular theme. He states:

> [Burton] focuses on melodrama and makes Todd another of his tormented outsiders, while playing down one of the meatier aspects of Sondheim's original: cannibalism as a metaphor for the evils of economic ruthlessness [...]. As it is, it's an engaging but rather flat spectacle. Instead of having quite so much blood, it could have done with a bit more bile.[24]

The wrong affect – "melodrama" – rather than the right one – "bile" – is SWEENEY's flaw.

Much like Porter, for Tsui,

> SWEENEY TODD is simply too stylish for its own good [...]. What's missing, however, is real, smudgy ugliness: after all, Sondheim's musical has always been about the pervasive cynicism in a dark, cannibalistic universe [...]. By delivering an expansive, refined piece that plays to all the conventions of the musical film [...] Burton missed the opportunity to inject an edgy sense of danger into the proceedings.[25]

In the case of the *Canberra Times* reviewer, the affect desired is different: "The theme may be about getting even for wrongs done, but it soon degenerates into throat-slitting for its own sake [...]. I prefer the music-hall version, which offers comic relief that Sondheim's version sadly lacks."[26] Here the "balance" between horror and comedy is inadequate.

These three negative reviews are mostly regretful. The last two are, for want of a better word, angry. The review by Tom Baker, writing in English for a Tokyo-based audience, is entitled, "Unsavory Fare" – evincing the taste metaphor and a pun about cannibalism. Baker argues:

> Late in the movie, a boy bites into [a meat pie] and finds that his teeth have clamped down on a big, ugly, human finger. Yuck. Watching this movie pro-

---

24 Edward Porter, Such a Bloody Disappointment. In: *The Sunday Times* (London), 27 January 2008, p. 10.
25 Clarence Tsui, Sweeney Todd. The Demon Barber of Fleet Street. In: *South China Morning Post*, 31 January 2008, p. 1.
26 N.N., Demon Barber Doesn't Cut It. In: *The Canberra Times* (Australia), 26 January 2008, p. 26.

vides a similar experience. What starts out as a tasty black comedy soon becomes weird, gross and depressing [...]. The repetitive killing scenes are not realistic enough to be scary, yet are too disgusting to be funny. And it's just not believable that any sober person would be enticed by Todd's frantic 'How about a shave?' come-ons.[27]

Last, but not least, is Michael Althen's analysis of SWEENEY TODD. Opening his review by noting that Burton began his career as an animator for Disney Studios, Althen states, "if Uncle Walt were still alive, he would surely see [Burton] as the Antichrist." Running through the costuming, themes, acting, and mise-en-scène, he concludes:

> Es gibt nicht einen einzigen Song, der im Ohr bliebe, nicht eine Szene, die sich über das bleierne Material emporschwingen würde. Alles ist so trocken wie das Talkumpuder, unter dem die Helden lebendig begraben sind. [...] Dabei lässt Burton das Blut so fontänenartig fliessen, dass es einem nur schlecht werden kann und man sich fragt, ob womöglich deswegen so wenig Herzblut für die Geschichte übriggeblieben ist. Die Leichen wiederum werden von einer Bäckerin verbacken, die vorher nur Maden und Kakerlaken verwendet hat. Das alles ist von einem mutwilligen Hautgout, der nie den Witz früherer Burton-Filme hat, sondern beim Zusehen einfach nur aufstösst. SWEENEY TODD ist ein Splatterfilm, der sich als hohe Kunst geriert. Etwas Schlimmeres gibt es fast nicht.[28]

I will let that digest for just a moment.

As I noted at the beginning of this essay, my argument is obvious, maybe trite, that affect is central to aesthetic evaluation. It is not *all* that is involved in aesthetic evaluation, but I cannot help in noting that these reviewers make standard critical judgments about cinematic form and style and then move into affective statements, with ultimate evaluation deriving from the success, or failure, of the affective experience. Affective success may at times be related to genre or authorial expectations – I desired a surprise or terror. Affective success may also be related to tolerance for a genre, with horror not palatable to some. Still, here, in the case of SWEENEY

---

27 Tom Baker, Unsavory Fare. In: *Daily Yomiuri* (Tokyo), 18 January 2008, p. 14.
28 Michael Althen, Aufs Blut. Tim Burton's Grusical Sweeney Todd. In: *Frankfurter Allgemeine Zeitung*, 23 February 2008, p. 36. ["There is not one song that stays in the mind, not one scene that transcends the leaden material. Everything is dry as dust, under which the protagonists are buried alive [...]. Burton allows the blood to flow so copiously that one can only become ill and wonder if there is no blood left to supply the heart of the story. The corpses are baked up by a baker who previously had baked up only pinworms and cockroaches. All this is done in such a wanton way that has none of the wit of earlier Burton films and simply causes the viewer to gag. SWEENEY TODD is a splatter film that pretends to high art. Something worse can hardly be imagined."]

Todd, the political economy of affective capital becomes transparent. While scholars will surely need to theorize interpretive moves related to discursive and formal contexts, incorporating analysis of affect and thinking through the socially constituted valuation of affect are important for studies of ideological dynamics in cultural spheres.

References

Bordwell, David (1985) *Narration in the Fiction Film*. Madison: University of Wisconsin Press.

Crawford, June / Kippax, Susan / Onyx, Jenny / Gault, Una / Benton, Pam (1992) *Emotion and Gender. Constructing Meaning from Memory*. London: Sage.

Eitzen, Dirk (1999) The Emotional Basis of Film Comedy. In: *Passionate Views. Film, Cognition, and Emotion*. Carl Plantinga & Greg M. Smith (eds). Baltimore, MD: The Johns Hopkins Press, pp. 84–99.

Heath, Stephen (1975) Film and System. Terms of Analysis, Pt 2. In: *Screen* 16/2 (Summer), pp. 91–113.

Jauss, Hans Robert (1974) Levels of Identification of Hero and Audience. In: *New Literary History* 5 (Winter), pp. 283–317.

Jauss, Hans Robert (1982) *Toward an Aesthetic of Reception*. Minneapolis: University of Minnesota Press.

Staiger, Janet (2000) Taboos and Totems. Cultural Meanings of THE SILENCE OF THE LAMBS. In: *Perverse Spectators. The Practices of Film Reception*. New York University Press, pp. 161–178.

Staiger, Janet (1992) 'The Handmaiden of Villany'. Foolish Wives, Politics, Gender Orientation, and the Other. In: *Interpreting Films. Studies in the Historical Reception of American Cinema*. Princeton: Princeton University Press, pp. 124–138.

Tan, Ed (1996) *Emotion and the Structure of Narrative Film. Film as an Emotion Machine*. Mahwah, NJ: Lawrence Erlbaum Associates.

Villarejo, Amy (2003) *Lesbian Rule. Cultural Criticism and the Value of Desire*. Durham, NC: Duke University Press.

RAINER WINTER, SEBASTIAN NESTLER

«Doing Cinema»
Filmanalyse als Kulturanalyse in der Tradition der *Cultural Studies*

Die Praktiken des Films

Seit den 1980er Jahren haben *Cultural Studies* dazu beigetragen, die wissenschaftliche Beschäftigung mit dem Film zu verändern, indem sie textuelle Analysen mit Überlegungen zu unterschiedlichen Rezeptionsformen oder mit ethnographischen Publikumsuntersuchungen verbanden. Wurden Zuschauerpositionen zunächst aus der Struktur der Medientexte abgeleitet, so wichen diese Konzeptionen einer qualitativen Beschäftigung mit dem ‹realen› Publikum, durch dessen Erlebnisse und Praktiken sich erst die affektive und sinnhafte Effektivität medialer Texte entfalten kann (Winter 1992; Winter 2005a). Hierbei geht es den *Cultural Studies* darum, Filme in größeren kulturellen und historischen Kontexten zu betrachten, in denen sie ‹Wirkungen› in der Welt entfalten.

Zum einen ist der Film ein Produkt kultureller und gesellschaftlicher Prozesse, zum anderen spielt er aber auch eine aktive Rolle in diesen Prozessen (vgl. Gunning 2008, 186). Wesentliches Merkmal von *Cultural-Studies*-Ansätzen ist ihr gemeinsamer Ausgangspunkt bei gesellschaftlichen Praktiken, sozialen Beziehungen und Konstruktionen, in denen Objekte, Ereignisse und Erfahrungen, so die Auffassung, erst ihre soziale Relevanz und Bedeutung erlangen. Das cartesianische Subjekt-Objekt-Paradigma, das auch Ansätze in der Filmwissenschaft bestimmt, die einen hypothetischen Zuschauer postulieren, der repräsentativ für alle Zuschauer sein soll, wird entschieden in Frage gestellt und schließlich verabschiedet. Der Schwerpunkt verschiebt sich auf die Filmpraktiken, womit zum einen alle Praktiken im Kontext des Films, zum anderen deren Interaktion mit anderen kulturellen, ökonomischen und gesellschaftlichen Praktiken gemeint sind. Damit werden essentialistische Auffassungen, wie sie in manchen Teilen der Filmtheorie vorherrschen, aufgegeben, das Interesse gilt der Geschichte und der Soziologie von sich verändernden Filmpraktiken, die als dynamische Prozesse des Hervorbringens, der Inszenierung und Aufführung, als Relationen oder auch als «Verben» (vgl. Denzin 1999) verstanden werden. In der Praxistheorie spricht man von der «Kultur in Aktion» (vgl. Hörning/Reuter 2004). Bezogen auf den Film bedeutet dies, dass er nicht als isolierter Text – wie in Teilen der Semiotik – oder als einer kognitiven Mentalität korrespondierend – wie in der neoformalistischen Filmtheorie – betrachtet wird, sondern es geht um die gewöhnlichen Gebrauchsweisen und regelmäßigen Praktiken im Umgang mit Filmtexten. Praktiken als differenzierte und eingeübte Formen von Handeln und Sprechen greifen routinemäßig auf kulturelle Wissensbestände zurück, entfalten diese, setzen aber auch durch den kompetenten Gebrauch von Wissen neue Interpretations- und Gestaltungsprozesse in Gang (vgl. Hörning 1999). So stellen Filme eine gesellschaftliche Wirklichkeit dar, die interaktiv im Handeln, in den Bereichen der Produktion, Zirkulation, Rezeption und Aneignung, hervorgebracht wird. Beispielsweise sind die textuellen Merkmale von Genrefilmen, die sie erkennbar und erwartbar machen, das Ergebnis und das Medium eines ‹doing genre›, das von unterschiedlichen Akteuren in unterschiedlichen Kontexten realisiert wird (vgl. Tudor 1989; Winter 1992).

Für die Analyse von Filmen bedeutet dies, dass kontextuelle Faktoren kultureller, politischer und soziologischer Natur die Produktion sowie die Erfahrung und das Erlebnis von Filmen bestimmen. Nicht das einzelne Subjekt, das einen Film rezipiert, sondern die kulturell eingespielten, sich wiederholenden Praktiken im Umgang mit dem Film und die sozialen Ereignisse der Interpretation rücken ins Zentrum (vgl. Winter 1995; Staiger 2000; Mikos 2005). Hierzu können die Einflüsse der Rezeption in einer Gruppe an einem bestimmten Ort, Rezensionen in Zeitungen, Fandiskurse im Internet oder auch Gespräche nach der Rezeption im Freundeskreis oder im Klassenzimmer gezählt werden. Gerade im Sprechen über Filme können bestimmte Bedeutungen ins Zentrum rücken, andere in den Hintergrund gedrängt und gemeinsam Interpretationen entwickelt werden, die mögliche Rätsel und Ambivalenzen der Filmhandlung auflösen. Ein wesentliches Merkmal von Praktiken ist, dass sie sich wiederholen. Dabei gilt auch für Filmpraktiken, dass sie das Vergangene nie identisch reproduzieren können, sondern es sich um eine «Wieder-Erzeugung eines Zustands in einem anderen Kontext unter einem anderen Vorzeichen» (Hörning 2004, 34) handelt. So erzeugt zum Beispiel die wiederholte Rezeption eines Films Differenzen in der Wahrnehmung und im Erlebnis. Wird dieser Prozess immer wieder lustvoll erfahren, kann ein Film zu einem Kultfilm werden.

Vor diesem Hintergrund lässt sich ein Film, wie Tom Gunning (2008, 192) vorschlägt, als ein Palimpsest begreifen, in das sich die Spuren unterschiedlicher und vielfältiger Filmpraktiken eingeschrieben haben. Auch wenn im Produktionsprozess bereits die Rezeption antizipiert wird, sind die Rezeptions- und Aneignungsprozesse in der Regel komplex, widersprüchlich, vielfältig und oft nicht vorhersehbar.[1] Denn das postmoderne Subjekt hat verschiedene sozial konstruierte und aufgeführte Identitäten (vgl. Denzin 1992, VIII; Zima 2000), die in unterschiedlichen kulturellen Praktiken konstituiert werden. Kategorien wie Klasse, Ethnizität, Alter oder Gender stehen für Praktiken der Inszenierung und Aufführung, in denen Differenzen artikuliert und zugleich Formen sozialer und kultureller Ungleichheit reproduziert sowie problematisiert werden.

So kann dieselbe Person einen Film in unterschiedlichen Kontexten verschieden interpretieren, je nachdem, welcher Aspekt ihrer Identität gerade inszeniert wird. Bei der Rezeption kann auch die Perspektive und damit die Rahmung des Films gewechselt werden. Ebenso können unterschiedliche Identitäten, zum Beispiel in Bezug auf Gender oder ethnische Zugehörigkeit, bei verschiedenen Subjekten angesprochen werden. Dies passt zu einer Feststellung von Georg Seeßlen:

> Das Kunstwerk der Postmoderne ist eine Art Schizophrenie-Maschine, die sehr unterschiedliche Menschen mit unterschiedlichen Erwartungshaltungen ebenso ansprechen kann, wie einen Menschen zugleich auf sehr unterschiedliche Weise. *(Seeßlen 1994, 138)*

In der Interaktion mit Filmen wird Subjektivität konstruiert, die mit medialen Repräsentationen unauflöslich verknüpft ist.

Im nächsten Schritt möchten wir diese Prozesse der Kontextualisierung genauer betrachten und auf eine Vertiefung der Filmanalysen der *Cultural Studies* eingehen, die hauptsächlich im Rahmen einer kritischen Medienpädagogik verfolgt wird, nämlich Filme auf ihre möglichen politischen Bedeutungen hin zu lesen und sie mit pädagogischen Interventionen zu verbinden. Daran anschließend werden wir, diese Impulse aufnehmend, exemplarisch AMORES PERROS (Alejandro González Iñárritu, MEX 2000) mittels einer ethnischen Perspektive kontextualisieren und analysieren.

---

1   Dabei zeigen zum Beispiel die Studien von Richard Maltby (1996), dass gerade die Filmpraktiken in Hollywood nicht auf eine eindeutige Interpretation eines Filmtextes abzielen, sondern offen für eine Vielfalt von Interpretationen in unterschiedlichen (lokalen) Kontexten sein wollen.

Filmanalyse als kulturelle Intervention: *Cultural Studies* und kritische Pädagogik

Die kritische Medienpädagogik, die sich vor allem in den USA entwickelt hat (vgl. Winter 2006; Wimmer 2009), begreift Filme als kulturelle Praktiken und Ereignisse, in denen sich die politischen Auseinandersetzungen und Kämpfe von Gesellschaften ausdrücken. So ermöglicht ihre Analyse einen Zugang zu kulturellen, sozialen und historischen Kontexten, die in die Praktiken bereits eingeschrieben sind oder durch sie hervorgebracht werden. Auf diese Weise lässt sich zeigen, wie sich Formen kultureller Politik und gesellschaftliche Repräsentationsordnungen im Alltagsleben ausdrücken, durch (hegemoniale) Sinnmuster aufrechterhalten und wie sie durch (pädagogische) Interventionen in Form von Analysen, Deutungen und Gesprächen über Filme problematisiert und transformiert werden können.

Filme unterhalten nicht nur, sie erziehen auch, wie Henry A. Giroux (2002, 3) feststellt. Zum einen werden politische Ideologien und kulturelle Werte artikuliert und so zum Gegenstand öffentlicher Diskussionen; zum anderen kann in pädagogischen Prozessen gezeigt werden, wie Filme als soziale Praktiken das alltägliche Leben gestalten, indem sie beispielsweise Subjektpositionen zuweisen oder in audiovisuellen, dramaturgischen Repräsentationen das postmoderne Subjekt reflektieren und zur Aufführung bringen (vgl. Denzin 1991, VIII). Neue, alternative Interpretationen können in diese Prozesse intervenieren, sie in Frage stellen und den Raum der Selbstgestaltung erweitern. Dies gilt insbesondere für die Bereiche von Gender und ethnischer Zugehörigkeit. Deren Repräsentationen sollen in (gemeinsamen) Analysen hinterfragt, ihrer Selbstverständlichkeit beraubt und in der alltäglichen Praxis transformiert werden. Populäre Filme lassen sich als eine Form öffentlicher Pädagogik begreifen, die, so Douglas Kellner (2010), die Möglichkeit eröffnet, die aktuelle Politik der Repräsentation zu hinterfragen, herauszufordern und nach gesellschaftlichen Alternativen zu suchen. Dekonstruktive Analysen sollen Filme gegen den Strich lesen, ihr polysemes Bedeutungspotenzial aufzeigen und Möglichkeiten der Reartikulation in der Rezeption und Aneignung sichtbar machen (vgl. Winter 2003). Auf die öffentliche Pädagogik Hollywoods wird mit engagierter Analyse sowie Diskussionen mit Jugendlichen, Studierenden und adressierten Gruppen reagiert, mittels derer mögliche alltägliche Lesarten von Filmen identifiziert, Alternativen erarbeitet und auch Gegenerzählungen initiiert werden sollen.

Dabei heben sowohl Giroux als auch Kellner hervor, dass bei Analysen nicht Einzelaspekte isoliert, sondern Filme im Sinne von Fredric Jameson (1992) als soziale und politische Allegorien betrachtet werden sollten, die ihre Bedeutungen nicht als separate Texte, sondern im Netzwerk gesellschaftlicher Praktiken, kultureller Auseinandersetzungen und institutioneller Formationen gewinnen. Eine zentrale Aufgabe einer kritischen Pädagogik ist es daher zu untersuchen, wie Filme mit kulturellen und gesellschaftlichen Transformationen zusammenhängen, im Dialog mit ihnen stehen, wie sie Ängste und Befürchtungen zum Ausdruck bringen, Sexismus und politische Verzweiflung, aber auch Hoffnung und Utopie artikulieren können. Darüber hinaus bietet die Analyse populärer Filme auch die Möglichkeit, in den Dialog der Gesellschaft mit sich selbst einzugreifen und im Sinne von John Dewey mehr Demokratie zu verwirklichen. Über Filme zu sprechen, schafft oder erweitert öffentliche Räume, in denen Vergnügen, Reflexion und Handlungsfähigkeit eine fruchtbare Synthese eingehen können. Der Film ist eines der wenigen Medien, wie Henry Giroux (2002, 7) feststellt, die Gespräche möglich machen, in denen sich Fragen der persönlichen Erfahrung, der Politik und des öffentlichen Lebens mit größeren sozialen Fragestellungen verbinden.

Eine pädagogisch orientierte Filmanalyse versucht also, gesellschaftliche Konflikte und Diskurse zu verstehen, für welche die Zuschauer sensibilisiert werden sollen. Die bildungstheoretische Intention zielt auf die Vermittlung von Kompetenz durch die Dekonstruktion kultureller Texte und will der Handlungsfähigkeit Räume eröffnen (vgl. Kellner 1995; Winter 2005b). Dabei sind Filmanalysen partiell und perspektivisch konstruiert und können jederzeit revidiert oder in Frage gestellt werden (vgl. Giroux 2002, 13).

Eine von uns durchgeführte Analyse von V FOR VENDETTA (James McTeigue, USA/GB/D 2005) zeigt beispielsweise, welches Bedeutungspotenzial die kulturelle Analyse des populären Films als Methode der kritischen Pädagogik in sich trägt (vgl. Nestler/Winter 2008). In diesem Film kommen die aktuellen sozialen Diskurse der Überwachungs- und Kontrollgesellschaft, des Medienspektakels und des Terrorismus in transkodierter Form vor (vgl. Kellner 1995; Kellner 2005). Der Film artikuliert Risiken, Gefahren und Ängste, verweist aber auch auf gesellschaftliche Diskurse der Hoffnung, der Veränderung und der Transzendenz, wie sie sich zum Beispiel zu Beginn des 21. Jahrhunderts in den sozialen Bewegungen für ‹global justice› ausdrücken.

So macht V FOR VENDETTA einige Angebote, sich als Utopie rezipieren zu lassen. Indem er Themen wie Verschiedenheit, das Erzählen infamer Geschichten oder die Demaskierung von Herrschaftsverhältnissen inszeniert, führt er die Möglichkeit von Widerstandsformen in totalitären Regimes vor Augen. Hierbei thematisiert er vor allem Abweichungen von der gesellschaftlichen Definition von Normalität, sei es eine andere Religion, eine andere sexuelle Orientierung oder ein anderes politisches und kulturelles Denken: All diese Formen werden im Film durch das totalitäre Regime mit aller Härte bekämpft, weil sich in ihnen ein widerständiges Potenzial von Differenz artikuliert. Deshalb wird die Kommunikation in möglichst vielen Lebensbereichen kontrolliert, zensiert oder kommt erst gar nicht zustande, jedoch mit zunehmend geringerem Erfolg. Da der Protagonist V begreift, dass die Kritik an der Macht innerhalb der Macht ansetzen muss, macht er sich die Kommunikationsstrategien des Systems zunutze und unterläuft sie mittels seiner subversiven Taktiken.

Die doppelte Metapher der Maske spielt hierbei eine zentrale Rolle. Durch seine Maskierung verbirgt V seine wahre Identität, ist daher nicht lokalisierbar und kann sich der Verhaftung entziehen. Zudem gelingt es ihm, das scheinbar Wahre, nämlich die Ideologie des bestehenden Systems, als das Falsche zu demaskieren. V verwendet seine Maske gegen die Maske des Systems. Die Szene gegen Ende des Films, in der tausende gleich maskierte Menschen ihre Maske abnehmen und als unterschiedliche Individuen sichtbar werden, illustriert den Sieg der Verschiedenheit über die Nivellierung und schließlich auch, entlang des Denkens der «Multitude» im Sinne von Michael Hardt und Toni Negri (2004), den Sieg der ‹Liebe›, der affektiven Vergemeinschaftung, die der Motor der Utopie ist, über die paranoide Kontrollideologie des Regimes.

So zeigt unsere Analyse von V FOR VENDETTA die Perspektiven einer pädagogisch motivierten Filmanalyse auf, mittels der es möglich wird, gesellschaftliche und kulturelle Zusammenhänge zu thematisieren und zu diskutieren, die sich sonst nur schwer erschließen würden. Durch diese Methode gelingt es auch, den Begriff der Utopie, die Vorstellung von einer anderen Welt, zu bewahren, ein differenziertes Bild davon zu zeichnen und sein Hoffnungspotenzial für eine demokratische Praxis sowie eine alternative Zukunft der Gesellschaft nutzbar zu machen. In unserer Analyse, die selbst eine Form des ‹doing cinema› ist, haben wir den populären Film in reflexiver Weise betrachtet. Wir stehen – anders als bei positivistischen Methoden – nicht mehr länger als forschendes Subjekt in distanzierter und indifferenter Weise vor einem zu erforschenden Objekt, sondern sind teilnehmende und erlebende Beobachter, die sich im Laufe der Beobachtung und den darin anschließenden Diskussionen selbst verändern können, weil die dominanten Beschreibungen der Welt instabil und flüchtig werden und schließlich eine Verschiebung der hegemonialen Diskurse stattfindet. Die reflexive Analyse des Films eröffnet den Raum einer Utopie, weil sie Alternativen zum Bestehenden aufzeigt und zumindest in der Imagination die Möglichkeit eröffnet, diese Alternativen zu verwirklichen.

Hierbei wird deutlich, dass die Bedeutung eines Films ein umkämpftes Terrain ist, auf dem stets aufs Neue kulturelle und soziale Auseinandersetzungen stattfinden, die weder in Richtung der Utopie noch in Richtung dominanter Ideologien determiniert sind.

Auf diese Weise können populäre Filme mit ihren polysemen Repräsentationen, denen in den prozesshaften Interaktionen mit Zuschauern und Zuschauerinnen Sinn verliehen wird, Einblicke in gesellschaftliche und kulturelle Dimensionen gewähren, die ansonsten nicht oder kaum möglich wären (vgl. Denzin 2000, 426). So stellt Norman Denzin fest: «Filme sind kulturelle und symbolische Formen und können dazu genutzt werden, wichtige Merkmale des sozialen Lebens aufzudecken und zu beleuchten» (ibid., 428). Die Filmanalyse wird zur Kulturanalyse, die auch pädagogische Möglichkeiten der Intervention bietet und, wie Douglas Kellner (1995, 2010) in seinen Analysen von US-amerikanischen Filmen demonstriert, in eine diagnostische Kritik gesellschaftlicher Ideologien münden kann. Die Erzählungen der Filme können mit eigenen Geschichten und Erfahrungen sowie qualitativ-ethnographischen Untersuchungen mit dem Ziel verknüpft werden, die umfassenderen kulturellen Erzählungen, die unser Leben bestimmen, zu verstehen und möglicherweise ihren Bann zu brechen (vgl. Denzin 1991, 157).

Filmanalyse als Kulturanalyse: Konstruktionen von Ethnizität in AMORES PERROS

Wenn wir im Folgenden den Film AMORES PERROS, dessen (kommerzieller) Erfolg auf seine Vielschichtigkeit, komplexe Erzählstruktur und visuelle Überzeugungskraft zurückzuführen ist, mit Blick auf die Repräsentation ethnischer Identitäten analysieren, rücken wir damit eine Perspektive ins Zentrum, die ein wichtiges Thema des Films berührt, nämlich die Frage nach der mexikanischen Identität. Was heißt es, eine Mexikanerin, ein Mexikaner in Mexico City zu sein, einer polyzentrischen Megastadt voller Kontraste und Konflikte, sozialer und ethnischer Differenzen, in der das Leben zu einem «anthropologischen Experiment» wird, wie der Regisseur González Iñárritu 2000 in Cannes sagte (nach Smith 2003, 14). Gerade der Frage nach der *mexicanidad* kommt im künstlerischen, intellektuellen und politischen Leben Mexikos eine zentrale Bedeutung zu, da die Erfahrung der nationalen Identität von der Spannung zwischen den europäischen Wurzeln in der Alten Welt und der Verankerung in der Neuen Welt, die sich in einer permanenten Identitätskrise befindet, geprägt ist (vgl. Berg 1992). Daher ist unsere Analyse als Angebot zu verstehen, über die Konstituierung von Subjektivität in gesellschaftlichen und kulturellen Praktiken zu reflektieren und Ethnizität als soziales Feld der Inszenierung und Aufführung zu begreifen. Dadurch wird der Film als soziale Praktik erfahrbar, in der sich aktuelle politische, gesellschaftliche und kulturelle Konflikte artikulieren. Unsere Interpretation ist deshalb eine Praktik im Kontext des Films, die wiederum mit anderen Praktiken gesellschaftlicher, kultureller und politischer Art in Verbindung gesetzt werden kann. Somit greifen wir mit unserer Interpretation in den Raum der Selbstgestaltung ein und hoffen, neue Räume des Nachdenkens und der Diskussion zu erschließen. Dies ist eine Intervention im Sinne einer kritischen Medienpädagogik, die in diesem Fall dazu anregen kann, essentialistische Konzepte ethnischer Identität zu hinterfragen und zu überdenken. Diese Prozesse können sich natürlich auch ohne pädagogische Hilfestellung in den alltäglichen Interaktionen während und nach der Rezeption ereignen.

Wir verstehen AMORES PERROS als Analyseinstrument, das uns etwas über bestimmte gesellschaftliche Konfigurationen, Prozesse und Bewegungen mitteilen kann, so über die Konstruktion ethnischer Identitäten und ihren zunehmend fragmentierten Charakter im Zuge der Globalisierung. Diese Fragestellung ist im Film selbst zwar dem Bestreben untergeordnet, eine Geschichte so spannend und effektiv wie möglich zu erzählen. Ein dekonstruktives Lesen wendet sich aber den Rändern, Subtexten und anderen untergeordneten Elementen zu, um Möglichkeiten der Reartikulation und der Veränderung, von Widerstand, Wandel und Handlungsmächtigkeit aufzuzeigen.

Ein für uns wichtiger theoretischer Ausgangspunkt ist der Begriff des ‹polyzentrischen Multikulturalismus›, wie ihn Ella Shohat und Robert Stam (1994) verwenden. Sie haben ihn in Abgrenzung zum liberalen Multikulturalismus entwickelt, um hervorzuheben, wie kulturelle Identitäten in Machtverhältnissen verankert sind. Ihre Sympathie gilt den Entmächtigten und Marginalisierten, die sich nicht selbst medial repräsentieren konnten oder können. Vor diesem Hintergrund interessiert uns, ob es dem Film gelingt, dominante Repräsentationen zu durchkreuzen und eurozentrische ethnische Stereotypen, Vorurteile und Klischees durch ihre Wiederaufführung – verstanden als performative Subversion im Sinne Judith Butlers (1991) – in ihrer Selbstverständlichkeit zu hinterfragen und so zu einem Umdenken anzuregen.

Der Begriff des Polyzentrismus wird auch in Opposition zu dem des Eurozentrismus entworfen. Dies geschieht entlang von Achsen aus Gegensätzen, nämlich denen von Ost/West beziehungsweise Nord/Süd, wobei der Westen und der Norden gegenüber dem Osten und dem Süden privilegierte Positionen einnehmen. Zwar sind diese Achsen beliebig festgelegt, nichtsdestoweniger aber sehr machtvoll, da sie zu einer Essentialisierung von (ethnischen) Identitäten führen. Jedoch kann nicht angenommen werden, dass Europa ‹der Westen› ist, da es selbst eine Synthese aus einer Vielzahl von Kulturen darstellt. Dies gilt umso mehr unter den Vorzeichen der Globalisierung, die jede essentialistische Konzeption von Kultur als Trugbild entlarvt (vgl. Shohat/Stam 1994, 14f; Hall 1999). Eine Strategie der Konstruktion von Identitäten (oder Gemeinschaften) ist es folglich, sie als stabile Einheit zu repräsentieren und Differenzen zu unterdrücken. Der polyzentrische Multikulturalismus betrachtet Identitäten dagegen als historisch und sozial situiert, als vielfältig und veränderbar, als Produkte differenzierter und vielschichtiger Prozesse der Identifikation.

Darüber hinaus ist Eurozentrismus eng mit Kolonialismus und mit rassistischen Konzeptionen verbunden. Mit Blick auf die Normalisierung und Naturalisierung des Rassismus sind alltägliche, implizit rassistische Praktiken wie Sprachgebrauch und Medienproduktion von hervorzuhebender Bedeutung (vgl. Hall 1989; Shohat/Stam 1994, 18). Gemäß der Feststellung Shohats und Stams, dass es manchmal enthüllender sein kann, den Stereotypisierenden anstelle der Stereotypen zu dekonstruieren (ibid., 21), werden wir untersuchen, inwiefern das Inszenieren bestimmter ethnischer Identitäten als performative Subversion gelten kann. Hierbei begreifen wir AMORES PERROS als einen Film des *Third Cinema*, als eine Form des Kinos, die in lustvoll-karnevalesker Weise über die Begrifflichkeiten des westlich-dominanten (Hollywood-)Kinos verhandelt (ibid., 27-30). Vor diesem Hintergrund erscheint der Film als ein subversives Vergnügen (vgl. Stam 1989), das nicht essentialistisch verankert ist, sondern mit der Hybridität und der ihr innewohnenden Spannung zwischen kultureller Homo- und Heterogenisierung spielt. Dieses Vergnügen hat stets die Auseinandersetzung um Macht aus der Perspektive der gesellschaftlichen Peripherie und der Marginalisierten im Blick. Es kann demnach ermächtigen, indem es essentialistische, unterdrückende Formen von Identität dekonstruiert und zurückweist sowie Räume des Dialogs und des kulturellen Austauschs eröffnet, in denen Identität neu verhandelt und als transformierbar betrachtet wird.

AMORES PERROS eröffnet uns den Blick in einen Mikrokosmos gegensätzlicher ethnischer Identitäten, wobei der Film, indem er Mexico City als Bühne nutzt, auch die Gegensätze zwischen den persönlichen Schicksalen in dieser anonymen urbanen Welt dramaturgisch hervorhebt. Es werden vor allem die Verläufe von drei Schicksalen erzählt: Das von Octavio, der zusammen mit seinem Freund Jorge versucht, mit Hundekämpfen in kurzer Zeit so viel Geld zu verdienen, dass er sein zwar nicht direkt armes, jedoch relativ unterprivilegiertes Leben ändern und den Neubeginn in einer anderen Stadt wagen kann. Sein zukünftiges Leben möchte er mit Susana, der Frau seines Bruders Ramiro, führen. Auch ist es Ramiros Hund Cofi, mit dem Octavio Geld verdient. Geben diese Umstände bereits genügend Anlass zu Konflikten, so verschärfen sich diese noch zusätzlich, weil alle Personen bei Octavios und Ramiros sehr religiöser[2] Mutter wohnen. Außerdem geraten Octavio und Jorge bei den Hundekämpfen so heftig mit ihrem Gegner aneinander, dass er ihnen nach dem Leben trachtet. Wir sehen, dass diese Charaktere erstens zu einer unterprivilegierten Gesellschaftsschicht gehören, denn sie verfügen weder über genügend finanzielle Mittel noch über die nötige Bildung, um ihr Leben eingehend zu analysieren und entscheidend zu ändern.[3] Außerdem sind sie als eher dunkelhäutig kodiert, wodurch Iñárritu einen Zusammenhang zwischen Marginalisierung und ethnischer Identität herstellt.

Dem gegenüber positioniert der Film eine wohlhabende ‹weiße› Familie: Daniel, Julieta und ihre beiden Kinder. Iñárritu spielt hier mit primordialen Elementen wie Hautfarbe und Physiognomie und stellt sie in einen direkten Zusammenhang mit sozialen Symbolen für Wohlstand wie ein luxuriöses Auto, teure Kleidung, eine große Wohnung. Wie wir im weiteren Verlauf des Films erfahren, hat Daniel eine außereheliche Affäre mit dem Model Valeria, deren Familie Verbindungen zu Spanien hat. Auch hier wird der Bezug zwischen einem privilegierten Leben und Europa sowie einer ‹weißen› Hautfarbe hergestellt, deren ‹Farblosigkeit› sie zum normativen Ausgangspunkt für die Bestimmung einer Hierarchie von ethnischen Gruppen macht (vgl. Dyer 1997). Daniel wird schließlich seine Familie verlassen, um mit Valeria zusammenzuleben.

Schließlich lernen wir El Chivo kennen, der eine Sonderrolle einnimmt. Er führt mit einem Rudel Hunden ein Leben auf der Straße. Allerdings ist er nicht mittellos, denn er nimmt in regelmäßigen Abständen Aufträge als Profikiller an und hat auch einen Wohnsitz, wobei ihm seine scheinbare Ortlosigkeit aber hilft, seine Identität zu verschleiern und einer Verhaftung zu entgehen. In früheren Zeiten führte El Chivo ein bürgerliches Leben mit Frau und Tochter, bis er sich entschloss, diese Existenz

---

2   So findet sich in der Wohnung der Familie neben den allgegenwärtigen Marienikonen auch ein Portraitfoto Papst Johannes Paul II. als Indiz für die Religiosität der Mutter. Zudem ist sie in Bezug auf Familienwerte und geschlechterspezifische Rollenverteilungen stark konservativ eingestellt.
3   Eine Ausnahme stellt hier Susana dar, die, obwohl sie sich um ihr Kind und ihren Mann Ramiro kümmern muss, dennoch auf eine weiterführende Schule geht, um ein Leben führen zu können, das ihr mehr Alternativen bietet. Erschwerend ist, dass Susana keinerlei Unterstützung von ihrer Familie bekommt – ihre Mutter ist Alkoholikerin, einen Vater gibt es nicht – und sich gegen die Vorwürfe ihrer Schwiegermutter, sich nicht genügend um Kind und Mann zu kümmern, verteidigen muss.

1 El Chivo vor der Transformation (AMORES PERROS, González Iñárritu, MEX 2000).

2 El Chivo nach der Transformation.

aufzugeben und fortan als linker Guerillero zu kämpfen. Dann wurde er verhaftet, verbrachte 20 Jahre im Gefängnis und entschied sich danach für sein jetziges Leben. El Chivo erscheint als eher dunkelhäutig. Er wird sich aber gegen Ende des Films dazu entschließen, wiederum ein neues Leben zu beginnen und eine weitere Transformation seiner Identität zu durchlaufen.

All diese äußerst verschiedenen Welten, die in der geregelten Alltagsnormalität eher nebeneinander existieren, statt miteinander zu interagieren, prallen in einem schicksalhaften Autounfall aufeinander. Octavio und Jorge flüchten in einer wilden Verfolgungsjagd vor ihren Hundekampfgegnern, während Valeria durch die Stadt fährt, um Besorgungen zu erledigen. An einer Kreuzung kollidieren beide Autos miteinander, wobei El Chivo Zeuge des Unfalls wird. Dieser Unfall reißt alle Beteiligten aus ihrer bisherigen Normalität: Octavio überlebt schwer verletzt, sein Freund Jorge stirbt. Valeria trägt eine schwere Verletzung davon, so dass ihr Bein später amputiert werden muss, was ihre Karriere als Model beendet. Dies führt zu Spannungen in der Beziehung zu Daniel, der in einigen Momenten zwischen seiner Noch-Ehefrau Julieta und Valeria schwankt. El Chivo wird vom bloßen Zeugen zum Beteiligten, als er den Hund Cofi aus Octavios Wagen rettet und in seine ‹Hundefamilie› aufnimmt. Dies allerdings wird auch ihn noch in eine Krise stürzen. Denn als Cofi wieder gesund ist, tötet er, der zum Kampfhund erzogen wurde, alle anderen Hunde des Rudels. Der Unfall stellt alle Charaktere – die auch die Tatsache verbindet, dass sie Hundebesitzer sind – vor die Aufgabe, über die eigene Identität, nicht nur in ethnischer Hinsicht, nachzudenken und sie neu zu bestimmen.

Bis auf El Chivo gelingt ihnen jedoch eine in die Zukunft weisende Neubestimmung nicht oder nur in Ansätzen. Octavio, durch den Unfall schwer gezeichnet, muss seine Pläne aufgeben, mit Susana ein neues Leben zu beginnen. Nicht nur haben Susana und ihr Mann Ramiro Octavios geheimes Geldversteck geplündert, Ramiro wird zudem bei einem Banküberfall von einem Wachmann erschossen. Danach möchte Susana nicht mehr mit Octavio weggehen. Auch das Leben von Daniel und Valeria verläuft weit weniger glücklich als erhofft. Valeria verliert durch die Amputation ihre sorglose Existenz als Model, was sie angespannt und aggressiv werden lässt. Als dann noch ihr Hund Richie zum Auslöser für einen ernsten Streit wird, steht die Beziehung fast vor dem Aus. Der Film lässt offen, ob oder wie es mit ihnen weitergeht. El Chivo ist der einzige, der die Identitätskrise zu verarbeiten versteht, indem er sich wieder neu erfindet. Nachdem Cofi die Hunde getötet hat, steht El Chivo zwar kurz davor, ihn zu erschießen. Stattdessen entschließt er sich aber anders, gibt seine Existenz als Profikiller auf und beginnt zusammen mit Cofi, den er nun Blackie nennt, ein neues Leben. Hierzu verändert er auch sein Äußeres signifikant: Er schneidet sich Haare und Fingernägel, rasiert sich und trägt seine Brille wieder, was ihn gar nicht mehr so ‹dunkel› erscheinen lässt, sondern eher wie einen Geschäftsmann aus den oberen Schichten. Der Film endet damit, dass El Chivo und Cofi/Blackie zusammen mit einer Reisetasche voll Geld – seinen ‹Einnahmen› und dem Erlös aus dem Verkauf der Autos zweier potenzieller Opfer, die er dann doch nicht tötet – in Richtung Sonnenuntergang aufbrechen. Denn obwohl El Chivo nun wieder bürgerlich aussieht, ist ihm klar, dass er nicht an sein früheres Leben als Familienvater anknüpfen kann.

Wir können also sagen, dass El Chivo der einzige ist, der die Identitätskrise erfolgreich übersteht und es schafft, sich eine neue Identität zu entwerfen. Ein entscheidender Grund hierfür mag sein, dass er sich sein ganzes Leben lang aktiv neue Identitäten gegeben und keine einzige als garantiert und unveränderlich angesehen hat: vom bürgerlichen Familienvater zum Guerillero, vom Strafgefangenen zum Profikiller und nun hin zu etwas Neuem, wie immer dies auch aussehen wird. Octavio und Valeria hingegen scheinen die Krise kaum verarbeiten zu können. Vor allem für Valeria ist dies tragisch, weil sie als vormals am meisten Privilegierte am tiefsten gefallen ist und einsehen muss, dass ihr die europäische Verankerung, die durch ihre Hautfarbe und den spanischen Akzent symbolisiert wird, keine existentielle Sicherheit garantieren kann.

Auf diese Weise gelingt es AMORES PERROS zu zeigen, dass wir den Eurozentrismus, und mit ihm alle essentialistischen Identitätskonzepte, einer weit reichenden Kritik unterziehen müssen. Denn weder sind ethnische Identitäten so eindimensional und essentiell, wie der Eurozentrismus suggeriert, noch kann er eine gesellschaftlich, politisch und kulturell privilegierte Stellung garantieren. Die Verwendung bestimmter ethnischer Stereotypen ist in diesem Fall also eine performative Subversion, die bestimmte Vorstellungen von Ethnie eher irritiert als bestätigt. Es wird offensichtlich, dass «es keine vorgängig existierende Identität» (Butler 1991, 208) gibt, die bestimmen könnte, welche ethnische Identität wahr oder falsch ist. Der Film entlarvt damit die Grenzen der Identität «als Schranken des gesellschaftlichen Hegemonialen» (ibid., 194), als Grenzen einer Strategie, deren Ziel es ist, die verwundbare Peripherie einer jeden Identität gegen Störungen, die das Hegemoniale herausfordern, zu immunisieren. Gerade diese Herausforderung offenbart, dass das Hegemoniale nicht die natürliche Ordnung ist, sondern ein – mitunter sehr fragiles – Konstrukt. Seine Infragestellung «verschiebt somit auch die Bedeutung und Notwendigkeit» (ibid., 197) seiner Ordnung, die stets auf Kohärenz bedacht ist, um Diskontinuitäten, die die eigentliche Normalität sind, zu verbergen. Denn anderenfalls würde sich das «regulierende Ideal […] als Norm und Fiktion» (ibid., 200) entlarven.

AMORES PERROS führt uns die Performanzen vor, durch die (ethnische) Identität hergestellt wird, wodurch die «Illusion eines inneren Organisationskerns» (ibid.) von Identität aufgedeckt wird. Unsere Vorstellungen vom ‹wahren Wesen› einer bestimmten Identität werden somit «als Wahrheits-Effekte eines Diskurses über die primäre, feste Identität» (ibid., 201) enttarnt, was uns schließlich erkennen lässt, dass es keine ‹Wahrheit› über Identität gibt, keinen geschichtslosen Kern, sondern dass Identität «als persönliche/kulturelle Geschichte übernommener Bedeutungen begriffen werden» (ibid., 203) muss. Auch wenn die Beziehungen zwischen den einzelnen Momenten einer Identität letztlich arbiträr sind, so sind sie keinesfalls frei von Machtbeziehungen, sondern in Systeme des Zwangs eingelassen. Dies führt uns einmal mehr vor Augen, dass Identität zwar verhandelbar ist, dass diese Verhandlungen aber einen Kampf um Macht bedeuten und ernsthafte Auseinandersetzungen sind, die verloren werden können. In diesem Sinne führt Iñárritu die Charaktere seines Films bis an ihre Grenzen, die sie schmerzhaft erfahren, und teilweise darüber hinaus.

Schließlich kann mit Bezug auf die kulturellen Dimensionen von Identität der Autounfall als Metapher für die Globalisierung verstanden werden. Diese hinterfragt alle gesichert geglaubten Identitäten und fordert uns heraus, aktiv und kreativ neue Identitäten, die sich von essentialistischen Konzepten lossagen, zu gestalten. Auch erscheinen die in den Unfall Verwickelten nicht mehr als autonome Subjekte mit voller Souveränität über ihre Identität, sondern viel eher als das, was Stuart Hall «dezentrierte Subjekte» nennt – das heißt eine Zerstreuung der Subjekte «über eine Serie von Brüchen in den Diskursen des modernen Wissens» (Hall 1999, 407), die eine Vielzahl von Paradoxien und Ambivalenzen mit sich bringt. Diese Zerstreuung hat auch Auswirkungen auf nationale und ethnische Identitäten und lässt sie nicht mehr als naturgegeben, sondern als imaginiert und konstruiert erscheinen (vgl. ibid., 416–420).

Entsprechend werden alle Unfallbeteiligten aus ihrer bisherigen

Identität herausgerissen. Hierdurch erfahren sie, dass zum Beispiel eine bestimmte ethnische Herkunft, in diesem Fall Valerias europäische Abstammung, keine privilegierte Position in der Gesellschaft garantieren kann. Diese Sicherheit ist nichts weiter als eine Illusion. Ähnlich wie die Diskurse des modernen Wissens die Autonomie des Subjekts zerstreuen, wird Valeria von Octavio aus ihrer gesichert geglaubten Existenz gerissen. Metaphorisch gelesen wird dem Westen hierdurch seine alleinige Vorherrschaft und Definitionsmacht genommen, weshalb er nicht mehr in der Lage ist, sich als einheitlich und homogen darzustellen. Indem AMORES PERROS die dialektischen Wechselwirkungen zwischen den ethnischen Identitäten in Szene setzt, bestätigt er, was Hall für die Globalisierung prognostiziert hatte, nämlich dass «die Globalisierung sich als Teil der langsamen und ungleichen, doch andauernden Geschichte der Dezentrierung des Westens erweisen wird, obwohl sie auf vielfache Weise erst durch den Westen ihre Macht erlangte» (ibid., 439).

Schlussbetrachtung

Der Ausgangspunkt unserer Überlegungen war ein Plädoyer für eine soziologische Betrachtung des Films, die ähnlich wie die historischen Analysen abstrakte und universale Konzeptionen des Zuschauers in Frage stellt. Wie wir versucht haben zu zeigen, sollte sie von den sozialen Kontexten des ‹doing cinema› ausgehen. Dabei sind nicht nur die Prozesse der Produktion, sondern auch die der Rezeption und Aneignung als Praktiken aufzufassen, die keineswegs passiv sind. In ihnen werden die Bilder und Töne eines Films (neu) geschaffen und die Bedeutungen des Filmtextes aktiv fabriziert. Das Interesse einer von den *Cultural Studies* inspirierten Filmanalyse sollte den gesellschaftlichen Praktiken und sozialen Beziehungen des ‹doing cinema› gelten, was differenzierte Analysen von Filmen und ihrem Bedeutungspotenzial keineswegs ausschließt.

Von den *Cultural Studies* lässt sich lernen, dass gerade populäre Filme Erkenntnisgegenstände von gesellschaftlicher Relevanz sein können, wie wir am Beispiel von AMORES PERROS gezeigt haben. Mittels unserer Kontextualisierung konnten wir darlegen, dass dieser Film in Bezug auf ethnische Identitäten die hegemoniale Stellung des Westens kritisiert, wie sie im Begriff des Eurozentrismus ihren Ausdruck findet, und im Sinne des Konzepts des Polyzentrismus dekonstruiert. Indem AMORES PERROS stereotype Vorannahmen über bestimmte Ethnien in der mexikanischen Gesellschaft ‹aufführt›, diese aber durch die Aufführung nicht bestätigt, sondern kritisch hinterfragt, wird deutlich, dass (ethnische) Identitäten nicht essentielle Gegebenheiten, sondern problematisierbare und verhandelbare, doch nichtsdestoweniger machtvolle kulturelle, soziale und politische Konstruktionen sind.

Populäre Filme und ihre Analyse können also interventionistisch wirken. Sie beweisen im Sinne der *Cultural Studies* ihre Fähigkeit, Wissen auch denen zugänglich zu machen, die nicht in die Zirkel der akademischen Wissensproduktion eingebunden sind. Denn sie verfügen über das Potenzial, durch Bilder und ihre Montage komplexe Sachverhalte verstehbar zu machen, ohne sie jedoch ihrer Ambivalenzen, Vieldeutigkeiten und inneren Widersprüche zu berauben (vgl. Nestler 2006). In ihnen kann sich die Komplexität gesellschaftlicher und kultureller Auseinandersetzungen in transkodierter Form ausdrücken. In dieser Perspektive bewahrheitet sich die Äußerung von Sam Fuller in Jean-Luc Godards PIERROT LE FOU (F/I 1965): «Film is a battleground.»

Literatur

Berg, Charles Ramírez (1992) *Cinema of Solitude: A Critical Study of Mexican Film, 1967–1983.* Austin: University of Texas Press.

Butler, Judith (1991 [1990]) *Das Unbehagen der Geschlechter.* Frankfurt a. M.: Suhrkamp.

Denzin, Norman K. (1991) *Images of Postmodern Society. Social Theory and Contemporary Cinema.* London/Thousand Oaks/New Delhi: Sage.

Denzin, Norman K. (1992) *Symbolic Interactionism and Cultural Studies. The Politics of Interpretation.* Oxford: Blackwell.

Denzin, Norman K. (1999) Ein Schritt voran mit den Cultural Studies. In: Hörning/ Winter (Hg.) (1999), S. 116–145.

Denzin, Norman K. (2000) Reading Film – Filme und Videos als sozialwissenschaftliches Erfahrungsmaterial. In: *Qualitative Forschung. Ein Handbuch.* Hg. von Uwe Flick. Reinbek: Rowohlt, S. 416–428.

Dyer, Richard (1997) *White.* London/New York: Routledge.

Giroux, Henry (2002) *Breaking in to the Movies. Film and the Culture of Politics.* Malden: Blackwell.

Gunning, Tom (2008) Film Studies. In: *The Sage Handbook of Cultural Analysis.* Hg. von Tony Bennett & John Frow. London: Sage, S. 185–205.

Hall, Stuart (1989 [1983]) Die Konstruktion von ‹Rasse› in den Medien. In: Ders., *Ideologie, Kultur, Rassismus. Ausgewählte Schriften 1.* Hg. von Nora Räthzel. Hamburg: Argument, S. 150–171.

Hall, Stuart (1999 [1992]) Kulturelle Identität und Globalisierung. In: Hörning/ Winter (Hg.) (1999), S. 393–441.

Hardt, Michael / Negri, Antonio (2004): *Multitude. Krieg und Demokratie im Empire.* Frankfurt a. M. / New York: Campus.

Hörning, Karl H. / Winter, Rainer (Hg.) (1999) *Widerspenstige Kulturen. Cultural Studies als Herausforderung,* Frankfurt a. M.: Suhrkamp.

Hörning, Karl H. (1999) Kulturelle Kollisionen. Die Soziologie vor neuen Aufgaben. In: Hörning/Winter (Hg.) (1999), S. 84–115.
Hörning, Karl H. (2004) Soziale Praxis zwischen Beharrung und Neuschöpfung. Ein Erkenntnis- und Theorieproblem. In: Hörning/Reuter (Hg.) (2004), S. 19–39.
Hörning, Karl H. / Reuter, Julia (Hg.) (2004) *Doing Culture. Neue Positionen zum Verhältnis von Kultur und sozialer Praxis*. Bielefeld: Transcript.
Hörning, Karl H. / Reuter, Julia (2004): Doing Culture: Kultur als Praxis. In: Hörning/Reuter (Hg.) (2004), S. 9–15.
Jameson, Fredric (1992) *The Geopolitical Aesthetic. Cinema and Space in the World System*. Bloomington: Indiana University Press.
Kellner, Douglas (1995) *Media Culture. Cultural Studies, Identity, and Politics Between the Modern and the Postmodern*. London/New York: Routledge.
Kellner, Douglas (2005) *Media Spectacle and the Crisis of Democracy: Terrorism, War, and Election Battles*. Boulder: Paradigm Publisher.
Kellner, Douglas (2010) *Cinema Wars. Hollywood Film and Politics in the Bush-Cheney Era*. Oxford: Blackwell.
Mai, Manfred / Winter, Rainer (Hg.) (2005) *Das Kino der Gesellschaft – die Gesellschaft des Kinos. Interdisziplinäre Positionen, Analysen und Zugänge*. Köln: Herbert von Halem.
Maltby, Richard (1996) *Hollywood Cinema. An Introduction*. Oxford/Cambridge: Blackwell.
Mikos, Lothar (2005) Film und Fankulturen. In: Mai/Winter (Hg.) (2005), S. 95–116.
Nestler, Sebastian (2006) Die Dezentrierung des Weste(r)ns. Zum Begriff fragmentierter Identitäten in Jim Jarmuschs DEAD MAN. In: Mai/Winter (Hg.) (2005), S. 289–306.
Nestler, Sebastian / Winter, Rainer (2008) Utopie im Film – V FOR VENDETTA. In: *Gesellschaft im Film*. Hg. von Markus Schroer. Konstanz: UVK, S. 309–332.
Seeßlen, Georg (1994) *David Lynch und seine Filme*. Marburg: Schüren.
Shohat, Ella / Stam, Robert (1994) *Unthinking Eurocentrism. Multiculturalism and the Media*. London/New York: Routledge.
Smith, Paul Julian (2003) *Amores Perros*. London: BFI.
Staiger, Janet (2000) *Perverse Spectators. The Practices of Film Reception*. New York: New York University Press.
Stam, Robert (1989) *Subversive Pleasures. Bakhtin, Cultural Criticism and Film*. Baltimore/London: The Johns Hopkins University Press.
Tudor, Andrew (1989) *Monsters and Mad Scientists. A Cultural History of the Horror Movie*. Oxford: Blackwell.
Wimmer, Jeffrey (2009) Henry A. Giroux: Kritische Medienpädagogik und Medienaktivismus. In: *Schlüsselwerke der Cultural Studies*. Hg. von Andreas Hepp, Friedrich Krotz & Tanja Thomas. Wiesbaden: VS Verlag, S. 189–199.
Winter, Rainer (1992) *Filmsoziologie. Eine Einführung in das Verhältnis von Film, Kultur und Gesellschaft*. München/Köln: Herbert von Halem.
Winter, Rainer (1995) *Der produktive Zuschauer. Medienaneignung als kultureller und ästhetischer Prozess*. München: Quintessenz.
Winter, Rainer (2001) *Die Kunst des Eigensinns. Cultural Studies als Kritik der Macht*. Weilerswist: Velbrück Wissenschaft.

Winter, Rainer (2003) Filmanalyse in der Perspektive der Cultural Studies. In: *Film- und Photoanalyse in der Erziehungswissenschaft*. Hg. von Yvonne Ehrenspeck & Burkhart Schäfer. Opladen: Leske & Budrich, S. 151–164.

Winter, Rainer (2005a) Die Filmtheorie und die Herausforderung durch den «perversen Zuschauer». Kontexte, Dekonstruktionen und Interpretationen. In: Mai/Winter (Hg.) (2005), S. 79–84.

Winter, Rainer (Hg.) (2005b) *Medienkultur, Kritik und Demokratie. Der Douglas Kellner Reader*. Köln: Herbert von Halem.

Winter, Rainer (2006) Kultur, Reflexivität und das Projekt einer kritischen Pädagogik. In: *Cultural Studies und Pädagogik. Kritische Interventionen*. Hg. von Paul Mecheril & Monika Witsch. Bielefeld: transcript, S. 21–50.

Zima, Peter V. (2000) *Theorie des Subjekts. Subjektivität und Identität zwischen Moderne und Postmoderne*. Tübingen/Basel: Francke.

1 Demonstration in Amsterdam nach dem Mord an Theo van Gogh, 2.11.2004.

MARGRIT TRÖHLER

Filme, die (etwas) bewegen
Die Öffentlichkeit des Films

Filme provozieren nicht nur Lachen und Weinen im Kinosaal oder angeregte Diskussionen im Freundeskreis beim Bier nach der Vorstellung. Manchmal ‹bewegen› sie mehr als das. Sie lösen ein gesellschaftliches Echo und kulturpolitische, lokale oder gar globale Resonanz aus, bewirken öffentliche Auseinandersetzungen über brisante Themen, fordern handfeste Reaktionen im Kinosaal, auf der Straße oder seitens politischer Instanzen heraus. So sind die Phänomene der Rezeption weitgreifend und vielgestaltig. Sie weisen oft über die emotionale Bewegtheit einzelner Zuschauer und die sprachliche Ebene der Nachbearbeitung des Filmerlebnisses oder von publizierten Stellungnahmen hinaus.

Ob im Fall von Theo van Goghs Video SUBMISSION (NL 2004), der Videobilder von terroristischen Gruppierungen oder von Rithy Panhs Dokumentarfilm S21: THE KHMER ROUGE KILLING MACHINE (K/F 2003) – filmische Produktionen provozieren auch erwünschte, unerwartete oder unbeabsichtigte Handlungen mit zum Teil unwiderruflichen Konsequenzen. Die einzige Ausstrahlung von SUBMISSION im niederländischen Fernsehen am 29. August 2004 hatte die Ermordung des Regisseurs zu Folge. Die aus Somalia stammende niederländische Parlamentarierin Ayan Hirsi Ali, die das Drehbuch geschrieben und am Film mitgewirkt hatte, erhielt mehrere Morddrohungen, wurde von der Polizei an einen sicheren Ort gebracht und verließ später das Land. Der Tod von Theo van Gogh löste nicht nur einen Sturm der Entrüstung aus, sondern auch eine lokal, national und transnational geführte Debatte über Frauenrechte, die Auslegung des Korans und die Funktion von Bildern in interkulturellen und religiösen Kontexten. Eine Debatte, die sich in zahlreichen Zeitungsartikeln und Podiumsdiskussionen niederschlug und sich bis heute im Internet fortsetzt.

Bilder zeugen von Handlungen, manchmal dokumentieren sie Handlungen und Menschen können mit, über und durch Bilder handeln: Videos von militanten politischen Organisationen enthalten meist Drohbotschaften oder dienen als ‹Beweis› dafür, dass der/die Entführte – oder im Fall von Usama bin Laden der Anführer – noch am Leben ist. Manchmal gehen solche Bildbeweise um die Welt, wie wir auch im Fall der amerikanischen

Foltervideos und -fotos aus dem irakischen Gefängnis von Abū Ghraib nachvollziehen können (vgl. etwa Beilenhoff 2006). Das Erstellen und Veröffentlichen von Bildern sind selbst Handlungen und provozieren andere Bilderhandlungen. Als Reaktion auf die Folterbilder wurde der amerikanische Geschäftsmann Nicolas Berg vor laufender Kamera durch eine Gruppe von Extremisten um den islamistischen Führer al-Zarkawi enthauptet. Auch bildgestalterisch enthält dieses Video eine Antwort auf die vorangegangenen Bilder in Form von vieldeutigen ikonischen, ja symbolischen Zeichen: Der orangefarbene Anzug von Berg lässt an die ‹Uniform› der Häftlinge in Guantánamo denken; die Maskierung der Täter verweist mit umgekehrten Vorzeichen auf die Maskierung der Opfer in den amerikanischen Foltervideos – sie dient hier der Wahrung der Anonymität der Henker, die in Überzahl im Bild posieren. Das frontale Arrangement des Gruppenfotos mit Berg zu Beginn des Videos schockiert auch durch seine direkte, provokative Adressierung der Zuschauer und könnte als Anspielung auf die inszenierten Selbstpräsentationen aus Abū Ghraib, die (ebenfalls) Trophäencharakter haben, gesehen werden.

Der Film von Rithy Panh wiederum hatte und hat eine (Gesellschafts-)therapeutische Funktion für die Opfer eines der größten ‹Verbrechen gegen die Menschlichkeit› im 20. Jahrhundert. Er setzte, zuerst vor allem im Ausland, eine öffentliche Diskussion über die Massenmorde des Pol-Pot-Regimes in Kambodscha in Gang, im Zuge derer sich in Europa und insbesondere in Frankreich Vertreter der politischen Linken gedrängt sahen, sich neu zu ihrer Vergangenheit zu verhalten – auf persönlicher Ebene wie hinsichtlich der Geschichte der (Kommunistischen) Partei oder der außerparlamentarischen radikal-politischen Gruppierungen, zu deren Mitgliedern sie in den 1970er Jahren zählten. Im Inland begleitet der Film von Rithy Panh die Prozesse gegen die Mitverantwortlichen und Mittelsmänner des damaligen Regimes und dient dazu, die Aufarbeitung dieses kollektiven Traumas anzuschieben.

Doch nicht nur hinsichtlich solcher Schreckensmomente bewegen Filme – über die verbalen Manifestationen hinaus – manchmal auch konkrete Aktionen und können ‹materielle› Auswirkungen haben. Als weiteres Beispiel zum interkulturellen Dialog kann das bescheidene, aber deshalb nicht weniger wertvolle Projekt von Jürg Neuenschwander dienen: Seine beiden Dokumentarfilme Q – EINE BEGEGNUNG AUF DER MILCHSTRASSE (CH 2000) und LES AMIS D'AMADOU (CH 2005), die von der Direktion für Entwicklung und Zusammenarbeit (DEZA) im Departement für auswärtige Angelegenheiten (EDA) der Schweiz mitgetragen wurden, dokumentieren nicht nur den Austausch zwischen Bauern aus Mali und Burkina Faso und ihren Schweizer Kollegen, sondern sie gaben auch den Anstoß zu einer effektiven Begegnung zwischen den Kulturen. Im ersten Film bereisen drei afrikanische Viehzüchter die Schweiz und treffen auf drei hiesige Bauern: Über den Dialog und die Konfrontation zwischen den unterschiedlichen kulturellen Kontexten, Arbeits- und Lebenszusammenhängen wie individuellen Anschauungen hinaus thematisiert der Film anhand einer kontrastierenden Montage die Milchproduktion als ökonomische und geopolitische Frage. Dieses erste Projekt bot dem Regisseur und den drei Schweizer Bauern Anlass, nach Afrika zu reisen, ihn in der sozialen Gemeinschaft der am Film Beteiligten vorzuführen und sich erneut, diesmal vor Ort, mit den anderen Gegebenheiten der afrikanischen Viehproduzenten auseinanderzusetzen. Die Reaktionen auf den fertigen Film, den diese in der Runde der Ihren zum ersten Mal sahen, haben Eingang in den zweiten Film gefunden, der die Afrika-Reise dokumentiert. Und auch er zeugt davon, wie sich die Bilder im Kopf (Stereotype, Vorurteile, Idealisierungen) durch die interkulturelle Begegnung und das Filmprojekt bewegen lassen.

All die bislang erwähnten Filme (und anderen Bilder) lösten also diskursive und zum Teil manifeste Handlungen aus; meist war hier eine Auswirkung intentional im Produktionskontext oder in der Produktion des Films selbst angelegt: Die Filme erfüllen im jeweiligen Fall dennoch sehr unterschiedliche Funktionen und zwar nicht immer die (primär) beabsichtigten oder überhaupt bedachten, was sich – auf einer weniger direkt politischen Ebene – auch im Fall von Kultphänomenen beobachten lässt. So wurde nach MARIE ANTOINETTE von Sofia Coppola (USA 2006) im Parcours der Besichtigung des Schlosses von Versailles ein spezieller Rundgang für Frauen eingerichtet. Und als im Dezember 2009 Sotheby's in Paris die Garderobe von Audrey Hepburn versteigerte, waren die erinnerungsträchtigsten, aber auch die teuersten Kreationen (von Givenchy) die, die der Hollywoodstar in seinen Filmen trug. Andererseits wirft die Tatsache, dass Fredi Murers HÖHENFEUER (CH 1985) seine größten Erfolge in Japan feierte und (auch dort) zu einem Kultfilm avancierte, die Frage auf, ob der Film das interkulturelle Verständnis verstärkte oder eher das Bild einer ‹exotischen› Schweiz in Japan bestätigte und deshalb so breit Gefallen gefunden hat.

Allgemein ist die bewegte Rezeptionsgeschichte von Kultfilmen interessant, wenn es darum geht zu analysieren, was Filme auslösen können und warum sie dies tun: Man denke beispielsweise an die Filme von Rudolph Valentino in den 1920er Jahren, die international die Zuschauerschaft in Trance versetzten – dies betrifft vor allem die US-amerikanischen Zuschauerinnen, wie Miriam Hansen gezeigt hat (vgl. Hansen 1991). Doch auch der Filmkritiker Siegfried Kracauer schwärmt 1926 in seiner Rezension zu BEN HUR (Fred Niblo, USA 1925) unumwunden von Ramon Novarro, der «so schön wie Valentino […] einen amerikanisch-spanisch-mexikanischen Typus» verköroert (vgl. Kracauer 1974 [1926]) – eine euphorische Haltung, der auch seine später geäußerte Skepsis gegenüber Historienfilmen nicht grundlegend etwas anhaben konnte (vgl. Kracauer 1974 [1940]). Was konkrete Reaktionen und Praktiken betrifft, die Kultfilme hervorrufen, so kann man sich aber auch die skurrilen Formen der Fan-Manifestationen vor und in den Kinos anlässlich der Vorführungen von THE ROCKY HORROR PICTURE SHOW (Jim Sharman, GB 1975) vor Augen führen, die sich seit seinem Kinostart bis heute in unendlichen Variationen wiederholen. Oder man denke an die Massenaufläufe bei allen Teilen von THE LORD OF THE RINGS (Peter Jackson, NZ 2001–2003) in den letzten Jahren, die nach der Funktion dieses Filmzyklus' für die Jugend- und Eventkultur unserer Zeit fragen lassen.[1]

Medienereignisse, Kino-/Filmöffentlichkeit, Rezeptionsbegriff

Dies sind nur einige Beispiele von Filmen und Videos, die überdurchschnittliche – das heißt über Filmbesprechungen und Interviews mit Regisseurinnen, Schauspielern und Technikerinnen hinausgehende – Aufmerksamkeit erhielten und konkrete, manchmal heftige Reaktionen hervorriefen. Sie beweg(t)en die individuellen Zuschauer, verschiedene soziale oder geschlechtsspezifische Gruppen (von lokalen Publika bis zur globalen Community im Internet) emotional, moralisch, politisch. Manchmal rufen solche Filme auch den Staatsapparat auf den Plan, werden verboten oder zensuriert; manchmal bewirken sie die Verfolgung, das Exil oder gar den Tod einer mitverantwortlichen Person. Und oft antworten Bilder auf Bilder. Je nachdem äußert sich dies eher auf spielerische Art oder in radikalen Statements. Die Konfliktfälle und Kontroversen, die sich an einzelnen Filmen, Erlassen und anderen Aktionen entzünden oder diesen vorausgehen, gelten als kondensierte Momente einer gesellschaftlichen Befindlichkeit: Sei es, dass sie eine vorerst unorganisierte, populäre Zuschauerschaft mobilisieren, sei es, dass durch die Instrumentalisierung von Film und Kino das Verhältnis von Staat und Medium neu verhandelt wird (im letzteren Fall werden die Zuschauer in ihrer Funktion und Pflicht als Bürger und nicht als Privatpersonen oder Konsumenten adressiert).

In solchen Zusammenhängen kann von «Medienereignissen» und «Medienskandalen» gesprochen werden. Die meisten Studien zu diesem

---

1   Allgemein zu filmischen Kultphänomenen vgl. z.B. Jancovich 2002; Jenkins 2000; Telotte 1991.

Thema beziehen sich jedoch auf politische Ereignisse, ihre Verbreitung und Aufbereitung durch Print- und AV-Massenmedien, die als Institutionen – oder bis in die 1970er/80er Jahre als ‹Vierte Gewalt› – begriffen werden.[2] Fragen nach sozialen Praktiken der Rezeption und Reaktionen einzelner Gruppen bleiben meist ausgespart. Zudem funktionieren Film und Kino, wenn sie zu Konfliktfällen führen, anders: Sie sind selbst (kultur-) politische ‹Ereignisse›, die von Grund auf Bildereignisse mit einer starken imaginären Komponente darstellen und als solche Handlungscharakter haben.[3] Will man die Funktionen und Lesarten von Filmbildern in diesen kontroversen Fällen untersuchen und ihren verschlungenen Handlungsketten nachgehen, muss die Perspektive transmedial offen sein und die verschiedensten Manifestationen in Betracht ziehen: von konkreten Ausschreitungen und einzelnen Aktionen nach einer Filmvorführung über staatliche Reglementierungen und offizielle Dekrete, öffentliche Debatten in Zeitungen oder im Internet sowie die Berichterstattung über vorgefallene Konflikte bis zu weiteren kulturellen Erzeugnissen non-verbaler Natur. Je nach gesellschaftlichem und institutionellem Kontext, Trägermaterial und medialer Ausformung folgen sie anderen Logiken – auch wenn wir oft wiederum nur über Medienberichte davon Kenntnis erhalten, die ihre eigene Konfliktinszenierung betreiben. Regelwerke, Institutionen und soziale Praktiken interagieren, stehen aber selten kongruent zueinander und ihre Reibungen bringen einen «diskursiven Apparat» hervor (Haver 2003). Dieser scheint zu Kriegszeiten oder unter autoritären Regimes einfacher fassbar, also in Situationen, in denen staatliche Interventionen, Propaganda und Zensur die Diskurshierarchien und ideologisch expliziten Standpunkte zu lokalisieren erlauben (dennoch ist auch hier die Wirkung von Filmen nicht berechenbar; vgl. Sorlin 2008). Andererseits sind spätestens seit der globalen Diffusion von Informationen, Statements und Aufrufen sprachlicher und (audio-) visueller Art im Word Wide Web und der entsprechend verstärkten populären Zugänglichkeit zur audiovisuellen Technologie die Richtungen der Interaktionen unüberschaubar geworden. Dies zumindest in dem Sinn, dass die verschiedenen Aktionen und Reaktionen nur vor dem Hintergrund eines dezentrierten (Macht-) Gefüges verstanden werden können (vgl. Foucault 1969; Gramsci 1991; Hall 1997). Das «Sichtbare» und das «Sagbare» (Deleuze 1986) – oder allgemeiner: das ‹Wahrnehmbare› und das ‹Darstellbare› – überlappen sich, sie interagieren und diffundieren konstant über die medialen Formate und Ordnungen hinweg in alle Richtungen, auch auf transnationaler Ebene. Wir können

2   Vgl. Imhof et al. 1999; Imhof 2002; Bergmann 2009; Isekenmeier 2009.
3   Zu verschiedenen Film- und Kinoereignissen vgl. Hickethier 2002 sowie die Aufsätze von Irmbert Schenk und Jörg Schweinitz in diesem Band.

für eine Kontroverse wohl einen Ausgangsfilm bestimmen, doch das Feld seiner Auswirkungen umfasst viele Bewegungen, ohne dass darin ein eigentliches Zentrum oder eine eindeutige, lineare Kausalitätsbeziehung auszumachen wäre (vgl. Tröhler 2007, 167–186, 539–551).

Mit einem Fokus auf das, was insbesondere Filme bewegen und auslösen können, kann man entsprechende rezeptive Momente und Praktiken anhand des Konzepts der «Kinoöffentlichkeit» verstehen, wie es jüngst Corinna Müller und Harro Segeberg (2009) und bereits davor Knut Hickethier (2002, 2003) diskutiert und fruchtbar gemacht haben. Die Autoren erweitern die sozialwissenschaftlichen respektive philosophischen Begriffe der «politischen Öffentlichkeit» von Jürgen Habermas (1962) und der «Gegenöffentlichkeit» von Oskar Negt und Alexander Kluge (1972) auf kulturelle und (audio-) visuelle Bereiche, um sie aus ihrer «überwiegend schriftkulturellen und informationspolitischen Fixierung» zu lösen; «Kinoöffentlichkeit» funktioniert damit weder normativ noch rein rational noch axiologisch und lässt sich kontingent zum kultur- und medienhistorischen Kontext verorten. Sie umfasst ein komplexes «intermediäres System», an dem immer mehrere Instanzen und Akteure beteiligt sind (Müller/Segeberg 2008, 11).

Zwar etablierten sich seit dem Aufkommen der technischen Massenmedien zu Beginn des 20. Jahrhunderts eine Vielzahl von «partikularen Teil-Öffentlichkeiten», die – insbesondere als mediale – nurmehr einen begrenzten Geltungsanspruch besaßen (Hickethier 2002, o.S. & 2003, 207), sodass die Kinoöffentlichkeit bis zu einem gewissen Grad als «alternative Sphäre» (im Sinn der erwähnten «Gegenöffentlichkeit») mit ihren eigenen sozialen, formalen und strukturellen Bedingungen gesehen werden kann (Hansen 1990 & 1995). Dennoch lassen sich das Dispositiv des Kinos und die Filmrezeption nicht definitiv von anderen Teil-Öffentlichkeiten abgrenzen, heute weniger denn je. Auch wenn sich alle genannten Forscherinnen und Forscher einig sind, dass das Kino als Ort der Verständigung über geltende Werte, Normen, Rituale und deren Transgression funktioniert, so ist dieser Ort im Laufe des Jahrhunderts mehrfach Anpassungs- und Modernisierungsprozessen unterworfen (vgl. auch Schenk 2000 & 2008). Außerdem setzt sich seine Öffentlichkeit und das, was sie bewegt, heute über die Filme und andere bewegte Bilder breit auch außerhalb des Kinos fort. Die Kontroversen sind durch die verschiedenen Träger, Formate und Rezeptionsdispositive «medial vielschichtiger geworden» (Hickethier 2003, 219), und die (konkreten und virtuellen) Orte, an denen man Filme konsumiert, haben sich multipliziert. Ebenso haben die Praktiken, mit denen man durch, über und mit Filmen handelt und weitere Handlungen anstößt, diese Entwicklung forciert.

In diesem Fall scheint es mir angebrachter, von einer *Filmöffentlichkeit* zu sprechen. Die Filme zirkulieren, als ganze oder in Teilen, und sie ‹mutieren›: Es werden Sequenzen ausgewählt und etwa auf YouTube zugänglich gemacht, einzelne Bilder oder Szenen aus verschiedenen Filmen tauchen in Found-Footage-Montagen in einem neuen filmischen Umfeld wieder auf oder die Bilder werden als Screenshots mit Photoshop bearbeitet und umgenutzt. Was als ‹Film› gilt, ist in diesem Kontext auch nicht nur als abgeschlossene, dramaturgisch komponierte und montierte Form zu verstehen: Der Begriff umfasst vielmehr jegliche Sequenz bewegter Bilder, die auch angehalten, als Einzeleinstellung zirkulieren und eventuell wieder reanimiert werden können. Diese Filme und Filmbilder rufen weitere (Film-) Bilder und Bilderpraktiken hervor. Die Öffentlichkeit des Films, der den medialen Diskurs anstieß, wird dadurch verzweigt und hybrid. Es mag sein, dass der Ort des Kinos und die Kinoöffentlichkeit, wie sie bis in die 1980er Jahre vor der durchgreifenden Verbreitung von Videokameras und VHS-Rekordern existierte, heute weniger politisch aufgeladen ist, wie dies Hickethier (ibid.) vertritt; auf die Filmöffentlichkeit trifft die Tendenz zur Entpolitisierung jedoch – wie allein die eingangs erwähnten Beispiele zeigen – nicht zu.

Das übergreifende Konzept der Filmöffentlichkeit ist zweifellos nützlich, doch bleibt es abstrakt, denn die Phänomene der Rezeption als Diskurse und Praktiken können nur durch die Rekonstruktion konkreter Bedingungen der Möglichkeit dieser Öffentlichkeit angenähert werden.[4] Methodisch scheint somit ein beschreibendes Vorgehen über Fallgeschichten angebracht (vgl. auch Sorlin 2004; Bourdon 2004). Insbesondere aus einer semiopragmatischen Perspektive, wie sie ursprünglich Roger Odin (1983 & 2000) skizzierte, eine Perspektive, die Texte, Paratexte und Kontexte verbindet, kann die Kino- und Filmöffentlichkeit an Kontur gewinnen. Manchmal entstehen dabei Lokalgeschichten, deren Spezifika sich im internationalen Vergleich mit anderen lokalen Vorfällen und Kontroversen vergleichen lassen. Meist jedoch sind im Fall von Filmen, die (etwas) bewegen, von vornherein eine Unzahl von «Mikrogeschichten» transnational miteinander verbunden und weisen so auf eine allgemeine Film- und Mediengeschichte hin (vgl. Meusy 2006).

Trotzdem bleibt der Rezeptionsbegriff meist und beinahe zwangsläufig zwischen einem theoretischen Zuschauermodell und der Rekonstruktion von historischen und kulturellen Kontexten situiert: den stilistischen Adressierungen und abstrakten Annahmen hinsichtlich der rezeptiven, institutionellen Rahmenbedingungen auf der einen Seite (vgl. Odin 1994)

---

4 Vgl. Hansen u.a. 1991; Kessler 2001 sowie den Aufsatz von Kessler in diesem Band.

und den konkreten, sozial verankerten und ereignishaften Manifestationen und Bewegungen auf der anderen.[5] Im besten Fall lassen sich zur Rezeption von Filmen, die etwas bewegen, Aussagen auf der Ebene von Teilpublika, von spezifischen Gruppen, machen, die jedoch schwerlich näher zu bestimmen sind: Die eigentlichen Akteure bleiben meist anonym oder abstrakt, hinter Instanzen und Institutionen verschanzt, und lassen sich nur als soziale Entität in oft temporären Kollektivformen fassen. An individuelle Reaktionen zu gelangen, die als Initialmomente dienen, und dies gar in einer vergleichbaren Vielzahl, ist nahezu unmöglich. Deshalb scheint es im gegebenen Fall angebracht, in der Verbindung der sozialen Akteure und der filmischen Analyse des Objekts, das als Auslöser auftritt, die verschiedenen Bewegungsmomente und Funktionen von Filmbildern auszumachen. Sie präsentieren sich jeweils in der Form kleiner Ereignisse in einer Kette oder besser in einem Netz von einzelnen Vorfällen. So kann man versuchen, Produktions- und Rezeptionskontexte in einem dynamischen kulturellen Feld zu einer bestimmten Zeit zu verankern. Auf diese Weise eröffnen sich der Kino- und Filmöffentlichkeit transmediale und transnationale Horizonte, vor denen sich die Diskurse und Praktiken von Filmen, die (etwas) bewegen, näher beschreiben lassen.

Der Fall GOMORRA

Natürlich gibt es seit den Anfängen des Kinos zahlreiche Fallgeschichten der Rezeption von Filmen, die etwas bewegen, denen man hier nachgehen könnte: Man denke an den Streit und die Straßenschlachten um die FRIDERICUS-REX-Filme der UFA (Arzén von Cserépy, D 1920–23) oder den Hollywood-Film ALL QUIET ON THE WESTERN FRONT (Lewis Milestone, USA 1930) nach dem Roman von Erich Maria Remarque in den 1920er Jahren in Berlin (vgl. Loiperdinger 2004). Und selbstverständlich gibt es

5   Auch Janet Staiger plädiert für eine Verbindung von filmanalytischem, paratextuellem und kontextuellem Vorgehen (auch wenn sie dafür nicht dieselbe Begrifflichkeit benutzt) und exemplifiziert dies in zahlreichen Fallgeschichten (vgl. Staiger 1992 & 2000). Dabei ist anzumerken, dass die Autorin in ihrem «historisch-materialistischen» Ansatz hauptsächlich diskursiv-sprachliche Paratexte als Reaktionen auf Filme einbezieht. Die manifesten, nicht-sprachlichen Praktiken spielen zwar in ihren Analysen eine Rolle, werden jedoch nicht als ‹Ausbruch aus dem Text› konzeptualisiert. Ähnliches gilt für Gérard Genette, der die Paratexte in «Peritexte» und «Epitexte» einteilt: Während Erstere autorenzentriert sind und sich im Umfeld des eigentlichen Textes (des Films) situieren (wie z.B. ein Vorwort oder im Film der Vorspann, das Begleitmaterial des Verleihs), sieht er Letztere als rezeptionsorientierte Texte. Sie entstehen meist nach dem Text (öffentliche Gespräche, Interviews, Besprechungen). Sein Konzept bleibt dennoch grundsätzlich dominant produktionsorientiert und stark auf den eigentlichen Text bezogen; auch verlassen seine Beispiele von Paratexten die verbale Ebene nicht (vgl. Genette 1992, 7–17).

2 Filmplakat zu GOMORRA (Matteo Garrone, I 2008).

ähnliche Vorfälle bereits für die Literatur, etwa die Selbstmordwelle von männlichen Jugendlichen in der Folge der Publikation von Goethes *Leiden des jungen Werther* Ende des 18. Jahrhunderts.[6]

Ich möchte hier jedoch ein neueres Beispiel skizzieren und das weitgefächerte Feld von Bewegungen, die der Film GOMORRA (Matteo Garrone, I 2008; deutscher Verleihtitel: GOMORRHA; englischer Titel: GOMORRAH) ausgelöst hat, beschreiben. Die sozialen und medialen Funktionen des Films können als ebenso viele «Lesarten» (im Sinne von Odin) verstanden werden. Ihre Akteure stellen eher diffuse Teilpublika dar, obwohl sie auf eine individuelle, jedoch anonyme Handlung angewiesen sind, um einer Reaktionskette neuen Impuls zu verleihen. Der Film von Garrone dient mir als Ausgangspunkt, trotzdem ist er nicht der Anfangspunkt: denn seine bewegte Geschichte begann bereits vor seinem Erscheinen; er wurde also selbst schon von vorgängigen kulturellen Produktionen angestoßen und bezieht sich explizit auf sie.

6 Dieses Beispiel wirft natürlich auch für den Film die Frage nach der Wirkung von Gewaltdarstellungen auf, der ich hier jedoch nicht nachgehen möchte.

Ausgangslage

Als der Film, der auf dem gleichnamigen Tatsachenroman von Roberto Saviano beruht, nach seiner Premiere in Cannes im Mai 2008 zwischen September und November desselben Jahres in die europäischen Kinos kam, wurde er fiebrig erwartet: Der Bestseller *Gomorra – Viaggio nell'impero economico e nel sogno di dominio della camorra* (2006; deutsch 2007) war bereits in 31 Sprachen übersetzt und in 43 Ländern vertrieben worden. Saviano klagt darin die organisierte Wirtschaftskriminalität und die politische Clanherrschaft der Mafia im Hinterland von Neapel an und legt die Auswirkungen dieses Terrors auf die alltäglichen Lebens- und Arbeitsbedingungen der Leute offen. Die Veröffentlichung und der Erfolg dieser investigativen Reportage führte zu Morddrohungen der Camorra (der neapoletanischen Mafia) gegen ihn: Saviano war untergetaucht. Ein Jahr zuvor hatte er noch – unter höchstem Polizeischutz – Interviews in Rom gegeben; nun war dies nur noch per Telefon und zu einer nicht vereinbarten Stunde möglich.[7] Zur Zeit der Lancierung des Films war in der italienischen Zeitung *La Repubblica* (20.10.2008) auch schon ein offener Brief, unterzeichnet von mehreren Nobelpreisträgern (darunter Günter Grass, Orhan Pamuk und Dario Fo), zur Verteidigung des universellen Rechts auf Redefreiheit erschienen und mehr als 200'000 Menschen hatten eine Petition zur Unterstützung von Saviano unterschrieben.[8]

Der Film lief im Wettbewerb in Cannes und gewann 2008 den Großen Preis der Jury. Weitere italienische und internationale Nominierungen und Auszeichnungen folgten. Außerdem wurde er von Italien in der Kategorie «Bester fremdsprachiger Spielfilm» für den Oscar vorgeschlagen.[9] Roman und Film hatten also Ende 2008 eine breite Öffentlichkeit und institutionelle Anerkennung erlangt und erfüllten film- und kulturpolitische wie symbolische Funktionen. Sie initiierten eine nationale und internationale oder gar interkulturelle Debatte über Pressefreiheit und Menschenrechte, über Clanwirtschaft, organisierte Kriminalität und Gewaltausübung der Mafia im Allgemeinen und der Camorra im Speziellen.

Fast gleichzeitig zum Kinostart gab die Truppe des Mercadante Teatro Stabile di Napoli am 14. November 2008 mit dem dokumentarischen Theaterstück *Gomorra* in der Berliner Volksbühne ein Gastspiel (die Pre-

---

7   Vgl. John Hooper, Invisible Celebrity: *Gomorrah* Writer Hunted by Mafia Tires of Life in Hiding. In: *The Guardian*, 1.11.2008, S. 26.
8   Vgl. ibid.
9   Vgl. http://de.wikipedia.org/wiki/Gomorrha_-_Reise_in_das_Reich_der_Camorra. Gomorra wurde von der Academy of Motion Pictures Arts and Sciences jedoch nicht unter die in dieser Kategorie nominierten Filme aufgenommen. (Letzte Web-Zugriffe, wo nicht anders angegeben, am 15.6.2010.)

miere hatte im Oktober 2007 in Neapel stattgefunden); Saviano blieb aus Sorge um seine Sicherheit der Aufführung fern.[10] Die mediale Aufmerksamkeit, die Buch, Film und Theater wie den involvierten Personen, allen voran dem Autor, zuteil wurde, schürte und bestätigte die Brisanz des Themas.

Parallele Diffusion

Während der Dreharbeiten, die zu einem großen Teil an Originalschauplätzen und mehrheitlich mit Laiendarstellern stattfanden, waren auf dem Set Handyaufnahmen von verschiedenen Szenen gemacht und auf YouTube aufgeschaltet worden. Fingierte Titel erweckten dabei den Eindruck, es handle sich um Aufnahmen von realen Verbrechen.[11] Anscheinend zirkulierten diese (oder andere, ähnliche) Bilder aber auch auf einer ganzen Anzahl von Handys und provozierten ihrerseits Vorstellungen (und weitere Bilder) realer Gewalt. Garrone sagt dazu: «I met bosses who showed me that footage on their cell phones and told me that in addition to carrying out hits, from now on they would film them too.»[12] Dies hatte eine polizeiliche Untersuchung zur Folge.

Der Film erfüllte also bereits eine Funktion als Bild- und Medienereignis bevor er überhaupt fertiggestellt war. Zudem – so berichtete die Turiner Tageszeitung *La Stampa* am 20. November 2008 – zirkulierte GOMORRA auf DVD als Raubkopie, bevor die offizielle DVD auf den Markt kam: Eine sich als «Camorra AG» bezeichnende, obskure Firma, die diese Kopien aus China bezogen haben soll und in Italien in Umlauf brachte, verlangte pro Stück sechs Euro.[13] Vieles spricht dafür, dass es die Mafia war, die den Film sofort in ihre Parallelökonomie eingebaut hat, und dass er also von der Organisation zur ‹Imagepflege› eingesetzt werden konnte, die sich mit ihm – ironischerweise – ein Denkmal setzte. Die beiden Fälle paralleler Zirkulation des Films und der sekundären Bilder vom Dreh zei-

---

10 Vgl. http://www.morgenpost.de/berlin/article977450/Mafia_Autor_Saviano_hat_Angst_vor_Berlin.html und die Rezension zum Stück: http://www.nachtkritik.de/index.php?option=com_content&task=view&id=2027&Itemid=40.
11 http://de.wikipedia.org/wiki/Gomorrha_-_Reise_in_das_Reich_der_Camorra, Anm. 23: Filmato killer in azione su YouTube (http://www.tgcom.mediaset.it/; 1.6.2007) und Altri tre spezzoni di Gomorra finiscono in rete su YouTube (http://www.repubblica.it/; 4.6.2007). Beide Seiten sind heute nicht mehr aktiv.
12 Zitiert in: Tom Klington, Italian Mafia Film on Way to Oscars – Cast Members Head for the Cells. In: *The Guardian*, 13.10.2008.
13 http://www.tagesspiegel.de/kultur/kino/mafia-verdient-an-anti-mafia-film-mit/1377132.html; 20.11.2008; vgl. auch: http://www.focus.de/politik/ausland/gomorrha-camorra-verdient-an-anti-mafia-film-mit_aid_349960.html oder http://www.cineman.ch/news/archive/8991.html.

3 Marco (Marco Macor) und Ciro (Ciro Petrone) in GOMORRA.

gen, wie einfach die ursprüngliche Intention des Films pervertiert werden konnte und wie schnell seine Umnutzung zu neuen Bilderpraktiken führte, die die Kultfunktion des Objekts ankurbelten.

Rückbezüge

Der Film sollte, wie auch das Buch von Saviano, eine informationspolitische, aufklärerische Funktion erfüllen: die Gewaltherrschaft der Camorra zu denunzieren und erneut in den Fokus des Rechtsstaats und der Medien zu rücken. Auf intertextueller Ebene stellt sich GOMORRA, der eindeutig als Spielfilm gestaltet und angekündigt war, in die filmhistorische Linie der italienischen Anti-Mafiafilme aus den 1970er Jahren (z.B. von Francesco Rosi). Zudem nimmt er die amerikanische Tradition des Genres der Mafiafilme wie der GODFATHER-Trilogie (Francis Ford Coppola, USA 1972, 1974, 1990) oder von SCARFACE (Brian de Palma, USA 1983) auf, der sich seinerseits auf den Gangsterfilm SCARFACE aus den 1930er Jahren (Howard Hawks, USA 1932) bezieht. De Palmas Film findet in GOMORRA explizit Erwähnung: Sein Held Tony Montana dient den beiden Jugendlichen Marco und Ciro als Vorbild und Inspirationsquelle, die sie in ihrer kindlichen Unbedarftheit und in völliger Verkennung der realen Situation direkt in den Tod treibt. Sie werden von der Camorra kaltblütig umgelegt, als sie bei einem Coup – metaphorisch gesprochen – im Weg stehen.

De Palmas SCARFACE gilt innerhalb der Mafia als Mythos (auch im Sinne von Barthes 1964) und hat wie kaum ein anderer Film die ‹offizielle› Kultur und Politik in den USA und darüber hinaus ‹bewegt› (vgl. Tucker 2008). «But there is no place for a Tony Montana in the realm of Naples», wie Nick James in seiner Rezension festhält.[14] Ähnlich wie viele andere Filmkritiker sieht der Autor (den ich hier stellvertretend zitiere) in GOMORRA eine Dekonstruktion des Mythos und damit auch einen Bruch mit der Genretradition. Bereits der Filmtitel, der ebenso auf die Camorra wie auf das biblische ‹Sodom und Gomorrha› anspielt, macht die düstere Auslegung deutlich. Auch andere narrative Aspekte weisen in dieselbe Richtung. So gibt es in der pluralen Figurenkonstellation von GOMORRA, die in ihrer verschachtelten Dynamik der fünf Erzählstränge von den Zuschauern eine komplexe Kombinationsfähigkeit verlangt, keinen Einzelhelden. Damit fehlt eine Identifikationsfigur wie sie Al Pacino alias Tony Montana in SCARFACE darstellte. Zwar spielen neben den Laiendarstellern auch professionelle Theaterschauspieler und ein Filmstar wie Tony Servillo mit, sie werden aber weder im Film noch im paratextuellen Umfeld als eigentliche Stars inszeniert und gefeiert.[15] Dennoch ist die Rezeption unkontrollierbar, die individuellen und sozialen Akteure eigenwillig (oder «pervers», wie Staiger 2000 vorschlägt), denn wie sich anhand der Bilderpraktiken der Camorra gezeigt hat, konnte der Film – trotz seiner kritischen Erzählhaltung, seiner entglorifizierenden Geschichte und seiner dezentrierten narrativen Struktur – von der Mafia vereinnahmt werden.

Das Mitwirken von Laiendarstellern und die alltagsrealistische Gestaltungsweise des Films (wozu auch der neapolitanische Dialekt in den Dialogen gehört) knüpfen noch andere intertextuelle Verbindungen, die in den Besprechungen – die als Spiegel der dominanten cinephilen Lesart gelten sollen – Erwähnung fanden: zum Neorealismus der Nachkriegszeit einerseits, zur Quality Soap THE SOPRANOS (USA 1999–2007) andererseits.[16] Auch hier waren zudem einige Mitglieder der Besetzung im Milieu der

---

14 Nick James, That's Camorra. In: *Sight and Sound* 18/11, 2008, S. 18–22, hier S. 21.
15 Tony Servillo, der im gleichen Jahr in der politischen Satire IL DIVO von Paolo Sorrentino den Ministerpräsidenten Giulio Andreotti mimt, erhält dennoch für seine Darstellung des korrupten Müllmanagers in GOMORRA, für die ihn der *Tagesspiegel* als minimalistischen Komiker im Stile eines Buster Keaton hoch lobte, mehrere Darstellerpreise: vgl. Peter von Becker, Spiel dir das Lied vom Tod. In: *Der Tagesspiegel*, 17.11.2008 sowie http://de.wikipedia.org/wiki/Toni_Servillo. Für weitere Informationen vgl. auch die offizielle Website des Films: http://www.mymovies.it/gomorra/.
16 Um die Reaktionen von einzelnen Zuschauerinnen und Zuschauern zu analysieren, womit man einer dominanten populären Lesart sowie der individuellen oder gruppenspezifischen Vielfalt und Widersprüchlichkeit der Interpretationen näher kommen könnte, müsste hier die Analyse der Kommentare auf Film-Websites auf internationaler Ebene einsetzen. Eine solche Analyse kann ich im Rahmen dieses Aufsatzes jedoch nicht leisten.

Camorra verankert oder gar in der Vergangenheit aktiv in ungesetzliche Taten involviert gewesen. Dies steigerte sicherlich den Authentizitätseffekt des Films, doch sollten sich daneben noch andere, konkrete Auswirkungen zeigen.

Epiphänomene

Wie bei THE SOPRANOS führte der Erfolg von GOMORRA zu einer Reihe von Verhaftungen von mutmaßlich an den Aktivitäten der Mafia respektive der Camorra beteiligten Personen.[17] Sie spielten in Garrones Film zum Teil ihre eigene ‹Rolle›, so etwa Giovanni Venosa, der einen der Bosse gibt.[18] Ein solches Verhalten scheint geradezu dreist, und es war auch nicht in Erfahrung zu bringen, wie Garrone sie für seinen Film gewinnen konnte oder wie er während der Dreharbeiten mit ihnen umging. Tatsache ist, dass der Film, obwohl ein Spielfilm, auf dieser profilmischen Ebene also von der Polizei auch «indexikalisch» gelesen wurde. Wie Frank Kessler auseinandersetzt, ist die Indexfunktion von fotografischen Bildern selbst im Dokumentarfilm an den Kontext gebunden, der deren pragmatische Lektüre garantiert; so wurde etwa das Video im Fall Rodney King gerade nicht als Beweis der tätlichen Übergriffe der Polizisten auf den Angeklagten akzeptiert (vgl. Kessler 1998). Umgekehrt kann man dem Film GOMORRA wie auch den erwähnten Handybildern durch die Polizeiuntersuchungen und Verhaftungen, die sie bewirkten, durchaus referenzielle Verweis-, ja gar Beweisfunktion zuschreiben. Als filmisch-fiktionale Bilder haben sie zwar keineswegs Dokumentstatus und können auch keine assertorischen Aussagen über die aktuelle Welt machen (vgl. ebd.; Plantinga 1987; Odin 2000). Doch die Tatsache, dass diese Männer am Film mitgewirkt hatten und dass sie oder andere aus dem Milieu die Bilder vom Set zirkulieren ließen, lenkte die Aufmerksamkeit der Justiz auf sie.

Wenn ich hier von Epiphänomen und nicht mit Genette (1992) von «Epitexten» spreche, so weil ich die außertextuellen Formen in die «nachfilmische Realität» (Hohenberger 1988, 30) einbeziehe: Die Verwendung des Textbegriffes – obwohl in den 1970er Jahren auf alle kulturellen Produktionen ausgedehnt und metaphorisch als komplexes strukturelles Gewebe verstanden (vgl. Barthes 1974) – ist zwar theoretisch offen, wird aber gerade in der Analyse der Paratexte eines Films oder auch eines Buches oft ausschließlich auf verbale Begleiterscheinungen und Nachwirkungen

---

17 Vgl. Tom Klington, Italian Mafia Film on Way to Oscars – Cast Members Head for the Cells. In: *The Guardian*, 13.10.2008, S. 3 sowie an derselben Stelle das Kästchen mit den Informationen zu THE SOPRANOS von Caroline White.
18 Vgl. ibid.

bezogen. Natürlich sind wir – auch was die Analyse von Kontexten betrifft – meist auf sprachliche Äußerungen und Texte (hier im eigentlichen Sinn) angewiesen: Bilderpraktiken und die manifesten Handlungen, die Filme, und dies nicht erst nur im Nachhinein, hervorrufen können, folgen aber Motivationen und zeitigen Erscheinungsformen, die zwar ihren Anteil an den Regelwerken der Diskurse (Foucault) haben, jedoch andere, nichtsprachliche Logiken einbringen. Obwohl schwierig zu erfassen, sollten sie immer wieder hinter oder parallel zu den ‹Texten› perspektiviert und bewusst gemacht werden.

Natürlich hat der Film von Garrone aber auch eigentliche Epi*texte* hervorgebracht: Er hat eine regelrechte Informationsflut über die Situation in Neapel und in der Region Campagnia eingeleitet, inbesondere über den Schwarzmarkt und die Fälschungsökonomie in der Textilindustrie oder die soziale Unterdrückung der Angestellten und das Abfallproblem. Ebenso hat er all die Sachbücher, Romane, Dokumentar- und Spielfilme, die zum Teil bereits einige Jahre vor dem Film mit einer ähnlichen Intention auf die Missstände aufmerksam machten, ins mediale Rampenlicht gerückt, das sie zuvor – zumindest ausserhalb Italiens – nicht erreicht hatte.[19] Auch in den Tageszeitungen ist seither die Aufmerksamkeit für die Terrorherrschaft der Camorra nicht mehr abgebrochen: Kriminelle Vorfälle, wie die im Film gezeigten, gehören zur alltäglichen Wirklichkeit und zur journalistischen Berichterstattung. Dies bestätigt nicht nur den dokumentarischen, (neo-neo-) realistischen Duktus von GOMORRA und die Tatsache, dass der Film also kaum etwas erfunden hat, sondern lässt ihn auch zu einem Referenzpunkt werden, um die unvorstellbaren, tatsächlichen Vorkommnisse glaubhaft und für die Zeitungsleser plastisch vorstellbar zu machen. So titelt der Mailandkorrespondent René Lenzin im Zürcher *Tages-Anzeiger* am 10. März 2010: «Wie im Film GOMORRA – Weil sich ein 17-jähriger Kleinkrimineller der Camorra nicht unterordnen wollte, wurde er kaltblütig erschossen.»

Die Öffentlichkeit des Films – die ich hier am Beispiel von Matteo Garrones GOMORRA skizziert, wenn auch keineswegs abschließend erfasst, habe – ist also weitgefächert: Auch wenn es sich dabei um einen Kinofilm handelt, weist die Filmöffentlichkeit in diesem Fall über die eigentliche Kinoöffentlichkeit hinaus. Sie verbindet Diskurse und Praktiken der verschiedensten Ordnungen in einer transmedialen und transnationalen Dynamik, die mehrdimensional funktioniert und höchstens partiell unilate-

---

19 Nick James, That's Camorra. In: *Sight and Sound* 18/11, 2008, S. 18–22; Guido Bonsaver, Charismatic Criminals. In: ibid., S. 22.

rale Kausalitäten sichtbar macht. In dieser disparaten Rezeptionsdynamik können Filme sehr unterschiedliche und letztlich immer unkontrollierbare Funktionen erhalten, die ebenso vielen und je nach Kontext variablen gruppenspezifischen und manchmal auch individuellen Lesarten entsprechen. Die Filme, die (etwas) bewegen – und das sind viele –, bewegen die Zuschauer emotional und/oder politisch. Diese werden zu sozialen Akteuren und tragen ihre Bewegtheit auf die Straße oder ins Internet. Über die sprachlichen Reaktionen hinaus führt sie zu manifesten Handlungen. Auch wenn sich dadurch nicht immer eine Masse im traditionellen Sinn mobilisieren lässt, äußern sich die Bewegungsmomente in vielzähligen, oft über längere Zeit sich fortsetzenden Aktionen und kulturellen Produktionen: soziale (Bilder-) Praktiken, die der Filmkultur weiterhin eine brisante Öffentlichkeit garantieren.

Ich möchte den Teilnehmerinnen und Teilnehmern des Seminars «Filme, die etwas bewegen ...» im Frühjahrsemester 2010 am Seminar für Filmwissenschaft der Universität Zürich herzlich für die anregenden Diskussionen danken. Für seine präzisen Kommentare zum Manuskript dieses Textes danke ich Adrian Gerber.

Literatur

Barthes, Roland (1964 [frz.: 1957]) *Mythen des Alltags.* Frankfurt/M.: Suhrkamp.
Barthes, Roland (1974 [frz.: 1973]) *Die Lust am Text.* Frankfurt/M.: Suhrkamp.
Beilenhoff, Wolfgang (2006) BilderPolitiken. In: *Transkriptionen 7*, S. 2–7.
Bergmann, Jens / Pörksen, Bernhard (Hg.) (2009) *Skandal! Die Macht öffentlicher Empörung.* Köln: Edition Medienpraxis.
Bourdon, Jérôme (2004) La triple invention: comment faire l'histoire du public? In: *Le Temps des Médias* 2/3, S. 12–25
(http://www.histoiredesmedias.com/ltm/ltm3.htm; 25.07.09).
Deleuze, Gilles (1986) *Foucault.* Paris: Éditions de Minuit.
Foucault, Michel (1969) *L'Archéologie du savoir.* Paris: Gallimard.
Genette, Gérard (1992 [frz. 1987]) *Paratexte.* Frankfurt/M. / New York: Suhrkamp.
Gramsci, Antonio (1991) *Gefängnishefte*, Bd. 10. Hamburg: Argument.
Habermas, Jürgen (1962) *Strukturwandel der Öffentlichkeit.* Neuwied/Berlin: Luchterhand.
Hall, Stuart (1997) *Representation. Cultural Representations and Signifying Practices.* London: Thousand Oaks / New Delhi: Sage.
Hansen, Miriam (1990) Early Cinema: Whose Public Sphere? In: *Early Cinema. Space, Frame, Narrative.* Hg. von Thomas Elsaesser. London: BFI, S. 228–246.
Hansen, Miriam (1991) *Babel and Babylon. Spectatorship in American Silent Film.* Cambridge/London: Harvard University Press.

Hansen, Miriam (1995) Early Cinema, Late Cinema: Transformations of the Public Sphere. In: *Viewing Positions. Ways of Seeing Film.* Hg. von Linda Williams. New Brunswick: Rutgers University Press, S. 134–152.

Haver, Gianni (2003) *Les Lueurs de la guerre. Ecrans vaudois 1939–1945.* Lausanne: Payot.

Hickethier, Knut (2002) Die bundesdeutsche Kinoöffentlichkeit in den fünfziger Jahren (http://www.uni-konstanz.de/paech2002/zdm/beitrg/Hickethier.htm; 18.8.2009).

Hickethier, Knut (2003) Öffentlichkeit und Öffentlichkeiten. In: Ders., *Einführung in die Medienwissenschaft.* Stuttgart/Weimar: Metzler, S. 202–221.

Imhof, Kurt (2002) Medienskandale als Indikatoren sozialen Wandels. Skandalisierungen in den Printmedien im 20. Jahrhundert. In: *Öffentlichkeit und Offenbarung. Eine interdisziplinäre Mediendiskussion.* Hg. von Kornelia Hahn. Konstanz: Konstanzer Universitätsverlag, S. 73–98.

Imhof, Kurt / Kleger, Heinz / Romano, Gaetano (Hg.) (1999) *Vom Kalten Krieg zur Kulturrevolution. Analyse von Medienereignissen in der Schweiz der 50er und 60er Jahre.* Zürich: Seismo.

Isekenmeier, Guido (2009) ‹The Medium is the Witness›: Zur Ereignis-Darstellung in Medientexten. Entwurf einer Theorie des Medienereignisses und Analyse der Fernsehnachrichten vom Irak-Krieg. Trier: Wissenschaftlicher Verlag Trier.

Jancovich, Mark (2002) Cult Fictions. Cult Movies, Subcultural Capital and the Production of Cultural Distinctions. In: *Cultural Studies* 16/2, S. 306–323.

Jenkins, Henry (2000 [1992]) ‹In my weekend-only world ...›: Reconsidering Fandom. In: *Film and Theory. An Anthology.* Hg. von Robert Stam & Toby Miller. Malden: Blackwell, S. 791–799.

Kessler, Frank (1998) Fakt oder Fiktion? Zum pragmatischen Status dokumentarischer Bilder. In: *Montage AV* 7/2, S. 63–78.

Kessler, Frank (2000) Regards en creux: Le cinéma des premiers temps et la construction des faits spectatoriels. In: *Réseaux* 99, S. 75–98.

Kracauer, Siegfried (1974 [1926]) Ben Hur. In: Ders. *Kino. Essays, Studien, Glossen zum Film.* Hg. von Karsten Witte. Frankfurt/M.: Suhrkamp, S. 163–165.

Kracauer, Siegfried (1974 [1940]) Der historische Film. In: Ders. *Kino. Essays, Studien, Glossen zum Film.* Hg. von Karsten Witte. Frankfurt/M.: Suhrkamp, S. 43–45.

Loiperdinger, Martin (2004) Filmzensur und Selbstkontrolle. Politische Reifeprüfung. In: *Geschichte des deutschen Films.* Hg. von Wolfgang Jacobsen, Anton Kaes & Hans Helmut Prinzler. Stuttgart: Metzler, S. 525–544.

Meusy, Jean-Jacques (2006) Local Cinema Histories in France. An Overview. In: *Tijdschrift voor Mediageschiedenis* 9, S. 97–109.

Müller, Corinna / Segeberg, Harro (Hg.) (2008) *Kinoöffentlichkeit 1895–1920: Entstehung, Etablierung, Differenzierung.* Marburg: Schüren.

Negt, Oskar / Kluge, Alexander (1972) *Öffentlichkeit und Erfahrung.* Frankfurt/M.: Suhrkamp.

Odin, Roger (1983) Pour une sémio-pragmatique du cinéma. In: *Iris* 1/1, S. 67–82.

Odin, Roger (1994) Sémio-pragmatique du cinéma et de l'audiovisuel. Modes et institutions. In: *Towards a Pragmatics of the Audiovisual. Theory and History.* Bd. 1. Hg. von Jürgen E. Müller. Münster: Nodus, S. 33–46.

Odin, Roger (2000) *De la fiction*. Brüssel: DeBoeck.
Plantinga, Carl (1987) Defining Documentary. Fiction, Non-Fiction, and Projected Worlds. In: *Persistance of Vision* 5, S. 44–54.
Schenk, Irmbert (Hg.) (2000) *Erlebnisort Kino*. Marburg: Schüren.
Schenk, Irmbert (2008) *Kino und Modernisierung. Von der Avantgarde zum Videoclip*. Marburg: Schüren.
Sorlin, Pierre (2004) Un objet à construire. Les publics du cinéma. In: *Le Temps des Médias* 2/3, S. 39–48
(http://www.histoiredesmedias.com/ltm/ltm3.htm; 25.07.09).
Sorlin, Pierre (2008) Préface. In: *Cinéma et régimes autoritaires au XXe siècle. Ecrans sous influence*. Hg. von Raphaël Muller & Thomas Wieder. Paris: PUF.
Staiger, Janet (1992) *Interpreting Films. Studies in the Historical Reception of American Cinema*. Princeton: Princeton University Press.
Staiger, Janet (2000) *Perverse Spectators. The Practices of Film Reception*. New York: New York University Press.
Telotte, J.P. (1991) *The Cult Film Experience. Beyond All Reason*. Austin: University of Texas Press.
Tröhler, Margrit (2007) *Offene Welten ohne Helden. Plurale Figurenkonstellationen im Film*. Marburg: Schüren.
Tucker, Ken (2008) *Scarface Nation. The Ultimate Gangster Movie and How It Changed America*. New York: St. Martin's Griffin.

Film/Kino, selbstreflexiv

Film/Cinema, Self-Reflective

THOMAS ELSAESSER

Archäologien der Interaktivität
Frühes Kino, Narrativität und Zuschauerschaft

Es fällt schwer, das zeitgenössische Kino nicht in seinen vielfachen – und für einige tödlichen – Krisenmomenten zu denken: als da wären der Verlust der Indexikalität im Übergang von fotografisch zu digital erzeugten Bildern; der Tod des Autorenkinos, das sogar in Europa als kreative Triebkraft des Mediums einmal mehr von Hollywoods Bat-, Spider- und Iron-Men samt ihrer Sequel- und Prequel-Formate überholt worden ist; der Niedergang des Kinos als einer Kunstform, dessen mediale Besonderheit von der Hybridisierung der textuellen Autonomie eines Films durch die mit ihm auf ein und derselben DVD-Plattform offerierten Bonusangebote langsam, aber sicher zersetzt wird; die Vereinnahmung der Filmgeschichte und die Kannibalisierung ihres kulturellen Gedächtnisses durch Fernsehen und Internet, die uns Teaser, Trailer und andere vorgekochte Formen der Kompilation und Kondensierung gratis servieren. Nicht zuletzt konvergieren diese Krisen im veränderten Verhältnis von Zuschauerschaft und Erzählform, das meist als Verlust an Aufmerksamkeit oder Verfall des Narrativen wahrgenommen wird. Folgt man dieser Sicht- und Argumentationsweise, ist das Kino von seinen ungeduldigen, hyperaktiven Zuschauern bedroht, die dem angeblichen Widerspruch zwischen *Game-Logik* und *Erzähllogik* in die Falle gegangen sind.

Natürlich lassen sich solche ‹Verfallssymptome› auch in Zeichen des Wandels und der Erneuerung umfunktionieren: Digitale Techniken haben die kreativen Werkzeuge der Filmemacher erheblich erweitert; Spezialeffekte haben von Anfang an ein Lebenselixier des Kinos dargestellt und immer schon zu seinen ganz besonderen Attraktionen gehört; Videorekorder und DVD-Player haben nicht nur dem Mainstream neue Märkte erobert; die Bonusmaterialien regen zur Reflexion an, sie bieten historische Informationen und technisches Hintergrundwissen und sind damit bestens geeignet, Bildungszwecken zu dienen, während Fernsehen und Internet dem Vertrieb, der Verbreitung und der Filmauswahl Möglichkeiten eröffnet haben, von denen ortsgebundene Kinos nur träumen können. Und was den aktiven-interaktiven Zuschauer betrifft, so ist seine oder ihre erhöhte Einbindung in die erzählte Geschichte oder immersive

Versenkung ins Spektakel seit Jahrhunderten das Ziel der populären Unterhaltungskünste gewesen. Ist also die Schwarzmalerei wieder nur Ausdruck elitärer Vorurteile?

Im Folgenden will ich eine andere Strategie einschlagen und den Standpunkt vertreten, dass man eine bestimmte Konfiguration von Zuschauerschaft und Narrativität gewissermaßen kartografisch abbilden und ihre Dauerhaftigkeit als eine die gesamte Filmgeschichte durchziehende Konstante beweisen kann. Auf diese Weise wäre eine das Kino und die digitalen Medien umfassende *Archäologie* sowohl des ‹ungeduldigen› Zuschauers wie des interaktiven Nutzers durchaus denkbar. Dies würde bedeuten, den Ausgangspunkt und den Fokus unserer Theorien erst einmal zu verschieben, zugleich aber den konzeptionellen Rahmen, in dem filmtheoretische und kulturwissenschaftliche Studien zur Zuschauerschaft sich bewegen, auf die Anthropologie hin zu erweitern. Wie so oft, lässt sich eine solche Verschiebung am besten durch eine Rückkehr zum frühen Kino ins Werk setzen, indem man dessen kinematografische Formen der Sinn- und Körperlichkeit sowie der sensoriellen Reize einer Neubetrachtung unterzieht. Gelingt eine solche Neubewertung, so sollte sie auch darüber Auskunft geben können, ob der Film *nach* dem Narrativen noch eine Zukunft hat, und zugleich eine andere drängende Frage erhellen: Wie und warum hat sich der Film dem Geschichtenerzählen überhaupt zugewandt?

Die Moderne und die Aufmerksamkeitsökonomie

Ausgangspunkt für eine solche Archäologie könnten jene erhaltenen Quellen sein, in denen sich Hinweise darauf finden, wie Zuschauer um 1900 das Kino wahrgenommen haben: Welche Bedeutung haben sie den verschiedenen Bewegungsphänomenen und den neuartigen Oberflächenreizen zugeschrieben, und wie haben sie sie in ihren alltäglichen Erfahrungshaushalt integriert? Haben die Erscheinungen auf der Leinwand sie aus ihrer Lebenswelt in ein ‹Reich der Schatten› entführt, oder waren die Zuschauer eher geneigt, die bewegten Bilder in ihre urbane Umgebung zu integrieren und sie als quasi natürliche Steigerung ihrer Sinnesreizung zu erfahren? Studien, die solchen Leitfragen auf der Basis historischen Materials nachgegangen sind, stellen Begriffe wie *Moderne* und *Visualität*, Schock und Schutzreaktion in den Mittelpunkt. Ihnen gemeinsam ist die Vorstellung von einem ‹Kino der Attraktionen› und dessen intensivem wie immersivem, jedoch auch intermittierendem und ungeduldigem Zuschauerverhalten. Von hier ein Sprung ins Jahr 2000: Lässt sich in aktu-

1–8 Uncle Josh at the Moving Picture Show (Edwin S. Porter, USA 1902); Film im Film: Parisian Dancer (Thomas Alva Edison, USA 1897).

ellen Formen der Zuschauerschaft eine auf ähnliche Weise widersprüchliche Dialektik ausmachen, und was wären ihre Polaritäten? Anders gefragt: Worin besteht die Dynamik von Aufmerksamkeit und Interaktion, die unserer heutigen Medienumgebung entsprechen, und welche Formen körperlicher Präsenz und sinnlicher Vermittlung werden durch sie bedingt und dargestellt?

Hier wäre eine zweite Verschiebung erforderlich, die sowohl das somatische als auch das perzeptuelle Feld öffnet und uns vom Kino als einem physisch vorhandenen Ort optischer Projektion wegführt: hoffentlich nur, um uns über einen kleinen Umweg zum Kino als einem Raum mentaler, affektiver und sinnlicher Dimensionen zurückzubringen. Um mit dem Begriff der Aufmerksamkeit zu beginnen, womit die selektive Wahrnehmung eines spezifischen Reizes (gestützt durch das Mittel der Konzentration und des Ausschlusses interferierender Sinnesdaten)[1] ge-

---

1 Vgl. auch die folgende Passage aus dem Wikipedia-Eintrag: «‹Jeder weiß, was Aufmerksamkeit ist,› schrieb William James in den *Principles of Psychology* (New York, Holt 1890). ‹Es ist die in einer klaren und lebendigen Form vollzogene geistige Inbesitznahme eines von scheinbar mehreren gleichzeitig möglichen Gegenständen oder Gedankengängen. [...] Sie impliziert den Rückzug von einigen Dingen, um mit anderen auf effektive Weise umzugehen, und stellt eine Bedingung dar, die zu jenem verwirrten, geistesabwesenden, unaufmerksamen Zustand, der auf französisch *distraction* und

meint ist: Bekanntermaßen ist Aufmerksamkeit in der zeitgenössischen Wissensgesellschaft und Informationsökonomie zu einer Universalwährung aufgestiegen, zugleich aber auch zu jenem Rohstoff geworden, an dem die größte Knappheit herrscht. So gesehen, erscheint Aufmerksamkeit als ein paradoxer Begriff, sowohl (für Kinderpsychologen, Kulturkritiker und Werbefachleute) als *Problem* wie (für Zuschauer und das Publikum) als *Lösung*, indem die audiovisuellen Medien unentwegt unsere Aufmerksamkeit auf sich ziehen und keine Mühen und Kosten scheuen, sie sich auch zu erhalten. Für Pädagogen stellt sich Aufmerksamkeit – unter dem klinischen Namen des Aufmerksamkeitsdefizitsyndroms – ebenso als *Problem* dar wie für Kulturkritiker, die den allgemeinen Gedächtnisverlust unserer Kultur beklagen und das Fernsehen oder Computerspiele dafür verantwortlich machen. Betrachtet man Aufmerksamkeit aber als Antwort auf das Dilemma medialer Überlastung und Überbeanspruchung, so bietet sie sich als *Lösung* an. Handelt es sich bei ihr doch um eine Form der Selektivität, die die Fähigkeit zum Um- und Abschalten beinhaltet, und als solche um einen Modus der Wahrnehmung, der sich der vollständigen Vereinnahmung verweigert, der Versenkung widersteht, um entschlossen an der Oberfläche in permanenter Habachthaltung zu bleiben. Das bewegliche Schilf hält sich im Sturm besser als der tief in der Erde verwurzelte Baum, und es ist der Korken, der auf dem Wasser schaukelt, welcher die Flut übersteht.

Angenommen, die Aufmerksamkeitsökonomie verlangte genau danach, sich zwischen ‹Schilf› und ‹Korken› zu entscheiden, anstelle wie bisher zwischen aktiver und passiver Zuschauerschaft, zwischen ‹Identifikation›, ‹Zerstreuung› oder ‹Verfremdung›? In einem solchen Fall wären der viel geschmähte TV-Zapper ebenso wie der nicht minder verachtete First-Person-Shooter die überraschenden Helden dieser neuen flexiblen Wahrnehmungsformen: freiwillige oder unfreiwillige Anführer einer Avantgarde, die sich aus der Zwickmühle der Interaktivität hinauszunavigieren verstehen, mit Körpern, die sich auf Bilder einlassen, und Bildern, die neuartige motorische Fähigkeiten oder Koordinationsvermögen zwischen Hand und Auge voraussetzen, um sich dem ‹Zugriff› zu eröffnen. Zugleich Zielobjekt und Überlebender, zückt der Zapper die Fernbedienung ebenso, um die stets wachsende Armee verfügbarer Programme mit einer gekonnten Parade in Schach zu halten wie um sich aus ihr seine Favoriten auszusuchen. Der Zapper verkörpert aber auch den besonnenen Nutzer, den eines Besseren belehrten und unbeteiligten Skeptiker, der

---

auf deutsch *Zerstreutheit* genannt wird, einen wahren Gegensatz bildet.›» Zitiert nach http://en.wikipedia.org/wiki/Attention (Zugriff: 14. September 2008).

alles im Blick hat, die Medienwelt mit der leichtesten Berührung streift und zurechtbürstet, bevor er eine Entscheidung fällt, mit wem oder auf was er sich einlässt und für wie lange. Auf ähnliche Weise lernt der mit einem Joystick, einer Konsole oder einer Maus bewaffnete First-Person-Shooter zugleich defensiv und aggressiv zu sein, den Hinterhalt im Voraus zu erkennen und sich auf den nächsten präventiven Zug vorzubereiten; und dies alles nur, um auf einem bestimmten Terrain Fuß zu fassen und sich dort zu behaupten.

Es mag den Anschein haben, dass es sich bei diesen Figuren – dem Zapper und dem Gamer – um typische Erscheinungen der letzten dreißig Jahre handelt, um Produkte des Fernsehens und des Internets und damit um Symptome eben jener eingangs erwähnten Krisen des Kinos, insbesondere des Niedergangs des Narrativen und des damit einhergehenden Verfalls der Zuschauerschaft.[2] Die Konfiguration lässt jedoch einen weitaus älteren kulturellen Topos erkennen: den der Kurzlebigkeit, des Zufalls und des flüchtigen Augenblicks, den zuerst Charles Baudelaire im Zusammenhang mit dem Aufkommen der Fotografie und ihrer verwirrenden und hyper-stimulierenden *émeute du detail* (ihrem Aufbegehren des Details) diagnostiziert hat und dessen heroisch-ironische Verkörperungen er im großstädtischen Lumpensammler, Trinker und Dandy ausmachte. Auf für unsere Zwecke noch emblematischere Weise wird er allerdings vom «Mann in der Menge» versinnbildlicht, wie er in Edgar Allan Poes gleichnamiger Erzählung erscheint.

Die Bedeutung dieser Erzählung hat uns vor allem Walter Benjamin in seiner Interpretation des Poe-Übersetzers Baudelaire erschlossen. Die Modernität des Protagonisten manifestiert sich demnach in seiner Anonymität und in seinem Zustand erhöhter Empfindungs- und Wahrnehmungsfähigkeit: In Poes Beschreibung «einer jener glücklichen Stimmungen, die das genaue Gegenteil von *ennui* sind – einer Stimmung aufs höchste gesteigerter Empfänglichkeit, da der Dunstschleier vom inneren Auge weicht […] und der Geist, elektrisiert, sich so hoch über seinen Alltagszustand erhebt» (Poe 2008, 378), kann er exemplarisch für einen neuartigen somatisch-sensorischen Zustand immersiver körperlicher

---

2   Der Regisseur Gianni Amelio hat sich einmal bitter beklagt: «Übrig bleibt die Gruppe der ganz Jungen. Die wollen aber ein ganz bestimmtes Produkt, ein Produkt, was man nicht individualistisch, sondern kollektiv konsumiert. Die Jugendlichen gehen in Gruppen von 20 bis 25 ins Kino und brauchen ein Kino, das sich zum Komplizen ihres Verhaltens macht, d.h. ein Kino mit regelmäßigen Gags, bei denen du deinem Nachbarn auf die Schulter schlagen kannst. Diese Art Kino funktioniert ein bisschen wie eine Diskothek; man geht zusammen ins Kino, aber nicht in erster Linie, um einen Film zu sehen, sondern um das Zusammensein auf Kosten eines Films zu genießen» (in: Hermann 1987, 33).

Aufmerksamkeit stehen. Eine solch ungetrübte Wachsamkeit, die Selbstbeobachtung mit einschließt, funktioniert jedoch auch als Schutzschild oder Spiegel: Über weite Strecken ist Poes Protagonist nicht in das Kommen und Gehen der Menschen eingetaucht, sondern an sein Fenster wie an einen Bildschirm gebannt, durch das er die Menge im Lauf eines Tages und einer Nacht beobachtet, während die Blickfelder wechseln *und* die Geschwindigkeit der Bewegungen sich verändert. Man hat den Eindruck, dass Poes Erzählung einige typisch filmische Techniken wie Schnitt und Montage, aber auch ‹televisuelle› wie das Vorspulen oder die Wiederholung vorwegnimmt, womit der Protagonist nicht nur zum allseits bekannten Großstadt-Flaneur in Benjamins Interpretation wird, sondern bereits zum zappenden Aufmerksamkeits-Flaneur des medialen Eintauchens und Überangebots.

Damit bringt uns die Thematisierung des ‹flüchtigen Augenblicks›, der ‹Überbelastung der Sinne›, der ‹erhöhten Reizempfindlichkeit› und der ‹selektiven Oberflächenaufmerksamkeit› unweigerlich zurück zu Benjamins und Siegfried Kracauers Theorien eines *Kultes der Zerstreuung*, den Benjamin dem Rezeptionsmodus des auratischen Kunstwerks und Kracauer dem Lektüremodus des realistischen Romans gegenüberstellt. Wenn *Versenkung* die in sich gesammelte, fokussierte Form der Konzentration darstellt, die zur Immersion führt, dann ist mit *Zerstreuung* ein Wahrnehmungsmodus gemeint, der von den technischen Medien und insbesondere dem Kino hervorgerufen wird.

An diesem Punkt müsste etwas deutlicher herausgearbeitet werden, was mit ‹Kino› gemeint ist. Benjamin erhält die hier skizzierte Grundspannung zwischen Zerstreuung und fokussierter Immersion intakt, wie sie für den heutigen Modus selektiver Aufmerksamkeit und körperlicher Partizipation ebenso typisch ist. Er bezieht sich jedoch auf ein Kino, das sich der problematischen Lage des Narrativen bewusst ist, etwa in den Filmen Eisensteins oder Vertovs, die beide das Geschichtenerzählen keineswegs als das unabwendbare Schicksal des Kinos ansahen, das soeben sein erstes Reifestadium als Kunstform erreicht hatte. Auch für Benjamin stellt die Hinwendung zum Narrativen eher eine Kompromisslösung dar, wenn nicht gar die Panikreaktion eines Rückzugsgefechts: als Zeichen der Imitation des bürgerlichen Romans durch das Kino. Bekanntlich favorisierte Benjamin in der Debatte zwischen ‹Realisten› und ‹Formalisten› das Montagekino der Sowjets, allerdings nicht ausschließlich aus dem politisch motivierten Beweggrund heraus, eine Ästhetik zu umreißen, die der sozialistischen Revolution gerecht wird.

Die beiden in Benjamins Kunstwerk-Aufsatz befürworteten Modi der «zerstreuten Wahrnehmung» und der «Montage der Attraktionen» bezeichnen zugleich mehr und weniger als nur ein künstlerisches Experiment und eine revolutionäre Praxis (Benjamin 1991a). Sie können als komplexer Gegenentwurf zu einer anderen Art der Revolution verstanden werden. Denn mit dem Aufkommen und der raschen Verbreitung mechanisch reproduzierter Töne und Bilder zur Jahrhundertwende setzte ein in der Menschheitsgeschichte so noch nicht da gewesener Datenfluss ein, dessen hauptsächliche materielle Träger Kino, Fotografie, Radio und Grammofon waren. Es wurde nun möglich, Zeit als solche und jeden ihrer Momente ohne die Intervention symbolischer Umschreibungen wie der musikalischen Notenschrift, der geschriebenen Sprache oder eines Chronometers aufzuzeichnen. Die Aufzeichnung und Verbreitung von Bildern und Tönen durch Kamera und Fonograf bedeuteten aber auch die Ausbreitung akustischer und optischer Daten in einer Quantität und mit einem Grad an physiologischer Präsenz und Präzision des Signals, wie sie bis dahin schlicht unvorstellbar gewesen waren. Die Auswirkungen lassen sich vielleicht am besten ermessen, wenn man sie ins Negative wendet: Weithin als Bedrohung für die etablierten Künste und ihrer Institutionen angesehen, gab das Kino auch Anlass zu medizinisch begründeten Warnungen vor überhöhter Belastung der Augen und klinischen Aufmerksamkeitsdefiziten, ganz abgesehen von der bekannteren, zuweilen panikartig einsetzenden moralischen Entrüstung über Sexualität, Trunksucht und andere mit dem Kino in Verbindung gebrachten ‹Verderbtheiten› oder ‹Degenerationserscheinungen›. Die technischen Möglichkeiten der mechanischen Reproduktion verursachten aber auch ein Phänomen, das unter den Begriff der *haunted media* gebracht worden ist: Es umfasst äußerst populäre para- and pataphysikalische Experimente, wie sie die Entdeckung der Elektrizität, Elektroakustik, elektromagnetischen Felder und Radiowellen begleitet haben. Jeffrey Sconce (von dem der Begriff stammt) hat einen Teil der die Einführung von Telefon, Telegrafie und Rundfunk in das Alltagsleben begleitenden Folklore und Fantasy-Literatur dokumentiert (vgl. Sconce 2000). Friedrich Kittler hat seinerseits dargelegt, wie

> alle Datenflüsse [... vor dem Grammophon und dem Kinematographen], den Engpass des Signifikanten passieren [mussten]. Alphabetisches Monopol, Grammatologie. [...] Was demnächst im Monopol der Bits und Glasfaserkabel enden wird, begann mit dem Monopol von Schrift. *(Kittler 1986, 12)*

An anderer Stelle schreibt er:

> Die technischen Medien Grammophon und Film speichern akustische und optische Daten seriell und mit übermenschlicher Zeitachsen-Präzision. [...] Sie attackieren an zwei Fronten zugleich ein Monopol, das die allgemeine

> Alphabetisierung, aber auch erst sie dem Buch zugespielt hat: das Monopol auf Speicherung serieller Daten. [...]. Das Grammophon [zum Beispiel] entleert die Wörter, indem es ihr Imaginäres (Signifikate) auf Reales (Stimmphysiologie) hin unterläuft.
>
> (Kittler 1987, 252)

Vor diesem Hintergrund lassen sich Benjamins Theorien und Eisensteins Praktiken als jene komplexen ästhetisch-philosophischen Interventionen betrachten, um die es sich bei ihnen schließlich auch handelt: Beide gehen insofern mimetisch vor, als sie sich dem von den Technologien des Audiovisuellen entfesselten «Aufbegehren des Details» nachahmend anverwandeln. Sie sind jedoch anti-mimetisch in ihrem Versuch, sich die regulierenden Kräfte von Sprache und Grammatik, Form und Syntax gegenüber diesen scheinbar undifferenzierten, ungerahmten, horizontlosen Datenmengen zurückzuerobern. Sowohl eine materialistische (auf Wiederholung, Serialität und Anordnung zentrierte) Medientheorie wie auch die Idee einer (um Montage und Intervall strukturierten) Filmsprache entsprechen dem doppelten Anliegen Benjamins, das Kino als die angemessene Kunstform der technischen Moderne zu identifizieren und eine Theorie der Zuschauerschaft auszuarbeiten, die den Modus der Zerstreuung mit dem der Immersion kombiniert.

Auf einer anderen, philosophischen Ebene exponiert das Kino die Widersprüche zwischen *Erfahrung* und *Erlebnis* (als zwei Arten des ‹Erlebens›: integriert und kontinuierlich die eine, schockartig und intermittierend die andere) und wird darin, in Benjamins Worten, zum «Optisch-Unbewussten» der Moderne. Genau in diesem Zusammenhang kommt der Frage der Narrativität entscheidende Bedeutung zu: Die therapeutische Funktion des Narrativen – die darin besteht, Konflikte dadurch einzudämmen, dass Handlungen und deren Motivationen als Entweder-oder-Entscheidungen dargestellt werden, die auf eine Lösung zusteuern – verbirgt und betont zugleich die Verletzung der Erfahrungsstruktur, die sie heilen soll. Mit Blick auf den verkörperten Zuschauer als Subjekt der Moderne argumentiert Benjamin gegen das Narrative, weil dessen «linearisierte» Fokussierung der Aufmerksamkeit sowie dessen Kausalketten einer zeitlichen Abfolge den Körper der tyrannischen Dominanz des Auges unterwerfen und seine übrigen Fähigkeiten und Sinne unterdrücken.[3] Stattdessen sollten Filmemacher das «Dynamit der Millisekunde» dazu nutzen, das künstliche Kontinuum des Narrativen aufzusprengen und den Zuschauer gegen eben jene Hierarchie zu immunisieren, die das Sehen der sinnlichen Erfahrungswelt aufzwingt.

---

3 Der Begriff der «Linearisierung» wurde von Noël Burch (1983) in die filmwissenschaftliche Diskussion eingeführt.

Vierzig Jahre später sollten die gleichen Fragen unter den Begriffen der ‹Interpellation›, des ‹Voyeurismus› und der ‹Subjektposition› als ideologische Effekte des Narrativen in der psychoanalytisch inspirierten Filmtheorie verhandelt werden. Bei Benjamin wie in der so genannten *Screen Theory* erscheint das Kino als ein apparatives Ensemble der Integration und Stabilisierung, das den Zuschauer viel mehr durch Lustgewinn denn unter Zwang diszipliniert. Allein Benjamin – in seiner Betonung der somatischen, traumatisierenden Aspekte, bei denen die körperliche Feinmotorik eine fortwährende ‹Rückkehr des Verdrängten› in Gang setzt und damit den Grundmodus kinematografischer Wahrnehmung darstellt – ist sich jedoch des überwachenden und vor allem selbst-überwachenden Charakters der Reflexivität bewusst, die dem Kino eigen ist. In seiner Vorwegnahme von Foucaults Überwachungsparadigma ist Benjamin – vielleicht sogar in einem noch stärkeren Sinne als die *Screen Theory* – der Theoretiker, den man bei dem Vorhaben einer Archäologie des Zappers und des Gamers im Gepäck haben sollte; denn es geht ja darum, neben den Augen und der Sehfähigkeit auch die Finger, den Tastsinn und die Hände zu trainieren und sie für neue Steuer-, Überwachungs- und Selbstüberwachungsaufgaben fit zu machen. Einmal mehr führt uns eine solche Archäologie unweigerlich mitten ins Dilemma der Zuschauerschaft und zurück zum frühen Kino und den Ursprüngen des Erzählfilms.

Eine der am meisten hervorstechenden Errungenschaften der *New Film History* und der von ihr inspirierten Studien zum frühen Kino besteht zweifellos in der systematischen Dekonstruktion der Auffassung, das Narrative sei dem Kino entweder natürlich zugewachsen oder von Anfang an vorherbestimmt gewesen. Das Kino übernahm Erzählformate nur schrittweise und viel eher aus gesellschaftlichen (mit Blick auf ein bürgerliches Publikum), ökonomischen (mit Blick auf höhere Eintrittspreise) und ideologisch-institutionellen (mit Blick auf die Machtverlagerung vom Auswertungs- zum Produktionssektor) denn aus technischen oder ästhetischen Gründen. Dies legt nahe, dass längere Erzählformen tatsächlich eine eindämmende und ‹disziplinierende› Kontrollfunktion erfüllten (vgl. Gunning 1991). Aber als übergreifendes kulturelles Ordnungsprinzip, das in sehr verschiedenen Medien und durch alle Künste hindurch präsent ist, stellt das Narrative nicht nur einen weithin verbreiteten Modus der Adressierung und Dialogisierung dar (in Form von Narration, Erzählinstanz, Point-of-View, Schuss-Gegenschuss usw.). Als fast schon universell zu nennende kulturelle Grundstruktur zur ‹Bedeutungserzeugung› ist das Narrative auch ein effizientes und erprobtes Prinzip zur Speicherung und symbolischen Verarbeitung von Daten.

Nachdem es sich für die Verknüpfung von Daten, die von der menschlichen Wahrnehmung und dem Gehirn generiert werden, über die Jahrtausende bewährt hat, ist nun danach zu fragen, wie gut es sich im Falle von mechanisch erzeugten Tönen und Bildern eignet. Ab etwa 1912 lässt sich beobachten, dass die formalen Erzähltechniken immer erfolgreicher als Mittel zur Beherrschung von Kontingenz, Reizüberflutung und ‹Bedeutungslosigkeit› in den von den technischen Medien zutage geförderten Daten eingesetzt wurden. Dieses Ordnen und Kodieren von Sinnesdaten zum Zwecke des besseren Verständnisses und Konsums durch den Zuschauer hatte allerdings seinen Preis. Die narrative Anordnung reduziert Quantität und Komplexität der visuellen und akustischen Signale radikal. Darüber hinaus bedeutete die Abstimmung des (‹rohen›) Datenmaterials mit dem (bereits kulturell kodierten) Erzählmaterial das Überstülpen von Hierarchien sowie die Herstellung eines ‹Mehrwerts›, der sogleich wieder unterdrückt wird – und damit genau das, was Benjamin mit dem ‹Optisch-Unbewussten› im Sinn hatte.

Das Narrative wäre damit, um Kittler zu paraphrasieren, das kulturelle ‹Einfallstor› des Signifikanten, womit einmal mehr daran erinnert wird, weshalb die Filmtheorie periodisch immer wieder damit beschäftigt ist, eine ‹Grammatik› oder ‹Filmsprache› zu etablieren: als ‹Alternative› zum Narrativen, jedoch aus derselben anthropologisch-ideologischen Perspektive der Kontrolle heraus. Denn aus einer solchen Sichtweise erscheint das Kino als historisch spezifische Lösung des Problems, wie sich (audio-)visuelle Daten im ersten Jahrhundert der technischen Medien verwalten lassen. Der Realismus der fiktionalen Erzählung, wie er sich im Roman des 19. Jahrhunderts findet und vom kommerziellen Kino des 20. Jahrhunderts übernommen wurde, stellt eine optimierte Form der Informationsübermittlung dar: Die hohe Dichte der Datenspeicherung (im fotografischen Bild) wird von linearen Erzählsträngen mit individualisierten Handlungsträgern spürbar verringert (oder komprimiert). Umgekehrt wird diese Reduktion von der quasi universellen Zugänglichkeit kompensiert, über die Geschichten mit Anfang, Mitte und Ende verfügen (zu deren Verständnis keine besonderen Fähigkeiten oder Vermittler nötig sind), zumal wenn sie aus dem kulturellen Repertoire der europäischen (oder auch, weitaus seltener, außereuropäischen) Literaturgeschichte stammen.

Als Kompromisslösung und Ergebnis eines auf mehreren Ebenen geführten Kampfes war das Erzählkino in seinen hegemonialen Universalitätsansprüchen immer schon Anfechtungen (etwa von Seiten der historischen Avantgarde oder dem europäischen Autorenfilm) sowie der Historisierung und polemischen Polarisierung von Seiten der Erforscher des frühen Kinos (wie Noël Burch, Tom Gunning, Ken Jacobs) ausgesetzt. Nichtnarrative Formen werden daher heute ebenso als spezifisches Charakteristikum von Filmen aus der Zeit bis 1907 angenommen wie – unter dem

Begriff des ‹Kinos der Attraktionen› – eine autonome, alternative Ästhetik, die die gesamte Filmgeschichte hindurch präsent bleibt und derzeit einmal mehr einen Aufschwung erlebt (vgl. beispielsweise Strauven 2006).

Die *Rube*-Filme: Bausteine zu einer Theorie der eingebetteten Aufmerksamkeit

In Bezug auf Zuschauerschaft und Publikumsverhalten ist zur Abwechslung einmal nicht das Bild der ungehobelten Massen in verrauchten Sälen oder das junger Paare, die kurze Augenblicke der Unkeuschheit genießen, als typisch für das frühe Kino anzusehen. Vielmehr möchte ich eine Erscheinung als emblematisch ansetzen, die Tom Gunning, Stephen Bottomore und Yuri Tsivian unter der Überschrift des «(un)gläubigen Zuschauers» in die Diskussion des so genannten «Zug-Effekts» eingeführt haben (vgl. Gunning 1989; Bottomore 1996; Tsivian 1994). Dabei geht es um die Bewertung der in der Presse seinerzeit breit kolportierten und seitdem immer wieder aufgegriffenen Geschichten von Zuschauern, die in Panik vor einem auf der Leinwand herannahenden Zug Reißaus nehmen, oder von Frauen, die den Saum ihrer Röcke anheben, damit sie bei der Betrachtung von Filmen wie ROUGH SEA AT DOVER (UK, 1895) oder PANORAMIC VIEW OF NIAGARA FALLS IN WINTER (USA, 1899) nicht nass werden. Entsprachen diese Berichte den Tatsachen, oder handelte es sich lediglich um geeignete Werbemittel zur Vermarktung der sensationellen Wirkungsweisen des Kinematographen, dessen Potenzial zur Stimulierung verkörperter Wahrnehmungseffekte aus diesem Grund gern übertrieben wurde? Leistete diese Art der Vorspiegelung von Angst und Schrecken der Zügellosigkeit und dem erotischen Vorspiel zusätzlichen Vorschub, oder worin sonst bestand ihre Funktion?

Man kann all diese Erklärungen akzeptieren, und sie dennoch anders – nämlich als Hinweise auf eine spezifische Form der Reflexivität im Modus von ‹Verkörperung› und ‹Interaktivität› – deuten. Zuschauerschaft funktionierte von Anfang an auf dreifache Weise reflexiv: in Bezug auf das Bewusstsein (‹Ich sehe einen Film›); in Bezug auf die raumzeitliche Dimension (‹Ich bin hier, werde aber an einen anderen Ort versetzt›); sowie in Bezug auf Körperlichkeit und situative Einbettung (‹Ich sehe mit meinen Augen, meine anderen Sinne sind aber ebenso präsent wie meine Handlungsfähigkeit›). Ein möglicher Nachweis für diese Behauptungen lässt sich über die Neulektüre eines besonderen Typus der Filmpraxis führen, der mit dem frühen Kino assoziiert wird und in späteren Jahrzehnten des Öfteren wiederbelebt worden ist.

Der (un)gläubige Zuschauer, um den es mir dabei geht, findet sich am präzisesten in der oft verspotteten Figur des Bauerntölpels, die immer

9–16 Film im Film: BLACK DIAMOND EXPRESS 1 (Thomas Alva Edison, USA 1896).

wieder zu sporadischen Auftritten im Verlauf der Filmgeschichte kommt, sodass sich sogar von einem Genre sprechen lässt, das gemeinhin unter den Begriff des *Rube*-Films gefasst wird, wobei *Rube* soviel bedeutet wie «Einfaltspinsel». Dieser *Rube* ist fast so alt wie das Kino selbst und tauchte zuerst um die Jahrhundertwende in Großbritannien und den USA auf.[4] Im wohl bekanntesten Beispiel des Genres, UNCLE JOSH AT THE MOVING PICTURE SHOW (USA), der 1902 von Edwin S. Porter für die Edison Company gedreht wurde, verlässt der einfältige Zuschauer seine Loge, klettert auf die Bühne und ‹steigt in die Geschichte ein›, indem er versucht, die Bilder auf der Leinwand mit den Händen zu fassen, also körperlich auf sie reagiert, sich zu den Charakteren auf der Leinwand gesellt, um in die laufende Handlung einzugreifen, oder hinter das Bild schaut, um zu sehen, was seinem Blick bisher verborgen geblieben ist.[5] Bezeichnender-

---

4 Für eine ausführliche Diskussion von *Rube*-Filmen im frühen US-amerikanischen Kino vgl. Hansen 1997, 25–30.

5 «Uncle Josh sitzt in der Loge eines Vaudeville-Theaters, in dem gerade ein Filmprogramm abläuft. Zuerst erscheint eine Tänzerin auf der Leinwand. Onkel Josh springt auf die Bühne und unternimmt den Versuch, Zärtlichkeiten mit ihr auszutauschen, sie entschlüpft ihm jedoch, da in diesem Moment das Bild eines Schnellzuges mit einer Geschwindigkeit von 60 Meilen pro Stunde auf der Leinwand erscheint. Onkel Josh gerät sofort in Panik und eilt aus Furcht, von dem Zug erfasst zu werden, in seine Loge

weise handelt es sich bei UNCLE JOSH AT THE MOVING PICTURE SHOW um das Remake eines britischen Prototypen, Robert Pauls THE COUNTRYMAN'S FIRST SIGHT OF THE ANIMATED PICTURES (GB, 1901). Aufschlussreich sind die Unterschiede zwischen Remake und Original: So ersetzte Porter zum Beispiel die in Pauls Film gezeigten Filmausschnitte mit Produktionen seiner eigenen Firma, darunter Edisons PARISIAN DANCER (USA, urheberrechtlich geschützt am 15. Januar 1897) und BLACK DIAMOND EXPRESS (USA 1896), womit der reflexive Gehalt aus dem Reich des Illusionismus und der Trickserei auf die Ebene der Selbstreflexivität, das heißt des *Product Placement* und der Eigenwerbung verlagert wird.

Diese Onkel Josh- oder *Rube*-Filme werfen eine Frage auf: Sind sie, wie oft behauptet wird, als didaktische Parabeln intendiert, die einem ländlichen oder Immigrantenpublikum vor Augen führen, wie man sich im Kino *nicht* zu benehmen hat, indem sie einen der Ihren der Lächerlichkeit preisgeben (vgl. Morissette 2002)? Doch – ähnlich wie beim «Zug-Effekt» – stellt sich die Frage, ob es ein solches Publikum überhaupt jemals gegeben hat, ganz zu schweigen von jener Ur-Zeit kindlicher Schlichtheit in der Geschichte des Kinos, zu der eine solche ontologische Verwirrung von Gegenstand, Person und deren Abbildern tatsächlich existiert haben soll. Wenn der «Zug-Effekt» und Onkel Josh zu jener Folklore und Großstadt-Mythologie gehören, die das frühe Kino über sich selbst in die Welt gesetzt hat, dann bestünde die zweite Ebene der Selbstreferenz, die erste zitierend, darin, dass in ihnen eine Form der Zuschauerschaft angepriesen wird, bei der der Zuschauer das Filmbild betrachtet, auf das Gesehene reagiert und mit ihm interagiert, während er gleichzeitig bewegungslos auf seinem Sitz verharrt und sich die Affekte und Handlungsimpulse in seinem Inneren aufstauen.

Daraus ergibt sich eine weitere Frage: Artikulieren diese Filme eine Meta-Ebene der Selbstreferenz, um ihr Publikum zu ‹disziplinieren›, allerdings nicht indem sie zeigen, *wie man sich nicht benehmen soll*, das heißt mittels eines Negativbeispiels der Beschämung und Ächtung, sondern mittels eines weitaus subtileren Verfahrens verinnerlichter Kontrolle? Ist es nicht

> zurück. Kaum ist er wieder an seinem Platz, da erscheint auf der Leinwand ein Bauernpaar an einem Brunnen. Bevor es seinen Kübel mit Wasser füllt, frönt es zunächst dem Austausch intimer Zärtlichkeiten. Onkel Josh glaubt ganz offensichtlich, in der jungen Frau seine eigene Tochter zu erkennen: Er entledigt sich seines Mantels, nimmt seinen Hut ab und bereitet sich auf die Züchtigung des Liebhabers vor. Schließlich stürzt er auf die Leinwand los, reißt sie nieder und sieht sich zu seiner großen Überraschung hinter der Leinwand dem Kinetoscope-Filmvorführer gegenüber. Der Vorführer ist wütend auf Onkel Josh, der seine Vorstellung unterbrochen hat, und verwickelt ihn in ein Handgemenge, in dessen Verlauf sie sich auf der Bühne in einem aufregenden Aufeinandertreffen hin- und herwälzen.» Edison-Katalog von 1902, zitiert nach http://www.us.imdb.com/title/tt0000414/plotsummary (Zugriff: 1.10.2008).

so, dass die *Rube*-Filme ihr Publikum dadurch disziplinieren, dass sie ihm gestatten, Lustgewinn aus ihrer eigenen, überlegenen Form der Zuschauerschaft zu ziehen, selbst wenn das Überlegenheitsgefühl zum Preis der Selbstzensur und Selbstbeschränkung erzielt wird? Das Publikum lacht über Onkel Josh, der vorgeführt und lächerlich gemacht wird, und kann sich dabei schmeicheln, von urbaner Kultiviertheit zu sein. Die vom Filmvorführer am Ende vollzogene Bestrafung wird sowohl als Kehrseite kinematografischer Lust externalisiert (‹pass auf: hinter der Leinwand lauert die Figur des ‹Meisters›») wie als Mechanismus der Selbstkontrolle internalisiert (‹pass auf: im Kino – wie in der modernen Welt urbaner Schaustellung und Selbst-Zurschaustellung – gilt die Regel: Schauen ist erlaubt, anfassen nicht›).[6]

Dies verleiht dem Genre eine zusätzliche Dimension: Es wäre damit Teil eines Zivilisationsprozesses, wie er von Norbert Elias (2008) oder Pierre Bourdieu (1991) beschrieben wurde, demzufolge der Übergang der Körperorientierung von der Berührung (einem Nahsinn) zum Sehen (einem Nähe und Distanz regulierenden Sinn) einen Quantensprung in der Menschheitsentwicklung darstellt. Das besonders ‹Moderne› am Kino läge dann allerdings darin, dass es diesen Quantensprung noch einmal nachstellt, ihn aber auch dadurch verschärft, dass es jene Art des kognitiv-sensorischen *Double-bind* performativ zur Schau stellt, den die marxistische Theorie mit dem Warenfetischismus in Verbindung gebracht hat. Auch der in einem Schaufenster ausgestellte Gegenstand signalisiert dem Konsumenten: ‹Anschauen erlaubt, anfassen nicht.› Er löst diesen Konflikt jedoch damit, dass er den Flaneur oder Gaffer zum Eintreten in das Geschäft einlädt: eine Geste, die das Auge entlastet und mit dem vollzogenen Kaufakt (das heißt der Inbesitznahme) Kontrolle über den Gegenstand durch die sinnliche Fülle der Berührung verspricht (‹das Auge übergibt der Hand die Kontrolle›).

Demgegenüber wird die gleiche Szene von Begehren und Disziplin im Kino als eine Art Trauma zwischen Berühren und Sehen inszeniert, in dem beide Sinne zugleich überstimuliert und zensiert, verführt und gezüchtigt und dabei ebenso obsessiv wie systematisch an jene Logiken von Aufschub und Hinauszögerung gebunden werden, wie wir es von den unterschiedlichsten Erzählverfahren her kennen.[7] Einmal mehr ist

6   Für eine dem entgegengesetzte Lektüre des Verhältnisses zwischen Sehen und Berühren vgl. Strauven 2005a.
7   Ich habe an anderer Stelle über zwei Szenen aus zwei Filmen von 1924 (Fritz Langs DIE NIBELUNGEN [D] und Buster Keatons SHERLOCK JUNIOR [USA]) geschrieben, die diese Dilemmata genau dadurch exemplifizieren, dass sie das Genre des *Rube*-Films zitieren. In beiden Fällen wird der implizite Kontrakt des Zuschauers mit der (durchgestrichenen) haptischen Spürbarkeit des Bewegungsbildes explizit gemacht. Vgl. Elsaesser 2008.

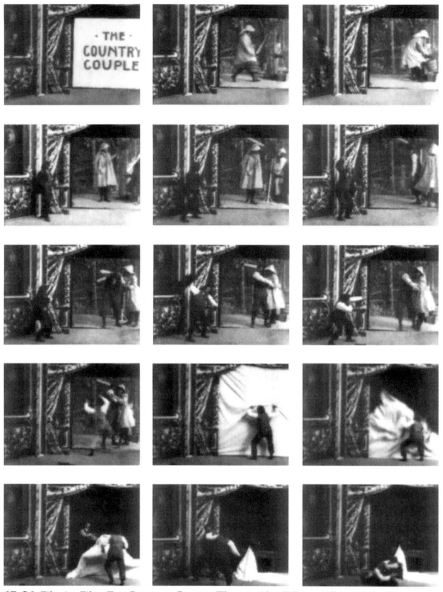

17–31 Film im Film: THE COUNTRY COUPLE (Thomas Alva Edison, USA undatiert).

Walter Benjamin der Theoretiker dieses im Kino enthaltenen Versprechens der Nähe, er ist zugleich aber auch der elegische Allegoriker ihres Aufschubs. Erinnert sei an dieser Stelle an die berühmte Passage des «Kunstwerk»-Aufsatzes, in der Benjamin die kulturelle und politische Bedeutung taktiler Nähe und haptischer Wahrnehmung umreißt, wie sie sich am Kontakt des bewegten Filmbildes mit der Masse auskristallisiert.⁸ Die Verschiebung von der materiellen Substitution zur mechanischen Reproduktion verweist hier zum einen auf die ontologische Kluft, die sich im Tausch zwischen dem Nahsinn ‹Greifen› und dem Fernsinn ‹Sehen› öffnet. Zum anderen beweist sie die Unumkehrbarkeit des Aufschubs, der die haptische Wahrnehmung ins Reich des Optisch-Unbewussten und die Visualität ins Reich fantasmagorisch-fetischistischer Inbesitznahme treibt.⁹

Anders gesagt: Wie der Zapper oder der First-Person-Shooter scheint der *Rube* auf den ersten Blick auf naive Weise im Datenüberfluss gefangen zu sein, dem er im Reich der Töne und Bilder begegnet. Doch bei genauerer Überlegung stellt er dieses In-die-Falle-getappt-Sein auch performativ zur Schau, entweder im Interesse eines anderen Betrachters/Zuschauers oder als reflexiv verdoppelte Selbstdisziplinierung, bei der er sowohl der Angreifende wie der Verteidigende ist: Er ‹verliert› sich an der Oberfläche, um nicht in die Tiefe gezogen zu werden, drückt Knöpfe, um nicht in die Spiralbewegung des Mahlstroms hineingezogen zu werden – ein weiterer Verweis auf Poe, wie Marshall McLuhan ihn im Sinne einer Allegorie auf die Menschheit zu schätzen gewusst hätte, die mittels der Medien ihren Ausdehnungsbereich verbreitert und sich damit zugleich hoffnungslos einkreist und umzingelt. In meiner erweiterten Definition bezieht sich der Begriff des *Rube*-Films somit auf ein Genre oder eine Praxis des selbstreflexiven oder autoreferenziellen Kinos, das den Körper (von Protagonist und Zuschauer) sowohl als Hindernis wie auch als aktivierende Instanz, als Quelle von Zusammenbruch und Triumph an der Schnittstelle zwischen aktiv und passiv, manipulierend und manipuliert einsetzt. Auf diese Weise führt uns der *Rube*-Film zu einigen grundsätzlichen Eigenschaften kinematografischer Zuschauerschaft zurück und wirft einmal mehr die Frage nach dem Status von Aufmerksamkeit und Handlungsmacht, körperlicher Fixierung und mobilem Blick, Zeitverzug und unmittelbarer Reaktionsfähigkeit auf. Zugleich kommt das philosophische Rätsel ins Spiel, wie ein Bild in einen Körper und ein Körper in ein Bild ‹gelangen› können. Wenn man so will, repräsentiert der *Rube*-Film damit eine Gegen-Ontologie so-

---

8   «Die Dinge sich räumlich und menschlich ‹näherzubringen› ist ein genau so leidenschaftliches Anliegen der gegenwärtigen Massen wie es ihre Tendenz einer Überwindung des Einmaligen jeder Gegebenheit durch die Aufnahme von deren Reproduktion ist. Tagtäglich macht sich unabweisbar das Bedürfnis geltend, des Gegenstands aus nächster Nähe im Bild, vielmehr im Abbild, in der Reproduktion habhaft zu werden» (Benjamin 1991a, 479).
9   Die angemessene filmische Illustration zu Benjamin ist die berühmte *Rube*-Szene in Jean-Luc Godards LES CARABINIERS (F 1963). Godard greift hier auf die Jahrhundertwende zurück, blickt aber auch bereits auf die Interaktivität voraus, da es in seinem Film nicht zuletzt um den kategorialen Denkfehler geht zu glauben, dass der zivilisatorische Quantensprung von der Hand zum Auge umkehrbar sein könnte. Vgl. Strauven 2005.

wohl zur Vorstellung vom ‹Kino als Fenster zur Welt› als auch zur Idee vom ‹Kino als Spiegel des Selbst›, wie sie fast die Hälfte der letzten 50 Jahre Filmwissenschaft geprägt haben.

Die (extra-)diegetischen Räume des frühen Kinos

Ein Schlüsselbegriff für die narrative Konfiguration von Zeit, Raum und Handlungsmacht im Kino wie in der Literatur ist der Begriff der Diegese, der zuerst von Etienne Souriau 1951 verwendet wurde und anschließend in der Literaturwissenschaft durch Gérard Genette (1972/1983) Berühmtheit erlangt hat. Souriaus Definition erscheint sehr einfach: Diegese umfasse «all das, was den Film, insoweit er etwas darstellt, betrifft»; der Begriff bedeute aber auch «die fiktionale Wirklichkeit» (Souriau 1997, 151). Noch häufiger wird die Diegese im negativen Sinne heraufbeschworen: Bezeichnet man etwas als ‹extradiegetisch›, so meint man damit gewöhnlich einen Raum, dem eine gewisse Präsenz zugeschrieben werden kann, ohne dass er auf der Leinwand dargestellt wird (zum Beispiel ein Musikstück, dessen Ursprung in der Erzählwelt nicht lokalisierbar ist, oder eine andere abwesend-anwesende Tonquelle wie etwa der Voice-over-Kommentar).[10] Der springende Punkt mit Blick auf das frühe Kino und sein Verhältnis zu autonomer Erzählung, Performanz, (Meta-)Kommentar und Zuschauerschaft ist – im Gegensatz zum ‹klassischen Kino› – darin zu sehen, dass es diese klare Unterscheidung zwischen ‹diegetisch› und ‹extradiegetisch› nicht praktiziert hat. Angesichts der vielfältigen Möglichkeiten wechselseitiger Bezugnahme von Leinwand- und Zuschauerraum (zum Beispiel durch Pianola-Musik oder ein im Kinosaal musizierendes Orchester, eine frontale Inszenierung, einen Schauspieler, der sich direkt ans Publikum wendet, oder die Gegenwart eines Filmerklärers) war die Diegese der frühen Filme weniger stabil und vorbestimmt. Sie glich eher einer Partitur, die zu ihrer Realisierung eines Ereignisses bedarf und bei der jede Filmaufführung auf dynamische Weise eine Diegese etabliert, die sich erst im Wechselspiel von Vorgängen im (imaginären) Leinwandraum *und* im (physischen) Zuschauerraum herausbildet.[11] Wie Zuschauerschaft innerhalb dieses einzigartigen und auf unverwechselbare Weise in sich geschichteten und überlappenden diegetischen Raums funktioniert

---

10 In einer Reihe von Fällen entpuppt sich das, was zunächst als extradiegetisch erscheint, schließlich als diegetisch, etwa in den Filmen von Orson Welles (der Voice-over-Kommentar) und Fritz Lang (Musik).

11 Ein Versuch, die ‹Diegese› in Bezug sowohl auf das frühe Kino wie auf das Fernsehen neu zu denken, findet sich bei Noël Burch (1982).

hat, lässt sich folglich erst angemessen verstehen, wenn man beide Räume zusammen und in ihrer gegenseitigen Abhängigkeit betrachtet (vgl. Elsaesser 1990, 153ff). Deshalb ist es gerade die Figur des *Rube*, die – mal innerhalb eines Films, mal von außerhalb – die Form der Zuschauerschaft an jenem empfindlichen Verbindungspunkt personifiziert, an dem diegetische und extradiegetische Welten, der imaginäre Raum der Handlung und der physisch vorhandene Raum des Publikums noch nicht auf Kosten von Hand und Tastsinn rigoros getrennt sind oder von einem neu ermächtigten Blick ‹diszipliniert› werden.

Wenn Filmwissenschaftler heute verschiedentlich von einem ‹haptischen Sehen›, ‹taktilen Kino› oder der ‹Haut des Films› sprechen – einer perzeptiv-sensorischen Konfiguration, die Annette Michelson, Antonia Lant, Vivian Sobchack, Laura U. Marks, Angela dalle Vacche und anderen zufolge prädestiniert dazu ist, im Rahmen der angloamerikanischen Filmwissenschaft ein neues Paradigma der Zuschauerschaft zu bilden –, so mag es lohnenswert sein, nach der Wiederkehr des *Rube* Ausschau zu halten, der jeden allzu glatten Übergang oder harten Schnitt von den blickzentrierten Theorien des klassischen Kinos zu einer körperbasierten Ästhetik des ‹frühen› und ‹späten› Kinos heimsucht. Die mehrdeutige und verstörende Reflexivität des *Rube* hält gewissermaßen immer dort Wache, wo wir beginnen, die gesamte Filmgeschichte und das Problem der Zuschauerschaft um den Körper als einer totalen Wahrnehmungsoberfläche neu zu fassen, so zum Beispiel, um dem Digitalen Rechnung zu tragen. Dass die Betonung von Textur und Berührung Genealogien jenseits des Fotografischen eröffnet, ist evident: So kann das Konzept des haptischen Sehens etwa dazu dienen, Video als wahren Vorläufer des digitalen Bildes wieder in sein Recht zu setzen und damit jene Sackgassen zu umgehen, in denen auf Projektion und Transparenz als den einzig legitimen Kriterien des Kinos insistiert oder die ‹Indexikalität› als Haupttrennlinie zwischen dem fotografischen und dem heute oft ‹post-filmisch› genannten Kino behauptet wird. Allerdings: Bei aller Notwendigkeit, das auf das Auge fixierte filmwissenschaftliche Paradigma hinter uns zu lassen, erinnert der *Rube* doch daran, dass eine der bleibenden Attraktionen des Kinos in der Trennung des Auges vom Körper besteht, die es dem Auge überhaupt erst gestattet, Räume zu durchqueren, zu erschließen, zu vermessen und auch zu überschreiten, welche ansonsten zu nah oder entrückt, zu groß oder klein, zu gefährlich oder gesellschaftlich tabu wären.

Die Rückkehr des *Rube*

Damit steuere ich auf die Hypothese zu, dass *Versionen der für den Rube typischen ‹Spätzündung› von Aufmerksamkeit, Interaktion und körperlicher Präsenz immer dann aufzutreten pflegen, wenn symbolische Macht von einem Medium auf ein anderes übertragen wird oder zwischen konkurrierenden Medientechnologien umkämpft ist.*

Ein Fall, mit dem ich mich gegenwärtig in diesem Zusammenhang beschäftige, betrifft den Übergang klassischer Narrativität zu interaktiven Erzählformen und Game-Logiken, wie sie momentan von Hollywood-Filmemachern nicht selten auf spielerische Weise ausprobiert werden. Auch dieses Phänomen hat seine ganz eigene Spielart von *Rubes* hervorgebracht. Sie tauchen gewöhnlich in Geschichten auf, die entweder einer konventionellen realistischen Welt ein Paralleluniversum der Überwachung an die Seite stellen, durch das die vertraute diegetische Konstruktion an entscheidenden Punkten aus dem Gleichgewicht gekippt wird; oder sie etablieren eine alternative Welt in Form einer Zeitreise, durch die unterstrichen wird, wie unauflöslich beide Welten voneinander abhängig sind. Ein gutes Beispiel für die erste Form der Kodierung ist Steven Spielbergs Minority Report (USA 2002), während Richard Kellys Kultfilm Donnie Darko (USA 2001) als Beispiel der zweiten Kodierungsform dienen könnte. Ein Film, der das Überwachungsparadigma mit der Notwendigkeit einer Zeitreise kombiniert, ist Tony Scotts Déjà Vu (USA 2006), ein Blockbuster voller Verfolgungsjagden und Explosionen, voll zeitgeschichtlicher US-Traumata und SciFi-Gadgets, der sich jedoch vor allem als vielschichtiges Meta-Kino lesen lässt: Edwin Porters Uncle Josh trifft Jean Cocteaus Orphée (F 1950) in Alfred Hitchcocks Vertigo (USA 1958), zum Beispiel.[12] Diese kurze Skizze der *Rube*-Figur als Delegierter des sich wehrenden und zugleich anpassenden Zuschauers kann noch nicht den hinreichenden Nachweis dafür erbringen, dass dem frühen Kino, Hollywoods zeitgenössischen Science-Fiction-Thrillern und den interaktiven Erzählungen der Videospiele genügend charakteristische Merkmale gemeinsam sind, um eine derart weit reichende These zu stützen. Dennoch scheint mir, dass entlang der beiden leitenden Fragestellungen – der Neubewertung des diegetischen Raums im frühen Kino und der Reaktivierung des im *Rube*-Phänomen personifizierten (un)gläubigen Zuschauers – ein neues Verständnis darüber entstehen kann, wie Medienumbrüche und der Transfer kulturellen Kapitals in den audiovisuellen Medien selbst figurieren: Sie ergänzen in gewisser Weise ‹von innen her› unsere eigenen wis-

---

12 Dazu Näheres bei Anderson 2009.

senschaftlichen Analysen ‹von außen›.¹³ Etwas genauer formuliert, besteht meine Behauptung darin, dass *das Kino in periodischen Abständen den Zuschauer immer wieder neu kalibriert* hat, und dies auf zumindest zwei Arten: zum einen mithilfe allegorischer Figuren wie dem *Rube* (der komisch oder tragisch sein kann, oder beides), zum anderen in Erzählungen, die mit ontologischer Konfusion und Informationsüberflutung spielen.¹⁴ Gleichzeitig deutet das Überdauern des *Rube* und seiner unterschiedlichen Inkarnationen an kritischen Wendepunkten der Geschichte des Kinos darauf hin, dass auf körperlicher Selbstpräsenz, zur Schau gestellten Fehlleistungen und kognitiven oder ontologischen ‹Kategorisierungsfehlern› basierende Prozesse der Aufmerksamkeit, Interaktion und Reflexivität sich als nicht weniger ergiebig zur Einschätzung von Formen der Zuschauerschaft im neuen Jahrhundert erweisen könnten als typisch ‹modernistische› Formen von Reflexivität und Rückbezüglichkeit wie Verschachtelung, Spiegelung, Verdoppelung oder Verfremdung/Distanzierung zu Beginn des letzten Jahrhunderts. Wie der gegen Windmühlen kämpfende Don Quixote für Schriftsteller von Laurence Sterne über Gustave Flaubert und Marcel Proust bis hin zu Thomas Pynchon zum Schutzheiligen des ‹aktiven Lesers› werden konnte, so könnte der *Rube* des frühen Kinos, der bei seinem Versuch der Rettung der Welt die Leinwand einreißt, in Zukunft einmal zum Sinnbild des ‹interaktiven Zuschauers› werden, vom frühen Kino bis hin zu den aktuellen Videogames, über Fritz Lang und Jean-Luc Godard, Buster Keaton und Steven Spielberg, inbegriffen Edwin S. Porter und Tony Scott.

Übersetzung aus dem Englischen von Michael Wedel

Literatur

Anderson, Michael J. (2008) Resurrecting the Rube: Diegesis Formation and Contemporary Trauma in Tony Scott's Déjà Vu (2006). In: *Film Criticism*, 33,2, S. 2–22.
Benjamin, Walter (1991a) Das Kunstwerk im Zeitalter seiner technischen Reproduzierbarkeit (dritte Fassung). In: *Gesammelte Schriften*, Bd. 1: *Abhandlungen*. Frankfurt a. M.: Suhrkamp, S. 471–508.
Benjamin, Walter (1991b) Über einige Motive bei Baudelaire. In: *Gesammelte Schriften*, Bd. 1: *Abhandlungen*. Frankfurt a. M.: Suhrkamp, S. 605–653.
Bolter, Jay David / Grusin, Richard (2000) *Remediation. Understanding New Media*. Cambridge, MA: The MIT Press.
Bottomore, Stephen (1996) The Coming of the Cinema. In: *History Today* 46,3, S. 14–20.

---

13 Ich beziehe mich hier u.a. auf Bolter/Grusin 2000 sowie – in seiner Idee vom Kino als einem kulturellen Interface der Digitalmedien – auf Manovich 1995.
14 Vgl. dazu auch Elsaesser 2009.

Bourdieu, Pierre (1991) *Language and Symbolic Power*. Cambridge, MA: Polity Press.
Burch, Noël (1982) Narrative/Diegesis – Thresholds, Limits. In: *Screen* 23,2 (Juli/August), S. 16–33.
Burch, Noël (1983) Passion, pursuite: la linearisation. In: *Communications* 38, S. 30–50.
Elias, Norbert (2008) *Über den Prozess der Zivilisation*. 2 Bde. Frankfurt a.M.: Suhrkamp.
Elsaesser, Thomas (1990) Once More Narrative. In: *Early Cinema. Space, Frame, Narrative*. Hg. von Thomas Elsaesser. London: BFI, S. 153–173.
Elsaesser, Thomas (2008) Die Nibelungen – Siegfried. In: *Incontro ai fantasmi – il cinema espressionista*. Hg. von Paolo Bertetto & Sergio Toffetti. Rom: Centro Sperimentale, S. 87–98.
Elsaesser, Thomas (2009) Film als Möglichkeitsform – vom postmortem Kino zu mindgame movies. In: *Hollywood Heute*. Hg. von Thomas Elsaesser. Berlin: Bertz + Fischer, S. 237–263.
Genette, Gérard (1998 [frz.1972/1983]) *Die Erzählung*. München: Fink.
Gunning, Tom (1989) An Aesthetic of Astonishment. Early Film and the (In)credulous Spectator. In: *Art & Text* 34, S. 31–45.
Gunning, Tom (1991) *D. W. Griffith and the Origins of American Narrative Film*. Chicago: University of Illinois Press.
Hansen, Miriam (1997) *Babel and Babylon. Spectatorship in American Silent Film*. Cambridge, MA: Harvard University Press.
Hermann, Jörg (1987) Wir gehen auf den Tod des Kinos zu. Ein Gespräch mit Gianni Amelio. In: *Neue Medien contra Filmkultur?* Hg. von der Arbeitsgemeinschaft der Filmjournalisten / Hamburger Filmbüro. Berlin: Spiess, S. 28–37.
Kittler, Friedrich (1986) *Grammophon, Film, Typewriter*. Berlin: Brinkmann & Bose.
Kittler, Friedrich (1987) *Aufschreibesysteme 1800/1900* [2. erw. und korr. Aufl.]. München: Fink.
Manovich, Lev (1995) An Archaeology of the Computer Screen. In: *Kunstforum International*, online unter: http://www.manovich.net/TEXT/digital_nature.html (Zugriff: 2. Oktober 2008).
Morissette, Isabelle (2002) Reflexivity in Spectatorship. The Didactic Nature of Early Silent Films. In: *Offscreen* 31. Juli 2002. http://www.horschamp.qc.ca/new_offscreen/reflexivity.html (Zugriff: 2. Oktober 2008).
Poe, Edgar Allan (2008 [1850]) «Der Mann in der Menge» [«The Man of the Crowd»]. In: *Der Teufel im Glockenturm und andere Erzählungen* (Sämtl. Erzählungen, Bd. 1). Frankfurt a. M.: Insel.
Sconce, Jeffrey (2000) *Haunted Media. Electronic Presence from Telegraphy to Television*. Durham: Duke University Press.
Souriau, Etienne (1997 [1951]) Die Strukturen des filmischen Universums und das Vokabular der Filmologie. In: *MontageAV* 6,2, S. 140–157.
Strauven, Wanda (2005a) Touch, Don't Look. In: *I cinque sensi del cinema / The Five Senses of Cinema*. Hg. von Alice Autelitano et al. Udine: Forum, S. 283–291.
Strauven, Wanda (2005b) Re-Disciplining the Audience. Godard's Rube-Carabinier. In: *Cinephilia: Movies, Love and Memory*. Hg. von Marijke de Valck & Malte Hagener. Amsterdam: Amsterdam University Press, S. 125–133.
Strauven, Wanda (Hg.) (2006) *The Cinema of Attractions Reloaded*. Amsterdam: Amsterdam University Press.
Tsivian, Yuri (1994) *Early Cinema in Russia and Its Cultural Reception*. Chicago: University of Chicago Press.

1 Béla Balázs, *Der sichtbare Mensch*, Faksimile des Titels der Originalausgabe von 1924.

SABINE HAKE

Film, Folk, Class
Béla Balázs on Spectatorship

Film reception and spectatorship are historical in a double sense; this is nowhere more apparent than in the study of silent cinema.[1] Their historical nature is evident in the changing composition of audiences (e.g., from working class to middle class), the changing look of venues (e.g., from nickelodeons to movie palaces), and the changing modes of address (e.g., from early cinema of attractions to classical narrative cinema). But both terms are also historical in a second sense, namely through the introduction in early theories of film of an ideal-typical audience that embodies then-contemporary dreams of social and political change and that enlists theories of spectatorship in larger debates about modern mass and class society. Much work has been done on the pathologies of spectatorship that portray early audiences as either threatened or threatening – that is, as either passive victims of movie addiction or willing participants in the forces of social leveling and moral decay. By contrast, much less has been written about the early utopias of film in which the conditions of moviegoing prefigure a democratic and egalitarian society and in which the cognitive and emotional effects of spectatorship acquire the redemptive powers usually attributed to the (autonomous) work of art.

Precisely this belief in spectatorship as a utopian project, dialogic process, and mediating force distinguishes Béla Balázs's diverse writings and makes them ideally suited for a reconsideration of reception as a central category of early film theory. As the last of the classic German film theoreticians to be translated into English, Balázs has attracted growing interest both because of his emphasis on the body, appealing to Deleuzian

1 Both terms refer to the perceptual, cognitive, and affective processes organized by the cinema as an audio-visual technology, its modes of address and forms of attention, its forms of looking and desiring, and its social rituals and subject effects. Spectatorship usually refers to the individual experience of watching a movie and suggests visual pleasures and unconscious desires as well as textually-determined processes of ideological interpellation, whereas reception tends to cover both the institutional practices of film exhibition and the social aspects of movie-going, including the role of spectators as fans and consumers, the dissemination of filmic meanings into everyday life, and the function of cinema as a popular entertainment and public sphere. For an overview of theories of reception, see Staiger 2003. On spectatorship, see Mayne 1993 and Aaron 2007.

readings of film, and because of his contribution to a different history of cinema and modernity that complicates the old binaries of mass culture vs. folk art, modernism vs. realism, regionalism vs. internationalism, and so forth.[2] Balázs is sometimes described as a proponent of camera aesthetics or actor's theory who wrote enthusiastically about the formal possibilities of the close-up and the beauty of the human face. At the same time, in recognition of his critique of film under capitalism and his praise for the medium's revolutionary potential, he has been called the first Marxist film theoretician. Yet measured against traditional categories of evaluation, Balázs's film theoretical writings from the Weimar period lack both the sociological dimensions introduced by Siegfried Kracauer and the formalist categories developed by Rudolf Arnheim. Locating his inquiries at the intersection between texts and contexts, Balázs focuses on the filmic experience of expressiveness and communicability and makes it the foundation of an anthropocentrically-based film theory, what Gertrud Koch calls his "anthropocentric aesthetics of expression" (1987, 171). Thus the conditions of individual spectatorship become the main conduit to a reception aesthetics centered on the cinema as a laboratory for new forms of sociability and collectivity. The notion of folklore, as examined by Hanno Loewy, is central to this process; but as I argue in the following, so is the notion of class.[3]

Inseparable from the historical conflicts and contradictions of his times, Balázs's reception aesthetics offers a compelling model of reconciliation (if not Hegelian sublation): between the aesthetic claims of film art and the political demands of the modern masses, and between the regressive qualities of film as modern folk art and its progressive tendencies as revolutionary mass medium. In fact, his entire theory of visual culture, including his celebration of physiognomy as the path to new forms of signification and communication, is based on very specific ideas about film reception and spectatorship. While his description of movie-going privileges the solitary experience of the fan-turned-critic – and that confirms loneliness as a central (and highly personal) motif in Balázs's work –, his

---

[2] Reception, of course, also means scholarly reception, and Balázs is indeed experiencing a rediscovery – or first discovery, in the case of non-German (and non-Hungarian) scholarship. Parts of the ongoing English translation project overseen by Erica Carter have already been published (Carter 2007). A special section in *October* (115, 2006) included a few translations of shorter Balázs essays as well as two critical assessments (Loewy 2006 and Turvey 2006); similar initiatives are taking place in Italy (Quaresima 2008).

[3] Hanno Loewy is the editor of several (re)editions of Balázs's essayistic, literary, and film theoretical writings and has played a major role in the German rediscovery of his film-theoretical and literary work, especially the relationship between film and fairy-tale (Loewy 2003; Balázs 2001a, b, c).

conception of visual culture invariably aims at an imaginary collective formed in, and through, the direct and almost physical experience of films. In the process, the audience comes to embody two radically different intellectual traditions and political agendas: the return to the premodern folk community of the past and the making of the classless society of the future.

The film critic as first spectactor

A prolific, if not always successful writer, Balázs wrote fairytales, novellas, puppet plays, shadow plays, mystery plays, and opera libretti, including the libretto for Béla Bartók's *Bluebeard's Castle*. An interest in older literary forms and popular diversions, a fascination with transitional states and threshold experiences, and an affinity for the experiences of regression found in childhood and dream align all of his creative endeavors with traditions presumably purged from modernity's enlightened worlds: namely the irrational, the mythological, the intuitive, and the non-linguistic and non-cognitive. This "eternal beginner" (Loewy 2003, 379) and perennial wanderer, who lived in Budapest, Vienna, Berlin, and Moscow, used the new mass medium as a model of multimediality and aesthetic hybridity in all of his creative projects: as a literary author with a penchant for suggestive visual motifs and compelling screen metaphors, as a film critic writing for daily newspapers and trade journals, and as a screenwriter whose credits include the controversial Georg Wilhelm Pabst adaptation of Bertolt Brecht's DIE 3-GROSCHEN-OPER (THE THREE PENNY OPERA, D 1931) and a contentious collaboration with Leni Riefenstahl on DAS BLAUE LICHT (THE BLUE LIGHT, D 1932).

Above all, Balázs was a busy critic who wrote countless film reviews and more general articles on technical, political, and artistic questions, first for the Viennese daily *Der Tag* (1922–26) and then, after his move to Berlin, for a wide range of publications, including the left-liberal journal *Weltbühne*, the KPD daily *Die rote Fahne*, and the trade publication *Die Filmtechnik*. With the reviewer casting himself in the role of the actual or ideal moviegoer, all of these texts presume a model of film reception and an economy of sensations, fantasies, and emotions that is central to his theoretical work. For the most part, Balázs shared the tastes of fellow Weimar film critics turned theoreticians such as Kracauer and Arnheim. He expressed enthusiastic praise for Charlie Chaplin and Asta Nielsen as personifications of a silent film aesthetic, a weakness for the simple pleasures of well-made genre films and big-budget Hollywood films, and a marked dislike for the German quality film (e.g., METROPOLIS, Fritz Lang, D 1927) and other forms of cultural pretension. His emphasis on emotions in the cinema made him less inclined toward the intellectual montage films of Sergei Eisenstein and Wsewolod Pudovkin but allowed him to assess contemporary film production outside the competing paradigms of normative aesthetics, media didacticism, and mass psychology. The development of critical categories out of the very personal experience of, quite literally, being moved by the movies is openly acknowledged in his frequent confessions of sadness or happiness and his rapture over the beauty of images, and faces in particular. Private but not solitary, all of these experiences informed his advocacy for the urban masses and their demand for quality entertainment; his insistence on technical and artistic quality as a prerequisite of modern folklore; and his belief in cinema as an antidote to modern alienation and social oppression.

Of special relevance to our discussions, all of Balázs's works aim at a reaffirmation of the utopian potential inherent in art: not in the terms established by the historical avant-garde (and its promise of a reconciliation of art and life) but through a tradition of the popular in which the audience is always also the (co-)producer of the work of art. Reception subsequently becomes the perceptual, cognitive, and affective paradigm through which the contradictions of modernism and modernity can be overcome. This preoccupation with mediation (or in-betweenness) and its relevance to an alternative definition of cinema and modernity is inextricably linked to Balázs's Central European biography: his cultural background as an educated, assimilated German Jew in Hungary under the conditions of Magyarization, conditions that turned "Herbert Bauer" into "Béla Balázs;" his intellectual formation under the influence of turn-of-the-century *Lebensphilosophie*, with Georg Simmel, Georg Lukács, Henri Bergson, and the members of the famous Sunday Circle as important interlocutors; his political position as a romantic anticapitalist against the backdrop of Hungarian nationalism and German leftwing politics; and his professional activities as an advocate of proletarian filmmaking and an employee of the film industry. These experiences produced the seemingly irreconcilable differences and continuing efforts at mediation between the discourses of folk and class that informed all of Balázs's political and intellectual commitments, including a brief involvement (together with Lukács) in the short-lived Revolutionary Governing Council under Béla Kun, when he was in charge of the People's Commissariat for Education, Section: Fairytales.

Not surprising given all of these disparate influences, the problem of incommensurability continues to haunt the scholarly reception of his work; hence David Bathrick's (Blochian) description of Balázs as a "nonsynchronous (*ungleichzeitig*) modernist," hence Malcolm Turvey's reflections on the theoretician's productive position between realist and modernist tendencies (Bathrick 1992; Turvey 2006).

The double meaning of *Einstellung*

To shed light on some of these issues from the side of reception, let us start with his two major works, *Der sichtbare Mensch* (Visible Man, 1924) and *Der Geist des Films* (The Spirit of Film, 1930). Part training manual in visual literacy, part confessions of a true cinephile, this culmination of years of watching and writing about movies represents the first attempt to explain the mass appeal of film through its unique position between tradition and modernity. To what degree reception plays a key role in establishing a dialogue can be seen already in the opening statement that "film is the folk art *(Volkskunst)* of our century […] Not in the sense, unfortunately, that it arises out of the people's spirit *(Volksgeist)* but that the people's spirit arises out of it" (Balázs 2001a, 10). Like Kracauer in his 1926 essay, "Cult of Distraction," Balázs locates film's mass appeal in the challenges of modern urban life.

But unlike Kracauer, who reads the legitimate entertainment needs of the urban masses as part of a progressive, emancipatory mass culture, Balázs turns to older narrative traditions to shed light on film's redemptive qualities. His conclusion: "In the emotional life and fantasy life of the urban population, film has assumed the role previously played by myths, legends, and fairytales" (2001d, 11). Calling film a new revelation of humankind, he approaches its radical otherness from the side of reception, arguing that film, more than all other art forms, "is a social art form effectively created by the audience" (ibid.). Accordingly, film's main contribution to the shift from a literary print culture to a new/old visual culture lies in "making human beings visible again," which means: empowering them as the subjects *and* objects in the modern regimes of visuality and visibility. The creation of "the first international language, the language of facial expressions and body gestures" (ibid., 22), for Balázs is predicated on the development of film as a dialogic process and symbolic act, the emphasis on expressive movement *(Ausdrucksbewegung)* in the making of meanings, and the recognition of physiognomy as a cognitive and aesthetic device (see Locatelli 1999).

Written in response to the new sound technology but clearly also influenced by the political radicalization of the late 1920s, *Der Geist des Films* approaches the question of reception and spectatorship from the perspective of class and discusses film more explicitly as a product of capitalist industry and ideology. Its critical categories emerge from the constitutive tension among the utopian potential of film as a modern folk art, its actual limitations under capitalist modes of production, and its future possibilities in a radical proletarian cinema. Praising film for having discovered "the suprapersonal face of the classes" (2001a, 25), Balázs uses the most popular and most influential films of his times to trace the making of class identity through narrative structures, visual styles, and generic conventions, on the one hand, and modes of spectatorship and conditions of reception, on the other. Under capitalist modes of production, he asserts, mainstream films address themselves above all to a petty bourgeois mentality. Equally removed from the redemptive force of folklore and the liberating gesture of revolution, this mentality finds expression in a highly personalized conception of social reality defined by individual agency, cult of family and private life, and a fatalistic view of history and politics.

However, once the real spirit of film has been liberated from the spirit of films (i.e., under capitalism), film is destined to realize its full potential as an entirely new way of seeing and gives rise to what Balázs, in typical universalizing prose, calls the world folk *(Weltvolk)*, a conceptual hybrid of folk and proletariat (2001a, 167).[4] The process is inextricably linked to his theoretization of reception as the instrument of meaning production and subject formation. Reflecting on the double meaning of *Einstellung*, Balázs asserts: "Every image suggests a point-of-view *(Einstellung)*, every point-of-view suggests a relationship, and not just a spatial one [...]. That is why every camera position stands for a particular human [i.e., ideological] position" (ibid., 30).[5] But point-of-view is not just limited to formal strategies; it is inextricably linked to the development of a new sense organ, spectatorship, "that is more important than the aesthetic value of the individual works created because of these organs" (ibid., 10). Accordingly, the reception of film must be approached both through the ideological function of mainstream cinema and through the formative power of cinema as a technology of perception, experience, and community.

---

4   Elsewhere, Balázs calls for the production of films that represent the world-view of the revolutionary proletariat (1982a, 147–149). In an earlier article, he argues that even the capitalist, nationalist film industry contributes to the making of a homogenous world audience, an international "normal human type" *(Normalmenschen-Typus)* beyond the old divisions of race and class (1982b, 228–231).

5   Compare Balázs's earlier play on the double meaning of Anschauung as both a perception or impression of the world and a particular world view *(Weltanschauung)* throughout *Der sichtbare Mensch* (1982b).

Film as folklore

For Balázs, the fairytale is the literary genre most suited to reconcile the categories of folk and class within the terms of spectatorship and to provide a model both of community and communicability. His characterization of film as modern folklore and the comparison between film and fairytale suggest a notion of reception that stands in equal distance to the horror visions of visual pleasure (*Schaulust*) and movie addiction painted by the conservative cinema reformers of the 1910s and the scenarios of critical self-reflexivity promoted by a decidedly modernist cinema during the 1920s. In fact, it is by emulating the dialogic, open form of the fairytale that the experience of movie-going and its perceptual, cognitive, and affective processes can be translated into the poetics of film. Like dreams, fairytales remain obliged to an economy of desire based on a primary narcissism and an animistic view of the world. They insist on the power of the imagination and uphold the possibility of a redeemed world. Film and fairytale do not represent opposites of reality but a new aspect; for in the fantastic, Lukács reminds us, "everything is true and real, everything is equally true and equally real" (1978, 114; see Hofmannsthal 1978). The characteristics that for Balázs distinguish fairytales from other narrative forms are reproduced in film's conditions of individual spectatorship and collective reception. Moving beyond the formal affinities between film and folklore or folk song explored earlier by film critics Willy Haas and Willy Rath, Balázs focuses in particular on the fairytale's celebration of the fantastic and the wondrous, and its exploration of blurred boundaries, transitional stages, and threshold experiences. They are replicated in the filmic processes of identification, projection, and incorporation, with the new medium's fluidity in its approach to referentiality and positionality only matched by its openness toward hybrid identities and transgressive subjectivities.

Most importantly for Balázs, the Marxist, films, like fairytales, provide a "secularized mythology" (quoted by Loewy 2001a, 137) that upholds the promise of a better life in the insistence on the reality of wish fulfillment. In the motion-picture theater, this promise – and the underlying belief in social justice and economic equality – is realized through the dialogic structure inscribed in film's collective mode of reception. The relationship between storyteller and listeners, which is an essential part of the formal structure and social function of fairytales, is reproduced under the conditions of film spectatorship and gives rise to the active reading strategies defined today as preferred, negotiated, and oppositional readings (Hall 1993). Thus the much-lamented crisis of storytelling, explicitly linked by Walter Benjamin to the arrival of the modern novel, is magically overcome through the establishment of classical narrative cinema as the foundation of modern film poetics and mass entertainment (Benjamin 2002a).

By locating the social function of storytelling within the collective act of listening, fairytales served as an important model for Balázs's conceptualization of early cinema as a public sphere and allowed him to extend his dream of a universal (or international) visual culture into the realm of social and political practices. As a popular art form, film carried on the communal traditions evoked by Benjamin in his theoretical romance with the figure of the storyteller and acknowledged by Balázs in his deeply nostalgic engagement with folk culture. Yet as a modern mass medium, film also promised to compensate for the experience of fragmentation and shock and to contain the provocation of the apparatus through the pansymbolic universalism of physiognomy. For this reason, the characterization of film as folklore must be seen as an attempt to simultaneously validate and contain the medium's otherness within an established discursive paradigm, namely that of folk, and to utilize this tradition for the empowerment of the modern masses as film's designated object and subject, producer and consumer.

The contradictions within the concept of film folklore and its resultant ability to mediate (and incorporate) other differences cannot be explained without at least some acknowledgement of Balázs's extraterritorial position within early German film theory. His enthusiastic descriptions of spectatorship as a redemptive experience stand in sharp contrast to the prevailing lines of argumentation found in Germany during the 1910s and 1920s: the comparisons with literature and theater by the contributors to the cinema debate, the concerns about the psychological effects of filmic 'trash and smut' by the cinema reformers, and the first sociological and media didactical studies about movie audiences by Emilie Altenloh and others (Altenloh 1914; see Heller 1985; Hake 1993).

Balázs's diagnosis of the crisis of language aligned him with the Viennese modernism that produced Hugo von Hofmannsthal's reflections on film "as a substitute for dreams" (1978) but ultimately remained haunted by the aporias of bourgeois subjectivity. Balázs's anthropological perspective, and the focus on physiognomy as the language shared by films and their audiences, put him in opposition to the leftist materialist aesthetics identified with Sergei Eisenstein, Brecht, and Benjamin. And despite the growing influence of Marxist concepts, his thinking continued to reflect the unique configurations of turn-of-the-century thought that turned to holistic concepts such as life and experience to reclaim the unity of the subject against the shocks of modernity. Here important influences included the vitalist philosophy of Simmel and Bergson, Wilhelm Wundt's folk psychology, Wilhelm Worringer's work on abstraction and empathy, Johannes Volkelt's writings on expressive movement *(Ausdrucksbewegung)*, Rudolf Kassner's reflections on physiognomy, and, last but not least, the diagnosis of demystification, secularization, and alienation first presented by Lukács in his compelling definition of modernity as transcendental homelessness.

Film and fairytale

On the remaining pages, I propose to trace elements of Balázs's reception aesthetics in his own literary work and its sustained reflection on the spatial, cognitive, and psychological constellations of movie-viewing. My examples are taken from three very different texts: his autobiographical account of his youth, *Die Jugend eines Träumers* (The Youth of a Dreamer, 1947), his reworking of a Chinese fairytale in "Der Mantel des Kaisers" (The Emperor's Coat), and his contribution to the mountain drama genre, the above mentioned DAS BLAUE LICHT. The unique mixture of antimodernism, irrationalism, and romantic anticapitalism in all three works culminates in numerous screen metaphors that visualize Balázs's dream of film as modern folklore and restore the unity of life through the filmic experience.

To what degree such scenarios reenact the affinities between film spectatorship and childhood can already be seen in Balázs's description in *Die Jugend eines Träumers* of the family maid lighting a fire in his bedroom in the early morning hours. While little Herbert is still lying in bed, she crouches in front of the fireplace, her profile clearly visible against the flames. In the child's version of Plato's allegory of the cave, awakening means imagining:

> Und dann begann die große Schlacht an der Wand. Golden flackernd erschienen die ersten Lichtstreifen, sprangen kühn hervor, vereinigten sich, drangen tief in die schwarze Masse des Schattenheers. Kriegerisch knisterte und knackte es dazu. Mit Bangen und Hoffen folgte ich dem hin und her wogenden Kampf. Nie konnte das Licht ganz siegen, aber auch das Dunkel nicht. Ich meinte, dass dort die Entscheidung fallen müsse, von der mein Schicksal abhing. *(Balázs 2001c, 29–30)*[6]

---

6 ["And then the big battle on the wall began. Flickering in golden hues, the first rays of light appeared, leaped up boldly, merged with each other, penetrated deeply into the massive blackness of the shadow world. There were warlike sounds of clicking and clacking. With fear and hope I followed the surging battle. Neither light nor darkness achieved decisive victory. I believe that the crucial decisions for my entire life were reached there."] This autobiographical account also points to some personal motives of Balázs's engagement with film, including his sense of loneliness and the desire for

Whereas most film theorists evoke Plato's allegory as a comment on the forced passivity of film audiences, Balázs uses the shadow play to hold onto the promise of transitional moments and endless possibilities and to preserve the power of spectatorship in holding contradictory positions and accommodating opposing sensations. Just as the opposition between film as mimetic representation and illusionist construction is replaced by more complex and ambiguous constellations, the relationship between seeing, knowing, experiencing, and imagining is deliberately kept in suspension, giving rise to a surprisingly contemporary (i.e., phenomenological) conception of film reception and spectatorship.

The clearest indication of the dialogic nature of spectatorship in Balázs can be found in "Der Mantel des Kaisers," one of a group of Chinese *Kunstmärchen* (literary fairytales) written during his 1921/22 Viennese exile. On the surface concerned with the marriage between the Emperor Ming-Huang and the lovely Näi-Fe, the fairytale offers a barely veiled allegory of cinema. Once again the point of departure is the experience of a separation, in this case the Empress's "dreaming soul," which makes it impossible for her to experience true closeness with her husband. To overcome this sense of separateness, she embroiders a beautiful coat for the Emperor with all the images (of wondrous mountains, rivers, gardens, and palaces) taken from her dreams and offers it to him as an expression of her love. Looking at the Emperor subsequently means reconciling the perspectives of (narcissistic) projection and (phantasmagoric) incorporation; however, the price to be paid for this experience of spiritual oneness is the renunciation of physical intimacy, a price the Emperor is willing to pay. In Balázs, the terms of spectatorship are clearly triangulated, with the Emperor, as the wearer of the coat, placed as the passive object of desire, with the Empress in the position of an active but removed spectator, and with the coat visualizing the medium's precarious position between the materiality of the image and the expressive movement of the soul. Her promise to him that "the longing of my soul will rest upon you with my gaze – forevermore" (Balázs 2001b, 7–8) captures the dynamics of closeness and distance organized by the cinema, including its promise of redemption and its illusion of reciprocity.

The empowering but also seductive nature of spectatorship is even more apparent in Das blaue Licht and its cautionary tale about a wondrous cave on Monte Cristallo. Once again, Balázs uses a folk tale, introduced in the framing story as an old book to a twentieth-century Alpine

community (2001c, 69), the origins of physiognomy in the magical thinking of early childhood (25), and his yearning for folk culture as a redemptive experience (234).

tourist couple, to reflect on the similarities between folk culture and film culture and to make that similarity the foundation of the latter's unique conditions of reception. These include the affinities of film spectatorship with the state of reduced consciousness in nighttime and dream; the identification of looking with sexual desire, with the spectacle clearly marked as female and/or feminizing; the presentation of the collective nature of film reception as both mass hypnosis and mass mobilization; and the power of the image as icon of modern alienation and religious revelation. All of these allegorical references come together in the tale's tragic ending in the cave on Monte Cristallo. Like the film projector, the rays of the full moon rising over the Dolomites illuminate the secret of this remote mountain cave and create a spectacle of crystalline beauty: an apparition of longing and desire. For the men in the valley, the fascination of the blue light proves irresistible – and, because of its remote location, often deadly. For the mysterious mountain girl who guards its secret, the crystal remains an object of uninterested aesthetic pleasure – until the masses from below find a way to mine these treasures for personal gain. The girl's sacrificial death in the end serves as a reminder of the possibility of aesthetic redemption and a warning about the dangers of confusing spiritual beauty with material want. Yet as the framing story confirms, this possibility can only be preserved through the integration of folk traditions into the conditions of modernity.

The conceptual tension between the discourses of folk and class and their mediation through reception aesthetics explains why Balázs's film theoretical work has often been dismissed as incoherent, inconsistent or compromised. Associated with the kind of marginalized or minoritarian sensibilities evoked by Gilles Deleuze and Félix Guattari in their notion of minor literature, he neither contributed to a modernist theory of the filmic apparatus, as did Benjamin with his famous essay "The Work of Art in the Age of Mechanical Reproducibility," nor did he partake in the conceptualization of a vernacular modernism initiated by Kracauer (see Kracauer 1995; Benjamin 2002b, 101–133). Balázs's stubborn insistence on an anthropocentric conception of cinema prevented the inclusion of his utopias of spectatorship in hegemonic conceptualizations of cinema and modernity. Whereas the rediscovery of the early Kracauer has been driven by the relevance of his Weimar writings for contemporary media concerns (e.g., his theoretization of surface phenomena and the cult of distraction), Balázs's reflections on a new visual culture allow us today to consider the significance of film as the art of the twentieth century through the lens of such highly charged terms as folk, mass, and class. His reception aesthetics offer a historical model that resists the familiar binaries of early cinema studies

– passive vs. active, affirmative vs. resistant, bourgeois vs. proletarian, and so forth. In his dynamic model of film, folklore, and modernity, the cinema is both spectacular and narrative, exhibitionist and voyeuristic, regressive and conventional, but also empowering and revolutionary. Perhaps it is in the obsolescence of Balázs's utopias of spectatorship that we today can find answers for our own investments, as film fans and as film scholars, in the question of film reception and the social and political imaginaries outlined at the beginning of my essay.

References

Aaron, Michele (2007) *Spectatorship. The Power of Looking On*. London: Wallflower.
Altenloh, Emilie (1914) *Zur Soziologie des Kino. Die Kino-Unternehmung und die sozialen Schichten ihrer Besucher*. Jena: Diederichs.
Balázs, Béla (1982a [1922]) Der revolutionäre Film. In: *Béla Balázs. Schriften zum Film*. Vol. 1. Helmut H. Diederichs, Wolfgang Gersch & Magda Nagy (eds.). Munich: Carl Hanser, pp. 147–149.
Balázs, Béla (1982b [1928]) Der Film arbeitet für uns! In: *Béla Balázs. Schriften zum Film*. Vol. 2. Helmut H. Diederichs, Wolfgang Gersch & Magda Nagy (eds.). Munich: Carl Hanser, pp. 228–231.
Balázs, Béla (2001a [1930]) *Der Geist des Films*. Frankfurt/M.: Suhrkamp.
Balázs, Béla (2001b) *Der heilige Räuber und andere Märchen*. Hanno Loewy (ed.). Berlin: Arsenal.
Balázs, Béla (2001c [1947]) *Die Jugend eines Träumers. Autobiographischer Roman*. Hanno Loewy (ed.). Berlin: Arsenal.
Balázs, Béla (2001d [1924]) *Der sichtbare Mensch oder die Kultur des Films*. Frankfurt/M.: Suhrkamp.
Bathrick, David (1992) Der ungleichzeitige Modernist. Béla Balázs in Berlin. In: *Filmkultur zur Zeit der Weimarer Republik*. Uli Jung & Walter Schatzberg (eds.). Munich: Saur, pp. 26–37.
Benjamin, Walter (2002a [1936]) The Storyteller. In: *Selected Writings*. Vol. 3: 1935–1938. Michael Jennings & Howard Eiland (eds.). Cambridge: Harvard University Press, pp. 143–166.
Benjamin, Walter (2002b [1935-36]) The Work of Art in the Age of Mechanical Reproducibility, Second Version. In: *Selected Writings*. Vol. 3: 1935–1938. Michael Jennings & Howard Eiland (eds.). Cambridge: Harvard University Press, pp. 101–133.
Carter, Erica / Livingstone, Rodney (2007) Béla Balázs, "Visible Man, or the Culture of Film" (1924). In: *Screen* 48,1, pp. 91–108.
Hake, Sabine (1993) *The Cinema's Third Machine. Writings on Film in Germany 1907–1933*. Lincoln: University of Nebraska Press.
Hall, Stuart (1993) Encoding/Decoding. In: *The Cultural Studies Reader*. Simon During (ed.). London: Routledge, pp. 90–103.

Heller, Heinz-B. (1985) *Literarische Intelligenz und Film. Zu Veränderungen der ästhetischen Theorie und Praxis unter dem Eindruck des Films 1910–1930 in Deutschland.* Tübingen: Niemeyer.
Hofmannsthal, Hugo von (1978 [1921]) Der Ersatz für Träume. In: *Kino-Debatte. Texte zum Verhältnis von Literatur und Film, 1909–1929.* Anton Kaes (ed.). Tübingen: Niemeyer, pp. 149–152.
Koch, Gertrud (1987) Béla Balázs. The Physiognomy of Things. In: *New German Critique* 40, pp. 167–177.
Kracauer, Siegfried (1995 [1926]) Cult of Distraction. In: *The Mass Ornament. Weimar Essays.* Thomas Y. Levin (ed.). Cambridge: Harvard University Press, pp. 323–328.
Locatelli, Massimo (1999) *Béla Balázs. Die Physiognomie des Films.* Berlin: Vistas.
Loewy, Hanno (2003) *Béla Balázs – Märchen, Ritual und Film.* Berlin: Vorwerk 8.
Loewy, Hanno (2006) Space, Time and 'Rites de Passage'. Béla Balázs's Paths to Film. In: *October* 115, pp. 61–76.
Lukács, Georg (1978 [1913]) Gedanken zu einer Ästhetik des Kinos. In: *Kino-Debatte. Texte zum Verhältnis von Literatur und Film, 1909–1929.* Anton Kaes (ed.). Tübingen: Niemeyer, pp. 112–118.
Mayne, Judith (1993) *Cinema and Spectatorship.* London: Routledge.
Quaresima, Leonardo (ed.) (2008) *Béla Balázs. L'uomo visibile.* Torino: Lindau.
Staiger, Janet (2003) *Media Reception Studies.* New York: New York University Press.
Turvey, Malcolm (2006) Balázs. Realist or Modernist. In: *October* 115, pp. 77–87.

JOHANNES VON MOLTKE

"Der Reiz, der das Hirn träumen macht."
Alexander Kluge on Film, Spectatorship, and Emotion

> Man darf den Zuschauer nicht unterschätzen: Wenn er sich nicht ernst genommen fühlt, wechselt er die Koalition.[1]
> *Alexander Kluge*

Toward the beginning of Alexander Kluge's film, ARTISTEN IN DER ZIRKUSKUPPEL: RATLOS (D 1968), we find Manfred Peickert (Sigi Graue), a circus artist, recounting a conversation with his director. In Kluge's typically disjunctive style, Peickert is speaking offscreen even as his face is rendered in close-up, glancing around, repeatedly looking directly into the camera, and finally holding its gaze for an extreme close-up of his smiling face. Peickert proposes to reform the circus by hoisting elephants up to the big top, noting that this would be "something new" and that "something has to burst." Although the director raises concerns about this "strange and irrational" proposal, Peickert persists, arguing that such a number would be effective because it would generate a "strong feeling" *(ein starkes Gefühl)*.

The object of this brief vignette is, of course, the circus audience, and the film will go on to explore different ways of reforming the circus with a view to keeping the audience engaged while also maintaining a critical edge. While that edge may slide toward the irrational at times, as the director suggests, it is the goal of producing a "strong feeling" that would seem to be at the heart of the circus as an aesthetic enterprise: circus spectatorship, in Manfred Peickert's view, is first and foremost a form of emotional engagement.

For anyone familiar with the historical situation of film in Germany at the time, however, ARTISTEN is a patently allegorical and self-reflexive film, a "meta-film" in which the circus stands in for cinema. Peickert's gaze at the camera only makes literal the amalgamation of concerns about circus audiences with the address to cinematic spectators, in this case of

---

1   Kluge as quoted in Schlosser 2002. ["One must not underrate the spectator. If he feels not to be taken seriously, he switches coalition."] All translations from the German are my own.

Kluge's film. Although the latter ostensibly chronicles the attempts of its protagonist, Leni Peickert, to reform the circus as art form and institution, her dream of a *Reformzirkus* ultimately amounts to a broad metaphor for a reform of cinema (if not of art as such).[2] This is hardly surprising, given Kluge's own involvement in this kind of reform, beginning with the Oberhausen Manifesto of 1962, his indefatigable legal work on behalf of the *Autorenfilm*, and his own aesthetic experimentation in films such as ABSCHIED VON GESTERN (D 1966), DIE PATRIOTIN (D 1979), or the aforementioned ARTISTEN.

Consequently, the latter film picks up a whole set of concerns central to German film culture of the day, including the intractability of commercial funding structures and alternative models of patronage; the relationship of culture and representation to German history; the social role of the circus/cinema; or the cooperation with television. Underpinning these issues of film politics, however, ARTISTEN explores the question of spectatorship. In this respect, the circus metaphor has a number of implications for the conceptualization of cinematic spectatorship: for Kluge, the spectator is a distracted one in the tradition not only of Walter Benjamin but also of early cinema, as imagined by Tom Gunning, or of Sergej Eisenstein – a spectator beholden to an aesthetics of astonishment, a montage of attractions. But as Peickert's emphasis on strong feeling suggests, these issues are for Kluge inseparable from the concern with affect – for like the circus, cinema is "an emotion machine" *(Gefühlsmaschine)*, as Kluge puts it elsewhere (1984, 200).

At face value, this is a rather straightforward claim: any spectator knows that the cinema has the power to move mass audiences to tears or laughter, to make audiences shrink in horror or shiver with suspense; and any number of scholars have shown how and why, in Noël Carroll's words, "our emotional engagement constitutes, in many instances, the most intense, vivid, and sought-after qualities available in the film experience" (Carroll 1999, 24). But it may well be worthwhile to revisit both the commonplaces and the explicit theorizations of spectatorial affect by tracing its multiple elaborations in Alexander Kluge's sprawling œuvre – from his socio-philosophical treatises through his semi-fictional literary works to his films. For from this textual and visual network, which now spans some fifty years and has earned Kluge a number of prestigious awards along the way, the question of feeling and emotion has emerged as some-

---

[2] In an explosive discussion about the film that aired on German television and has been included in the box set of Kluge's films on DVD, Kluge repeatedly insists that ARTISTEN explores the relationship between art and society more generally (see REFORMZIRKUS, in: Kluge 2007b, no. 4). I return to this debate below.

thing of a master trope – as signaled by film titles such as DIE MACHT DER GEFÜHLE (D 1983) and by his collected literary works, which appeared under the title *Chronik der Gefühle* (Kluge 2000).³

To be sure, this emphasis on feeling may not be immediately apparent to viewers of Kluge's seemingly 'affectless' films: their modes of distanciation, their wry irony and detached observational stance would sometimes appear to be a far cry from the kind of "strong feeling" that Peickert seeks. Likewise, readers of Kluge's more recent *Geschichten vom Kino*, will find there a great skepticism toward the power of the emotions which, after all, has been harnessed to the cinema not only by Fascism but also by the more conventionalized forms of melodrama that Kluge generally seems to resist (see Kluge 2007a). And yet, as the filmmaker Tom Tykwer put it on the occasion of Kluge's *Filmpreis* in 2008 – the German equivalent of a lifetime achievement award at the Oscars –, Kluge has operated as something of an "emotional and cultural archaeologist" in Germany.⁴ The emotional layers that Kluge unearths in his writings and films still await further study.

Somewhat less evident, but of particular relevance to understanding Kluge's own work in film and (German) cinema after 1945 more generally, is the link between this explicit emphasis on feeling and the question of spectatorship. Thomas Elsaesser has argued that the New German Cinema of the late 1960s and early 1970s was almost obsessively in "search of the spectator" (1989, 151). Few of its practitioners were engaged in this search with as much verve, pragmatic dedication, and imaginative theorizing as Alexander Kluge. My goal here is to retrace some of that theorizing by first recapitulating Kluge's notion of spectatorship and triangulating it with more recent work in cognitivist film theory (or "post theory," as some of its practitioners prefer to think of it; see Bordwell/Carroll 1996); I will then link these assumptions about the spectator to Kluge's ongoing concern with feeling, to investigate the ensemble of emotions and affect that characterize the film viewing experience. As will become obvious, I find in Kluge's work some curious resonances with recent research on spectatorship and affect within cognitivist frameworks. While this may appear as

---

3   Heinz B. Heller similarly notes that today, "following the publication of the literary magnum opus *Chronik der Gefühle* (2000), in retrospect the great theme running through Kluge's œuvre is the wish-structure of feelings, their ecology and their pragmatics, their function and meaning in connection with the production of fantasy, sensory perception, the constitution of sense, and social experience" (Heller 2006, 32).
4   "We could thus see Kluge, the filmmaker, as a cinematic seismograph, a cartographer of the current situation of our country, who in search of the interrelations between very different events, purportedly meaningful and seemingly meaningless, undertakes something akin to an emotional and cultural archaeology." (Tom Tykwer, "Der Testpilot der Kinematographie." In: *Frankfurter Allgemeine Zeitung*, 25 April 2008).

a jarring juxtaposition in light of Kluge's avowedly materialist bent, my underlying claim is that there is something important to be learned from the comparison. For all the surprising parallels that emerge from the encounter between Kluge and the cognitivists, the former's wide-ranging emotional archaeology offers a number of important correctives to the reductionisms of the latter approach.

Cognitivist conceits: Kluge and Kandel on the Lido

To be sure, the connection between cinema, spectatorship, and emotion has been at the center of film theoretical investigation at least since Hugo Münsterberg argued in 1916 that "to picture emotions must be the central aim of the photoplay" (2003, 99); it remains one of the key sites of contemporary film research, particularly in cognitivist work by scholars such as Greg Smith (2003), Carl Plantinga (1999), Murray Smith (1995), or Ed Tan, who would use the same phrase as Kluge – "emotion machine" – to argue that "the awareness provided by a motion picture is an emotional one in the first place" (1996, x). Whereas Münsterberg and more recent scholars alike explore the link between film and emotion through theoretical frameworks drawn from (cognitive) psychology, Kluge is characteristically more difficult to pin down. With an aversion against systematization and a penchant for the found story, the anecdote, and the aphorism, Kluge's work is eclectic in ways inimical to the "post-theoretical" forms of problem-solving and middle-level research to which a good deal of cognitivist scholarship on film, spectatorship, and emotion aspires (see Bordwell/Carroll 1996). As Fredric Jameson has noted, "the discontinuities of Kluge's stories and films bar any return to the traditional essay or treatise, closing the road with a landslide of rubble" (1988, 151). Nor does Kluge really elaborate a sustained argument about these issues in any one place, even as he sprinkles considerations of the seminal nexus between spectatorship and affect across his entire œuvre. We may find explorations of this nexus, among other places, in throw-away lines improvised by actor Alfred Edel for Artisten; in the heated television debate that followed this film; in theoretical considerations of what Kluge calls the "antagonistic concept of realism," published in a volume (1975) that accompanied the 1973 film Gelegenheitsarbeit einer Sklavin (D); and in staged dialogs from films such as Die Macht der Gefühle or from books such as the recent *Geschichten vom Kino* (Kluge 2007a).

The latter includes, in particular, an interview with the nobel laureate Eric Kandel, Professor of Physiology & Cellular Biophysics, Biochemistry

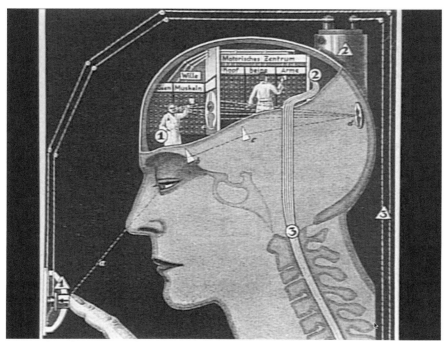

1 Brain/mind: Screenshot from the television broadcast *Das flexible Gedächtnis: Nobelpreisträger Eric Kandel über die Biologie des Geistes* (Alexander Kluge, D 2006, dctp/RTL).

& Molecular Biophysics, and Psychiatry – and a self-described film buff. Kluge – or rather, the narrator whose voice ties together the disparate stories, dialogs, and semi-documentary vignettes assembled in this book – interviews the professor at the Venice film festival, entering into a fascinating conversation about the relationship between the neurobiology of sea slugs and film spectatorship. The conversation leads to two central insights that seem particularly intriguing to the interviewer. First, Kandel's work on the molecular structure of the brain shows that neurological processes do not represent the world to the mind, but are to a certain extent autonomous, their relationship to the outside world arbitrary. Evolution, Kandel explains, has led to a sort of cohabitation between mind and world, according to which the former "represents" the latter through an erroneous text, "reluctantly, so to speak." This insight into the autonomy of mental processes, claims the interviewee, won him the Nobel Prize in 2000.

The second insight involves the transposition of this prize-winning discovery to cinema, where the brain is exposed, not simply to a series of images, but also to 24 moments of complete darkness per second. In addition to the image stimuli, Kandel suggests, the brain is left to its own devices for half the duration of a film, allowing it to produce the kind of autonomous text that defines its neurological activity. As Kandel puts it, film viewing is a "doubly conscious" activity – "I see two films, one produced by the brain itself out of darkness; and one in light and color, as referred [to the brain] through the eyes, on the basis of a collective sensitivity handed down from our ancestors" (Kluge 2007a, 43). This "double text," Kandel and Kluge conclude, suits the human brain particularly well, offering the "stimulus that makes the brain dream." But if this is true, then cinema is merely another name for an anthropological universal. According to Kandel, then, the human mind "has been organized like cinema since the stone ages. The invention of cinema in this sense led to a form of 'recognition'. Something that groups of brain cells had always attempted, suddenly offered itself as an experience. This was the miracle of cinema" (ibid.).

What are we to make of this curious encounter between the filmmaker and the neuroscientist on the Lido? Kluge provides a reference point by titling the interview "Das Kino im Kopf des Zuschauers" (cinema in the spectator's head). This phrase will sound familiar to viewers and readers familiar with Kluge's work; ever since the mid-1960s, it has been one of Kluge's recurring claims that films take place, not simply on the screen, but in the mind of the viewer: "In fact," claims Kluge, "spectators do not receive [*rezipieren*] a film, they produce it in their own heads" (1975, 196). Harking back to the forms of early cinema, Kluge insists that film generally assumes the "sensual collaboration and the autonomous production by spectators, who fill in from their own experience what is only sketched on screen. As a matter of fact, spectators produce the film from their experience" (ibid).[5]

The notion of the film in the spectator's head has admittedly become something of a Kluge-soundbite – a phrase often invoked, not simply by the director but also by critics, who use it as a sort of preemptive reaction against the complexity of Kluge's films and pass on the burden of explanation to the individual spectator in whose head the film takes place. This is not to downplay the importance of the concept within Kluge's own work, however. In the mid-1970s, Kluge made the spectator's mental engagement a cornerstone of his "commentaries on an antagonistic concept of realism" (Kluge 1975, 187–250). Sharing the aesthetic convictions of Bertolt Brecht or Eisenstein, Kluge thinks of the spectator as active, thoughtful, and alert. Like Tom Gunning or Miriam Hansen, to whom Kluge explicitly acknowledges his indebtedness, he repeatedly finds this kind of spectatorship modeled on the forms of early cinema;[6] but he goes back even further to argue that:

---

5 See IN GEFAHR UND GRÖSSTER NOT BRINGT DER MITTELWEG DEN TOD (Alexander Kluge, D 1974), in: Kluge 2007b no. 7, Extras, Introduction.

6 Commenting on his own film IN GEFAHR UND GRÖSSTER NOT BRINGT DER MITTELWEG DEN TOD, for example, Kluge notes: "It is amazing how far away from the rich world of

> Seit einigen zehntausend Jahren gibt es Film in den menschlichen Köpfen – Assoziationsstrom, Tagtraum, Erfahrung, Sinnlichkeit, Bewusstsein. Die technische Erfindung des Kinos hat dem lediglich reproduzierbare Gegenbilder hinzugefügt.
> *(Kluge 1975, 208)*[7]

According to Kluge's poetics, everything depends upon the ways in which a given film on-screen lines up – or fails to line up – with the film that is running in the spectator's mind; there are moments when Kluge seems to equate consciousness, if not the unconscious, with film. In Kluge's body of work, this line of argumentation (which, by the way, one can find also in the works of film theorists as distinct as Münsterberg, André Bazin, Benjamin, or Jean-Louis Baudry) predates the Kandel interview in *Geschichten vom Kino* by some thirty years, and one is inclined to conclude a certain manipulation at work in making Kandel's arguments conform to Kluge's views.

What is surprising about the Kandel interview, however, is that here Kluge draws explicitly on the kind of cognitivist accounts of film viewing that would appear to be at the greatest remove from his avowedly materialist theoretical leanings and his Frankfurt School heritage. While the interest in Kandel may be simply an instance of Kluge's omnivorous appetite for cultural ephemera and his promiscuous forms of cultural poaching, the gesture toward the cognitivist framework is quite useful in my view, as it can serve to provide clearer contours to Kluge's own approach to spectatorship and emotion. If, as Elsaesser rightly points out, there is a certain epistemological danger in following too closely Kluge's own exegesis of his work and "quoting the author on his own behalf" (2008, 58), then we may be able to gain some purchase on the notion of the film in the spectator's head by placing it in dialog with the cognitivist assumptions ushered in through the Kandel interview.

For Kandel's/Kluge's interest in neurological processing is certainly in keeping with the naturalistic approach that David Bordwell advocated

---

forms of early film, and of silent film, film reception has moved. For someone familiar with silent films, slapstick films, early Soviet film, German Expressionist films, and so forth, In Gefahr und grösster Not bringt der Mittelweg den Tod comes as no particular surprise. The silent film generally presumes the sensory collaboration and productive engagement of the audience, which draws on its own experience to complete the grids merely hinted at on the screen. The spectators then actually produce the film based on their own experience" (in: Kluge 2007b no. 7, Extras).

[7] ["For some tens of thousands of years, there has been film in the human mind – streams of associations, daydreams, experience, sensibility, consciousness. The technological invention of cinema merely added reproducible counterimages to this."] The epigraph to *Geschichten vom Kino* extends this point into a commentary on the transition into the digital age: "Cinema projectors have been rattling on unstoppably for about 120 years. The 'cinema principle' itself is older than cinemas. It is as old as sunlight and as the images of light and dark in our minds. Hence, the coming of the silent projector does not spell the end of cinema" (Kluge 2007, 9).

when he began to make the case for cognitivism in film studies in the late 1980s. Like Kandel, Bordwell and others have underscored the constructivist approach mandated by a cognitivist perspective, its emphasis on anatomical, physiological, and neurobiological processes of "mentation," and the evolutionary genesis of perception (Bordwell 1989). And, *pace* Benjamin (who argues, famously, that the advent of cinema fundamentally realigns the human perceptual apparatus; cf. Benjamin 2002, 104), Kluge's work frequently shares the cognitivist assumption that the processes taking place in the spectator's mind predate the invention of cinema – that they form anthropological constants subject to an evolutionary temporality, rather than to the much shorter historical cycles of pre-modernity, modernity, and post-modernity.[8] Moreover, in keeping with Kandel's theorization of the disjuncture between neurological processing and "the outside world," cognitivist work assumes a "gap between intelligible and intentional human action and the physiological mechanisms that execute it." According to the cognitivist tradition, this "gap is filled by mentation of some sort" (Bordwell 1989, 13–14). This is relevant to an understanding of film style and of filmic emotion (to which I return below), but also – and especially – of narration. "Filmic storytelling," the cognitivists argue, "doesn't work unless the spectator does certain things. We make assumptions, frame expectations, notice certain things, draw inferences, and pass judgments on what's happening on the screen" (Bordwell 2004).

This much would certainly appear to align with Kluge's notion of active spectatorship, as would cognitive theory's desire "to understand such human mental activities as recognition, comprehension, inference-making, interpretation, judgment, memory, and imagination" (Bordwell 1989, 13). But for Kluge as filmmaker, these issues extend well beyond the cognitive frameworks that he shares with some recent trends in film studies; his critical, pragmatic, and imaginative treatment of film spectatorship, I wish to suggest, serves as a corrective to some of the positivist limitations of 'middle-level research' that the cognivist framework undoubtedly enables.

Collaborating with the spectator

If Kluge shares with cognitivist accounts an interest in how the mind processes cinematic perception, his materialist convictions always lead him to situate those processes in a social context, or *Zusammenhang:* the spectator who mentally processes cinematic perception is never a blank

---

8   On this, see Ben Singer's summary of the "modernity thesis" (Singer 2001).

2 Collaborating with the spectator: Alexander Kluge at the roundtable with Dieter Schmidt, Siegfried Schober, Hans-Geert Falkenberg, Georg Alexander. Screenshot from the live broadcast *ende offen*, «*Film und Gesellschaft*» (D 1970, WDR).

slate for Kluge, but a socially embedded actor.[9] This is not to say that cognitivism completely isolates the spectator as a mental processing machine in a social vacuum, as is sometimes suggested;[10] it is to say, however, that Kluge's framing of cinematic spectatorship extends well beyond the intentionally limiting paradigms of middle-level research and piecemeal theorizing advocated by the post-theorists. It is also to say that any theory of spectatorship needs to be historicized, and vice versa, as theorists such as Janet Staiger and Miriam Hansen have argued so eloquently (Staiger 1992; Hansen 1991). Hansen, in particular, makes the theorization of the "possible relations between films and viewers" a prerequisite for any understanding of historical spectator formations (ibid., 6). If those relations are conceptualized exclusively on the level of 'mentation,' I am arguing, then any attempt at writing such a history is bound to remain mired in positivistic conceptions of culture. Two examples from Kluge's work will

9   At the opening of GELEGENHEITSARBEIT EINER SKLAVIN ("Occasional Work of a Female Slave"), Kluge inserts a Lenin quote: "Alles, was Menschen in Bewegung setzt, muss durch ihren Kopf hindurch; aber welche Gestalt es in diesem Kopf annimmt, hängt sehr von den Umständen ab." ["Anything that moves people needs to pass through their heads; but what form it takes in these heads depends very much on their circumstances."]

10 As Bordwell (1989, 28) himself points out, the cognitive perspective involves a notion of "social action." Specifically, central concepts such as those of 'schema' and 'processing' necessarily involve intersubjectivity: "Insofar as knowledge is a shared social resource, knowers are likely to acquire, store, and use that knowledge in similarly structured ways. The Micronesian navigational system is at once private and public, both 'in the head' and part of a communal tradition." The distinction I am trying to draw, then, is not one between a behavioral/scientific approach and a cultural/humanistic approach, but between the principled reductionism of the cognitive perspective and the equally principled assumption of a social totality as the horizon for interpretation and understanding in Kluge's approach.

illustrate, by contrast, how the participation of spectators in the 'production' of films is necessarily a dynamic process that must be situated within the concrete social and historical movement of culture.

In a heated debate about ARTISTEN that aired on the show *ende offen* on West German television in April 1970 under the title "Film und Gesellschaft," Kluge elaborated on the notion of the spectator as producer by placing it within the context of Young German Film of the 1960s.[11] With its artisanal and collective forms of production, Kluge argued, the German New Wave sought to enter into a dialog with the spectator, seeking to engage its audience through "concrete relationships at the base." In conceptualizing these relationships, Kluge goes well beyond models of the "viewer's activity" (Bordwell) or the spectator's "engagement" (Murray Smith) that constitute the focus of cognitivist work on spectatorship. While the Kluge of the Kandel interview would certainly consider the latter forms of film-viewer-relations the prerequisite for any successful film experience, in the *ende offen* debate he is concerned far more specifically with the *pragmatics* of the medium, and with its distribution structures in particular. In the case of the New German Cinema, this centrally involved television itself, since the public broadcasting companies routinely co-produced films in the wake of the legislative changes in the film industry that Kluge helped to initiate. Indeed, during the weeks leading up to the broadcast of the *ende offen* debate among Kluge, a moderator, and two critics, the Westdeutsche Rundfunk (WDR) had aired much of Kluge's work to date. And yet, over the course of the discussion, Kluge repeatedly attacks the networks for thwarting the kind of "relationships at the base" that he is advocating: television, he argues, provides no space for articulating fully formed thoughts; nor does it contribute, in the way Kluge intends to with his films, to making social facts tangible through the aesthetic use of language, metaphor, and intuition.

There is a great deal of irony involved in this exchange, since Kluge clearly appears to be biting the hand that feeds him and his fellow *Autoren*. Some of his attacks would appear to miss the point entirely, since television is, by definition, a mass medium whose audience remains both atomized and remote in ways that don't apply equally to films screened in cinemas. Moreover, the WDR chose to air the contentious debate (which the exasperated producer interrupted after forty-five minutes and which then evolved into a pseudo-democratic forum that included the studio personnel behind the cameras along with the invited guests and the show's ex-

---

11   The entire show is available as an "Extra" under the title REFORMZIRKUS in: Kluge 2007b, no. 4.

ecutives): this decision, explained in the introduction, seems to undercut Kluge's attacks against the inflexibility of the medium and its insufficient responsiveness to the spectator, in particular.

And yet, Kluge's point about distribution and the creation of new relationships with spectators was intended in far more radical and practical ways than those imagined by even the most enlightened studio heads in public broadcasting. The call for "concrete relationships [with spectators] at the base," as well as Kluge's insistence that, "as a force of production, cinema can only develop in alliance with the perceptual powers of the spectator" (1975, 208), had practical consequences for filmmakers of Kluge's generation, who took these notions and the concomitant push for novel forms of distribution quite literally.[12] Whether through institutions like the *Filmverlag der Autoren* or through changed screening practices, these filmmakers sought to shift the position of cinema in the public sphere, conferring "a different status on film viewing and cinema-going," as Elsaesser notes (1989, 156). Like many of his contemporaries in the New German Cinema, Kluge would screen films not only for their own sake, but also in order to generate discussion – including televised debates as in the installment of *ende offen*, undoubtedly one of the most radically reflexive forms of TV that one could imagine. But the "concrete relationships" that Kluge advocates were not conceived as (mass) mediated; instead, they were located within a conception of the (counter) public sphere as theorized at the same time by Kluge and Oskar Negt in *Öffentlichkeit und Erfahrung* (1972). Elsaesser recapitulates the conception as follows:

> A director became comparable to the author reading from his or her work [...], but she/he also met the audience as equals, presenting work intended to contribute, especially in the case of women's films, to the movement's self-definition. This activated the audience, restored to them an identity as social beings, rather than merely as consumers.   *(Elsaesser 1989, 156)*

The "concrete relationships" between audience and film, in this conception, are characterized by reciprocity and take place in a socio-historically defined public sphere.

These relationships of reciprocity could take different forms: sometimes, the discussions that Elsaesser describes would lead Kluge to re-edit a given film; at other times, they would form the basis for a subsequent film project. Beyond their immediate feedback on production practices, film-viewer relationships could also become the object of theoretical reflection

---

12   Dominik Wessely's documentation of the *Filmverlag der Autoren* in his recent film GEGENSCHUSS: AUFBRUCH DER FILMEMACHER (D 2008) offers excellent insights into the hopes, promises, and failures associated with these new forms.

and vigorous debate, as in the later, self-reflexive moments of the TV debate about ARTISTEN, or in my second example, a published text on a Kluge film about the student unrest in Frankfurt, entitled IN GEFAHR UND GRÖSSTER NOT BRINGT DER MITTELWEG DEN TOD ("The Middle of the Road is a Very Dead End").[13]

Wishing to know "what spectators do with such a film," Kluge and his co-director Edgar Reitz assembled various audiences in cities across Germany to screen the film and participate in discussions. In his analysis of these discussions, Kluge distinguishes two dynamics of reception: first, the "collective and sensual collaboration as long as it's dark in the cinema" – that is, the social act of movie-going and collective attention, as evidenced in common bouts of hilarity or moments of apparent "strong concentration"; and second, the distinctly more individualized forms of reaction after the screening, as spectators work to "bring order back into the reception of the film."[14] This retrospective form of reception again takes distinct forms in Kluge's analysis, varying by social and educational background. Whereas the students in the audience attempt to "make meaning" of the film (to borrow Bordwell's term for conventionalized modes of film interpretation; 1989), "spectators who come from the workplace" – among them: police officers, teachers, retirees, white collar employees, working men and women – work through the film in different ways. As Kluge puts it, "they do not spend a lot of time on the 'message' of the film but soon move on to bring up their own experience. The discussion quickly separates from the film."[15]

In these cases, reception retrospectively runs parallel with the film: viewers swap stories about their own experiences with forms of social unrest, or they re-tell passages from the film to each other without trying to ascertain their meaning. These discussions are parallel with the film in the sense that they move to other topics, but remain within the associative framework laid out by Kluge's montage aesthetics (in this sense, one might speak of this form of reception as a 'continuation' of the film in the discussion or in the spectators' heads). By contrast, the students, whose consciousness has been shaped by the educational apparatus, engage with the film "discursively, i.e. hardly in the film's forms of expression, but in the form of a plenary discussion." Students are interested in the political standpoint of the film, ask about its take-home message, and try to locate in the film "the right emotional anger that satisfies me in a political film." Reitz and Kluge respond to this by insisting that this educated response is understandable but misguided, deformed – and should be troubled by

13 "Was fangen Zuschauer mit so einem Film an?" In: Kluge 2007b, no. 7, Extras.
14 Ibid.
15 Ibid.

films like theirs: films that train spectators in "complex perception," in grasping the "sensuality of a complex" *(Sinnlichkeit des Zusammenhangs)*; films that "produce at all cost the ability to differentiate" (Kluge 1975, 217).

In this sense, spectatorship in Kluge is a matter of both production and distribution. For Kluge, the "search for the spectator" has many dimensions, but in retrospect we can say that one dimension has become central to that search: the spectator as a *feeling* being. In the dialogic, social encounter of film and spectator in the public sphere, as well as in the mental processing of films in the spectator's head, it turns out, the realm of feeling and emotion takes on a central role. Here again, Kluge's work both anticipates and parallels much recent work on cinematic affect; though again, his approach is idiosyncratic enough to merit consideration for what it has to contribute to the debate on its own terms. For as we shall see, Kluge understands feeling not simply in terms of anthropological or psychological notions of human affect and emotion, but also as an eminently socio-political fact. Indeed, the political itself is defined, for Kluge, as "[...] the Intensity of Everyday Feelings" (1986). While Kluge's own 'repackaging' of his literary work under the title *Chronik der Gefühle* suggests that we re-view his entire œuvre for what it has to tell us about the role of affect, feelings, and emotions, I will focus here on what is arguably the central *locus* of those concerns in Kluge's work, the film and accompanying materials entitled DIE MACHT DER GEFÜHLE (D 1983).

The power of emotions

Like all of Kluge's films, DIE MACHT DER GEFÜHLE ("The Power of Feelings") ranges widely across representational styles, fictional and documentary modes, and subjects ranging from legal proceedings to criminal plots to aerial bombings. Underpinning this wide-ranging montage, however, is an ongoing concern with the role of opera as a "power plant of emotions." This concern is reflexive in the sense that for Kluge, this quintessential nineteenth-century artform prefigures, and is replaced by, cinema as the "opera of the twentieth century." Cinema, Kluge suggests in particular, has taken over from opera its function as "public headquarters of feelings" (1984, 214). Such a formulation, which vaguely imagines feelings as so many workers occupying a public office building, already begins to suggest a strategy that characterizes Kluge's work on the 'power of feelings' more generally. Watching the film and reading through the accompanying materials published in a book by the same title, one is struck by the personification of feelings as a recurring literary device. We find Kluge

3 The opera as a "power plant of emotions" (*Kraftwerk der Gefühle*): screenshot from DIE MACHT DER GEFÜHLE (Alexander Kluge, D 1983).

describing feelings, for example, as "naïve civilians" whom he would like to arm so that they might "combat the tragic endings" of operatic narratives; for "all feelings," Kluge claims, "believe in a happy ending"; though the culture industry (among other historical processes) has enslaved and blinded feelings, turning them against themselves like so many "proletarians" (Kluge's term) with false consciousness, the emotions "know how to distinguish" and have the ability to "act as analysts." Feelings, Kluge claims, can and "should learn to become useful for enlightenment" (1984, 185–6). And cinema is the space where that can happen: "The cinema is the best place for self-confident feelings that have a high opinion of themselves" (*...selbstbewusste Gefühle, die etwas auf sich halten*).[16]

If this sounds too much like a literary conceit and too little like a viable theoretical basis for analysis, we should perhaps remind ourselves how a number of these tropes recur, with slightly different emphasis and ramifications, in recent work on cinema and affect. Here, as in Kluge, emotion and cognition go hand in hand; Kluge's claim that "thinking is the capacity of feelings to differentiate" (Kluge/Negt 1992, 313) is but an idiosyncratic turn on Martha Nussbaum's description of the intelligence of emotions as *Upheavals of Thought* (2001), or on the now well-established cognitive function of the emotions (see Reddy 2001). The agential role of the emotions is likewise broadly recognized. If not as personified characters, cognitive approaches do consider the emotions as active participants in cognition, and in cinematic spectatorship in particular. As Carroll puts it, for example, "the emotions gestalt or organize perception," they "manage attention over time" (1999, 28). In a particularly suggestive phrase that Kluge

---

16 Alexander Kluge in an interview/trailer compiled for the *Deutscher Filmpreis* 2008 (see http://www.youtube.com/watch?v=T-ADL49L89s, accessed May 2009).

would doubtless appreciate, Carroll likens the emotions to "searchlights" that "foreground relevant details in what might be called a special phenomenological glow" (ibid., 29).

Again, I draw these connections between Kluge and cognitivism because they sharpen the contours of Kluge's project and highlight its importance as a corrective supplement to the cognitivist claims that he also takes on board. The distinction between Carroll's analytic perspective and Kluge's more literary standpoint is not in the agency of emotion, then, but in the attribution of critical energy to the emotions. Film has the power to harness that critical energy – as Hollywood tends to – or to unleash it, as Kluge intends to. As Carroll readily admits, "fiction film events have been emotionally predigested for us by filmmakers. That is, the filmmakers have already done much of the work of emotionally organizing scenes and sequences for us" (ibid.). This is precisely where Kluge intervenes with his films which, as anyone familiar with his work will attest, patently refuse to "organize scenes and sequences for us" in any emotionally legible way. Instead, that task falls to the viewer, whom Kluge conceptualizes, not simply as a thinking or feeling being, but as a social actor situated in a public sphere. His critical film practice shares with Critical Theory the twofold assumption that the goal of critique is always to be sought in social change, and that enlightenment remains an unfinished project. The goal of Kluge's emotional poetics, consequently, is to liberate the emotions, and to "make them useful for enlightenment" by situating them within the public sphere (Kluge 1984, 185). Cinematic spectatorship – and now, increasingly, televisual spectatorship – has been a constituent element of that public sphere for Kluge from the start.

In one of the most delightful and carefully layered vignettes of DIE MACHT DER GEFÜHLE, Kluge stages a backstage dialog between an actor and a reporter. The interview borders on the absurd, largely because of the actor's steadfast refusal to draw a clear distinction between himself and the character he is playing. The ostensible subject of the conversation, announced by an earlier intertitle, is "the fifth act" of operas – the tragic ending that would appear to thwart any feelings of hope that may have been generated over the preceding four acts. The interviewer asks the singer, who is "famous for [his] passionate expression in the first act," how he can maintain the "spark of hope" in his face even though, "as a reasonable person [he] knows the terrible ending in the fifth act." But the actor refuses to answer as the "reasonable person" as which he is addressed, insisting instead that, even though he has played the successful piece eighty-four times, he does *not* know the ending when he is performing in Act I. Even though what begins well at 8:10 pm invariably ends tragically at 10:30, the actor insists that "of course" things could take a different course, implying that this is grounds for a hopeful expression in the first act. Confronted with the reporter's factual observation that in none of the eighty-four performances has the opera concluded with a happy ending, the actor has the last word with his pithy, utopian response: "but it could."

Like the film in which it is placed, this dialog explores the cultural organization of feeling – the "passionate expression" of the actor whose face conveys a sense of hope at the beginning of the opera even though he should know better after eighty-four performances. The hushed authenticity of the backstage interview, the deadpan delivery by the actors, the quizzical looks on their faces in close-up, and the gentle irony (if not outright absurdity) of the dialog – all these stylistic choices contribute to a quintessential Kluge moment. Faced with the actor's intransigent responses, the exasperated reporter increasingly focuses on the psychology of the performer ("you aren't stupid, are you?"); but the interview also contains an object lesson on (the representation of) emotion, and on the reticence of feelings to be subordinated to the tragic plot of opera. Given Kluge's explicit emphasis on the 'power of the emotions' from the film's title to the choice of music and the construction of the mini-narratives sprinkled through the film, it is doubtless legitimate to read the interview not merely as a commentary on operatic dramaturgy or on Denis Diderot's "actor's paradox," but also for what it can tell us about the affective construction of cinematic spectatorship. For what is involved here is not just a matter of performance, but also of reception and its affective dimensions – the hope for a happy ending to an opera, for a film to end well against better knowledge, the willing suspension of disbelief or of prior knowledge, even in narratives where the outcome is known (e.g., TITANIC, James Cameron, USA 1997).[17] And yet, we return, if not to the cinema then to the same stories and images on other screens over and over again. Why – and how – does an opera/film manage to organize, harness, direct our feelings, how and why do we suspend our disbelief as viewers, just as the singer suspends his recollection of earlier performances? Even though the opera invariably ends tragically, the performer's passion and hope at the beginning keep open the possibility of alternative outcomes ("You mean, the opera could end altogether differently?" – "Of course!"). As an indefatigable human force, feelings harbor a utopian potential that Kluge seeks to activate in cinematic spectatorship.

---

17 This is what cognitivism describes as 'anomalous suspense' (see Bordwell 2004).

References

Benjamin, Walter (2002 [1936]) The Work of Art in the Age of Its Technological Reproducibility. Second Version. In: *Walter Benjamin. Selected Writings*. Vol. 3: 1935–1938. Michael Jennings & Howard Eiland (eds.). Cambridge (MA): Harward University Press, pp. 101–133.
Bordwell, David (1989) A Case for Cognitivism. In: *Iris* 9 (Spring), pp. 11–40.
Bordwell, David (1989) *Making Meaning. Inference and Rhetoric in the Interpretation of Cinema*. Cambridge: Harvard University Press.
Bordwell, David (2004) http://www.davidbordwell.net/blog/?p=2004.
Bordwell, David/Carroll, Noël (eds.) (1996) *Post-Theory. Reconstructing Film Studies*. Madison: Wisconsin University Press.
Carroll, Noël (1999) Film, Emotion, and Genre. In: Plantinga/Smith (eds.) (1999), pp. 21–47.
Elsaesser, Thomas (1989) *New German Cinema. A History*. New Brunswick: Routledge.
Elsaesser, Thomas (2008) Marathon Man. In: *Film Comment* 44/3 (May-June), pp. 52–64.
Hansen, Miriam (1991) *Babel and Babylon. Spectatorship in American Silent Film*. Cambridge: Harvard University Press.
Heller, Heinz B. (2006) Alexander Kluges DIE MACHT DER GEFÜHLE – wieder gesehen. In: *Mit allen Sinnen. Gefühl und Empfindung im Kino*. Susanne Marschall & Fabienne Liptay (eds.). Marburg: Schüren, pp. 32–44.
Jameson, Fredric (1988) On Negt and Kluge. In: *October* 46, pp. 151–77.
Kluge, Alexander (1975) *Gelegenheitsarbeit einer Sklavin. Zur realistischen Methode*. Frankfurt/M.: Suhrkamp.
Kluge, Alexander (1984) *Die Macht der Gefühle*. Frankfurt/M.: Zweitausendeins.
Kluge, Alexander (1986) The Political as Intensity of Everyday Feelings. In: *Cultural Critique* 4 (Autumn), pp. 119–128.
Kluge, Alexander (2000) *Chronik der Gefühle*. Frankfurt/M.: Suhrkamp.
Kluge, Alexander (2007a) *Geschichten vom Kino*. Frankfurt/M.: Suhrkamp.
Kluge, Alexander (2007b) *Sämtliche Kinofilme*. 16 DVDs and booklet. Frankfurt/M.: Zweitausendeins.
Kluge, Alexander/Negt, Oskar (1992) *Maßverhältnisse des Politischen. 15 Vorschläge zum Unterscheidungsvermögen*. Frankfurt/M.: Fischer.
Münsterberg, Hugo (2003 [1916]) *The Photoplay. A Psychological Study and other Writings*. Alan Langdale (ed.). New York: Routledge.
Negt, Oskar/Kluge, Alexander (1972) *Öffentlichkeit und Erfahrung. Zur Organisationsanalyse von bürgerlicher und proletarischer Öffentlichkeit*. Frankfurt/M.: Suhrkamp.
Nussbaum, Martha (2001) *Upheavals of Thought. The Intelligence of the Emotions*. Cambridge: Cambridge University Press.
Plantinga, Carl (1999) The Scene of Empathy and the Human Face on Film. In: Plantinga/Smith (eds.) (1999), pp. 239–56.
Plantinga, Carl/Smith, Greg M. (eds.) (1999) *Passionate Views. Film, Cognition, and Emotion*. Baltimore: Johns Hopkins University Press.
Reddy, William (2001) *The Navigation of Feeling. A Framework for the History of Emotions*. Cambridge: Cambridge University Press.
Schlosser, Sabine (2002) Der Zuschauer wird oftmals unterschätzt. In: *Medien Horizont* 6 [http://www.kluge-alexander.de/zur-person/interviews/details/

archive/2002//select_category/7/article/der-zuschauer-wird-oftmals-unterschaetzt.html?tx_ttnews%5BbackPid%5D=31&cHash=f7a3315cd0].
Singer, Ben (2001) *Melodrama and Modernity. Early Sensational Cinema and Its Contexts*. New York: Columbia University Press.
Smith, Greg M. (2003) *Film Structure and the Emotion System*. Cambridge: Cambridge University Press.
Smith, Murray (1995) *Engaging Characters. Fiction, Emotion, and the Cinema*. Oxford: Oxford University Press.
Staiger, Janet (1992) *Interpreting Films. Studies in the Historical Reception of American Cinema*. Princeton: Princeton University Press.
Tan, Ed (1996). *Emotion and the Structure of Narrative Film. Film as an Emotion Machine*. Mahwah: Erlbaum.

Schlaglichter auf die deutsche Geschichte: Kino, Alltag und Affekt

Spotlighting German History: Cinema, Everyday Life, and Affect

MARTIN LOIPERDINGER

Monopolfilm, Publikum und Starsystem
Asta Nielsen in Abgründe – ein Medienumbruch auf dem deutschen Filmmarkt 1910/11

1995 wurde in Europa das Jubiläum «100 Jahre Kino» gefeiert. Am 28. Dezember 1895 hatte die Societé Lumière ihre gegen Eintritt für jedermann zugänglichen 35mm-Filmprojektionen mit dem Cinématographe im Souterrain des Grand Café zu Paris aufgenommen. Die Festlegung dieses Datums als ‹Geburtstag› des Kinos orientiert sich am kommerziellen Einsatz einer neuen *Technik*: Das wesentliche Merkmal des Mediums ‹Kino› ist demzufolge die kinematographische Projektion, d.h. ein fotografisches Bildgebungsverfahren, das den illusorischen Eindruck natürlich erscheinender Bewegung hervorruft.

Industrie und Publikum verstehen unter ‹Kino› jedoch etwas anderes: nämlich ein abendfüllendes *Programm* zum Zweck der Unterhaltung. Die kinematographische Technik erscheint hier als selbstverständlich zu Gebote stehendes Mittel für die Vorführung des Programms. Dieses steht seit Mitte der 1910er Jahre aus einem Langspielfilm mit einem Beiprogramm (das seit den 1970er Jahren nur noch einen Werbefilmblock umfasst). Dem Verständnis von ‹Kino› als Programmangebot folgend, müsste sich das Jubiläum «100 Jahre Kino» am Beginn des Langspielfilms orientieren. Der Unterschied zwischen dem frühen Kino und dem Kino als etabliertem Unterhaltungsmedium liegt nämlich nicht in der verwendeten Bildtechnologie: Mit den 35mm-Laufwerken früher Filmprojektoren lassen sich 17 Meter lange Lumière-Streifen ebenso gut abspielen wie 2.000 Meter lange Spielfilme aus den 1920er Jahren. Den Unterschied machen in Wahrheit die grundlegend verschiedenen Filmprogramme aus, die auf die Leinwand projiziert werden: Während das frühe Kino von Kurzfilmprogrammen geprägt war (Haller 2008), wird das Programm des etablierten Kinos in der Regel von einem einzigen Langspielfilm getragen. In dieser Perspektive erscheint das frühe Kino als «eine Spätform der historischen Projektionskunst, die sich statt der Laterna magica der Technik des Kinematographen bedient» (Loiperdinger 1987, 75).

Die Medienkarriere des Langspielfilms als dominierendes Programmformat begann auf dem deutschen Filmmarkt Mitte November

1910 mit einer dänischen Produktion: AFGRUNDEN wurde mit dem deutschen Verleihtitel ABGRÜNDE erstmals im Monopolverleih vertrieben, was die entscheidende Voraussetzung für den Publikumserfolg dieses Films und für die Starkarriere seiner Hauptdarstellerin Asta Nielsen war: Nur ein halbes Jahr später, am 27. Mai 1911, schloss ein finanzstarkes Konsortium mit Asta Nielsen einen epochemachenden Vertrag ab, der die Einführung des Starsystems in der deutschen Film- und Kinobranche markiert. Mein Beitrag will zeigen, dass der Medienumbruch vom Nummernprogramm zum Langspielfilm definitiv mit dem Monopolfilm ABGRÜNDE einsetzte. Anhand von Annoncen wird untersucht, welchen Anteil Verleiher, Kinobetreiber und Publikum am durchschlagenden Erfolg dieses Films hatten.

Krise auf dem deutschen Filmmarkt (1908–1910)

Die junge Filmbranche steckte seit 1908 in ihrer ersten kapitalistischen Überproduktionskrise: Um überschüssige Filmware loszuwerden, senkten Hersteller und Verleiher die Preise und entwerteten das in die Produktion beziehungsweise den Kauf von Filmen investierte Kapital. Um die Spirale des Preisdumping umzukehren, musste die Filmbranche Mittel und Wege für Preiserhöhungen finden und diese auch durchsetzen können. Dazu waren neuartige Filmformen nötig – die im Überfluss vorhandenen Kurzfilme boten dafür keinen Hebel. Filmpreise wurden nach der Länge der Filme in Metern berechnet. Im Kurzfilmangebot der Kinematographentheater fungierte jeder Film in gleicher Weise: als Programmnummer, die sich zum Zweck der Abwechslung von den anderen Filmen des Nummernprogramms unterschied. Nur in Ausnahmefällen – so bei Aktualitäten mit hohem Nachrichtenwert – waren erhöhte Preise möglich. Wie Corinna Müller (1994) ausführlich darlegt, gelang es schließlich durch drei Innovationen, die erste umfassende Krise des Filmmarkts zu beheben:

1) die Ausdehnung der Filmlänge auf mindestens zwei Rollen, d.h. etwa 500 Meter Länge oder eine gute halbe Stunde Vorführzeit; 2) den exklusiven Monopolfilm-Verleih, der dem Kinobetreiber garantierte, dass kein anderes Kino am Ort in derselben Woche den gleichen Film zeigen konnte; 3) die Etablierung von Filmstars, die beim Publikum den Ausschlag für die Wahl des besuchten Kinos gaben.

Erste Langspielfilme in Dänemark

Mit der grundlegenden Umgestaltung der Ware Film wurde 1910 im dänischen Kinosektor begonnen. Fotorama, die größte dänische Filmvertriebsfirma, die eine Reihe von Kinos kontrollierte, als Filmhersteller aber nur von geringer Bedeutung war, brachte im April 1910 unter dem Titel DEN HVINDE SLAVEHANDEL (DIE WEISSE SKLAVIN, August Blom, DK) ein mit 706 Metern ungewöhnlich langes Filmdrama heraus. Das Fassungsvermögen einer Filmrolle von rund 300 Metern war die übliche Obergrenze für Kurzfilme in den Nummernprogrammen. Abgesehen von ganz wenigen Ausnahmen wie Passionsfilmen dauerte kaum ein Film länger als zwölf Minuten. DEN HVINDE SLAVEHANDEL beanspruchte mit 35 Minuten nahezu die dreifache Laufzeit. Das Thema ‹Mädchenhandel› bot Aussicht auf pikante Szenen und ließ sich zugleich moralisch unbedenklich als aktueller Beitrag zur Bekämpfung des Mädchenhandels präsentieren, weil hierzu Anfang Mai 1910 ein internationales Abkommen geschlossen wurde. Diese Eigenproduktion war offenbar ein Aufsehen erregender Publikumserfolg: Angeblich bildeten sich, von polizeilichen Ordnungskräften beaufsichtigt, Schlangen von zahlungswilligen Besuchern vor dem Kinematographentheater von Fotorama in Aarhus (Engberg 1993, 65).

Einen weiteren Langspielfilm produzierte Peter Elfelt, Inhaber des Kinematographentheaters Kinografen in Kopenhagen: EN REKRUT FRA 64 handelte vom dänisch-preussischen Krieg, startete am 1. August 1910 und war 970 Meter lang. Regie führte Urban Gad, der künstlerische Berater und Bühnenbildner des Neuen Theaters.

AFGRUNDEN – Urban Gad und Asta Nielsen

Für seine Ensemblekollegin Asta Nielsen schrieb Urban Gad das Manuskript zu dem dritten der Langspielfilme, welche dänische Kinobetreiber 1910 für die Auswertung in ihren eigenen Häusern herstellten. Er gab dem erotischen Melodram den Titel AFGRUNDEN: Asta Nielsen spielt Magda Vang, eine junge Klavierlehrerin, die sich mit einem Ingenieur verlobt, dessen Vater Pastor ist. Als ein Wander-Varieté in die Stadt kommt, erliegt sie dem Ruf von Freiheit und Abenteuer: Sie brennt mit dem Cowboy-Darsteller durch und wird Mitglied des Ensembles. Mit ihrem Liebhaber führt sie eine erotische Varieté-Nummer auf, den so genannten Gaucho-Tanz: Der Cowboy wird von ihr mit einem Lasso gefangen und gefesselt. Er muss Tantalosqualen erleiden: In einem langen, eng anliegenden Lederrock tanzt sie um ihn herum, wiegt sich in den Hüften, reibt sich an seinem

1 Einzelbild aus AFGRUNDEN (Urban Gad, DK 1910).

Körper – er aber muss stillhalten und kann nicht zugreifen. (So ergeht es ihm wie dem männlichen Zuschauer: Seine Fantasie wird befriedigt durch Schaulust, sein Begehren dadurch nur noch gesteigert. Das weibliche Publikum wiederum kann sich mit der lasziven Verführerin des Cowboys identifizieren.) Wegen eines Streits im Ensemble müssen die beiden das Wander-Varieté verlassen. Asta Nielsen spielt in Cafés Klavier, der ehemalige Cowboy-Darsteller vertrinkt das von ihr verdiente Geld. Bei einem Streit geht er auf sie los – in Notwehr ersticht sie ihn.

Die Vorführung des Gaucho-Tanzes war in Schweden (und nicht nur dort) verboten. Der schwedische Zensur-Ausschnitt ist heute die am besten erhaltene Szene des Films.[1]

Urban Gad war befreundet mit Hjalmar Davidsen, dem Inhaber des Kosmorama in Kopenhagen, das zur gleichnamigen Kette von über 20 weiteren Kinos in dänischen Provinzstädten gehörte. Davidsen hatte 8.000 Kronen für eine Woche Dreharbeiten im Juni 1910 investiert. AFGRUNDEN war mit 850 Metern, d.h. einer Projektionsdauer von knapp 47 Minuten (bei der damals üblichen Vorführgeschwindigkeit von 16 B/s) noch deutlich länger als

---

1 AFGRUNDEN ist erhältlich auf einer DVD mit den vier frühen dänischen Spielfilmen von Asta Nielsen: Danish Film Institute (Hg.), Asta Nielsen. Danish Silent Classics Nr. 15. DVD. 2005. Die Spieldauer dieser Fassung beträgt 35 Minuten.

2 Einzelbild aus AFGRUNDEN (Urban Gad, DK 1910).

DEN HVINDE SLAVEHANDEL. Davidsen setzte mit dieser Eigenproduktion auf die exklusive Auswertung einer Zugnummer, die mit ihrer außergewöhnlichen Länge das Programm in seinem eleganten Hauptstadt-Kino dominierte. Asta Nielsens natürliches und zugleich unerhört leidenschaftliches Spiel fand großen Anklang beim Publikum: In ihrem Debütfilm war sie gleich mehrere Wochen lang auf der Leinwand des Kosmorama zu bewundern. Allerdings brachte ihr dieser Erfolg zunächst kein weiteres Engagement bei der dänischen Filmwirtschaft ein – nicht einmal bei Davidsen selbst, der mit den Vorführungen von AFGRUNDEN in seinem Kosmorama immerhin an die 25.000 Kronen verdiente (Engberg 1999, 53),[2] während Asta Nielsen für die Hauptrolle eine Gage von nur 200 Kronen erhielt (Nielsen 1928).

Ludwig Gottschalk in Kopenhagen

Unter den Besuchern von AFGRUNDEN im Kosmorama war angeblich auch ein deutscher Filmverleiher. Ludwig Gottschalk, Inhaber der Düsseldorfer Film-Manufaktur, behauptete 15 Jahre später, eine Reise nach Kopenhagen unternommen zu haben:

2 Für die inhaltliche Klärung des dänischen Textes danke ich Patrick Vonderau.

> Da geschah eines Tages anno 1910 das Unglaubliche, Unfassbare für meine Verleihkollegen: ich packte die Koffer und fuhr nach Dänemark, um mir Filme zum Ankauf für Deutschland anzusehen. Man zweifelte allgemein an meinem Verstand. Dem Mutigen aber gehört die Welt, dachte ich, und saß also eines Abends im Biograph-Theater [recte: Kosmorama, d. Verf.] in Kopenhagen vor einem dreiaktigen Film von ca. 900 Meter Länge: ABGRÜNDE, in dem Urban Gad die Regie führte und Asta Nielsen die Hauptrolle spielte. Ich war begeistert von dem Film und Asta Nielsen.[3]

Im Rückblick geht Gottschalks Begegnung mit Asta Nielsen in AFGRUNDEN auf einen wagemutigen Entschluss zurück, mit dem sich der Düsseldorfer Filmkaufmann aus einer vertrackten Lage zu befreien suchte. Tatsächlich hatten die Filmverleiher in der zwei Jahre währenden Krise des deutschen Filmmarkts durch fortgesetzte Absenkung der Preise an Kreditwürdigkeit eingebüßt. Sie sahen dem drohenden Konkurs ins Auge und mussten auf Abhilfe sinnen. Zu Beginn der Saison 1909/10 war neben dem üblichen Verleih kompletter Nummernprogramme als zusätzliches Angebot für größere Kinos der separate Verleih einzelner Filme eingeführt worden. Aber es mangelte an geeigneten Filmen – bis die dänische Nordisk im August 1910 ihr Plagiat DEN HVINDE SLAVEHANDEL SIDSTE OFFER (DIE WEISSE SKLAVIN II) herausbrachte: 103 Kopien verkaufte die Nordisk international von diesem 603 Meter langen Remake. Auf dem deutschen Markt kursierten ab Oktober 1910 etliche Kopien dieses Schlagers. Viele Kinobesitzer boten DIE WEISSE SKLAVIN II nach der eigenen Auswertung zum Weiterverkauf oder Verleih an (Müller 1994, 110–115).

Die Idee, das Verleihgeschäft mit einzelnen langen Filmen exklusiv in die eigene Hand zu bekommen, lag bei dieser Marktkonstellation auf der Hand. Wenn Gottschalk später schreibt, dass er in Kopenhagen «Filme zum Ankauf für Deutschland» suchte, so meint er nicht den freien Kauf von Filmkopien, sondern den Erwerb des deutschen Aufführungsmonopols. Offenbar traf Gottschalk gerade noch rechtzeitig in Kopenhagen ein. Davidsen hatte bereits Rechte an die Filmgesellschaft Skandinavisk-Russisk Handelshus vergeben. Gegen ein Gebot der Nordisk erhielt Gottschalk schließlich den Zuschlag für die Auswertung von AFGRUNDEN in Deutschland.[4]

---

3   Ludwig Gottschalk, 15 Jahre Monopolfilm. In: *Lichtbild-Bühne*, 18. Jg., Nr. 237, 21.11.1925, S. 14.

4   Vgl. Engberg 1999, 53f. Eine ganz andere Version von Gottschalks Ankauf der AFGRUNDEN-Rechte gibt 1924 Maxim Galitzenstein, ehemals Vertriebschef der Firma Messter: Ihm zufolge waren Hjalmar Davidsen und Urban Gad nach Berlin gereist, um AFGRUNDEN zu verkaufen, stießen wegen der Länge des Films jedoch nicht auf Interesse, so dass Gottschalk kostengünstig abschließen konnte (Maxim Galitzenstein an Oskar

ABGRÜNDE in Deutschland – Gottschalks erste Monopolfilmkampagne

Ende 1910 lancierte Gottschalk ABGRÜNDE mit einer Werbekampagne, wie es sie bisher für einen einzelnen Film in Deutschland noch nicht gegeben hatte. Er schaltete für diesen einen Film zahlreiche ganzseitige Textannoncen in der Branchenpresse. Zwei Monate lang unterbreitete er im Branchenblatt *Der Kinematograph* jedem deutschen Kinobetreiber die Offerte, «sich das konkurrenzlose Erstaufführungsrecht dieses Schlagers bis zur zehnten Woche in seinem Orte zu sichern».[5] Mit einer ausführlichen, in Ich-Form verfassten Cover-Annonce startete Gottschalk seine Anzeigenkampagne am 16. November 1910. Vollmundig teilte er den Kinobesitzern seine Neuigkeit mit:

> Es ist mir gelungen, in Kopenhagen eine neue Eroberung für die deutschen Theater zu machen, die alles bisher Gesehene weit in den Schatten stellen, die Theater viele Wochen lang füllen, von der Tagespresse viel besprochen, ganz neue Kreise, neues Publikum für die Kinematographie gewinnen dürfte.[6]

Gottschalk führt für diese viel versprechenden geschäftlichen Aussichten eine schlichte Zahl ins Feld: Angeblich soll AFGRUNDEN von einem Kopenhagener Kinematographentheater während einer Laufzeit von acht Wochen über 700-mal aufgeführt worden sein.[7] Sein Angebot, das dänische «Theater-Drama» exklusiv an Kinobesitzer zu verleihen, war eine Innovation auf dem deutschen Filmmarkt:

> Ich habe mit einer großen Summe diesen Schlager *ganz allein für Deutschland* erworben und bringe den Film bereits nächste Woche an den Markt. Ich vergebe ihn jede Woche von der ersten bis zur zehnten leihweise, bin auch bereit, für einzelne Orte für die ersten Wochen das Erstaufführungsrecht zu gewähren.[8]

Gottschalk hatte das Verleihmonopol für ganz Deutschland erworben. Wenn er das Erstaufführungsrecht an einen Kinobesitzer vergab, konnte

---

Messter, 24.11.1924, Bundesarchiv NL 275, Akte 355, wiedergegeben bei Müller 1994, 306). Hier besteht Klärungsbedarf.
5 *Der Kinematograph*, Nr. 204, 23.11.1910.
6 Cover-Anzeige, *Der Kinematograph*, Nr. 203, 16.11.1910, abgedruckt bei Müller 1994, 116.
7 In Annoncen der Düsseldorfer Film-Manufaktur ist von acht Wochen Laufzeit die Rede (vgl. *Der Kinematograph*, Nr. 203, 16.11.1910, Titelblatt, abgedruckt bei Müller 1994, 116). Das ist nur wenig übertrieben: Tatsächlich wurde AFGRUNDEN laut Zeitungsannoncen im Kopenhagener Kosmorama vom 13.9. bis 30.10.1910 täglich zehn- bis 13-mal aufgeführt (Mitteilung von Stephan Michael Schröder an den Autor, 17.3.2009).
8 *Der Kinematograph*, Nr. 203, 16.11.1910, Titelblatt, abgedruckt bei Müller 1994, 116.

dieser sicher sein, dass zur gleichen Zeit kein anderes Kino in der Stadt ABGRÜNDE aufführte. Diese neue Form des Filmverleihs wurde Monopolfilm genannt.

Am 30. November 1910 verkündete Gottschalk: «Nur ein Urteil hört man über das Theater-Drama ABGRÜNDE: Realistisch! Grandios! Packend! Sichern Sie sich diesen Schlager. Er bringt Ihnen unermessliche Erfolge und wochenlang ausverkaufte Häuser.»[9] Am 7. Dezember hieß es:

> Das Sensationsdrama ABGRÜNDE […] hat jeden Abend absolut ausverkaufte Häuser gebracht. Kein kinematographisches Werk hat jemals die Theaterkassen für solange Zeit gefüllt wie ABGRÜNDE. Niemals ist ein Theater von einer so großen Zahl des besten Publikums besucht worden, wie jetzt bei den Vorstellungen von ABGRÜNDE.[10]

Drei Wochen später, am 28. Dezember, platzierte Gottschalk Neujahrswünsche für 1911: «Das Glück muss und wird kommen zu jedem Theaterbesitzer, der auf seinen Spielplan im neuen Jahr das Sensations-Drama ABGRÜNDE in 2 Akten von Urban Gad setzt.»[11] Am 11. Januar 1911 knüpfte Gottschalk an seine Neujahrsgrüße an: «Das Sensationsstück ABGRÜNDE […] verließ als größter Glücksbringer, als grösster Kassenmagnet das Jahr 1910 und tritt als größter Geldmacher für die Kinematographentheater ins Neue Jahr 1911 ein.»[12] Eine Woche später folgte der Hinweis auf ein mittlerweile verknapptes Angebot: «Am 28. Januar kommen die letzten Exemplare des Sensations-Films ABGRÜNDE […] an den Markt.»[13] Während bislang in den Annoncen nur der Autor Urban Gad genannt war, führte Gottschalk jetzt zum ersten Mal wie bei einem Theaterstück sechs «Haupt-Personen» auf, dargestellt «von berühmten Mitgliedern Kopenhagener Theater»: An erster Stelle stand Asta Nielsen.

Gottschalk suchte seinen marktschreierischen Behauptungen mit Aussagen zu Laufzeiten und mit Zitaten aus Zuschriften von Kinobesitzern Glaubwürdigkeit zu verleihen: Am 26. November 1910 war die deutsche Premiere von ABGRÜNDE im Düsseldorfer Palast-Theater. Am 7. Dezember hieß es in Gottschalks Annonce: «Gestürmt wird allabendlich z. B. das Palast-Theater Düsseldorf seit den 14 Tagen der ABGRÜNDE-Vorstellungen und dieses Theater bittet, weitere 8 Tage dieses Sensationsstück behalten zu dürfen. Das ist ein Rekord!»[14] Drei Wochen Laufzeit für einen

---

9 *Der Kinematograph*, Nr. 205, 30.11.1910.
10 *Der Kinematograph*, Nr. 206, 7.12.1910.
11 *Der Kinematograph*, Nr. 209, 28.12.1910.
12 *Der Kinematograph*, Nr. 211, 11.1.1911.
13 *Der Kinematograph*, Nr. 212, 18.1.1911.
14 *Der Kinematograph*, Nr. 206, 7.12.1910.

mit 45 Minuten extrem langen Film war Ende 1910 ein noch nie dagewesener Aufführungserfolg.[15] Am 28. Dezember zitierte Gottschalk den Betreiber des neuen, 1.000 Sitzplätze fassenden Theater des Wedding: Der Eröffnungsfilm ABGRÜNDE sei nun schon in der dritten Woche jeden Abend ausverkauft.[16] Zwei Wochen später zitierte Gottschalk eine Zuschrift des Palast-Theaters aus Breslau:

> Die ABGRÜNDE haben hier geradezu Aufsehen erregt, und – ich glaube – bei einer Menge Leute erst den Gedanken wachgerufen, dass die Kinematographie doch etwas Vortreffliches ist. Die Nachfrage nach ABGRÜNDE ist noch immer groß und die Einnahmen waren bis dato die größten in der Saison. Ich bitte Sie, mir mitzuteilen, wann ich die ABGRÜNDE wieder haben kann.[17]

In der vorerst letzten Annonce im *Kinematograph* am 18. Januar 1911 heißt es:

> Täglich vor ausverkauftem Hause vorgeführt wurden ABGRÜNDE: in Düsseldorf 6 Wochen lang, in Kopenhagen 8 Wochen lang, in Berlin 7 Wochen lang, in den anderen deutschen Großstädten zwischen 2 Wochen und 4 Wochen lang ohne Unterbrechung mit geradezu enormen, noch nie dagewesenen Kassenerfolgen.[18]

Gottschalks Werbestrategie ist simpel: Wenn Kinobetreiber ABGRÜNDE buchen, werden sie in wenigen Wochen ganz bestimmt viel Geld verdienen. Gottschalk preist den Film als Magnet an, der die Besucher in die Kinos strömen lässt. Zur Überwindung der Krise in der Film- und Kinobranche kam es darauf an, beim Publikum mit einem innovativen Produkt einen neuen Habitus des Ins-Kino-Gehens auszubilden. ABGRÜNDE, so behauptete Gottschalk, sei dafür das geeignete Geschäftsmittel. In seiner Werbekampagne versprach er den Kinobetreibern enorme Kassenerfolge mit einem Langspielfilm bei mehrwöchigen Laufzeiten. Indem die neuartige Vertriebsform des Monopolfilms Exklusivität garantierte, verschaffte sie zumindest dem Filmverleiher selbst Spielraum für mehr Einnahmen durch erhöhte Leihmieten.[19]

---

15 Anhand der Anzeigen des Palast-Theaters Düsseldorf lassen sich drei Wochen Laufzeit nachweisen. Vgl. die Anzeigen in *Düsseldorfer Neueste Nachrichten*: Nr. 276, 26.11.1910; Nr. 288, 10.12.1911.
16 Anhand von Annoncen in Berliner Zeitungen ist die Laufzeit von ABGRÜNDE im Theater des Wedding nicht zu ermitteln. Annoncen konnten nur gefunden werden in der Berliner Morgenpost: Nr. 338, 10.12.1910; Nr. 339, 11.12.1910; Nr. 346, 18.12.1910.
17 Schreiben des Palast-Theaters, Breslau, zitiert in einer Annonce von Ludwig Gottschalks Düsseldorfer Film-Manufaktur. In: *Der Kinematograph*, Nr. 211, 11.1.1911.
18 *Der Kinematograph*, Nr. 212, 18.1.1911.
19 Gottschalk selbst soll nach Angaben seiner Nichte Mary Furstenberg an der Auswertung von ABGRÜNDE in Deutschland und anderswo 45.000 Goldmark verdient haben (vgl. Jaeger 1983, 93).

Publikumszuspruch für Abgründe in Düsseldorf und Breslau

Historische Publikumsforschung kann nur im Ausnahmefall auf direkte zeitgenössische Quellen wie Tagebücher, Autobiografien oder Leserbriefe von Zuschauern und Kinobetreibern zurückgreifen. Statistiken über Besucherzahlen einzelner Filme werden erst ab Mitte der 1920er Jahre geführt. Programmanzeigen von Kinobetreibern in der lokalen Tagespresse sind immerhin eine reichhaltige indirekte Quellengattung, die Rückschlüsse zum Kinobesuch erlaubt: Für den Abdruck der Annoncen gaben Kinobetreiber Geld aus, um dem lokalen Publikum Informationen und Anreize zum Besuch ihrer Filmprogramme zu geben. Die Programmannoncen für Abgründe belegen nicht nur die jeweiligen Laufzeiten in lokalen Kinematographentheatern: Sie geben auch eine Reihe von Hinweisen zur Attraktivität dieses dänischen Langspielfilms, aus denen sich die Adressierung des lokalen Publikums entnehmen lässt. Nicht zuletzt waren die Annoncen für Abgründe oft die ersten Programmanzeigen, die nur einen einzigen Film ankündigten. Auf diese Weise lässt sich der Medienumbruch vom Nummernprogramm zum Langspielfilm in den Vergnügungsanzeigen der Lokalpresse ermitteln.

Handelt es sich bei Gottschalks Behauptungen zum Publikumserfolg seines dänischen Monopolfilms um Reklamesprüche, auf die nicht viel zu geben ist – oder gründen sie auf Tatsachen, die sie für seinen Kundenkreis glaubwürdig erscheinen lassen?

Gottschalks Behauptung: «Niemals ist ein Theater von einer so grossen Zahl des besten Publikums besucht worden, wie jetzt bei den Vorstellungen von Abgründe», wurde keine zwei Wochen nach der Düsseldorfer Premiere per Annonce im *Kinematograph* verbreitet.[20] Die Ausdrucksweise einer «so großen Zahl des besten Publikums» klingt wie eine marktschreierische Phrase. Sie bezieht sich jedoch auf ein Phänomen, das *Der Kinematograph* in seinem Bericht «Düsseldorf im Januar 1911» schildert. Einleitend heißt es: «Nun richtet sich die gute Gesellschaft unserer guten Stadt aber in Theater-, Kunst- und Literatursachen nach der in diesen Angelegenheiten autoritativ auftretenden Künstlerschaft.» Damit ist wohl vor allem die Künstlervereinigung *Malkasten* gemeint, die bereits 1909 eine *Gesellschaft zur Förderung der Lichtbildkunst* gründete (Schäfer 1982, 25f). Dann erläutert der Autor sehr ausführlich:

> Es stand bisher fest, dass alle Filmdramen ‹Kitsch› waren. Die Abgründe, die das Palast-Theater vorführte, machten aber mit einemmal gerade die Künstler

---

20 *Der Kinematograph*, Nr. 206, 7.12.1910.

zu begeisterten Freunden der Kino-Pantomime. An diesem Stück gefiel alles und nicht zuletzt der Gaucho-Tanz, der nach meiner Ansicht unvolkstümlich und – um ein gelindes Wort zu gebrauchen – indiskret ist. Nun, meine Ansicht ist ja nicht maßgebend. Die Künstlerschaft begeisterte sich sehr für die ABGRÜNDE. Ich habe fast keinen Künstler oder Schauspieler dort angetroffen, der nicht zum dritten, vierten, fünften oder gar zum achten Male die ABGRÜNDE gesehen hatte. […] Jedenfalls haben auch die ABGRÜNDE sehr viel, wenn nicht das meiste, dazu beigetragen, dass in diesem Winter mehr als sonst sich das Gespräch in der Gesellschaft auf das Filmtheater lenkte und dass Leute, ‹von denen man so etwas nie erwartet hätte›, diese Theater besuchten.[21]

Düsseldorf war vor dem Ersten Weltkrieg im Westen des Deutschen Reichs der maßgebliche Standort der Bildenden Kunst und das Zentrum der gehobenen Unterhaltung, d.h. der Varieté-Theater. Dass hier die bildenden Künstler den Geschmack der ‹guten Gesellschaft› prägten und ihre Begeisterung für ABGRÜNDE auch das ‹bessere Publikum› zum Besuch dieses Films veranlasste, klingt plausibel.

Gottschalk behauptet zweitens einen Rekord der Laufzeiten und der Einspielergebnisse: «Kein kinematographisches Werk hat jemals die Theaterkassen für solange Zeit gefüllt wie ABGRÜNDE.»[22] Ein Beispiel für verlängerte Laufzeiten bietet die von Gottschalk zitierte Zuschrift aus Breslau. Sie lässt sich verifizieren: Breslau (heute Wrocław, in Polen) war seinerzeit das deutsche Zentrum der schlesischen Grenzregion und zählte mit 512.000 Einwohnern zu den zehn wichtigsten Großstädten des Deutschen Reichs. ABGRÜNDE wurde in der Weihnachtszeit vom 20. bis zum 30. Dezember 1910 jeweils einmal – am letzten Spieltag zweimal – in den Abendvorstellungen des Palast-Theaters gezeigt.[23] Das Palast-Theater in der Neuen Schweidnitzer Straße war am 3. September 1910 eröffnet worden, fasste 450 Sitzplätze und «galt bald als vortrefflichstes Kino der Stadt» (Debski 2007, 111). Der Betreiber, Frank Thiemer, hatte offensichtlich den Eindruck gewonnen, dass zwölf Vorführungen von ABGRÜNDE die Nachfrage des Publikums noch keineswegs befriedigten. Er versuchte so rasch wie möglich erneut eine Kopie von Gottschalk zu bekommen. Nur eine Woche, nachdem dieser in seiner Werbeannonce aus Thiemers Brief zitiert hatte, stand ABGRÜNDE wieder auf dem Spielplan des Palast-Theaters – diesmal zwei ganze Wochen lang, zweimal je Abend vom 18. bis zum 31. Januar 1911.[24]

21   Niko, Düsseldorf im Januar 1911. In: *Der Kinematograph*, Nr. 213, 25.1.1911.
22   *Der Kinematograph*, Nr. 206, 7.12.1910.
23   Vgl. die Annoncen des Palast-Theaters im *Breslauer General-Anzeiger*. Nr. 345, 18.12.1910; Nr. 347, 20.12.1910; Nr. 348, 21.12.1910; Nr. 350, 23.12.1910; Nr. 356, 30.12.1910.
24   Vgl. Annoncen des Palast-Theaters im *Breslauer General-Anzeiger*, Nr. 17, 18.1.1911; Nr. 18, 19.1.1911; Nr. 22, 22.1.1911.

3 Annonce für ABGRÜNDE im *Breslauer General-Anzeiger*, 20., 21., 23., 31. Dezember 1910.

Möglicherweise zeigte Thiemer ABGRÜNDE auch im Monopol-Theater, dem «Zweiggeschäft» in der Ohlauerstrasse, das er in der Voranzeige zur Wiederaufnahme des Films «einem gütigen Besuch» empfahl:[25] Thiemers letzte Annonce zu ABGRÜNDE kündigte die Aufführungen am 31. Januar mit dem Hinweis an: «Heute Dienstag: zum letzten Male! Zum 86. Male.»[26]

Im Palast-Theater lief ABGRÜNDE jedoch den Annoncen zufolge insgesamt nur 40-mal (einmal je Abend vom 20. bis 29. Dezember, zweimal am 30. Dezember sowie zweimal je Abend vom 18. bis 31. Januar). Die Differenz liesse sich dadurch erklären, dass Thiemer die Vorführkopie zwischen seinen beiden Kinematographentheatern pendeln liess. Annoncen des Monopol-Theaters finden sich für die fraglichen zwei Wochen in der Breslauer Lokalpresse nicht. Aber selbst wenn von einem möglichen Einsatz im Monopol-Theater abgesehen wird: Allein die 40 Vorführungen im

---

25 Annonce, *Breslauer General-Anzeiger*, Nr. 17, 18.1.1911, und Nr. 18, 19.1.1911.
26 Annonce, *Breslauer General-Anzeiger*, Nr. 31, 1.2.1911. Offenbar wurde diese Annonce versehentlich einen Tag zu spät geschaltet.

Palast-Theater ergeben eine Kapazität von 18.000 Sitzplätzen, die Thiemer für das Breslauer Publikum exklusiv zum Besuch von ABGRÜNDE bereitstellte. Das hatte es zuvor in Breslau noch nicht gegeben.[27] Die Tatsache, dass Thiemer ABGRÜNDE nach den ersten beiden Wochen umgehend ein zweites Mal einsetzte und dabei die Frequenz der Vorführungen verdoppelte, ist ein sicheres Indiz, dass der Publikumszuspruch in Breslau mehr als zufriedenstellend war (Loiperdinger 2008).

Sitzplatzzahlen für ABGRÜNDE im Raum Hamburg

Dass ABGRÜNDE den Beginn des Medienumbruchs vom Nummernprogramm zum Langspielfilm auf dem deutschen Filmmarkt markiert, lässt sich schlagend an Zeitungsannoncen der Kinematographentheater im Raum Hamburg belegen. Die Freie Hansestadt Hamburg zählte im Jahr 1910 über 900.000 Einwohner. Mit den Nachbarstädten Altona und Eimsbüttel, die zu Preussen gehörten, kam der Ballungsraum Hamburg auf eine Bevölkerungszahl von rund 1.2 Millionen.[28] Zahlreiche Annoncen sowie redaktionelle Beiträge im *Hamburger Fremden-Blatt* dokumentieren ein reichhaltiges Angebot öffentlicher Unterhaltungs- und Bildungsveranstaltungen. Der Lokalteil berücksichtigt die Aufführungen von Musik- und Theaterstücken sowie die Programme von Varieté-Theatern, Panoptikum und Kaiserpanorama. Programme und Aufführungen der Kinematographentheater werden überhaupt nicht erwähnt. Das gilt auch für die Tageszeitungen anderer deutscher Städte. Es dauerte noch über zwei Jahre, bis sich die Hamburger Lokalpresse bereit fand, von Filmpremieren in der Hansestadt zu berichten (Müller 2008). Gottschalks Ankündigung, dass ABGRÜNDE «von der Tagespresse viel besprochen» würde,[29] bewahrheitete sich nicht. Forschungen zur Programm- und Aufführungsgeschichte des Jahres 1911 bleiben auf die Zeitungsannoncen der Kinobetreiber verwiesen.

Obwohl Hamburg der zweitgrößte Ballungsraum im Deutschen Reich war, stand für die Weihnachtszeit 1910 keine Filmkopie von ABGRÜNDE zur Verfügung. Die Aufführungen begannen hier erst Mitte Januar 1911. Aus den Annoncen im *Hamburger Fremden-Blatt* lassen sich die Laufzeiten sowie die Zahl der Aufführungen pro Tag eindeutig ermitteln:

---

27 Nach Angaben von Andrzej Debski verfügte das Monopol-Theater über 147 Sitzplätze: Unter der Annahme, dass Thiemer die Filmkopie gependelt hat, ergibt sich für die noch übrigen 46 Vorführungen von ABGRÜNDE ein Angebot von weiteren 6762 Sitzplätzen.
28 Die Volkszählung von 1910 ergab für Hamburg 931.035, für Altona 172.628 und für Eimsbüttel 116.400 Einwohner.
29 Vgl. Gottschalks erste Annonce, *Der Kinematograph*, Nr. 203, 16.11.1910.

Kinematographentheater	Sitzplatzkapazität	Laufzeit	Tage	Aufführungen pro Tag	Zahl der Aufführungen	Zahl der Sitzplätze für ABGRÜNDE
Belle Alliance-Theater	1.191	14.–20.1.	7	3	21	25.011
Helios-Theater	500	14.–20.1.	7	3	21	10.500
Palast-Theater	1.600	21.–29.1.	8	3	24	38.400
Viktoria-Theater	250	21.–29.1.	8	3	24	6.000
Waterloo-Theater	900	30.1.–3.2.	5	4	20	18.000
Hammonia-Theater	535	30.1.–3.2.	5	3	15	8.025
Hammonia-Theater	535	4.–10.2.	7	3	21	11.235
Waterloo-Theater	900	25.2.–3.3.	7	5	35	31.500
Belle Alliance-Theater	1.191	4.–10.3.	7	3	21	25.011
Helios-Theater	500	4.–10.3.	7	3	21	10.500
			68 Tage		223 Aufführungen	184.182 Sitzplätze

4 ABGRÜNDE in Hamburg, Januar bis März 1911.

Für die zwei Monate von Mitte Januar bis Mitte März 1911 addieren sich die Ankündigungen auf insgesamt 223 Aufführungen in Hamburg, Altona und Eimsbüttel. Ludwig Gottschalk verlieh ABGRÜNDE in der neuartigen Vertriebsform des Monopolfilms zu gestaffelten Preisen für die erste bis zehnte Woche. Die besondere Stellung dieses Films unterstreicht in Hamburg die erste Zeitungsannonce, die bereits eine Woche vor dem Start ein «Alleiniges Aufführungsrecht» reklamierte.[30] Die Annoncen im *Hamburger Fremden-Blatt* geben außerdem die Anfangszeiten für ABGRÜNDE bekannt, woran sich unmittelbar die Zahl der täglichen Aufführungen ablesen lässt. In der ersten Woche vom 14. bis 20. Januar lief ABGRÜNDE jeweils dreimal täglich über die Leinwände des Belle Alliance-Theaters in Eimsbüttel sowie des Helios-Theaters in Altona. In der zweiten, um zwei Spieltage verlängerten Woche lief der Film vom 21. bis 29. Januar in Hamburg im Palast-Theater und im Victoria-Theater. Besitzer der vier genannten Kinematographentheater war James Henschel, der ungekrönte Hambur-

---

30 Annonce, *Hamburger Fremden-Blatt*, Nr. 6, 7.1.1911.

ger ‹Kinokönig›: Er war in der Lage, ABGRÜNDE innerhalb von gut zwei Wochen insgesamt 90-mal aufzuführen.

In der dritten, um zwei Tage verkürzten Woche vom 30. Januar bis 3. Februar wurde ABGRÜNDE weiterhin in Hamburg gezeigt: viermal täglich in Henschels Waterloo-Theater und dreimal täglich im Hammonia-Theater, das von Hermann Kasper betrieben wurde. Für die vierte Woche vom 4. bis 10. Februar annoncierte Kaspers Hammonia-Theater wiederum mit drei Aufführungen pro Tag. Nach einer Woche Pause wurde ABGRÜNDE «der kolossalen Nachfrage halber» für den 18. bis 24. Februar erneut im Waterloo-Theater angekündigt: Die Zahl der Aufführungen pro Tag sollte auf fünf erhöht werden. Sonntags war der Film zu jeder vollen Stunde zwischen 4 Uhr nachmittags und 10 Uhr abends angesetzt, d.h. das 45 Minuten lange «Theater-Drama» sollte siebenmal hintereinander ohne Beiprogramm laufen![31] Da jedoch die Kopie nicht rechtzeitig eintraf, lief ABGRÜNDE im Waterloo-Theater mit dieser Frequenz in der fünften Woche vom 25. Februar bis 3. März.[32] Wegen eines Verbots der Hamburger Polizeibehörde platzierte Henschel den Film anschließend für die sechste Woche vom 4. bis 10. März in sein Belle Alliance-Theater in Eimsbüttel sowie sein Helios-Theater in Altona. Nach der raschen Aufhebung des Verbots lief ABGRÜNDE in der siebten Woche vom 11. bis 17. März zweimal täglich wieder in Hamburg, diesmal im Elite-Theater (und nach einer Pause von zehn Wochen erneut im Elite-Theater vom 27. Mai bis 2. Juni). Insgesamt ergibt sich zwischen Mitte Januar und Mitte März 1911 eine Laufzeit im Hamburger Raum von sieben Wochen. Bis dahin war kein Kinematographenprogramm und kein einzelner Film dem Hamburger Publikum auch nur annähernd so lange angeboten worden: ABGRÜNDE markiert den Beginn einer neuen Ära der Filmauswertung.

Die herausragende Bedeutung von ABGRÜNDE für die deutsche Kinogeschichte tritt noch plastischer hervor angesichts der Sitzplatzkapazitäten, die von Hamburger Kinobetreibern für diesen Langspielfilm bereit gestellt wurden, um «ausverkaufte Häuser» zu erzielen, wie sie Gottschalk in seiner Werbekampagne versprochen hatte. Die Zahl der Sitzplätze in den Hamburger Kinematographentheatern ist dank lokalgeschichtlicher Forschungen bekannt (Töteberg 2008). Multipliziert mit der Zahl der Vorführungen pro Tag und der Laufzeit in Tagen ergibt sich die Zahl der Sitzplätze, die ein Kinematographentheater jeweils pro Woche für ABGRÜNDE reservierte. Die Addition dieser Zahlen ergibt die Kapazität, die von der

---

31 Annonce Waterloo-Theater, *Hamburger Fremden-Blatt*, Nr. 42, 18.2.1911.
32 *Hamburger Fremden-Blatt*, Nr. 48, 25.2.1911.

Hamburger Kinobranche, d.h. überwiegend von James Henschel, für den Besuch von ABGRÜNDE zwischen Mitte Januar und Mitte März 1911 insgesamt zur Verfügung gestellt wurde: Es handelte sich um 184.182 Sitzplätze!

Auf welches potenzielle Publikum war dieser enorme Umfang des Sitzplatzangebots berechnet? Alle Hamburger Zeitungsannoncen für ABGRÜNDE hoben ausdrücklich hervor, dass Kindern und Jugendlichen unter 16 Jahren der Besuch dieses Films verboten war – auch dann, wenn sie sich in Begleitung Erwachsener befanden. Um 1910 waren im Durchschnitt 35% der deutschen Bevölkerung unter 15 Jahre alt, und etwa 5% waren 65 Jahre und älter. Von den 1.2 Millionen Einwohnern des Ballungsraums Hamburg kamen also insgesamt etwa 700.000 als Besucher in Frage. Für sie stellten Hamburger Kinos innerhalb von neun Wochen insgesamt 184.182 Sitzplätze zum Anschauen von ABGRÜNDE zur Verfügung. Den Besuch eines einzelnen Films derart massiv über die Kapazität des Angebots zu fördern, war bis dahin ohne Beispiel. Die ‹Promotion› für ABGRÜNDE war singulär – nicht nur im Kinogeschäft, sondern im gesamten Unterhaltungssektor des Hamburger Raums.

Eine Attraktion für das ‹bessere Publikum›

ABGRÜNDE war ganz offensichtlich ein bis dahin nicht da gewesener Publikumserfolg. Dies belegen die ungewohnt langen Laufzeiten über mehrere Wochen – während viele Kinematographentheater seinerzeit ihre Nummernprogramme zweimal die Woche wechselten – sowie die Wiederaufnahmen nach Pausen von einigen Wochen oder gar Monaten. Erfolg heißt in diesem Fall, dass lokale Publika die angebotenen Sitzplatzkapazitäten auch nach mehreren Wochen Laufzeit in geschäftlich relevantem Umfang in Anspruch nahmen: Viele Annoncen begründeten Wiederaufnahmen von ABGRÜNDE mit «der enormen Nachfrage». Offenbar war dieser im Schaustellergewerbe gern gebrauchte Ausdruck in diesem Fall keine Leerformel.

In der seit zwei Jahren vom Überangebot und Preisdumping der Kurzfilme gebeutelten Branche fand die neuartige Vertriebsform des Monopolfilms bereitwillige Abnehmer. Die Werbung mit dem «alleinigen Aufführungsrecht» in einer Stadt war geeignet, Aufsehen zu erregen, Publikum anzuziehen und höhere Einnahmen zu erzielen.

Während die Attraktivität von ABGRÜNDE für Filmverleiher und Kinobetreiber auf der Hand liegt, ist dies für das zahlende Publikum weniger eindeutig. Die Zeitungsannoncen gaben eher ambivalente Hinweise: Die Hamburger Kinos bezeichneten ABGRÜNDE durchgehend als «Kinematogr. Theater-Drama in 2 Akten» und versprachen damit einen kulturellen Transfer vom Sprechtheater in den Unterhaltungssektor. Betont wurde dies durch die Angaben zum «Ort der Handlung: Teils in Kopenhagen und Umgegend, teils ein Seeländischer Priesterhof», zur «Zeit: Gegenwart» sowie durch die Nennung der «Hauptdarsteller» und ihrer Rollen: an erster Stelle «Frl. Asta Nielsen» als Magda Vang; dann ein Pastor und dessen Sohn, ein Ingenieur; außerdem ein Artist und eine Varietésängerin.[33] Theatergänger und in der Belletristik Bewanderte konnten aus den Berufsangaben der Rollen unschwer den Schluss ziehen, dass sich der dramatische Knoten dieses Gegenwartsdramas in einer Konfrontation des soliden Bürgertums mit der ‹Halbwelt› des Varieté schürzte.

Dass ABGRÜNDE ein «Sensationsdrama» war, wie Gottschalks *Kinematograph*-Annoncen den Kinobetreibern mitteilten, vermerkten die Annoncen im *Hamburger Fremden-Blatt* nicht. Das Hamburger Publikum erfuhr jedoch durch das absolute Kinderverbot, dass es sich um ein Stück handelte, das nur zur Aufführung vor Erwachsenen geeignet war. Die Zeitungsannoncen für ABGRÜNDE ließen also anzügliche Szenen erwarten – ebenso aber auch eine erbauliche Geschichte, wie es beim Besuch von Sprechbühnen üblich war.

Das absolute Verbot für Zuschauer unter 16 Jahren schloss ein relevantes Segment des Publikums vom Besuch des Langspielfilms ABGRÜNDE aus. Die Abwesenheit von Heranwachsenden unter 16 Jahren im Kinosaal war wohl ein Pluspunkt für das ‹bessere Publikum›, das abends gern ins Theater ging.

Kinematographentheater in den Zentrumslagen der Großstädte hatten von Anfang an versucht, über aufwändige Raumausstattung mit den Musik- und Sprechbühnen zu konkurrieren. Aber sie zeigten die gleichen Nummernprogramme wie die bescheiden ausgestatteten Ladenkinos. Mit einem «Theater-Drama», das Schauspieler Kopenhagener Bühnen aufführten, setzten sie sich von den Kurzfilmprogrammen der Ladenkinos ab und signalisierten den Anschluss an die gehobene Unterhaltungskultur der städtischen Theaterszene: «Die ABGRÜNDE haben hier geradezu Aufsehen erregt, und – ich glaube – bei einer Menge Leute erst den Gedanken wachgerufen, dass die Kinematographie doch etwas Vortreffliches ist.»[34] Mit dieser Nachricht seines hochzufriedenen Kunden Franz Thiemer aus Breslau machte Gottschalk die Kinobetreiber darauf aufmerksam, dass ABGRÜNDE als viel versprechender Publikumsmagnet vor allem deutlich mehr Zuschauer aus den ‹besseren Kreisen› vor die Leinwände lockte.

33 Vgl. Annonce, *Hamburger Fremden-Blatt*, Nr. 18, 21.1.1911.
34 Schreiben des Palast-Theaters, Breslau, zitiert in einer Annonce von Ludwig Gottschalks Düsseldorfer Film-Manufaktur. In: *Der Kinematograph*, Nr. 211, 11.1.1911.

Viele Kinobetreiber in den Zentrumslagen der Großstädte artikulierten Anfang 1911 dringenden Bedarf nach Langspielfilmen, um sich von der Standardware der Nummernprogramme abzusetzen. Lange Filme waren aber noch eine große Seltenheit. Kinos, die ABGRÜNDE gezeigt hatten, mussten anschließend wieder zu Nummernprogrammen zurückkehren. Oder es zeigten zwei, drei, ja sogar vier Kinematographentheater einer Stadt in derselben Woche den gleichen Langspielfilm! Oft handelte es sich dabei um DIE WEISSE SKLAVIN II: Dieses dänische Filmdrama war im freien Verleih bzw. Verkauf für jeden Kinobetreiber erhältlich und demonstrierte auf seine Weise die Vorteile des Monopolfilmverleihs.[35]

Asta Nielsen Monopolfilm-Serien – die Einführung des Starsystems

Angesichts der Publikumserfolge des Monopolfilms ABGRÜNDE ersann der Kölner Filmkaufmann und Kinobesitzer Christoph Mülleneisen sen. ein Geschäftsmodell zur Einführung des Starsystems in der deutschen Filmbranche, «das in seiner Professionalität, phantasievollen Eleganz und Dreistigkeit noch heute beeindruckt» (Müller 1994, 144). Mülleneisen hatte die Idee, den Monopolfilmverleih, d.h. den Handel mit exklusiven Aufführungsrechten, zu verknüpfen mit der Ausdehnung des Monopols auf die Arbeitskraft gefragter Filmschauspielerinnen und Filmkünstler. Die Produktionsfirmen verpflichteten damals Darsteller für Dreharbeiten in der Regel nur monatsweise. Mülleneisens Idee war innovativ – und einigen maßgeblichen Geschäftsleuten der Filmbranche erschien sie auch lukrativ: Am 27. Mai 1911 gründeten Mülleneisen sen., die Projektions-Aktien-Gesellschaft Union (die Kette der Union-Theater) und die Österreichisch-Ungarische Kino-Industrie G.m.b.H. in Frankfurt am Main die Internationale Films-Vertrieb-Gesellschaft (IFVG) mit Sitz in Wien. Zum Direktor der neuen Firma bestellte das Konsortium Paul Davidson. Das dänische Künstlerpaar Asta Nielsen und Urban Gad verpflichtete sich, exklusiv bis einschließlich 1914 an jährlich acht oder zehn Langspielfilmen mitzuwirken, wobei Asta Nielsen jeweils die Hauptrolle und Urban Gad Buch und Regie zu übernehmen hatte.[36] Sechs Wochen später folgte die Ankündigung des ersten Monopolfilms für die Saison 1911/12 – mit einem Paukenschlag: Bis zum 3. Februar 1912 beabsichtigte die neue Fir-

---

35 So zeigten sechs Breslauer Kinos Mitte Februar 1911 DIE WEISSE SKLAVIN II, vier von ihnen zur gleichen Zeit, also in direkter Konkurrenz. Vgl. die Annoncen im *Breslauer General-Anzeiger*, 18. bis 22.2.1911.
36 Über den Verbleib dieses wichtigen Vertrags ist nichts bekannt (vgl. Loiperdinger 2009).

ma 1.400.000 Mark in die Produktion der Monopolfilme mit Asta Nielsen zu investieren. «Das heißt Courage haben!», tönte die Annonce.[37] Die Investoren hatten aus den Publikumserfolgen von ABGRÜNDE den Schluss gezogen, dass sich aus Asta Nielsen ein großer Filmstar machen ließ. Sie zogen einen gewaltigen Wechsel auf ihre geschäftliche Zukunft mit dem dänischen Künstlerpaar. Asta Nielsen musste nun als *Star* dafür einstehen, dass die Kinobesitzer die Asta Nielsen Monopolfilm-Serie schon im Voraus buchten, noch bevor die Filme gedreht waren. Selbstverständlich wurde sie dabei von vielfältigen und breit gestreuten Werbemaßnahmen unterstützt. Ab August 1911 wurde sie mit der obligatorischen Bezeichnung «Duse der Filmkunst» auf eine Stufe mit dem Bühnenweltstar Eleonora Duse gestellt. Die jahrelange Krise der Filmmärkte schien damit überwunden. Die Einführung des Starsystems erwies sich als das geeignete Mittel, um mit Filmen wieder ordentlich Geld zu verdienen.

Literatur

Debski, Andrzej (2007) Vom Ladenkino zu den Kinopalästen. Breslauer Kinos vor dem Ersten Weltkrieg. In: *Silesia Nova. Vierteljahresschrift für Kultur und Geschichte* 4,3, S. 107–114.
Engberg, Marguerite (1993) The Erotic Melodrama in Danish silent films 1910–1918. In: *Film History*, 5,1, S. 63–67.
Engberg, Marguerite (1999) *Filmstjernen Asta Nielsen*. Aarhus: Klim.
Haller, Andrea (2008) Das Kinoprogramm. Zur Genese und frühen Praxis einer Aufführungsform. In: ‹*The Art of Programming*›. *Film, Programm und Kontext*. Hg. von Heike Klippel. Münster: Lit, S. 18–51.
Jaeger, Klaus G. (1983) Die «Düsseldorfer Film-Manufaktur». In: *Publizistik*, 28,1, S. 92–97.
Loiperdinger, Martin (1998) Plädoyer für eine Zukunft des frühen Kinos. In: *Früher Film und späte Folgen. Restaurierung, Rekonstruktion und Neupräsentation historischer Kinematographie*. Hg. von Ursula von Keitz. Marburg: Schüren, S. 66–83.
Loiperdinger, Martin (2008) ABGRÜNDE – poczatek dlugometrazowych filmów fabularnych we Wrocławiu. In: *Wrocław bedzie miastem filmowym. Z dziejów kina we Wrocławiu*. Hg. von Andrzej Debski & Marek Zybura. Wrocław: Wydawnictwo GAJT, S. 55–63.
Loiperdinger, Martin (2009) Der erste Filmstar im Monopolfilmverleih. In: *Asta Nielsen. Sprache der Liebe*. Hg. von Heide Schlüpmann, Eric de Kuyper, Karola Gramann, Sabine Nessel & Michael Wedel. Wien: Filmarchiv Austria, S. 177–186.
Müller, Corinna (1994): *Frühe deutsche Kinematographie. Formale, wirtschaftliche und kulturelle Entwicklungen*. Stuttgart/Weimar: Metzler.

---

37 Annonce der Projektions-Aktien-Gesellschaft «Union», *Der Kinematograph*, Nr. 238, 19.7.1911, wieder abgedruckt bei Müller 1994, 146.

Müller, Corinna (2008) Kinoöffentlichkeit in Hamburg um 1913. In: Müller/Segeberg (Hg.) (2008), S. 105–125.

Müller, Corinna / Segeberg, Harro (Hg.) (2008) *Kinoöffentlichkeit (1895–1920) – Entstehung, Etablierung, Differenzierung / Cinema's Public Sphere – Emergence, Settlement, Differentiation (1895–1929)*. Marburg: Schüren.

Nielsen, Asta (1928) Mein Weg im Film. 2. Mein erster Film. In: *B. Z. am Mittag*, 24.9.1928. Wieder abgedruckt in: *Asta Nielsen. Ihr Leben in Fotodokumenten, Selbstzeugnissen und zeitgenössischen Betrachtungen*. Hg. von Renate Seydel & Allan Hagedorff. Berlin (DDR): Henschel 1984, S. 38.

Schäfer, Dieter (1982) Anmerkungen zu einer Düsseldorfer Filmgeschichte – von den Anfängen bis 1945. In: *Düsseldorf kinematographisch. Beiträge zu einer Filmgeschichte*. Hg. vom Filminstitut der Landeshauptstadt Düsseldorf. Düsseldorf: Triltsch 1982, S. 11–40.

Töteberg, Michael (2008) Neben dem Operetten-Theater und vis-à-vis Schauspielhaus. Eine Kino-Topographie von Hamburg 1896–1912. In: Müller/Segeberg (Hg.) (2008), S. 87–104.

STEPHEN LOWRY

Movie Reception and Popular Culture in the Third Reich
Contextualization of Cinematic Meanings in Everyday Life

At the 1993 Pesaro conference on "Il cinema nel Terzo Reich," Irmbert Schenk presented some "critical notes on the suggestion of the identity of propaganda and effects in film studies" (Schenk 1994 & 2008). He criticized the lack of investigations of the real reception of Nazi period films and a tendency to jump from propagandistic intentions to assumed effects, without considering historical factors or psychological mechanisms that could explain how the audience dealt with the films emotionally or in terms of their life world. Unfortunately – for film studies, but not for Schenk's article – it has lost little of its relevance, even if some progress toward more complete views of cinema in Nazi Germany has been made.

What has been referred to as the "second wave" (Carter 2004, 5)[1] of studies on Third Reich cinema broke away from propaganda to look at the whole range of popular movies, thus revising the object and terms of discussion. The films have come to be seen as contradictory and open, just like any other movies, thus raising questions of the applicability of cultural studies (cf. Elsaesser 1997). Such approaches have widened the perspective by also including institutional aspects, thus affording a picture of multiple, though not always conflicting, commercial and political forces that shaped production and distribution. International relations are increasingly being brought into view, taking Nazi cinema out of an artificial isolation. Studies of individual films, stars, and genres have also given us a closer look at the textual and aesthetic mechanisms involved.

However, the question of propaganda remains central. The British and American discussion has been more open to reconceiving Nazi cinema in terms of "multi-discursive tendencies," "dominant and non-dominant discourses," and even an inherent "instability" in National Socialist culture,

---

1 This term refers to work begun by Karsten Witte (1976, 1981–82 & 1995) and continued by a number of scholars over the past decades: Rentschler 1996; Schulte-Sasse 1996; Kreimeier 1992 & 1994; Lowry 1991, 1998 & 2002; Carter 2004; Hake 2001; Ascheid 1998 & 2003.

as Antje Ascheid mentions (2003, 7F). However, such discussion still views Nazi cinema as a functional part of politics, as the title of Eric Rentschler's work, *The Ministry of Illusion,* suggests. In German research, the concept of propaganda remains dominant, as recent publications demonstrate.[2]

Of course, there are reasons to retain a political view of Nazi cinema, and it would be a massive distortion to declare it free of politics.[3] The reality of industrialized mass murder makes it impossible to ignore the political context of even the most insipid entertainment films. From our retrospective view, Nazism is defined by terror and culminated in the Shoah, and this cannot be ignored as the crucial perspective. However, it also makes it difficult to understand the experiential reality of Germans living in the Third Reich, which was determined by "split consciousness" (Schäfer 1982). There seems to have been much more 'normality' in everyday life than we might be willing or able to imagine – a ghastly normality that encompassed concerns about love, sex, food and basic goods, the deportation of Jews, popular music, bombing, charred corpses in the streets, the Gestapo, cosmetics and clothing, work, and trying to raise children.

Another reason to question the propaganda model are its implicit assumptions. Strong media effects have never been verifiable. Media effects are always diverse, occur over a long time, and are weaker than other factors, including social milieu, direct communication, education, family, etc. They are limited in scope – the conversion of beliefs is unlikely, but their reinforcement much easier. Most convincing are multi-factor models, which conceive a spectrum of possible, but generally small and cumulative effects. Put simply, studying movies, even propaganda movies, will never satisfactorily explain 'how that could happen.' It may, however, help reconstruct one small part of the fabric of culture and daily life within which people's behavior enabled the political system of Nazi Germany to function.

Moreover, claiming that propaganda was responsible for the regime reduces the public to passive victims manipulated by Goebbels and Hitler. The effect is to exculpate the audience, assuming that they were and even had to be manipulated. The resulting exoneration of guilt may explain why such models are popular in Germany, but it does not explain how the regime gained and retained loyalty. Questions of ideology present themselves very differently if one conceives of the population as helpless victims or as willingly embracing a system that promised gratifications, including real or imagined social mobility, national identity, and the re-

---

2   See, for example, Bussemer 2000; Kleinhans 2003; Segeberg 2004.
3   As was often claimed by people active in Third Reich film; see, for example, Rabenalt 1978.

wards of consumer society, at least for certain social strata. Many were already permeated by Nazi mentality, others became hangers-on out of fear or opportunism, while some remained distanced or oppositional, but went on trying to live and work as normally as possible while generally conforming to internalized social values of orderliness, discipline, and the work ethic (cf. Bergerson 2004).

Taboos are also involved: As the epitome of evil, Nazism cannot be seen as having offered people real gratifications. Anyone suggesting this is open to attack for claiming that it was something good. And while such claims do circulate – myths about the supposed lack of crime, the status of motherhood, the autobahn and unemployment, and so on, refusing to look at the mass attraction of the system for significant parts of the population blocks understanding.

Historical studies of cinema, film distribution, and audiences have made progress, but major gaps remain. Figures are available on box office returns or the running times of individual films, and these can indicate audience response. Some documents show audience response directly, particularly the SD reports. Gerhard Stahr has taken a close look at such sources, presenting an overview of how reception developed, but also demarcating the limits of the sources (2001, 41–55): they fail to conform to standards of empirical research and were directly involved in the internal power politics of the regime, systematically skewing the picture they gave of audience response.

Neither is oral history a real alternative. Memories of movie experiences are unreliable, and unconscious emotional responses cannot be accessed. One can at most reconstruct memories, not experience itself (Stacey 1994). In this case, they have often been distorted by secondary revision of their contents. An anecdote may illustrate this: in the late 1980s, I took advantage of the afternoon "senior citizens" screenings in a Bremen theater to view old movies. While watching WUNSCHKONZERT (D 1940, Eduard von Borsody), the lady next to me was shaking her head and murmuring, "That's not WUNSCHKONZERT, this is the wrong movie," whenever shots of bombings, air combat, tanks, artillery, and so on appeared.[4] As long as the film stuck to the love story with Ilse Werner, musical numbers, or even the shots of Hitler at the Berlin Olympics, she was satisfied about being in the right film. Although most interpretations explain the film's success precisely through its references to topical reality (Silberman 1995, 79–80), these are what had been repressed by selective memory.

4   Such shots do not take up much of the movie, but they are quite noticeable in comparison to most other feature films, which played in a never-never-land far removed from contemporary Nazi society.

This restricts application of cultural studies to Nazi cinema: the use of interviews or empirical studies is limited, leaving us with the hermeneutics of divergent possible "readings." Such studies mark one of the major advances in the "second wave": breaking open the supposedly monolithic quality of Nazi cinema. But the problem of how to avoid arbitrary or historically false interpretations remains.[5] Even in cases where the intention of the text and the built-in signals about how to read it seem clear – as in the case of newsreels –, actual reception is not. Some reactions to newsreels were documented, but – other than at the beginning of the Third Reich and again in the early war years – the audience generally remained passive. Scattered resistance in the form of laughter, boos, and comments was noted – Hermann Göring was often the target – but it is unclear how typical this was (Stahr 2001, 135).

Despite more sophisticated film analysis, it remains difficult to judge which elements the audience responded to and how. Narrative structures like closure show the work of ideology in the text and pre-structure the pragmatics of how audiences should understand them. But did they follow such paths? How did various moviegoers interpret movies, and which criteria and values were involved? What if it was not the "message" that interested them at all, but the look, the fashions, the way the star moves and talks?

These questions mark limits of works that retain a model of effects, despite the integration of moments of "active audience" theory. Film policy clearly assigned cinema a political role. However, texts can only work when they interact with the various structures of the mentality and emotionality of audiences. Just like advertising, propaganda and entertainment must appeal to needs and wants; they can only activate meanings already present in the knowledge and subjectivity of people.

So how can we make better substantiated guesses about what went on in audiences in the Third Reich? My suggestion is that a strong contextualization within the culture of everyday life may be a way to reconstruct not the real reception, but at least some of the discursive networks within which this production of meaning took place. These may be political; more often, however, they involve proto-political patterns of behavior, feelings and affects, subjectivity, and taste. The emphasis on contextualization may even mean a shift of focus away from film onto a primarily cultural approach, relegating the films to being a privileged source, but only one source among others to reconstruct some of the meanings of everyday life.

---

5   Extreme cases would be intent on discovering an oppositional subtext in every film or on turning Veit Harlan into an *auteur* by only considering aesthetic aspects of the films, see Grob 1984ff.

1-6 HAUPTSACHE GLÜCKLICH (HAPPINESS MATTERS THE MOST, Theo Lingen, D 1941).

A small example: the movie HAUPTSACHE GLÜCKLICH (HAPPINESS MATTERS THE MOST, Theo Lingen, D 1941), starring Heinz Rühmann and Hertha Feiler, opened in April 1941 and played quite successfully. In terms of plot and protagonist, this is a typical Rühmann comedy. Here he plays the accountant Axel Roth, who is content to be just a little cog in the big machine of his company, as he puts it. He seeks happiness exclusively in private life, which also seems perfect when he marries and sets up domestic bliss within the four walls of his apartment. However, his wife, Uschi, pushed on by her mother, wants him to be more ambitious. When Axel shows no initiative of his own, she goes to talk to his boss. He does not take the time to talk to her, but she quickly adds their names to a list of invitations when the secretary is busy. So to Axel's surprise, they are invited to a fancy party at the director's home. Uschi's trick fails, however, since Axel gets drunk and explains his philosophy of doing as little as possible – this was not the impression she hoped he would make. Fate steps in, though, when Uschi loses the broach she had borrowed from a customer at the beauty parlor where she works. Now Axel has to become ambitious to come up with the money to replace the jewelry. Not much is left of the domestic idyll after the couple has to sell off their prize possessions and sublet a room, and ends up quarrelling constantly, finally even getting divorced. Axel, however, reveals a whole new side of his personality, working furiously at his job of checking expense accounts. In the end, he exposes waste and corruption among the managers, thus leading his astonished boss to offer him a big bonus and the promotion to the position of a director. Axel can then replace the broach, only to find out that it was not the original, but only a cheap duplicate. Still, all the problems are solved and the couple can get back together happily again.

As always, the Rühmann character finds happiness in conformity by the end of the film. In this case, he is even rewarded with upward mobility, when he is forced despite himself to discover his own potential for ambition, hard work, and diligence. Plot closure suggests social harmony and provides models for behavior and values, so it is not hard to find an ideological subtext. Bernd Kleinhans reads the movie as presenting the German populace with a parable, teaching them that they should learn to do their duty to the community, like Axel does for the company, and they will then be rewarded by true happiness. Furthermore, it suggests that corruption or abuse of power were not systematic elements of Nazism, but would be cleared up – 'if the Führer only knew' – and each member of society did his duty. Thus the movie seems to allow indirect criticism of the low-level Nazi functionaries, but only to stabilize the system as a whole (see Kleinhans 2003, 140–142).

Plot patterns, jokes, and other verbal or visual stereotypes integrate patterns of spectator knowledge and emotions into the pragmatics of a film, showing which audience reactions were expected, but of course not whether they were achieved (although box office success can be an indicator). Humor relies on shared systems of values and the understanding of situations and roles, so a successful comedy can be an indication of a widespread sentiment in society. However, textual constructions of the implicit viewer involve not only plots, but also all the other attractions built into the films, including stars, decor, costumes, and music.

Which of the various attractions actually interested the viewers? Did they particularly care about narrative structure and resolution, or did they just see them as normal, conforming to expectations about the star and genre, but not really *meaning* much? In other words, to what degree did moviegoers expect the films to reflect reality, and to what extent did they want movies to be 'just movies?' This is not necessarily a contradiction, and stereotypical genre movies can still be symptomatic of a social or "political unconscious," to use Frederic Jameson's term (1981), but it does open up further questions about reception.

Rühmann's films in this period were star vehicles, built around an established image, which provides further access to complexes of meanings and possible forms of audience interaction.⁶ The forms of subjectivity, behavior, and the micro-politics of body and *Haltung* (in the double sense of posture and attitudes) that Rühmann embodied were characteristic of the culture of 1930s, 1940s, and even 1950s Germany. Nonverbal communication – posture, movements, use of space, paralinguistic signs – can embody lifestyles and represent collective identity, thus forming patterns of sentiment invoked by movies below the level of plot and theme. Within the obvious representation of petit-bourgeois character, Rühmann also incorporated expressions of modernity as a subjective feeling and that was revealed at this basic level of bodily expression.⁷

At an even more basic level: what do movies *show*, what do we *see*? How does the film work as a visualization of a modern version of middle-class taste and desires: furniture, interiors, the privacy of an apartment, work/leisure time, fashion, and values, often embodied in spaces as well as behavior and expressions?

Merely on the basis of the images, it might be difficult to tell if HAUPTSACHE GLÜCKLICH is a movie from the 30s, 40s or 50s, or even the late 20s. The style of architecture and design fits well within a form of toned-down modernism that existed across these periods (Hake 2001, 46–67). It is certainly no coincidence that decor is used quite ostentatiously to introduce the protagonist and his desires: he is shown avidly browsing an advertising prospect for furniture while entering his workplace, a modern office. Both he and his surroundings fit closely to the lifestyle of the white-collar workers that Siegfried Kracauer had portrayed as new and characteristic of the 1920s (Kracauer 1980 [1929]). His apartment as a private refuge and his search for happiness in domesticity becomes the crux of the story. He is unable to exclude social pressures (work, status, social climbing), but when he meets them, the middle-class work ethic provides him with a way to realize private happiness at a more secure level in the end, with-

---

6   See, for example, Hake 2001, 87–106; Körner 2001, 17–58; Lowry 2002.
7   See Hake's discussion of Rühmann as exhibiting a particular kind of "male hysteria" and regressive behavior (2001, 95–106).

out fundamentally changing his petit-bourgeois goals. The happy ending shows the couple back in the private space of their bedroom.

The continuity of middle-class tastes seems to be a prevailing element in German cinema. For the Nazi period that is not surprising, as historical studies point to the predominance of relatively young, urban, middle-class audiences. But it also seems that the petit-bourgeois habitus as a structure of taste and lifestyle was able to extend beyond class borders in this period. Upward mobility as a central desire was much more widespread, but also provided some with an incentive to participate in the system. The Nazis broke down old social barriers to establish their own forms of social relations, structures, and interactions. These included both obviously politicized forms (Hitler salute, youth and women's organizations, etc.) and apparently apolitical ones, which modernized the expressions of social relations as people integrated them into their practices of daily life. At the same time, these mechanisms were often instrumental in political ways, such as forcing integration into the "Volksgemeinschaft" or ostracizing Jews (Bergerson 2004). Furthermore, the promise of consumption and even luxury open to the people played an important role, although these things were for the most part only attainable for the elite (see Almeida 2007; Schäfer 1982). Such desires remained very much alive even when the war made it hard to fulfill more basic needs and may have intensified them as signs of a kind of normalcy that people yearned for all the more the worse the war became.

But did spectators in 1941 really need propaganda to tell them to conform, or even more, to search for happiness in work, apartments, furniture, marriage, and a fox terrier in bed? Or did they just want the hope that these things could be achieved someday (when the war was over – in 1941 probably still thought of in terms of a victory)? In other words, do we need to look for effects other than the confirmation of what was already there – desire for a lifestyle represented by consumption, private life, conformity, the family, and a certain kind of smug, thoroughly integrated, and apparently apolitical identity? By mid-1941, these were on the way to becoming long-term wishes that would not be realized until the economic miracle of the fifties.[8] But they may help explain the willingness to support Nazi society throughout the thirties and the beginning of the war, and even hold out after Stalingrad, when such wishes were obviously utopian.

A random issue of the popular movie magazine *Filmwelt* from 17 September 1941 (No. 37/38) may give a view of what desires advertising

---

8   These impulses lived on into the 1950s, when the modern, middle-class, consumer lifestyle promised here gradually became realizable for more and more people in West Germany (cf. Schenk 2000).

7–8 "You have to work to be successful. But we also have to look good": Beauty cream, hair-dryer.

Sieh mal, Kleines, ich bin ja schon länger im Beruf als Du. Um Erfolg zu haben, muß man arbeiten, das ist sicher. Aber wir sollen außerdem gut aussehen. Das verlangt man ganz selbstverständlich von uns, und wir wollen's ja auch, weil wir nun einmal Evastöchter sind. Merke Dir, hin und wieder in den Arbeitspausen Hände und Gesicht mit Eukutol 3 Hautcreme gepflegt, das erhält die Haut wunderbar jung. Man fühlt sich frischer und wirkt auch so! Du glaubst nicht, wie wichtig das ist.

targeted in moviegoers.[9] Along with advertisements for individual movies, we find a half-page advertisement for the state lottery and notices calling for donations to the Kriegs-Winterhilfswerk (Winter Relief Fund Drive)

> 9 Surveying other popular periodicals of the time, such as *Die Koralle, Der Silberspiegel*, and *Berliner Illustrirte Zeitung*, confirms that such advertisements were typical at the time. While there was some variation among the magazines – during the war, *Der Silberspiegel*, for instance, tended to present the more folkloristic fashion direction and "natural" beauty ideals and a definition of women's roles closer to the Nazi policy, but still included glamour fashions and products – the general tendency was toward swank high fashion, consumer goods, and styles that in wartime were probably only available to the Nazi elite (cf. Guenther 2004).

and asking readers to send the magazine to soldiers after they had read it. More space is devoted to large ads for Dralle Birkenwasser (hair care), Kaloderma cosmetics, Leichner Vitamin-Krem (cosmetics), Thomas porcelain, Cinzano, Hansaplast bandages, Bayer medicine, Blendax toothpaste, and many smaller ads for medications, cosmetics, pipes, shoe polish, Kodak film, sanitary napkins, hair removal, a detective agency, mineral water, jobs with the Ufa, and even diet pills or a hairdryer ("available again in all specialty shops after the end of the war"). Advertising does not always reflect reality – the SD reported public dissatisfaction that some theater advertising was for products, particularly foodstuffs, which had not been available for a long time (cf. Stahr 2001, 200). It was not only the war economy that made some products difficult to obtain; even in the pre-war period, the politics of autarky and armament production resulted in a scarcity of foodstuffs, especially butter and fat, as well as in many other consumer goods. Class differences and divergent incomes in German society had always made consumerism more of a wish than a reality for many. Contrary to some myths, Nazism neither resolved the depression nor brought affluence – wages and dispensable income did not increase greatly during the thirties. However, it did spread the idea of consumption as part of modern life. As Wolfgang König has shown, the so-called *Volksprodukte* – along with the Volkswagen, the *Volksempfänger* (radio), refrigerator, apartments, and the promise of mass tourism belonged to this idea – presented the promise of a consumer society that would go beyond basics needs and open up a kind of luxury consumption to the people, but this promise remained unfulfilled (König 2004).

Of course, advertising is no more a direct reflection of everyday life than any other form of mass culture is. Still, advertising is generally directed at real *desires* of the public, even if these are wishful thinking, and as such it be interpreted as an important part of the discourse of popular culture in

9 Savings plans for the "coming peacetime."

10–12 "Conserving," "enjoying," "good spirits":
Cleanser, sunscreen, champagne.

13–14 "Just what women want": Hair tonic and fashion.

the Third Reich. Although even basic needs became hard to satisfy during the war, consumer desires seem to have been relatively resistant to reality checks – Hans Dieter Schäfer notes that sales of savings plans for the purchase of a house continued almost up to the end of the war (1982, 151) – or to have served as a compensation for the bleak reality. While some advertisements stress how to save soap or use food efficiently, most avoid referring to wartime reality or do so very indirectly, as a Nivea advertisement addressed to the husband on the front, while the wife and daughter appear most concerned about their suntans. Popular magazines were filled with advertisements oriented toward typical concerns in consumer society: personal appearance, health, beauty, and various luxury products.

Fashion plays a central role in HAUPTSACHE GLÜCKLICH, since it is the borrowed broach (to go with the elegant evening gown that Uschi wears at the boss's party) that provides the major conflict in the plot. Visually, style and beauty play a major role, too. Not only is Hertha Feiler presented as an ideally beautiful young woman (and as a glamorous star, too – particularly when she and Rühmann began a romance and then married), but Uschi is also professionally involved with styling, working in her mother's beauty parlor. Female beauty was an aspect of daily life that the Nazis hesitated to regulate, and even late in the war a ban on permanent waves and plans to close beauty parlors were rescinded out of fear of sinking civilian morale (Guenther 2004, 249–250; 244). The desire for fashion and beauty was prevalent, as women's magazines like *Koralle* and *Der Silberspiegel* show, although the means of achieving it may often have been reduced to the wartime slogan "make new out of old" or of getting a new hat (one of the few pieces of clothing exempt from rationing). Young, good-looking, independent women, portrayed conspicuously often with an optimistic look up and to the right (a pose also typically adopted by Zarah Leander in her films) may have been more important as an icon of hope than in selling products.

Research on a wide range of popular media and comparison with information about real material production and conditions of life will be necessary to investigate such contexts more closely. Patterns of consumption (or at least the desires for consumer goods), interior design, and fashion – as external symptoms of lifestyles and sentiment – may help reconstruct the dispositions of the moviegoers, giving clues to the ways they may have responded. There are limits, though. The contexts we can construct will only provide further clues to be interpreted. The results remain speculative or at least interpretative, but – by showing larger areas of correlation – they may allow inferences about the meanings for audiences and the role of cinema not only as a propaganda machine, but as a complex cultural mechanism closely related to people's wishes, feelings, and fantasies.

References

Almeida, Fabrice de (2007) *Hakenkreuz und Kaviar. Das mondäne Leben im Nationalsozialismus*. Düsseldorf: Patmos.
Ascheid, Antje (1998) Nazi Stardom and the 'Modern Girl.' The Case of Lilian Harvey. In: *New German Critique* 74, pp. 57–89.
Ascheid, Antje (2003) *Hitler's Heroines. Stardom and Womanhood in Nazi Cinema*. Philadelphia: Temple University Press.
Bergerson, Andrew Stuart (2004) *Ordinary Germans in Extraordinary Times. The Nazi Revolution in Hildesheim*. Bloomington: Indiana University Press.
Bussemer, Thymian (2000) *Propaganda und Populärkultur. Konstruierte Erlebniswelten im Nationalsozialismus*. Wiesbaden: Deutscher Universitäts-Verlag.
Carter, Erica (2004) *Dietrich's Ghosts. The Sublime and the Beautiful in Third Reich Film*. London: BFI.
Elsaesser, Thomas (1997) Hollywood Berlin. In: *Sight and Sound* 11, pp. 14–17.
Grob, Norbert (1984) Veit Harlan. In: *CineGraph. Lexikon zum deutschsprachigen Film*. Hans-Michael Bock (ed.). Munich: Edition Text und Kritik, pp. E1–E20.
Guenther, Irene (2004) *Nazi Chic? Fashioning Women in the Third Reich*. Oxford/New York: Berg.
Hake, Sabine (2001) *Popular Cinema of the Third Reich*, Austin: University of Texas Press.
Jameson, Frederic (1981) *The Political Unconscious: Narrative as a Socially Symbolic Act*. Ithaca: Cornell University Press.
Kleinhans, Bernd (2003) *Ein Volk, ein Reich, ein Kino. Lichtspiel in der braunen Provinz*. Cologne: PapyRossa.
König, Wolfgang (2004) *Volkswagen, Volksempfänger, Volksgemeinschaft. 'Volksprodukte' im Dritten Reich. Vom Scheitern einer nationalsozialistischen Konsumgesellschaft*. Paderborn/Munich/Vienna/Zurich: Schöningh.
Körner, Torsten (2001) *Der kleine Mann als Star*. Frankfurt a. M.: Campus.
Kracauer, Siegfried (1980 [1929]) *Die Angestellten. Aus dem neuesten Deutschland*. Frankfurt a. M.: Suhrkamp.
Kreimeier, Klaus (1992) *Die Ufa-Story. Geschichte eines Filmkonzerns*. Munich/Vienna: Hanser.
Kreimeier, Klaus (1994) Von Henny Porten zu Zarah Leander. Filmgenres und Genrefilm in der Weimarer Republik und im Nationalsozialismus. In: *Montage AV* 3/2, pp. 41–53.
Lowry, Stephen (1991) *Pathos und Politik. Ideologie in Spielfilmen des Nationalsozialismus*. Tübingen: Max Niemeyer.
Lowry, Stephen (1998) Ideology and Excess in Nazi Melodrama: *The Golden City*. In: *New German Critique* 74, pp. 125–149.
Lowry, Stephen (2002) Heinz Rühmann – The Archetypal German. In: *The German Cinema Book*. Tim Bergfelder, Erica Carter & Deniz Göktürk (eds.). London: BFI, pp. 81–89.
Rabenalt, Arthur Maria (1978) *Film im Zwielicht. Über den unpolitischen Film des Dritten Reichs und die Begrenzung des totalitären Anspruches*. Hildesheim/New York: Olms.
Rentschler, Eric (1996) *The Ministry of Illusion. Nazi Cinema and Its Afterlife*. Cambridge, MA/London: Harvard University Press.

Schäfer, Hans Dieter (1982) *Das gespaltene Bewusstsein. Deutsche Kultur und Lebenswirklichkeit 1933–1945*. Munich/Vienna: Hanser.

Schenk, Irmbert (1994) Geschichte im NS-Film. Kritische Anmerkungen zur filmwissenschaftlichen Suggestion der Identität von Propaganda und Wirkung. In: *Montage AV* 3/2, pp. 73–98.

Schenk, Irmbert (2000) 'Derealisierung' oder 'aufregende Modernisierung'? Film und Kino der 50er Jahre in der Bundesrepublik. In: *Erlebnisort Kino*. Irmbert Schenk (ed.). Marburg: Schüren, pp. 112–129.

Schenk, Irmbert (2008) *Kino und Modernisierung. Von der Avantgarde zum Videoclip*. Marburg: Schüren.

Schulte-Sasse, Linda (1996) *Entertaining the Third Reich. Illusions of Wholeness in Nazi Cinema*. Durham/London: Duke University Press.

Segeberg, Harro (2004) (ed.) *Mediale Mobilmachung I. Das Dritte Reich und der Film*. Munich: Fink.

Silberman, Marc (1995) *German Cinema. Texts in Context*. Detroit: Wayne State University Press.

Stacey, Jackie (1994) Hollywood Memories. In: *Screen* 35/4, pp. 317–335.

Stahr, Gerhard (2001) *Volksgemeinschaft vor der Leinwand? Der nationalsozialistische Film und sein Publikum*. Berlin: Hans Theissen.

Witte, Karsten (1976) Die Filmkomödie im Dritten Reich. In: *Die deutsche Literatur im Dritten Reich. Themen – Traditionen – Wirkungen*. Horst Denkler & Karl Prümm (eds.). Stuttgart: Reclam, pp. 347–365.

Witte, Karsten (1981-82) Visual Pleasure Inhibited: Aspects of the German Review Film. In: *New German Critique* 24–25, pp. 238–263.

Witte, Karsten (1995) *Lachende Erben, Toller Tag. Filmkomödie im Dritten Reich*. Berlin: Vorwerk 8.

1 Wunschkonzert (Eduard von Borsody, D 1940), Filmplakat.

HELMUT KORTE

WUNSCHKONZERT (D 1940) – Reconstructing Historical Effects

The debate on reception history in 1970s (German) literary studies and – even more – in cultural studies and similar approaches has brought about a decisive paradigm shift in media analysis. Approaches that analyse works or try to lay open their author's intentions have nowadays often given way to the study of audience reception as a process that constitutes meaning. With the focus on reception and the respective socio-historical context, however, the elaborate and detailed analysis of products (i.e., movies) seems to have become obsolete. One might even gain the impression that with the demise of the work-centred approach preferences have shifted to the other extreme, giving exclusive privilege to the study of the process of reception. Even so, the reconstruction of historical meaning cannot dispense with painstaking product analysis because it provides a key to the *intended reception* and the possible modes of contemporary reception.

Analysing the historical reception of films[1]

The growing distance from the original reception of a film makes it increasingly difficult to determine its concrete impact on contemporary audiences. Beyond the projection on the screen, the message of a film can only be realised individually, and corresponding data are, as a rule, not available.

Moreover, the constitution of meaning through the audience is a highly complex process, comprising various factors that remain, for the most part, unconscious in the reception process. The message of a film, as experienced by the viewer, is not determined exclusively by such elements as plot, dialogue and acting, but in combination with a specific use of sound and visual components (montage, lighting, camera activities) and with the temporal

---

1   The following text is a heavily abridged extract from a study in progress about propaganda strategies in Nazi cinema. This is planned as a – methodological and historical – sequel to my investigation into the reception history of films in the final phase of the Weimar Republic. See Korte 1998.

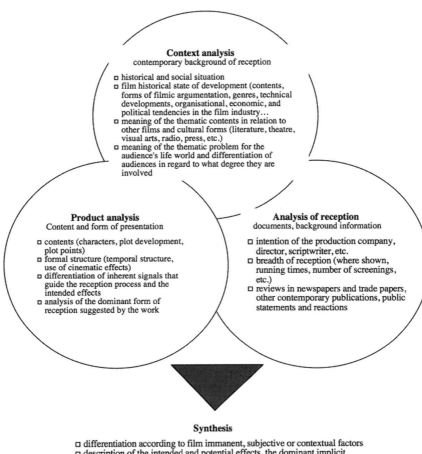

2 Ideal model of historical analysis.

structure of presentation. In addition, meaning constituted thus can be attributed only partly to the parameters of reception offered by the film. It is rather a construction by the audience that is influenced by internal and external factors, including individual dispositions, situational and socio-historical variables, and so on. Besides, this construction can vary strongly, depending on the degree of conventionality of the parameters of reception.

Therefore, the contemporary reception of a film can be reconstructed only in approximation, by establishing a chain of evidence comprising the key influencing factors (such as the historical and social context). This calls for a methodological combination of product, context, and reception analysis.

Thus, context and reception analysis have a function in reconstructing the respective historico-culturally induced contexts of the film's formation and reception. Ideally, this will include tangible ways of reception. Product analyses, then, aim at revealing a film's receptional potential, that is, the dominant or oppositional readings that are laid out in its visually, acoustically, and chronologically structured cinematic presentation.

The various aspects and sources and the results of historical research must be brought together in an integrated argumentative perspective. Whether the investigation begins with the immanent contents of the text (product analysis), with contextual problems, or with reception depends on the particular topic and the concrete film under investigation.[2]

Product analysis looks at contents and the filmic means of presentation (narrative strategy, plot, camera, sound, etc.) in order to gain information about the inherent spectrum of meanings, immanent messages, and plot information. An investigation of how viewers are led to identify (direction of attention, presentation of characters, formal and content-oriented climaxes, suspense) builds on this first level of analysis, and provides the basis for judging the possible range of meanings as well as the dominant form of reception suggested by the film: the aim is to establish a spectrum of intended modes of reception.

This range of possible messages is determined through analysis of the product, and is further narrowed in through *contextual analysis* of the historically intended message and its latent variations – by bringing relevant social and film historical developments into play. Such investigation relates the problems the film deals with and the solutions it suggests to the context of the audience's real everyday life. It also makes comparisons with similar or divergent films, the contents and intentions of other media, and producers' intentions.

The historically dominant tendencies in the filmic message, themes, and suggested courses of action can be filtered out in this way. Subsequent analysis attempts to *reconstruct* the *historical spectrum of meanings* and to approximate the potential historical effects. The analysis of the cinematic work is set alongside the reception situation, its background, and any available reception documents.

Since concrete, empirical reception data hardly ever exist in the case of older films, and since the use of *oral history* methods (such as asking audience members about film reception from long ago can hardly lead to usable results), one has to rely on concrete contemporary film reviews as a further source to try to verify the results of product and context analysis

---

2   See in more detail Korte 1998; Korte 2004.

through real perceptions of the films. To rely primarily on such reception documents and to draw conclusions therefrom directly about historical reception would, however, be highly problematic, since such documents represent the reception of certain, as a rule culturally and socially privileged professionals, and were generally written for use in commercial media. Therefore, they can only partially or indirectly tell us something about the normal audience's reception. In this respect, the following minimal model presents a possible solution in terms of a process of approximation: starting from the results of product and context analysis and integrating reviews and any available information on marketing, target audiences, and so on, the notion of a *competent spectator* will allow for reconstructing the probable processes of reception and possible variations therein.

WUNSCHKONZERT[3]

Keeping in mind that there is a categorical difference between the contemporary reception of a film and that of our own time, the following case study will approach the interplay between reception signals in a film and contemporary structures of knowledge and experience in the constitution of meaning.

I have chosen the film WUNSCHKONZERT (MUSICAL REQUEST PROGRAMME, Eduard von Borsody, D 1940), an episodic film popular at the time. While it interlocks the lives of various characters, in the guise of simple entertainment, WUNSCHKONZERT cleverly disguises its underlying political message by relating the diegetic world of the film to the everyday life of its audience. Joseph Goebbels, the Nazi Minister of Propaganda, repeatedly elaborated on this strategy and urged filmmakers to adopt it. The impact of the medium on the masses, he argued, should not take the form of crude propaganda, for instance through "the display of National Socialist emblems and symbols," because:

> In dem Augenblick, da eine Propaganda bewusst wird, ist sie unwirksam. In dem Augenblick aber, in dem sie als Propaganda, als Tendenz, als Charakter, als Haltung im Hintergrund bleibt und nur durch Handlung, durch Ablauf, durch Vorgänge, durch Kontrastierung von Menschen in Erscheinung tritt, wird sie in jeder Hinsicht wirksam. *(Goebbels 1937)*[4]

---

3 See Korte 2005.
4 ["At the very moment that propaganda becomes conscious, it becomes ineffective. However, whenever it remains in the background as a tendency, as a character, or as an attitude, and appears only through action, through procedure, through events. or through the contrasting of human beings, then it becomes effective in every respect."]

Thus, the hidden and hence more powerful methods of embedding the message in entertaining or "moving subject matter" should be used instead, so that film might "fulfil its task of education without the viewers becoming aware of being educated" (Goebbels 1941).

Content

The 1936 Berlin Olympic Games: Inge Wagner (Ilse Werner) and the young pilot officer Herbert Koch (Carl Raddatz) have fallen in love during the opening ceremony at the Olympic Stadium. They spontaneously decide to marry. But Herbert is unexpectedly assigned to a top-secret mission

3–5 WUNSCHKONZERT (Eduard von Borsody, D 1940): Olympic Bell / Flags / Inge and Herbert.

6–8 "The German Salute" / Hitler with entourage / "The German Salute."

9–11 Cheering audience / The Olympic teams march in / Inge and Herbert.

12–14 The sudden goodbye: Close-up Inge / Inge & Herbert / Close-up Inge.

15–17 "Legion Condor" / 6th September / Attack on Poland.

("Legion Condor"). Bound to secrecy, he can neither write nor talk about the mission, and thus they lose sight of each other.

Outbreak of war (1939): Before setting off for the front, four soldiers – the baker, the butcher, the teacher, and the musician – are spending some time with their families. Flight lieutenant Helmut (Joachim Brennecke), a schoolfriend of Inge's, is called up for military service, too. During his farewell visit, he proposes to her but is rejected.

Air base: Herbert, who has meanwhile been promoted to a higher rank, makes a donation to the radio programme "Wunschkonzert für die Wehrmacht," which is popular with military personnel and civilians alike. He makes a request for the Olympic Fanfare on the next show. Herbert makes the acquaintance of a young pilot officer (Helmut) who becomes his new co-pilot. During the eighth "Wunschkonzert" show, the Olympic Fanfare is played for Herbert Koch. Inge who has been given his address by the radio station writes him a letter. They arrange a date.

18–20 Radio audiences: Soldiers (baker and butcher) / Housewives / Men at work.

Western front: While on patrol, the butcher and the baker have caught five pigs which they want to donate to the Wunschkonzert. Both are ordered to deliver the pigs to the radio station in Berlin. They start practising for their performance. Meanwhile, Herbert and Helmut have become friends. Herbert tells Helmut about his long lost love and Helmut speaks about his forthcoming engagement. While Inge is waiting for Herbert in a café, he is called away on a combat mission. On its return to base, Herbert's plane is hit by an artillery shell and Helmut is injured. After an emergency landing, they are rescued by a German submarine.

21–23 Soldiers in the minefield / The organ player / The burning church.

Western front, night: A German military unit has overpowered a group of French soldiers. Confused and disoriented by the fog, they wander around in the minefields. The teacher and the musician who were left behind at the observation post near an old village church realize the danger. The musician starts to play the organ to help his comrades find their way out of the fog. He dies under shellfire in the burning church.

Air base / military hospital: Herbert lies next to the wounded Helmut. Helmut shows Herbert a photograph of Inge, his 'fiancée.' Leaving the ward, Herbert runs into Inge in the hall. He only gives her a cold welcome because he doesn't want to stand in the way of his friend and comrade.

Berlin: Meanwhile, the butcher and the baker have arrived at the radio station and are preparing themselves for their performance. The tenth "Wunschkonzert" show starts. People start to gather around their radio sets – an old couple, soldiers in a bunker and in the trenches, labourers in a factory: A march is played; performances of Marika Rökk (*In einer Nacht im Mai…*), Rühmann/Brausewetter/Sieber (*Das kann doch einen Seemann nicht erschüttern…*), Berlin Philharmonic orchestra (overture of *Figaros Hochzeit*); meanwhile, Helmut is telling Inge about Herbert's lost love.

24–26 Heinz Goedecke, the anchorman / The audience in the hall / Enter Marika Rökk.

27–29 On stage: Baker and butcher / The comedian Weiß-Ferdl / Paul Hörbiger.

30–32 Herbert and Helmut / Inge / The happy ending.

This explains his cold welcome. Inge tells Helmut about her relationship with Herbert.

"Wunschkonzert": Enter the baker and butcher, who have forgotten the text of their song, the comedian Weiß-Ferdl (*Ich bin so froh, ich bin kein Intellektueller…*), and Paul Hörbiger with one of his Viennese chansons. The names of the soldiers who have become fathers are read out (among them the teacher's). A children's choir performs (*Schlafe mein Prinzchen, schlaf ein…*). The anchorman announces a song played for a mother whose son was killed in action. Wilhelm Strienz sings *Gute Nacht Mutter, gute Nacht…* . An inserted series of shots shows a radio, a deserted piano, and a photograph of the musician and his mother.

Helmut and Herbert meet to talk over their rivalry about Inge. Herbert offers to stand down to save their friendship, but Inge steps in and declares her love for Herbert. Herbert at the radio: marching songs. Dissolve to radio concert hall. Inge and Herbert are seen leaving the sick room together.

In the modern video version of WUNSCHKONZERT, the film ends here. In the original, there followed a short final scene with documentary material of naval fleets and airplane squadrons, accompanied by the song *Wir fahren gegen Engeland*.

The film was given several ratings, among them "staatspolitisch wertvoll" (*of highest political merit*), "künstlerisch wertvoll" (*of highest artistic merit*) and "volkstümlich" (*popular*). It premiered in December 1940, and became one of the biggest box office successes of the Nazi period, only to be topped by DIE GROSSE LIEBE (Rolf Hansen, D 1942), whose subject was similar. Both films have appropriately been called prototypes of the so-called *films from the home front* ("Heimatfrontfilme"), which saw an increasing output during the war.

At first sight, WUNSCHKONZERT appears to be an entertaining romance with a predictable outcome, following variations of a generic pattern that has pleased audiences since the early days of cinema. Two lovers are separated and eventually reunited after many trials and mishaps. But this pattern is adapted to wartime circumstances. Whereas earlier films made use of misunderstandings, mistaken identities, class distinctions or other complications to delay the expected happy ending,[5] WUNSCHKONZERT foregrounds the "necessities of war," the demands of "duty" that compel the male characters to defer their private dreams of happiness – a lesson that must be learned more slowly and painfully by their female counterparts. This central plot is flanked by two subplots with specific functions. First, the baker and the butcher, who are to present their looted live pigs at the "Wunschkonzert" and fail to deliver their carefully rehearsed texts, represent the comic and popular elements of the story. Secondly, the teacher and especially the musician, who sacrifices himself for his comrades, bring in a tragic note befitting wartime, thereby demonstrating that artists and intellectuals are part of the national community. At the top of this hierarchy of values, however, are the highly decorated pilot officers, with a strong sense of duty, who follow orders without regard for their private interests, and out of chivalry sacrifice their own happiness for the sake of their comrades.

The "Wunschkonzert" serves as the unifying element of these parallel stories. For Herbert and Inge, it serves as a kind of *postillon d'amour*; to the baker and the butcher, it offers the opportunity of a public appearance that they prepare with stagefright and enthusiasm; to the musician's mother, it serves as a consolation for her son's death, and it enables the teacher to bring the good news of the birth of the musician's child. In a more general sense, it serves as a "bridge between the front and the home"[6] for people of all generations and professions, civilians, soldiers and officers alike, as a symbol of the unifying force of the 'national community' in which everyone has their proper place. Documentary footage is frequently inserted into the action, for example brief scenes from Leni Riefenstahl's OLYMPIA (D 1938), newsreel coverage of the campaigns in Spain and Poland, and filmed extracts from existing "Wunschkonzert" radio programmes. These elements make for topicality and add an authentic touch to the fictional world of the film.

Context and message

WUNSCHKONZERT thus operates with a number of reality fragments quite familiar to the 1940 German audience, such as the 1936 Berlin Olympic Games or the "Legion Condor" operation in the Spanish Civil War in the

---

5   For a more detailed discussion, see Korte 1998, 178ff.
6   This official designation recurs in contemporary statements; see, for example, *Der deutsche Rundfunk*, December 15, 1940. After several measures aimed at the exclusion of the "non-Aryan" members of the population, the "confiscation of radio sets in Jewish ownership" was decreed, and these were placed at the disposal of the soldiers at the front. See Koch 2003, 209.

same year. The attack on Poland (September 1939) was only a year past and the German army was (still) victorious on all fronts. The "Wunschkonzert für die Wehrmacht," which was broadcast twice a week by the "Grossdeutsche Rundfunk" after the outbreak of war and later transmitted live on Sunday afternoons, became a Sunday attraction that assembled families at home and soldiers at the front before their radio sets.[7] Presented by Heinz Goedecke (who also appears in the film), it offered a varied mixture of humorous sketches and more serious contributions, but above all a potpourri of marches, folk songs, light and serious music, pleasing to everybody's taste. Due to its popular presenter, the opening "Wunschkonzert"-fanfare, usually followed by the Badenweiler March, the programme had a high recognition value. According to a contemporary review of the film and the programme, "wherever the Wunschkonzert is heard, in dugouts, submarines, air bases, in millions of apartments and lonely rooms, it becomes a symbol of the indissoluble unity of a people in times of war" (*Der deutsche Film*, February 1941, 162).

The radio programme was conceived as a 'fusion of front and home,' and as such played a strategic role in Nazi propaganda, with Goebbels interfering into minute details of programming. In a similar fashion, he took an active interest in the making of WUNSCHKONZERT, as well as in its contents and composition.[8]

Hitherto, the politics of the Nazi system at home and abroad had borne positive results for the German people – at least for those who had not been excluded from the national community for political or racial reasons. The world economic crisis of 1929 and subsequent mass unemployment, which had devastating consequences for society at large and for many people's individual life plans and perspectives, had been overcome; after the mid-1930s, people were distinctly better off.[9] Germany basked in its new role on the international stage, defying the regulations of the Versailles Treaty with impunity and negotiating with the victorious powers of 1918 on an equal footing. During the 1936 Summer Olympics, the Nazi regime presented itself to the world as the *New Germany* with a peaceful

---

7   For more detailed and differentiated information concerning the precursors and the propaganda strategy of the "Wunschkonzert"-programmes, see Reichel 1991, 149–171; see especially the comprehensive monograph by Koch 2003; the connections between the film and the radio programme are discussed by Pleyer 1993; Bathrick 1997 & 1999.
8   According to Fritz Hippler, "this film was Goebbels's planned child; he had even collaborated on the script, written dialogues and been involved in the casting of singers and musicians who were to appear in the large performances" (1981, 216).
9   Due to increasing arms production, for example during the summer of 1939, an additional 200,000 workers (skilled and above all farm labourers) had to be recruited from abroad to meet the otherwise unmet demand for labour. See Sopade 1939.

front while almost simultaneously sending its *Legion Condor* to Spain to support the Fascist putsch against the Popular Front government. In 1938, Austria had been invaded with the connivance of the Western powers and parts of Czechoslovakia had been annexed as the Protectorate of Bohemia and Moravia. The *Blitzkrieg* campaigns, in which Germany had overrun large parts of Europe and encountered little resistance – Poland (September 1939), Denmark and Norway (April/June 1940), the Netherlands, Belgium and France (May/June 1940) – ‚went even further to convince the German people of the unlimited success of its government. Admittedly, the Royal Air Force had started bombing German cities, but this seemed a minor problem that time would solve.

Against the backdrop of these developments, the appeal of WUNSCHKONZERT to attune to the collective feeling of the larger national community as propagated through the press, the radio and other films could count on a very positive echo with cinemagoers at the end of 1940. Efforts at persuasion or indoctrination seemed no longer necessary; on the contrary, there was an increased readiness to fall in line with this embellished version of *reality*. It can be assumed that the propaganda message of the film, the wartime adversities that Herbert and Inge are faced with before they are reunited, were perceived by contemporary audiences as a necessary dramatic device in the tradition of the genre, creating suspense by delaying the happy ending of the story. The importance of sacrificing individual wants and interests, privacy and intimacy to the larger necessities of a "people at war," moreover, was a commonplace read and heard every day, an internalised *normality*, as it were. This stealthy process of adaptation, hardly perceived or even suppressed, and the close rapport of WUNSCHKONZERT with its contemporary audience, is intensified by a number of foregrounded features. Thus, the film appeals to a widespread technophilia in the German public, as evinced by the significance attributed both to the radio as a global medium, thereby promoting a sense of community, and to the *Luftwaffe*: it is no coincidence, of course, that the male protagonists are fighter pilots. The character of Inge, moreover, conforms with a typical aspect of the Nazi image of woman, namely that of the plain and sporting young woman who acts as a reliable comrade of a man fighting for the fatherland at the front. Last but not least, WUNSCHKONZERT involves the audiovisual presentation of a selection of stars well-known to the public through the most popular radio programme at the time.

Two formal features deserve special attention, since they contribute to the process of normalisation mentioned earlier, and bridge the gap between the viewers' everyday experience and the fictional world of the film. Firstly, WUNSCHKONZERT contains practically no extradiegetic music, which

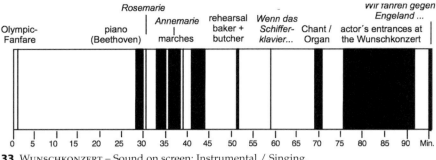

33 WUNSCHKONZERT – Sound on screen: Instrumental / Singing.

is noteworthy given the prominence of singing and instrumental music featured. This can be seen, above all, in scenes where the sound source is clearly visible on screen or can be identified from the context of the action: in "Wunschkonzert" performances, in shots of the radio as a sound source, in popular marches, and in sentimental sailors' and soldiers' songs, which through their synchronous auditory *and* visual presentation heighten the realism of the action. Secondly, extensive use has been made of documentary footage, as mentioned, either of existing material or of new scenes shot especially for the film. They amount to approximately 18% of the total length of WUNSCHKONZERT, which is quite striking for a feature film.

After a short series of shots in the opening credits of the film (Olympic Bell, flags) the first three minutes of WUNSCHKONZERT consist of footage from Riefenstahl's OLYMPIA film and from newsreel coverage of the opening ceremony in the stadium: Hitler and his entourage, Olympic teams marching in, and the lighting of the Olympic flame, all intercut with fictional scenes showing Inge and Herbert witnessing the event and being carried away by the general enthusiasm of the crowd.[10] A few minutes later, when Herbert has already been drafted into the "Legion Condor," the operations of the German troops in Spain and Poland are vividly recalled through short newsreel extracts. In minute 41, there follows the opening of "Wunschkonzert" No. 8 and radio listeners tuning in, among them Inge, who enquires about Herbert's address after hearing his musical request announced. In the section between minutes 76 and 91, which features the baker's and the butcher's arrival at the radio station and the solution of the love triangle between Herbert, Inge and Helmut, several long scenes from

---

10 Especially such images, as well as the display of swastika flags and Hitler's appearance, were frenetically greeted by the audience in the stadium with the 'German salute.' The numerous marches and uniforms displayed during the film are seen as *manifest* proof of the its propagandist intention. In the context of the WUNSCHKONZERT plot, however, its then-contemporary function was rather to lend credibility to the action by connecting it with the audience's everyday experience.

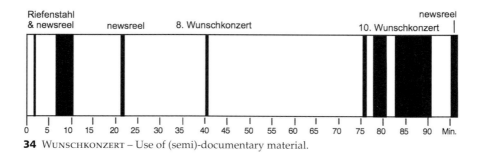

34 WUNSCHKONZERT – Use of (semi)-documentary material.

"Wunschkonzert" No. 10 dominate the action. After the happy ending, a short sequence of newsreel footage of warships and flying squadrons demonstrates the unbroken combat strength of German troops during the "Battle of Britain," which was raging when the film was released.

Contemporary SS security reports foregrounded this skilful blending of topical documentary and fiction to explain the box office success of WUNSCHKONZERT:[11]

> Der anhaltende Rekordbesuch dieses Filmes stelle einen überzeugenden Beweis dafür dar, daß die filmische Gestaltung eines *zeitnahen Stoffes* und der Versuch, *gegenwärtiges Geschehen*, das jeder aus eigenem Erlebnis kennt, mit einer Spielhandlung zu verbinden, von vorneherein einer überdurchschnittlichen Anteilnahme in allen Kreisen der Bevölkerung sicher sei [...]. Dieser Versuch und besonders die Tatsache, daß aus der Wochenschau bekannte *Originalaufnahmen* (Olympiade, Einsatz der Luftwaffe im Polenfeldzug) unmittelbar in den Film eingebaut wurden, wird als neuartig bezeichnet und steigert die Lebendigkeit und Glaubwürdigkeit der Handlung in besonderer Weise. Im Mittelpunkt der häufig beobachteten *Mundpropaganda für den Film* stehe vor allem der Hinweis auf die außerordentliche *Fülle der im Film berührten wichtigen Ereignisse der letzten Jahre* (Olympiade, Legion Condor in Spanien, Polenfeldzug) *und auf die vielfältigen Episoden aus dem gegenwärtigen Kriegsgeschehen*. Der Film komme dem Wunsch der breiten Masse der Bevölkerung nach *Vielseitigkeit* und *Aktualität* in umfassender Weise entgegen. Besonders guten Anklang finden die *Originalaufnahmen vom Ablauf eines Wunschkonzertes*, von denen einige schon aus der Wochenschau bekannt gewesen seien.
>
> (Boberach 1984, Bd. 6, S. 2007/Meldung Nr. 163 vom 17. Februar 1941; *original italics*)[12]

---

11 Incidentally, some post-1945 critics judged this combination unfavourably.
12 ["The continuing record attendance of this film appears to offer convincing proof that the cinematic presentation of a contemporary subject and the attempt to combine events that are familiar to everybody's experience with a fictional story can be assured

The combination of a romantic love story with burlesque and with heroic and tragic elements, embedded in memories shared by the audience, may help to explain the feelings of optimism and euphoria pervading the contemporary reception of this film. The realistic use of music, the skilful inclusion of well-known documentary footage, which creates an authentic period atmosphere, and above all, the visually intense experience of the popular radio programme, all make for a feeling of direct participation. The real experience of the audience appears to be merged with the on-screen "reality" in a process of imperceptible transition, creating a new unity of experience, in which – at least during projection in a dark cinema auditorium – the distinctions between fiction and everyday experience seem to collapse. Given a certain favourable predisposition, the political message of the film is no longer perceived as external or strange, but becomes an internalised part of one's own construction of reality. Therefore, one can assume that even secret enemies of the Nazi ideology, in view of the system's apparent military and economic success record, could at this juncture[13] not wholly escape the pervasive collective euphoria. The case of a radically oppositional reading of the film in Germany at the end of 1940 must have been an absolute exception, as uncompromising opponents of the system or excluded and threatened sections of the population could hardly be assumed to expose themselves to the film.

Summary

Taking into account the structured polysemy of any piece of communication, the common practice of doing film history from the vantage point of the present appears unreflective and unacademic. The impact of a film, as we have seen, results from a coincidence of a specific historical situation with a specific problematic and the corresponding cognitive and behavi-

    of a surpassing interest for all sections of the population. [...] This attempt, and in particular the fact that *original shots* (Olympic Games, operations of the Luftwaffe in the Poland Campaign) were directly cut into the film is seen as something new, rendering the action more lively and authentic. *Verbal propaganda for the film* is supposed to focus in particular on the extraordinary *concentration of crucial events* in recent history (Olympic Games, Legion Condor in Spain, Poland Campaign) and on *the manifold episodes from the present war*. The film, it is said, meets with a widespread demand in the population for topical and varied entertainment. *The original shots from a musical request programme* are said to have found a particularly positive echo. Some of these had already been seen in newsreels."].
13 That is to say, before the systematic implementation of the decisions concerning the 'Endlösung' *(final solution)* of the Holocaust at the Wannsee Conference of January 1942 and before the turning point of the war, when the German Sixth Army was defeated at Stalingrad during the winter of 1942/43.

oural options offered by any particular film in visual and thematic terms. That implies, however, that in an extreme case, a film can, in a changed historical context, totally change its original message when seen by an audience with a different disposition. This could mean, for example, that political references may no longer be valid in a later period because they lack topical interest; on the other hand, details in a film that would have seemed irrelevant to a contemporary audience may now assume unforeseen significance. As I pointed out earlier, the historical and social context, as a backdrop to the audience's experience, plays a crucial role in directing the reception of a film. On the one hand, the specific knowledge of a particular period helps to adequately decode the essential topical references in the filmic signs, or to attribute meaning even to apparent trivialities, which can widen the perspective while confining the spectrum of possible modes of reception through becoming sensitive to certain readings. On the other hand, this may level the distance between the options for thought and action that are offered by the film and the everyday experience of the audience. This could mean, for example, that ideological implications may no longer be accessible to critical scrutiny but are instead absorbed on a pre- or unconscious level. If the film's message is thus conditioned, and confirmed, by everyday occurrences and press and radio reports, it will become plausible and attractive; it may even influence the standards of people's behaviour.

Of course, this characteristic not only applies to the cases where the message of the film and the official world view are in agreement, but also to the corresponding implications of films with a political edge. Thus, then-contemporary audiences could perceive the majority of those productions deliberately designed as propaganda films as reflecting *normality*, and hence consume such cinema as harmless entertainment.

English translation by Peter Drexler

References

Albrecht, Gerd (1969) *Nationalsozialistische Filmpolitik*. Stuttgart: F. Enke.
Bathrick, David (1997) Making a National Family with the Radio. The Nazi *Wunschkonzert*. In: *Modernism/Modernity* 4,1, pp.115–127.
Bathrick, David (1999) Radio und Film für ein modernes Deutschland: Das *Wunschkonzert*. In: *Dschungel Großstadt*. Irmbert Schenk (ed.). Marburg: Schüren, pp. 112–131.
Boberach, Heinz (1984) (ed.) *Meldungen aus dem Reich. Die geheimen Lageberichte des Sicherheitsdienstes der SS 1938–1945*. 17 Vols. Herrsching: Pawlak.

Der Deutsche Film – Zeitschrift für Filmkunst und Filmwirtschaft, 5,8: February 1941.
Goebbels, Joseph (1937) Rede zur ersten Jahrestagung der Reichsfilmkammer am 5.3.1937 in der Krolloper Berlin. Quoted in Albrecht 1969, p. 456.
Goebbels, Joseph (1941) Rede anlässlich der Kriegstagung der Reichsfilmkammer am 15.2.1941 in Berlin. Quoted in Albrecht 1969, p. 468.
Hippler, Fritz (1981) *Die Verstrickung*. Düsseldorf: Mehr Wissen.
Kanzog, Klaus (1994) *Staatspolitisch besonders wertvoll. Ein Handbuch zu 30 deutschen Spielfilmen der Jahre 1934 bis 1945*. München: Diskurs-Film-Verlag.
Koch, Hans-Jörg (2003) *Das Wunschkonzert im NS-Rundfunk*. Köln/Weimar/Wien: Böhlau.
Korte, Helmut (1997) Herrschermythen – Fridericus Rex. In: *Idole des deutschen Films*. Thomas Koebner (ed.). München: Edition Text und Kritik, pp. 116–128.
Korte, Helmut (1998) *Der Spielfilm und das Ende der Weimarer Republik. Ein rezeptionshistorischer Versuch*. Göttingen: Vandenhoeck & Ruprecht.
Korte, Helmut (2004) *Einführung in die Systematische Filmanalyse* (1999), 3rd rev. and enlarged ed., Berlin: E. Schmidt.
Korte, Helmut (2005) Anmerkungen zum Propagandabegriff im NS-Kino. Wunschkonzert (Eduard von Borsody, 1940). In: *Programm und Programmatik. Kultur- und medienwissenschaftliche Analysen*. Ludwig Fischer (ed.). Konstanz: UVK Verlagsgesellschaft, pp. 246–259.
Lowry, Stephen (1991) *Pathos und Politik. Ideologie in Spielfilmen des Nationalsozialismus*. Tübingen: Niemeyer.
Osten, Ulrich von der (1998) *NS-Filme im Kontext sehen! Staatspolitisch besonders wertvolle Filme der Jahre 1934–1938*. München: Diskurs.
Pleyer, Peter (1993) Volksgemeinschaft als Kinoerlebnis. Bemerkungen zu dem deutschen Spielfilm Wunschkonzert (1940). In: *Rundfunk im Wandel. Beiträge zur Medienforschung*. Arnulf Kutsch, Christina Holtz-Bacha & Franz R. Stuke (eds.). Berlin: Vistas.
Reichel, Peter (1991) *Der schöne Schein des Dritten Reiches. Faszination und Gewalt des Faschismus*. München/Wien: Hanser.
Sopade (1939) *Deutschland-Berichte der SPD 1934–1940*, 6/1939. Reprint 1980: Salzhausen: Petra Nettelbeck & Frankfurt/M.: Zweitausendeins.

KNUT HICKETHIER

Heimat-, Kriegs- und Kriminalfilme in der bundesdeutschen Rezeption der 1950er Jahre

Historische Rezeptionsforschung benötigt wie jede Rezeptionsforschung vor allem zwei Dinge: a) eine *Vorstellung, ein Modell* davon, wie sich der Prozess der Wahrnehmung, Rezeption, Betrachtung von Filmen strukturiert, und b) *Quellen*, die Rezeptionsvorgänge konkret belegen oder dokumentieren und deren Material aufgrund eines solchen Modells untersucht werden kann. Für die 1950er Jahre und die damalige Filmrezeption soll hier ein solches Modell entwickelt werden. Es werden in diesem Beitrag also keine neuen Quellen erschlossen, sondern nur einige Möglichkeiten angedeutet, wo neues Rezeptionsmaterial gewonnen werden kann.[1]

Es geht im Folgenden auch nicht um die Analyse einzelner Rezeptionsakte, also nicht beispielsweise um die Form der medienbiografischen Studien, wie sie sich für einzelne Personen (etwa über Oral-History-Versuche, Feldpostbriefe, Tagebücher) darstellen lassen (vgl. Hickethier 2007a), sondern um *Grundkonstellationen der Rezeption von Filmen*, wie sie sich in einzelnen Zeitphasen der Medienentwicklung herausbilden und die kollektiven Erfahrungen bestimmen. Die zentrale These des Beitrags ist also, dass sich *allgemeine Rezeptionssituationen* beschreiben lassen, die prägend sind für eine Zeitphase, die aber durchaus auch individuell abweichende Rezeptionsweisen zulassen.

Die 1950er Jahre sind für eine solche Studie deshalb interessant, weil die Filmrezeption in eine *Phase der unterschiedlichen Medienumgebungen* eintritt. Es geht in diesem Jahrzehnt einerseits um eine Verfestigung von Medienkompetenz und Filmerfahrung, andererseits um eine grundlegende Ausdifferenzierung der Orte, an denen Film rezipiert werden kann, und damit auch um die Art und Weise, wie Film rezipiert wird. Es hat zwar seit den Anfängen des Mediums am Ende des 19. Jahrhunderts immer auch schon Vorführungen gegeben, die *außerhalb der Kinos* stattfanden; dennoch

---

1   Zu verweisen ist auf das Hamburger DFG-Projekt über Medialität und Modernität im Kino des Dritten Reiches unter Harro Segeberg, das in der Ermittlung neuer Quellen für die Zeit zwischen 1939 und 1945 neue Wege gegangen ist (Tagebucheintragungen, Feldpostbriefe), die aber aus verschiedenen Gründen nicht für die 1950er Jahre in Anschlag gebracht werden können.

ist das Grundmodell der Filmrezeption in der ersten Hälfte des 20. Jahrhunderts in zentraler Weise durch das Kino geprägt und hat auch alle anderen Rezeptionsformen im öffentlichen und privaten Bereich beeinflusst, von den Jugend- und Schulvorführungen, Parteivorführungen, Lehr- und Instruktionsfilmen in der Wirtschaft bis zum Amateurfilmabend im familiären Bereich.

Historische Voraussetzungen für die 1950er Jahre

Die 1950er sind ein Jahrzehnt der grundlegenden Veränderung der Wahrnehmung technisch-apparativer audiovisueller Bewegtbilder (vgl. Segeberg 2009). *Am Beginn des Jahrzehnts* stand die kollektive Rezeption filmischer Bilder im Rahmen zeitlich festgelegter Veranstaltungen in eigens dafür geschaffenen Räumen – also im Kino.

Am Ende der 1950er Jahre hatte sich in Deutschland neben dem Kino ein neues Medium im privaten Raum etabliert, das zum Modell wurde für eine flexiblere Rezeption der audiovisuellen, technisch-apparativen Bilder: Das Fernsehen stellte ein anderes Dispositiv für die Wahrnehmung von Filmen bereit. Es führte die in den 1930er bis 50er Jahren auch im Kino ansatzweise begonnene Individualisierung und Differenzierung der Sichtweisen fort und nahm gleichzeitig die dort etablierte kollektivierende und mobilisierende Funktion des Films in einer nun vor allem imaginären oder virtuellen Weise auf. Man denke etwa an Gerhard Maletzkes Definition des *dispersen Publikums*, die er Anfang der 1960er Jahre am Modell des Fernsehzuschauers gewonnen hatte, der individuell, einzeln oder in kleinen Gruppen fernsah, doch dies im Bewusstsein einer großen Zahl von gleichzeitig mit ihm Zuschauenden, die er aber nicht sah und in ihren Reaktionen erfuhr (vgl. Maletzke 1963). Die Zuschauer wussten also, dass sie nicht wirklich allein bei ihrer Rezeption waren, sondern dass Tausende, später Hunderttausende und Millionen dasselbe zum selben Zeitpunkt sahen. Individuelles (einzelnes) und öffentliches Sehen verschränkten sich hier.

Diese Veränderungen, die in dem langen Jahrzehnt der 1950er (das in der deutschen Film- und Fernsehgeschichte von 1949/50 bis 1962/63 reicht) stattfanden, lassen sich schematisch durch folgende konstitutive Strukturverschiebungen zwischen Kino und Fernsehen charakterisieren:

Veränderungen in den großen Publikumsformationen. Die Filmrezeption im Kino nahm nach quantitativen Höhepunkten in den Kriegsjahren und einem Absinken der Zuschauerzahlen Anfang des Jahrzehnts bis 1957 wieder stetig zu und erreichte 1956 mit 817 Mio. Kinobesuchen in der Bundesrepublik ihren Höhepunkt, um danach rasch zurückzugehen. 1960 waren es nur noch 596 Mio. (also mehr als 200 Mio. Kinobesuche in vier Jahren weniger), 1963 nur noch 376 (in weiteren drei Jahren haben also noch mehr Menschen dem Kino den Rücken gekehrt, so dass die Zahl der Besuche um über 200 Mio. abnahm). 1976 erreichte man dann mit 103 Mio. den Tiefststand (aber dieser Zeitpunkt liegt außerhalb der hier behandelten Epoche). Das *Fernsehen* breitete sich in der gleichen Zeit aus. 1957 wurde in der Bundesrepublik die Grenze von einer Million Fernsehgeräten in den Haushalten überschritten, was etwa vier Mio. ständiger Zuschauer entsprach; 1963 waren es über sieben Mio. Haushalte; 1976 gab es knapp 20 Mio. Anschlüsse, mehr als 85 Prozent der Bevölkerung sahen fern (vgl. Hickethier 1998).

Es muss hier nicht quantitativ im Detail umgesetzt werden, was diese Ausstattung mit Fernsehapparaten, in denen man nun täglich mehrere Stunden lang audiovisuelle Bilder sehen konnte, für Folgen hatte. Nur so viel: Der Fernsehkonsum betrug 1963, als zum ersten Mal seine Dauer gemessen wurde, über eine Stunde täglich für jeden Zuschauer, während der durchschnittliche Kinobesuch bei nur noch sechs Vorstellungen, also maximal zwölf Stunden im Jahr lag. Natürlich ist die reale Verteilung der Kinobesuche auf die Bundesbürger ganz unterschiedlich, viele Menschen gingen und gehen überhaupt nicht oder nicht mehr ins Kino, dafür andere umso mehr. Dennoch kann man feststellen, dass durch die Rezeption audiovisueller Bewegtbilder sich die Wahrnehmung von filmischer Weltdarstellung stark veränderte.

Veränderungen in der Altersstruktur der Kinobesucher. Während es sich in den 1950er Jahren vor allem die Älteren zu Hause vor dem Fernseher bequem machten und dort mehr und mehr bewegte Bilder sahen – darunter zunehmend auch Kinospielfilme, Fernsehspiele und Fernsehfilme –, wurde das Kino sukzessiv zum *Medium für Jugendliche.* Auch die Kinder gingen in dieser Zeit nicht oder zumindest weniger ins Kino, denn sie waren ab 1957 bis zu einem Alter von sechs Jahren per Gesetz vom Kinobesuch ausgeschlossen, was zum Ende des bundesdeutschen Kinderfilms in dieser Zeit führte. Das Kino wurde mehr und mehr zum Medium der 14- bis 29-Jährigen. Vor dem Fernseher fanden dann – allein schon durch die größere Dauer der Filmrezeption – wieder alle zusammen. Das Fernsehen wurde damit zu einem gesellschaftlichen und familiären Integrationsmedium, und dies in einem sehr viel stärkeren Maße, als es das Kino jemals gewesen war. Es hob mittelfristig auch die Differenzen zwischen Stadt und Land in der Rezeption bewegter Bilder auf, zumindest ab Ende der Dekade.

Veränderungen in den Angebotsformen des Kinos und damit Spezialisierung der Kinorezeption. Das Kino verlor spätestens seit Ende der 50er Jahre seine *Informationsfunktion* über aktuelle gesellschaftliche Vorgänge und verzichtete zunehmend darauf, mittels bewegter Bilder über das Weltgeschehen zu berichten. Die Wochenschau als Informationsformat des Kinos geriet gegenüber den Nachrichtensendungen des Fernsehens immer mehr in Rückstand, ihre Bilder waren in der Regel bereits eine Woche alt, wenn sie in die Kinos kamen – und das Fernsehen hatte die Ereignisse längst gezeigt. Das Kino konzentriert sich seit den 50er Jahren in seinen Angeboten auf die *Unterhaltung* und damit auf eine emotionalisierte Darstellung von Welt im *fiktionalen Film*. Zwar liefen noch manchmal abendfüllende Dokumentarfilme, aber auch sie wurden verstärkt über eine emotionale Aufbereitung von Welt wahrgenommen.

Als Beispiel dafür kann die über Jahre erfolgreiche Rezeption von Hans Domnicks Dokumentarfilm TRAUMSTRASSE DER WELT (PANAMERICANA) von 1958 gelten (2. Teil 1961 und 3. Teil 1968). Vor allem der erste Teil lieferte weniger Informationen über die Straße von Nord- nach Südamerika, sondern wurde als grosse, emotional bewegende Schau der schöneren und glücklicheren amerikanischen Welt wahrgenommen. Generell verlor der Dokumentarfilm im Kino zunehmend an Bedeutung, während das Fernsehen schon seit Mitte der 50er Jahre in wachsendem Umfang Beiträge über die Welt anbot. Das Fernsehen differenzierte seine Formen aus, lieferte Informationen, Bilder und Erzählungen innerhalb neuer Gattungen und Genres (die das Kino nur in Randbereichen angeboten hatte), in Ratgebersendungen, Shows, Sportübertragungen, durch direkte Publikumsansprachen mit Reden, Parlamentsdebatten etc., um die Informationsbedürfnisse der Zuschauer zu befriedigen – und sie gleichzeitig zu unterhalten.

Das Kino konzentrierte sich also auf die *Fiktion* (ohne dass das Fernsehen darauf verzichtete, das mit Fernsehspiel und Serie auch fiktionalisierte Weltsichten bot), es spezialisierte sich zum Ort der Emotionslenkung, zum Ort der außergewöhnlichen filmischen Erlebnisse, während sich das Fernsehen zunehmend veralltäglichte.[2] Daraus ergaben sich Differenzen in der Bewertung der Filmerlebnisse, aber auch darin, welches Bild die Produzenten von ihren jeweiligen Zuschauern hatten und was sie glaubten, ihnen zumuten zu können. Im Fernsehen konnte man in den Inhalten der Filme viel provokativer sein (etwa in der Darstellung von Deserteuren, des Holocaust etc.) als im kommerziellen Kino. Dies hängt damit zusammen, dass Fernsehen in Deutschland mit seinem einen Programm (bis 1961/63) öffentlich-rechtlich organisiert war und die Zuschauer gerade in der Anfangszeit auch Sendungen sahen, die sie sich im Kino gegen Eintrittsgeld wohl eher nicht angesehen hätten.

2 Zur Domestizierung des Fernsehens in den 1950er Jahren vgl. Hickethier 2007b.

Durch die Konzentration auf die Fiktion (und damit Unterhaltung) bildet sich das Kino jedoch stärker als eine ‹Illusionsmaschine› heraus, während das Fernsehen durch die Veralltäglichung seiner informativ-belehrenden Angebote vor allem als realitätsverhaftet betrachtet wurde und dementsprechend auch in seinen fiktionalen Produktionen alltagsorientierter und realitätsverhafteter war. Die *Binnendifferenzierung der Kinorezeption* erfolgte also nicht nur durch altersspezifische Veränderung des Publikums, sondern auch durch die Entfaltung unterschiedlicher Präferenzen für Filmgenres.

Zunahme der Medienkompetenz. Nun fand diese Entwicklung allmählich und mit zahlreichen Übergängen und nicht in der scharf gegensätzlichen Form statt, wie sie hier skizziert wird. Doch zur Verdeutlichung ist es hilfreich, sie so zuzuspitzen. Denn die Veränderung der filmischen Wahrnehmung wurde – schon allein von der Häufigkeit der Rezeptionsvorgänge her – vor allem durch das Fernsehen betrieben. Es lehrte die Zuschauer, *filmische Darstellungsmuster schneller zu erkennen* und zu verstehen, sie *sammelten filmhistorische Kenntnisse* und entwickelten eine *umfassende Medienkompetenz* allein durch das häufige Sehen audiovisueller Bilder.

Genrespezifische Filmrezeption im Kino

Die Reduktion der Wahrnehmung im Kino auf die Wahrnehmung fiktionaler Darstellung von Welten, die als ‹mögliche›, aber zugleich ‹entfernte› verstanden wurden und im weitesten Sinne der Unterhaltung dienten, steht im Kontext einer Rezeption, die zumindest zeitweise die Distanzierung von der Alltagswelt beabsichtigt. Sie setzte voraus, dass das Filmangebot bereits auf die Herstellung der «schönen Stunden» – die sich der Zuschauer nach einem Werbespruch der Branche machen sollte – ausgerichtet war. Die Muster dafür liefern die Genres. Das Kino der 1950er Jahre war ein Genrekino – sicherlich mit Ambitionen einzelner Regisseure auf eine eigene Handschrift, aber in der übergroßen Mehrheit doch durch Genrekonventionen und Einhalten der konventionellen Regeln bestimmt.

Genres sind *Vereinbarungskategorien* zwischen Filmemachern und Zuschauern und dienen auf den verschiedenen Ebenen der Filmproduktion und -rezeption der schnelleren Orientierung und der Konstruktion spezifischer Erwartungen (vgl. Hickethier 2002). Sicherlich kommen weitere Informationen über die spezifische Themenkonstruktion, die Absichten des Regisseurs und die Darsteller hinzu, aber die Grundinformationen liefert zunächst der Genreausweis. Das Genre verspricht nicht nur bestimmte Erzählungen, sondern auch Emotionen, in die sich der Zuschauer hineinversetzen kann und auf die sich seine Erwartungen ausrichten. Dabei ist von einem erweiterten Komplex solcher Erwartungen auszugehen.

Phasenmodell Prärezeption – Rezeption – Postrezeption. Der Kinozuschauer – hier idealtypisch gesehen – sucht zunächst das Filmerlebnis als das Miterleben einer Geschichte von Menschen in einer besonderen, oft exzeptionellen Situation, in der es zu besonderen Herausforderungen und Anspannungen kommt. Dieses Grundmodell ist nicht selbstverständlich, sondern hat sich historisch herausgebildet, indem narrative Strukturen dominant wurden. Weiterhin müssen für den potenziellen Zuschauer Zeit und ein entsprechenden Angebot zur Verfügung stehen. Dabei kommt es in der *Phase der Prärezeption* zu einem Abwägen zwischen den noch diffusen Erwartungen auf ein Unterhaltungserlebnis, dessen Ausrichtung auf den Unterhaltungsort Kino (was die Unterhaltungserwartungen bereits eingrenzt), und den Vorinformationen über die zur Verfügung stehenden Filmangebote.

Diese zunächst *diffusen Erwartungen* setzen sich zusammen:
a. aus der konkreten Situation, in der sich der potenzielle Zuschauer befindet und die durch punktuelle Alltagserlebnisse geprägt ist;
b. durch Filmerfahrungen, vorangegangene Rezeptions- und Kommunikationsakte des Zuschauers und dadurch individuell aufgebaute Präferenzen für bestimmte Filmthemen, Stimmungen und Formen medialer Erregung und Erregungsbefriedigung, die sich in Vorlieben für Genres, nationale Filmstile, Regisseure, spezifische Themenfelder etc. zusammensetzen;
c. und schließlich durch die in einer Zeit kulturell gegebenen Möglichkeiten. Für das Kino der 1950er Jahre bedeutet dies, dass die Erwartungen auch altersspezifisch unterschiedlich sind: Jugendliche, die in den 50er Jahren aufgewachsen sind, haben andere Bilder vom Film im Kopf als Erwachsene, deren Jugend im ‹Dritten Reich› lag oder noch früher.

Die Informationen über die Filme (Ankündigung, Titel, Kritiken und Diskussionen in der Zeitung), die man zu einem bestimmten Zeitpunkt rezipieren kann, führten zur *Konkretisierung der diffusen Erwartungen* und der Entscheidung, welchen Film man sehen will. Der Zuschauer geht also in der Regel nicht unvorbereitet ins Kino, sondern schon mit einer – zwar nicht immer benennbaren, aber doch vorhandenen – Erwartung an die Qualität des Erlebnisses.

In der *akuten Phase der Rezeption* werden die konkreteren Erwartungen aktiviert. Der Film wird daraufhin überprüft, ob er den Erwartungen entspricht. Sie können eingelöst werden oder nicht, es kann sich also Enttäuschung einstellen, die entweder negativ oder auch positiv gewertet wird. Positiv zum Beispiel, wenn das tatsächliche Filmerlebnis die Erwartung an Erlebnisqualitäten übersteigt. Auf jeden Fall führt jeder Kinobesuch zu einer Bestätigung oder Neuformulierung allgemeiner Erwartungsmuster, die sich mit Genres verbinden. Dabei können Filme auch Erlebnisse stiften, die in dieser Weise von den Produzenten nicht geplant waren.

In der *Phase der Postrezeption* werden diese Erlebnisse reflektiert oder mit anderen Zuschauern diskutiert, wodurch es wiederum zu Modifikationen der Erwartungen kommen kann.

Diese Stufung in *Prärezeption – Rezeption – Postrezeption* lässt sich in ihren Faktoren weiter ausdifferenzieren, es geht hier jedoch nur um eine Skizze, um die 1950er Jahre nicht aus den Augen zu verlieren. Der dreistufigen Phaseneinteilung entsprechen eine Dreiteilung von Erwartungsaufbau, -realisierung und -abbau sowie eine dreistufige Konkretisierung, Realisierung und Verallgemeinerung von Emotionen.[3]

Genres in sich differenzierenden Medienumgebungen. Das Kino der 50er Jahre wird in der Bundesrepublik vor allem durch drei Genres bestimmt: den Heimatfilm, den Kriegsfilm und den Kriminalfilm. Natürlich gab es noch weitere Genres und Subgenres, doch die folgenden Überlegungen beschränken sich auf diese drei Haupttypen. Es soll hier auch keine allgemeine Diskussion der drei Genres geführt werden. Für die Überlegungen zur historischen Rezeption ist vor allem die hohe Anzahl von Filmen im Heimat- und Kriegsgenre von Bedeutung. Je nach Untersuchungsmethode werden für das Jahrzehnt entweder circa 300 Heimatfilme und circa 250 oder über 600 Kriegsfilme gezählt, die in den bundesdeutschen Kinos zu sehen waren.

Wenn wir den Genres bestimmte *emotionale Standardsituationen und Grundwerte* zuordnen, lassen sich einzelne Profile bestimmen, unabhängig davon, welche spezifischen Handlungsorte, konkrete *plots* und Darsteller sich mit ihnen verbinden. Hier geht es nicht um eine Binnendifferenzierung der Genres, sondern um Grundmuster. Als solche können unabhängig von den individuellen Erlebnissen, die sich mit bestimmten Genrefilmen verbinden lassen, Angebote verstanden werden, die durch Ankündigungen, Kritiken etc. erfolgen.

Heimatfilm: Für dieses Genre stehen die Motive des Ankommens in einer friedlichen Welt, Integration in eine Gemeinschaft, Teilhabe an ihr, Geborgenheit, Verbundenheit mit Ursprünglichem, Naturhaftem. Mit ih-

---

3   Es wird hier bewusst nicht von ‹Affekt› gesprochen, sondern von ‹Emotion›, weil der Affekt-Begriff emotionsgeschichtlich stark durch die Barockvorstellung einer Besessenheit des Individuums durch die ‹Gefühle› geprägt ist, während hier mit ‹Emotionen› die in Verbindungen mit den Medien erzeugten physischen ‹Stimmungen› gemeint sind.

nen einher geht ein Versprechen von Glück und Harmonie, eine Übereinstimmung des Einzelnen mit seiner Umwelt, die in der Regel als Natur und ‹natürlich› definiert wird. Es sind Emotionen des Wohlbefindens, der ‹Happiness›, die hier angesprochen werden.

Für den *Kriegsfilm* steht in der Regel das genaue Gegenteil: eine exzeptionelle Situation zwischen Leben und Tod, ein Freund/Feind-Schema, allgemeine Bedrohung, Gefahren und ihre Bewältigung, Durchstehen von tödlichen Situationen, Technik, Naturzerstörung, Untergang. Verbunden ist damit ein Versprechen, etwas von den Gefährdungen der Welt und ihrer Bewältigung zu erleben. Als Emotion wird vor allem mit der Angst operiert, die mit Unberechenbarkeit und umgreifenden existentiellen Gefahren zu tun hat.

Kriminalfilm: Verbrechen und Aufklärung. Der Kriminalfilm scheint von seinen Grundmustern her eine Variante des Kriegsfilms zu sein: Es geht um ein Durchbrechen gesellschaftlicher Regeln, um Verbrechen und Mord, Verfolgung und Überführung der Täter. Versprochen wird, dass die in den Medien vermittelten Gefährdungen modellhaft zugespitzt werden und ihre Bewältigung gezeigt wird, so dass wieder Vertrauen in den Alltag eintreten kann. Auch hier werden Emotionen der Angst angesprochen, aber eher im Individuellen und durch institutionelle Interventionen bewältigt und befriedet.

Die *intendierten Zuschaueremotionen werden durch dargestellte Emotionen evoziert*, wobei es nicht um einen plane Übereinstimmung von dargestellter und evozierter Emotion geht. Die Darstellung folgt dramaturgischen Prinzipien, sie bedient sich vielfältiger Mischungen von Erregung und Entregung, um am Ende des Films durch ihr Wechselspiel den Eindruck einer emotionalen Gesamtstimmung zu erzielen.

Diese Grundformen lassen sich in *zwei Grundrichtungen* bündeln:
- Zum einen handelt es sich um Filme, die – trotz aller temporärer Gefährdungen (auch das Glück muss erkämpft werden) – auf einen Zustand der Zufriedenheit und des Glücks zueilen, diesen als Zustand der Welt propagieren und ihn als emotionale Grundhaltung versprechen; neben den Heimatfilmen gehören dazu auch andere Genres oder Teile von Genres wie der Musikfilm, der Ferienfilm und deren komödiantische Varianten;
- zum anderen um Filme, die von einer Gefährdung der Welt berichten, von Bedrohungen und Ängsten, die am Ende zwar gemeistert werden, deren Wiederkehr aber droht. Neben dem Kriegsfilm und dem Kriminalfilm zählen dazu auch Genres wie der Agentenfilm, der Western, der Science-Fiction-Film.

1 Plakat zu Schwarzwaldmädel (Hans Deppe, D 1950).

Zur Rezeption des Heimatfilms

Die Rezeption des Heimatfilms in den 1950er Jahren setzt in unerwarteter Weise ein. Der Erfolg von SCHWARZWALDMÄDEL (D 1950) und ein Jahr später GRÜN IST DIE HEIDE (Regie jeweils Hans Deppe) mit 17 beziehungsweise 15 Millionen Zuschauern allein in dieser Dekade ist nicht durch die besondere Qualität der Filme, sondern vor allem durch die Bedürfnisse der Zuschauer zu erklären: Nach Krieg und unmittelbarer Nachkriegszeit wollte man Geschichten erzählt und zu sehen bekommen, die in einer harmonischen Welt spielen – wobei durchaus Motive der zeitgenössischen Gegenwart indirekt oder auch direkt aufgenommen werden, diese aber im individuellen, im besten Fall unpolitischen Glück enden. Der Heimatfilm ist ein erklärtes Gegenbild zur zeitgenössischen Gegenwart, eine Utopie, und wurde auch als solche verstanden. Versöhnung in einem sehr umfassenden Sinn ist seine grundlegende Botschaft, und Versöhnung suchte auch das Publikum.

Nun kann man sagen, dass dies ein gezieltes, vom Produzenten beider Filme, Kurt Ulrich, geschaffenes Angebot darstellt, zumal Ulrichs Produktionsfirma Berolina in West-Berlin beheimatet ist. Sie greift – bewusst oder unbewusst – eine Publikumssehnsucht auf, die sich in der zerstörten und nach der Blockade weiterhin bedrohten Metropole offensichtlich besonders deutlich herausgebildet hat. Gleichwohl war der Erfolg in diesem Umfang für alle Beteiligten überraschend. Offenbar hat sich das Publikum in den beiden Filmen in seinen Bedürfnissen wiedererkannt.

Schon Anfang der 50er Jahre wurde von Kritikern, aber auch vom Publikum das Synthetische der Heimatfilms erkannt und ebenso, dass die hier gezeigten Bilder der deutschen Landschaften wie Schwarzwald oder Lüneburger Heide nicht der Realität entsprachen, sondern *Wunschbilder* waren. Die Zuschauer wollten in ihrer Mehrheit nicht eine Dokumentation jener Landstriche sehen, sondern Inszenierungen des individuellen Glücks in einer die entsprechende Harmonie intonierenden Umgebung.

Die Heimatfilme erfüllten damit eine sozialpsychologische Funktion, indem sie der Nachkriegsgesellschaft einfache, *nachvollziehbare Utopien der Versöhnung und der Harmonie in friedlichem Miteinander* anboten.

Filmkritik und Filmwissenschaft haben die Heimatfilme schon damals gern als trivial abgetan, doch sie erfüllten für das Publikum eine wichtige Funktion. Nämlich ein positives Bild von einer Welt zu erzeugen, das staatliche und nichtstaatliche Institutionen sowie die moderne Industriegesellschaft insgesamt nicht mehr liefern konnte. Andere sinnstiftende Instanzen wie die Technik und die Moderne waren durch die NS-Zeit und vor allem den Krieg desavouiert. An deren Stelle traten die Medien, insbesondere die audiovisuellen Medien, die Anschauung und Abstraktion, Mittelbarkeit und scheinbare Unmittelbarkeit, Sinn und Sinnlichkeit anboten. Der Heimatfilm als ein besonderes, im Genre verdichtetes sinnliches Konstrukt wirkte auf eine vorsprachliche Weise und war nicht mit rationalen Argumenten zu destruieren.

Das Publikum war zu dieser Zeit überwiegend ein *Familienpublikum*. Es differenzierte sich noch nicht altersmäßig aus, auch sind Stadt/Land-Differenzierungen für den Erfolg der Filme nicht bekannt (wobei für einzelne Filme – oder auch Genres – differenzierte Publikumserhebungen noch nicht existieren). Neben der positiven, auf Übereinstimmung abzielenden *Mainstream-Rezeption* der Heimatfilme Anfang der 1950er Jahre hatte es auch schon früh andere Rezeptionsweisen gegeben, die sich von den Glücksversprechen distanzierten, doch sie blieben marginal. Man kann hier, gerade bei den ersten beiden Filmen, durchaus noch von einem weitgehend homogenen Publikum sprechen. Diese Einheitlichkeit ging im Verlauf des Jahrzehnts verloren.

Die Heimatfilme verbanden sich in der zweiten Hälfte der Dekade immer mehr mit den *Genres des Ferienfilms und des Musikfilms*, wobei diese vielfach nur als Variationen des Heimatfilms erschienen. Auch hier war die Botschaft eine der Versöhnung der Gegensätze, der Herstellung von Harmonie.[4] Der Musikfilm präsentiert diese Gegensätze, die selbst immer nur als moderate Differenzen vorgeführt werden, durch die verschiedenen Musikstile, die aufeinandertreffen und sich gegenseitig tolerieren müssen.[5]

Deutlich wurde nun jedoch, dass die Rezeption auseinanderdriftete. Erfüllten die Heimatfilme zunächst noch die Funktion, ein alles verbindendes Gegenbild zu Krieg und Nachkrieg zu erzeugen und die Vision von Glück und Versöhnung zu vermitteln, verblasste im Laufe der Jahre der Kriegshintergrund, und die Bilder des Heimatfilms gerieten in einen Konflikt mit der entstehenden Konsumkultur und ihren Glücksversprechen, die nun mit der modernen Industriegesellschaft verbunden waren. Die Vision des Heimatfilms drohte dysfunktional zu werden.

Gleichzeitig löste sich im Kino das Mainstream-Publikum als weitgehend homogene Zuschauerschaft auf, es traten *Zuschauergruppen* an seine Stelle, die sich deutlich voneinander abgrenzten. Gerade der Musikfilm

---

4 Zum Beispiel: Kleiner Schwindel am Wolfgangssee (Franz Antel, D 1950); Die Wirtin von Maria Wörth (Eduard von Borsody, AU 1952; dt. Verleihtitel: Die Wirtin vom Wörthersee); Die Fischerin vom Bodensee (Harald Reinl, D 1956).

5 Auch wenn Gertrud Kochs Diktum, Musik und Tanz seien im Zusammenhang des Heimatfilms ein «Medium des blinden Vergessens» (1980, 24), etwas zu scharf ist: Über Musik und Gesang sollte im Film nicht nur Ablenkung hergestellt, sondern – über den Zustand des Wohlbefindens, des *Flow* – auch Befriedung und Versöhnung erzielt werden.

macht dies deutlich. Suchten die deutschen Musikfilme mit Peter Alexander, Catharina Valente oder Peter Kraus weiterhin Integration und Versöhnung, setzten andere – vor allem amerikanische – Filme auf ein sich differenzierendes Publikum und hier besonders auf die Gruppe der Jugendlichen.

Dies wurde 1956 deutlich. Als in diesem Jahr in Bremen und später auch in anderen bundesdeutschen Städten Bill Haleys Rock 'n' Roll-Film AUSSER RAND UND BAND (Fred F. Sears, USA 1956; Originaltitel: ROCK AROUND THE CLOCK) gezeigt wurde, kam es zu ekstatischen und tumultartigen Aktionen. Manche Zuschauer rissen sich die Kleider vom Leib und gerieten in einen Begeisterungstaumel, anschließend zog in Bremen eine Gruppe von etwa 500 Jugendlichen drei Nächte lang durch die Stadt und lieferte sich Straßenschlachten mit der Polizei. Im Dezember 1956 setzte die Polizei im Kontext des Bill-Haley-Films in Dortmund eine Woche lang Wasserwerfer gegen 3000 bis 4000 junge Randalierer ein. In weiteren Städten wie Bielefeld, Essen, selbst in Osnabrück kam es noch 1958 zu Unruhen und Aktionen (vgl. Kraushaar 1996, 1500ff). Musik im Film wurde hier also ganz anders, nicht als Symbol für Harmonie und Versöhnung rezipiert, sondern als körperlich erfahrenes neues Lebensgefühl und als Symbol und Ausdruck für einen Widerspruch zur Gesellschaft.

Nun kann man sagen, das alles hänge mit der Art der Musik zusammen, die in den Filmen zu hören war. Doch entscheidend ist auch der Qualitätssprung, der hier zu beobachten ist und durch das völlig *veränderte Publikumshandeln* in der Phase der Postrezeption zustande kam.

Anfang der 1960er Jahre hatte sich das Genre des Heimat- und des deutschen Musikfilms weitgehend verbraucht, weil sich das Kino durch sein Publikum grundlegend verändert hatte, ohne dass dies die deutschen Produzenten realisiert hätten. Die Erwartungen an das Kino wurden nicht mehr zentral von einem durch die Negativfolie der Kriegserlebnisse geprägten Glücksbedürfnis bestimmt, sondern gerade entgegengesetzt, von einem auf Widerspruch, eigenes Körpererleben und Ekstase bestimmten Gefühl. Das Kino war für Jugendliche jetzt zu einem Ort geworden, wo man sich selbst als *eine neue, gegenwartsbestimmte Generation* erfahren konnte.

Für ältere Besucher wurde das Kino unattraktiv, weil sich vergleichbare Glücksversprechen, wie sie der Heimatfilm dort bot, nun viel bequemer im Fernsehen fanden. Sie wurden unter anderem in den Serien vermittelt, die Glücksangebote nun kontinuierlicher präsentierten. Und sie wurden als deutliches Zeichen einer technischen Apparatur erfahren. Man könnte auch sagen, das Genre wurde durch das Fernsehen domestiziert und zu dem gemacht, was es im Kino zuvor schon gewesen war: zur Familiengeschichte.

Zur Rezeption des Kriegs- und Kriminalfilms

Beim Kriegsfilm stand für das bundesdeutsche Publikum in den 1950er Jahren die Verarbeitung des Zweiten Weltkriegs im Vordergrund. Das Genre fand deshalb vor allem bei männlichen Zuschauern große Beachtung. Für viele von ihnen diente das Kriegsgeschehen auf der Leinwand dem Bedürfnis, noch einmal an eine einschneidende Phase des eigenen Lebens erinnert zu werden.

Kriegsfilme als Verarbeitung eigener Vergangenheit. Die Filme boten den Zuschauern die Möglichkeit, die Vergangenheit zu thematisieren, ohne selbst über den Krieg sprechen zu müssen. Sie bestätigten ihnen, dass ihr eigenes Handeln nicht völlig sinnlos war, und sie schilderten den Krieg so, wie ihn viele Teilnehmer gern erlebt hätten: als großes Abenteuer, als eine Zeit der Bewährung, bei der man sich selbst gegenüber Härte und anderen gegenüber Pflichtbewusstsein zeigen konnte. Die deutschen Kriegsfilme boten damit psychische Entlastung. In dieser Funktion begründete sich ihr Erfolg im bundesdeutschen Kino.

Nun gingen im Verlauf des Jahrzehnts immer mehr Zuschauer ins Kino, die den Krieg nur als Kinder erlebt hatten und jetzt als Jugendliche in den Kriegsfilmen vor allem Abenteuer und die Handlungsmuster von Herausforderung und Bewährung erleben wollten. Das *Erinnerungs- und Verarbeitungsmoment* spielte bei ihnen eine nachgeordnete Rolle. Die jungen Zuschauer bevorzugten deshalb – soweit sich dies aus den publizistischen Debatten der Zeit erschließen lässt – vor allem amerikanische Kriegsfilme, weil diese stärker die Motive ‹Kampf und Behauptung› herausstellten und sich als vom Alltag abgehobene Welten präsentierten.

Es ist auffällig, dass die Thematisierung des Krieges in deutschen Filmen Anfang der 1960er Jahre schlagartig nachlässt. Das hängt zum einen damit zusammen, dass an die Stelle der Kriegsthematik die Beschäftigung mit dem Nationalsozialismus trat, die in den 50er Jahren in Verbindung mit dem Kriegsthema stand, sich aber zum Ende des Jahrzehnts verselbstständigte. Das NS-Thema war vor allem im Fernsehen präsent, in dem wiederum der Krieg nicht fiktional oder nur als Parabel zum Thema gemacht wurde. Der Erfolg der amerikanischen Kriegsfilme hielt dagegen an, weil sie das Spiel mit der Angst in ‹härteren› und weniger moralisch aufgeladenen Varianten (als die deutschen Filme) betrieben.

Die Rezeption von Kriminalfilmen. Die Thematisierung von Angst und Schrecken erfolgte gegen Ende der 50er Jahre für ein breites, vor allem älteres Publikum verstärkt über das Genre des Kriminalfilms, weil es hier um individuelle Szenarien ging und weniger um gesellschaftliche, die mit dem Zweiten Weltkrieg und der NS-Zeit zusammenhingen und die immer noch

2–4 Es geschah am helllichten Tag (Ladislao Vajda, CH/ D 1958).]

als belastend empfunden und häufig verdrängt wurden. Gleichzeitig fand diese Thematisierung auch in einem anderen Rezeptionsraum (dem des Fernsehens) statt. Der Kriminalfilm war zwar auch im Kino der 50er Jahre präsent, aber in bedeutend geringerem Umfang als der Heimat- und Kriegsfilm.

Er diente im Kino anfangs dazu, Alltagskonflikte dramatisch zu verschärfen und die sozialen Verhältnisse durch eine Zuspitzung im Konflikt, im Verbrechen darzustellen. Dabei ging es vielfach nur um kleinere Delikte. Erst Mitte der 50er Jahre handelt es sich um Serien- oder Kindermörder[6] und damit um die genrespezifische Thematisierung von Angst und individueller Bedrohung. Hinzu kamen dann Thriller, aber auch diese nur in geringem Umfang. Das deutsche Kinopublikum schätzte damals die individuelle Bedrohung in den fiktionalen Geschichten eher gering, wohl weil ihm die Kriegserfahrung noch zu nahe war. Der Kriminalfilm hatte erst in der Variation der Fernsehkrimis in den 1960er Jahren wirklich Erfolg, weil er die Angstgefühle moderat hielt und stärker das dramaturgische Motiv der Wiederherstellung der Ordnung in den Vordergrund stellte. Individuelle Existenzgefährdungen durch Verbrechen wurden als unterhaltsam empfunden, weil sich im Lebensgefühl bundesdeutscher Mehrheiten ein Gefühl von Sicherheit und Übereinstimmung mit der Gesellschaft eingestellt hatte. Und das Genre wurde im Familienrahmen akzeptierbar, weil es durch die verkürzte Form (45 Minuten) und den

6 Ein Beispiel für einen Film mit einem Serienmörder ist Nachts wenn der Teufel kam (Robert Siodmak, D 1958), eines mit einem Kindsmörder Es geschah am helllichten Tag (Ladislao Vajda, CH/D 1958).

Verzicht auf gesteigerte Angsterzeugung ‹familienkompatibel› erschien. Das Genre war flexibel genug, um daraus unterschiedliche Erzählvarianten zu entwickeln. Für das Kinopublikum verlor es damit an Bedeutung, so dass nur die Form des Serienfilms (James Bond, Jerry Cotton), welche die Fernsehkrimis durch Spektakel, Ausstattung und Tempo übertrumpften, oder die Parodien der deutschen Edgar-Wallace-Reihe auf breiteres Interesse stießen. Das Kinopublikum übernahm damit Fernsehgewohnheiten.

Wir sehen also, dass im Hintergrund der Wechselprozesse in der Genreproduktion sich auch die Rahmenbedingungen für die Filmrezeption veränderten. Damit lassen sich einige Folgerungen zusammenfassend skizzieren.

Folgerungen

1. Das Kino verliert in der Bundesrepublik sein Deutungsmonopol über die Bedingungen der Filmrezeption. Durch Hinzukommen des Abspielortes Fernsehen, der anders strukturiert ist, kommt es zu grundlegenden Veränderungen der Rezeption, die auch für das Kino bestimmend werden.

2. Das Kino wendet sich zunehmend an Jugendliche und junge Erwachsene, spezialisiert sich in seinen Angeboten, stellt das Spektakelhafte nun gegenüber einer veralltäglichten Filmrezeption im Fernsehen zunehmend heraus.

3. Die Dispositionen verblassen, die durch die Lebens- und Filmerfahrungen der NS-Zeit und des Zweiten Weltkriegs noch Anfang der 1950er Jahre bestehen; damit verlieren Genres, die sich explizit oder implizit mit dem Krieg beschäftigen oder von diesem induziert sind, an Bedeutung.

4. Die Erwartungen an die Filmgenres sind zunächst eng mit diesen allgemeinen Dispositionen verbunden, lösen sich aber davon und differenzieren sich aus. Die Filmrezeption individualisiert sich nun stärker.

5. Die Filmkompetenz erweitert sich, die Medienkompetenz insgesamt nimmt auf breiter Ebene langsam zu, wobei hier die reale Mediennutzung zumindest in den ersten Jahrzehnten ausschlaggebend ist.

6. Um diese Veränderungen genauer zu erfassen, werden präzise Daten über die Nutzung der einzelnen Genres im Kino benötigt. Sie sind jedoch nur schwer zu ermitteln, weil viele Verleiharchive nicht mehr existieren.

7. Die Bedeutung der Filmrezeption für einzelne historische Phasen ist nur zu rekonstruieren, wenn sie im Kontext der differierenden Medienumgebungen insgesamt betrachtet und nicht nur als Filmrezeption im Kino untersucht wird.

Literatur

Hickethier, Knut (2007a) ‹Der Drang nach Menschen, Unterhaltung, Erleben ist so groß in einem› – Mediensituationen im Zweiten Weltkrieg. In: *Krieg – Medien – Kultur*. Hg. von Matthias Karmasin & Werner Faulstich. München: Wilhelm Fink, S. 105–130.

Hickethier, Knut (2007b) Fernsehen in der Erinnerung seiner Zuschauerinnen und Zuschauer. Medienbiografien, historische Rezeptionsforschung und die Verhäuslichung des Fernsehens in den 1950er Jahren. In: *MedienAlltag – Domestizierungsprozesse alter und neuer Medien*. Hg. von Jutta Röser. Wiesbaden: Verlag für Sozialwissenschaften, S. 57–70.

Hickethier, Knut (2002) Genretheorie und Genreanalyse. In: *Moderne Film Theorie*. Hg. von Jürgen Felix. Mainz: Bender, S. 62–103.

Hickethier, Knut (1998) *Geschichte des deutschen Fernsehens*. Stuttgart/Weimar: Metzler.

Koch, Gertrud (1980) Wir tanzen in den Urlaub. Musikfilme als Betriebsausflug. In: *Filme* 3/1980, S. 24–29.

Kraushaar, Wolfgang (1996) *Die Protestchronik*. Hamburg: Rogner & Bernhard.

Maletzke, Gerhard (1963) *Psychologie der Massenkommunikation*. Hamburg: Hans Bredow-Institut.

Segeberg, Harro (Hg.) (2009) *Mediale Mobilmachung III: Das Kino in der Bundesrepublik als Kulturindustrie 1950–1962*. München: Wilhelm Fink.

IRMBERT SCHENK

Populäres Kino und Lebensgefühl in der BRD um 1960 am Beispiel des Krimigenres

I.

«Das Interesse an der realen Wahrnehmung und Verarbeitung des zeitgenössischen Publikums kann [...] nicht im Sinne eines mechanistischen Wirkungsbegriffs, etwa durch Analyse des Produkts und direkten Schluss auf eine entsprechende historische Wirkung, eingelöst werden» (Korte 1998, 50). Gerade dies geschieht aber fortwährend – zudem unausgesprochen und implizit – in so gut wie jeder Filmanalyse und in vielerlei Filmgeschichtsschreibung, wo sich die Interpreten wie selbstverständlich als eine Art idealer Zuschauer gerieren und ihre geistigen Emanationen umstandslos zur Rezeptionserfahrung der Gesellschaft im Ganzen verallgemeinern.

Was demgegenüber bei meinem Versuch einer Filmgeschichtsschreibung, die der *New Film History*[1] und bestimmten Ausformungen der Sozialgeschichte und der *Cultural Studies* verpflichtet ist, höchste Priorität hat, ist die möglichst breite Erarbeitung von Kontexten, nicht nur zur Produktionsseite, sondern vor allem zur Rezeptionsseite, also in Bezug auf die Zuschauer, unabhängig davon, ob und wie sehr man der These vom Zuschauer als dem (absoluten) Bedeutungsproduzenten der Filme anhängt oder nicht. Geschichte von Film/Kino ist dann die Geschichte der Rezeption oder vorsichtiger: Zur Geschichte des Films gehört dann nicht zuletzt die Geschichte seiner Rezeption. Dazu zählen die Rezeptionssituation im engeren Sinn, die Institution Kino, die materiellen und ideellen Lebensbedingungen der Menschen, ihre kulturellen und lebenspraktischen Alltagserfahrungen – im weitesten Sinn die kinorelevante Gefühlsökonomie vieler Menschen in einem bestimmten historischen Abschnitt, mithin die virulenten Alltagsängste und Alltagsutopien als zentrale Elemente des Lebensgefühls einer Gesellschaft potenzieller Kinobesucher. Womit man bei einem Geflecht von Kontextualisierungen angekommen ist, das kein

---

1 Woraus abgeleitet sich gerade eine *New Cinema History* formieren könnte, die sich explizit mit den Zuschauern und dem *cinema-going* beschäftigt.

Ende hat und das notwendig spekulativ sein muss. Seine Qualität hängt allerdings nicht nur vom Arbeitsfleiß ab, sondern ebenso von der Beschaffenheit des methodischen *settings* und der zugrundeliegenden Denkform bezüglich historischer Prozesse. In jedem Fall läuft das Ganze auf ein *re-writing* der Filmgeschichte hinaus. Das Vorgehen ist dabei ebenso spekulativ wie grundsätzlich.

Ich gehe in diesem Beitrag nämlich nicht von den Filmen aus, sondern frage umgekehrt zuerst nach dem bestimmenden Lebensgefühl der Menschen in der Bundesrepublik Deutschland im Übergang von den 1950er in die 60er Jahre. Von dort wird der rote Faden aufgenommen als Zuschreibung zu den Medien – zu den Massenmedien, da nur sie eine hinreichende Vergesellschaftung aufweisen. Die Argumentationskette ökonomische und soziale Lebensbedingungen, politische, ideell-ideologische und kulturelle Befindlichkeit, psychosoziale Gefühlslage und Mediengebrauch verkörpert zwar auch eine Kausalkette, schließt darin aber Interdependenzen und Widersprüche aller Art ein. Meine Verkürzung auf den Kinofilm soll nicht bedeuten, dass nicht auch Radio, Fernsehen und Massenpresse, vor allem aber Werbung und Propaganda analytisch einzubeziehen wären. Wobei das Axiom all dieser Ausarbeitungen *gesellschaftliche Modernisierung* lautet.

Der im zweiten Arbeitsschritt zu vollziehende Bezug zum Spielfilm kann in meiner Argumentation nur den Bereich des populären Kinos, also die Durchschnittsprodukte des Filmangebots, betreffen. Wenn man dabei, was sicher problematisch ist, nur die nationalen Produktionen berücksichtigt, dann finden wir in den 1950er Jahren zwei große Wellen, die sich als *Publikumsfilme* mit der größten Zuschauerresonanz durchsetzen. Die erste wird verkörpert durch den Heimatfilm und den heimatfilmnahen Historienfilm mit Höhepunkten um 1950 und 1955/56, die dann in der zweiten Hälfte der 1950er Jahre rasch abflacht – parallel zur starken Expansion des Fernsehens. Die zweite Welle wird repräsentiert durch den Kriminalfilm, und zwar insbesondere die sogenannten Edgar-Wallace-Filme ab 1959.

Natürlich sind alle anderen Genres und Genremischungen auch vorhanden, weisen aber nicht diese Wellenbewegung auf. Meine Behauptung mutet zweifelsohne positivistisch an, dass nämlich beide filmhistorischen Erscheinungen eine prägnante Indikation zentraler kollektiver Gefühlslagen liefern, und zwar schon aufgrund ihrer Ansprache breitester Publika und ihrer Wellenform, das heißt ihrer in einem bestimmten Zeitraum besonders akuten und aktuellen Resonanz. Trotzdem halte ich dafür, dass es so ist, zumal beide – auch auf der individuellen Ebene – starke, existenziell bedeutsame Gefühle in den Zuschauern bewegen. Und beide tun dies in merkwürdig komplementärer Dimension: Der Heimatfilm beför-

1 Die Bande des Schreckens (Harald Reinl, BRD 1960), Programmzeitschrift.

dert ‹Heimat›, das Zurückfinden in eine einheitliche – wie immer kompensatorische – Identität, Kino als Überlebensmittel. Nachdem dieses existenzielle Bedürfnis endlich befriedigt, buchstäblich gesättigt ist, befördert der Wallace-Krimi den Mut zum (kleinen) Experiment, zum Aufbruch in etwas Neues, nicht so Befestigtes, das weitergeht als die pragmatische Modernisierung der 1950er Jahre und das jetzt auch das Spiel mit Angst und Anspannung einschließen darf: «Grundlegend ist für das Genre eine Balance zwischen der Verletzung der Normen und ihrer Wiederherstellung, zwischen Unordnung und Ordnung, zwischen der Ausübung des Verbrechens und seiner Bekämpfung» (Hickethier 2005, 11). Nachdem die 1950er Jahre das politische, soziale und ökonomische Korsett zwar eng, aber stabil und verlässlich geschnürt und dabei das ideologische eindimensional eingeengt hatten, darf nun etwas Luft zum experimentellen Modernisieren, zum Spiel mit der Moderne, ins abgesicherte Gehäuse. «Der Grenzverstoß spricht die heimlichen Bedürfnisse der Zuschauer und Leser nach einem Ausbruch aus der Ordnung, nach dem Ausleben von geheimen Wünschen und dem Beschäftigen mit dem Unerlaubten an» (ibid.).

II.

Ein pauschaler Blick auf die Geschichte der 1950er Jahre lässt zwei große Blöcke hervortreten. Im ersten finden wir all das versammelt, was wir mit ‹Adenauer-Ära› umschreiben: Restauration kapitalistischen Wirtschaftens und autoritären Herrschens; Repression alternativer Perspektiven und abweichender Positionen. Verordnete *re-education* und teilnahmslose Vergangenheitsbewältigung bei einem Minimum an offenen Debatten und kulturellen Diskursen; alter Muff in den Klassenzimmern und repressive Sexualmoral. Und so weiter.

Der zweite Block dagegen zeigt ein ganz anderes Bild, das zumeist in seiner Bedeutung für Leben und Identität der Menschen unterschätzt wird, nämlich das dem ersten völlig entgegengesetzte Bild einer außerordentlichen Bewegung der Gesellschaft und der Menschen. Ich rede vom Komplex der Modernisierung, der kaum je zuvor so geballt auftrat wie in den 1950ern. Mit *Modernisierung* meine ich strukturelle Veränderungen, die die ökonomische und technische Entwicklung der Gesellschaft und ihre Auswirkungen auf die allgemeinen Lebensbedingungen betreffen und die sich sowohl in der Alltagspraxis wie im alltäglichen Bewusstsein der Menschen niederschlagen. Modernisierung ist dabei nicht als «harmonischer Prozess» (Zapf 1991, 133) zu sehen, sondern als dauernde widersprüchliche Bewegung von Alt und Neu im Konflikt miteinander, von Kontinuität und Diskontinuität im Widerstreit, weshalb deren *Vermischung* ein weiteres Kennzeichen der 1950er (und ebenso der 1960er) Jahre darstellt. Es geht darum, die komplexe Widersprüchlichkeit der lebensweltlichen Hauptströmungen einzubeziehen, in der auch die Filmherstel-

2 Werbung für den *Wienerwald*, gegründet 1955.

3 Moderne Einbauküche der Endfünfziger.

lung und der Filmkonsum vollzogen werden. Kollektive wie individuelle Lebensgeschichte ist nie statisch, auch in ihr geschieht fortwährend Neues, das mit dem biografisch Tradierten ausgearbeitet werden muss.

Auf der konkreten Erfahrungsebene der Menschen fand nach dem Krieg vorrangig statt: der Kampf ums Überleben als Kampf um Nahrung, Wohnung, Heizung, die Verarbeitung oder das Vergessen von Tod, Verlust, Trennung, die Suche nach neuer Heimat, der Wiederaufbau der Städte, der Wege, der Industrie – also die Wiederherstellung erträglicher Lebensbedingungen. Nach der enormen physischen Aufbauleistung und einer außerordentlichen Produktivitätssteigerung betreffen die Modernisierungsprozesse der forcierten Industrialisierung zunehmend auch den Konsumsektor, von der Elektrifizierung der Haushalte, den Couchtischen und Phonoschränken zur Mobilität mit Motorroller oder Automobil oder dem neuen Tourismus, wobei die überwiegende Mehrheit der Bevölkerung durch deutliche Lohnsteigerungen zu den Modernisierungsgewinnern gehört. Die Erscheinungen des ‹Wirtschaftswunders›, werden für viele zum ‹Wunder des Warenkonsums›: vom Sattessen zum Genussessen, vom Überleben zum Leben im (kleinen) Überfluss in dieser unendlich erscheinenden Wachstumsphase von 1947 bis 1966 oder 1973 (wobei differenzierte Periodisierungen für unterschiedliche Abschnitte auch innerhalb der 1950er Jahre vorzunehmen wären).

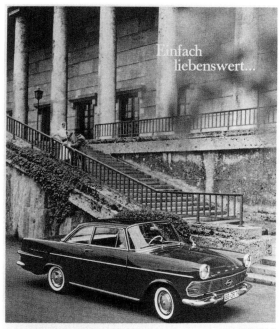

4 Werbung für das Opel Rekord Coupé, 1961–63: 33.000 Käufer.

Die ökonomisch-technologische Modernisierung verläuft also parallel zur alltäglich-privaten, in der sich eine ‹moderne› Lebensweise einstellt – verbunden mit einem allgemeinen Fortschrittsoptimismus, der sich selbst eine neue, ‹moderne› Identität zuschreibt. Die äußere Dynamik der Modernisierung mündet in die innere Erfahrung von Befreiung, in ein positives, hoffnungsvolles Zukunftsgefühl. Leitbild sind die Versprechungen eines *American way of life* oder genauer: ein alltäglicher, pragmatischer Ökonomismus.

Kaum zu überschätzen in ihrer Bedeutung für das Lebensgefühl ist zum Beispiel, dass jetzt zum ersten Mal in der deutschen Geschichte auch für die niederen Klassen und Schichten eine existentiell wichtige Rahmenbedingung Realität wird, nämlich die soziale Absicherung für das ganze Leben, auch für das Alter (niedergelegt in der Rentenreform von 1957). Nicht zuletzt dies begründet, dass die meisten Menschen die Modernisierung als ‹aufregendes Neues› wahrnehmen.

Ich habe an anderer Stelle ausführlich die einzelnen Modernisierungsleistungen der 1950er Jahre beschrieben und dabei darauf hingewiesen, dass es unzulänglich ist, unter dem Stichwort ‹Adenauer-Ära› nur auf die repressiv-statische Entwicklung von Politik, Ideologie und Kultur im engeren Sinn zu verweisen, ohne gleichzeitig die Bedeutung der Modernisierungsdynamik des Jahrzehnts auszuloten. Dort habe ich auch die cineastisch-filmhistorische Aburteilung des 50er-Jahre-Kinos als ausnahmslos ästhetisch minderwertig, ideologisch reaktionär und psychologisch regredient für kontraproduktiv erklärt, weil ihr jedes Reflexionsvermögen im Zusammenhang des oben dargelegten Rezeptions–Postulats der Filmgeschichtsschreibung abgeht.[2] Kaum besser sieht es leider auch mit der Abhandlung der Wallace-Filme aus.

III.

Die Periodisierung der Übergänge von den 1950er in die 1960er Jahre ist recht unterschiedlich. Weithin hat sich die Rede von den kurzen 50er Jahren und den langen 60ern durchgesetzt. Letztere hätten dann von 1958 bis 1973 gedauert, was die Modernisierungsprozesse unterschiedlicher Ebenen angeht. «Die Transformation der ‹langen› 1960er Jahre führte von der Industrie- zur postindustriellen oder Konsumgesellschaft, zu einer neuen Stufe der Moderne» (Schildt 2007, 82), in der sowohl vehemente politische Reformdebatten wie eine erhöhte Bedeutung kultureller Faktoren stattgaben. Die 1960er würden nach dieser Vorstellung dann die sogenannte ‹Modernisierung unter konservativen Auspizien›[3] der 1950er Jahre unter freiheitlicheren Vorzeichen fortsetzen. Dergleichen Periodisierungen scheinen mir müßig, wenn sie nicht gleichzeitig die prinzipielle Widersprüchlichkeit innerhalb der einzelnen Epochen wie insbesondere der Übergänge herausarbeiten. Festzuhalten ist jedenfalls, dass im letzten Viertel der 1950er Jahre Veränderungen beginnen, die ihren entfalteten Ausdruck dann im nächsten Jahrzehnt erfahren werden. Und in eben diesen Transformationsprozess und seine Verarbeitung im kollektiven und individuellen psychischen Haushalt fallen die Wallace-Filme.

Bevor ich zu den grundlegenden Erscheinungen der ‹beschleunigten Modernisierung› der 60er Jahre komme, seien einige besonders spektakuläre Ereignisse aphoristisch erwähnt: Im Zeitraum 1956–58 finden wir 93 «Großkrawalle» in 25 Großstädten,[4] wo Jugendliche Saal- und Straßenschlachten veranstalten, meist nach US-Jugend-Filmen wie BLACKBOARD

---

2   Ausführlicher zu Geschichte und Lebensgefühl sowie zu Genres und Filmen der 1950er Jahre einschließlich Literaturangaben vgl. Schenk 2000a; Schenk 2000b.
3   Christoph Klessmann (1982) *Die doppelte Staatsgründung. Deutsche Geschichte 1945–1955*. Göttingen: Vandenhoeck & Ruprecht. Hier zit. n. Schildt 2002, 11.
4   Günther Kaiser (1959) *Randalierende Jugend. Eine soziologische und kriminologische Studie über die sogenannten «Halbstarken»*. Heidelberg: Quelle & Maier. Hier zit. n. Faulstich 2002b, S. 286.

5 Der Frosch mit der Maske (Harald Reinl, D 1959).

6 ‹Moderne› Sitzecke (Cocktailsessel).

Jungle (Die Saat der Gewalt, Richard Brooks, USA 1955) und Rock around the Clock (Ausser Rand und Band, Fred Sears, USA 1956) oder bei Bill Haleys Deutschland-Tournee 1958. «Die *Halbstarken* der 50er Jahre waren die Speerspitze, das subkulturelle Ferment der neuen jugendlichen Medienkultur» (Faulstich 2002b, 288). Die Halbstarken, denen das Gespenst der Gefährdung des neuerworbenen Sicherheitskokons angehängt wird, sind zwar nur eine verschwindende Minderheit als offen Rebellierende, sie verkörpern aber stellvertretend den «Wunsch nach erweiterten Freiräumen» der Jugendlichen und zugleich die «allgemeine gesellschaftliche Suche nach neuer Orientierungssicherheit» (Schildt 2002, 16). Äußeres Merkmal sind «betont zivilistische Formen lässigen Auftretens» und die Ausbildung «konsumistischer Lebensstile» in der Freizeit (ibid.).

Hier nun einige Daten zu den 1960er Jahren, wobei gerade im ökonomischen und sozialen Bereich die Trends der 1950er Jahre beschleunigt fortgesetzt werden:
- Kennzeichnung als ‹Wohlstandsgesellschaft› – bei Arbeitslosigkeit unter 1 Prozent (mit der ersten Rezession 1965/66 seit 16 Jahren);
- weiterer Abbau der Beschäftigung in der Landwirtschaft, Gleichstand oder Verringerung der Industriearbeit, starke Zunahme des tertiären Sektors sowie der weiblichen Beschäftigung;
- verstärkte Anwerbung von Gastarbeitern: 1961: 700.000; 1973: vier Millionen;
- Nettoeinkommen der Haushalte steigen im Jahrzehnt um über 50 Prozent;
- Wohnungsfrage weitgehend gelöst (inklusive Integration der ‹Flüchtlinge›; ein Drittel der Westdeutschen lebt 1962 in Neubauwohnungen mit moderner Ausstattung und mehr Wohnraum);
- Wochenstundenzahl geht um circa 10 Prozent zurück; 1966 erstmals 5-Tage-Woche (IG Metall);

- Fortsetzung der Massenmotorisierung (1960: 4,5 Mio PKW (das 8-Fache von 1950); 1970: 13 Mio;
- Massentourismus (für das neben dem Einkommen auch das Bundesurlaubsgesetz von 1963 eine wichtige Grundlage war);
- Massenmedialisierung – von der Radio- zur Fernsehgesellschaft (1961: 4 Mio TV-Haushalte; 1970: 15 Mio), während der Kinobesuch extrem zurückgeht (1955/56: 816 Mio; 1960: 596 Mio; 1970: 160 Mio).

Insgesamt haben wir von 1950 bis 1973 ein durchgehendes wirtschaftliches Wachstum, was einzelne vom «goldenen Zeitalter der kapitalistischen Entwicklung» sprechen lässt.[5] Vorherrschend ist ein US-orientierter Konsumkapitalismus mit einer «gesteigerten Teilhabe der Menschen an den Praktiken des Konsums in ihrer Alltagskultur» (Ruppert 2000, 752f). In den 1960er Jahren setzen sich die Supermärkte mit Selbstbedienung und damit eine modifizierte Geld-Ware-Beziehung durch. Generell gilt eine Fixierung auf den Fortschritt, auf die Machbarkeit der Welt durch Technik und Modernisierung (Sputnik 1957, Mondlandung 1969). Gleichzeitig entsteht eine neue Reformbereitschaft zunächst auf kulturellem, dann auch auf politischem und ideologischem Gebiet, sodass man von einer weitgehenden ‹kulturellen Modernisierung› sowohl im Bereich der immateriellen wie der materiellen Kultur sprechen kann. Obrigkeitlich-patriarchalische Denkweisen und Einstellungsmuster der 1950er Jahre werden zunehmend abgebaut, zu verzeichnen ist ein «Niedergang des ‹traditionellen Geschichtsbildes›».[6] Es entstehen neue Wertevorstellungen, die das tradierte Muster (der Eltern) mit kulturellen Brüchen (durch die Jugend) konfrontiert. Darin enthalten ist auch die Herausbildung einer kritischeren politisch-demokratischen Öffentlichkeit nicht nur im Rahmen des Generationenkonflikts. Widerspruch und Protest werden zunehmend öffentlichkeitsfähig, in Erscheinung tritt ein «Spannungsverhältnis von dominanten und alternativen Lebensformen» (Hickethier 2003, 11).

Ähnliches gilt für das Geschlechterverhältnis und die Sexualmoral. Die Frauenerwerbsquote steigt stark, in den 50ern zuerst als Industriearbeit, dann vorrangig im tertiären Sektor – mit verbesserter Bezahlung und vermehrten Rechten (1958 Gleichberechtigungsgesetz). Alte, letztlich militärisch konnotierte Männlichkeitsvorstellungen gehen endgültig verloren, sodass rückblickend die 60er Jahre sogar «als geschlechterpolitischer Experimentierraum» bezeichnet werden können (Frevert 2000, 642). 1961

---

5   Vgl. Nachweise in Hardach 2000, 197.
6   Wolfgang Jäger: *Historische Forschung und politische Kultur in Deutschland. Die Debatte 1914–1980 über den Ausbruch des Ersten Weltkriegs*, Göttingen 1984, S. 106. Hier zit. nach Doering-Manteuffel 2000a, 339.

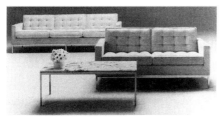

7 Couchgarnitur der 1960er Jahre.

8 Saalschlacht nach dem Bill Haley-Konzert, Berlin (West) 26.10.1958.

wird die Anti-Baby-Pille freigegeben, die allerdings erst drei Jahre später leichter zugänglich wird. Bikini und Minirock gehören zum Alltagsbild.

Nicht zuletzt die allgemeine Medialisierung wird zur «Triebkraft gesamtgesellschaftlicher Modernisierung» (Doering-Manteuffel 2000b, 664), speziell das Fernsehen zur «Vermittlungsagentur gesamtgesellschaftlicher Modernisierungsprozesse» (Hickethier 1998, 202). Das bewirkt die Akzeptanz der massenkulturellen Moderne, wie sie bis heute dominant ist.

Die 60er Jahre lassen sich also zugespitzt durchaus als eine «Phase des Übergangs, ja der Zeitenwende»[7] in Richtung «einer neuen Stufe postindustrieller Modernität» (Schildt 2000, 23) oder einer ‹postmodernen Moderne› (Welsch 1993, passim) beschreiben.[8]

---

7   Klaus Schönhoven (1999) Aufbruch in die sozialliberale Ära. Zur Bedeutung der 60er Jahre in der Geschichte der Bundesrepublik. In: *Geschichte und Gesellschaft*, 15, S. 127. Hier zit. n. Schildt 2000, 23.

8   Einen Gesichtspunkt zur Entwicklung des Jahrzehnts habe ich ausgelassen, weil es sich um besonders ‹weiches› Material handelt, das auch erst seit kurzem von Historikern angegangen wird: Das Verlorengehen eines Gemeinschaftsgefühls, das die Wiederaufbauzeit bestimmt hat, dann mit der Alltagsökonomisierung, -kapitalisierung und -individualisierung der Wirtschaftswunderzeit zusehends verschwindet, und das zudem ideologie- und mentalitätsgeschichtlich höchst komplex ist, weil es unmittelbar an NS-Traditionen anknüpft. Es ließe sich durchaus auch am Übergang vom Heimat- zum Wallace-Film darstellen, wo aus einer Wir-Erlebnis-Konstitution ein Ich-Konsumanspruch entsteht, der sich beispielsweise in der binnentextuellen Medialisierung der Filme konkret niederschlägt, aber auch in der Spannungsökonomie bedeutsam ist.

9 Flugblatt des Komitees gegen Atomrüstung. München 1958.

10 Titelblatt der Zeitschrift *Konkret*, Nr. 6/7, 1959.

IV.

Als die Edgar-Wallace-Filme 1959 auftauchen, treffen sie auf eine neue, bereits erfolgsträchtige Fernseh-Krimi-Reihe, nämlich STAHLNETZ, das nach der US-Serie DRAGNET gebaut ist und von März 1958 bis März 1968 22 Episoden erlebt. Ihm folgen die TATORT-Reihe (ab 1970) sowie die diversen Kommissar-Reihen (DER KOMMISSAR, DER ALTE, DERRICK); vorhergegangen war ab 1953 die Serie DER POLIZEIBERICHT MELDET. STAHLNETZ beginnt immer mit dem Verweis: «Dieser Fall ist wahr. Er wurde aufgezeichnet nach Unterlagen der Kriminalpolizei». Womit der dokumentarische Charakter der Handlung belegt werden soll. Dokumentiert wird nämlich die Polizeiarbeit, sie steht im Mittelpunkt und wird auch durch die Voice-over (in der Regel des ermittelnden Kommissars) verstärkt. Dem gleichen Zweck dienen auch eingeschnittene dokumentarische Aufnahmen oder die Erwähnung aktueller Ereignisse. Heraus kommt eine (mehr oder weniger reportagehafte) Darstellung der Polizei als positive Ordnungsmacht, die das Vertrauen der Bürger (vielleicht: nach den Wirren der NS-Zeit) verdient. Nicht im Mittelpunkt stehen die Verbrecher, ebenso wenig die Verbrechen, meist sind es kleinere Straftaten, keine Kapitaldelikte. Auffällig ist, dass es immer um Geld geht. Erzählstruktur wie Spannungsauf- und -abbau sind dabei überschaubar, die Handlungsperspektiven deterministisch und uniform; alles scheint darauf ausgerichtet, den Menschen Sicherheit und Ordnung in einem eindimensionalen Gut-Böse-Schema zu versprechen. Erst allmählich nehmen die fiktionalen Elemente zu im Verhältnis zu den dokumentarischen, dasselbe gilt für Kamerabewegungen und Schnitt sowie für Action-Elemente.

Anders verhält es sich mit den Wallace-Filmen. In ihnen sind die fiktionalen Elemente von Anfang an übermächtig. Sie basieren auf den 170 Romanen von Edgar Wallace (1875–1932; sowie zusätzlich von dessen Sohn und Tochter). Sie genießen auch in Deutschland eine große Verbreitung und Popularität: 1959 befinden sich 40 auf dem deutschen Buchmarkt. Die Vorlagen sind ab 1915 vielfach verfilmt (168 Filme ohne TV-Serien), in Deutschland kulminieren sie aber mit 32 Kinofilmen zwischen 1959 und 1972. Alle sind industrielle Konfektionsware, hart kalkuliert und schnell gedreht – und vor allem anfangs sehr renditeträchtig, sprich populär. Bis zum ersten deutschen Farb-Wallace DER BUCKLIGE VON SOHO (Alfred Vohrer, D 1966) – im Zenit der Reihe – sind sie alle in Schwarzweiss gedreht.[9]

Worin liegen nun die Besonderheiten der ersten dieser Filme, die sie von STAHLNETZ unterscheidbar machen? Auch sie bedienen das *whodunit*-Prinzip, wobei der Zuschauer im Allgemeinen gegen Filmende wissensmäßig gleichauf ist mit den *chief inspectors*. Sie täuschen sogar einen dokumentarischen Charakter vor, wenn sie in der Regel zu Beginn Londoner Großstadtverkehr zeigen (und damit auch Weltstadt-Modernisierung apostrophieren) und im Ganzen immer wieder den Scotland-Yard-Apparat ins Bild setzen. Zudem sind die Inspektoren (egal wer sie spielt) eher wenig aufregende Zeitgenossen mit einem *Touch* von 1950er-Jahre-Biederkeit, nicht zu vergleichen mit der Zwielichtigkeit der Detektive im Film noir. Selbst die Verbrecher wirken wie der deutschen Provinztheaterbühne der 1950er Jahre entsprungen. Die Morde – es geht immer um Kapitalverbrechen – sind eher sauber dargestellt, noch weit entfernt von den Scheußlichkeiten des Italo-Western nicht viel später. Schließlich wird auch nicht kompliziert erzählt, es gibt fast keine Flashbacks, alles ist linear aneinandergereiht, auch Musik, Kamera und Schnitt bieten – von Ausnahmen abgesehen – wenig Aufregendes. Das Licht nimmt trotz der vielen Nachtszenen selten das Unergründliche des Expressionismus oder des Film noir an.

Und trotzdem behaupte ich, dass diese Filme die oben beschriebene Transformation der kulturellen Modernisierung von den 1950ern zu den 60ern aufnehmen und auf ihre – äußerlich zweifelsohne affirmative – Weise daran mitwirken. Meine Behauptung gründet sich vor allem auf zwei prinzipielle Beobachtungen anhand der ersten vier Filme der Serie

---

9 Alle Zahlen nach Pauer 1982.

(1959 und 1960). Zum einen frappiert der enorme Fantasieüberschuss, den die Filme dem Zuschauer liefern. Dieses Hochfiktionale im scheinbar bodenständig-dokumentarischen Gewand führt so weit, dass man/frau Schwierigkeiten hat, die Verbrechenshandlung in Ausmaß und Abfolge noch zu begreifen. In DIE BANDE DES SCHRECKENS (Harald Reinl, D 1960) geschehen die Morde zwar nach Fahrplan, aber so rasch und raffiniert, dass man kaum hinterher kommt mit der Wahrnehmung. Nicht nur Filmrhythmus und Schnittfrequenz können nämlich für die Beschleunigung der Wahrnehmung im Sinne von Modernisierung stehen, sondern auch – wie hier, vielleicht weniger radikal – die Erzählgeschwindigkeit. Und die Verbrechen sind wie gesagt immer kapitale, schrecklich raffinierte, auch wenn keine Schlagaderfontänen nach Messer- oder Revolverattacken gezeigt werden. Was damit beim Zuschauer stattfindet, ist die scheinbar beruhigende Einbettung in Altvertrautes – vom Inszenierungs- und Darstellungsstil bis zum Seriellen – bei gleichzeitig höchster Anspannung gegenüber dem rätselhaft Unerwarteten und Bedrohlichen. Was ihm die Wallace-Filme liefern, ist die Vorlage für ein neuartiges Spiel mit Angst im psychischen Apparat. Zwar wird ihm am Ende immer ein Liebes-Happy-End geliefert, dessen er ganz sicher sein kann – wie der letztendlichen Auflösung der Handlung und der Überführung der Täter –, und doch bleibt ihm das innerpsychische Substrat der Angst als Verunsicherung, sogar mit der Rückwirkungsmöglichkeit auf seine Realängste. Zwar unterscheiden die Filme noch genau zwischen Gut und Böse, doch aggregiert sich das Verbrecherische mit den in der Anspannung aktivierten Ängsten. Sozusagen doppelt böse ist das Böse auch, weil es wie im Märchen repressiv gezeigt wird, also Über-Ich-konform, dabei aber auch durch den psychoenergetischen Prozess von Spannung und Entspannung lustfördernd wirkt. Um diese Widersprüche noch etwas weiter auszuführen: Das Böse im Film ist eindeutig bös, trotzdem sind der Handlungsverlauf und die Verbrechensmodi kontingent, mit vielfältigen Möglichkeiten aufgeladen. So eindeutig der Rahmen zu sein scheint, so vieldeutig sind die Fantasievorlagen und ihre Verarbeitungsangebote. Womit diese Filme gleichzeitig das Alte (die Ordnung der 1950er Jahre) bedienen und das Neue (die Bewegung der 1960er Jahre) nicht ausschließen. Sie unterliegen nicht dem Kontingenzprinzip, aber sie spielen vorsichtig damit – und so vielleicht auch mit einer modifizierten Geschichtsvorstellung. Sie lassen Ordnung obsiegen, erlauben aber Unordnung in der Fantasie. Kino-Angstlust in gezügeltem Maß.

Das gilt ebenso für die zweite prinzipielle Beobachtung, in der sich der Modernisierungsanteil dieser Filme auch formal manifestiert. Ich meine das Spiel mit der Medialisierung, eine ironische Reflexivität des Mediums Film/Kino, des Genres und der Serialität der Filme sowie der

11–18 Der rote Kreis (Jürgen Roland, D 1960).

Zuschauerbeziehung. DER GRÜNE BOGENSCHÜTZE (Jürgen Roland, D 1961) beginnt als Intro mit einer Führung von Touristen durch ein Schloss, das wegen seiner Geister, insbesondere einem grünen Bogenschützen aus dem 17. Jahrhundert, bekannt ist. Als plötzlich ein Tourist an einem Pfeil im Rücken stirbt, wendet sich der Führer an die Filmzuschauer: «Ich glaube, das wird doch ein hübscher Film», worauf der Titelvorspann folgt. Das Prinzip wird bis zum Ende durchgehalten (mit expliziten verbalen Verweisen auf STAHLNETZ oder Edgar-Wallace-Filme) und schließt mit dem Hinweis ans

Publikum, einen eventuell gefundenen Pfeil an der Kinokasse abzugeben. Das durchgehend bemerkbare Ausstellen des Filmischen und seiner Serialität mag zwar den Zuschauer auf der einen Seite vor einer allzu tiefen Verankerung von Ängsten bewahren, eröffnet auf der anderen Seite aber zugleich eine Dimension des massenmedialen Konsums, der neu ist und den massiven Veränderungen der Medienlandschaft entspricht. Wobei wieder das Element des Spielerischen als (risikoloses) Ausprobieren von Neuem nicht unwichtig ist.

Auffällig ist übrigens auch, dass es in diesen Filmen jeweils eine Art *femme fatale* gibt, allerdings im Kleinformat verglichen mit der Undurchsichtigkeit und Triebhaftigkeit der fatalen Frauen im Film noir. In dem über lange Strecken bei Nacht spielenden DER ROTE KREIS (Jürgen Roland, D 1960) ist eine hübsche junge Frau zuerst die Sekretärin eines Ermordeten, um danach als Bankangestellte im Auftrag des Maskierten zu erscheinen – und sich schließlich als Tochter des *chief inspector* zu entpuppen und mit dem Neffen des toten Lords ins Happy End zu gehen. In DIE BANDE DES SCHRECKENS zählt die zwiespältig unheimliche Mrs. Revelstoke zuerst zu den Todeskandidaten, um sich dann als die Großmörderin und Ehefrau des im Intro also wohl doch hingerichteten Verbrechers zu erweisen, während ihre junge hübsche Sekretärin tatsächlich gut und Happy-End-würdig ist. Merkwürdige Beobachtung am Rande: In den ersten beiden Filmen werden Familien ohne Mutter dargestellt: In DER FROSCH MIT DER MASKE (Harald Reinl, D 1959) hat der spätere Henker von London eine Tochter und einen Sohn, in DER ROTE KREIS hat der *chief inspector* nur eine Tochter – jeweils ohne Mutter. Nora in DIE BANDE DES SCHRECKENS ist Waise und die ebenfalls mit Happy End bedachte junge Frau in DER GRÜNE BOGENSCHÜTZE hat zwar eine Mutter, die jedoch von ihrem Schwager im Keller gefangen gehalten wird, während ihr Vater tot ist und sich ein Pflegevater ohne Frau um sie kümmert. Seltsame Dissonanzen zum gewünschten Idealbild von Familie, wobei der Mangel durch Glück in der Liebe kompensiert wird, auch wenn ich noch nicht weiß, welche Bedeutung solchen Subtexten zukommen kann.

V.

Nach diesem Exkurs in die Filme sei ein ebenso kurzes Fazit angefügt: Die Filme präsentieren die Ambivalenz im zentralen Lebensgefühl der Menschen in diesem historischen Abschnitt des Übergangs von den 1950er in die 60er Jahre: auf der einen Seite den Wunsch, das endlich erreichte gute Leben zu sichern, den Status quo zu bewahren, und auf der anderen den schon untergründig rumorenden Wunsch nach Veränderung als Aufbruch zu Neuem, als Impuls, die Zukunft neu zu begründen. Ambivalent und unentschieden sind diese beiden Wünsche auch deshalb, weil sie sich fortwährend miteinander vermischen und weil der eine dem Manifestwerden des jeweils anderen widerstreitet. Auch wenn die 1960er Jahre unwidersprochen als Jahrzehnt der nochmals beschleunigten Modernisierung gelten, so ist Modernisierung im Großen von Politik und Ökonomie wie im Kleinen von Alltagsleben und psychischer Ökonomie immer ein widersprüchlicher Prozess der Aushandlung von Alt und Neu. Allerdings damals weitestgehend noch in optimistischer Perspektive, ohne die späteren Zweifel an der uneingeschränkten Nützlichkeit des modernen Denkens, ohne die Einsicht in die Janusköpfigkeit der Moderne für die Geschichte/ Geschicke der Menschen.

Auch wenn es fast unmöglich erscheinen mag, die Prozesse der Verarbeitung filmischer Fantasievorlagen im Gebrauch des Massenmediums und einzelner Filme durch die Zuschauer im Dunkel des Kinosaals und in der Alltäglichkeit ihrer Lebenspraxis bestimmen zu wollen, so bleibt uns doch nur die Wahl, geeignete Untersuchungsmethoden zu entwerfen, wollen wir nicht weiterhin dem Phantom eines (vom Filmhistoriker subjektiv projizierten) idealen Zuschauers nachhängen und/oder das Medium seiner Gesellschaftlichkeit berauben. Mein kleiner Text geht von den Zuschauern aus und versucht, historische Erscheinungen populärer Filmgruppen aus den zentralen Konstellationen des Lebensgefühls einer Großzahl von Zuschauern durch die Erarbeitung unterschiedlichster (und zu erweiternder) Kontexte zu ergründen. Die Filmrezeption soll also in ihren breiten lebensweltlichen Bedingungsrahmen offener und verdeckter, ruhender und virulenter Wertevorstellungen, Dispositionen und ‹Gedanken› (Gefühle, Wünsche, Ängste) eingebettet werden. Daran schließt sich bezüglich der eigentlichen Medienanalyse die Bedingung an, einmal relativierend die Gesamtheit der Programm- und Rezeptionsverhältnisse zu beachten und zum anderen bei der Untersuchung einzelner Filme strukturanalytisch deren Widersprüche aufzudecken, damit darüber die Perspektive einer widersprüchlichen Aneignung und Verarbeitung durch die Zuschauer aufgrund identischer und unterschiedlicher, kollektiver und individueller, tradierter und situationaler Lebensverhältnisse eröffnet wird. Woraus – um etwas polemisch zu schließen – auch deutlich werden sollte, dass selbst die feinsinnigste philologische Filmanalyse nicht unbedingt die Kenntnis der Aneignung der Filme durch die Zuschauer oder der Geschichte von Film und Kino befördern muss ...

Literatur

Doering-Manteuffel, Anselm (2000a) Westernisierung. Politisch-ideeller und gesellschaftlicher Wandel in der Bundesrepublik bis zum Ende der 60er Jahre. In: Schildt/Siegfried/Lammers (Hg.) (2000), S. 311–341.
Doering-Manteuffel, Anselm (2000b) Eine neue Stufe der Verwestlichung? Kultur und Öffentlichkeit in den 60er Jahren. In: Schildt/Siegfried/Lammers (Hg.) (2000), S. 661–672.
Faulstich, Werner (Hg.) (2002a) *Die Kultur der 50er Jahre*. München: Fink.
Faulstich, Werner (2002b) Die neue Jugendkultur. In: Ders. (Hg.) (2002a), S. 277–292.
Frevert, Ute (2000) Umbruch der Geschlechterverhältnisse? Die 60er Jahre als geschlechterpolitischer Experimentierraum. In: Schildt/Siegfried/Lammers (Hg.) (2000), S. 642–660.
Hardach, Gerd (2000) Krise und Reform der Sozialen Marktwirtschaft. Grundzüge der wirtschaftlichen Entwicklung in der Bundesrepublik der 50er und 60er Jahre. In: Schildt/Siegfried/Lammers (Hg.) (2000), S. 197–217.
Hickethier, Knut (1998) *Geschichte des deutschen Fernsehens*. Stuttgart/Weimar: Metzler.
Hickethier, Knut (2003) Protestkultur und alternative Lebensformen. In: *Die Kultur der 60er Jahre*. Hg. von Werner Faulstich. München: Fink, S. 11–30.
Hickethier, Knut (Hg.) (2005) *Filmgenres – Kriminalfilm*. Stuttgart: Reclam.
Korte, Helmut (1998) *Der Spielfilm und das Ende der Weimarer Republik. Ein rezeptionshistorischer Versuch*. Göttingen: Vandenhoeck & Ruprecht.
Pauer, Florian (1982) *Die Edgar Wallace Filme*. Hg. von Joe Hembus. München: Goldmann.
Ruppert, Wolfgang (2000) Zur Konsumwelt der 60er Jahre. In: Schildt/Siegfried/Lammers (Hg.) (2000), S. 752–767.
Schenk, Irmbert (2000a) «Derealisierung» oder «aufregende Modernisierung»? Film und Kino der 50er Jahre in der Bundesrepublik. In: *Erlebnisort Kino*. Hg. von Ders. Marburg: Schüren, S. 112–129; erneut in : Ders. (2008) *Kino und Modernisierung. Von der Avantgarde zum Videoclip*. Marburg: Schüren, S. 146–170.
Schenk, Irmbert (2000b) Cinema tedesco (occidentale) 1945–1960. In: *Storia del cinema*. Vol. III, 1. Hg. von Gian Piero Brunetta. Turin: Einaudi, S. 651–679.
Schildt, Axel / Siegfried, Detlef / Lammers, Karl Christian (Hg.) (2000) *Dynamische Zeiten. Die 60er Jahre in den beiden deutschen Gesellschaften*. Hamburg: Christians.
Schildt, Axel (2000) Materieller Wohlstand – pragmatische Politik – kulturelle Umbrüche. Die 60er Jahre in der Bundesrepublik. In: Schildt/Siegfried/Lammers (Hg.) (2000), S. 21–53.
Schildt, Axel (2002) Modernisierung im Wiederaufbau. Die westdeutsche Gesellschaft der fünfziger Jahre. In: Faulstich (Hg.) (2002a), S. 11–22.
Schildt, Axel (2007) *Die Sozialgeschichte der Bundesrepublik Deutschland bis 1989/90*. München: Oldenbourg.
Welsch, Wolfgang (1993) *Unsere postmoderne Moderne*. Berlin: Akademie.
Zapf, Wolfgang (1991) Zum Verhältnis von sozialstrukturellem Wandel und politischem Wandel. Die Bundesrepublik 1949–89. In: *Die alte Bundesrepublik. Kontinuität und Wandel*. Hg. von Bernhard Blanke & Hellmut Wollmann. Opladen: Westdeutscher Verlag, S. 130–139.

Cinema-Going:
Sozialisierungen und Diskurse

Cinema-Going:
Socialisations and Discourses

YVONNE ZIMMERMANN

Nestlé's Fip-Fop Club
The Making of Child Audiences in Non-Commercial Film Shows in Switzerland (1936–1959)

If one asks elderly people in Switzerland about their first film experience, one will most probably receive a somehow cryptic response: Fip-Fop – a designation that, for several generations, seems to have been the conspirational code for childhood cinema experience, which, even fifty years later, still makes an interviewee's eyes glow. Fip-Fop is the magic word that evokes the collective memories of children's cinema-going in Switzerland from the 1930s to the late 1950s.

Fip-Fop was a film club open to all children aged five to fifteen. Although run on a non-commercial basis outside theatrical film circles, the Club's governing body was neither the state nor a non-profit organisation, but a private company. Within an institutional frame of corporate sponsoring by the Nestlé Food Corporation, several generations of children were socialized with the medium of film and gathered their first experiences and long-lasting memories of cinema-going. Although the Club was officially closed in 1959, a couple of long grown-up ex-members have continued it in an informal way up until today. Thus, the Fip-Fop Club is still alive, not only as memories in individual media biographies, but as a social practice.

From an institutional perspective, the Fip-Fop Club was an extraordinary marketing strategy that worked most successfully in the Swiss test market. But it was a costly experiment that devoured more than one third of Nestlé's total chocolate marketing budget.[1] Due to the high costs involved, the concept was not adopted by foreign Nestlé subsidiaries. Therefore, the Fip-Fop Club has remained a unique Swiss episode. The same holds true for the film experiences made by child audiences within the Club.

Despite its singularity, the Fip-Fop Club provides an exemplary case to study film reception both from the producer's and from the consumer's side, moreover with a focus on children and non-commercial film shows,

---

1 A[lfons] H[elbling], Jugendwerbung in der Schokoladen-Industrie NPCK. Typescript, June 7, 1950, pp. 7–8 (Archives Historiques de Nestlé, NPCK F3/14).

that is, an audience segment and an exhibition practice that are equally under-researched.

This paper intends to outline the making, entertaining, and educating of child audiences outside commercial cinema, and to sketch child spectatorship and film consumption as a social practice including consumer activism, fandom, and long-term remembrance. The Fip-Fop audience is approached from an historical-pragmatic perspective that focuses on the interrelations between institutional framings, exhibition contexts, and film form, and draws attention to the impact of contextual screening factors on the production of meaning (Kessler 2002). Such an approach to spectatorship includes a reconstruction of the *dispositif* in which films are screened and viewed: the institutional framing, the viewing context, the modes of address, and the viewed content, that is, the films themselves. By using the term *dispositif* to designate the determining factors of film reception, I draw on Frank Kessler's re-interpreting and further developing of Jean-Louis Baudry's theory of the *appareil de base* (the "apparatus" of which the *dispositif* is one aspect) from the early 1970s into a fruitful pragmatic concept that allows one to historicize the configuration of technology, text, and spectatorship (Kessler 2006). By integrating institutional framings, exhibition practices, modes of address, and modes of reception, the *dispositif* is an appropriate concept to illuminate the distinct features of theatrical and non-commercial film practices, and to capture alternative modes of film reception beyond commercial cinema. It can thereby account for the changing functions and functioning of films in different screening contexts, and help determine historical changes as well as continuities.

By reconstructing the *dispositif* of Nestlé's film shows, the following study on the Fip-Fop child audiences locates film reception at the crossroads of popular media culture, consumer culture, and memory culture in order to bring into sharper focus the multiple functioning and functions of film and cinema.[2]

Institutional framing: Nestlé's Fip-Fop Club

The Fip-Fop Club was founded in 1936 by Karl Lauterer, head of the Nestlé marketing department in Switzerland. Fip and Fop are the names of two advertising characters, a twin brother and sister, who were created

---

2   To date, the Fip-Fop Club has attracted very little academic interest. There is an unpublished Master's thesis in History by Matthey 2003 that focuses on advertising in Switzerland. Film and media studies have not yet paid attention to the topic, as Cosandey 2002 hints at in a short Internet contribution on the subject.

by the renowned Swiss graphic designer Hans Tomamichel in 1932 to promote Cailler and Kohler chocolate brands. In the context of the Great Depression of the 1930s, which deeply affected the export business of chocolate and other consumer goods, Nestlé reinforced its marketing investments to raise sales in the home market. The corporation thereby focused on one specific consumer group, namely children. From a corporate perspective, the Fip-Fop Club had an explicit mid-term commercial goal, which Alfons Helbling, head of Nestlé marketing, summarized as to "arouse consumer interest" in children and to "train them as future customers."[3]

Since the introduction of 'modern advertising' by the food and consumer goods industry in the second half of the nineteenth century, children were a courted consumer group, but a most delicate one. Child marketing had to meet moral standards by merging advertising and entertainment with education in order to be approved by parents and teachers. Therefore, the Fip-Fop Club was designed as a "youth movement" modelled on the Boy Scout Association to integrate advertising into a larger ideological frame based on bourgeois ideas, Christian values, and humanist traditions. The Club presented itself as a morally impeccable school for life, which instructed children on socially compliant and politically responsible behaviour. In World War II, reminding children of their patriotic duties toward the nation and encouraging them to sympathize with children as war victims became part of the program. Nestlé taught children how to become citizens. The alliance of consumerism and citizenship was common rhetoric in corporate marketing in Switzerland: a good consumer was considered a good citizen and vice versa (Zimmermann 2007). Nestlé's child education in citizenship was well received by parents and teachers and even state authorities: General Henry Guisan, commander-in-chief of the Swiss army in World War II, became Honorary Member of the Fip-Fop Club in 1940.[4]

The Fip-Fop Club welcomed all children aged five to fifteen. For a one-time subscription of one Swiss Franc (half a Swiss Franc at first), the kids received the Club pin that signalled affiliation and granted cost-free

---

3 A[lfons] H[elbling], Jugendwerbung in der Schokoladen-Industrie NPCK. Typescript, June 7, 1950, p. 1 (Archives Historiques de Nestlé, NPCK F3/14). Helbling was appointed head of the Nestlé marketing department in 1942, thus displacing Karl Lauterer. His report on child marketing in the chocolate industry, a typescript of 16 pages (whereof the first 12 are paginated), is among the richest institutional sources on the Fip-Fop Club. Supposedly, the report served to legitimize the Fip-Fop expenses toward the management.

4 Karl Lauterer [alias "Eurer Götti"], Unser General. Ehrenmitglied des Fip-Fop-Clubs. In: *Fip-Fop Zeitung* 3,2, February 1940, pp. 1–2.

1 Teaching children "to become good patriots": General Henry Guisan, Honoray Member of the Fip-Fop Club.

admission to the film shows and the Club magazine. The Club included and continued a predating and well-established activity based on a system of exchange, namely trading cards that were enclosed in Nestlé, Peter, Cailler and Kohler (NPCK) chocolate bars. Nestlé invested large sums in the production of lavish albums on historical, geographic, biological, and other instructive topics including vocational counselling. According to oral accounts of former Fip-Fop members, the cards were mainly traded at school. Although membership was not a precondition for obtaining trading cards (buying a bar of Nestlé chocolate would have sufficed), the trading activity introduced a social distinction into the schoolyard by recurrently raising the Fip-Fop issue, thus producing in- and out-groups and corresponding joys of inclusion or sufferings of exclusion in case parents denied their offspring access to the Club.

The Club's second pillar was the monthly Fip-Fop magazine, published in German, French, and Italian in a total print run of 120'000 copies

2 Fip-Fop children in front of the Bel-Air movie theatre in Yverdon, 1937.

in 1949.[5] The first volume of the French *Nouvelles de Fip-Fop* was launched in May 1937, followed by the first volume of the German *Fip-Fop Zeitung* in January 1938, and the Italian edition in 1948. The title pages are headed by the Fip and Fop characters, both designed according to contemporary gender stereotypes: Fip a prudential, well-behaved girl; Fop a bold, adventurous scallywag. With Fip and Fop, Nestlé presented children with raw models for socially compliant gender behaviour.

The Club's third and most attractive pillar were the film shows. Each year, three Nestlé teams toured Switzerland twice and organised about 520 shows in over 300 towns and villages. The screenings took place in cinemas, theatres, town halls, and gymnasiums. Admission was free for all children sporting the Club pin or bringing along a bar of Nestlé chocolate. The minimum number of spectators per show was one hundred; the maximum 2'500. The shows had a running time of ninety minutes at most and, from 1940 onward, usually included a Swiss Newsreel (15 minutes), an animated picture in colour (10 minutes), a humoristic short fiction, a couple of Nestlé commercials, and an "instructive documentary" (20 minutes).[6] Nestlé would buy or rent the programmed films, among them the most

---

5 A[lfons] H[elbling], Jugendwerbung in der Schokoladen-Industrie NPCK. Typescript, June 7, 1950, p. 3 (Archives Historiques de Nestlé, NPCK F3/14).
6 Ibid., pp. 4–7.

popular slapstick comedies starring Charles Chaplin or Laurel & Hardy. Unfortunately, nothing is known about Nestlé's sources of film supply and trading terms. Neither extant are the contemporary prints screened in the shows. Thanks to the recollections of a former member,[7] it can be concluded at least in regard to Chaplin that Nestlé delighted its audiences with the one- and two-reelers produced by Mack Sennett's Keystone Film Company and Chaplin's Lone Star Mutual in the 1910s – short slapstick comedies that were later broadcast by television stations in afternoon programs and on children's channels. In times of the Fip-Fop shows, Nestlé projectionists screened all films in 16mm prints for reasons of transportation, since many of the shows did not take place in movie theatres, but in locations lacking permanent projection facilities.

The Fip-Fop film shows were most popular: in 1943, they attracted 115'000 children (Cosandey 2002). By 1950, the number of spectators had risen to 220'000 per year.[8] In 1949, the Fip-Fop Club counted 120'000 members – that is, one in eight children in Switzerland.[9]

The huge success of the Fip-Fop shows was partly due to a lack of children's programs in commercial movie theatres. In Switzerland, regulations for children's access to the cinema were introduced in the 1910s to protect young people from the 'morally destructive' and 'physiologically harmful' effects that the Cinema Reform Movement ascribed to the so-called *Schundfilme* ('trash and smut' movies). Since legislation on film and cinema was enacted by the cantons and not the state, the regulations had no national scope but differed regionally. Most cantons denied children under sixteen admission to cinemas, even if accompanied by adults.[10] Only special children's programs authorized by regional censorship boards in the afternoon gained approval. But such screenings did not meet with success in commercial movie theatres. Mainly school teachers voiced reservations against the institution of cinema, and rejected cooperation with theatre owners. Instead, educators preferred to transfer the 'good' sides of the medium to school, and to integrate film as a didactic instrument into the highly regulated classroom sphere.

---

7   See Jean-Jacques Karlen, Chronique souriante des années 40 (ou... quand j'étais petit garçon). Le fip-fop club. In: *Feuille d'Avis de la Vallée de Joux*, January 16, 1992, p. 14.
8   Tante Juliette, Fip-Fop sème la joie. In: *Nouvelles Fip-Fop* 14,9/10, September/October 1950, p. 3.
9   A[lfons] H[elbling], Jugendwerbung in der Schokoladen-Industrie NPCK. Typescript, June 7, 1950, p. 2 (Archives Historiques de Nestlé, NPCK F3/14).
10 See Bericht des Bundesrates an die Bundesversammlung über das von Herrn Nationalrat Dr. Zimmerli und Mitunterzeichnern im Nationalrat eingereichte Postulat betreffend Revision von Art. 31 der Bundesverfassung (am 26. Mai 1925). In: *Bundesblatt* 77/2,22, June 3, 1925, pp. 545–585. See also Engel 1990; Meier-Kern 1993; Weber-Dürler 2004.

Children and teenagers under sixteen thus being virtually excluded from cinema, commercial exhibitors were legally held off from junior audiences. Therefore, child film socialization and consumption could take place – but only beyond theatrical business. These circumstances provided non-commercial exhibitors with a monopoly for child audiences that attracted organisations with diverse incentives and induced a variety of non-theatrical exhibition practices. Private non-profit initiatives, however, such as the *Schweizer Schul- und Volkskino* (Swiss School and People's Cinema), founded in 1921 to provide children and adults with 'good' films screened in travelling shows, lacked firm financial footing and institutional power to dominate the sector. In accordance with federal principles, state authorities refrained both from setting up and from supporting national programs, thus opening the door to private industry. Particularly corporations of the food and consumer goods industry such as Maggi, Suchard and Nestlé took the opportunity to integrate film exhibition into their marketing mix, and supplied target audiences with travelling corporate film shows for free in order to train and entertain both present and future consumers (Zimmermann 2008).

Hence, Nestlé was not the only corporation to become involved in film exhibition. It was the only one, however, to exclusively and comprehensively focus on children. By granting children continuous and controlled access to film, Nestlé bridged the above-mentioned gap in the film exhibition market. The Fip-Fop shows did indeed meet children's needs, as the recollections of the former Club member Jean-Jacques Karlen demonstrate:

> Nous savions que quelques instants plus tard la salle s'obscurcirait totalement et qu'après quelques commentaires [...] apparaîtrait enfin à l'écran celui que nous attendions vraiment... Charlot... Grâce au Fip-Fop, en effet, nous avions la grande chance, une ou deux fois par an, de nous régaler des exploits de celui que nous adorions, Charlot, Charlot garçon de café, Charlot peintre, Charlot mitron, Charlot pompier....[11]

---

11 Jean-Jacques Karlen, Chronique souriante des années 40 (ou… quand j'étais petit garçon). Le fip-fop club. In: *Feuille d'Avis de la Vallée de Joux*, January 16, 1992, p. 14. ["We knew that in a moment the theatre would darken and, after a few introductory words [...] finally, there would appear on the screen the one we were really waiting for… Chaplin. Thanks to Fip-Fop we actually had the big opportunity to cherish, once or twice a year, the exploits of the one we adored, Chaplin, Chaplin the waiter, Chaplin the painter, Chaplin the journeyman baker, Chaplin the fireman…"]
With the help of Robinson (1989) and Internet sources, the original film titles can be reconstituted as follows: Charlot garçon de café: CAUGHT IN A CABARET (USA 1914), produced by The Keystone Film Company (Mack Sennett), directed by Mabel Normand (two reels); Charlot peintre: THE FACE ON THE BAR ROOM FLOOR (USA 1914), produced by The Keystone Film Company (Mack Sennet), written and directed by Charles Chaplin (one reel); Charlot mitron: DOUGH AND DYNAMITE (USA 1914), produced by

3 Invitation card to a Fip-Fop film show in 1945.

The exclusivity of Nestlé's child entertainment is evidenced by another account:

> Quarante ans après, ça fait drôle, mais il n'y avait pas grande chose à Martigny, c'était l'évènement, on attendait la prochaine séance avec impatience. On se battait presque à certains moments pour trouver les places dans le cinéma, parce que il y avait souvent plus de monde que de places.[12]

The film shows provided children with a public sphere *(Öffentlichkeit)* for cultural and social exchange. The social practice of children's cinema-going in the Fip-Fop Club is particularly significant for its power to integrate children into collective audiences and to build a child community: the Fip-Fop 'family.'

> The Keystone Film Company (Mack Sennett), written and directed by Charles Chaplin (one reel); Charlot pompier: THE FIREMAN (USA 1916), produced by Lone Star Mutuel, produced, written and directed by Charles Chaplin (two reels).

12 Oral testimony of a former Fip-Fop member, referred to in a report on the Fip-Fop Club by Ursula Bischof Scherer in the television broadcast SÜSSE SÜNDE SCHOKOLADE (NZZ Format, SF 2, television premiere: December 14, 1997). The statements are written down in: Filmtexte. Der Fip-Fop-Klub (http://www-x.nzz.ch/format/broadcasts/transcripts_126_66.html; accessed January 24, 2009). ["Forty years later, it seems strange, but there was not much going on in Martigny, it was *the* event, we watched out for the next screening impatiently. Sometimes, we nearly scrambled for the seats in the cinema because there were often more people than seats."]

4 'Godfather' Lauterer receiving Fip-Fop members in front of the Palais de Beaulieu at the Comptoir Suisse, Lausanne, 1938.

Spectatorship in the Fip-Fop Club: collective audience performance

The Fip-Fop Club rested on a family model that framed and informed film reception in Nestlé's child cinema. Karl Lauterer, the founder of the Club, was its public figurehead. He officiated as the so-called 'Godfather' *("Grand Parrain";"Götti")*, the Club's respectable and affectionate authority who, in the editorial of the Fip-Fop magazine, would address his readers with a personal letter signed "Your Godfather." Lauterer is also the key character on the invitation cards to the film shows, which were designed like a call to a family party hosted by its leader. Whenever possible, Lauterer personally received his child audiences and attended the film shows. He enjoyed mingling with the kids and it seems that to him, the Club did indeed mean more than just marketing; it became family.[13]

In addition to the 'Godfather,' the Club maintained many 'aunts' and 'uncles' who officiated as *conférenciers* or animators of the film shows. In a

---

13 Lauterer also planned to initiate a "Universal Child Association" for world peace in 1944, but the project was never put into practice (Lauterer 1944). After his official retirement in 1945, Lauterer presided over the Club until 1953 when Nestlé finally made him resign from the Fip-Fop office – quite against his will – for age reasons (Matthey 2003, 162f).

5 Karl Lauterer saying good-bye to Fip-Fop members after a film show, 1945.

program sheet announcing a series of shows in small towns and villages in the Bernese Oberland in 1939, an "Uncle Hanns" [sic] is introduced as "the cheerful lute player."[14] The program grants him two entries: the opening for a chat ("Onkel Hanns erzählt") and an interlude ("Onkel Hanns singt Lieder zur Laute"). His task was to perform as a singer and musician and to present the film program that included five shorts: a Mickey Mouse film; WASSERSKI (WATER SKI), a humorous water sports film; DIE SCHERE ALS MALER (PAINTING SCISSORS), a film in colour; TIERKINDER IM ZOO (BABY ANIMALS IN THE ZOO), featuring baby lions and droll baboons; and a puppet animation of the fairy tale TISCHLEIN DECK DICH! (TABLE SET YOURSELF!).

The integration of an entertainer indicates that the shows entailed more than just the screening of films. Watching movies was therefore merely one activity among others. The shows combined media entertainment on screen with live acts on stage to stimulate audience participation. Children were animated to actively contribute to the shows by singing, calling

14 Program sheet, 1939 (Archives Historiques de Nestlé, NPCK F3/6). On implementing the Fip-Fop Club, Nestlé also organized evening shows for adults as a means of confidence building among parents, teachers, and local authorities.

NESTLÉ bietet den Eltern

2 Stunden **TONFILM**
und gemütliche Unterhaltung

Eintritt frei

Auf der Bühne

Onkel Hanns
der fröhliche Lautensänger

Programm siehe Rückseite

Eintritt frei gegen Vorweisung einer 100 Gramm Schokoladen-Tafel von einer der Marken **Nestlé, Peter, Cailler, Kohler**, à 50 oder 60 Cts.
Fama-Schokolade ungültig ebenso Umschläge ohne Schokolade. An der Vorführung wird keine Schokolade verkauft. Berücksichtigen Sie die ortsansässigen Detailgeschäfte.

Vorführungen Thun und Umgebung

Dürrenast   Hotel Bären
Konzertbestuhlung   Samstag, den 17. Juni
                Kindervorstellung 15 Uhr 00 Abendvorstellung 20 Uhr 15

Thun   Hotel Freienhof
Konzertbestuhlung   Montag, den 19. Juni
                Kindervorstellung 16 Uhr 30 Abendvorstellung 20 Uhr 15

Thun   Hotel Freienhof
Konzertbestuhlung   Dienstag, den 20. Juni
                Kindervorstellung 16 Uhr 30 Abendvorstellung 20 Uhr 15

Steffisburg   Gasthof Landhaus
Konzertbestuhlung   Mittwoch, den 21. Juni
                Kindervorstellung 15 Uhr 00 Abendvorstellung 20 Uhr 15

Hurra!
Der FIP-FOP-CLUB ist da!

NESTLÉ

bietet allen Kindern einen fröhlichen

Tonfilm-Nachmittag

Eintritt gratis

PROGRAMM für Kindervorstellung

1. Onkel Hanns erzählt.
2. Ein Micky-Maus-Film.
3. «Wasserski». Ein humorvoller Wassersportfilm.
4. «Die Schere als Maler». Ein Farbenfilm.
5. «Tierkinder im Zoo». Ein Film von Löwenjungen und drolligen Pavianen.
6. Onkel Hanns singt Lieder zur Laute.
7. «Tischlein deck dich!» Ein köstlicher Marionettenfilm, der die seltsamen Abenteuer der drei Schneiderssöhne schildert.
(Aenderungen vorbehalten.)

Kinder kommt alle!
Es kostet nichts!   **Eintritt völlig gratis!**
(Eintritt für Erwachsene gemäss Rückseite)

Liebe Eltern! Lasst Eure Kinder dem FIP-FOP-CLUB beitreten. Alle werden viel Freude daran haben.

Was will der Fip-Fop-Club?
Er will die grosse Schar der N. P. C. K. Marken-Sammler zu Stadt und Land in einem grossen Jugendbund vereinigen, wie auch alle, die zu Sport, Spiel und froher Unterhaltung Kameradschaft suchen. Wer Mitglied ist, ob Mädchen oder Bub, hat Gratis-Eintritt zu allen Veranstaltungen des Fip-Fop-Clubs (Filmvorführungen, lehrreiche Vorträge, Sportanlässe usw.).

Wie wird man Mitglied des Fip-Fop-Clubs?
Man kauft für 50 Rp. ein Fip-Fop-Abzeichen. Damit wird man Mitglied und erhält jeden Monat die unterhaltende, reizend illustrierte Fip-Fop-Zeitung gratis und franko ins Haus zugestellt. Anmeldung nach der Vorstellung bei Onkel Hanns.

FIP-FOP-CLUB VEVEY

PROGRAMM für Abendvorstellung

1. Onkel Hanns konferiert.
2. Ein Micky-Maus-Film.
3. «Symphonie des Südens». Ein Schweizer Kulturfilm.
4. «Tierkinder im Zoo». Ein Film von Löwenjungen und drolligen Pavianen.
5. «Arena». Ein lustiger Fip-Fop-Tonfilm.
6. Onkel Hanns singt Lieder zur Laute.
7. «Wasserski». Ein humorvoller Wassersportfilm.
8. «Im Silberlicht der Blümlisalp». Ein prächtiger Heimatfilm, zeigt die gefahrvolle Arbeit unserer Bernbauern als Flösser, Wildheuer und Gemsjäger.
(Aenderungen vorbehalten.)

6a (recto) and **6b** (verso) Program sheet for sound film shows for children and adults in the Bernese Oberland in 1939.

out, and commenting on live and media performances. For this reason, the Club had its own song and its own call, which was "Hop Fip-Fop." The collective performance of the Fip-Fop song and call recurred during the program, and it served to incorporate individual spectators into the body of the audience. The participative mode of address assigned an active role to children in the shows, not only as individual spectators in the process of film reception but also as elements of a collective audience. Spectators in Nestlé's shows were ensemble actors, and spectatorship in the Fip-Fop Club was audience performance. Collective audience performance was indeed a determining element of the show; it was as such a third act in the auditorium, and interacted with the performances on stage and on screen and created a most vivid atmosphere. To quote a former member: "And then the atmosphere in the theatre, this was something, apart from what was on screen. It was exciting."[15]

In Nestlé's film shows, audience performance blurred the conventional boundaries between actor and spectator, between screen and auditorium, and turned each show into a singular live event and each film reception into a unique film experience. Ironically or not, a private company of the (non-film) industry ultimately succeeded in putting into practice what the avant-garde had attempted – yet failed to achieve – in the 1920s and 1930s, namely to tear down the conventional barriers between film and spectator to create a total cinema of immersive film experience.[16]

Following Tom Gunning's (1990) distinction between 'the cinema of attractions' and narrative film to describe two basic presentational modes and ways of addressing the audience (exhibitionist confrontation versus diegetic absorption), Thomas Elsaesser (2000) examines the emergence of narrative cinema from the perspective of the spectator and thereby distinguishes two basic modes of film reception: the Early Cinema mode of *collective audience* and the mode of *individual spectatorship* subsequent to the narrative integration. If we consider Fip-Fop spectatorship in the light of this distinction, then the Early Cinema mode of collective audience reception obviously applies to Nestlé's shows. The coincidence of the historically discontinuous modes of reception results from striking parallels in the *dispositifs* of Early Cinema and the Fip-Fop Club: both *dispositifs* addressed children (the one exclusively, the other not) in a direct manner with a short

---

15 Filmtexte. Der Fip-Fop-Klub (http://www-x.nzz.ch/format/broadcasts/transcripts_126_66.html; accessed January 24, 2009).
16 On the utopian aspirations of the avant-garde toward a totality of film experience by breaking open the codified, distanced, and sanitised mode of film reception, thus liberating the cinema from both mass entertainment and bourgeois art, see Hagener 2007 (especially 121–158).

7 Fip-Fop audience performance in the Oriental movie theatre in Vevey, October 26, 1938.

film program of frequently alternating attractions that matched children's short attention span. And although this accounts only for certain periods of Early Cinema, both *dispositifs* can be seen to adhere to a variety format by combining live acts with media entertainment and/or relied heavily on the live and off-screen performance of a lecturer or entertainer.

Whereas Early Cinema's *dispositif* of the 'cinema of attractions' and its direct audience address disappeared in commercial cinema following the introduction of long feature films in the 1910s, the commented short film program was continued in non-commercial exhibition venues and widely used by corporations and other institutions until the end of the 1950s. In regard to two of its basic features – the program formula and the mode of address –, the *dispositif* of Early Cinema was therefore not rendered extinct by narrative integration, but expelled from commercial cinema to live on successfully in the non-commercial sector until the rise of television as a mass medium in the early 1960s. Short film programs with integrated live performances, whether entertaining or educating in nature, allowed non-commercial exhibitors to differentiate their program from commercial movie theatres. Apart from cost-free entrance, the alternative reception mode that such programs offered may be a key to explain the popularity of non-commercial film shows not only in rural regions lacking fixed cinemas, but also in cities with a rich cinema culture. The shows offered spectators what commercial cinemas no longer offered them, namely the experience of collective spectatorship. The migration and adaptation of Early Cinema's *dispositif* into other institutional frames and public spheres should draw closer attention to alternative forms of spectatorship practiced outside commercial cinemas. Such a focus could not only enrich film history with hitherto neglected aspects of film consumption beyond cinema, but also contribute to current debates on 'new' *dispositifs* of film reception raised by the digital turn and the migration of film from movie theatres and home television to art galleries, mobile phones, and the Internet. The history of film consumption teaches us that film has never been confined to cinema or television, but instead circulated in alternative frames that suggested alternative modes of film reception – frames and modes that are still awaiting in-depth research.

'Communitization' of spectators: film as a social technique

Within the Fip-Fop Club, the mode of collective film reception performed a crucial social function. The film shows worked as a social catalyst that welded children together to form the Fip-Fop family. The notion of 'family' was stimulated by the Club's organisational structure according to a family model (including a 'godfather' as well as 'aunts' and 'uncles') that suggested membership to be the ticket for an alternative family affiliation, a leisure time family of friends. Within this framework, collective film consumption turned into a family ritual for the Club's members.

According to Alexandra Schneider, the collective viewing of home movies in the family circle can be conceived as a social practice that not just *confirms* the family through representation, but also *produces* the family through media practice (2004, 13). In this perspective, collective film consumption appears to be a social technique of community building that can be aligned with what the German sociologist Max Weber calls *Vergemeinschaftung* (1990). 'Communitization' in Weber's term is a constructivist process of manufacturing social bonds based on subjective senses of togetherness on emotional, affective, or traditional grounds. In the pursuit of manufacturing the social coherence of groups and organisations, collective film reception was an instrument widely used by private and public institutions to communitize individuals – be they relatives, workers, consumers, partisans, citizens, or servicemen. Nestlé's incorporating of individual children into the Fip-Fop community by providing collective film experience is exemplary for a widespread use of film as a social technique in non-commercial exhibition circles. Film thus owed some of its community-building power to a certain rareness of the medium. Before television and video introduced home entertainment, film was not readily available but supplied on special occasions. Film consumption outside commercial cinema was therefore no daily routine, but a rare opportunity that conferred a festive aura on film reception. The working of film as a social technique is thus related to the medium's festive character. In his study of photography in family life, Pierre Bourdieu refers to photography as a *technique de fête* (1972, 48). The same holds true for film: the mode of collective film reception is a social technique for celebrating collective film consumption, thus turning community building into a festive activity. Like annually recurring family, communal, and religious festivities, the repeated celebration of the community through film becomes a ritual to produce, confirm, and consolidate social coherence. To return to our case: Nestlé used film shows as a social technique to communitize children to the Fip-Fop Club by drawing on a reception mode that turned spectatorship into a festival. Such bi-annual collective film consumption was integrated into children's holiday calendar and became a rite to perform the Fip-Fop family.

Spectator activism and education in media and consumer culture

The pronounced performative character of child audiences implies that film consumption in the Fip-Fop shows was a highly active and productive practice. Spectator activity was not confined to exhibition venues, but expanded into everyday life: Fip-Fop audiences turned out to be most productive and creative in writing letters and poems, inventing short stories and drawing pictures. The correspondence that Club members sent to 'their Godfather' was so abundant that Nestlé had to hire trained female correspondents to answer it. Children also participated in puzzle competitions to have their photograph as winners appear in the Fip-Fop magazine. The magazine served as an interactive communication platform where the poems, short stories, and drawings sent in by members were occasionally published. With its social network of productive consumers interacting with producers, the Fip-Fop Club is a fully fledged case of child fandom. Or in terms of Cultural Studies, Fip-Fop spectators used the Club's offerings as cultural resources in an active and productive way to both individually and collectively appropriate what the system provided.

The system of corporate governance thus provided media culture to introduce children to consumer culture. The corporation applied the festive social technique to business and used the community-building power of film to develop a consumer community. Therefore, introducing children to consumer culture meant introducing them to media culture first. And Nestlé did so with great care. The Fip-Fop Club was a comprehensive corporate film literacy program designed to socialize – that is, familiarize – children with the medium. Nestlé's film education comprised both experience and knowledge. Film experience gained in the Fip-Fop shows introduced children to the delights of media consumption. The experience of individual and social gratification through consumption was meant to emotionally attach the young audiences of future customers to the Nestlé Corporation and – in a larger perspective – to attune children to the practice of commodity consumption. In the Fip-Fop Club, children experienced that consumption is gratification.

Film knowledge on the other hand was imparted to empower children to discriminate 'good' films from 'bad' ones. On leaving the Club and accessing cinema at the age of sixteen, children were meant to be capable of taking the aesthetically and morally 'right' choice. The Fip-Fop Club was thus an introductory course to film expertise. A case in point is the special edition of the Fip-Fop magazine dedicated to film in 1952. The edition takes care to disenchant a child's fantasies of becoming a film star and hastens to highlight the instructional value of the documentaries screened in the Fip-Fop shows – apparently the least popular films in the program. Documentaries, so Lauterer argued, would help children to become "valuable and bright humans."[17] Documentary learning matters screened in the shows comprised, among others, the beautiful homeland, animal life and, of course, the manufacturing of chocolate. Fip-Fop members thus received a thorough bourgeois education in film and through film, a training to be good media consumers in order to become good commodity consumers.

Nestlé's calculation actually worked out: the introduction of the film shows in 1936 had an immediate positive impact on chocolate sales.[18] In 1949, a market analysis confirmed that Swiss children were more familiar with Nestlé brands than with those of other corporations and that especially young people were camps of Nestlé's brands.[19]

---

17   Karl Lauterer [alias "Euer Götti"], Meine lieben Göttikinder! In: *Fip-Fop Zeitung* 15,11, November 1952, p. 1.
18   Représentations Nestlé. In: *Circulaires publicité*, 757, August 13, 1936 (Archives Historiques de Nestlé, NES), n.p.
19   A[lfons] H[elbling], Jugendwerbung in der Schokoladen-Industrie NPCK. Typscript, June 7, 1950, n.p. (Archives Historiques de Nestlé, NPCK F3/14).

DAS MÄRCHEN VON *Frigor + Nestlé*

Ursula Baumann, Horgen

«Ich gehe fort», murmelte einst eine Schokolade auf dem Ladengestell. Es war auch zu begreifen. Sie war noch die einzige Nestlé-Schokolade, und da war es ihr schrecklich langweilig geworden. Hopp! und drunten war sie. Und nun ging die Wanderschaft los. Sie wanderte und wanderte. Da begegnete ihr die Frigor-Schokolade. «Wohin geht deine Reise?» fragte die Nestlé. «In die blaue Ferne», erwiderte die Frigor. «Da komme ich mit dir», beschloss die Nestlé-Schoggi. Als es dunkel wurde, kamen sie in einen Wald. Sie legten sich unter eine Tanne und schliefen bald ein. Als sie erwachten, war es schon heller Tag. Sie mussten aufpassen, dass ihnen die Beine nicht weich wurden; denn die Sonne schien ziemlich heiss. Schliesslich gelangten sie vor ein Königsschloss. Als der König die zwei Schokoladen erblickte, sprang er vor Freude von seinem Thron auf. Er liess sie sogleich zu sich kommen. Dann packte er alle beide und ass sie. Da hatten sie es fürs Davonlaufen!

1 Bildergeschichte

Klemens Wetter, Ibach

Frigor, der Friedensbote

Hannes-Ulrich Gerber, Hilterfingen

Ich möchte mich vorstellen: Baron von Frigor, Weltrekordinhaber in Süsse und Güte! Nun will ich dir meine Reise in die Welt erzählen. Kaum wurde ich in einem Laden ausgepackt, da sagte schon eine Dame: «Waas? Sie haben wieder Frigor-Schokolade? Bitte, geben Sie mir eine Tafel!» So kam ich in die Tasche dieser Frau. Zu Hause wurde ich liebevoll verpackt und nach Deutschland verschickt. Lange musste ich reisen. Das Rumpeln der Züge riss mir fast das Herz aus dem Leibe... Ein kleiner, blasser Junge erhielt das Packetchen. «Vater, Mutter, schaut! Die gute Frau aus der Schweiz, bei der ich im Sommer in den Ferien war, hat uns eine Tafel Frigor geschickt. Voll Freude brach mich der Junge in Stücklein. Während alle die feine Schokolade auf der Zunge zergehen liessen, dachten sie: «Frigor, der Friedensbote!» So konnte ich noch das Fip-Fop-Leitwort «Lieben und Helfen» erfüllen. Meine Seele aber flog zu einem Fip-Fopianer, und dieser schrieb meine Geschichte auf.

8 "The Fairy Tale of Frigor + Nestlé": short (picture) stories by children published in the Fip-Fop magazine.

Collective memories of child spectatorship

Luring children with popular media culture to abuse them for profit-making: the Fip-Fop Club is a real gift for materialist criticism and governance studies. Some children did indeed learn their lesson well. However, critics should take care not to underestimate the spectator – at the latest when it comes to memory. Nestlé closed the Club in 1959. In a circulation letter to Fip-Fop members, the corporation explained its discontinuance of the program as follows:

> Vor 20 Jahren war es ein Ereignis, als Kind in eine Kinovorstellung gehen zu dürfen. Heute ist es für Dich eine Selbstverständlichkeit, im dunklen Saal zu sitzen. Zuhause dringt im Schritttempo, aber unaufhaltsam das Fernsehen ein, ersetzt das Radio, hält Dich fortwährend über das Weltgeschehen auf dem laufenden und sorgt für Zerstreuung. [...] Nach reiflicher Überlegung sind wir zur Überzeugung gelangt, dass wir Dir besser dienen, wenn wir unsere Kräfte und Möglichkeiten der Herausgabe von schöneren und interessanteren Büchern widmen, die Dein Wissen und Deine Allgemeinbildung bereichern und für Dich bleibenden Wert besitzen. Deshalb stellt der Fip-Fop Club ab 1. September seine Tätigkeit ein.[20]

The growth in children's access to the cinema and the increasing competition with television, which assumed a leading role in socializing children with film, compelled Nestlé to anticipate its loss of child audiences.

Although the official end was sealed fifty years ago, the Fip-Fop Club still lives on, both in the memories of former members and as a social practice. Recollections of former Fip-Foppers are published in local newspapers, circulate on the Internet, and arise in conversations. So far, they have merely survived in a short television feature[21] – needless to say that a proper oral history project is an urgent desideratum.[22] The collective

---

20 Divers. Rundschreiben an die Mitglieder des Fip-Fop-Clubs. In: *Circulaires publicité 1959 Suisse Nestlé*, no further data, (Archives Historiques de Nestlé, NES). ["Twenty years ago, it was an event for a child to go to the movies. Today, you take sitting in the darkened theatre for granted. At home, television is approaching, slowly, but irresistibly, displacing radio, keeping you permanently informed on world affairs and providing distraction. [...] After careful deliberations, we came to the conclusion that we can serve you better if we devote our strengths and possibilities to the editing of finer and more interesting books that add to your knowledge and general education and have lasting value to you. Therefore, the Fip-Fop Club will discontinue its activities from September 1."]
21 Report by Ursula Bischof Scherer in the television broadcast SÜSSE SÜNDE SCHOKOLADE (NZZ Format, SF 2, television premiere: December 14, 1997).
22 In a larger perspective, such a project could ultimately confirm and complement the results of a research project on industrial films and corporate film practice, which both highlight the dominant role of the food and consumer goods industry in socializing

9 "The good father feeds his children 'Nestlé Fudge'": drawing sent in by a Fip-Fop member.

memories of the Fip-Fop Club are striking in that the media aspect is far more present in the accounts of former members than the marketing aspect. The film shows are vividly recalled, whereas the institutional frame has taken a back seat. Some former members have even forgotten the company's name. Selective remembering suggests that former members have largely "excorporated" the film shows from the marketing context, to use a term by John Fiske.[23] First and foremost, memories of the Fip-Fop Club are memories of media culture and not of consumer culture, that is, memories of childhood film experiences that initiated the practice of cinema-going and the delights of film consumption. The majority of former members remained on the spectator's side, but some became involved in film professionally and became projectionists, film reviewers, or even directors. For example, Markus Imhoof, the director of the Oscar-nominated refugee drama DAS BOOT IST VOLL (THE BOAT IS FULL, CH 1981), was a flamboyant Fip-Fop aficionado, as he recently avowed with a big smile.[24]

        children with film (see Zimmermann 2011). Besides, if one takes into account the second player in the non-commercial child cinema sector, the *Schweizer Schul- und Volkskino*, which regularly screened industrial films in its pre-program, the 'orphan' status that film studies have ascribed to corporate film and its practices would certainly be heavily contested by such an oral history study.
23 'Excorporation' is a process by which subordinates make their own culture out of the resources and commodities provided by the dominant system (Fiske 2003, 114).
24 Personal conversation with the author, November 7, 2008.

Why are the memories of the Fip-Fop Club so present today? Are they related to the specific mode of film reception within the Club? Or more generally, do different *dispositifs* of film reception produce different memories of spectatorship? The Fip-Fop case suggests a positive answer to the latter question. The persistence of memory corresponds with the formative nature of Fip-Fop spectatorship in that it involved four key experiences: first, the shows provided children with the famous 'first time' – the first time of going to the movies, of watching a Charles Chaplin movie etc. First time experiences are primal experiences, and ought to be recorded as primal memories. A second reason lies in the restricted frequency of the shows. Being rare and outstanding events in daily life, they assumed a festive character. Festive moments are more easily memorised than daily routine. Third, the film shows involved social exchange. As Knut Hickethier has shown, media events are more likely to qualify as great experience and lingering memory if they are tied to social interactions that provide an active reference frame to memories (2000, 152). Finally, children made collective film experiences in the shows. Collective spectatorship, I would argue, provides a double-bound social memory hook for being not only socially framed, but in itself a social activity. Fip-Fop experiences are thus engraved fourfold in the memories of individual media biographies for being primal, festive, social, and collective experiences.

Collective film reception not only produced lasting collective memories, but also sustained communities. Thus, a circle of former Fip-Fop members in Martigny, a small town in the Lower Valais, has maintained the Fip-Fop Club in an informal way. Once a year, they gather to cultivate the friendship made during collective film consumption in childhood. One of the members puts it as follows:

> Comme vous voyez, là, c'est la grande famille, c'est l'amitié, le verre à la main. Et comme on aimait bien le Fip Fop, les séances du Fip-Fop, ces rencontres on se disait pourquoi ne pas continuer, mais d'une manière un peu différente […]. C'était pour se retrouver en équipe, mais actuellement c'est clair, on n'échange plus d'images, on échange plutôt le verre de l'amitié.[25]

This account confirms the 'excorporation' of spectatorship from its original institutional frame and its incorporation into people's private social life.

---

25 Filmtexte. Der Fip-Fop-Klub (http://www-x.nzz.ch/format/broadcasts/transcripts_126_66.html; accessed January 24, 2009). ["You see, it's about family, friendship, sharing a glass of wine. Since we loved Fip Fop, the Fip-Fop screenings and meetings, we thought why not continue, but in a slightly different way […]. We wanted to come together again as we used to, but of course, we don't trade cards any more; we rather have a drink among friends."]

As such, it evidences the long-term community-building power of collective film reception by underscoring spectatorship's social capacity to emanate and emancipate from the media *dispositif*. The imagined community of the Fip-Fop family has become social reality.

De-familiarizing cinema from a non-theatrical perspective

Fip-Fop spectatorship thus amounted to more than film reception. It was the collective experiencing of performative audience participation in interactive live and media events. What made the Club a success with child audiences was first and foremost its alternative *dispositif* of collective film consumption. Such collective spectatorship has proven to be a highly productive and sustainable reception mode in regard to consumer activism, community building, and remembrance on the one hand, and a successful social technique to introduce children to consumer culture by training and entertaining them with media culture on the other.

The Fip-Fop case calls attention to alternative *dispositifs* of film consumption beyond commercial cinema. Focusing on non-theatrical film exhibition and reception practices could not just add to the knowledge of a wide field still heavily under-researched, but also disclose the functions and functioning of film in different social spheres and on different incentives over time. The power of collective film consumption both to incorporate individuals into communities and to 'excorporate' experiences from institutional frames as well as its emanating and emancipating from the media *dispositif* are cases in point.

Adopting an approach from the non-theatrical angles of visual culture may also inform the history of cinema in that it helps de-familiarize spectatorship in movie theatres commonly characterized as the individual reception of narrative features. Re-evaluating cinema spectatorship under the comprehensive notion of the *dispositif*, as Kessler puts it, shifts attention, among others, from the film as text and/or a single narrative to a category that has widely been neglected up to now: the program and its modes of exhibition and reception. Currently, research on programs is largely confined to Early Cinema, to avant-garde and experimental film, and to television.[26] With the (presumed) demise of Early Cinema, academic interest

---

26 For an overview of programming practices, see Klippel 2008; on Early Cinema see, among others, Kessler/Lenk/Loiperdinger 2002; Elsaesser 2002; Bloom 2003; Hagener 2006; Haller 2008.

in theatrical programs has also largely come to an end – even though it is commonly acknowledged that the introduction of feature-length narratives did not change the fact that cinema-going has always involved more than going to see a single movie. The prolific modes of presentation and reception of programs in non-commercial *dispositifs* might sensitize reception studies to the theatrical screening and viewing of short formats such as commercials, newsreels, and documentaries that accompanied the one or double features. Alternative *dispositifs* of film reception could thus help reframe spectatorship in cinema.

References

Bloom, Ivo (2003) *Jean Desmet and the Early Dutch Film Trade*. Amsterdam: Amsterdam University Press.
Bourdieu, Pierre (1972 [1965]) *Un Art moyen. Essai sur les usages sociaux de la photographie*. Paris: Les Éditions de Minuit.
Cosandey, Roland (2002) Fip Fop Club. De la légende à l'histoire. In: Images'02, Vevey, http://www.images.ch/2002/nouvelles/fipfop.htm (last visited on January 1, 2009).
Elsaesser, Thomas (2000) Wie der frühe Film zum Erzählkino wurde. Vom kollektiven Publikum zum individuellen Zuschauer. In: Schenk (ed.) (2000), pp. 34–54.
Elsaesser, Thomas (2002) *Filmgeschichte und frühes Kino. Archäologie eines Medienwandels*. Munich: Edition Text und Kritik.
Engel, Roland (1990) *Gegen Festseuche und Sensationslust. Zürichs Kulturpolitik im Zeichen der konservativen Erneuerung*, Zurich: Chronos.
Fiske, John (2003 [1989]) Understanding Popular Culture. In: *The Audience Studies Reader*. Will Brooker & Deborah Jermyn (eds.). London: Routledge, pp. 112–116.
Gunning, Tom (1990 [1986]) The Cinema of Attractions. Early Film, Its Spectator and the Avant Garde. In: *Early Cinema. Space Frame Narrative*. Thomas Elsaesser (ed.). London: BFI, pp. 56–62.
Hagener, Malte (2006) Programming Attractions. Avant-garde Exhibition Practice in the 1920s and 1930s. In: Strauven (ed.) (2006), pp. 265–279.
Hagener, Malte (2007): *Moving Forward, Looking Back. The European Avant-garde and the Invention of Film Culture 1919–1939*. Amsterdam: Amsterdam University Press.
Haller, Andrea (2008) Das Kinoprogramm. Zur Genese und frühen Praxis einer Aufführungsform. In: Klippel (ed.) (2008), pp. 18–51.
Hickethier, Knut (2000) Kino in der Erlebnisgesellschaft. Zwischen Videomarkt, Multiplex and Imax. In: Schenk (ed.) (2000), pp. 150–165.
Kessler, Frank / Lenk, Sabine / Loiperdinger, Martin (eds.) (2002) *KINtop. Jahrbuch zur Erforschung des frühen Films*. No. 11: Kinematographen-Programme. Frankfurt/M./Basel: Stroemfeld/Roter Stern.
Kessler, Frank (2002) Historische Pragmatik. In: *Montage AV* 11,2, pp. 104–112.
Kessler, Frank (2006) The Cinema of Attractions as 'Dispositif.' In: Strauven (ed.) (2006), pp. 57–69.

Klippel, Heike (ed.) (2008) *"The Art of Programming."* Film, Programm und Kontext. Münster: Lit.
Lauterer, Karl (1944) *L'Association universelle des enfants. Une nouvelle société des nations. Projet d'une grande œuvre universelle pour la paix.* Lausanne: Editions la Concorde.
Matthey, Alexis (2003) *"Du das leuchtende Vorbild des Optimismus." Die Reklame aus der Sicht der Reklamefachleute 1916–1939. Ein Beitrag zur produzentenorientierten Geschichte der Schweizer Werbung in der Zwischenkriegszeit unter besonderer Berücksichtigung des Fip-Fop-Clubs von Nestlé.* Lizentiatsarbeit, University of Bern.
Meier-Kern, Paul (1993) *Verbrecherschule oder Kulturfaktor? Kino und Film in Basel 1896–1916.* Basel: Helbing & Lichtenhahn.
Robinson, David (1989 [1985]) *Chaplin. Sein Leben. Seine Kunst.* Zurich: Diogenes.
Schenk, Irmbert (ed.) (2000) *Erlebnisort Kino.* Marburg: Schüren.
Schneider, Alexandra (2004) *Die Stars sind wir. Heimkino als filmische Praxis.* Marburg: Schüren.
Strauven, Wanda (ed.) (2006) *The Cinema of Attractions Reloaded.* Amsterdam: Amsterdam University Press.
Weber, Max (1990 [1922]) *Wirtschaft und Gesellschaft. Grundriss der verstehenden Soziologie.* Tübingen: Mohr.
Weber-Dürler, Beatrice (2004) *Kinovorführungen und andere Schaustellungen unter den Zürcher Gesetzen über das Hausierwesen (1880–1980).* Zurich: Neujahrsblatt der Gelehrten Gesellschaft.
Zimmermann, Yvonne (2007) Heimatpflege zwecks Suppenpromotion. Zum Einsatz von Lichtbildern und Filmen in der Schweizer Lebensmittelbranche am Beispiel von Maggi. In: *Zeitschrift für Unternehmensgeschichte* 52,2, pp. 203–226.
Zimmermann, Yvonne (2008) Training and Entertaining Customers. Travelling Corporate Film Shows in Switzerland. In: *Travelling Cinema in Europe. Sources and Perspectives.* Martin Loiperdinger (ed.). Frankfurt/M./Basel: Stroemfeld/Roter Stern, pp. 168–179.
Zimmermann, Yvonne (Hg.) *Schaufenster Schweiz. Dokumentarische Gebrauchsfilme im Kontext 1896–1964.* Zurich: Limmat 2011 (forthcoming).

MARIAGRAZIA FANCHI

"Tra donne sole"
Cinema, Cultural Consumption, and the Female Condition in Post-war Italy

In 1955, when LE AMICHE appeared, Italo Calvino sent an open letter to Michelangelo Antonioni (Calvino 1998) in which he expressed his admiration for the director's work. Moreover, Calvino praised Antonioni's ability to capture the particular atmosphere of the novel, which he said was the "least cinematographic" (ibid., 258) of Cesare Pavese's works.[1] There is only one negative note in Calvino's assessment. The character of Clelia, the protagonist and narrative voice of *Tra donne sole*, comes across as weak and confused in the film version, as a result of both a casting error (the actress is too young) and a problem with the script. The complexity that characterises Pavese's Clelia, "her hesitation until the end in choosing between the various kinds of life proposed to her" (ibid.), is reduced in the film to the mere tension between social classes, namely Clelia's working class or proletarian background and her bourgeois "friends" and shop customers. The "problematic nature" – as Calvino defines it – of this character is more complex and stems from the *irreconcilability between her public role* – that of a working woman, moreover in a managerial position – *and her private life*. The dramatic force of Clelia's persona is to be found above all in this contradiction, which is resolved in her "historic" choice (ibid.), to use Calvino's terms once again, to devote herself to her profession, thereby sacrificing emotional ties and love.

The impossibility, as postulated by Pavese, of any reconciliation between the ideal of the emancipated woman wishing to be "self-sufficient," shaped and at least partly legitimated by the war events, and a more traditional model of women seeking fulfillment in the family, is in many respects the Gordian knot of the role of women in post-war Italy.

This essay aims to examine this role and elucidate *how the ambiguity of the condition of women was reflected in cultural consumptions*, which contributed to the slow but inexorable distancing of women from cinemas. I first examine a series of sociological studies, the first carried out in Italy. They

---

[1] Antonioni's LE AMICHE is based on Cesare Pavese's novel *Tra donne sole* (1949).

provide a precious, although much ignored, record of the contradictory situation that women found themselves in after the Second World War, in terms of both the cultural policies and the *discursive* strategies employed in an attempt to contain the emancipation process and to reduce its impact so as to restore the pre-war family model and its corresponding gender roles. The data presented below must be interpreted not only as an indicator of the female condition, but also as evidence of the considerable censorial intervention that women were subject to in those years. The consumption of cinema, or rather the progressive estrangement of female audiences, who abandoned cinemas much earlier than in the fateful year of 1956, when the first downturn in cinema tickets sales occurred,[2] is revealed in this context as the disastrous result of sexual segregation policies, which were also upheld by those quarters apparently more sensitive to the female 'cause.' The departure of women from cinemas, from the beginning of the 1950s, stakes a claim for the widespread belief that in that decade watching films was 'within everyone's reach.' It also forces one to rethink the thesis of cinema as a 'popular' form of art/entertainment[3] and hence requires a more detailed investigation based on social subjects and contexts.

Between the lines: the Italian woman in sociological research of the 1940s and 1950s

A review of the abundant socio-anthropological literature that flourished in those two decades reveals that we are dealing with a highly uncritical image of women. Firstly, although women represented a decisive segment of the workforce, *women's work outside the home was still considered temporary and "enforced."* It was not a condition that was sought in order to achieve greater autonomy but rather a necessary step and, according to many female workers, one that was endured in order to contribute to supporting the family (ACLI 1960).[4] The aspirations of Italian women in the 1950s remained confined to the hearth and the washbasin.[5] Besides,

---

2   See the SIAE yearbooks (*Lo spettacolo in Italia*) for the years covered by this analysis.
3   The term "popular" is used here with a meaning close to John Fiske's definition (Fiske 1987), that is, the capacity of a symbolic product to become attuned to some social subjects (and not necessarily to those in subordinate positions), by subsuming the 'ideology' and reflecting/confirming its identity.
4   Research conducted in the Brescia area (in Northern Italy) at the end of the 1950s revealed that 80% of women working outside the home considered this work to be both temporary in nature and a duty, given the need to satisfy the material requirements of their families.
5   The indispensability of family life for Italian women after the Second World War is evident from several sources. For example, the reasons quoted for the unacceptable

the opportunities for professional growth for "pink collars" were virtually non-existent, and the skill with which they performed the most traditional female tasks was regarded as the best guarantee for a happy future (Tentori 1960).[6]

The difficulty in re-thinking the role of women is also evident from political surveys and research into voting behaviour. Despite the introduction of universal suffrage, the vast majority of Italian women considered it inappropriate to take any interest in politics. In 1951, more than half of all adult women said that their voting behaviour was based on that of their husbands or fathers (Doxa 1951b). Even at the beginning of the 1960s, the large part of the female population that had reached the age of consent declared to have no more than only vague notions of politics and that they did not follow political debate (Stella/Rossi 1974), and, when they did, they tended to forget what they had read or heard (Abruzzini 1964). Inside polling booths, they mainly heeded their family's or the church's advice (Guidicini 1964).[7]

Female presence in the public sphere, unless episodic and occasional, was at the time considered *incongruous and even detrimental*. Irrational and prey to their emotions, this is the image of women that one encounters most often when consulting the sociological studies of the period (Meschieri 1963).[8] Quite literally, women were not full citizens in a society striving for progress and renewal. Research articles commissioned in the early 1960s by ACLI, an important Catholic worker's association, maintain that their lack of critical capacities makes members of the female sex incapable of facing the changes that are reshaping the world of work and society as a whole (ACLI 1960). Women slow down productive activities, whose logic they do not understand (ibid.). While not quite representing a limitation, they certainly are considered as a factor that was completely irrelevant to explaining social mobility in Italy: this was asserted by a research

---

contractual conditions for female labourers in Southern Italy included that it was impossible for women to devote themselves to the care "of their homes and their families" (Doxa 1948b) [Doxa = Istituto per le Richerche Statistiche e l'Analisi dell'Opinione Pubblica, founded in 1946].

6   See also the results of research on the reasons for happiness and unhappiness among Italians (Luzzatto1956).
7   The influence of religious beliefs on political attitudes is also confirmed by the data on daily newspaper reading habits, which showed that women rarely read political newspapers and that when they did, a large majority opted for Democrazia Cristiana newspapers (Doxa 1951a).
8   The theory that women are "unsuitable for intellectual activities" is found in articles from both Catholic (in particular with reference to research promoted by the female section of the ACLI-Associazione Cattolica Lavoratori Italiani – the Catholic Association of Italian Workers) and lay sources. Luigi Meschieri (1963, 62), for example, attributes to women an undefined "verbal intelligence," in contrast with male rationality.

programme carried out in 1949, which argued that "phenomena of social mobility are of particular interest to males, as the condition of the wife is mainly closely connected to that of her husband and other male members of her family" (Doxa 1949c).

In other words, women were portrayed as "the weak sex," physically, mentally, and even morally. Moreover, the vast majority of Italian people believed that women were the main cause of prostitution (in 1949, this was the view of 40% of the adult population; Doxa 1949b), thus ascribing the choice of a dissolute life to the illusion of easy earnings, an unwillingness to work, and even to innate instincts (Doxa 1949b). Incidentally, this judgment was subscribed to above all by women, who paradoxly were the most intransigent defenders of the pre-war model of the mother/wife/sister and the main obstacle to the changes that were affecting the institution of the family. It is not surprising that in 1953 half of adult Italian women said that they were against divorce, while the comparable figure for men was 33% (Doxa 1953).[9] This indicates a clearly conservative attitude (Doxa 1951c)[10] or, in the words of Pier Paolo Pasolini, "a type of female alienation that does not belong to industrial and modern phenomenology but is essentially archaic, preceding what for civil nations has become 'women's emancipation'" (Pasolini 1962, xvii-xviii).

It is difficult not to detect the influence of an andro-centric, patriarchal perspective in the anonymous and superficial portrait of women presented in the sociological discourses in this period, even in those that are methodologically rigorous. After all, this perspective was dominant in more than one academic discipline. Nevertheless, even taking into account the limitations of the sources cited,[11] the data that they provide seems to offer an indispensable indication of the *ambiguity that characterised the female condition in Italy after the Second World War.*

---

9   However high, this percentage is lower than that of the immediate post-war period, when four out of five women stressed the need to maintain family unity under all circumstances (Doxa 1948a).

10 A more frivolous example than those cited in sociological literature about women's reluctance to accept modernisation was the nature of women's taste in furniture. A famous survey conducted by DOXA at the beginning of the 1950s shows that women preferred traditional furniture designs and that modern styles were more popular with lower social classes.

11 Italian sociology in this period provides a scientific backup to the process of female segregation, supplying 'objective' data to support women's inability to act and even be present in the public sphere.

Segregations: female cultural consumptions in the years after the Second World War

The problematic presence of women in the public sphere also emerges clearly from studies of women's leisure activities. These studies reveal, if anything, an even more critical reality than the one outlined in the articles on political and social life in Italy. In the more than positive scenario that characterised Italy in the post-war period, at least until the end of the 1950s, with the comprehensive growth of expenditure on entertainment both at home and outside, and the varying of cultural products enjoyed by the adult public, women were a striking but neglected exception. This *widespread accessibility to means of communication*, even for those living in the most economically and culturally depressed areas of the country – an indication of progress and an expression of democracy – *did not seem to concern the female population*, whose cultural consumption seemed, on the other hand, to experience a regression.

First of all, toward the end of the 1940s and in the early 1950s, the media diets of women who had reached the age of consent were characterised by a *growing uniformity*. Attitudes toward cultural offerings displayed a widespread uniformity, leading to the assertion that "among women, the degree of difference between culture and social class does not seem to be as great as among men" (AaVv 1965). For women, sexual identity is a decisive variable, so that in the general perception it actually effaces other socio-cultural indicators. It is exemplary that in the large majority of sociological studies carried out in those years women appear as if they inhabited a compact universe without any nuances. In a 1956 study on the behaviour of young people aged 16 to 20, females are divided into three professional categories, "working outside the home," "housewives," and "students." This contrasts with a highly detailed and even captious set of categories for the male samples, for whom nine professional profiles were available (Doxa 1957b). The consumption behaviour of women was also assimilated to that of men belonging to the lowest social classes (Stella/Rossi 1964), either because it was inert and repetitious or because it was essentially directed at *products with a low cultural gradient*. For example, women are described as less assiduous readers of newspapers than men, a fact that can be attributed to the higher rates of illiteracy among the female population.[12] Studies conducted in that period reveal that they read almost exclusively "women's magazines" or "photo story magazines" such as *Grand Hotel* (Doxa 1947c) rather than newspapers, or magazines or papers

---

12 In this context, see the ISTAT data [ISTAT = Istituto Nazionale di Statistica].

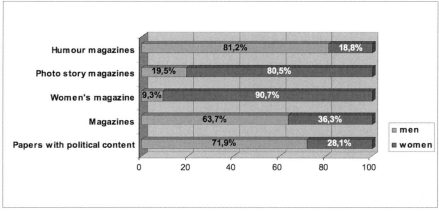

1 Periodical Readers in 1947 (Doxa 1947c).

with political content. A 1947 survey on newspaper readership estimated that 40% of adult women in Italy never (not even occasionally) read newspapers (the figure for non-reading males was 10%, see Doxa 1947a). It also found that the large majority of women readers chose publications targeted specifically at a female readership (such publications were read by 90.7% of women). If we add to these two findings the observation that in the general press "many women only read certain features," we must, along with the authors of the survey, conclude that "news and ideas disseminated through the newspapers reach only a small segment of the female public" (Doxa 1947a). This predilection for products whose content is not very demanding is also replicated in women's preferences for radio programmes. Women formed the largest category of radio listeners, and adult women stated that they preferred RAI's Second Channel, which broadcast light entertainment, and that they tuned in for 2 hours and 8 minutes a day on average; in contrast to the first and third channels that broadcast news or cultural programmes and were more popular with men (RAI 1957).

Social behaviour and prevailing attitudes as well as the position of women in terms of entertainment and media consumption seem to corroborate the claim about their "natural" inferiority and reveal the *systematic exclusion of Italian women from certain cultural products* as well as *the social pressure to define and limit their horizons of possible experiences*. This pressure was applied by differing political and cultural quarters that were, in some cases, even openly committed to promoting women. An exemplary case is provided by *Noi donne*, the famous magazine founded in 1944 by the Italian Women's Union. Despite its claims to being apolitical, *Noi donne* was in fact closely linked to the Italian Communist Party. The magazine's gradual shift in attitude, between the 1940s and 1950s, toward a more traditional idea of femininity can therefore be interpreted as evidence of the position taken by the Italian Communist Party on the "female" question (Cardone 2007). Cinema performed a key role in the review of the magazine's cultural and political project, more specifically in the increasingly "moderate" idea of female emancipation. Through evoking the filmic imagination, *Noi donne* gradually welcomed ideas and values that referred to a "compromised" paradigm of femininity. For example, the critique of even politically engaged films assumed the tones and stock phrases found in other women's publications, which the magazine harshly stigmatised as instruments of patriarchal culture.[13]

In this period, cinema represented a formidable means of re-configuring the gender roles and the male-female dialectic.[14] It did so through the diegesis and its construction of models of femininity and masculinity. Involving star-worshipping, these models were taken as examples, as Gundle's recent in-depth study has shown (Gundle 2007). But such processes also take place indirectly, rendering evident the persistent, and even increasing intense, sexual discrimination that made it progressively difficult for women to assume a role in the public sphere, or even simply be part of it.

Bans: female consumption of cinema

One of the facts that most clearly illustrates the social marginality of women and their distance from all its impetus is the *difficulty that they experienced in achieving access to the cinema*. As has been abundantly demonstrated, cinema experience has historically played a crucial role in facilitating access to the public sphere, particularly for the weakest social segments, which are socially and politically less recognised.[15] The disappearance of cinema from women's horizons in the period under examination is the umpteenth example of the continuing, or rather worsening, segregation that might explain the slowness and delay characterising female emancipation in the country. After the Second World War, when film attendance increased enormously, women's attendance actually dwindled. This gap dates from before the appearance of television, at a time when cinema was

---

13 See Lucia Cardone's notes (2007, 304) on the review of Paisà (Roberto Rossellini, I 1946).
14 See especially Grignaffini 2002.
15 During the last three decades, especially gender studies have carried out an in-depth analysis of the role of cinematic experience in female emancipation. Among numerous and important studies, see Hansen 1991, Stacey 1994, Staiger 2000, Stamp 2000, Kuhn 2002.

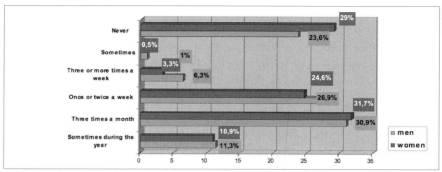

2 Moviegoing in 1947 (Doxa 1947b).

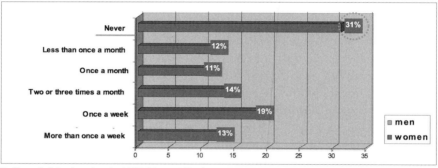

3 Female Moviegoing in 1951 (Doxa 1951c).

still undoubtedly the most popular form of entertainment and acted as a driving force for other sections of the culture industry.[16] In 1950, for example, the best-selling books were those turned into films (Doxa 1950); even in 1957, booksellers considered films based on literary works to be the best form of book advertising (Doxa 1957a).

The first signs of a drop in female cinema attendance date from the end of the 1940s and the beginning of the following decade. A pioneering study of the profile of moviegoers conducted in 1947 showed that the level of adult male and female film consumption was essentially the same. The male population went to the movies more assiduously (the percentage of males going to the cinema at least once a week was 33.2%, compared to 27.9% for female filmgoers). While disaffection among males was lower (23.6% compared to 29% for women), the differences were still fairly slight. A significant change occurred in the following years. In 1951, a comprehensive

---

16 Cinema's ability to place itself at the centre of the media system has been the subject of much research. In particular, there has been considerable research on the relationship between cinema and the printed press. Among the many essays on this subject, see De Berti 2000.

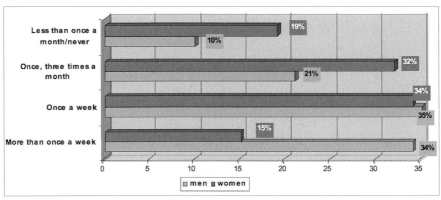
4 Youth and the Cinema in 1953 (Doxa 1957b).

study of the habits of Italian women conducted by, and published in, the magazine *Oggi* estimated that 31% of adult women were systematically deserting the cinemas.[17] This trend was observable mainly among lower middle-class women living in smaller municipalities, in Southern Italy or on the Islands (Sicily and Sardinia). If we examine the larger urban centres (with more than 50,000 inhabitants), the percentage of adult female "non-filmgoers" falls from 31% to 19%. In any event, female cinema-going was declining in both towns and provinces, a trend that increased in subsequent years. From 1951 to 1953, cinemas in the main urban centres registered losses of about 200,000 female filmgoers (Doxa 1956). The trend went almost unnoticed. The drop in female audiences was offset by the increase in male cinema attendance. During the same two-year period (1951–1953), the percentage of male cinema-goers (at least once a week) increased by a good 18%. In 1953, while almost a quarter of Italian women said that they no longer went to the cinema, just under half of the men surveyed (49%) went at least once a week (Doxa 1956). This disparity in cinematographic consumption between men and women can also be found in the younger generations. If we consider persons aged 16 to 20 (who were among the most frequent cinema-goers) in 1953, the percentage of women who left movie theatres seems to be far higher than that of their male contemporaries (19% compared to 10%, see Doxa 1957b).

Qualitative studies also confirm the progressive disappearance of cinema from the lives of Italian women. In 1954, for example, cinema-going ranked sixth in a survey of adult female leisure activities, after more practical hobbies: the favourite activity was "listening to the radio,"

17 Research findings were summarised in a series of articles published in the weekly magazine *Oggi* between 28. June and 2. August 1951. The research was conducted by DOXA (Doxa 1956).

followed by "spending time with female friends," "reading newspapers and magazines," "playing with the children," and "handicrafts" (Doxa 1954). All these activities could be carried out within the home. Going out, especially cinema-going, could be quite difficult for women, as confirmed by many young female cinema-goers of the time (Fanchi 2005). *First, cinemas were not always close*: even during its strongest period of development, cinema never comprehensively covered the national territory and venues remained concentrated in larger urban centres and in the central and northern regions. *Second, cinema-going often meant risking social sanctions.* By the beginning of the 1950s, the views of the Catholic Church on film (as assessed and disseminated by the Catholic Cinematographic Centre) had become increasingly severe.[18] This development was paralleled by the reinforcement of an alternative Catholic cinema and distribution (and to a smaller extent production) system (Eugeni/Viganò 2006),[19] which afforded female audiences new viewing opportunities,[20] even though such spaces were symbolically and topologically enclosed. For women, viewing films in Catholic cinemas, often set up in parish youth clubs or in spaces close to the parish, neither meant access to new public spaces nor enjoying greater autonomy and freedom of movement. In actual fact, it was rare to find unaccompanied adult women in parish cinemas, even though the ban on going to cinemas alone applied most of all to lay cinemas. A survey of film consumption in 1949 (Doxa 1949a) revealed that the large majority of adult women went to the cinema only if they were "escorted" by their husband or fiancé, or possibly together with a female friend or relative, and that very few women went to the cinema alone.[21]

Clelia, the protagonist of Pavese's novel, belongs to the latter category. She goes to the cinema without an escort. Indeed, when she is invited by Becuccio (Carlo in the film version) to spend the evening watching a film, she replies: "I go to the cinema alone" (Pavese 1998, 125). Clelia, by the way, has full access to the public sphere. As stated at the beginning of this article, it is more the private dimension from which she is excluded.

18 There was just one exception to this trend, with the Speech on the Ideal Film that Pius XII delivered to the employees of the Italian film industry (Viganò 2005).
19 In particular, there was the creation of a network of 'small format' Catholic cinemas, which allowed for smaller management costs and, most importantly, for strict control over the films screened. The reduction of the film format (from 35 to 16 mm) was a monopoly of Parya Film (subsequently San Paolo Film), set up in 1947 by the San Paolo religious congregation (Eugeni/Viganò 2006).
20 Small-format cinemas sprang up most of all in the provinces and in small towns where, as seen, industrial cinema was not present and where, from the late 1950s, the first cinema closed.
21 Incidentally, the same survey revealed that men mainly went to the cinema alone (Doxa 1949a).

Men		Women	
Unaccompanied	32,6	Unaccompanied	7,8
With my wife	26,0	With my husband	29,5
With my fiancée	11,8	With my fiancé	14,9
With a friend	11,4	With a female friend	24,4
With two or more friends	18,5	With two or more friends	12,0
With two or more relatives	4,3	With two or more relatives	17,1
Other	1,8	Other	1,3

5 Film Audience Behaviours in 1949 (Doxa 1949a).

Clelia does not have a home; she does not have a partner, but only occasional lovers; she does not have friends – she has become estranged from those from her past, and her new friends are no more than acquaintances. Even so, having paid the full price imposed by her choice to have a public role and position, Clelia is an *outsider*. Her professional occupation, moreover, is a form of commerce considered only marginally more dignified than prostitution. When Rosetta, the most fragile of her "friends," whose suicide opens and closes the story, expresses her admiration for young women who work and support themselves, Clelia responds bitterly: "Working in an office is selling yourself too [...]. There are so many ways of selling yourself. I don't know which is the most useless" (ibid, 118).

English translation by Robin Ambrosi and Paul Knight

References

Aa.Vv. (1965) *Inchiesta sul gusto* (Survey on Taste). Milan: Bompiani.
Abruzzini, Pompeo (1964) Risultati di una indagine sperimentale sul ricordo e sulla comprensione di notizie contenute nei Giornali Radio. In: *Bollettino di Psicologia Applicata*, pp. 61–62.
ACLI (1960) *La donna lavoratrice e l'ambiente industriale*. Rome: Ed. ACLI.
Bellassai, Sandro (2007) Anime incatenate. Le prostitute nel cinema italiano degli anni Cinquanta. In: *Genere e generi. Figure femminili nell'immaginario cinematografico e culturale italiano*. Lucia Cardone & Mariagrazia Fanchi (eds.). In: *Comunicazioni Sociali*, 2, pp. 235–239.
Bizzarri, Libero / Solaroli, Libero (1958) *L'industria cinematografica italiana*. Florence: Parenti.
Brunetta, GianPiero (2001 [1993]) *Storia del cinema italiano*. Rome: Editori Riuniti.
Brunetta, GianPiero (ed.) (1996) *Identità italiana e identità europea nel cinema italiano dal 1945 al miracolo economico*. Turin: Ed. della Fondazione Giovanni Agnelli.

Calvino, Italo (1998 [1955]) *Le amiche* e Pavese. Lettera aperta a Michelangelo Antonioni. In: *Tra donne sole*. Cesare Pavese. Turin: Einaudi, pp. 257–259.

Cardone, Lucia (2007) Il cinema su *Noi Donne*. Spettatrici, militanti ed educazione politica nell'Italia del dopoguerra». In: *Genere e generi. Figure femminili nell'immaginario cinematografico italiano*. Lucia Cardone & Mariagrazia Fanchi (eds.). In: *Comunicazioni Sociali*, 2, pp. 300–309.

Casetti, Francesco (2008 [2005]) *Eye of the Century. Cinema, Experience, Modernity*. New York: Columbia University Press.

Corsi, Barbara (2001) *Con qualche dollaro in meno. Storia economica del cinema italiano*. Rome: Editori Riuniti.

De Berti, Raffaele (2000) Dallo schermo alla carta. Romanzi, fotoromanzi, rotocalchi cinematografici. Il film e i suoi paratesti. Milan: Vita e Pensiero.

De Giusti, Luciano (ed.) (2003) *Storia del cinema italiano. Vol. VIII. 1949–1953*. Venice: Marsilio.

Doxa (1947a) Sondaggi sui lettori di giornali (Survey on Newspaper Readers). In: *Bollettino della DOXA*, 15, pp. 1–8.

Doxa (1947b) Il cinematografo (The Cinema). In: *Bollettino della DOXA*, 18, pp. 4–5.

Doxa (1947c) La stampa periodica in Italia (The Periodical Press in Italy). In: *Bollettino della DOXA*, 21/22, pp. 10–11.

Doxa (1948a) La felicità e il divorzio (Happiness and Divorce). In: *Bollettino della DOXA*, 12, p. 5.

Doxa (1948b) Il bracciante agricolo (The Agricultural Labourer). In: *Bollettino della DOXA*, 24, pp. 2–5.

Doxa (1949a) I film preferiti (Favorite Movies). In: *Bollettino della DOXA*, 1, pp. 1–8.

Doxa (1949b) Le cause della prostituzione (The Causes of Prostitution). In: *Bollettino della DOXA*, 16/17, pp. 134–139.

Doxa (1949c) Ascesa e discesa sociale in Italia (Social Ascent and Descent). In: *Bollettino della DOXA*, 19, p. 162.

Doxa (1950) Lei sta leggendo un libro? (You Are Reading a Book?). In: *Bollettino della DOXA*, 3, pp. 21–29.

Doxa (1951a) La diffusione dei giornali quotidiani in Italia (The Dissemination of Daily Newspapers in Italy). In: *Bollettino della DOXA*, 4/5, pp. 21–31.

Doxa (1951b) L'inchiesta DOXA sulla donna (DOXA Survey on Women). In: *Bollettino della DOXA*, 13/14, pp. 95–106.

Doxa (1951c) L'inchiesta DOXA sulla donna (The DOXA Survey on Women). In: *Bollettino della DOXA*, 15, pp. 112–122.

Doxa (1952) La donna, gli sports, il cinema nelle opinioni degli uomini (Women, Sport and Cinema in Male Opinions). In: *Bollettino della DOXA*, 5, pp. 29–38.

Doxa (1953) Nuove inchieste sul matrimonio e sul divorzio (New Surveys on Marriage and Divorce). In: *Bollettino della DOXA*, 8, pp. 19–45.

Doxa (1954) Cosa fanno gli italiani nelle ore libere? (What do Italian People do in Their Leisure Time?). In: *Bollettino della DOXA*, 10, pp. 96–97.

Doxa (1956) La scelta del cinematografo (The Choice of Cinema). In: *Bollettino della DOXA*, 4/5, pp. 19–45.

Doxa (1957a) Il mercato librario visto dai librai (The Book Market as Seen by Booksellers). In: *Bollettino della DOXA*, 15, p. 172.

Doxa (1957b) I giovani fra i 16 e i 20 anni (Young Persons Aged 16 to 20). In: *Bollettino della DOXA*, 19–20, pp. 202–215.

Eugeni, Ruggero / Viganò, Dario Edoardo (eds.) (2006) *Attraverso lo schermo. Cinema e cultura cattolica in Italia*. Rome: Edizione Ente dello Spettacolo.
Fanchi, Mariagrazia (2007) Un genere di storia. Alcune considerazioni su storia di genere e storiografia del cinema. In: *Cinema e Gender Studies*. Giaime Alone & Rebecca West (eds.). Edition of *La valle dell'Eden*, 19, pp. 183–193.
Fanchi, Mariagrazia (2008) Accoppiamenti giudiziosi. Gli studi culturali e il problema della periodizzazione. In: *Le età del cinema. The Ages of Cinema*. Enrico Biasin, Roy Menarini & Federico Zecca (eds.). Proceedings of the XIV International Congress of Cinema Studies. Udine: Forum, pp. 55–62.
Fiske, John (1987) *Television Culture*. London: Routledge.
Forgacs, David / Gundle, Stephen (2007) *Cultura di massa e società italiana. 1936–1954*. Bologna: Il Mulino.
Grignaffini, Giovanna (2002) *La scena madre. Scritti sul cinema*. Bologna: Bononia University Press.
Guidicini, Paolo (1964) Dirigenti politiche ed emancipazione femminile (Political Leaders and Female Emancipation). In: *Centro Studi Sociali ed Amministrativi*, 1964.
Gundle, Stephen (2007) *Feminine Beauty and the Idea of Italy*. New Haven/London: Yale University Press.
Hansen, Miriam (1991) *Babel and Babylon. Spectatorship in American Silent Film*. Cambridge: Harvard University Press.
Harrison, Lieta (1963) *Le svergognate*. Rome: Edizione di Novissima.
Kuhn, Annette (2002) *An Everyday Magic. Cinema and Cultural Memory*. London/New York: I.B. Tauris Publisher.
Luzzatto Fegis, PierPaolo (1956) *Il volto sconosciuto dell'Italia*. Milan: Giuffrè.
Meschieri, Luigi (1963) Il lavoro della donna in Italia. Psicologia differenziale: scienza e pregiudizio. In: *Pirelli. Rivista di informazione e di tecnica*, XVI, 2.
Quaglietti, Lorenzo (1980) *Storia economico-politica del cinema italiano. 1945–1980*. Rome: Editori Riuniti.
Pasolini, Pierpaolo (1962) Prefazione. In: *Le italiane si confessano*. Gabriella Parca. Milan: Feltrinelli, pp. xiii–xviii.
Pavese, Cesare (1998 [1949]) *Tra donne sole*. Turin: Einaudi.
Piccone-Stella, Simonetta / Rossi, Annabella (1964) *La fatica di leggere*. Rome: Editori Riuniti.
Pinna, Luca / MacLean Jr, Malcolm S. / Guidacci, Margherita (1958) *Due anni col pubblico cinematografico. Ricerche ed esperienze*. Rome: Edizioni di Bianco e Nero.
RAI (1957) La radio e il suo pubblico. In: *Quaderni del Servizio Opinioni*, 2.
Ricci Cerri, Marielda (1961) *Primi risultati di una ricerca sulla moralità femminile*. Atti del V Convegno Nazionale Medico-Pedagogico della P.O.A.
Sorlin, Pierre (1996) *Italian National Cinema. 1896–1996*. London: Routledge.
Spinazzola, Vittorio (1985) *Cinema e pubblico. Lo spettacolo filmico in Italia. 1945–1965*. Rome: Bulzoni Editore.
Stacey, Jackie (1994) *Star Gazing. Hollywood Cinema and Female Spectatorship*. London: Routledge.
Staiger, Janet (2000) *Perverse Spectators. The Practices of Film Reception*. London/New York: New York University Press.
Stamp, Shelley (2000) *Movie-Struck Girls. Women and Motion Picture Culture after Nickelodeon*. Princeton: Princeton University Press

Tentori, Tullio (1960) *Donna, famiglia, lavoro*. Rome: Ufficio Stampa della Presidenza Centrale del Centro Italiano Femminile.
Viganò, Dario Edoardo (ed.) (2005) *Pio XII e il cinema*. Rome: Edizioni Ente dello Spettacolo.

PHILIPPE MEERS, DANIEL BILTEREYST, LIES VAN DE VIJVER

Memories, Movies, and Cinema-Going
An Oral History Project on Film Culture in Flanders (Belgium)

> For cinema history to matter more, it must engage with the social history of which it is part, not through the practices of textual interpretation, but by attempting to write cinema history from below; that is, to write histories that are concerned not with the kings and queens of Hollywood but with their audiences and with the roles that these performances of celebrity played in the ordinary imaginations of those audiences.
> *(Maltby 2006, 85).*

In 1990, Richard C. Allen wrote a polemical article on the state of film studies, in which he argued that "film history has been written as if films had no audiences or were seen by everyone and in the same way, or as if however they were viewed and by whoever" (348). But ever since, the initially rather theoretical or textually inscribed interest in the audience has now resulted in a broad stream of empirical research on the "real audience" (Stacey 1994, 54). Over the last decade, we have seen a growing interest in the lived experiences of film audiences and the social experience of cinema-going. Besides historical reception analysis (see Staiger 1992), various types of ethnographic research into film audiences have been developed, including oral history projects focusing on memories of cinema-going in various decades of the last century (e.g., Meers, 2004; Paz 2003; Richards 2003; Taylor 1989). Some of these oral history studies of the cultural and social meanings of cinema are by now considered to be groundbreaking standard works within the wider field of film and screen studies (Stacey 1994; Kuhn 2002).

Focusing on everyday experiences of cinema and using a bottom-up approach to film culture, one might see these studies as closing the gap between textual film studies on the one hand, and more structural analyses of film culture on the other. Making a distinction between *film* and *cinema* history, Richard Maltby has argued in this respect that while the first deals with "an aesthetic history of textual relations," the latter focuses on the "social history of a cultural institution," whereby there is a need for "detailed historical maps of cinema exhibition, telling us what cinemas were where and when" (2007, 3). This "cinema history" project also includes the "experience that will ground quantitative generalisations in the concrete particulars of microhistorical studies of local situations, effects and infrastructure" (Maltby 2006, 91). An approach that Maltby (forthcoming) has coined "the new cinema history" – as opposed to the New Film History.

In recent years, there has been a vivid debate on what these approaches mean for doing film or cinema history. In a critical assessment of these new approaches, Richard Abel has argued that the work on the place of movies and movie-going "generally succeeded as social or cultural history more than as cinema history" (2004, 108–109). Following Allen and Maltby, we tend to disagree with Abel's point of view. Rereading James Hay (1997) on the cinematic city, Allen proposes "a redefinition of cinema as an object of study that would preclude the very distinction between cinema history and cultural and social history" (2006, 81). For Allen, the social conditions and cultural practices are neither exclusive nor external to, but rather "constitutive of the experience of cinema and [...] thus theoretically and historiographically inseparable from it" (ibid.). New Cinema History thereby strongly argues for an interdisciplinary approach and more specifically for a spatial turn in film studies, whereby cultural geography insights might be useful. The work done by scholars such as Doreen Massey (2005), for instance, which had already inspired media and cultural studies over the last decades, can be useful in emphasising the need to see space as a crucial part of the organisation of social life. This spatial turn asks for an in-depth analysis of space and the place of cinemas in its context, as well as of the audience's experience of these spatial organisations and relations.

Most oral history projects on the social experience of cinema have been conducted in the USA, the UK and some other major European countries, where film exhibition culture has already been thoroughly researched. In many smaller countries or regions, however, such as Flanders, the Northern region of Belgium,[1] film exhibition and cinema-going

---

1 Belgium is a constitutional monarchy that since the 1960s has developed into a federal state around three geographical regions (Flanders, Wallonia, Brussels) and three (cultural-linguistic) communities (the Flemish Community, the French Community and the German Community). In this article, we concentrate upon Flanders, the Dutch-speaking region in the northern part of Belgium. Today, it has a surface of 13.522 km², a population of 5.9 million (60% of the Belgian population), and a population density of 434 inhabitants per km². Flanders is divided into five provinces and currently counts 308 municipalities. Two of them are metropolitan cities (Antwerp and Ghent). Brussels is the bilingual capital city of Belgium (and of Flanders), composed of 19 municipalities and counting over one million inhabitants.

experiences are still widely under-researched. With the exception of only a few case studies on film exhibition in particular towns or periods (Convents 2000), it is not hard to claim that the development of Belgian cinema culture is still open to research. To close this major gap in the history of Belgian cinema culture, we designed a three-layer research project, *The 'Enlightened' City*, which focused on cinema exhibition and film consumption in the region of Flanders.[2] The first part covered an extended historical inventory of the Flemish film exhibition structure, more precisely focusing on the geographical distribution and the relations between the commercial and other types of more ideologically inspired film venues. The second part included case studies on a handful of cities, mainly Antwerp, Ghent and Mechelen, whereby we looked at film exhibition structures and programming on a micro-level (Biltereyst/Meers, forthcoming). The third part of the project contained an historical audience study on lived cinema experiences, whereby we used oral history methodologies and conducted a large number of in-depth interviews. This article reports some of the key findings of the latter part of *The 'Enlightened' City* project, which dealt with the role of cinemas, film consumption, and the lived experiences of film culture. Using key themes related to the social experience of cinema-going, we explore the different meanings and interpretations of cinema within people's lives and the conditions that structured their movie-going experiences.

Cinema-going, film, and memory

Before turning to the empirical part of the project, it is necessary to consider some issues concerning the methodology of doing oral histories of cinema-going. The use of oral history methods in investigating the social experience of going to the movies in an historical perspective is not without problems and remains a much-debated methodological issue. It is true that oral history gives a voice to those memories that were seldom written down and would normally be lost. In order to engage with the lived experiences of ordinary audiences in their social, historical and cultural context and to investigate the role of cinema within everyday life and within lei-

---

[2] The research project "The 'Enlightened' City: Screen Culture Between Ideology, Economics and Experience: A Study on the Social Role of Film Exhibition and Film Consumption in Flanders (1895–2004)" in Interaction with Modernity and Urbanisation is funded by the Research Foundation Flanders, 2005–8. Based at the universities of Antwerp and Ghent, project work was supervised by Philippe Meers, Daniel Biltereyst, and Marnix Beyen.

sure culture, scholars neither tend to make broad generalisations nor use large quantitative research designs. Instead, they often turn to qualitative methodologies, small research designs and micro-level ethnographic approaches, ranging from interviews, observations, diaries and all kinds of other written accounts, testimonies or memories. To engage with cinema's role and people's remembrance of it, scholars like Jackie Stacey (1994) or Helen Taylor (1989) used personal letters in newspapers or fan mail written by former cinema visitors, or they wrote to film fans in light of their research. Other scholars such as Annette Kuhn (2002) used in-depth interviews, a method reminiscent of cultural studies and oral history approaches, in order to give a voice to the audience itself and to allow individuals to testify about their former and present film-going experiences and habits.

One key difficulty of what Annette Kuhn has called "ethnohistory" (2002, 6) is not to collect stories, histories and memories, but rather to analyse and interpret them. Researchers have to take into account that memories are highly selective, subjective and distorted by time, which poses problems for interpretation. Memory is indeed not a passive depository of facts, but an active process of creating meanings. The selective workings of personal and collective memories include strategies of repetition, fragmentation, narration (the attempt to tell the 'good story'), the use of anecdotes, and the tactics of forgetting, creating or overstressing particular events. The latter refers to memories which are prioritised and conserved better than others, because they were of particular importance to respondents, deferring other memories to the background. In this respect, Stacey uses the term "treasured memories" to describe those memories in which respondents were personally involved (1998, 56).

The aim of oral history research on cinema-going is not to objectively reconstruct the past based on subjective memories of our respondents, but to look at the recreation of these memories about going to the cinema. In this regard, Kuhn speaks of "memory text" (2002, 9–12), that is, how people remember is as much a text to be deciphered as the actual memories they talk about. In an earlier essay, Kuhn set out four principles for memory work, which "involves an active staging of memory; takes a questioning attitude to the past and its (re)construction through memory; questions the transparency of what is remembered; and takes what is remembered as material for interpretation" (2000, 186).

These considerations have wide-ranging implications for research. One is that memories about cinema-going are often clouded by nostalgia, resulting from the disappearance of the cinema culture the respondents grew up in. As noted by Kuhn, memories about cinema-going are characterised by a strong past/present-trope, meaning that they cannot be understood without taking into account their relationship with the present. Moreover, remembered time is not the same as historical time. Memories about the past are what Kuhn calls "lived time" (2004, 106), a time lived collectively as much as individually, a time somewhat incongruent with the linear temporality of historical time. In her research on cinema-going during the Franco dictatorship, Maria Paz reached quite similar conclusions, in that her Spanish respondents remembered the Franco years not only as a rather homogeneous period but also as one which coincided largely with their own life stories (2003, 359). Only when explicitly contrasting different periods in their life did respondents realise how their cinema-going habits had evolved over time.

Oral history in practice

The oral history part of *The 'Enlightened' City* project was based on a wide range of individual, in-depth interviews. The respondents were selected and found in homes for the elderly, within the social circle of acquaintances of the interviewers, or by self-selection (responding to advertisements in local newspapers). As is the case in most qualitative research, statistical representativeness was never the objective of this part of the study. Rather, we sought as much variation as possible in terms of age, class, sex and ideological points of view in order to grasp a wide variety of possible routines, ideas and motives concerning cinema-going. The level of film consumption also varied widely within our group of respondents, from avid daily movie-goers to respondents that hardly ever visited a movie theatre.

In terms of location, we collected a large sample of stories from smaller villages considered to be rural or semi-urbanised, as well as memories from Antwerp and Ghent. The individual interviews were conducted in 2005 and 2006 in the respondents' home environment by two researchers and trained undergraduate students from the universities of Antwerp and Ghent.[3] The interviews were semi-structured, whereby the interviewers used thematic spreadsheets to keep the interviews focused, leaving a large degree of space for the respondents' own stories and spontaneous memories. This was crucial, because many respondents were highly motivated to talk about cinema and had very vivid memories, whereby they often referred to specific moments they remembered. The length of the interviews differed depending on the storytelling capacities of our re-

---

3   The authors wish to thank the students of the University of Antwerp and of Ghent University for the interviews they conducted.

spondents, with an average length of around one hour per interview. 389 interviews were conducted in total, 155 in Antwerp, 61 in Ghent, and 173 in 21 smaller towns and villages. The sample comprised somewhat more women (52.5%) than men (Table 1).

	Men	Women	Total
City of Antwerp	71	84	155
City of Ghent	34	27	61
21 smaller villages	80	93	173

Table 1 Number of respondents/interviewees (according to location and gender).

The interviews were transcribed verbatim and analysed, using the software programme Atlas-ti. On a first level, we structured the interviews according to age group, in order to investigate the evolutions in their stories. On a second level, we reorganised the memories according to a selection of themes, such as choice of movie theatre, frequency, companionship, information about specific films, and cinema-going motives (Table 2).

MAIN THEMES	SUBTHEMES
Personal data	Name, address, age, religious/political background, education, (former) profession, etc.
Cinema structure	Which were the main cinemas in your city/town/region? What were they like? Etc.
Cinema-going	Choice of cinema, frequency, cinema-going in personal life-cycle, companionship, etc.
Choice of movies	Importance of genre, stars, advertising, criticism, peers, etc.
Film consumption rituals	Choice of movies, atmosphere within cinema, etc.
Reasons for cinema-going	Entertainment, pleasure, friends, ritual, etc.
Alternative forms of leisure	Dance, cafés, theatre, opera, etc.
Personal preferences	Movies, genres, stars, etc.
Ideological pressures	Role of church, censorship, criticism, peers, etc.
Personal preferences	Movies, genres, stars, etc.

Table 2 Thematic coding interviews.

Taking into account that the heydays of movie-going within people's life-cycle were before the age of 25, the large part of the stories of our respondents focused on the period between 1925 and 1975. Although this is a very broad time span, including the heydays of movie-going as well as the decline of audience attendance, many respondents talked about it as if it were one homogeneous period. While respondents considered these evolutions to be developments within the same film culture, they strongly distinguished it from the next phase in cinema history. In the respondents' minds, the introduction of the multiscreen/multiplex cinema resulted in a totally new film culture.

This paper focuses on the 'lived' experiences of cinema-going in the cities of Antwerp and Ghent, mainly after the Second World War. Given the extremely rich and diversified responses and memories in the interviews, we concentrate on three themes: the importance of movies, the social experience of cinema-going, and the role of cinema-going in everyday life.

The magic on the big screen: films and memories

One of the key findings of research on the social experience of cinema is, as Kuhn claims, that "cinema-going appears to have been less about particular films, or even films in general, than about experiences surrounding the activity of going to the pictures" (2002, 50). This (for some film scholars quite disturbing) result also emerged from our oral history project. The difficulties our respondents had in remembering specific films, plots or names, and the easiness and liveliness by which they remembered the social experience of going to the movies, largely confirm this. That memories of particular movies are not kept alive in people's long-term memory does not necessarily mean that specific movies were not important to them at the time. It is essential, however, to understand the easiness of remembering regular or routine events, and the difficulty of recalling names or other specificities which occurred only once.

Many respondents claimed that Hollywood productions and European films were totally different in style and content. Both had their own merits, so it seems. Hollywood films were seen as bigger, made with a large budget, and technically much better than their European equivalents. European films were seen as more realistic in comparison with the luxury fantasy world of Hollywood, and more concerned with plot and story. Throughout the entire period, however, a considerable part of our respondents gave these Hollywood productions a rather negative evaluation. Many respondents claimed that Hollywood films were in general "unrealistic show films," "too bombastic," and "over-the-top." European pictures, on the other hand, were simply described as "the better type of movies:"

> Leon (born in 1933): American movies were all about glamour and love. […] Everything was beautiful and large. European movies, and then I speak mostly about French and Italian movies, were more the real life like it was in that period in Europe.
> Florida (1931): We didn't go to American movies, because I felt like they were too much blabla. So over the top, I didn't care for them. Violating reality like they do.

Moreover, Hollywood pictures were considered too prudish in comparison with European films:

> Liliane (1930): French movies were more special. They were more liberal. People there would end up in bed once in a while. But still, you didn't get to see anything. While an American would never even get into bed.
> Eddy (1936): European movies went a little bit further. In every French movie, there was at least a hint of nudity. Not much, very little, but in American movies: absolutely nothing, you know, zero. Not even a divorce, that was impossible. No, they were very prudish those American movies.

It seems, however, that a preference for European films only developed in a later life stage, when people became more critical of the films they saw, while when they were younger most respondents only talked about seeing American westerns, animated films, comedies and detective stories. Many memories, however, firmly contradicted this view of European pictures as the better films. Respondents seemed to like Hollywood movies for quite similar reasons that others detested them. The unreal, over-the-top fantasy world of Hollywood provided them with an escape from the real world. Such diverging views can be at least partly described as a matter of identification. For some, realism was necessary to be able to identify themselves with the characters and to relate to the story, while others wanted to be able to identify with protagonists completely different from themselves. Once this identification process took place and our respondents were engaged in the story, both Hollywood and European films provided a quite similar kind of escapism.

Some movies did make a lasting impression on the memories of our respondents, forming "treasured memories" in Stacey's sense. Four main categories explain why particular movies or types of films lingered in people's memories: first, visits to the cinema; secondly, the regular recurrence of characters; thirdly, the "once-in-a-lifetime" event; and finally, censured movies. Many of our respondents still remembered the first time they ever

1 Crowds gathering to watch CAROLINE CHÉRIE (Sidney Poitier, F 1951) in Ghent at the end of the 1950s.

went to a cinema very vividly. The memories of this first movie attendance was often described in great detail, underlining the importance of the (new) cinema experience and the overwhelming impact this had on young children. Very often, the first movie ever seen was a Walt Disney production, most noticeably Snow White (David D. Hand, USA 1937) or Bambi (David D. Hand, USA 1942).

For those respondents who rarely remembered any movies in particular, character names were more consistent than movie titles. Films with frequently returning characters such as Zorro, Tarzan, Laurel & Hardy, and Winnetou were repeatedly remembered, mainly by male respondents. Memories of movies involving these characters were often linked to city-centre cinemas because of their frequent presence in short comedies before the main movie. Male bonding was clearly a key component of masculine identification, as these characters were met with make-belief games and role-playing in the streets:

> Hendrik (1941): And the next day we would fight Quo Vadis on the streets! Romans against Romans, and we made wooden swords. And you should know how many times Winnetou passed down our street, cowboys and Indians, oh yes. And all that from watching the movies.

The typical boy club and stereotype memories of boyish games contrasted with women's often consistent memories of one character: Sissy, for instance, was often mentioned by female respondents as an epitome of an imaginative life very different from their own. Some movies also lingered in our respondents' memories due to the grandeur of the "once-in-a-lifetime" event of certain pictures: movies you absolutely had to see and which were omnipresent in the city landscape. These movies were widely promoted with elaborate street advertisements, newspaper ads, and highly impressive *calicots* (banners) on cinema façades. Memories of such movies included King Kong (Merian C. Cooper, Ernest B. Schoedsack, USA 1933), Gone with the Wind (Victor Fleming, USA 1939; released in Antwerp and Ghent only after the Second World War), and Ben-Hur (William Wyler, USA 1959). Although there were morality codes in Catholic newspapers, censorship obligations, and parents objecting to particular movies, it is quite fascinating how "forbidden" movies were hot and were easily remembered by title. Sexual content was remembered as a key reason for cutting the movies, taping over the posters, or refusing minors entry to theatres. Of the various movies remembered, Die Goldene Stadt (Veit Harlan, D 1942) and Et Dieu… créa la femme (Roger Vadim, F 1956) were often mentioned, usually accompanied with detailed descriptions of the contested scenes in question.

Also, movie stars were important and even warmly remembered. Most respondents had their favourite actors and actresses, and stated that they went to see every film featuring a particular actor or actress. Few respondents (mostly those who admit to being fans later on in the interview) dwelled on acting performances or the personal lives of stars. Stars were remembered as centrefold figures, as 'brand names' that guaranteed a good movie, as faces on *calicots*, and as advertisement names in the papers:

> Hubert (1938): Stars played a huge part! I might have been wrong, but from the moment I saw the name of my favourite actor, we'd all go. You see, you'd feel it; it had to be a good movie, because otherwise he wouldn't be in it!

We found manifold examples of what Stacey calls "extra-cinematic identificatory practices" (1994, 159). Regarding the pre-war period, many respondents told stories about replaying scenes they had just seen in a movie. In the post-war period, when most respondents had more financial means, many women remembered copying Brigitte Bardot's hairstyle, while men talked about wearing a leather jacket "just like James Dean."

The social experience of cinema-going in the city

> There is more to cinema-going than seeing films. There is going out at night and the sense of relaxation combined with the sense of fun and excitement. The very name 'picture palace,' by which cinemas were known for a long time, captures an important part of that experience. Rather than selling individual films, cinema is best understood as having sold a habit, a certain type of socialised experience. […] Any analysis of the film subject which does not take on board these issues of the context within which the film is consumed is, to my mind, insufficient. *(Morley 1992, 157–158)*

As media scholar David Morley stated more than fifteen years ago, cinema-going involves much more than watching movies. It is, and has always been, an utterly social experience. Reading the stories of our respondents, it became clear that cinemas were linked with different sorts of social routines, which clearly determined the choice of movie theatre much more than the actual film onscreen (see also Jancovich/Faire 2003). To begin with, both the Antwerp and Ghent case reveal an obvious distinction between city-centre movie palaces and neighbourhood cinemas. The film exhibition scene in Antwerp and Ghent, and how it is remembered, is also very closely linked to the unique (cultural) geography of the city. Referring to Kuhn, who states that place-related memories are among the most persistent (2002, 17), we also discovered that cinemas in Antwerp and Ghent were unmistakably connected to our respondents' "mental maps" of these cities – or how these cities, their suburbs, and inhabitants had remained present in our interviewees' minds.

The movie palaces in Antwerp, for instance, were all centred next to each other in the inner city. They were mostly remembered as luxurious, beautiful, and comfortable. These cinemas were as much an object of consumption as the movies screened there. What they lacked in atmosphere, familiarity and unpredictability, they made up for with comfort, star-packed movies, and status. Male respondent Rik (born in 1939) described them as follows: "They were temples. Now they're just black boxes." Using respondents' mental maps, we were able to reconstruct an almost hierarchical arrangement of the city-centre movie palaces (see Richards 2003, 346), indicating the different status of particular movie palaces. Although similar in comfort, architecture and location within the city, some movie palaces were considered more open and approachable than others. After the war, this arrangement of movie palaces became even more prominent, as Georges Heylen, Antwerp's cinema mogul, who owned almost every movie palace in the centre, effectively tried to create a different status and attract different audiences for every one of his theatres.

Antwerp neighbourhood theatres were spread across the different city districts, which mainly housed poorer blue-collar workers. Our interviews showed how neighbourhood cinemas were only visited by people actually living near these cinemas. A key issue here was the importance of a community spirit, which was still very much alive in the different city districts, resulting in a feeling among our respondents about neighbourhood cinemas as 'their' theatres. Not all neighbourhood cinemas, however, were the same. In the district of Sint-Andries, for example, *Zuidpool* was considered to be a large, open neighbourhood cinema for all, while *Kinox* was considered to be 'the better' of the neighbourhood cinemas. Another neighbourhood film venue, *Peter-Benoît*, which was often linked to *risqué* movies, was mentioned in colourful tales about "making out with your boyfriend or girlfriend."

Over time, film theatres would change ownership, social status, and programming. Some neighbourhood theatres were located in neighbourhoods experiencing great socio-geographic and demographic shifts. This had profound implications for movie theatres. Cinema as a leisure time activity also shifted profoundly in the decades following the Second World War (see Geraghty 2000). Although movie attendance declined in the postwar period in Antwerp, the real decline of movie palaces in the city-centre

2 Cinema Plaza was located at the heart of Ghent and did not have the fancy reputation of centre movie palaces, often programming light-footed German musicals.

did not become prominent until the 1980s. Nevertheless, the stories of our youngest respondents, born in the early 1950s, already heralded this decline. For the first time, words like "worn-out" and "old" were used to describe the once so luxurious movie palaces.

An important feature for describing various types of cinemas was accessibility and social distance. Both in Antwerp and Ghent, respondents talked about how audiences of neighbourhood cinemas were met with prejudice and how they were often described as being "uncivilized, loud and vulgar," mainly by people living in the city-centre attending first-run cinemas:

> Agnella (1942, Ghent): We didn't go to the smaller cinemas. They were always packed and in our eyes a lesser kind of cinema. Because they would be belching, making noises, eating and smoking, and that wasn't for us. That was just too foul; it was the rabble making a party where one should just go see a movie.

Movie palaces, however, were not exclusively limited to higher or higher-middle class audiences. Many scholars have already observed that movie palaces can be seen as temples of classlessness; as such they could reach a wide and heterogeneous audience (Stead 1989, 18; Klenotic 2007, 131) or function as an alternative, inclusive public sphere (Hansen 1991). These and other researchers immediately followed on by stating that the actual experience of class mixing, however, remained limited (Klenotic 2007, 131), mainly because the different social classes were often spatially segregated within one movie palace. Even when they did come together in the same place, audiences did not simply shrug off their previous identities (Jancovich/Faire 2003, 47). In Ghent, for instance, the two main city-centre movie palaces were remembered as socially complex places, where lower class audiences were admitted through the backdoor for cheaper seating. In the Antwerp case, class mixing was not uncommon in city-centre theatres and most respondents from the districts claimed to have been in one of the movie palaces at least once. Class mixing became more evident as time went by, especially after the Second World War. Many blue-collar workers benefited from governmental laws about home improvement or wage rises. The mental distinction between movie palaces and neighbourhood cinemas, however, remained consistent throughout the entire period. Even the youngest respondents still claimed that movie palaces and neighbourhood cinemas targeted different audiences, with city-centre palaces perceived as the place for higher class leisure. Going to a movie palace or to a neighbourhood cinema therefore always involved making a choice about (cultural and social) status, identity, and audiences with whom one could identify.

Cinema-going and the importance of the movies in everyday life

A key finding of ethnographic film audience studies is that going to the movies is a substantial part of everyday life. Although the respondents in our study gave a wide range of reasons for "going to the movies," these reasons remained quite consistent over time. Cinema-going was most often remembered as a habit. For many it was a weekly routine and part of the "fabric" of daily life. It was an "out-of-the-home" social event as well as an extension of home life. Cinema-going was often the only (financially) available form of leisure, as well as a collective and social experience. Moreover, the routine of going to the pictures hardly ever changed because of the programme or the movies:

> Achille (1919): We went to the movies because it was a habit, not really because we wanted to see a specific picture. My mom went, and I went along. We would see something new every week anyhow.

Roger (1946): It was daily routine. You went to the movies? So you went to the movies. Whether it was a Sunday, during the week or on a holiday, it was all the same.

Marcel (1929): We went to the pictures because there was a cinema. That's how we spent our time. I rarely even looked at the programme.

Many respondents claimed that "there just wasn't anything else to do," by which they meant that only cinema as a key leisure activity had obtained the status of cheap and popular mass-entertainment. Because it was available on a daily basis, cinema could therefore be presented as being a leisure activity for everyone. Other forms of entertainment or leisure, like dance-halls, bars or opera were aimed at specific segments of the population, often linked to people with higher social, financial, and cultural capital. Cinema, however, was regarded as an activity for all ages, sexes, and classes. Until the late 1950s, television wasn't available, while radio lacked the appeal of the movies. While playing in the streets was the only alternative for kids, teenagers could be engaged in scouting organisations. The fact that cinemas were cheap and close-by, and that some sense of social control existed, were often mentioned as key reasons for going to the movies.

Hansen (1991, 91–92) argues that cinema was considered to provide an alternative public sphere for certain groups and segments of the population. This was also the case in our project, where most of the female respondents enjoyed going to the cinema as part of their growing sense of freedom, especially in the interwar period. In a society where public life was primarily male-oriented, the physical space of the movie theatre, where these boundaries were contested, became a place of emancipation. Although women in Belgium did not obtain the right to vote until 1948, cinema functioned as a public site where they were considered equal to men. In terms of taste and choice, women even often acted as opinion leaders when it came to deciding which film to attend. Female respondents often referred to the fact that they needed to be escorted by a man to go out, but cinema provided them with a space where female-only companionship was considered normal.

For adolescents, cinema could also become a place of emancipation. Almost every respondent we interviewed referred to the importance of cinema as a place of love, or a site where romances started. Many memories dealt with how to invite (or being invited by) a partner to go to the movies. Movie-going was part of a *rite de passage*, whereby childhood memories often referred to habitual visits to the neighbourhood cinemas while teenagers (and their partners) were engaged in going to city-centre cinemas. For many young couples, cinema was the only place (public and private) where they could enjoy each other's company:

3 Enthusiastic movie audience in Antwerp (presumably) at the end of the 1950s.

> Rik (1939): Once you met someone, you would go to the cinema once in a while. Now it's no problem to sit on a bench in public, but back then that was impossible. I've even seen two girls kissing now. Back then, that was unthinkable. It was not allowed. If you had a relationship, you needed to hide yourselves.

Another set of motives to go and see a movie can be classified under the broad category of escapism. Escapism, as Stacey (1994) has pointed out, is mostly linked to emotions, but it also has a strong material dimension. Some respondents, for instance, underlined that during hard winters going to the movies was much cheaper than heating one's home. Many went to the cinema because it offered them a level of comfort they could not afford:

> Irène (1945): That was a completely different world. I lived in a world where I did not have much. You were able to experience luxury on the screen. It provided a little bit of comfort and you wanted to have the same at home…

In the postwar period, this material escapism slowly disappeared, as the level of comfort rose and movie palaces lost their luxury status. Mental escapism, however, continued to be important. For those respondents who went to the pictures as children and adolescents, going to the movies also had to do with the act of leaving the protection of their homes, parents, or other people responsible for them. Many children saw movies as an escape or even an act of rebellion. Many told stories about how they went to afternoon screenings or sneaked into 'forbidden' movies.

A final set of motives or reasons for cinema-going deals with the sense of belonging to a community. In many interviews, cinema-going was remembered as a collective and social experience. Respondents frequented cinemas because they felt a group identity, often referred to as the "atmosphere" of a cinema. Not only did respondents claim that it was important for them to go to a movie theatre with people they felt connected with, but by doing so they distanced themselves from citizens living in other neighbourhoods.

> Henri (1941): It used to be different. People stayed in their own city district.
>
> Joanne (1923): Everything went on in your own neighbourhood. Those were the days.

A cinema's atmosphere was often linked to some form of social informality, security or even freedom, so that in a neighbourhood cinema, "you could shout at the screen, sit on the floor, bring your own food." We are aware that these memories are often inspired by nostalgia, linked to (a sense of) a loss of community feelings. Reflecting on today's cinema, many respondents expressed a sense of fear and unease about the current state of city-centres, often linked to physical dangers and contemporary night-time leisure activities. The disappearance of the large movie palaces and local cinemas was linked to a nostalgic feeling about a lost sense of community life in the city they once knew and where they felt "at home."

Reconstructing a lived cinema culture: some conclusions

This chapter has presented only some of the key results of the oral history part of *The 'Enlightened' City* project. For instance, we have not elaborated here on other lines of analysis, such as the geographical differences between rural, provincial, and metropolitan cinema-going. Besides the role of movies and stars in cinematic experiences, this project underlines the importance of neighbourhood cinemas, movie palaces, and other film venues as part of personal, community, and collective life. Cinemas, so it seems, were not considered isolated places. While going to the pictures was a personal habit and a social routine, and could therefore be linked to some form of audience passivity, cinema-going was inspired by a form of rebellion, *rite de passage,* social distinction, and indeed even a collective class and community formation. Cinema was more than the pictures, the stars, the publicity blurbs, programming strategies, and the actual geographical location or architectural value of film venues.

For the interviewees, cinema was also about the people they met, the community in which they lived, as well as about themselves and the pleasure derived from cinema-going and movie spectatorship. The respondents' willingness to talk about their personal involvement in film/cinema was certainly due to feelings of ordinariness combined with the magic on screen and the event surrounding it. The pictures' and cinema's magic influenced their lives, because it was a vital part of their personal history, often veiled with nostalgia.

Along with other projects attempting to write "cinema history from below" (Maltby 2006, 85), we hope to have underlined the importance of cinema-audience interaction and the importance of cinemas and movies for community/personal life. In this sense, we claim that cinema history is not opposed to film history. On the contrary, one of the key questions of film/cinema studies today concerns precisely the interaction between pictures and people, or magic and ordinariness.

References

Abel, Richard (2004) History Can Work for You, You Know How to Use It. In: *Cinema Journal* 44,1, pp. 107–112.
Allen, Robert C. (1990) From Film Exhibition to the History of Film Reception. Reflections on the Audience in Film History. In: *Screen* 31,4, pp. 347–56.
Allen, Robert C. (2006) Relocating American Film History. The 'Problem' of the Empirical. In: *Cultural Studies* 20,1, pp. 48–88.
Biltereyst, Daniel / Meers, Philippe / Van de Vijver, Lies (forthcoming 2011) Social Class, Experiences of Distinction and Cinema in Postwar Ghent. In: *The New Cinema History. Approaches and Case Studies.* Richard Maltby, Daniel Biltereyst & Philippe Meers (eds.). Malden: Wiley-Blackwell.
Convents, Guido (2000) Van kinetoscoop tot café-ciné. De eerste jaren van de film in België 1894–1908. Leuven: Universitaire Pers Leuven.
Geraghty, Christine (2000) Cinema as a Social Space. Understanding Cinema-Going in Britain, 1947–63. In: *Framework,* 42 [http://www.frameworkonline.com/42cg.htm].
Hansen, Miriam (1991) *Babel & Babylon. Spectatorship in American Silent Film.* Cambridge (MA): Harvard University Press.
Hay, James (1997) Piecing Together What Remains of the Cinematic City. In: *The Cinematic City.* David B. Clarke (ed.). London: Routledge, pp. 209–229.

Hubbard, Phil (2003) A Good Night Out? Multiplex Cinemas as Sites of Embodied Leisure. In: *Leisure Studies* 22,3, pp. 255–272.
Jancovich, Marc/Faire, Lucy (2003) *The Place of the Audience. Cultural Geographies of Film Consumption*. London: BFI.
Klenotic, Jeffrey (2007) "Four Hours of Hootin' and Hollerin'." Moviegoing and Everyday Life Outside the Movie Palace. In: *Going to the Movies. Hollywood and the Social Experience of Cinema*. Richard Maltby, Melvyn Stokes & Robert C. Allen (eds.). Exeter: University of Exeter Press, pp. 130–154.
Kuhn, Annette (2000) A Journey through Memory. In: *Memory and Methodology*. Susannah Radstone (ed.). Oxford/New York: Berg, pp. 179–196.
Kuhn, Annette (2002) *An Everyday Magic. Cinema and Cultural Memory*. London: I.B.Tauris.
Kuhn, Annette (2004) Heterotopia, Heterochronia. Place and Time in Cinema Memory. In: *Screen* 45,2, pp. 106–114 (see also the German translation of the article in this volume).
Maltby, Richard (forthcoming 2011) Introduction. In: *The New Cinema History. Approaches and Case Studies*. Richard Maltby, Daniel Biltereyst & Philippe Meers (eds.). Malden: Wiley-Blackwell.
Maltby, Richard (2006) On the Prospect of Writing Cinema History from Below. In: *Tijdschrift voor Mediageschiedenis* 9,2, pp. 74–96.
Maltby, Richard (2007) How Can Cinema History Matter More? In: *Screening the Past*, 22
[http://www.latrobe.edu.au/screeningthepast/22/board-richard-maltby.html].
Massey, Doreen (2005) *For Space*. London: Sage.
Meers, Philippe (2004) "It's the Language of Film!" Young Film Audiences on Hollywood and Europe. In: *Hollywood Abroad. Audiences and Cultural Exchange*. Melvyn Stokes & Richard Maltby (eds.). London: BFI, pp. 158–175.
Morley, David (1992) *Television, Audiences & Cultural Studies*. London: Routledge.
Paz, Maria (2003) The Spanish Remember. Movie Attendance during the Franco Dictatorship, 1943–1975. In: *Historical Journal of Film, Radio and Television* 23,4, pp. 357–374.
Portelli, Alessandro (1998) What Makes Oral History Different? In: *The Oral History Reader*. Robert Perks & Alistair Thomson (eds.). London: Routledge, pp. 63–74.
Richards, Helen (2003) Memory Reclamation of Cinema Going in Bridgend, South Wales, 1930–1960. In: *Historical Journal of Film, Radio and Television* 23,4, pp. 341–355.
Stacey, Jackey (1994) *Star Gazing. Hollywood Cinema and Female Spectatorship in 1940s and 1950s Britain*. London: Routledge.
Staiger, Janet (1992) *Interpreting Films. Studies in the Historical Reception of American Cinema*. Princeton: Princeton University Press.
Stead, Peter (1989) *Film and the Working Class. The Feature Film in British and American Society*. London: Routledge.
Taylor, Helen (1989) *Scarlett's Women. Gone With the Wind and its Female Fans*. London: Virago.

ANNA LISA TOTA

Narrating the Shoah
From *Maus* to LIFE IS BEAUTIFUL

In contemporary societies, public knowledge related to a certain past or the ways in which a trauma has been inscribed in public discourse depends not only on the historical work written on that event, but also on different cultural artefacts produced in relation to that past.[1] Cultural trauma theories have contributed to a better understanding of how societies try to remember and forget these events, which mark the collective in an indelible way. They have underlined that trauma is always "a socially mediated attribution" (Alexander et al. 2004, 8); that is to say, there is a gap between the event that has occurred and its meaning, and this gap corresponds to the cultural trauma process.

In European culture, one of the most relevant traumata is the Holocaust. This essay argues that we are currently witnessing a new trend in which public knowledge of the Shoah depends just as much on Primo Levi's book *If This is a Man* as on films like SCHINDLER'S LIST (Steven Spielberg, USA 1993), LIFE IS BEAUTIFUL (Roberto Benigni, I 1997), and TRAIN DE VIE (Radu Mihaileanu, F/B/NL/IL/RO 1998), as well as on historical works written on this theme.

Some historians have interpreted this trend as a "public use of history," thereby revisiting Habermas' definition (1988). However, this essay argues that considering the phenomenon thus is to some extent misleading. This definition implies that there is a correct way to narrate the past (that is, the works written by historians), followed by secondary adaptations of historical works, which assume various forms, including movies, cartoons, exhibitions, and so forth. According to this definition, all these

---

[1] A previous version of this essay was presented at the 7th Conference of the European Sociological Association, Torun, Poland (9–13th September, 2005). The title of the paper was "Cinema and the representation of history. The Holocaust in LIFE IS BEAUTIFUL by Roberto Benigni." The paper was presented in the first session of the research stream on "Culture, collective memories, and public discourse" (www.7thesaconference.umk.pl/index1.php).
The data related to the reception of the movie have been gathered from the following websites: www.mymovies.it.recensioni; www.imdb.com; www.chqs.um.edu/museums/responses/leitner; academic.sun.ac.za/forlang/bergman/real/holocaust/holo12.htm; www.miramax.com; www.rottentomatoes.com; www.beth-elsa.org.

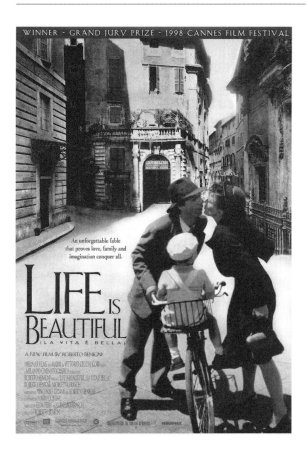

1 English poster for LIFE IS BEAUTIFUL (Roberto Benigni, I 1997).

cultural artefacts, however, never attain the quality standards – in terms of authenticity, reliability, and authority – of historical narration. While they narrate the past, they remain a "second best" option.

If one considers the relationship between film and history according to this definition, it seems very controversial. For many decades, historians have criticized the "misrepresentation" of the past in the cinema. In recent decades, a new approach has prevailed especially within cultural sociology, but also within film studies (Sorlin 1980; Ortoleva 1995; Barta 1998). It is argued that the representation of the past cannot be relegated to the academic culture of historians. Instead of speaking about "the public use of history," the focus here is on "the cultural consumption of the past" – such as viewing a film, visiting a museum, and so forth – as a growing phenomenon that needs to be further analysed.

From the outset, cinema has narrated the past. Now, however, this tendency has undergone a marked increase. Taking into account the Shoah, we can refer to several examples of what is called a "film with historical content," such as THE DIARY OF ANNE FRANK (USA 1959) by George Stevens or SHOAH (F 1985) by Claude Lanzmann. From this perspective, the question that needs to be addressed is to what extent the representation of the past on the screen might be similar or dissimilar to that produced by historians, and whether or not similar criteria can be used to evaluate both forms of expression.

This essay focuses on the representation of the Holocaust in Roberto Benigni's LIFE IS BEAUTIFUL. I argue that following the publication of Art Spiegelman's famous graphic novel *Maus* (published in two volumes, the first *My Father Bleeds History* 1986, the second *And Here my Troubles Began* 1991), a new genre of memorization of the Holocaust has emerged.

By analysing the controversial trajectories of Benigni's film in Italian and European public discourse, it is possible to map the different conceptions of how the Holocaust should be inscribed in public discourse. The conflict over the most adequate narratives introduces controversial definitions of what happened during one of the most tragic periods of recent European history.

Filmmakers as historians?

The first question concerns the status of historical work that is viewed as the only scientific discourse, authoritative and legitimated, which circulates in public discourse. The debate on this issue is ongoing among scholars. It has been referred to variously, among others as "the history of historians," or as "history without historians," or indeed as "everyone's a historian?" We are witnessing the emergence of a plurality of non-professional and non-scientific agencies able to produce pieces of information and to influence areas of the public discourse on highly contested events of the past. Because of the high visibility of the medium adopted (film, for example), such agencies are able to become more visible than scientific books and articles published by historians. Media, when narrating the past, can do so with a visibility unimaginable for an historian. How can a book on the Shoah compete with the pervasiveness of a movie? Along these lines, a film produced on a certain historical event is competing against many other cultural texts that are narrating the same event in order to impose its view of what happened. On the one hand, historians regret this new trend and are very suspicious of this new "home-made" history. On the other, some scholars close to the sociological field rejoice in the increasing deconstruction of the hegemonic discourse on the past (that is, the discourse produced by academics). However, there are several questions that remain unanswered: a) How does the past change when it is narrated using film codes? b) How does history (viewed as the specific discourse produced by the academic community of historians on the past) change when competing against the cinema? c) Which criteria exist for evaluating the quality of the past produced by the cinema? In the case of history, one can refer to a plurality of scientific criteria, such as the quality and validity of source materials, the transparency of selecting the relevant documents, and so forth. But what about the cinematic representation of the past? Here, one must be mindful of film genres and distinguish between documentary and fictional films.

One must, moreover, reflect more extensively on this transition from the past as a scientific object to the past as a product for cultural consumption. For historians, this distinction relates to the problem of the public use of history. For sociologists, on the other hand, it relates to the cultural consumption of the past. As mentioned, the difference in terms refers to a deeper epistemological difference. It is unreasonable to evaluate this new proliferation of unprofessional cultural agencies able to produce very successful representations of the past by only referring to historical and scientific criteria. One needs to value what is happening and understand its social impact in terms of the construction of public discourse. In other words, the cinematic depiction of a certain historical event makes one aware of the complexity and of the controversial aspects of that event; one also develops a newfound interest in traditional written texts on the subject. In this shift away from traditional formats, the monopoly of historians over the past is definitively overcome. Besides the historical means of producing the past, other means of cultural production are emerging (cinema, television, websites). However, this tendency is neither new nor original. For many centuries, literature has competed with history in the representation of the past. So why are contemporary historians so concerned about this new trend? The difference lies, as already noted, in the capacity of the different media to affect and influence public opinion. There are only a very few literary works that become famous worldwide, but an ordinary film can reach thousands of people in a few weeks. Another important question in this respect concerns the role of the expressive codes of the medium. What has happened to the past since its cinematic narration?

Expressive codes of cinema: from historical to cinematic past

From a cultural perspective, a longstanding tradition of studies argues that the cultural shapes of the past will affect the content of memories (Wagner-Pacifici/Schwartz 1991; Assmann 1992; Wagner-Pacifici 1996). The relevant question here concerns the characteristics of this influence in cinematic representation.

As Barta notes, historians tend to remain unenthusiastic about cinematic comparisons:

> The stubborn argument drawing attention to the necessary anti-historical properties of acting is hard to get round. Because acting *adds* to the historical record – new faces, behaviours, interpretations – it certainly changes perceptions of the past 'dramatically'. (Barta 1998, 12; original emphasis)

However, focus should not only be placed on the quality of the cinematic representation of the past; on the contrary, we should also concentrate on the ways in which the film-viewer can experience the past through film reception. Some relevant aspects include:

- Stuart Hall (1980) suggested that the link between the signifier and the signified in the case of images is less conventional than in the case of words. In fact, the image of a cat shares more characteristics with a real cat than the term "cat" in relation to the real cat. This might explain why the cinematic text can be more capable of fixing a certain representation of the past than a historical book. The language of images, when referred to the past, provides the past with immediateness and vividness. Barthes (1964) argues that images are therefore much more effective in transmitting ideological content than words.
- The past when produced by cinema loses its diachronic dimension and tends to be perceived as a separate and independent point in the flow of history. After viewing SCHINDLER'S LIST, we know Schindler in detail, but nothing about the period after his death or before his birth. By losing the diachronic dimension of the event, the possibility of understanding what happened is also undermined.
- The immediacy of the images on screen can easily awaken emotions: a passion for the past; and, as a consequence, often but not necessarily a passion for history. A film can awaken many emotions, such as sadness or happiness. This allows the viewer to "relive" the past, and to relate it to a more personal level.
- For historians the main problem when comparing the cinematic to the historical past is that the cinema is not necessarily aimed at producing

a scientific and "true" account of what happened. In other words, the main goal may not necessarily be to make a good piece of history, but rather to provoke debate, to intervene in public opinion, to create an audience (and thus to produce revenue), to stop injustice, and so forth.

When analysing cinematic representations of the past, we should stop thinking of the past as the monopolistic object of historical discourse. We should also avoid overextending criteria used in the historico-scientific code to cinematic codes. This will also help avoid making unnecessary comparisons between first and second-order pasts.

Contemporary societies, moreover, show the emerging impact of the cinema, which tends to assume an increasing role both in representing and in articulating conflicts. If we consider the murder of Theo van Gogh some years ago in Amsterdam, and the controversy over his film SUBMISSION (NL 2004), then we have an evident indicator of how powerful the cinema is perceived to be in its capacity to influence public opinion.

Screening the Shoah

The Shoah represents a central memory both in European and in international public discourse. The variety of cultural forms that this collective memory has assumed has established several genres of memorization that clearly define what is adequate and what is not when representing and narrating the Holocaust. Hartman (1994) has analysed the different forms that the public memory of the Shoah has taken. Felman (1994) considers the problematic relation between film and witnessing in relation to Claude Lanzmann's SHOAH: is the film able to expand the capacity for witnessing? One could to some extent argue that Lanzmann's SHOAH is the best representation of that particular genre of memorizing the Holocaust according to which *a story cannot be told by someone else*. In this respect, Felman properly quotes Elie Wiesel: "If someone else could have written my stories, I would not have written them" (Felman 1994, 90). The originality of this film is that it consists exclusively of testimonies. It comprises interviews conducted with witnesses of the Holocaust during the eleven-year period in which the film was produced (1974–1985). The implied narrative pattern relates to the impossibility of narrating the unspeakable and to the role of 'witness' played by the survivors.

Who is eligible to tell the story of what happened? This is a key question in analysing the controversies surrounding the alternative definitions of what are the adequate poetics to represent the Holocaust.

2 The title page of Art Spiegelman's *The complete Maus* (1997).

For many years after the Shoah, a common way of representing this past was based on these ingredients: witnessing (the role of first-hand testimonies and survivors), tragedy, realism, horror, and terror. One of the most famous cinematic cases in point is George Stevens's THE DIARY OF ANNE FRANK, the winner of several international awards. It is important to note that during World War II George Stevens photographed the terrible scenes at Dachau concentration camp. Considering the relation between genre and public discourse, this genre of memorizing the Shoah arguably laid the progressive and general foundation of the ethical value of this public memory. The realistic code has contributed to affirming the memory of the Shoah as a universal value worth defending.

The poetics of the realistic representation have been totally subverted by introducing humour as an adequate narrative code able to express the trauma of the Holocaust.

During the past few decades, a new genre of memorizing the Holocaust has emerged, a new politics and poetics of its public memory that have broken the grip of the longstanding realistic genre. These new poetics are based on a very specific ingredient: representing this tragic past by using the humour code. Art Spiegelman's *Maus* (1973) used comic strips to offer a new and profound insight into the context and the values that made the Holocaust possible during that period of time. The first quotation in *Maus* is by Adolf Hitler: "The Jews are obviously a race but they are not human." Roberto Benigni's LIFE IS BEAUTIFUL belongs to the same politics of memorization as *Maus*. A comedy on the Holocaust is an oxymoron, but in this case it is an oxymoron that works. By analysing the controversial trajectories of the film in Italian and European public discourse (that is, critical and other opinions before and after the Academy Awards, and so on), different conceptions of how the Holocaust should be represented in public discourse can be delineated. The conflict over the most adequate narratives introduces controversial definitions of what happened during one of the most tragic periods of recent European history. Moreover, this cinematic direction was taken one year later by Radu Mihaileanu's TRAIN DE VIE, the story of the Jewish inhabitants of a village in Central Europe who organized a fake deportation train so that they could escape the Nazis and flee to Palestine.

LIFE IS BEAUTIFUL: the emergence of a new commemorative genre

The notion of a commemorative genre was conceived by Robin Wagner-Pacifici and Barry Schwartz (1991). They define it as the standard for how a certain event, such as a war, terrorist attack, or natural disaster, should be commemorated. To some extent, this notion simply calls upon common sense: what is the adequate and legitimate way to commemorate an event? What kind of symbols, ceremonies, cultural artefacts, or artistic texts can be used to give shape to public memory? This notion proves very helpful when used to analyse LIFE IS BEAUTIFUL. Benigni's film represents an important step, along with Art Spiegelman's *Maus*, in the emergence of a new commemorative genre of the Shoah, a genre in which humour becomes a possible outlet to narrate the victims' trauma.

"This is a simple story but not an easy one to tell. Like a fable, there is sorrow. And, like a fable, it is full of wonder and happiness." Benigni's comedy on the Holocaust begins with these very words. Benigni, a well-known Italian actor and director, is probably best known for this tragicomedy. LIFE IS BEAUTIFUL was filmed largely in Arezzo and Cortona. Several key scenes, however, were filmed in Auschwitz. The film focuses on the life of an Italian Jew, Guido Orefice, who tries to protect his son Giosuè from reality during his internment at a Nazi concentration camp by pretending that the imprisonment is just an elaborate game and that he must adhere to the rules to win a huge armoured tank.

The film undertakes a seemingly impossible task and succeeds in making a comic fable about the Holocaust. In 1998, LIFE IS BEAUTIFUL was nominated for seven Academy Awards and won the awards for Best Foreign Language Film and Best Actor. In addition, the film was awarded an Oscar for the Best Original Score, written by Nicola Piovani and performed by his small orchestra. It was also nominated for Best Director, Best Film Editing, Best Picture, and Best Original Screenplay. The film was a box office success, generating 23 million euros in Italy and 59 million dollars in the United States. Benigni was publicly praised by Jewish organisations for embracing and publicizing the Holocaust. As mentioned, the film embodies the rupture of a longstanding genre of representing the tragedy of the Shoah, a break that was made possible by a specific biographical circumstance. Benigni's father had spent two years in a concentration camp in Bergen-Belsen, and LIFE IS BEAUTIFUL is partially based on the father's experience. This biographical circumstance is very relevant because it functions as a means of legitimizing the director himself: he is eligible to tell the story of the Shoah as he is a victim's relative. Significantly, Art Spiegelman's father was also a concentration camp survivor. The creativity necessary to transform the Shoah into a comedy is possible only if the author is clearly positioned on the victims' side. Otherwise, one might suspect an attempt of de-legitimizing the collective memories of the Shoah in public discourse. If LIFE IS BEAUTIFUL had been directed by an emergent Italian director known for his or her fascist political position, then it would have entailed a radically different interpretation, and it would have never won any awards. This is a clear case in which the context makes the emergence of a certain interpretation of the text possible. The position of the author within the context of production functions as an anchor, limiting the range of meanings among which the audience will construct the interpretation of the cinematic text. In other words, the fact that Benigni can be positioned (without any reasonable doubts) on the victims' side excludes a priori any negative position (against the victims).

This biographical circumstance can also be viewed in relation to the issue of bearing witness, which plays a central role in the cinematic representation of the Shoah. Guido in LIFE IS BEAUTIFUL is linked to the position of a witness through his father, but he presents a different point of view of the Shoah: while he is also a father experiencing the trauma of the Holocaust, the prevailing narrative code is not realistic (the witness code), but humorous.

The reception of Life Is Beautiful

Even though Life Is Beautiful won 30 International Awards in 1998, its reception was at first contested in Italy and other European countries. From the beginning, the audience was divided. In Italy, Life Is Beautiful was first mentioned in Ettore Vittorini's article, published on 10th June 1997 in the highly influential daily *Corriere della Sera*. Here, Benigni explains his decision to change the original title "Bonjour Princess" to Life is Beautiful. The new title is taken from Lev Trotsky's "Testament": "Life is beautiful. May next generations cleanse it of all evil, oppression, and violence and enjoy it to the full." On 31st July 1997, in a *Corriere della Sera* interview conducted by Giovanna Grassi, Benigni stated: "I am working at a 'undramatic' film, that has emotion in its heart, while a laugh flies all around over the tragedy" (www.mymovies.it.recensioni).

During this period, Geraldine Chaplin wrote to Benigni: "You have inherited his poetry, he would adore you." Chaplin's family had fallen in love with the movie. On 13th December 1997, Tullio Kezich, a very important film critic in Italy, wrote an enthusiastic review in the *Corriere della Sera*, comparing Benigni to Roberto Rossellini (www.italica.rai.it). Six days later (19th December 1997), Moni Ovadia, a Jewish intellectual and theatre actor very famous in Italy and across the world for his plays on the relevance of Yiddish humour in Jewish culture, wrote another enthusiastic review. However, on 8th January 1998, Goffredo Fofi, another leading film critic, wrote: "Life is beautiful is ugly. We strongly suggest that Benigni read Celan, Adorno and Anders on the topic of Auschwitz and to view Nuit and brouillard" (Alain Resnais, F 1955) (www.mymovies.it.recensioni). Tullio Kezich, however, responded via the *Corriere della Sera* by saying that Goffredo Fofi is the "Bertinotti" (an Italian politician known for being very antagonist) of critics, accusing him of systematically criticizing all films. In *Il Sole 24 ore*, another newspaper, Roberto Escobar wrote a very positive review of Life Is Beautiful, suggesting that Benigni helps point out "the other side" of reality (www.imdb.com).

Le Monde, a French newspaper, published a very negative review, arguing that the movie was not comic at all, and *The Times* defined it as "artificial." In an interview with *Il Corriere della Sera* (8th July 1998), Jean-Luc Godard stated that he had not yet seen Life Is Beautiful and that he would see it only if its title were changed into "Life is Beautiful at Auschwitz" (www.mymovies.it).

In July 1998, the Israeli daily *Maariv* published a very positive review; the mayor of Jerusalem, Ehud Olmert, attended the premiere in Tel Aviv. However, some cultural programmes on Israeli radio were very critical of the film. According to some commentators, Benigni's movie lacked two ingredients necessary for an appropriate representation of the Shoah: horror and terror. The central question was: how can a comedy actor make a film on the Shoah? Both in the USA and in Germany, the first reactions were negative. The *Süddeutsche Zeitung* film reviewer wrote that Benigni succeeded in transforming the Shoah into a metaphor for unbound egocentrism, in which even the victims were reduced to the role of walk-ons (www.mymovies.it). In the USA, *The New York Times* and *The Los Angeles Times* published positive reviews, but *Time* defined the film as a "Fascist fable"; *The Village Voice* defined it as "absurdly reassuring"; and *Entertainment Weekly* defined it as "the Holocaust in postcard format." The most aggressive reaction came from Paul Tatara, a culture journalist at CNN, who stated that "he wished to shoot Benigni in the back of the neck." According to the American critic David Denby, the success of LIFE IS BEAUTIFUL depended on its negation of the Shoah and on its capacity to reassure those audiences disgusted by the permanent capacity of this historic event to shake and shock the public. He stated that the movie was "a benign negation of the Shoah," and that it played on the similarity between the term "benign" and its Italian director's name. Many Jewish communities in several countries, however, reacted quite positively. Some victims' relatives, however, were very critical. Isabelle Leitner, a Hungarian writer who lost many relatives during the Shoah (she is the author of several books, such as *The Big Lie*), accused Benigni of having no idea at all about the meaning of love at Auschwitz: "Love at Auschwitz," she said, "was the small piece of bread that her sister gave her before dying of hunger, while Isabelle was lying in her own excrements infested with lice and typhus, and both weighed 25 kilos" (www.chqs.um.edu/museums/responses/leitner).

Conclusion: "The absolute evil"

LIFE IS BEAUTIFUL successfully introduces and legitimizes the use of a humoristic code in cinema to represent the Shoah. This code was previously adopted by Art Spiegelman in *Maus*. In doing so, this text contributes to prising open longstanding dominant genres (tragic or realistic) in the representation of this public memory; more generally, it shifted the commemorative genre related to the Holocaust. The necessary precondition for the emergence of this new genre is the author unmistakably positioning himself on the victims' side. This became possible because Benigni's father was a concentration camp survivor.

LIFE IS BEAUTIFUL offers a new articulation of the Shoah trauma. It substitutes the realistic code with a much "lighter" perspective, which intimately related tears and smiles. This implies a sort of positive ambiguity of the text, which works out to function as a relief mechanism. Ordinary people, who believe that the Shoah was the most tragic event of the recent European history – the dark side of European identity – , can be reassured and can think of the Shoah for two hours without being totally shocked and shaken. The suffering produced by viewing the text is minor, but at the same time the involvement of the spectator can increase. Between a smile and a tear, the Shoah can be inscribed in European memory. Through the cultural consumption of that past, we are asked once again to contribute to the public mourning of that trauma. From "Diese Schande nimmt uns niemand ab" (No one will lift this shame from us), the famous phrase uttered by the German President Theodor Heuss at the memorial site in Bergen-Belsen in November 1952, to LIFE IS BEAUTIFUL, the process of collective mourning and remembering this trauma has changed profoundly. So, too, have the modes of representing the traumata of both the perpetrators and their victims in public discourse (Giesen, 2004). After *Maus*, LIFE IS BEAUTIFUL, and TRAIN DE VIE, we are now allowed to cry and smile at the same time over "the absolute evil," as the Holocaust has been termed. This transition is made possible because the Shoah as trauma has been deeply articulated in Europe. The circumstance that the public memory of the Holocaust has already been successfully inscribed in public discourse is the necessary condition that allows us to smile and cry at the same time. A relatively "new" public memory could not afford the humorous code. Last but not least, this cinematic text reflects a more general public demand for the cultural consumption of controversial pasts, a trend that has strongly increased in the last decade.

References

Alexander, Jeffrey C. / Eyerman, Ron / Giesen, Bernhard / Smelser, Neil J. / Sztopmpka, Piotr (2004) *Cultural Trauma and Collective Identity*. Berkeley: University of California Press.

Assmann, Jan (1992) *Das kulturelle Gedächtnis. Schrift, Erinnerung und politische Identität in frühen Hochkulturen*. Munich: C. H. Beck.

Barta, Tony (ed.) (1998) *Screening the Past: Film and the Representation of History*. Westport: Praeger.

Barthes, Roland (1977 [1964]) The Rhetoric of the Image. In: *Image – Music –Text*. London: Fontana, pp. 32–51.

Felman, Shoshana (1994) Film as Witness: Claude Lanzmann's SHOAH. In: *Holocaust Remembrance. The Shapes of Memory*. G.H. Hartman (ed.) (1994). Cambridge: Blackwell, pp. 90–103.

Giesen, Bernard (2004) The Trauma of Perpetrators: The Holocaust as the Traumatic Reference of German National Identity. In: Alexander et al. (eds.) (2004), pp. 112–154.

Habermas, Jürgen (1988) Concerning the Public Use of History. In: *New German Critique* 44, Spring/Summer 1988, pp. 40–50.

Hall, Stuart (1993 [1980]) Encoding, Decoding. In: *The Cultural Studies Reader*. Simon During (ed.). London: Routledge, pp. 90–103.

Hartman, Geoffrey H. (1994) (ed.) *Holocaust Remembrance. The Shapes of Memory*. Cambridge: Blackwell.

Ortoleva, Peppino (1995) *Mediastoria. Mezzi di comunicazione e cambiamento sociale nel mondo contemporaneo*. Parma: Nuova Pratica Editrice.

Sorlin, Pierre (1980) *The Film in History. Restaging the Past*. Oxford: Blackwell.

Spiegelman, Art (1973) *Maus*. New York: Pantheon Books.

Wagner-Pacifici, Robin / Schwartz, Barry (1991) The Vietnam Veterans Memorial. Commemorating a Difficult Past. In: *American Journal of Sociology*, 97/2, pp. 376–420.

Wagner-Pacifici, Robin (1996) Memories in the Making. The Shapes of Things that Went. In: *Qualitative Sociology*, 19/3, pp. 301–321.

Transnationale Praktiken

Transnational Practices

1 Titel der Satirezeitschrift *La Baïonnette*, Nr. 90, 23.3.1917, gezeichnet von Cami.

MELVYN STOKES, RAPHAËLLE COSTA DE BEAUREGARD

Die Rezeption amerikanischer Filme in Frankreich, 1910–20

In einer neueren Studie über den Beginn der Dominanz des Hollywood-Kinos auf dem französischen Markt nennt Jens Ulff-Møller vier entscheidende Faktoren für diese Entwicklung: das Versagen der französischen Filmindustrie, eine ebenso starke vertikale Integration zu entwickeln wie die amerikanische Konkurrenz; die restriktivere Anwendung der Kinogesetze in Frankreich im Vergleich zu den USA; die aggressive Natur der amerikanischen Außenhandelspolitik und -gesetzgebung nach dem Ersten Weltkrieg; sowie die aktive Unterstützung der amerikanischen Regierung während der 1920er Jahre, die dazu beitrug, den Export von Hollywoodfilmen zu steigern (Ulff-Møller 2001, xiiif). Die ersten drei Faktoren wurden bereits von zahlreichen Wissenschaftlern untersucht.[1] Ulff-Møllers eigene Arbeit widmet sich der Untersuchung des vierten Motivs. In ihrer Konzentration auf Wirtschaft, Gesetzgebung, Politik und Diplomatie befassen sich diese Studien jedoch nicht direkt mit den Schlüsselfragen, wie und warum französische Zuschauer und Zuschauerinnen so positiv auf amerikanische Filme ansprachen. Der folgende Essay versucht, Antworten auf diese Fragen zu geben.

Jeder Versuch, das Thema ‹Zuschauerschaft› wieder in Fragestellungen einzubinden, erfordert selbstverständlich eine Diskussion der verfügbaren Zeugnisse. Leider gibt es kein französisches Äquivalent zu Emilie Altenlohs wegweisender Studie *Zur Soziologie des Kino* (1914), die detailliert Auskunft über das zeitgenössische deutsche Kinopublikum gibt. Den Recherchen zum frühen französischen Kinobesuch stehen drei hauptsächliche Quellen zur Verfügung: Zeitungen wie *Le Temps* oder *Le Figaro*, die bestimmte Schichten der lesenden Öffentlichkeit ansprachen, enthielten Kinowerbung und später auch Filmkritiken. Fachzeitschriften wie das *Ciné-Journal* und *Le Courrier Cinématographique*, die sich hauptsächlich an Filmverleiher und Kinobesitzer wandten, bieten eine zweite Informationsquelle und spezialisierte Filmzeitschriften wie *Le Film* eine dritte. Autoren

---

1   Vgl. Leglise 1970; Thompson 1985; Jeancolas 1992; Jarvie 1992; Portes 1997; Higson/Maltby 1999.

dieser Periodika wie etwa Louis Delluc (vgl. McCreary 1976; Abel 1976) spielten in der Erforschung der Ursachen, warum man Geschmack an amerikanischen Filmen fand, eine zentrale Rolle.[2] Der vorliegende Aufsatz basiert auf der Analyse dieser verschiedenen Quellen.

Es ist keineswegs geklärt, wann amerikanische Filme den französischen Markt zu dominieren begannen. Susan Hayward bemerkt dazu, dass dies teilweise geschah, weil sich amerikanische Produktionen den «populären Kinomarkt aneigneten», den Charles Pathé 1908 zugunsten des gehobeneren *film d'art* vernachlässigt hatte; Letzterer basierte auf seriösen Theaterstücken, um so eine gehobene Mittelschicht als Publikum anzusprechen (vgl. Hayward 1993, 50). Anderen Wissenschaftlern zufolge etablierte das amerikanische Kino seine Hegemonie während des Ersten Weltkriegs – in dessen erster Phase die französische Filmindustrie faktisch zusammenbrach. Untersucht man jedoch Zeitungen und Magazine wie *L'Illustration* und *Ciné-Journal*, so deutet sich an, dass die wahren Anfänge der Popularität des amerikanischen Films in Frankreich in der Periode zwischen 1910 und 1913 lagen.

Das frühe französische Filmpublikum

Da französische Filme ursprünglich in Vaudeville-Theatern, Varietés (*caf'conc'*) und in Zelten auf lokalen Märkten gezeigt wurden, bestand ihr Publikum hauptsächlich aus der Arbeiterschicht, die von solchen Unterhaltungsangeboten angezogen wurde.[3] Ab 1906 spielte der Film jedoch eine immer größere Rolle in Theatern und Sälen, die ausschließlich der Vorführung dienten. «Jeden Tag öffnet ein neues Kino», kommentierte die *Photo-Ciné-Gazette* im April 1907.[4] Als der Romanautor und Kritiker Rémy de Gourmont einige Monate später über die Situation in Paris schrieb, unterstrich er die zunehmende Allgegenwärtigkeit des Kinos als billiger Unterhaltungsform:

> Les grands théâtres ont trouvé utiles de lui ouvrir leurs portes. Le Châtelet, les Variétés, Le Gymnase donnent des séances de Cinématographe, et on fait

---

2 Die Tradition, in der ein französisches Publikum seit den Tagen des frühen Kinos den amerikanischen Film vorzog, wurde später auch von den französischen ‹Autoren›-Kritikern der 1960er und 70er Jahre beibehalten, die lieber über amerikanische Filme schrieben. Vgl. den Text des Herausgeber-Kollektivs der *Cahiers du cinéma*, «YOUNG MR. LINCOLN de John Ford», Nr. 223/1970, S. 29–47.

3 Der Reiz des Kinos für die besseren Kreise schwand massiv, nachdem im Mai 1897 ein Feuer an einem Wohlfahrtsbasar in Paris 125 Menschen tötete, von denen viele aus der Oberschicht stammten. Vgl. Thompson/Bordwell 1994, 15.

4 *Photo-Ciné-Gazette* zit. n. Schwartz 1998, 195.

queue aux petites salles du boulevard dont c'est la spécialité. Le prix est partout sensiblement le même. Pour deux francs, on a un fauteuil d'orchestre et pour un franc, c'est encore une place que les théâtres font payer d'ordinaire cinq ou six fois plus. *(Gourmont 2008 [1907], 119)*[5]

Noch fünf Jahre später betonte auch ‹Yhcam› (ein Pseudonym) den Reiz des Kinos für die unteren Schichten mit den geringen Kosten und der Zugänglichkeit:

> Das Kino erlaubte vielen Menschen, ihre Vorliebe fürs Theater zu befriedigen; eine Vorliebe, die sie schon besaßen; nur erlaubte die Begrenztheit ihrer Mittel ihnen nicht, diese zu befriedigen.
>
> Insbesondere eine Person, die für fünf Francs einmal ins Theater gehen konnte, kann fünfmal ins Kino gehen, denn der Eintrittspreis beträgt ungefähr ein Fünftel. *(Yhcam 1988 [1912], 77)*[6] [7]

Jean-Jacques Meusy bemerkt zu dem Reiz, den die neuen, nach 1911 gebauten «Kinopaläste» auf jene ausübten, die «im Wesentlichen» immer noch eine «Arbeiterklassen»-Kundschaft waren: «War es nicht fantastisch, dass man für einen Franc oder noch weniger in einen Palast eintreten durfte?» (Meusy 1993, 71) 1913 beklagte Louis Haugmard, der als Journalist für eine katholische Wochenzeitung arbeitete, die Tatsache, dass «viele der leer stehenden Gotteshäuser zu Kinosälen werden; und das ist fast ein Symbol, wenn man erkennt, dass das Kino für ein wichtiges Segment der Arbeiterschicht ohnehin schon eine ‹Volksreligion› oder eher noch eine ‹Unreligion der Zukunft› ist!» (Haugmard 2008 [1913], 317).[8]

Meusy schätzt, dass es 1913 in Paris etwa 180 Kinos gab, von denen sich viele in den Randbezirken des 13., 14., 18., 19. und 20. Arrondissements befanden, die vorwiegend von Arbeitern bewohnt wurden (vgl. Meusy

---

5 ["Die größten Theater fanden es nützlich, ihm ihre Türen zu öffnen. Das Châtelet, die Varietés und das Gymnase, alle zeigen nun auch Kinoprogramme; und in den kleinen Boulevard-Kinos, die sich darauf spezialisiert haben, muss man Schlange stehen. Der Preis ist überall moderat. Für zwei Francs kann man einen Orchester-Platz haben, und für einen Franc bekommt man immer noch einen Platz, der im Theater das Fünf- oder Sechsfache kosten würde."]
6 Yhcam sah darin den «vielleicht einzigen Grund […], warum das Theater zugunsten des Kinos aufgegeben wurde» (ibid.).
7 [Anm.d.Ü.]: Dieses Zitat von Yhcam wurde – wie auch weitere Zitate von Fescourt/ Bouquet, Haugmard, Moussinac sowie Beauplan – aus dem Englischen ins Deutsche übersetzt, da Stokes/Beauregard entweder nach Abel 1988 zitieren oder nur die englische Übersetzung zur Verfügung stellen. Eine französische Originalfassung war in diesen Fällen nicht auffindbar.
8 Während Haugmard das Kino allgemein kritisch beurteilte, erkannte er doch, dass ein Kinobesuch zu den wenigen Möglichkeiten für Arbeiterfamilien gehörte, während der Woche zusammen auszugehen. Vgl. Abel 1988, 15f.

1993, 68f).[9] Die wohlhabenden Quartiere im Westen von Paris erhielten ihre Kinos wesentlich später: Das 16. Arrondissement bekam sein erstes Kino im Dezember 1910, das 8. Arrondissement sogar erst 1913, als das Colisée auf den Champs-Elysées eröffnete (vgl. ibid., 69). Dennoch hatte Charles Pathé – gefolgt von Léon Gaumont und anderen – schon ungefähr 1906 begonnen, Kinos an den großen Boulevards in Paris und später in den Städten der Provinz zu eröffnen. Diese neuen Säle zogen eher die Mittelschicht an – ein Prozess, der durch das Aufkommen einer neuen Art Film weiter gefördert wurde: den so genannten *film d'art*. Ihre Ambition trugen diese Filme schon im Namen zur Schau; sie waren dazu gedacht, ein neues Mittelschichtspublikum zu beeindrucken, indem sie sich bewusst kulturellen Ausdrucksformen assoziierten, die von der bürgerlichen Meinung bereits als legitime Kunstformen akzeptiert waren: der Literatur, dem Theater und der Musik. Dieser neue Filmtyp basierte üblicherweise auf literarischen Adaptionen (oder historischen Rekonstruktionen). Seine Wurzeln hatte er im Theater und bezog etablierte Theaterregisseure (insbesondere von der *Comédie Française*), Autoren, Schauspieler und Bühnenbildner mit ein. Auch die Musik sollte er integrieren: L'Assassinat du Duc de Guise (André Calmettes, Charles de Bargy, F 1908), das Pioniermodell dieses neuen Filmtyps, wurde zusammen mit der Partitur der Filmmusik veröffentlicht, die Camille Saint-Saëns komponiert hatte.[10]

Das Erscheinen von L'Assassinat du Duc de Guise bildete den Auftakt für den Versuch seitens einiger Repräsentanten der französischen Magazine und Tageszeitungen, zwei verschiedene Arten von Publikum zu konstruieren: ein populäres (*la foule*, die Masse), dessen Hauptinteresse es war, überrascht und zu Tränen gerührt zu werden (zumeist durch Familien-Melodramen), sowie ein respektableres Mittelschichtspublikum, von dem man erwartete, dass es den eher ‹künstlerischen› Film schätzte. Etwa 1910 begann die Tageszeitung *Le Figaro*, die eine sozial mobile und in Paris lebende Leserschaft ansprach, diese Unterscheidung zumindest implizit zu ziehen. *Le Figaro* druckte nur noch ausgewählte Kinoprogramme ab, in denen Filme – zumeist mit dem Label ‹künstlerisch› versehen – empfohlen wurden, die genügend ‹Hochkultur› versprachen, um passende Themen für eine intelligente Konversation zu bieten. Eher republikanisch ausgerichtet, feierte die Wochenzeitung *L'Illustration* – in einer detaillierten Besprechung von L'Assassinat – die Tatsache, dass dieser Filmtyp in der Lage war, den «Massen» zu gefallen, «in denen die einfachsten und die kultiviertesten Menschen zusammengewürfelt sind» (Lavedan 1908).

9   Im Mai/Juni 1912 veröffentlichte auch F. Laurent zwei Artikel in *Le Cinéma* über Arbeiterkinos in und um Paris. Vgl. Abel 1988, 15 und 30 (Fn. 76).
10 Vgl. Lack 1997, 28f sowie Miller-Marks 1997, 50–61.

In mancherlei Hinsicht funktionierte die Strategie, ein breiteres Spektrum an Zuschauern und Zuschauerinnen mit einem neuen Filmtyp anzusprechen. Auch Georges Dureau, der Herausgeber der Fachzeitschrift *Ciné-Journal*, notierte im Dezember 1911, dass – so fasst Richard Abel dessen Position zusammen – «der bürgerliche Mittelstand regelmäßig ins Kino ging, angezogen insbesondere durch die verschiedenen Serien ‹künstlerischer› Filme» (Abel 1988, 15 und 30, Fn. 75). Ein anderer Autor hingegen sah, aus der Warte des Jahres 1935, in der Aneignung und Akkulturation des Films durch die gebildeten Schichten den wahren Beginn des Niedergangs des französischen Kinos. Robert de Beauplan kritisierte:

> Theaterleuten und den literarischen Kreisen, Akademikern wie Henri Lavedan, Le Bargy und einigen anderen wurde bewusst, dass das Kino etwas anderes war oder werden könnte als vulgäre Unterhaltung und dass es für eine höhere Karriere bestimmt war. Sie begründeten den *film d'art*. Sie handelten mit hehrer Absicht […] O weh! Diese Möchtegern-Filmretter erwiesen dem Kino, wenn auch unbeabsichtigt, einen Bärendienst. Sie verwandelten es in einen Epigonen des Theaters. *(Beauplan 1935)*

Der sprachlichen Möglichkeiten der Bühne beraubt, bedienten sich die Schauspieler des *film d'art* häufig übertriebener Bewegungen und Gesten. Manchmal schienen die Filme auch nur eine Aneinanderreihung von *tableaux vivants* zu sein.[11] Sie waren lediglich ein «farbloser Spiegel und das stumme Echo des Theaters», wie der dadaistische Poet Philippe Soupault später schrieb (1979 [1918], 23).

Das übertriebene Spiel in den meisten ‹künstlerischen› französischen Produktionen unterschied sich deutlich vom amerikanischen Schauspielstil und könnte zum zunehmenden Erfolg des US-Kinos in Frankreich beigetragen haben. So bemerkte Louis Feuillade, der führende Regisseur von Gaumont 1911: «In letzter Zeit bevorzugt der öffentliche Geschmack ‹Filme›, in denen man hervorragende Vertreter ihrer Profession natürlich und einfach spielen sehen konnte, ohne Schwulst oder lächerliche Pantomime» (Feuillade (1946 [1911], 74). Wahrscheinlich bezog er sich auf die Vitagraph-Filme, die damals das französische Publikum begeisterten.[12] «Man wollte nichts als Vitagraph», versicherte Victorin Jasset sechs Monate später (1946 [1911], 97). Jasset, ein früherer Inspizient und mittlerweile der wichtigste

---

11   Inwieweit Schauspieler in L'Assassinat du Duc de Guise fixierte Posen einnahmen, diskutieren beispielsweise Brewster/Jacobs 1997, 48f und 103.
12   Die Vitagraph-Filme reflektieren möglicherweise einen allgemeineren Trend im US-amerikanischen Filmschauspiel. Roberta E. Pearson deutet an, dass D.W. Griffiths Biograph-Filme aus dieser Zeit durch eine Transformation von einem demonstrativ ‹theatralischen› zu einem zurückgenommeneren und realistischen ‹plausiblen› Stil charakterisiert waren (vgl. Pearson 1992).

Regisseur der Eclair Studios (wo er NICK CARTER, ROI DE DÉTECTIVES [F 1908] und andere Krimiserien inszenierte), versuchte die Gründe für das zu analysieren, was er die «Vernarrtheit» des französischen Publikums in Vitagraph-Filme nannte. Er vermutete, dass in den USA eine «absolut neue Methode» des Filmemachens entstanden war, die auf dem Gebrauch von Close-ups basierte: «Die Amerikaner hatten den Effekt des physischen Ausdrucks und der Gesten in den Nahaufnahmen bemerkt, und sie setzten die Totale nur dann ein, wenn die Charaktere eher statisch blieben» (ibid.). Close-ups selbst benötigten ein Schauspiel, das sich radikal von dem unterschied, das im französischen Kino üblich war: In Vitagraph-Filmen war es «absolut ruhig, fast von übertriebener Ruhe» (ibid.).[13] Die Amerikaner waren auch dort überlegen, wo es um die Drehbücher ging: «Sie machten Szenen so einfach und so naiv wie möglich [... und], sie versuchten, so gut sie nur konnten, sich dem wahren Leben anzunähern und oft eine Handlung auf einen Höhepunkt hin zu konstruieren, die einen heiteren, glücklichen Ausgang nahm» (ibid.). Zuletzt, so bemerkte Jasset einfühlsam, experimentierte Vitagraph mit den Anfängen dessen, was bald als ‹Star-System› bekannt werden sollte: Ihr Ensemble «enthielt einige Künstler, die dem Publikum sofort auffielen, an die es sich in der Folge gewöhnte und nach denen es wieder und wieder verlangte. Der regelmäßige Auftritt dieser Darsteller wurde erwartet, und man applaudierte» (ibid.).

Die Vitagraph war dem französischen Publikum besser bekannt als ihre amerikanischen Konkurrenten Biograph, Lubin, Selig oder Edison, weil sie ein viel effektiveres Verleihsystem in Europa aufgebaut hatte (vgl. Bowser 1990, 105). Gleichwohl verwiesen die Anzeigen, die ab 1910 im *Ciné-Journal* erschienen, auf die ‹Familienähnlichkeit› zwischen amerikanischen Filmen, um ihren Unterschied zu italienischen oder französischen Produktionen zu unterstreichen. Mit sicherem Gespür für den populären Geschmack spielten sie ‹pädagogische› Themen und Inhalte eher herunter. Sie brachten auch Fotos von Schauspielern und Schauspielerinnen und konzentrierten sich dabei auf deren persönlichen Reiz für französische Kinogänger, anstatt die Betonung auf neue künstlerische Errungenschaften und die Herkunft der Filme zu legen, wie es in der Werbung für den *film d'art* durchaus üblich war.

Während sie die Stärke amerikanischer Produktionen hervorhoben, kommentierten manche Anzeigen auch implizit die Schwächen ihrer euro-

---

13 ‹Yhcam› wiederholte Jassets Argumente über den Schauspielstil und das Close-up sechs Monate später: «Um maximale Wirkung zu erzielen – da man sich großer Gesten enthielt –, mussten die Vitagraph-Schauspieler vor allem an der Mimik arbeiten; und damit ihre Mimik in jeder Ecke des Saals gut zu sehen war, musste der Regisseur die Schauspieler so oft wie möglich im Close-up zeigen» (1988 [1912], 72).

päischen Pendants: «Warum sind die Filme der Marke Edison beim Publikum so beliebt?», fragte eine Anzeige im *Ciné-Journal* vom September 1911 eher rhetorisch. Die Frage wurde umgehend beantwortet: «Weil sie die folgenden Qualitäten vereinen: fotografische Perfektion – absolute Beständigkeit – sensationelle Drehbücher – natürliches Spiel – Darstellung durch Schauspieler ersten Rangs».[14] Die Tatsache, dass die Stabilität der Bilder, interessante Drehbücher, ein scheinbar ‹natürliches› Spiel sowie bekannte Schauspieler und Schauspielerinnen als besondere Qualität der Edison-Produktionen galten, weist darauf hin, dass man diese Qualitäten in Filmen, die von Edisons französischen Konkurrenten stammten, weitgehend vermisste.

In der gleichen Ausgabe des *Ciné-Journal* platzierten die Verleiher von Vitagraph eine lange Anzeige für LA PRISE DE LA BASTILLE (A TALE OF TWO CITIES, William Humphrey, USA 1911). Da er eine zentrale Episode der französischen Geschichte behandelte, besaß dieser Film vermutlich einen speziellen Reiz für das französische Publikum. Die Anzeige selbst bestand aus Kommentaren von sechs Kinobetreibern, die die enthusiastische Aufnahme des Films beschrieben, um zusätzliche Kundschaft anzuziehen: Sie betonten, dass die Vorstellungen ausverkauft waren und dass der Film dem Publikum gefiel. Aber die topografische Lage der Kinos zeigt, dass insbesondere dieser Film (und Vitagraph-Filme im Allgemeinen) ein französisches Publikum aus unterschiedlichen sozialen Verhältnissen anzog. Die meisten unter den zitierten Pariser Kinos befanden sich entweder in oder an der Peripherie der Arbeiterviertel des 18. und des 20. Arrondissements. Offenkundig sprach LA BASTILLE das Publikum der Arbeiterklasse oder ein volkstümliches Publikum sowohl in der Hauptstadt wie auch im provinziellen Marseille an. Der Film kam aber auch in der Brasserie Cinéma Rochechouart im 3. Arrondissement gut an, wo die Pariser Mittelschicht lebte (vgl. Meusy 1993, 68). Den Kinobetreibern zufolge waren es insbesondere zwei Dinge, die seine Wirkung auf das französische Publikum erklärten: einerseits der Schauspielstil («was ich am meisten bewundere», bemerkte der Betreiber des Royal Bio, «ist das wunderbare Schauspiel der Vitagraph-Darsteller»); andererseits war LA BASTILLE ganz bewusst so konstruiert, dass er seine Zuschauer erregte, indem er an eine ganze Skala von Emotionen rührte, statt eine ‹hochintellektuelle› historische Rekonstruktion der Französischen Revolution zu bieten (wie es ein *film d'art* getan hätte). «Es gibt keinen Zuschauer», kommentierte der Betreiber des Cinéma Pigalle, «der angesichts dieser Folge von *tableaux* keine genuinen Emotionen verspürt hätte, manche davon zärtlich, andere fast schmerzlich und ergreifend».[15]

---

14 *Ciné-Journal*, Nr. 160, 1911.
15 Alle Zitate der Kinobetreiber in diesem Absatz sind der Anzeige im *Ciné-Journal*, Nr. 160, 1911 entnommen.

Im Mai 1913 äußerte Louis Haugmard, dass die meisten in Frankreich gezeigten Filme Zwischentitel besaßen, die «gewöhnlich in gutem, einfachem Englisch» verfasst waren (1988 [1913], 83). Es ist anzunehmen, dass seine Bemerkung auf die zunehmende Durchdringung des französischen Markts mit amerikanischen Importen verweist. Diese Durchdringung wurde von einer Entscheidung ermöglicht, die Pathé Frères 1913 traf – nämlich die nationale Filmproduktion einzuschränken, um sich auf den Verleih und die Vorführung zu konzentrieren. Dennoch war die französische Filmindustrie in den Jahren vor Ausbruch des Krieges noch robust. Anders als Pathé hob Gaumont die Produktion während dieser Phase an, und der führende Regisseur der Firma, Louis Feuillade, sicherte sich mit der Krimiserie FANTÔMAS (F 1913–14) seinen bis zu diesem Zeitpunkt größten Erfolg.[16] Die Tatsache, dass viele französische Kinos ein durchmischtes Programm anboten, bedeutete zudem, dass amerikanische Filme oft nur einen Teil dieses Programms ausmachten. So schrieb beispielsweise *Le Courrier Cinématographique* anlässlich der Eröffnung eines neuen, großen Pariser Kinos im Dezember 1913:

> Lutetia-Wagram passe les plus beaux films de toutes les marques, françaises et étrangères. Le programme comprenait en effet, un amusant ‹Léonce›[17] de Gaumont; une scène dramatique de la Vitagraph; un film documentaire L'ECOLE MATERNELLE DE STOCKHOLM, de la Literaria-Film; [...] ainsi que L'EXTRA (F 1913) de Pierre Veber, avec Jacques Féraudy dans le rôle principal.[18]

Das französische Publikum und der amerikanische Film während des Ersten Weltkriegs

Wurden französische Kinogänger in den Jahren zwischen 1910 und 1913 zunehmend vertrauter mit dem amerikanischen Film, erreichte dieser erst während des Ersten Weltkriegs eine dominante Position innerhalb des französischen Markts. Unmittelbar nachdem Frankreich in den Krieg eingetreten war, schlossen die Kinos, und die Filmproduktion stand still.

---

16 Vgl. Thompson/Bordwell 1994, 92f sowie Hayward 1993, 92f.
17 Ein ‹Léonce› bezeichnet die Komödien, in denen Léonce Perret sowohl mitspielte als auch Regie führte. Perret hatte als Komödiant begonnen, führte aber bei Gaumont zu dieser Zeit auch in einer Reihe von ernsten Filmen Regie.
18 *Le Courrier Cinématographique*, 52, 27.12.1913 zitiert in Meusy 1993, 76. [«Das Lutetia Wagram zeigt die schönsten Filme jeder Firma, darunter französische und ausländische. In der Tat waren im Programm ein amüsanter ‹Léonce› von Gaumont, ein dramatisches Stück von Vitagraph, ein Dokumentarfilm der Literaria-Film, L'ECOLE MATERNELLE DE STOCKHOLM, [...] sowie Pierre Vebers L'EXTRA (F 1913) mit Jacques Féraudy in der Hauptrolle.»]

Als die Hoffnung auf baldigen Frieden gegen Ende 1914 schwand, öffneten manche Kinos wieder, und mit Beginn des Jahres 1915 wurden auch wieder Filme produziert. Für französische Filmemacher stellte der Krieg jedoch eine unausweichliche Realität dar – es sei denn, sie brachen nach Hollywood auf wie etwa Max Linder oder Léonce Perret. Um die Kriegsanstrengungen zu unterstützen, produzierten sie eine Reihe von Spielfilmen, die entweder die Deutschen dämonisierten oder den Mut und die Entschlusskraft der Franzosen priesen. Von diesen ‹patriotischen Melodramen› unbeeindruckt, suchte das Publikum jedoch in amerikanischen Filmen Unterhaltung.[19] Ab Mai 1916 zeigte der wöchentliche Umfang der in Frankreich erhältlichen ausländischen (zumeist amerikanischen) Titel die zunehmende Dominanz des amerikanischen Films auf dem französischen Markt. 1917 schließlich «überschritten» in Amerika produzierte Filme «die 50 Prozent-Marke in französischen Vorführungen».[20]

An die Anfänge dieser amerikanischen ‹Invasion› erinnerte man sich später in ziemlich dramatischen Worten. Philippe Soupault schrieb:

> Un jour, on vit de grandes affiches longues comme des serpents s'étaler sur les murs.
> A chaque coin de rue, un homme, la figure couverte d'un mouchoir rouge, braquait un revolver sur les paisibles passants.
> On croyait entendre des galopades, des ronflements de moteur, des vrombissements et des cris de mort.
> Nous nous précipitâmes dans les cinémas et nous comprîmes que tout était changé.
> Le sourire de Pearl White apparut sur l'écran; ce sourire presque féroce annonçait les bouleversements du nouveau monde. *(Soupault 1979 [1924], 42)*[21]

Soupault bezog sich auf den Kinostart von LES MYSTÈRES DE NEW YORK (THE EXPLOITS OF ELAINE, Louis J. Gasnier, George B. Seitz, USA 1914) ein Serial in 22 Folgen, das in Frankreich zwischen Dezember 1915 und April 1916 in die Kinos kam und Pearl White in der Hauptrolle der Heldin Elaine zeigte. Ursprünglich in Hollywood vom ausgewanderten Regisseur Louis J. Gasnier für Pathés halb-unabhängige Tochtergesellschaft gedreht,

---

19 Vgl. Thompson/Bordwell 1994, 62 sowie Hayward 1993, 101f.
20 Abel 1998, 50&54 und Thompson/Bordwell 1994, 63.
21 ["Eines Tages sahen wir große lange Plakate, die sich wie Schlangen über die Mauern zogen. An jeder Straßenecke bedrohte ein Mann mit einem roten Taschentuch vorm Gesicht friedliche Passanten mit einem Revolver. Wir glaubten, Galopps und heulende Motoren, Geknatter und Todesröcheln zu hören. Wir stürzten in die Kinos und begriffen, dass alles ganz anders war. Das Lächeln von Pearl White erschien auf der Leinwand, dieses fast grausame Lächeln, das den Umsturz der neuen Welt verkündete."]

begründeten diese Filme ironischerweise das «Prestige des amerikanischen Kinos» in Frankreich (Gilles Delluc 2002, 158).

Den Erfolg, den LES MYSTÈRES beim französischen Publikum genoss, kann man auf verschiedene Weise erklären. Wie Soupault deutlich macht, lancierte der französische Verleih des Films – Pathé – eine aufwändige Werbekampagne. Vielleicht noch wichtiger aber war die Assoziation des Serials mit einem bahnbrechenden französischen Kulturprodukt: dem *ciné-roman*. Der populäre Schriftsteller Pierre Decourcelle produzierte einen Fortsetzungsroman, der auf Zusammenfassungen der Serien-Storys beruhte und seinerseits durch die Massenzirkulation der Tageszeitung *Le Matin* serialisiert war: Jedes Kapitel wurde eine Woche vor dem Kinostart der entsprechenden Filmepisode publiziert. Dieses einfallsreiche Beispiel einer frühen transmedialen Kooperation schuf eine ungeheure Publizität für die Filme.[22] Auch als Mittel der Zerstreuung angesichts der allgegenwärtigen Realität des Krieges besaßen die Krimidramen ihren Reiz: Der surrealistische Poet Robert Desnos erklärte später, «dass wir, im Gefolge von Pearl White in den Kabriolimousinen von LES MYSTÈRES DE NEW YORK und den Scheingefechten zwischen falschen Polizisten und fabelhaften Banditen unsere Lust an Flucht und Rettungsdramatik wiedergefunden haben» (Desnos 1992 [1927], 84).

Ein anderer entscheidender Faktor der Popularität von LES MYSTÈRES aber war Pearl White selbst. Als ehemalige Zirkusreiterin und spätere Stuntfrau bot die blonde, dynamische White den französischen Zuschauerinnen und Zuschauern einen neuen Typ von Leinwandheldin. Die Heerschar ihrer französischen Fans nannte sie liebevoll die «schnelle Perle» (*Perle Vite*). Louis Delluc, der vielleicht einflussreichste Filmkritiker Frankreichs zwischen 1917, als er Chefredakteur von *Le Film* wurde, und 1924, als er vorzeitig starb, beschrieb Pearl White als «verführerisch und schneidig», eine «wahrhafte Heldin», die dazu beitrug, «die schicksalhaften Wendungen und die zweideutigen Seelenqualen dieser Filme» faszinierend zu machen. «Pearl White gefällt mir sehr gut», gestand Delluc 1919, «selbstverständlich waren ihre Filme idiotisch oder, was schlimmer ist, idiotisch gemacht. Es war die Energie und Verve. Es war die Gesundheit ohne Hintergedanken» (zit. n. Gilles Delluc 2002, 158f). Unter Männern war Dellucs Schwärmerei durchaus üblich, aber es ist auch möglich, dass Whites aktiver und sportiver Charakter den französischen Frauen gefiel, die – so stellt es die Fachpresse dar – während des Krieges den größten Teil des Kinopublikums ausmachten (vgl. Abel 1998, 52).

Wenn LES MYSTÈRES DE NEW YORK dem französischen Publikum zeigte, was das amerikanische Kino für die Unterhaltung tun konnte, so

---

22 Vgl. Abel 1988, 96. Zum *ciné-roman* vgl. Virmaux 1983.

2 Plakat von Roberty für CHARLOT GARÇON DE CAFÉ (CAUGHT IN A CABARET, Mabel Normand, USA 1914).

öffnete Cecil B. DeMilles THE CHEAT (USA 1915) vielen die Augen über die künstlerischen Möglichkeiten des Kinos. Wie er selbst gestand, hatte Delluc das Kino vor dem Krieg verabscheut: Erst nachdem er THE CHEAT und die Komödien von Charles Chaplin gesehen hatte, begann er sich von einem Theater- zu einem Filmkritiker zu wandeln.[23] Andere Filmkritiker, die aus den 1920er Jahren zurückblickten, hoben THE CHEAT (in Frankreich FORFAITURE) als eindrucksvollsten der amerikanischen Filme hervor, die während des Krieges importiert wurden (vgl. Fescourt/Bouquet 1988 [1925], 371 und 374). Léon Moussinac zufolge initiierte das Erscheinen des Films in Frankreich im Jahr 1916 die «kinematografische Bildung des größten Teils des französischen Publikums» (1988 [1921], 230). In THE CHEAT leiht sich Edith Ward, eine gelangweilte Dame der Gesellschaft (gespielt von Fanny Ward), Geld von Arakau, einem reichen Japaner (Sessue Hayakawa); als Gegenleistung, so wird angedeutet, gilt das Versprechen sexueller Gefälligkeit. Als sie ihren Teil der Vereinbarung nicht halten will, brandmarkt er sie mit einem glühenden Eisen. Obwohl Edith am Ende zu

---

23 Vgl. Liebman 1983, 8 sowie McCreary 1976, 29.

ihrem Ehemann zurückkehrt und Arakau angeklagt wird, trug die Tatsache, dass der Film mit Themen wie sexueller Freizügigkeit und der Beziehung zwischen Menschen unterschiedlicher Ethnien flirtete, vermutlich einen großen Teil zu seiner Popularität bei. Wie die Schriftstellerin Colette in einer Besprechung zeigte, hatte THE CHEAT allerdings auch andere Qualitäten, die ihn attraktiv machten, darunter seine hohen Produktionswerte. War das französische Publikum heimische Filme gewohnt, in denen Möbel, Kleidung und Accessoires düster und stillos waren, fand es sich nun in einem Film wieder, der sich durch ein «angenehmes Schwelgen in Spitze, Seide, Pelz» auszeichnete sowie durch «Millionäre, die nicht aussehen, als ob sie ihre Smokings wochenweise im Leihhaus mieteten». Er zeigte auch, «was natürliches und gut gestaltetes Licht zur kinematografischen Fiktion beitragen kann» (Colette 2004 [1916], 291). THE CHEAT war ein neuer Typ Film, der in Chiaroscuro-Beleuchtung aufgenommen worden war, die De-Milles Kameramann Alvyn Wyckoff eingeführt hatte und die sich durch eine Mischung von Licht und Schatten auszeichnet, wie Colette scharfsichtig bemerkte: Den Figuren auf der Leinwand «folgten ihre eigenen Schatten, ihre wahren, tragischen oder grotesken Schatten, die uns bislang die nutzlose Vielzahl an Bogenlampen geraubt hatte» (ibid.). Schließlich wurde der Film auch durch eine neue Art des Schauspielens unterstützt: Colette (die selbst auf der Bühne gestanden hatte) feierte Hayakawa als «Genie» und lobte Fanny Wards Fähigkeit, «alle Sünden einer theatralischen Schroffheit oder Übertreibung» zu vermeiden (ibid., 291).[24]

In seinen frühen Tagen hatte das französische Kino zwei Genres gleichsam erfunden: die Filmkomödie und den Western. Nach Susan Hayward fiel es dann «seinem Exporterfolg und dem Krieg zum Opfer» (1993, 91). Beide Genres wurden von den Amerikanern erfolgreich kolonisiert, deren Filme, insbesondere jene mit William S. Hart und Charles Chaplin in den Hauptrollen, während des Ersten Weltkriegs den französischen Markt zu dominieren begannen. Kritiker wie Delluc versuchten, die Anziehungskraft von Chaplin («Charlot») auf das französische Publikum mit der Mixtur aus Komik und Melancholie zu erklären, die seine Filme auszeichnet – eine Melancholie, die auch die Arbeiten von Sessue Hayakawa charakterisiert («Ich habe noch nie ein Kinopublikum dem Bann dieser beiden Männer widerstehen sehen», schrieb Delluc).[25] «Er allein», behauptete Louis Aragon von Chaplin, «strebte nach dem intimen Sinn des Kinos und, immer auf seinen Anstrengungen beharrend, hat er mit gleicher Inspira-

---

24   Colette bemerkte in der gleichen Rezension, dass Frankreich «sich nach dem Krieg um den Fortschritt sorgen wird, der [in den USA] realisiert wurde, und darum leiden wird» (ibid., 292).
25   Delluc 1986 [1917a], 33; vgl. auch Faure 1953 [1922].

tion die Komödie bis ins Absurde und bis ins Tragische getrieben» (Aragon 2008 [1918], 361). Aragons Surrealisten-Kollege Robert Desnos sollte einige Jahre später versichern, dass die französische Avantgarde Chaplin «fünf oder sechs Jahre nach dem Mann der Straße entdeckte» und in ihr Herz schloss.[26] Die früheren Kommentare von Delluc und Aragon deuten jedoch darauf hin, dass Desnos hier irrte und Chaplin schnell alle Schichten der französischen Bevölkerung ansprach, einschließlich der intellektuellen Elite. Wie Jean Cocteau 1919 bestätigte, hatten Chaplins Filme «keine Rivalen … Chaplin ist der moderne Kasper. Er spricht uns alle überall an» (Cocteau 1926 [1919], 94).

Große Anziehungskraft besaß auch William S. Hart, der in einer Reihe von Western den ‹Rio Jim› spielte.[27] Sein erster Film, der auf das französische Publikum einen nachhaltigen Eindruck machte, war THE ARYAN (Reginald Barker/William S. Hart, USA 1916). Unter dem Titel POUR SAUVER LA RACE verliehen, erzählt er die Geschichte eines Goldsuchers (Hart), der, von einer Frau (Louise Glaum) betrogen, schließlich zum *Outlaw* wird. Über seine Rezeption in Frankreich schrieb Louis Delluc:

> Ce film a parlé à tous les cœurs. En France, j'ai vu son impression sur les publics les plus divers: à Marseille, devant des pêcheurs saisis; dans une petite ville de province, devant des petits gens timides et engourdis, ravis; à Belleville [ein Arbeiterkino im Osten von Paris, das von der Kommunistischen Partei betrieben wurde], et l'on pleurait; dans la salle du Colisée [auf den Champs-Elysées im Herzen des exklusiven 8. Arrondissement], j'ai vu des ironistes cesser de rire et des intellectuels complètement réfractaires au cinéma, enthousiasmés et convertis. *(Delluc 1985 [1921], 140)*[28]

Für Delluc spielte Hart den ‹Rio Jim› als «Tragöden des Kinos». In THE COLD DECK (William S. Hart, USA 1917) beispielsweise zeigte er «Gleichgültigkeit, Liebe, Mitleid, Arroganz und Ruin». Und obwohl er ein Drama von Sophokles in der neuen, fantasievollen Welt Hollywoods aufführte («diesem stilisierten Wilden Westen»), wussten die Zuschauer, dass er weiterem Leid immer entkommen konnte, indem er schlicht weiter ritt:

---

26 Desnos 1992 [1929], 190; vgl. auch Soupault 1979 [1924], 43–45.
27 [Anm.d.Ü.]: William S. Harts Film THE MAN FROM NOWHERE (USA 1915) wurde in Frankreich unter dem Titel RIO JIM, L'HOMME DE NULLE PART verliehen, daher die Identifikation von Hart als «Rio Jim».
28 [«Dieser Film sprach alle Herzen an. In Frankreich habe ich gesehen, wie er die unterschiedlichsten Zuschauer beeindruckte: in Marseille die ergriffenen Fischer; in einer kleinen Provinzstadt die scheuen und erstarrten, begeisterten kleinen Leute. Im Belleville weinte man; im Colisée sah ich, wie Ironikern das Lachen in der Kehle stecken blieb und Intellektuelle, die einst immun gegen das Kino waren, sich in Enthusiasten verwandelten.»]

«Es scheint, als ob wir freier atmeten, wenn Rio Jim sich auf seinem Pferd durch das Tal davonmacht» (Delluc 1990 [1919], 28f).

Delluc und andere zeitgenössische Berichterstatter versuchten, den Erfolg der amerikanischen Filme in Frankreich auch damit zu erklären, dass diese den heimischen Filmen sowohl künstlerisch als auch technisch überlegen seien. Während Henry Fescourt und Jean-Louis Bouquet einwendeten, die Amerikaner hätten das Close-up gar nicht erfunden, gaben sie doch zu, sie hätten entdeckt, «wie es vernünftig zu gebrauchen sei». Durch das Close-up konnte die Kamera von Objekt zu Objekt gleiten und «uns nur das zeigen, was wichtig war» (Fescourt/Bouquet 1988 [1925], 374f). Indem sie den Blick auf bestimmte Objekte oder die Gesichter der Schauspieler lenkten, waren amerikanische Filmemacher in der Lage, anhand von Close-ups Geschichten zu erzählen. Aber es bedurfte auch einer neuen und anderen Art zu spielen: Schauspieler mussten ihren theatralischen Stil ablegen, insbesondere die Gesten reduzieren und versuchen, Gedanken und Emotionen in relativ kleinen mimischen Variationen auszudrücken. «Amerikanische Schauspieler», erklärte Emile Vuillermoz 1916, «nehmen sich mehr Zeit, sie spielen schlichter und ‹reduzieren›, wo nötig, ihre Stirnfalten und ihr Lachen.» Durch solche Veränderungen war es ihnen möglich, «erstaunliche Realitätseffekte zu erreichen» (Vuillermoz 1988 [1917], 132).[29] Neben dem Close-up und dem Schauspielstil beeindruckte das amerikanische Kino die französischen Berichterstatter insbesondere durch den innovativen Schnitt. Stuart Liebman bemerkt, man sei sich durchaus der Tatsache bewusst gewesen, dass der Schnitt zur narrativen Kraft der amerikanischen Filme beitrug; so habe etwa der Schriftsteller Henri Diamant-Berger darauf verwiesen, «wie aufeinander folgende Perspektiven auf das Geschehen, die dem Zuschauer geboten wurden, Gesten und Ausdrücke so lesbar präsentierten, dass die Bedeutung des Geschehens klarer und anschaulicher wurde» (Liebmann 1983, 17).

Delluc selbst legte eine solche Begeisterung für die amerikanischen Filme an den Tag, dass er ab 1917 Briefe erhielt, die in beschuldigten, auf der Gehaltsliste von Hollywood zu stehen (vgl. McCreary 1976, 15). Andere versuchten später, die Quelle seiner Faszination zu analysieren. Zwei Autoren argumentierten (aus der Warte von 1925), Delluc sei insbesondere «von der ‹Atmosphäre›, von den plötzlich auftauchenden Details, vom malerischen Dekor geblendet gewesen. Was ihn anrührte, war das betrunkene Gesicht eines Cowboys, eine schmutzige Wasserlache, eine graue Wand, vor der etwas geschah» (Fescourt/Bouquet 1988 [1925], 375). In der

---

29 Zur französischen Begeisterung für die Art, in der amerikanische Filme mit der Theatertradition brachen, vgl. Trumpbour 2002, 242.

Tat zeigte Delluc in einigen seiner Schriften starkes Interesse an dem, was er «ausdrucksvolle Details» nannte. Doch interessierte er sich weniger für ihre realen Qualitäten als für die Art und Weise, wie die Kamera neue Bedeutungen in sie einzuschreiben vermochte. Für Delluc war das französische Kino allzu stark von der Tradition des *film d'art* beeinflusst und daher insgesamt zu sehr am Theater orientiert. Allein die amerikanischen Filmemacher hätten ein Verständnis dafür entwickelt, wie Natur so umgestaltet werden konnte, dass sie den Filmdramen eine neue Bedeutung zu geben vermochte (vgl. Delluc 1985 [1921], 138f). Dieser Überzeugung entsprang das Konzept der *Photogénie*, das Delluc möglicherweise ersann, jedenfalls aber veröffentlichte. Trotz ihres späteren Einflusses – so auf die französischen ‹impressionistischen› Filmemacher der 1920er Jahre oder die Kritiker der 1940er und 50er, einschließlich André Bazin – bleibt *Photogénie* ein eher nebelhaftes Konzept (Delluc hat sich nie bemüht, es zu definieren).[30] Als er den Begriff gegen Ende des Ersten Weltkriegs zu verwenden begann, zeigte sich, dass die Filme, die er als ‹photogen› ansah, in erster Linie amerikanisch und nicht französisch waren.

Obwohl Delluc 1918 als erster Filmkritiker eine regelmäßige Kolumne in einer Tageszeitung mit hoher Auflage hatte (*Paris-Midi*), begriff er sich selbst nicht als Kritiker im konventionellen Sinn. Im Oktober 1917 informierte er die Leserschaft des Magazins *Le Film* (das er seit Juni herausgab), er sei «weder rücksichtslos noch scharfsinnig genug, die Fehler und das Scheitern einer Theateraufführung zu beurteilen […]. Es ist eigentlich die Masse, aus der ich die besten Eindrücke und die klarsten Urteile beziehe» (1986 [1917b], 44). In dem Buch *Photogénie,* das er drei Jahre später publizierte, versicherte Delluc: «Was die Masse von einem dramatischen Film denkt […] ist [uns] eine Lehre» (1985 [1920], 75). Seine Ansicht, er sei eher dafür zuständig, die Reaktionen des Publikums zu beschreiben als Kritiken zu verfassen, offenbarte einen neuen Respekt gegenüber dem Kino als populärer Kunst. Indem er sich als von der Masse beeinflusst – und als ihr Repräsentant – sah, umriss Delluc eine Position, die sich von der dominanten französischen Sozialpsychologie der Masse deutlich unterschied. Diese war von dem Soziologen Gustave Le Bon 1895 in seinem

---

30 «J'appellerai photogénique tout aspect des choses, des êtres et des âmes qui accroît sa qualité morale par la reproduction cinématografique.» So erklärte Jean Epstein das Konzept 1924 und spezifizierte: «Seuls les aspects mobiles du monde, des choses et des âmes peuvent voir leur valeur morale accrue par la reproduction cinégraphique» (Epstein 1946 [1924], 151f). Vgl. auch Thompson/Bordwell 1994, 92. ["Ich nenne jede Ansicht der Dinge, der Menschen und der Seelen fotogen, die ihre moralische Qualität durch die kinematografische Reproduktion vermehren. […] Nur die Bewegungsaspekte der Welt, der Dinge und der Seelen können ihren moralischen Wert durch die kinematografische Reproduktion vermehren.»]

Buch *Psychologie des foules* (*Psychologie der Massen*) dargelegt worden. Für Le Bon war die Masse (*la foule*) eine irrationale Bedrohung der sozialen Ordnung. Ausschließlich von emotionalen Reizen getrieben, war sie des Denkens nicht mächtig und konnte nur auf der Basis unbewusster Motivationen angesprochen werden (Le Bon vermutete, dass Bilder zu diesem Zweck hervorragend geeignet seien; vgl. Le Bon 1912 [1895]). Delluc akzeptierte aber, dass die Würdigung eines Films keine besonderen gedanklichen Leistungen erforderte. Tatsächlich, so argumentiert er, ist «es eines der wunderbarsten Dinge» am Kino, dass es jeden im Publikum zu berühren vermag, «ohne wie ein Buch oder ein Musikstück der zerebralen Vorbereitung zu bedürfen» (Delluc 1985 [1920], 75). Er betrachtete das Kino auch als internationale Kunst, die die Grenzen zwischen den Nationen und sozialer Herkunft überwinden konnte (vgl. McCreary 1976, 17).

Weil Delluc glaubte, viel vom Publikum lernen zu können, gibt es in seinen Schriften zahlreiche Verweise *auf* dieses Publikum. Ein Artikel, den er im August 1918 für *Paris-Midi* schrieb,[31] bietet faszinierende Momentaufnahmen von Kinobesuchen in Frankreich während der letzten Phase des Ersten Weltkriegs und zeigt, wie amerikanische Filme in die hintersten Ecken des französischen Markts eindrangen. In Aurillac, einem kleinen Ort im Süden, mischte sich Delluc in der Samstagabendvorstellung des einzigen Kinos unter das provinzielle Publikum. Er erinnerte sich später:

> Convalescents, soldats du dépôt, familles comme il faut, demoiselles comme il en faut, la fumée des pipes, les ritournelles d'un piano désaccordé, le tout dans une salle profonde et un froid noir et LE COURIER DE WASHINGTON [PEARL OF THE ARMY, Edward José, USA 1916, eine Pearl-White-Episode] sur l'écran. *(Delluc 1985 [1920], 72f)*[32]

Seiner These entsprechend, dass der Reiz des Kinos alle Grenzen (einschließlich der Klassenschranken) überschreitet, konstatiert Delluc, dass «die bemerkenswerten amerikanischen Filme von der treuen und eleganten Kundschaft» der Kinos im Pariser Westen «gefeiert werden» (ibid., 71).

---

31 [Anm.d.Ü.]: Stokes/Beauregard beziehen sich hier auf einen Artikel Dellucs, «La foule» vom 24.8.1918, der in der Zeitung *Paris-Midi* erschien und in Abel (1988, 159-164) in englischer Fassung enthalten ist. Dieser Artikel ist in die *Ecrits* von Delluc nicht aufgenommen worden, wohl aber der Abschnitt «La foule devant l'écran» aus *Photogénie* (Delluc 1985 [1920], 70–75), der in weiten Teilen dem Artikel «La foule» entspricht; vgl. auch Abels Einleitung zu «La foule» (1988, 159). Ich zitiere hier nach Delluc 1985 [1920].
32 Das Programm beinhaltete auch einen britischen Film, der auf Rudyard Kiplings Roman *The Light that Failed* basierte. ["Rekonvaleszenten, Soldaten aus der Kaserne, Familien, wie sie sich gehören, Mädchen, wie sie dazu gehören, Pfeifenrauch, Ritornelle von einem verstimmten Klavier – und all das in einem tiefen Saal und schwarzen Kälte und LE COURIER DE WASHINGTON auf der Leinwand."]

Zugleich war er irritiert (wenn auch amüsiert) von dem lauten Verhalten des Pariser Oberschichtenpublikums. In der Tat waren ihm die Kinobesucher aus den eher unteren Schichten der *Faubourgs* lieber, die er nicht nur für ihre «Ruhe und Aufmerksamkeit, sondern auch für ihren Scharfsinn, ihren Geschmack und ihre Einsicht» pries (ibid., 74). Das Pariser Kino, das er am häufigsten frequentierte, war «ein kleines Kino [neben dem Gare de l'Est], das von einer bunten Mischung aus Handwerkern, Zuhältern, Arbeitern und Warenhauspackerinnen» besucht wurde (ibid.). Delluc war davon beeindruckt, dass dieses Arbeiterpublikum Gefallen an den «eleganten Subtilitäten» (ibid.) der ersten Triangle-Filme fand – wie auch ein ähnliches Publikum (das sich aus Männern in «spitzen Kappen» und Frauen «ohne Hüte» zusammensetzte) ganz im Süden der Stadt Thomas Inces «komplexen, inspirierten» Film LA MAUVAISE ETOILE [CIVILIZATION, USA 1916] zu schätzen wusste (ibid., 75).

Schluss

Zu Beginn des Jahres 1920, in den Nachwehen des Krieges und der Friedenspläne, zeigten französische Zeitungen wie *Le Temps* und *Le Figaro* ein zunehmendes Interesse an fast allem, was amerikanisch war. Am 8. Januar (vgl. *Le Temps* vom 8.1.1920) debütierte im Théâtre de l'Odéon eine Komödie mit dem Titel *Les Américains chez nous*, die wohl auf die zunehmende Zahl amerikanischer Einwohner in Paris anspielte.

Musikalisch waren viele Franzosen ohnehin schon «Jazz-verrückt», und das Casino de Paris landete mit einer Jazz-Revue einen «Dauerbrenner» (Horne 2002, 379). Andere Unterhaltungsgenres wurden auf unterschiedliche Art ‹amerikanisiert›: Das Vaudeville-Programm des Théâtre Marivaux vom 2. Januar 1920 enthielt amerikanische Filme (einen Harry-Carey-Western und eine Chaplin-Komödie) sowie Darsteller, die hauptsächlich amerikanische Namen trugen.[33] Zu diesem Zeitpunkt hatte das amerikanische Kino die Hegemonie über den französischen Markt erlangt, die es nur für kurze Zeit während des Zweiten Weltkriegs wieder verlieren sollte. Diese Hegemonie resultierte aus verschiedenen Ursachen, darunter die Auswirkungen des Ersten Weltkriegs auf die französische Filmindustrie. Sie lässt sich jedoch zu großen Teilen auch mit der Begeisterung erklären, die französische Zuschauer und Kritiker den amerikanischen Filmen entgegenbrachten.

33 *Le Figaro* vom 2. Januar 1920. Es ist möglich, dass die Darsteller gar keine Amerikaner waren, aber die Tatsache, dass sie sich amerikanisierte Bühnennamen zugelegt hatten, sagt bereits einiges über das kulturelle Prestige der Vereinigten Staaten zu dieser Zeit.

Filme amerikanischer Herkunft, die einen natürlicheren, untheatralischen Schauspielstil pflegten, die *Close-ups* verwendeten, denen bessere Drehbücher zugrunde lagen und die auf dem Star-System beruhten, übten schon vor 1914 große Anziehungskraft auf das französische Publikum aus. Diese Anziehungskraft wuchs während des Ersten Weltkriegs signifikant, als technische Veränderungen (einschließlich neuer Formen der Beleuchtung), eine innovative Montage, hohe Produktionswerte und die Ankunft neuer und beeindruckender Stars (wie Pearl White, Sessue Hayakawa, Charlie Chaplin und William S. Hart) Hollywood dabei halfen, seine Dominanz auf dem französischen Kinomarkt zunächst zu etablieren und später zu verstärken.

Aus: Hollywood Abroad *(2007). Hg. von Richard Maltby & Melvyn Stokes. London: BFI, S. 21–34.*

Übersetzung aus dem Englischen von Veronika Rall

Literatur

Abel, Richard (1976) Louis Delluc. The Critic as Cinéaste. In: *Quarterly Review of Film Studies*, 1, S. 205–44.
Abel, Richard (1988) *French Film Theory and Criticism. A History/Anthology 1907–1938. Vol. I: 1907–1929.* Princeton: Princeton University Press.
Abel, Richard (1998) Guarding the Borders in Early Cinema. The Shifting Ground of French-American Relations. In: *Celebrating 1895. The Centenary of Cinema.* Hg. von John Fullerton. London: John Libbey & Co., S. 45–54.
Altenloh, Emilie (1914) *Zur Soziologie des Kino. Die Kino-Unternehmung und die sozialen Schichten ihrer Besucher.* Jena: Diederichs.
Aragon, Louis (2008 [1918]) Du Décor. In: Banda/Moure (Hg.) 2008, S. 357–362.
Banda, Daniel / Moure, José (Hg.) (2008) *Le Cinéma. Naissance d'un art 1895–1920.* Paris: Champs Flammarion.
Beauplan, Robert de (1935) Destin du cinéma. In: *L'Illustration*, 9. November 1935.
Bowser, Eileen (1990) *The Transformation of Cinema 1907–1915.* New York: Scribner's.
Brewster, Ben / Jacobs, Lea (1997) *Theatre to Cinema. Stage Pictorialism and the Early Feature Film.* Oxford: Oxford University Press.
Cocteau, Jean (1926 [1919]) ‹Carte blanche›. In: Ders., *Le Rappel à l'ordre.* Paris: Librairie Stock, S. 94.
Colette (2004 [1916]) Cinéma Forfaiture. In: *Colette et le cinéma.* Hg. von Alain & Odette Virmaux und Alain Brunet. Paris: Fayard, S. 289–292.
Delluc, Gilles (2002) *Louis Delluc 1890–1924. L'éveilleur du cinéma français au temps des années folles.* Paris: Pilote 24.
Delluc, Louis (1985 [1920]) Photogénie. In: *Ecrits cinématographiques I.* Hg. von Pierre Lherminier. Paris: Cinémathèque Française, S. 29–79.

Delluc, Louis (1985 [1921]) D'Oreste à Rio Jim. In: *Ecrits cinématographiques I*. Hg. von Pierre Lherminier. Paris: Cinémathèque Française, S. 138–140.
Delluc, Louis (1986 [1917a]) Beauté. In: *Ecrits cinématographiques II/1*. Hg. von Pierre Lherminier. Paris: Cinémathèque Française / Editions de l'Etoile / Cahiers du Cinéma, S. 30f.
Delluc, Louis (1986 [1917b]) La Zone de la mort. In: *Ecrits cinématographiques II/1*. Hg. von Pierre Lherminier. Paris: Cinémathèque Française / Editions de l'Etoile / Cahiers du Cinéma, S. 44f.
Delluc, Louis (1990 [1919]) Cinéma GRAND FRÈRE. In: *Ecrits cinématographiques II/2*. Hg. von Pierre Lherminier. Paris: Cinémathèque Française / Editions de l'Etoile / Cahiers du Cinéma, S. 28f.
Desnos, Robert (1992 [1927]) FANTÔMAS, LES VAMPIRES, LES MYSTÈRES DE NEW YORK. In: Ders., *Les Rayons et les ombres. Cinéma*. Paris: Gallimard, S. 83–85.
Desnos, Robert (1992 [1929]) Cinéma d'avant-garde. In: Ders., *Les Rayons et les ombres: Cinéma*. Paris: Gallimard, S. 188–191.
Epstein, Jean (1946 [1924]) De Quelques conditions de la photogénie. In: Lapierre (Hg.) 1946, S. 150–157.
Faure, Elie (1953 [1922]) De la Cinéplastique. In: Ders., *Fonction du cinéma: De la cinéplastique à son destin social*. Paris: Editions d'histoire et d'art, S. 21–45.
Fescourt, Henri / Bouquet, Jean-Louis (1988 [1925]) Idea and Screen. Opinions on the Cinema (L'Idée et l'écran: Opinions sur le cinéma). In: Abel (Hg.) 1988, S. 373–384.
Feuillade, Louis (1946 [1911]) Scènes de la vie telle qu'elle est. In: Lapierre (Hg.) 1946, S. 73–77.
Gourmont, Rémy de (2008 [1907]) La Leçon des yeux. In: Banda/Moure (Hg.) 2008, S. 116–121.
Haugmard, Louis (1988 [1913]) The ‹Aesthetic› of the Cinematograph (L'‹Esthétique› du cinématographe). In: Abel (Hg.) 1988, S. 77–85.
Haugmard, Louis (2008 [1913]) Des yeux larges et vides … . In: Banda/Moure (Hg.) 2008, S. 315–317.
Hayward, Susan (1993) *French National Cinema*. London: Routledge.
Higson, Andrew/Maltby, Richard (1999) ‹Film Europe› and ‹Film America›. *Cinema, Commerce, and Cultural Exchange 1920–1939*. Exeter: University of Exeter Press.
Horne, Alistair (2002) *Seven Ages of Paris*. London: Macmillan.
Jarvie, Ian (1992) *Hollywood's Overseas Campaign. The North Atlantic Movie Trade, 1920–1950*. Cambridge: Cambridge University Press.
Jasset, Victorin (1946 [1911]) Etude sur la mise-en-scène. In: Lapierre (Hg.) 1946, S. 82–98.
Jeancolas, Jean-Pierre (1992) L'Arrangement. Blum-Byrnes à l'epreuve des faits… In: *1895*, 12, S. 3–49.
Lack, Russell (1997) *Twenty-Four Frames Under. A Buried History of Film Music*. London: Quartet Books.
Lapierre, Marcel (Hg.) (1946) *Anthologie du cinéma*. Paris: La nouvelle édition.
Lavedan, Henri (1908) L'ASSASSINAT DU DUC DE GUISE, Drame cinématographique en six tableaux. In: *L'Illustration*, 21. November.
Leglise, Paul (1970) *Histoire de la politique du cinéma français. Le cinéma et la IIIe République*. Paris: Pierre Lherminier.
Le Bon, Gustave (1912 [1895]) *Psychologie der Massen*. Leipzig: Klinkhardt.

Liebman, Stuart (1983) French Film Theory, 1910–1921. In: *Quarterly Review of Film Studies*, 8/1, S. 1–23.
McCreary, Eugene C. (1976) Louis Delluc. Film Theorist, Critic, and Prophet. In: *Cinema Journal*, 16/1, S. 14–35.
Meusy, Jean-Jacques (1993) Palaces et bouis-bouis. Etat de l'exploitation parisienne à la veille de la Première Guerre mondiale. In: *1895*, Spezialausgabe ohne Nr., S. 66–100.
Miller-Marks, Martin (1997) *Music and the Silent Film: Contexts and Case Studies 1895–1924*. New York: Oxford University Press.
Moussinac, Léon (1988 [1921]) Cinema: BROKEN BLOSSOMS (Cinématographie: LE LYS BRISÉ). In: Abel (Hg.) 1988, S. 229–235.
Pearson, Roberta E. (1992) *Eloquent Gestures. The Transformation of Performance Style in the Griffith Biograph Films*. Berkeley: University of California Press.
Portes, Jacques (1997) *De la Scène à l'écran. Naissance de la culture de masse aux États-Unis*. Paris: Belin.
Schwartz, Vanessa R. (1998) *Spectacular Realities. Early Mass Culture in ‹Fin-de-Siècle› Paris*. Berkeley: University of California Press.
Soupault, Philippe (1979 [1918]) Note 1 sur le cinéma. In: Virmaux (Hg.) 1979, S. 23.
Soupault, Philippe (1979 [1924]) Le Cinéma U.S.A. In: Virmaux (Hg.) 1979, S. 41–47.
Thompson, Kristin (1985) *Exporting Entertainment. America in the World Film Market 1907–1934*. London: BFI.
Thompson, Kristin/Bordwell, David (1994) *Film History. An Introduction*. New York: McGraw Hill.
Trumpbour, John (2002) *Selling Hollywood to the World. U.S. and European Struggles for Mastery of the Global Film Industry, 1920–1950*. Cambridge: Cambridge University Press.
Ulff-Møller, Jens (2001) *Hollywood's Film Wars with France: Film-Trade Diplomacy and the Emergence of the French Film Quota Policy*. Rochester: University of Rochester Press.
Virmeaux, Odette & Alain (Hg.) (1979) *Philippe Soupault. Ecrits de cinéma*. Paris: Plon.
Virmeaux, Alain & Odette (1983) *Le Ciné-roman. Un genre nouveau*. Paris: Edilig.
Vuillermoz, Emile (1988 [1917]) Before the Screen (Devant l'écran). In: Abel (Hg.) 1988, S. 132–136.
Yhcam (2008 [1912]) Un réalisme invraisemblable. In: Banda/Moure (Hg.) 2008, S. 237–239.
Yhcam (1988 [1912]) Cinematography (La Cinématographie). In: Abel (Hg.) 1988, S. 67–77.

LEONARDO QUARESIMA

«Um die deutsche Produktion kennen zu lernen, braucht man nicht nach Europa zu fahren.»
Verbreitung und Vertrieb deutscher Filme in den USA der 1930er Jahre

I.

In letzter Zeit hat man dem Umbruch des europäischen Films in der Übergangsphase vom Stumm- zum Tonfilm sowie den Krisenphänomenen und der Wiederbelebung der Idee von der Internationalität des Kinos viel Aufmerksamkeit geschenkt. Insbesondere die mehrsprachigen Filmversionen wurden nun untersucht (ein Phänomen, das von den Historikern nahezu unbeachtet geblieben war).[1] Zur gleichen Zeit begann man, die Synchronisierung aus einer neuen Perspektive zu betrachten, das heißt als systeminterne Variante der mehrsprachigen Versionen und nicht mehr als alternatives Verfahren, das sich davon absetzt. Gleichwohl besteht noch Nachholbedarf bei der Forschung zur Untertitelungspraxis, die mit dem Aufkommen des Tonfilms begann (vgl. Garncarz 2006). Doch noch größerer Nachholbedarf besteht, wie ich glaube, hinsichtlich der Verbreitung und Vermarktung der Originalversionen auf dem ausländischen Markt.

In diesem Rahmen bewegt sich die Untersuchung zur Verbreitung des deutschen Films in den USA vom Beginn der 1930er Jahre bis zum Ausbruch des Zweiten Weltkriegs (und der anschließenden, vollständigen Neubildung der Filmmärkte), die ich hier vorstellen möchte.[2] Kollegen (darunter auch amerikanische), mit denen ich über dieses Projekt sprach, wiesen mich auf eine in den USA erschienene Dissertation sowie auf eini-

---

[1] Siehe besonders die im Rahmen der MAGIS – Gradisca International Film Studies Spring School – und vom CineFest (Hamburg) durchgeführten Untersuchungen, aus denen drei Nummern der Zeitschrift *Cinéma & Cie* sowie ein Sammelband hervorgingen: *Multiple and Multiple Language Versions / Versions multiples I, II* und *III*, herausgegeben von Nataša Ďurovičová (*Cinéma & Cie*, 4, Frühjahr 2004), Hans-Michael Bock & Simone Venturini (*Cinéma & Cie*, 6, Frühjahr 2005), Francesco Pitassio & Leonardo Quaresima (*Cinéma & Cie*, 7, Herbst 2005) sowie Distelmeyer 2006.

[2] Im Dezember 2005 stellte ich eine Zwischenstufe dieser Arbeit im Rahmen einer von Laurent Creton geleiteten Tagung in Paris (INHA) über die Verbreitung des europäischen Films in den USA vor.

ge Artikel hin, die sich in erster Linie mit Einzelfällen auseinandersetzen. Sabine Hake widmete dem Thema einen Abschnitt ihres Buchs *Popular Cinema of the Third Reich* (2001, 138-148) – ihre Aufarbeitung ist, trotz der synthetischen Darstellungsweise, der bedeutendste unter den bisher erschienenen Beiträgen (jedenfalls für die Zeit zwischen 1933 und 1941) und bietet einen Überblick über die verschiedenen Aspekte des Phänomens (einschließlich der kritischen Rezeption und der Zensureingriffe). David Culbert hat eine kurze Studie verfasst, die aber vor allem auf indirekten Quellen basiert und die kritische Rezeption der Filme nicht mit einbezieht (2007). Von deutscher Seite hat Bogusław Drewniak einige Daten in seinem Buch *Der deutsche Film, 1938–1945* veröffentlicht (1987, 794ff); den wichtigsten Beitrag stellt aber ein durch reiches Quellenmaterial dokumentierter Abschnitt der Arbeit *Hollywood unterm Hakenkreuz* von Markus Spieker dar (1999, 178–187). Mehr ist zur Verbreitung deutscher Filme in den USA offenbar nicht veröffentlicht worden, was gewiss verwundert.

Als Quellen habe ich für meine Untersuchung die maßgeblichen deutschen Filmzeitschriften sowie auf amerikanischer Seite *Variety* und *The New York Times* herangezogen. Das Quellenmaterial dieser Studie müsste allerdings mindestens noch um die Zeitschrift *Film Daily,* um eine weitere wichtige amerikanische Tageszeitung sowie um die Versammlungsprotokolle des Ufa-Vorstands ergänzt werden. Die deutschen Zeitschriften erwiesen sich als wertvolle Quelle: Sie veröffentlichten nicht nur gelegentlich Berichte über die Erfolge nationaler Filme in den USA, sondern verfolgten auch die Präsenz und das Eindringen des deutschen Films in den transatlantischen Markt mit konstanter Aufmerksamkeit. *Der Kinematograph* beispielsweise schenkte diesem Thema von 1930/31 bis Mitte der 30er Jahre grosse Beachtung und widmete ihm häufig die erste Seite.

In Anbetracht der Forschungslage wird es nicht erstaunen, wenn meine Untersuchung sich in erster Linie auf Zahlen und quantitative Fakten stützt. Sie liefern konkrete und – wie ich meine – überraschende Details zur Sachlage und stellen zudem die Grundkoordinaten für jede weitere Arbeit zum Thema bereit.

Ich möchte drei verschiedene Zeitabschnitte unterscheiden:
1. Eine Phase, die unmittelbar auf die Wende vom Stumm- zum Tonfilm sowie auf den Niedergang (respektive den neuen Aufschwung) der deutschen Filmindustrie folgt.
2. Eine Phase, die sich auf die Reorganisation der Filmwirtschaft (auf allen Ebenen) bezieht und durch Hitlers Machtergreifung 1933 bestimmt wurde.
3. Eine dritte Phase im Anschluss an die Jahre 1937–38, die eine neue Auswertung der Präsenz deutscher Filme im Ausland erforderlich

macht und durch die radikale Politik des Naziregimes geprägt war: expansionistische Bestrebungen einerseits, antijüdische Aktionen (noch im Inland) andererseits, die dennoch zu direkten Auswirkungen im Ausland führten (wie zum Beispiel Sabotageakte gegen deutsche Filme).

Schon hier kann vorweggenommen werden – sei es hinsichtlich der ersten oder der zweiten Phase, sei es im Vergleich mit den anderen europäischen Filmindustrien (zum Beispiel dem französischen oder englischen Kinofilm): Es ist der deutsche Film, der vor allen anderen Produktionen die größte Verbreitung in den USA genießt, und es ist das Ausmass dieser Präsenz und Verbreitung, das uns völlig unerwartete Daten liefert.

II.

Während der Stabilisierung der deutschen Filmwirtschaft, die dem revolutionären Übergang vom Stumm- zum Tonfilm folgt, wird – im Einklang mit den Prinzipen einer Handels- und Unternehmenslogik – eine explizite *Expansionspolitik* des deutschen Films in die USA offiziell unterstützt, die der Größenordnung der dortigen deutschen Gemeinden entspricht. Man könne, so schreibt das *Reichsfilmblatt*, in den USA mit einem potenziellen Publikum von 30 Millionen Zuschauern rechnen: 11 Millionen Deutsche und 20 Millionen Menschen, «die mehr oder weniger deutsch verstehen und sich aus geschäftlichen oder verwandtschaftlichen Rücksichten für die deutsche Sprache interessieren».[3] Diese 30 Millionen leben in den großen deutschen Zentren von New York, Chicago und Milwaukee. Eine Übersicht über die nationale Herkunft der Einwohner New Yorks für das Jahr 1931 macht diese Zahlenverhältnisse deutlich: Hier leben zu diesem Zeitpunkt 500.000 Deutsche, 34.000 Schweden, 23.000 Franzosen, 400.000 Italiener, 480.000 Russen sowie 600.000 Menschen jüdischen Glaubens.[4]

Dazu kommen Berichte über Initiativen der Ufa (die Kinos in New York, Chicago, Cincinnati, Newark, Philadelphia und Baltimore eröffnete) und der Tobis (mit einem Kino in New York und «einer Reihe weiterer Kinos in anderen Städten»[5]). Es geht dabei nicht um sicher zu erwartende Unternehmenserfolge, sondern man berücksichtigt, dass es sich bei den USA auf wirtschaftlicher und kultureller Ebene um eine sehr wichtige Front handelt. Die folgenden Aufzählungen dokumentieren die Situation

3 «Die Chance des deutschen Tonfilms in Amerika». In: *Reichsfilmblatt*, Nr. 48, 28.11.1931.
4 H.H., «Das vielsprachige New York». In: *Der Kinematograph*, Nr. 108, 11.5.1931.
5 «Die Chance des deutschen Tonfilms in Amerika». In: *Reichsfilmblatt*, Nr. 48, 28.11.1931.

der ‹spezialisierten› Kinos, die 1931/32 Tag für Tag in New York deutsche Filme zeigen:

Kinosäle 1931

Cosmopolitan, 56th St. (Ufa) («zum ersten Male hat eine deutsche Filmgesellschaft im Herzen New Yorks ein eigenes Heim geschaffen»[6])

Vanderbilt Kino (Tobis)

Cameo (600 Plätze)

Belmont (400 Plätze)

Little Carnegie Playhouse, 57th St.

72nd St. (400 Plätze)

Europa (250 Plätze: «kleinstes aller deutschen Tonfilmtheater, vielleicht auch berühmtestes, New Yorks»[7])

Im Ganzen: sieben Kinosäle mit 4.000 Plätzen

Kinosäle 1932[8]

5th Av. Playhouse

Cosmopolitan, 56th St. (Ufa)

Little Carnegie Playhouse, 57th St.

72nd St.

Europa

Hindenburg

79th St.

78th St. (Tobis)

C.A.M. (Tobis)

Im Ganzen: neun Kinosäle

Manche Kinos unterstehen direkt der Ufa oder der Tobis, aber die meisten werden von – mehr oder weniger kleinen – örtlichen Unternehmern betrieben. Sie sind in jedem Fall unabhängig von den großen, durch einflussreiche amerikanische Gesellschaften kontrollierten Ketten.

Die meisten deutschen Filmproduktionen werden in Originalsprache oder mit englischen Untertiteln vorgeführt.[9] Die Mehrsprachenversionen,

---

6 «Ufa-Marke am Broadway. Großartige Eröffnung des Ufa-Cosmopolitan». In: Lichtbild-Bühne, Nr. 128, 29.5.1931.

7 Fanny Schülein, «7 Kinos – 4.000 Plätze für den deutschen Film in New York». In: *Film-Kurier*, Nr. 262, 7.11.1931.

8 Diese Daten, die vor allem Besprechungen der *New York Times* und *Variety* entnommen wurden, sind hinsichtlich der Regelmäßigkeit der Vorführung deutscher Filme in den entsprechenden Kinos weniger präzise als die vorhergehenden.

9 «Seit einiger Zeit [...] werden die meisten deutschen Filme hier mit englischen Untertiteln gezeigt», heißt es 1934 in dem Artikel: «Neue Erfolge des deutschen Films in New York». In: *Der Kinematograph*, Nr. 25, 6.2.1934.

die direkt auf Englisch gedreht wurden, sind dagegen in der Minderzahl: DER BLAUE ENGEL (Josef von Sternberg, D 1930), DER KONGRESS TANZT (Eric Charell, D 1931), FP1 ANTWORTET NICHT (Karl Hartl, D 1932), ZWEI HERZEN IM ¾ TAKT (Geza von Bolvary, D 1930), EIN BLONDER TRAUM (Paul Martin, D 1932), STÜRME DER LEIDENSCHAFT (Robert Siodmak, D 1932) und BOMBEN AUF MONTE CARLO (Hanns Schwarz, D 1931) zum Beispiel. Neben den schon zitierten Titeln sind MÄDCHEN IN UNIFORM (Leontine Sagan, D 1931), YORCK (Gustav Ucicky, D 1931), LUISE KÖNIGIN VON PREUSSEN (Carl Froelich, D 1931), DER RAUB DER MONA LISA (Geza von Bolvary, D 1931) die herausragenden Erfolge dieser Jahre.[10]

Trotzdem ist der durchschlagende Erfolg dieser Filme nicht nur auf Zuschauer deutscher Sprache und Herkunft zurückzuführen. Ihr Publikum setzt sich aus den «großen fremden Volksmassen, die noch nicht völlig assimiliert wurden», zusammen, aber auch aus den «intelligenteren amerikanischen Theaterbesuchern».[11] Besonders wird hervorgehoben, «wie ein großes deutsches Kino in New York feststellte, [… dass] bei der Vorführung deutscher Filme die Besucher zu achtzig Prozent aus Amerikanern und nur zu zwanzig Prozent aus Deutschen bestanden».[12] Auch wenn diese Zahlen noch zu verifizieren wären und man nicht weiß, was genau der Bezeichnung «amerikanisch» entspricht (fasst man darunter auch – was durchaus möglich wäre – die Deutschen der zweiten Generation?), sind die Zahlen dennoch erstaunlich.

Der Beginn der 1930er Jahre war von grossem Unternehmergeist und Optimismus geprägt: Man ist überzeugt davon, dass die USA einen bedeutenden Absatzmarkt für den deutschen Tonfilm bilden könnten. In den Zeitschriften heißt es: «Eine wahre Flut deutscher Filme hat sich in den letzten Wochen über New York ergossen.»[13] Und dabei handelt es sich keineswegs um eine journalistische Übertreibung. Man wundert sich auch nicht, zur gleichen Zeit (1932) und am selben Ort zu lesen, dass «Al Jolson […] deutsche Schlager in sein Repertoire aufgenommen hat» und

---

10 «Die Chance des deutschen Tonfilms in Amerika». In: *Reichsfilmblatt*, Nr. 48, 28.11.1931; H.H., «Das vielsprachige New York». In: *Der Kinematograph*, Nr. 108, 11.5.1931; «Deutsche Filme in New York». In: *Der Kinematograph*, Nr. 71, 13.4.1932; «Der deutsche Tonfilm hat sich durchgesetzt». In: *Der Kinematograph*, Nr. 209, 25.10.1932; «Deutsche Filme in New York». In: *Der Kinematograph*, Nr. 238, 6.12.1932; «Was will Amerika in den deutschen Filmen sehen?» In: *Lichtbild-Bühne*, Nr. 35, 9.2.1933. In die Liste der besten Filme des Jahres 1932 nahm *The New York Times* die Titel MÄDCHEN IN UNIFORM und DER RAUB DER MONA LISA auf: Mordaunt Hall, «Last Year's Best Films». In: *The New York Times*, 1.1.1933. Ebenfalls erfolgreich sind Filme, die heute nicht mehr als unvergängliche Werke betrachtet werden, wie GITTA ENTDECKT IHR HERZ (Carl Froelich, D 1932) oder EIN MÄDEL VON DER REEPERBAHN (Carl Anton, CS/D 1930).
11 H.H., «Das vielsprachige New York». In: *Der Kinematograph*, Nr. 108, 11.5.1931.
12 «Der deutsche Film in USA». In: *Der Kinematograph*, Nr. 199, 13.10.1933.
13 «Deutsche Filme in New York». In: *Der Kinematograph*, Nr. 119, 21.6.1932.

dass in den USA der Verkauf deutscher Schallplatten ebenso beträchtlich angestiegen ist wie der Absatz von Partituren deutscher Musik (dieses Marktsegment wird allzu oft übersehen): «Überall werden deutsche Noten verkauft.» Das vorläufige Fazit des Artikels heißt: «Die Jazz-Welle ist jedenfalls vorbei: der Jazz wird in der kommenden amerikanischen Produktion keine Rolle mehr spielen.»[14] Wir belächeln heute die Naivität einer solchen ‹Prophezeiung›; vor dem Hintergrund der folgenden Zahlen aber erscheint sie – ihrer nationalistischen Siegesgewissheit zum Trotz – völlig berechtigt.

	1925	1926	1927	1928	1929	1930	1931	1932
Deutsche Filme	2		38	83	46	26* (49*)	55 (69)	67 (106) (105*)
Englische Filme				37	28			22 (29)
Französische Filme				31	19			10
Gesamtzahl ausländischer Filme				188	128			141 (196)
Amerikanische Filme	621	660	678 (743)	641 (627) (684)	562 (755)	509 (600)	501	489

Tabelle 1a Verbreitung deutscher Filme in den USA.[15]

---

14 Alle Zitate: ibid.
15 Quellen der Tabellen (1a, b), (2), (3), (4): Wolffsohn 1928, 407 & 436–437; Wolffsohn 1930, 285, 584 & 586; A. K. von Hübbenet, «Film-Deutschland auf absteigender Linie». In: *Der Film*, Nr. 13, 26.3.1932; Wolffsohn 1933, 338–339; «Was will Amerika in den deutschen Filmen sehen?» In: *Lichtbild-Bühne*, Nr. 35, 9.2.1933; «Filmzahlen aus USA». In: *Lichtbild-Bühne*, Nr. 13, 16.1.34; «Der deutsche Film auf dem Weltmarkt». In: *Deutsche Filmzeitung*, Nr. 26, 1.7.34; «Rekord-Jahr des Auslandsfilms in Amerika». In. *Lichtbild-Bühne*, Nr. 276, 27.11.1934 (die Quelle des Artikels ist *Film Daily*); «Das Filmjahr 1935 in Amerika». In: *Lichtbild-Bühne*, Nr. 305, 31.12.35; «Der deutsche Film im Ausland». In: *Lichtbild-Bühne*, Nr. 118, 25.5.37; «Tobis startet in USA 26 deutsche Spielfilme». In: *Film-Kurier*, Nr. 220, 19.9.36; Georg Herzberg, «1936 in Zahlen». In: *Film-Kurier*, Nr. 305, 31.12.1937; Jason 1930a, 38 & 141; Jason 1930b, 15 & 39; Jason 1932, 16, 25 & 35; Jason 1935, 84, 170, 128 & 129; Lehnich 1937, 203; Lehnich 1938, 215; Lehnich 1939, 201f; Alicoate 1942, 61. Drewniak 1987, 794-796; Thiermeyer 1994, 340; Spieker 1999, 338.
  Alle Daten in den Tabellen wurden aus den erwähnten Primärquellen bezogen (ein Asterisk signalisiert, dass eine sekundäre Quelle benutzt wurde). Hinsichtlich der Primärquellen wurde keine Hierarchie festgelegt, die Klammern helfen nur bei der Visualisierung der Datenunterschiede.

	1933	1934	1935	1936	1937	1938	1939	1940	1941
Deutsche Filme	48 (54)	59	75 (59)	55–65 (geschätzt) (74) (70*) (76)	69 (67*)	77 (89*)	85 (95*)	38*	23 (34*)
Englische Filme	22 (24)	55–56 (geschätzt)	50 (33)	37					
Französische Filme	13 (17)		25 (19)	14					
Gesamtzahl ausländischer Filme	113 (137) (117)	200 (geschätzt)	220	(235)	(216)	(269)	(272)		
Amerikanische Filme	507 (644) (620) (657) (550)	480 (700)	525	522 (856)	538	455	483	477	492

Tabelle 1b Verbreitung deutscher Filme in den USA (Fortsetzung).

	Gesamtzahl der verbreiteten Filme	Nationale Produktionen	Amerikanische Filme	Deutsche Filme	Französische Filme	Englische Filme	Spanische Filme
Deutschland	208 (206) (213)	125 (114) (121)	65 (64)	–	10 (9)		
England	685 (694)	196	456	14	8	–	
Italien	304 (301)	31	163	53 (55)	41	11	
Frankreich	572	149 (158)	230	113	–	34	
Spanien	400 (420)	20	240	80	70		–

Tabelle 2 Situation der Kinomärkte 1933.

	1925	1926	1927	1928	1929	1930	1931	1932	1933	1934	1935	1936	1937	1938
Deutsche Filme	212	202 (185)	242 (243)	221 (224)	192 (183)	151 (146)	146 (144)	132	125 (121)	122 (129)	94 (92)	115 (112) (111)	94	100
Amerikanische Filme	216	229 (216)	190	205 (199)	142	97 (79) (80) (81)	79 (85)	55	64 (65)	41 (37)	30 (37) (41)	31 (28)	39	35

Tabelle 3 Verbreitung nationaler und internationaler Filme in Deutschland.

Die Datenunterschiede in den verschiedenen Quellen sind manchmal gering, manchmal etwas signifikanter, in einigen Fällen auch sehr markant. Jedenfalls erlauben diese Zahlen eine sichere, qualitative und quantitative Bewertung sowie eine zuverlässige Orientierung. Man bemerkt, dass in der Zeit zwischen 1932 und 1935 deutsche Filme – im Vergleich zur übrigen europäischen Produktion – in den USA deutlich dominieren. Auch schwankt ihre Marktpräsenz zwischen der Hälfte (und mehr) und einem Viertel der Gesamtzahl aller ausländischen Titel, durchschnittlich beträgt sie *10% des Angebots an amerikanischen Filmen*. Stellt man die gleiche Rechnung für den deutschen Markt an, zeigt sich für den Zeitraum 1930–1933 ein Verhältnis zwischen den amerikanischen und den nationalen Filmen von eins zu zwei.[16] (Von 1928–29 sind 27% der europäischen Produktionen in den USA bekannt, hingegen im Zeitabschnitt 1926–1929 gut 60–70% der amerikanischen Produktionen in Europa; vgl. Jason 1930b, 15). Das Missverhältnis ist offensichtlich, aber die 10% deutsche Filme auf dem amerikanischen Binnenmarkt scheinen uns eine überaus beachtenswerte Tatsache zu sein – umso mehr, wenn man bedenkt, dass die Zahl sich auf die Zeit des aufkommenden Tonfilms bezieht.

Die Verbreitung deutscher Filme in den USA berührt zwar nur marginal die großen Vertriebskanäle, sie bleibt zu einem guten Teil einer Sprachgemeinschaft vorbehalten. Dennoch ist das Bild, das unsere Quellen zeichnen, sehr weit von der gängigen Vorstellung entfernt, die Präsenz deutscher Filme am US-amerikanischen Markt sei fast unbedeutend und auf einige Erfolge beschränkt gewesen. Bedenkt man zudem, welche Resonanz diese Filme in der amerikanischen Presse fanden – ich werde später auf dieses Thema zurückkommen –, so kann man anhand der Zahlen die qualitative Bedeutung abschätzen, die sie für das amerikanische Publikum und besonders für das Fachpublikum in Hollywood hatten.

---

16 Das hart erkämpfte Eindringen des amerikanischen Films in den deutschen Filmmarkt der Weimarer Zeit wurde von Filmwissenschaftlern schon hervorgehoben, vgl. zum Beispiel Saunders 1994.

III.

Bekanntlich markiert das Jahr 1933 die massive Krise des deutschen Kinos, und diese Krise wirkt sich auf die Marktpräsenz deutscher Filme in den USA aus. «Die Zeit des Massen-Importes deutscher Filme […] ist endgültig vorbei», heißt es in der *Lichtbild-Bühne*.[17] «Buchungen deutscher Filme sind quasi eingefroren», schreibt *Motion Pictures Daily*,[18] während *Der Kinematograph* bemerkt: «Die Einnahmen der in Yorkville (im Herzen der deutschen Kolonie) liegenden Kinos [sind] um 45% zurückgegangen.»[19] Die Ursachen dafür sind vor allem in der politischen Situation und ihren Nachwirkungen auf die deutsche Filmindustrie zu suchen. Zudem gilt es, die zunehmenden Boykotte in den USA zu berücksichtigen: «Verkannt werden darf nicht, dass nicht bloß ein wesentlicher Teil der Filmproduktion, sondern auch des Kinogeschäfts selbst in jüdischen Händen ist», betont man in Deutschland.[20] Aber der Rückgang der Zuschauerzahlen ist auch auf die schlechte Qualität vieler Exportfilme zurückzuführen: «Das Publikum [wurde] mit minderwertigen Filmen zu lange gefüttert.»[21] Zugleich machen sich auch die Folgen der amerikanischen Wirtschaftskrise bemerkbar.

In den Jahren 1934–1935 findet zudem eine sehr interessante Diskussion über die Handelspolitik mit den USA statt: Der Export habe *Prestige*-Wert, er demonstriere Präsenz, und er festige den kulturellen und politischen Bezug der deutschen Sprachgemeinschaft zur Heimat.[22] Allerdings könne er niemals eine ernsthafte wirtschaftliche Auswirkung auf die Produktion haben (im Gegensatz zum Export deutscher Filme innerhalb Europas). Im Kern dieser Position lässt sich die Sorge erahnen, eine zu große Investition (im kulturellen Sinne, nicht nur im ökonomischen) könne sich negativ auf die Orientierung der nationalen Produktion auswirken. Tatsächlich werden der Export eines Films und eine Politik, die sich dieser Aufgabe stellt, nicht im Nachhinein, *a posteriori*, geplant – es geht vielmehr um ein Ziel, das im Projekt der Realisation schon enthalten sein muss und anhand dessen zugleich das Vermarktungspotenzial einzuschätzen ist. Einen Film zu ex-

---

17 «Was will Amerika in den deutschen Filmen sehen?» In: *Lichtbild-Bühne*, Nr. 35, 9.2.1933.
18 «Boycott of German Pictures Is Deplored». In: *Motion Pictures Daily*, 1.4.1933. Zit. n. Spieker 1999, 179. [«Booking of German Films in this country has come to practically a standstill.»]
19 «Deutsche Filmkrise in Amerika». In: *Der Kinematograph*, Nr. 98, 23.5.1933.
20 «Der deutsche Film in USA». In: *Der Kinematograph*, Nr. 199, 13.10.1933.
21 «Was will Amerika in den deutschen Filmen sehen?» In: Lichtbild-Bühne, Nr. 35, 9.2.1933.
22 «Export nach USA – und sein Ertrag für den deutschen Film». In: *Film-Kurier*, Nr. 279, 28.11.1934; Jack Alicoate, «Filmlage in der Neuen Welt». In: *Lichtbild-Bühne*, Nr. 1, 1.1.1935.

portieren heißt, ihn in seiner Funktion als Produkt für den internationalen Markt (und nicht nur für den Binnenmarkt) zu entwerfen. Die erwähnte Diskussion drückt also die Sorge aus, eine entsprechende Politik könne zu einer Schwächung der (wirtschaftlichen und intellektuellen) Investitionen in *nationale* Themen und Ziele zugunsten ‹internationaler› Produktionen führen, die letztlich im Muster den Hollywood-Filmen zu sehr ähnelten.

Der Hypothese eines einfachen Prestigeunterfangens widerspricht jedoch das standardisierte Niveau der meisten in den USA vorgeführten Filme (sehr oft sind es nur B-Produktionen). Das könnte mit den Forderungen von Joseph Goebbels an die Filmindustrie zusammenhängen: Goebbels wendete sich dezidiert gegen Propagandafilme, die in der Gegenwart spielen, und forderte stattdessen «nationale» Filme mit historischem Hintergrund oder aber unpolitische Werke, die der Unterhaltung und Zerstreuung dienen. Aber gleichzeitig entsprach diese Forderung auch dem politischen Kurs für die deutschen Gemeinden im Ausland. Für diese Gemeinden verbindet sich die Unterhaltungsfunktion des Kinos mit einem Anspruch, den Kontakt zur Heimat durch idealisierte, nostalgische und in der Erinnerung verklärte Bilder aufrechtzuerhalten. Die Stereotypen, die gängigen Klischees des ‹typisch Deutschen› werden also nicht nur als oberflächliche Zugeständnisse an den Kulturaustausch verstanden, sondern als notwendige Bezugsgrundlage der Gemeinschaften, die jenseits der deutschen Grenzen leben:

> Wer als Auslandsdeutscher den ‹üblichen Kitschfilm› sieht, dem wird es ganz warm ums Herz. [...] Wenn man Heimweh hat, will man keine weinende Heimat sehen. Man will mit der Heimat glücklich sein. Man sieht sie in seiner Phantasie ja glücklich, unwiderstehlich, schöner als jedes andere Stück Erde. [...] [Man] wünscht sich und seiner neuen Wahlheimat nur noch lauter so leichte, selige, ‹kitschige› Singsang-Filme![23]

Zu dieser Thematik entwickelt sich eine Debatte, in die beispielsweise Fritz Olymsky (einer der einflussreichsten Kritiker der Weimarer Republik) eingreift. Er verallgemeinert den Diskurs, indem er gegen die stark politisierte und ideologisierte Kritik polemisiert:

> Mit der übertrieben gesinnungstüchtigen Einstellung machen wir unsere Filme nicht nur im Ausland schlecht und unterbinden Exportmöglichkeiten, sondern wir schädigen auch den Inlandsmarkt, indem wir einen Teil des Publikums abschrecken, solche leichten Unterhaltungsfilme zu besuchen.[24]

---

23 «Deutscher Film im Auslandskino». In: *Deutsche Filmzeitung*, Nr. 12, 22.3.1936. Das Zitat stammt aus einem Artikel von Hans Tröbst.
24 Ibid.

Andere, namentlich Karl Sabel, fordern hingegen realitätsnahe Filme und vertreten die Ansicht, dass die «Wunschtraumromantik» der «Kitschfilme» ein Produkt der «internationalen jüdischen Kultur» sei, «die nichts als eine Mixtur der Geschmäcker zwischen Neu-Babelsberg und Hollywood ist, weder deutsch noch amerikanisch». Dagegen plädiert man für den «nationalen», «wirklich deutschen Film».[25] In jedem Fall wird die symbolische Funktion des Auslandsvertriebs bestätigt: «Wir müssen unsere Filme heute doch zum größten Teil im Inland amortisieren», heißt es.[26] Die Richtlinien für die wirtschaftliche und politische Entwicklung der Filmproduktion sollten auf das nationale Publikum diesseits der Grenzen zugeschnitten sein.

Dennoch schließt die Parole vom «Nationalfilm» die Möglichkeit einer wirtschaftlichen Auswertung nicht unbedingt aus. Vorausgesetzt – so die Ansicht anderer Kommentatoren – man hält sich an die «Qualität» (das zweite geläufige Schlagwort der Zeit): «Unsere Exportwaffe liegt in der Qualität: liegt nicht im Nachahmen leichter Operettenware mit Girls und Niggersongs», argumentiert man und ergänzt dazu die Aufgabe, «einen deutschen Stil des deutschen Films» zu finden.[27] Eine Lösung, der in «Stil, Form, Gestaltung» – an die sich der amerikanische Zuschauer gewöhnt habe – dem Hollywoodfilm entgegengesetzt sei:

> Er kennt ja [...] nicht jene Formungsvielfalt, die der europäische Film aufweist, wo eigenwillige künstlerische Leistungen das Gesicht eines Werks ausmachen. Er kennt nicht die vom Temperament und der geistigen Basis ausgehende Mannigfaltigkeit der Auffassung, der Gliederung, der Ausdeutung. Er kennt das amerikanische Schema, das bis auf geringe Ausnahmen immer das gleiche ist, um welchen Stoff, um welchen Inhalt, um welche Darstellung es sich auch handeln mag.[28]

Gleichwohl wird das Modell ‹Hollywoodfilm› als ein äußerst komplexes angesehen, da es das Ergebnis einer zähen Planungs- und Spezialisierungsarbeit, das Produkt einer wahren «amerikanische[n] Filmideologie» sei.[29] Goebbels jedoch stellte sofort klar: «Wenn ein Amerikaner einen deutschen Film anschaut, dann will er nicht einen Film sehen, der ebenso in Amerika hätte gedreht werden können. Wenn er einen deutschen Film sehen will, dann will er das typisch Deutsche sehen.»[30]

---

25 Ibid.
26 Ibid.
27 «Der deutsche Film und das Ausland». In: *Reichsfilmblatt*, Nr. 48, 30.11.1935.
28 «Der europäische Film in Amerika». In: *Der Film*, Nr. 42, 17.10.1936.
29 Ibid.
30 Rede von Joseph Goebbels am 19.5.1933. Zit. n. Spieker 1999, 178.

In der Industrie berief man sich hingegen auf eine Rede, die Adolf Hitler im Reichstag über die Bedeutsamkeit der Exporte gehalten hatte, um das wirtschaftliche Potenzial der Auswertung des deutschen Films im Ausland auszuschöpfen:

> Es gibt kein klassischeres deutsches Exportgut als den deutschen Film. Für die Filmerzeugung bedarf es überhaupt keiner ausländischen Rohstoffe. Wie Rohstoffe, materielle Güter überhaupt, für die Produktion von Filmen die geringste Rolle spielen. Der Rohstoff des deutschen Films ist – wenn man so sagen darf – deutsches *Gehirnschmalz*. Aus seiner alten Kultur, aus der hohen Begabung seiner Menschen, bezieht der deutsche Film seine entscheidenden Kräfte und Mittel in technischer wie in künstlerischer Hinsicht.
> Für Deutschland ist der deutsche Filmexport eine Notwendigkeit.[31]

Der Ertrag des deutschen Films, so fügt der Artikel hinzu, sei auf dem Binnenmarkt rückläufig, man brauche die ausländischen Märkte.

Gegen die Hypothese eines rein ‹symbolischen› Werts, eines bloßen Prestiges, spricht vor allem die Quantität der in den USA gezeigten deutschen Filme. Sie lässt sich mit Hilfe der Tabellen (1) und (2) nachweisen. Die Anzahl der in den USA vorgeführten Filme sinkt 1933 im Vergleich zum Vorjahr drastisch, steigt aber in den folgenden Jahren wieder an. *Film Daily* verfolgt in den ersten Monaten des Jahres 1934 den Einsatz von «drei bis vier neue[n] deutsche[n] Filme[n] pro Woche».[32] In *Der Kinematograph* ist von zwei bis drei Premieren pro Woche die Rede, die meisten davon mit englischen Untertiteln.[33] Auch zu Beginn des Jahres 1935 annonciert die *Lichtbild-Bühne* noch zwei bis drei Neuerscheinungen pro Woche.[34] In der Tat kommt es 1934 zu einem bemerkenswerten Aufschwung:

> Erfreulich ist besonders, dass die deutschen Filme nunmehr ohne größere Verspätung oder Verzögerung nach den Staaten kommen. Früher war es üblich, dass viele Monate vergingen, ehe ein deutscher Film nach New York gelangte, heute geht es viel schneller. Zwischen der Berliner Premiere und der New-Yorker Uraufführung liegen oft nur wenige Wochen.[35]

Gegen Ende dieser historischen Phase kann man einen Rückgang der wirtschaftlichen Auswertung im Export verzeichnen (auch wenn, wie man se-

---

31 «Deutschland braucht Filmexport – das Ausland braucht den deutschen Film!» In: *Lichtbild-Bühne*, Nr. 117, 18.5.1933.
32 «Rekord-Jahr des Auslandsfilms in Amerika». In: *Lichtbild-Bühne*, Nr. 276, 27.11.1934 (die Quelle ist *Film Daily*).
33 «Neue Erfolge des deutschen Films in New York». In: *Der Kinematograph*, Nr. 25, 6.2.1934.
34 Jack Alicoate, «Filmlage in der Neuen Welt». In: *Lichtbild-Bühne*, Nr. 1, 1.1.1935.
35 «Deutsche Filme in New York». In: *Der Kinematograph*, Nr. 236, 6.12.1934.

hen kann, die Anzahl der in den USA vorgeführten Filme sehr hoch bleibt). Gleichzeitig ist eine heftige Krise der spezialisierten Kinos zu bemerken, die täglich deutsche Filme vorführen. Als erste Gegenmaßnahme ziehen die New Yorker Kinos vom Broadway ins Stadtviertel der deutschen Gemeinde, Yorkville, um. Hier eine Tabelle, die sich auf das Jahr 1936 bezieht:

Kinosäle in New York 1936[36]
Garden, 8th St. (500 Plätze)
Casino, 86th St. (900 Plätze)
78th St. / Tobis Theater (250 Plätze)
79th St. (1.200 Plätze)
Ein Saal in Brooklyn, der nur 3–4 Tage pro Woche deutsche Filme zeigt
Gesamt: fünf Säle

Der Vergleich mit der früheren Situation (1931/32, siehe oben) spricht für sich. 1936 verfügt das deutsche Kino in den USA über 17 Säle, die ständig deutsche Filme zeigen. 17 von 17.000 (die Gesamtzahl der Kinos in den USA in diesem Jahr[37]): Dieses Verhältnis sagt alles. Schon deshalb, aber auch aufgrund der Eintrittspreise und der begrenzten Anzahl der Plätze in den Sälen, können die Einnahmen nicht sehr hoch sein.[38] Georg Nitze, der Präsident der amerikanischen Ufa-Filiale, berichtet: «Die Durchschnittseinnahmen eines deutschen Films in den USA [liegen bei] etwa 600 $, während die Kopienkosten einschließlich Zoll und Frachtspesen ungefähr 500 $ betragen. Was da übrig bleibt, kann man leicht ausrechnen…».[39] Eine andere Quelle liefert präzisere Zahlen: Normalerweise reicht eine einzige Kopie für den Verleih in den USA. Wird untertitelt, bedarf es zweier Kopien – eine Kopie ohne Untertitel kostet 500 $, eine mit Untertiteln 1.000 $, für die Auswertung eines Films braucht man daher 1.500 $. Zu diesen Kosten addieren sich weitere für die Werbung sowie «für die Aufrechterhaltung des notwendigen Bürobetriebs und die Gehälter der dort arbeitenden Kräfte».[40] Aus diesen Gründen kann die Gewinnmarge nur sehr gering ausfallen. Die Fachzeitschriften (und nicht nur sie) schlagen Maßnahmen vor, die eine gewinnträchtigere Organisation des Exports in die USA erlaubten, diese Vorschläge fanden aber keine Unterstützung seitens staatlicher Organe.[41]

---

36 «Der deutsche Film in Amerika». In: *Der Film*, Nr. 43, 24.10.1936.
37 «Der europäische Film in Amerika». In: *Der Film*, Nr. 42, 17.10.1936.
38 «Der deutsche Film in Amerika». In: *Der Film*, Nr. 43, 24.10.1936.
39 Jack Alicoate, «Filmlage in der Neuen Welt». In: *Lichtbild-Bühne*, Nr. 1, 1.1.1935.
40 «Der deutsche Film in Amerika». In: *Der Film*, Nr. 43, 24.10.1936.
41 Vgl. die Rekonstruktion der Debatte und der unterbreiteten Vorschläge in Spieker 1999, 184ff.

Unter den großen Erfolgen dieser Zeit findet man MORGENROT (Gustav von Ucicky, D 1933), GOLD (Karl Hartl, D 1934), DER CHORAL VON LEUTHEN (Carl Froelich, Walter Supper, D 1933), DAS BLAUE LICHT (Leni Riefenstahl, D 1932) oder Musikfilme wie WALZERKRIEG (Ludwig Berger, D 1933), KAISERWALZER (Friedrich Zelnik, D 1932) oder PRINZESSIN TURANDOT (Gerhard Lamprecht, D 1934). Aber man findet auch kleinere Werke wie HEIMAT AM RHEIN (Fred Sauer, D 1933), MEINE FRAU, DIE SCHÜTZENKÖNIGIN (Carl Boese, D 1934), DIE KALTE MAMSELL (Carl Boese, D 1933). Beliebt sind Musik- und Historienfilme,[42] nicht aber Kriminalfilme («Kriminalfilme sind weder beim amerikanischen, noch beim deutschen Publikum besonders beliebt, denn Amerika versteht es in seinen Gangsterfilmen besser, Spannungen zu erzeugen und den Besucher in Atem zu halten.»[43]). Umso mehr stechen die beiden Ausnahmen M – EINE STADT SUCHT EINEN MÖRDER (Fritz Lang, D 1931) und LOCKVOGEL (Hans Steinhoff, D 1934) hervor.[44]

IV.

Der dritte Zeitabschnitt (1936–1939) lässt sich sicherlich am schwierigsten untersuchen, vor allem aufgrund des fragmentarischen Charakters der Quellen; ich kann hier nur skizzieren. Es ist eine Phase, die insbesondere durch die weit verbreiteten und systematischen Sabotageakte der «Non-Sectarian Anti-Nazi League», anderer Verbände und der jüdischen Gemeinden in Amerika charakterisiert ist. Überdies ist der zunehmende Rückgang von Exporten eine globale Erscheinung, die sich nicht nur auf die USA beschränkt. In den Jahren 1931–32 belaufen sich die Einnahmen durch Exportfilme auf 30–40% der Herstellungskosten. Dieser Prozentsatz sank 1934–35 auf 18% und 1935–36 auf 12% (Lehnich 1937, 124f). Neben politischen Gründen ist die Ursache für diesen Rückgang in der Entwicklung der nationalen Produktion vieler kleiner Länder zu suchen. Die *New York Times* bilanziert:

---

42 «Deutsche Filme am Hudson». In: *Der Kinematograph*, Nr. 107, 7.6.1933; «Deutsche Filme in New York». In: *Der Kinematograph*, Nr. 124, 30.6.1933; «Der deutsche Film im Ausland 1933». In: *Lichtbild-Bühne*, Nr. 6, 8.1.1934; «Deutsche Filme in New York. Riefenstahl-Film DAS BLAUE LICHT macht großen Eindruck». In: *Der Kinematograph*, Nr. 203, 19.10.1934; «Deutsche Filme in New York». In: *Der Kinematograph*, Nr. 71, 13.4.1932; «Deutsche Filme gefallen in New York». In: *Der Kinematograph*, Nr. 29, 9.2.1935; «Der deutsche Film in Amerika». In: *Der Film*, Nr. 43, 24.10.1936.
43 «Der deutsche Film in Amerika». In: *Der Film*, Nr. 43, 24.10.1936.
44 «Der deutsche Film im Ausland 1933». In: *Lichtbild-Bühne*, Nr. 6, 8.1.1934. «Deutsche Filme gefallen in New York». In: *Der Kinematograph*, Nr. 29, 9.2.1935. LOCKVOGEL wird allerdings eher als «Kriminalkomödie» betrachtet, vgl. Klaus 1993, 142.

> From 1922 when THE CABINET OF DR. CALIGARI zoomed impressionistically across the chaotic movie firmament, to 1930, when ZWEI HERZEN IM DREIVIERTEL-TAKT started a two-year-run [!] in New York, the German Film was an artistic and commercial power which rivaled Hollywood [!!!]. Today American importation of German celluloid is confined largely to neighbourhood theatres subsisting on hyphenated patronage.[45]

Trotzdem sind in dieser Phase wiederum erstaunliche und unerwartete Ergebnisse hinsichtlich der Präsenz des deutschen Films in den USA zu verzeichnen. Im September 1936 erwähnt *Variety* 50 Kinos, die deutsche Filme im Programm haben: «Es gibt nicht mehr als diese, die Zahl verändert sich nie signifikant.»[46] Und Ende 1938 (!) führt man noch Kinos an, die regelmäßig deutsche Filme in Los Angeles zeigen und sogar von Filmleuten aus Hollywood – wie man behauptet – stark frequentiert werden:

> Seit fast drei Jahren hat F. K. Ferenz, ein geborener Österreicher, sein 400 Plätze zählendes Haus, 1122 W. 24th Street, Los Angeles, Kalifornien. Es heisst ‹Continental Theatre›. [...] Spielt F. K. Ferenz große Filme, so kommt auch großes Publikum überall her, selbst aus Hollywood. Allerdings kennt das richtige Hollywood die deutschen Filme längst, bevor sie hier im deutschen Theater erscheinen können. Die amerikanischen Firmen wissen über fast jeden neuen Film noch am gleichen Tage der Uraufführung in Deutschland Bescheid, sie lassen sich dann durch irgendeine Auslandsfiliale eine Kopie kommen.[47]

Darüber hinaus gibt es noch Filme, die mit viel Erfolg und Resonanz aufgenommen werden, nicht nur lokal verbreitet sind und auch nicht nur die deutschsprachige Gemeinde betreffen. Das ist zum Beispiel bei AMPHITRYON (Reinhold Schünzel, D 1935) im Jahr 1937 der Fall.[48]

Aber auch Propagandafilme – selbst die ambitioniertesten dieses Genres – werden in den USA verliehen. 1940 beispielsweise läuft (trotz der sogenannten ‹feindlichen Lage›) FELDZUG IN POLEN (Fritz Hippler, D 1940), der Film über den Blitzkrieg gegen Polen, in New York im 96th Street

---

45 «Artists in Exile». In: *The New York Times*, 23.10.1938, zit. n. Spieker 1999, 183. [«Von 1922, als DAS CABINETT DES DR. CALIGARI impressionistisch über das chaotische Kinofirmament schwirrte, bis 1930, als ZWEI HERZEN IM DREIVIERTEL-TAKT seinen zweijährigen Durchlauf in New York begann, war der deutsche Film eine künstlerische und kommerzielle Kraft, die es mit Hollywood aufnehmen konnte. Heute beschränkt sich der amerikanische Import deutschen Zelluloids weitgehend auf Quartierkinos, die vom Mäzenatentum leben.»]
46 Edga. «Schlussakkord». In: *Variety*, 16.9.1936. [«There aren't any more than that, and the number never changes appreciably.»]
47 «Ein deutsches Filmtheater nahe Amerikas Filmstadt». In: *Film-Kurier*, Nr. 9, 11.1.1939.
48 «Großer moralischer Erfolg des deutschen Films in U.S.A.». In: *Der Film*, Nr. 14, 3.4.1937.

Theatre mehrere Monate (!) (vgl. Sakmyster 1996, 500f) und in Chicago vier Wochen lang.[49] 1941 ist DER SIEG IM WESTEN (Svend Noldan, Fritz Brunsch, Werner Kortwich, Edmund Smith, D 1941) zu sehen (ibid., 502f). Beide Filme bilden nicht zufällig das Zentrum der Analyse in Siegfried Kracauers Schrift *Propaganda and the Nazi War Film*, die 1942 veröffentlicht und später in den Anhang von *From Caligari to Hitler* (1947) aufgenommen wurde. Kracauer (1979 [1947], 322) verzeichnet auch die amerikanische Aufführung (in New York, am 30.11.1940) einer «Kompilation von Wochenschauen» (es handelt sich um BLITZKRIEG IM WESTEN).

Die Verbreitung von NS-Propagandafilmen in den USA könnte das Thema einer eigenen, nicht weniger überraschenden Studie bilden. Zwischen 1933 und 1936 kann man in den ‹deutschen› Kinos Amerikas die wichtigsten Beispiele dieses Genres sehen, darunter nicht nur Werke wie FLÜCHTLINGE (Gustav Ucicky, D 1933), dessen Propaganda sich an ein zeitlich und geografisch von Deutschland entferntes Thema knüpft, sondern zum Beispiel auch SA-MANN BRAND (Franz Seitz, D 1933): «[Er läuft] seit mehreren Wochen schon in New York in ein- und demselben Theater und seines großen Erfolges wegen [musste er] schon mehrfach verlängert werden», schreibt *Der Kinematograph*.[50] Auch die *New York Times* verhehlt kaum ihre Bewunderung: «Aus technischer Sicht […] einer der besten Filme, die in Deutschland gemacht wurden […] Ihre Arbeit [man bezieht sich auf die Darsteller] ist durchgehend exzellent. Viele Szenen sind wirklich ergreifend.»[51]

Ebenso kann man HITLERJUNGE QUEX (Hans Steinhoff, D 1933) in einer für die USA adaptierten Fassung betrachten, die mit einem Titel versehen ist, der den direkten Bezug zu Hitler unterschlägt: UNSRE FAHNE FLATTERT UNS VORAN (der Titel der SA-Hymne). Diesem Film widmen *The New York Times*[52] und *Variety* jeweils einen Bericht. *Variety* räumt ein:

> There is not so much sense in reviewing the film as entertainment; it isn't that. It's a film with a purpose. But as such it becomes an interesting example of how good German film-technique is. It's a fine job for what it is: it accomplishes its purpose admirably. [As] film, in fact, [it] is cleverly done.[53]

---

49 «New York sah FELDZUG IN POLEN». In: *Der Film*, Nr. 31, 3.8.1940. Diese Tatsache, so hebt auch Sabine Hake hervor, wurde auch von der Zeitschrift der deutschen jüdischen Gemeinschaft, *Aufbau*, kommentiert: K.H., «Kriegsfilm in Yorkville». In: *Aufbau*, Nr. 30, 26.7.1940, S. 16. Vgl. Hake 2001, 251.
50 «Der deutsche Film in New York». In: *Der Kinematograph*, Nr. 119, 23.6.1934.
51 H.T.S. [Harry T. Smith], «A Nazi Film». In: *The New York Times*, 28.5.1934. [«From the technical standpoint […] one of the best picture made in Germany […]. Their work is uniformly excellent. Many of the scenes are really thrilling.»]
52 H.T.S., «A Nazi Youth Film». In: *The New York Times*, 7.7.1934.
53 Kauf., «HITLERJUNGE QUEX». In: *Variety*, 24.7.1934. [«Es macht keinen Sinn, den Film

FRIESENNOT (Peter Hagen, D 1935) – «der anti-russische, anti-pazifistische Nazi [-Film]» –, den man im Tobis-Theater zeigt, wird «aus künstlerischer und technischer Sicht» als «einer der besten und beeindruckendsten Tonfilme, die je in Deutschland oder anderswo produziert wurden [!]», bewundert.[54]

1940 läuft auch OLYMPIA (D 1938) von Leni Riefenstahl. Alle Studien über die Regisseurin unterstreichen, dass der Film nahezu überall in der Welt mit Ausnahme der USA vorgeführt wurde. Doch das ist nicht ganz richtig, außer man betrachtete die auf deutsche Produktionen spezialisierten Kinos als private Orte – was aber nicht mehr geht, sobald die wichtigsten Zeitungen Berichte über diese Filme veröffentlichen. Der erste Teil von OLYMPIA, FEST DER VÖLKER wurde im 86th Street Garden Theatre am 9. März 1940 aufgeführt, eingeleitet durch einen «englischen Monolog»;[55] der zweite, FEST DER SCHÖNHEIT, am 30. März im gleichen Saal mit «einer adäquaten Darstellung der Ereignisse auf Englisch».[56] Es handelt sich wahrscheinlich um eigens für diese Gelegenheit adaptierte Fassungen: «Man kann Adolf Hitler für ungefähr 15 Sekunden sehen», schreibt *The New York Times* in Bezug auf den ersten Teil, «Amerikaner werden sich über die zahlreichen Siege unserer Teilnehmer freuen», heißt es weiter. Bewundert wird «geschickte Führung durch Leni Riefenstahl».[57] Es stimmt, dass der Film nicht über das grosse Verleihnetz in den USA vertrieben wurde, aber das amerikanische Publikum hat ihn gesehen (unter anderem auch Fachleute aus Hollywood) und amerikanische Kritiker haben ihn besprochen.

Nicht so eindeutig liegt der Fall bei TRIUMPH DES WILLENS (Leni Riefenstahl, D 1935), der andere Film, über den gesagt wird, er sei erst nach Kriegsende in den USA gezeigt worden.[58] Der Film wurde auf einer privaten Vorführung in New York vorgestellt, die die «New-Yorker Ortsgrup-

---

als Unterhaltung zu besprechen, das ist er nicht. Es ist ein Film mit einem Zweck. Aber als solcher ist er ein interessantes Beispiel für die ausgezeichnete deutsche Filmtechnik. Für das, was er ist, funktioniert er bestens: Er erfüllt seinen Zweck bewundernswert. Als Film ist er in der Tat geschickt gemacht.»]

54 H.T.S., «At the Tobis Theatre». In: *The New York Times*, 26.10.1936. [«…one of the best made and most impressive talking pictures ever turned out in Germany or anywhere else.»]
55 H.T.S., «At the 86th St. Garden Theatre». In: *The New York Times*, 9.3.1940.
56 H.T.S., «At the 86th St.Garden Theatre». In: *The New York Times*, 30.3.1940. [«an adequate account of the doings spoken in English.»]
57 Ibid. [«Adolf Hitler is glimpsed for about fifteen seconds […] Americans will enjoy watching the numerous victories of our representatives. […] the skillful guidance of Leni Riefenstahl.»]
58 Rezensiert (jedoch aus Berlin) wurde auch TAG DER FREIHEIT, der letzte der Filme über den NS-Parteitag, den Leni Riefenstahl 1935 gedreht hat, und dessen Technik *Variety* bewundert: «DAYS OF FREEDOM». In: *Variety*, 29.1.1936.

pe [des] Bundes der Freunde des Neuen Deutschland»[59] organisiert hatte. Aber wir haben den Pressebericht eines deutsch-amerikanischen Zuschauers, der über Filme schreibt, die in den Kinos von Buffalo liefen; er bemerkt bereits 1936, TRIUMPH DES WILLENS sei einer der Erfolgsfilme «des neuen Deutschland».[60]

V.

Auch wenn die Untersuchung, die ich hier referiere, noch zu ergänzen ist, erlauben die bereits gesicherten Teile einige Überlegungen, die ich nun bewusst in synthetischer und kategorisierender Form zusammenfassen möchte, um eine Diskussion anzuregen.

1) Die Verbreitung des deutschen Films in den USA der 30er Jahre zwingt uns, die Wechselwirkungen zwischen dem europäischen Film und Hollywood zu überdenken – aber auch jene Prozesse, die den Einfluss des deutschen Kinos auf das Kino jenseits des Atlantiks bestimmen. Zusammenfassend lässt sich aus dem Dargestellten ablesen, dass *dieser Prozess nicht nur durch immigrierte Cineasten und ihr Filmschaffen in Hollywood geprägt wird*. Es ist bekannt, dass sich die Leiter der großen amerikanischen Studios (und ganz allgemein die amerikanischen Filmschaffenden) Privatvorführungen organisierten, um sich auf dem Laufenden zu halten. *Der Kinematograph* schrieb im Dezember 1932:

> Es ist ein offenes Geheimnis, dass alle neuen europäischen und besonders deutschen Filme in den kleinen Privatstudios der Filmstadt vor den Regisseuren und Direktoren vorgeführt werden, die auf diese Weise hoffen, neue Ideen schauspielerischer, technischer photographischer und textlicher Art zu gewinnen. Schon lange wurde drüben an der Westküste erkannt, dass Europa wohl quantitativ nicht so leistungsfähig ist, aber qualitativ eine Vollkommenheit erreicht hat, die hier nicht so leicht übertroffen oder erreicht werden kann.[61]

Diese Entwicklung hielt, wie wir gesehen haben, auch noch 1939 an.[62]

Gleichzeitig füllen Studien über den Beitrag europäischer Filmschaffender zur Entwicklung des amerikanischen Films – besonders deutscher Emigranten, die freiwillig oder unfreiwillig in Hollywood sind – ganze

---

59 «Parteitag-Film in New York». In: *Lichtbild-Bühne*, Nr. 93, 21.4.1936.
60 «Deutsche Filme in Buffalo». In: *Lichtbild-Bühne*, Nr. 127, 3.6.1936.
61 «Deutsche Filme in New York». In: *Der Kinematograph*, Nr. 238, 6.12.1932.
62 «Ein deutsches Filmtheater nahe Amerikas Filmstadt». In: *Film-Kurier*, Nr. 9, 11.1.1939.

Bibliotheksregale. Die Situation ist aber sehr viel komplexer, die Vertriebskanäle und die Einflussquellen sind grösser und liegen tiefer, *vor allem sind sie an eine unmittelbare Präsenz der deutschen Filmproduktion in den USA gebunden.* Man hätte Jack Warner Aufmerksamkeit schenken sollen, der 1932 mitteilt: «Um die deutsche Produktion kennen zu lernen, [braucht man] heute nicht mehr nach Europa zu fahren, […] genügendes Studienmaterial findet [man] in New York vor. Die Auslandserfolge der deutschen Filme […] haben ja auch die amerikanische Produktion beeinflusst.»[63] Der Großfilm DER KONGRESS TANZT, so konstatiert er, beeinflusste die amerikanischen Filme dieser Gattung massiv (er erwähnt zum Beispiel GRAND HOTEL von Edmund Goulding, USA 1932, mit Greta Garbo); auch die Figur der «Privatsekretärin» gelangte über den europäischen Film ins Hollywoodkino und wurde dort zum Topos.

Der Einfluss betrifft also die *modes of production* (der Großfilme à la Erich Pommer) sowie die Einführung von bestimmten Figuren und narrativen Strukturen; er betrifft aber auch das technische Niveau, den Stil der Inszenierung. Und all dies dank der unmittelbaren Präsenz europäischer – und besonders deutscher – Filme auf amerikanischen Leinwänden. Man denke an die erfolgreichsten deutschen Kinofilme in den USA in den frühen 1930er Jahren: DER KONGRESS TANZT, MÄDCHEN IN UNIFORM, STÜRME DER LEIDENSCHAFT, ZWEI HERZEN IM ¾ TAKT, DER RAUB DER MONA LISA, ICH UND DIE KAISERIN (Friedrich Hollaender, D 1933). Man müsste diese Liste noch erweitern und sie aufmerksam analysieren, um eine Studie über den realen Einfluss gewisser Komponenten dieser Filme auf die zeitgenössische amerikanische Produktion anzugehen. Man wäre mit überraschenden Ergebnissen konfrontiert, die vielleicht die Bedeutung der Filme Fritz Langs und Friedrich Wilhelm Murnaus aus ihrer amerikanischen Schaffensperiode marginalisieren könnten, um nur zwei Beispiele zu nennen…

Darüber hinaus handelt es sich um einen Einfluss, der durch Reaktionen der (korporativen oder unabhängigen) amerikanischen Presse bezeugt wird. Doch ‹bezeugt› ist nicht das richtige Wort, ich müsste vielmehr sagen, der Einfluss *bildet sich* durch diese Form der Projektion der Zuschauereindrücke und -reaktionen (vom einfachen Zuschauer bis hin zum Spezialisten), die in den Kritiken zum Ausdruck kommen.

Hier ist nicht der Platz, um *Variety* und *The New York Times* im Detail zu untersuchen. Tatsächlich veröffentlichten beide Zeitungen neben den Besprechungen amerikanischer Filme regelmäßig Berichte über deutsche Filme, die in den Kinos von New York gezeigt wurden (sowie ausführliche Berichte über die wichtigsten Berliner Premieren). Die Artikel über die

---

63 «Jack Warner lobt den deutschen Film». In: *Der Kinematograph*, Nr. 77, 21.4.1932.

deutschen Filme wurden zwischen anderen platziert, in gleicher Schriftgröße und gleichem Umfang. Doch ich muss, wie gesagt, die Auswertung dieser Texte und der Eigenheiten dieser Rezeption auf eine andere Gelegenheit verschieben; so werde ich mich hier auf die ebenfalls aussagekräftige Auswertung der Daten beschränken (die folgenden Zahlen sind freilich nur Annäherungswerte):

The New York Times, 1932
Berichte über deutsche Filme (ausgenommen die Berliner Mitteilungen)...70
Berichte über amerikanische Filme..277
Berichte über Filme anderer Nationalitäten...60
Gesamtzahl der Berichte (ausgenommen Mitteilungen aus Berlin,
 Paris, London und anderen nicht-amerikanischen Metropolen)..407

The New York Times, 1936
Berichte über deutsche Filme (ausgenommen die Berliner Mitteilungen)...74
Berichte über amerikanische Filme..305
Berichte über Filme anderer Nationalitäten.......................................150
Gesamtzahl der Berichte (ausgenommen Mitteilungen aus Berlin,
 Paris, London und anderen nicht-amerikanischen Metropolen)..529

Den Listen der Jahre 1932 und 1936 kann man entnehmen, dass die Zahl der *deutschen* Filme, die 1936 in der *New York Times* diskutiert werden, im Vergleich zu 1932 etwa gleich bleibt: ein unerwartetes Resultat. Für das Jahr 1932 ergibt sich, dass die Zahl der Kritiken der deutschen Filme verglichen mit der amerikanischer Filme in einem Verhältnis von 1 zu 4 steht. Eins zu vier: *Das ist fast unglaublich!* Zieht man die *Gesamtzahl* der von der *New York Times* im Jahre 1932 analysierten Filme in Betracht, bekommen wir ein Verhältnis von 1 zu 5.8, auch das erscheint bemerkenswert.

Ähnliche Ergebnisse produziert dieselbe Berechnung für das Jahr 1936: Das Verhältnis «Besprechungen deutscher / amerikanischer Filme» liegt bei 1 zu 4.1; das Verhältnis «Besprechungen deutscher Filme / Gesamtzahl der analysierten Filme» bei 1 zu 7.1, *das ist (1936!) noch überraschender!*

Variety, 1932
Berichte über deutsche Filme (ausgenommen Berichte aus Berlin
 und anderen europäischen Hauptstädten...54
Gesamtzahl der besprochenen amerikanischen Filme.....................412

Berichte über Filme anderer Nationalitäten..67
Berichte über österreichische Filme...4
Berichte über deutsche Filme aus Berlin und anderen europäischen
    Hauptstädten..59
Gesamtzahl der Berichte...537

Hier ist abzulesen, dass 1932 die Zahl der besprochenen *deutschen* Filme verglichen mit der Anzahl der besprochenen *amerikanischen* Filme in *Variety* in einem Verhältnis von 1 zu 7.6 steht; aber in einem Verhältnis von 1 zu 10, wenn man die Gesamtzahl der Berichte berücksichtigt. Fügen wir hingegen den Besprechungen deutscher Filme auch die der österreichischen und die Besprechungen aus Berlin und anderen europäischen Hauptstädten hinzu (was das Interesse an deutschen Filmen ebenfalls bestätigt), bekommen wir ein Verhältnis von 1 zu 3.5 im Vergleich zur Anzahl amerikanischer Filme sowie ein Verhältnis von 1 zu 4.5 im Vergleich zur Gesamtanzahl der Berichte. *Ist das nicht ebenfalls erstaunlich?*

Variety, 1936
Berichte über deutsche Filme (ausgenommen die Berichte aus
    Berlin und anderen europäischen Hauptstädten).........................46
Gesamtzahl der besprochenen amerikanischen Film......................456
Berichte über Filme anderer Nationalitäten..104
Berichte über österreichische Filme...5
Berichte über deutschen Filme aus Berlin und anderen
    europäischen Hauptstädten...48
Gesamtzahl der Berichte...611

An dieser quantitativen Darstellung lässt sich ablesen, dass 1936 die Zahl der besprochenen *deutschen* Filme verglichen mit der Anzahl der besprochenen *amerikanischen* Filme in *Variety* in einem Verhältnis von 1 zu 10 steht, und in einem Verhältnis von 1 zu 13.2, wenn man die Gesamtzahl der Berichte berücksichtigt. Aber wenn wir auch hier wieder zu den Besprechungen deutscher Filme die der österreichischen sowie jene aus Berlin und anderen europäischen Hauptstädten hinzuzählen, bekommen wir, verglichen mit der Anzahl amerikanischer Filme, ein Verhältnis von 1 zu 4.6 respektive ein Verhältnis von 1 zu 6.1 im Vergleich zur Gesamtzahl der Berichte. *Dies ist noch erstaunlicher!*

2) Man glaubte zu wissen, das Europabild im Hollywoodfilm sei an die Erinnerung, an das idealisierte Bild der Exilfilmschaffenden geknüpft (das ‹Mitteleuropa› von Erich von Stroheim, Ernst Lubitsch, Billy Wilder usw.).

Im Gegensatz dazu lässt sich jedoch feststellen, dass es sich *um ein Bild handelt, das durch die deutschen Filme erzeugt wurde, die auf den Leinwänden von New York und anderen amerikanischen Metropolen zu sehen waren, sowie durch die Vorstellungskraft des – nicht nur deutschen – Publikums dieser Städte.*

3) Wenn das amerikanische Kino in so großem Umfang von der Präsenz des deutschen Films profitiert hat, muss man sich die Frage nach dessen Einfluss nicht in Bezug auf das Kino, sondern auf das globale System der amerikanischen Populärkultur stellen. Es gibt ein Eindringen der deutschen Populärkultur in den Kern der amerikanischen, das noch der Erforschung harrt. Man weiß alles über den ‹Amerikanismus›, über den Einfluss amerikanischer Vorbilder auf das europäische Leben und seine Imagination. Es ist Zeit, den Vektor dieser Bewegung zu korrigieren, wenn nicht sogar umzukehren. Es gibt nicht nur den Amerikanismus in der europäischen Kultur; es gibt auch einen ‹Europäismus›, besonders einen ‹Germanismus› in der amerikanischen Kultur, der tiefe Spuren durch die Hollywoodfilme zieht, auch wenn dies bis jetzt fast unbemerkt geblieben ist.

Das Aufkommen des Nationalsozialismus wirkte diesen Phänomenen und Prozessen entgegen und stellte sie schließlich in Frage. Gleichwohl brachen sie nicht vollständig ab und manifestierten sich weiterhin bis zum Kriegseintritt der USA. Dieser unterband den Einfluss deutscher Produktionen auf die US-amerikanische Populärkultur gänzlich. Nach dem Krieg hingegen gab es kein deutsches (Export-) Kino mehr; die Geschichte dieses Einflusses war vorbei. Und die Nachkriegszeit ist sicherlich dafür verantwortlich, dass das Phänomen dem Vergessen anheim fiel.

Es gibt wahrscheinlich noch andere Gründe, die uns helfen können, dieses Vergessen zu erklären:

a. Es besteht vielleicht eine gewisse Befangenheit im Hinblick auf das Eindringen deutscher Filme in den amerikanischen Markt, insbesondere während der Jahre des Nationalsozialismus (der ersten Phase). Allerdings: Man bewegt sich dabei in einer Situation, die von der Affirmation revisionistischer Logiken dominiert wird, deren Reichweite enorm ist. Wie sonst lässt sich der Widerstand gegen den Versuch einer Neubewertung erklären?

b. Ein gewisses Unbehagen zeigt sich auch angesichts der Relativierung des etablierten (und politisch beruhigenden) Schemas, das die Existenz und den Einfluss des deutschen Films in Hollywood mit dem Exilfilm in Verbindung bringt.

c. Der triumphale Siegeszug Hollywoods hat seinerseits die Erinnerung an eine Phase verblassen lassen, in der der europäische Film eine reale Konkurrenz für das amerikanischen Kino darstellte und ein Modell, mit dem man sich immer wieder konfrontiert sah (auf technischer Ebene und jener der *modes of production* – nicht nur auf der Ebene der Filmsprache).

All dies sind mit Sicherheit mögliche Gründe, das Geschichtsbild nicht anzutasten, und sie sind gewiss auch historisch fundiert. Dennoch sollten sie nicht, wie dies bis jetzt der Fall war, eine wissenschaftliche Beschäftigung mit dem Thema verhindern.

Übersetzung aus dem Französischen von Ronny F. Schulz

Literatur

Alicoate, Jack (Hg.) (1942) *The 1942 Film Daily Year Book of Motion Pictures.* Film Daily.
Culbert, David (2007) German Films in America 1933–45. Public Diplomacy and an Uncoordinated Information Campaign. In: *Cinema and the Swastika. The International Expansion of Third Reich Cinema.* Hg. von Roel Vande Winkel & David Welch. New York/Basingstoke: Palgrave Macmillan.
Distelmeyer, Jan (Hg.) (2006) *Babylon in FilmEuropa. Mehrsprachenversionen der 1930er Jahre.* München: Text und Kritik.
Drewniak, Bogusław (1987) *Der deutsche Film 1938–1945. Ein Gesamtüberblick.* Düsseldorf: Droste.
Garncarz, Joseph (2006) Untertitel, Sprachversion, Synchronisation. Die Suche nach optimalen Übersetzungsverfahren. In: Distelmeyer (2006), S. 9–18.
Hake, Sabine (2001) *Popular Cinema of the Third Reich.* Austin: University of Texas Press.
Jason, Alexander (1930a) *Handbuch der Filmwirtschaft, Jahrgang 1930.* Berlin: Verlag für Presse, Wirtschaft und Politik.
Jason, Alexander (1930b) *Handbuch der Filmwirtschaft, Band II, Film-Europa.* Berlin: Verlag für Presse, Wirtschaft und Politik.
Jason, Alexander (1932) *Handbuch der Filmwirtschaft, Band III, Die erste Tonfilmperiode.* Berlin: Verlag für Presse, Wirtschaft und Politik.
Jason, Alexander (1935) *Handbuch des Films 1935/36.* Berlin: Hoppenstedt & Co..
Klaus, Ulrich J. (1993) *Deutsche Tonfilme, Band 5, 1934.* Berlin: Ulrich J. Klaus.
Kracauer, Siegfried (1979 [1947]) *Von Caligari zu Hitler. Eine psychologische Geschichte des deutschen Films.* Frankfurt a.M.: Suhrkamp.
Lehnich, Oswald (Hg.) (1937) *Jahrbuch der Reichsfilmkammer 1937.* Berlin: Max Hesses.
Lehnich, Oswald (Hg.) (1938) *Jahrbuch der Reichsfilmkammer 1938.* Berlin: Max Hesses.
Lehnich, Oswald (Hg.) (1939) *Jahrbuch der Reichsfilmkammer 1939.* Berlin: Max Hesses.
The New York Times Film Reviews. 1913–1968 (1970), 6 Bände. New York: The New York Times & Arno.

Sakmyster, Thomas (1996) Nazi Documentaries of Intimidation. FELDZUG IN POLEN (1940), FEUERTAUFE (1940) and SIEG IM WESTEN (1941). In: *Historical Journal of Film, Radio and Television*, 16,4, S. 485–514.
Saunders, Thomas G. (1994) *Hollywood in Berlin. American Cinema and Weimar Germany*. Berkeley/Los Angeles/London: University of California Press.
Spieker, Markus (1999) *Hollywood unterm Hakenkreuz. Der amerikanische Spielfilm im Dritten Reich*. Trier: Wissenschaftlicher Verlag.
Thiermeyer, Michael (1994) *Internationalisierung von Film und Filmwirtschaft*. Köln/Weimar/Wien: Böhlau.
Variety Film Reviews. 1907–1980 (1983–1985), 16 Bände. New York/London: Garland. Wolffsohn, Karl (1928) *Jahrbuch der Filmindustrie, 1926/1927*. Berlin: Lichtbildbühne.
Wolffsohn, Karl (1930) *Jahrbuch der Filmindustrie, 1930*. Berlin: Lichtbildbühne.
Wolffsohn, Karl (1933) *Jahrbuch der Filmindustrie, 1933*. Berlin: Lichtbildbühne.

WOLFGANG FUHRMANN

Deutsche Kultur- und Spielfilme im Brasilien der 1930er Jahre
Eine transnationale Perspektive

Im Mai 1923 erreichte ein empörter Brief das kolumbianische Außenministerium in Bogota. Anlass war die Aufführung von D.W. Griffiths Kriegspropagandafilm HEARTS OF THE WORLD (USA 1918), der zu heftigen Protesten seitens der deutschstämmigen Bevölkerung in Kolumbien führte. In Sorge um die Stimmung in den deutschen Gemeinden und die guten Beziehungen zu Deutschland wies die Regierung die Landesdepartements an, weitere Aufführungen von anti-deutschen Filmen zu untersagen.[1]

Wessen (Film)-Geschichte wird hier erzählt? Das Ereignis steht im Schnittpunkt US-amerikanischer Vertriebs-, nationaler Film- und deutscher Auswanderungsgeschichte, in der deutschstämmige Kolumbianer als aktive Filmzuschauer auftreten. Egal für welche Perspektive man sich entscheidet, sie wird dem Ereignis in seiner Komplexität nur unzureichend gerecht.

Filmhistorische Ereignisse umfassend zu beschreiben und zu analysieren, stößt nicht selten an methodische Grenzen, wenn es um eine nationale Kino-Geschichtsschreibung geht, deren Spektrum allzu oft auf die Filmproduktion eines Landes fokussiert ist und Fragen der Rezeption weitgehend ausklammert (Crofts 2002, 42; Higson 1989). Aus filmhistoriografischer Perspektive lässt sich der Vorfall aus Kolumbien durchaus als ein Dilemma lesen, das stellvertretend für eine Reihe von Filmgeschichten in Einwanderungsländern steht. Im Folgenden soll es um einen weiteren ‹Schnittpunkt› gehen, der allerdings nicht in Kolumbien, sondern in dem größten Einwanderungsland Lateinamerikas liegt: in Brasilien.

In «The Limiting Imagination of National Cinema» unterzieht Andrew Higson seinen mittlerweile kanonischen Text «The Concept of National Cinema» einer kritischen Neubetrachtung (Higson 1989 & 2000). Ausgehend von Benedict Andersons Entwurf der *imagined community* fragt Higson nach dem Nutzen des Konzepts eines «nationalen Kinos», das neben seiner zwar hilfreichen Etikettierungsfunktion zugleich tautolo-

---

1 Archivo General de la Nación, Ministerio de Gobierno, Seccion Primera, Rollo 226, Tomos 892–893, Folio 5-13.

gisch und fetischisierend ist. Analysen zum nationalen Kino führen nicht selten zu einer Beschränkung auf Filme, die die Nation als abgeschlossenen Raum erzählen, in dem sich eine homogene Gemeinschaft befindet, die jeder anderen Identität gegenüber verschlossen ist (Higson 2000, 66). Was ein *national cinema* nicht zu leisten vermag, ist die Offenlegung der kulturellen Diversität, des Austausches und der gegenseitigen Durchdringung, die die filmischen Aktivitäten kennzeichnen (ibid., 64).

Nationale Identität, so Higson, ist die Erfahrung des Dazugehörens zu einer Gemeinschaft, die sich jedoch nicht über einen spezifischen geopolitischen Raum definieren muss. Moderne Nationen sind immer sowohl von Einheit als auch von Diaspora gekennzeichnet (ibid., 64). Fragmentiertheit und Disparität ihrer Mitglieder sind Teil einer *imagined community*, was wiederum bedeutet, dass die nationale Öffentlichkeit und der damit verbundene patriotische Diskurs über Nation und nationale Identität ständig darum bemüht sein muss, seine Disparität und Heimatlosigkeit in eine Erfahrung der gefestigten Gemeinschaft zu überführen. Für Higson bleiben in einem solchen Ansatz die Dynamiken moderner Gesellschaften unberücksichtigt, in denen kulturelle und ökonomische Ströme nicht national-staatlichen Grenzziehungen folgen. Grenzen sind nicht nur Mittel der staatlichen Demarkierung, sondern zugleich Durchgänge, die Migration und Austausch ermöglichen (ibid., 67). Im Moment der Grenzüberschreitung entsteht das ‹Transnationale›, das sehr viel besser geeignet erscheint, kulturelle und ökonomische Formationen zu beschreiben, weil diese nicht in nationalen Eingrenzungen gedacht werden können. Transnationale Phänomene betreffen alle Bereiche des Films, sei es in Bezug auf Koproduktionen oder migrierende Filmschaffende auf der Produktionsebene, Fragen der Zensur, der Synchronisation, der Untertitelung und des Marketings oder in Bezug auf die Rezeption von Filmen in den spezifischen kulturellen Kontexten, in denen sie gesehen werden (ibid., 68).

Untersuchungen zur Transnationalität in Film und Kino konzentrieren sich überwiegend auf den Zeitraum nach dem Zweiten Weltkrieg, den Zusammenbruch des Ostblocks und die Effekte globaler Migration. Es besteht jedoch keine Notwendigkeit, Transnationalität ausschließlich als rezentes Phänomen zu untersuchen (vgl. Halle 2008, 5). Film war und ist ein internationales Medium, das insbesondere im Rahmen von Vertrieb und Rezeption immer auch transnational zur Geltung kommt. Mit einer Verschiebung von einer produktionsorientierten zu einer vertriebs- und rezeptionsorientierten Filmgeschichte können filmhistorische Erkenntnisse gewonnen werden, die normalerweise durch das Raster einer eurozentristischen Filmhistoriografie fallen würden. Untersuchungen zu Ländern, deren Produktionsumfang nicht ausreicht, um den eigenen Markt zu bedienen, bieten sich in besonderer Weise an, Filmgeschichte in Form von Wirkungs- und Rezeptionsgeschichte zu betreiben (Eckardt 2008). Das Gleiche gilt für Filmbeziehungen zwischen Ländern, die aufgrund von Aus- und Einwanderung historisch miteinander verbunden sind.

Lateinamerika war nicht nur ein bevorzugtes Einwanderungsziel deutscher Emigranten, sondern auch ein wichtiges Exportgebiet für die deutsche Filmindustrie. Auch wenn sich der Anteil deutscher Einwanderer in Lateinamerika national wie regional stark unterscheidet (Deutsche konzentrieren sich vor allem in Südbrasilien, Nordostargentinien oder Südchile), so zeigt das genannte Beispiel aus Kolumbien, dass Immigranten durchaus in der Lage waren, die Filmkultur der neu gewählten Heimat mitzugestalten. Aufgeführte Filme waren nicht *per se* in ihrer Rezeption vorherbestimmt – etwa als Ausdruck faschistischer Propaganda in den 1930er Jahren –, sondern unterlagen den Dynamiken einer lebendigen Filmkultur.

Die folgende Darstellung und Analyse des Vertriebs und der Rezeption deutscher Kultur- und Spielfilme im Brasilien der 1930er Jahre schließt an nationale Forschungen und Filmhistoriografien an, in denen internationale oder transnationale Aspekte unberücksichtigt geblieben sind. Forschungen zur Geschichte und Ästhetik des dokumentarischen Films in Deutschland sowie zur Geschichte der UFA (Kreimeier 1992; Bock/Töteberg 1992) belegen die Bedeutung des Kulturfilms als zentrales und prägendes Genre der nichtfiktionalen Filmform seiner Zeit sowie die Effizienz und Struktur eines Filmunternehmens, das wie kein zweites imstande war, als ernstzunehmender Konkurrent zu Hollywood auf dem Weltmarkt zu agieren.[2] Unberücksichtigt geblieben sind bisher hingegen die internationalen und transnationalen Vernetzungen, Beziehungen und Einflüsse der Filme oder des Unternehmens.

Deutsche Einwanderung in Brasilien

Brasilien war seit dem 18. Jahrhundert eines der wichtigsten Ziele deutscher Emigranten. Mitte der 1930er Jahre schätzte man die Zahl deutschstämmiger Einwanderer in Brasilien auf bis zu eine Million und circa 80'000–100'000 Reichsdeutsche (Nazario 2006, 85).[3] Die Ansiedlung dieser Einwan-

---

2   Vgl. die dreibändige *Geschichte des dokumentarischen Films in Deutschland,* hg. von Jung/Loiperdinger (Band 1) Kreimeier/Ehmann/Goergen (Band 2), Zimmermann/Hoffmann (Band 3), 2005.

3   Man unterschied zwischen Reichsdeutschen, die in Besitz der deutschen Staatsangehörigkeit waren, und Volksdeutschen, die deutscher Abstammung waren, aber eine andere Staatsangehörigkeit besaßen.

derer erfolgte vor allem im Süden Brasiliens in den Staaten Santa Catarina und Rio Grande de Sul, wo der Anteil Deutschstämmiger bis zu zwanzig Prozent betrug (Isolan 2006, 38).[4] Sie verfügten bis in die späten 1930er Jahre über eine perfekte Infrastruktur in Form von mehr als tausend Schulen, unzähligen Vereinen und verschiedenen deutschsprachigen Tageszeitungen. Darüber hinaus profitierten Deutsch-Brasilianer von den guten wirtschaftlichen und politischen Beziehungen zwischen den beiden Ländern. Doch mit einem Erlass, der es Ausländern verbot, sich politisch zu betätigen, fand das brasilianische Deutschtum im April 1938 ein jähes Ende (Müller 1997, 305). In den Folgejahren schlossen deutsche Schulen oder wurden in brasilianische Schulen umgewandelt, und vormals deutsche Firmen wurden unter brasilianische Leitung gestellt. Mit dem Kriegseintritt 1942 wurde ein Versammlungsverbot für Deutsche erteilt und die deutsche Sprache verboten.

Die facettenreiche transnationale Geschichte deutscher Einwanderung nach Brasilien hat bisher nur wenig Beachtung in der deutschen Filmforschung gefunden (Fuhrmann 2008).[5] Das ist umso erstaunlicher, da brasilianische Sujets schon immer die exotistischen Seh(n)süchte deutscher Regisseure beflügelten und bis heute das Brasilien-Bild der hiesigen Kinolandschaft prägen.[6] Artikel und Nachrichten aus Lateinamerika in der frühen Film-Fachpresse berichteten über den Erfolg deutscher Filmhändler und Kinobesitzer im Lande.[7] Und die Vorstandsprotokolle der UFA belegen die kontinuierliche Bedeutung des südamerikanischen Marktes, der nicht in der Lage war, durch Eigenproduktionen zu bestehen (Shaw/Dennison 2007, Chanan 1998). Spätestens mit der Weltwirtschaftkrise 1929 wurde Lateinamerika sowohl für die UFA (stellvertretend für die gesamte deutsche Filmproduktion) als auch für die US-amerikanischen Filmgesellschaften zu einem wichtigen Absatzmarkt.[8] Lateinamerika blieb im Zweiten Weltkrieg als Kriegsschauplatz verschont; Brasilien trat erst spät in den Krieg ein.

---

4   Ortsnamen brasilianischer Städte wie Blumenau, Pomerode, Schroeder oder Teutonia erinnern bis heute an den Einfluss deutscher Einwanderung. Die Stadt Blumenau feiert jährlich das größte Oktoberfest außerhalb Deutschlands.
5   Im Gegensatz dazu gibt es verschiedene Untersuchungen auf brasilianischer Seite (Nazario 2007; Isolan 2006).
6   Angefangen im frühen Kino mit KAFFEEGEWINNUNG IN BRASILIEN (Pathé Frères 1908), BRASILIANISCHER VOLKSTANZ (Elge 1910) , DIE TANTE AUS BRASILIEN (Karlchen-Film GmbH Berlin 1921), DAS FRAUENHAUS VON RIO (Hans Steinhoff, D 1927), DONOGOO TONKA (Reinhold Schünzel, D 1935/36), KAUTSCHUK (Eduard von Borsody, D 1938) STERN VON RIO (Karl Anton, D 1914 bzw. Kurt Neumann, BRD 1955) bis hin zu jüngsten Beispielen wie Alexander Pickls STREETS OF RIO (D/BRA 2005/06) oder SCHROEDER LIEGT IN BRASILIEN (Zé do Rock, BRA/BRD 2008).
7   Stellvertretend sei hier eine Anzeige der Rombauer Cia aus Rio de Janeiro genannt, in der das Unternehmen für sein Qualitätsprogramm mit ausschließlich deutschen Filmen wirbt (in: *Lichtbild-Bühne* 11, 1922, S. 61).
8   Zahlenmäßig war Hollywood auf dem brasilianischen Markt stets dominierend, was

Der Kulturfilmdienst

Für das Kinopublikum in Brasilien waren deutsche Kulturfilme keine Seltenheit: Im Januar 1927 konnte man zum Beispiel Hanns Walter Kornbaums abendfüllenden WUNDER DER SCHÖPFUNG (D 1925) sehen.[9] Eine spezielle Förderung des Kulturfilms in Form von Lehr- und Unterrichtsfilmen scheint in den deutschsprachigen ländlichen Gebieten allerdings erst in den 1920er Jahren erfolgt zu sein. Als möglicher, vorerst provisorischer Beginn kann der Besuch von Edgar Beyfuss in Brasilien im August 1925 gelten. Beyfuss war zu dieser Zeit Dramaturg der UFA-Kulturfilmabteilung und befand sich vermutlich auf einer Werbetour für den Kulturfilmvertrieb in Brasilien. Sein Vortrag in der Olinda-Schule, der größten deutschen Schule in São Paulo, sollte dem Publikum Aufschluss über den deutschen Kulturfilm bringen und mit der Vorführung eines Films Einblicke hinter die Kulissen geben.[10] In den folgenden Jahren verstärkten die deutschen Schulen – federführend war die Olinda-Schule – ihre Filmaktivitäten, die im Weiteren maßgeblich durch die politischen Veränderungen in Deutschland und ein privates Filmnetzwerk in Brasilien beeinflusst wurden.

Bereits kurz nach der Machtergreifung Hitlers begann die Zusammenarbeit des deutschen Propagandaministeriums mit den Auslandsorganisationen (AO) der NSDAP, die finanziell und materiell mit Filmen, Bildern und Artikeln versorgt wurden (Müller 1997, 65). Eine brasilianische AO entstand bereits 1931 in Rio de Janeiro und zählte 40'000 Mitglieder (Nazario 2007, 87). In den folgenden Jahren wurde die Zusammenarbeit von staatlicher Seite weiter ausgebaut und der Export deutscher Filme durch die AOs geplant (Müller 1997, 66).

Parallel und unabhängig von den Interessen der NSDAP entstanden in Brasilien zwei Initiativen, die es sich zur Aufgabe machten, die Filmaktivitäten in den Gebieten der deutschen Einwanderer zu koordinieren. Bereits vor der Machtergreifung Hitlers hatte der Lehrerverein in São Paulo 1930 einen eigenen Filmprojektor erworben, um vermehrt Vorführungen in der Stadt und Umgebung zu veranstalten. In São Leopoldo im Bundesstaat Rio Grande de Sul wurde 1932 auf eine Privatinitiative des dort tätigen Lehrers Dr. Kosche der Deutschbrasilianische Kulturfilmdienst (DKD) gegründet, den der Landesverband Deutsch-Brasilianischer Lehrer (LDL-Filmdienst) ab 1934 verwaltete.[11] Unterstützung erhielt der Filmdienst

---

    die europäischen Filmindustrien nicht davon abhielt, einen Anteil am brasilianischen Markt zu gewinnen (Isolan, 34 ff).
9 *Deutsche Rio Zeitung*, 27.1.1927.
10 Archivo do Instituto Martius-Staden (hiernach AIMST), Diario G. A. Hoch 1924–1926.
11 *Allgemeine Lehrerzeitung für Rio Grande de Sul*, 5, Mai 1934, S. 13. Die Idee eines Kultur-

durch die Vertretung der Propagandastelle der deutschen Reichsbahn sowie durch die Firmen Zeiss, Agfa und Siemens (Rodrigues/Moraes von Simson 2005, 27).[12] Nach Gründung des Filmdienstes entstand eine erste Dependance in São Paulo, die sich bald landesweit mit Hauptstellen, Gaustellen und Bezirksstellen bis nach Bahia im Nordosten Brasiliens vernetzte. Die Programme bestanden ausschließlich aus Stummfilmen[13] im Format 16mm-Schmalfilm oder dem selten benutzten 24mm-Format.[14] Sie wurden unentgeltlich vorgeführt, nur die Kosten mussten gedeckt werden.

Ziel des Filmdienstes war es, die gesamte deutschsprachige Bevölkerung zu erreichen und «dem Auslandsdeutschen in lebensnaher Form Bilder aus der deutschen Landschaft, von historischen Orten, von den Stätten deutscher Arbeit» zu zeigen und «die großen nationalen Feiern nacherleben» zu lassen.[15] Die Filme sollten als «lebendige Verbindung mit der Stammesheimat das Volkstum erhalten helfen» und das deutsche Schulwesen in Brasilien stärken.[16] Vom Filmdienst selbst hergestellte Filme sollten wiederum in der Heimat vom «Deutschtum in Brasilien berichten».[17]

filmvertriebes in den deutschen Kolonien der jeweiligen Länder entstand wahrscheinlich nicht in Brasilien, sondern in Chile; ebenso wird die Idee des Filmdienstes in den folgenden Jahren in Argentinien etabliert oder zumindest versucht zu etablieren (vgl. Verein Deutscher Lehrer in Chile, 1. Rundschreiben, Ende März 1930, in: AIMST, Correspondência Deutscher Lehrerverein São Paulo 1930). Eine genaue Trennung zwischen dem Lehrerverein und Kosches Kulturfilmdienst ist nicht möglich, da sich Kosche bereits 1932 an den Lehrerverein wendete und eine Koordinierung vorschlug (AIMST, Correspondência Deutscher Lehrerverein São Paulo 1932, 2.7.1932).

12 Kosches Idee eines nicht-kommerziellen Filmdienstes richtete sich anfangs gegen Anbieter wie Agfa-Brasilien, die sich auf den Verkauf konzentrierte und erst später mit dem Filmdienst Verleihoptionen aushandelte (Correspondência: Deutscher Lehrerverein, São Paulo 1932, 2.7.1932).

13 Im Spätsommer 1934 veranstaltete die Reichsbahn eigene Tonfilmvorführungen (Deutsch-brasilianischer Kulturfilmdienst, in: AIMST, Correspondência Deutscher Lehrerverein 1935/I). Einer Korrespondenz mit der deutschen Humboldt-Schule Buenos Aires ist zu entnehmen, dass man im Winter 1934 eigene Kino-Tonfilmvorführungen organisierte (AIMST, Correspondência Landesverband Deutsch-Brasilianischer Lehrer 1934, 5.9.1934).

14 Bericht Deutsche Schule São Paulo 1933 (1934), 75. Bei dem 24mm Format handelte es sich mit großer Wahrscheinlichkeit um das unperforierte Filmformat der Marke Ozaphan. Das ungewöhnliche Format wurde in den 1930er Jahren für den Amateur-, Lehr- und Unterrichtsbereich entwickelt und vornehmlich in Frankreich und Deutschland durch Cinélux vertrieben (Forster/Goergen 2007). Ich danke Ralf Forster für diesen Hinweis.

15 Bericht Deutsche Schule São Paulo 1933 (1934), 74.

16 Bericht Deutsche Schule São Paulo 1936, 88.

17 Bericht Deutsche Schule São Paulo 1933 (1934), 75. Eine genaue Auflistung der eigenen Aufnahmen, die durch den DKD verliehen wurden, konnte bisher nicht gefunden werden. An Titeln werden in den Korrespondenzen genannt: RIO GRANDENSER GIFTSCHLANGEN; DIE GROSSE PARADE IN PORTO ALEGRE VOR FLORES DA CUNHA AM 24.10.1933; DAS GROSSE GAUTURNFEST IN IJUHY; QUER DURCH SANTA CATHARINA oder BERTIOGA; [REISE NACH DEN IGUASSUFÄLLEN]; [DIE EROBERUNG DES URWALDES (DEUTSCHE SIEDLUNG IN SÜDBRASILIEN)] oder [BRASIL GRANDIOSA]. Bei den in eckigen

1 Kulturfilmdienst des Landesverbands Deutsch-Brasilianischer Lehrer. Ausstellung zum Schulfest 1936.

Filmvorführungen durch den Lehrerverein oder den Kulturfilmdienst waren beliebt und erfolgreich. Für den Zeitraum zwischen 1931 und 1938 lassen sich zahlreiche Anfragen von Vereinen belegen, die Vorführungen planten oder Tipps zur weiteren Akquirierung neuer Filme gaben – Korrespondenzen, die der Filmdienst ab und an auch mit einem «Filmheil» signierte.[18] Im ersten Jahr seiner Tätigkeit konnte der Filmdienst 121 Vorstellungen verzeichnen, davon 85 im Stadtgebiet São Paulo sowie 36 im Innern des Landes.[19] Die Bezirksstelle Santa Catarina berichtet von bis zu 3'000 Zuschauern pro Vorführung.

Filme, die während der Jahre des Filmdienstes in den Gebieten deutscher Einwanderer und den deutschen Schulen zur Aufführung kamen, stammten nicht ausschließlich aus oder berichteten über Deutschland; ebenso wenig war das Publikum ausschliesslich deutsch oder deutschstämmig. Eine Veranstaltung der Olinda-Schule in São Paulo im Mai 1934 begann beispielsweise mit dem Trickfilm WUPP LERNT DAS GRUSELN

Klammern genannten Titeln handelt es sich wahrscheinlich um Aufnahmen, die von Deutsch-Brasilianern zur Verfügung gestellt wurden. Sie konnten bisher noch nicht offiziell nachgewiesen werden.
18   AIMST, Correspondência Landesverband Deutsch-brasilianischer Lehrer 1933, 22.4.1933.
19   AIMST, Hans Staden-Verein São Paulo, Rundschreiben 4/35, o.A. GIV f 7. Instituto Hans Staden 1925–1941.

2 Einladung des Deutsch-Brasilianischen Kulturfilmdienstes zur Vorführung deutscher Kultur- und Lehrfilme vom 18. Mai 1934.

(Hermann Diehl, D 1932), gefolgt von Mit dem Condorflugzeug von Natal bis Santos sowie Der schöne Rhein. II. Teil.[20] Der Trickfilm war kaum dazu geeignet, das Deutschtum in Brasilien zu stärken, sondern diente vielmehr dazu, den Filmabend in unterhaltender Atmosphäre zu eröffnen.

In Analogie zu Thais Blanks These, dass in deutschen Wochenschauen zu sehende Aufnahmen von Auslandsdeutschen in Brasilien über tausende von Kilometern das Band einer nationalsozialistischen *imagined community* festigten (Blank 2008, 11), ließe sich argumentieren, dass in Brasilien aufgeführte Kulturfilme aus Deutschland eine ähnliche Funktion erfüllten. Demnach gab der Film deutschen und deutschstämmigen Zuschauern das Gefühl, Teil der nationalsozialistischen Gemeinschaft zu sein – einer Gemeinschaft, die, wie der Untertitel «Von Koblenz bis Rotterdam» in Der schöne Rhein besagt, davon Zeugnis ablegt, dass «deutsche

---

20 Für die beiden zuletzt genannten Filme konnten bisher keine filmografischen Angaben gefunden werden.

Landschaften» weit über die eigene Staatsgrenze hinausreichten. Ebenso konnten Zuschauer den Flug entlang der Küste Brasiliens im Condorflug-Film als Meisterleistung deutscher Technik verstehen, die die neue Heimat aeronautisch vermaß.[21]

Berücksichtigt man jedoch die Heterogenität des Publikums und die Programmstruktur der Vorführungen, so kann kaum von den Filmtiteln auf eine eindeutige Rezeption geschlossen werden.[22] Vielmehr ist im Sinne von Stuart Halls Modell des *encoding/decoding* von einer ausgehandelten oder gar oppositionellen Lesart zu sprechen (Hall 1999).

Dafür spricht, dass das Verhältnis zwischen den Auslandsorganisationen der NSDAP und der deutsch-brasilianischen Bevölkerung nicht ohne Spannung war. Die Mehrheit der deutschstämmigen Bevölkerung pflegte die deutsche Sprache, Kunst und Tradition, zeigte aber kein Interesse für die faschistische Ideologie (Nazario 2007, 86). Nur der kleinste Teil unterstützte Hitler und sprach sich das Recht zu, sich gegen «Teuto-Brasilianer» zu wenden, die nicht ihre Ideen teilten (Nazario 2007, 86; Geertz 1987, 82). Darüber hinaus gab es in Brasilien kritische Stimmen, die das Vorgehen der AOs im Lande als unsensibel betrachteten, da sie den Ruf deutschstämmiger Brasilianer als ‹gute brasilianische Staatsbürger› gefährdeten (Müller 1997, 43 und 296). Entsprechend besorgt äußerte sich ein Bericht zur Vorstandssitzung des Verbandes deutscher Vereine im November 1931, in dem man vor dem zunehmenden Einfluss der NSDAP auf die Bevölkerung warnte.[23]

Folgt man den Berichten und Korrespondenzen über Filmveranstaltungen in den Städten und auf dem Lande, dann war das Zielpublikum alles andere als rein deutsch oder deutschstämmig. Deutsche machten den geringsten Teil der Olinda-Schüler aus, die überwiegend von Deutsch-Brasilianern und zu einem Viertel von Brasilianern und anderen Nationalitä-

---

21   Die Condor wurde 1924 aus einem Zusammenschluss der kolumbianischen Sociedad Colombo Alemana de Transporte Aéreo (SCADTA) und der Deutschen Aero Lloyd gegründet. Zur Geschichte der Condor siehe: http://en.wikipedia.org/wiki/Condor_Syndikat (Zugriff am 15.10.2009).
22   Zu den Filmen, die Blank untersucht, gehören u.a. ILHA DE MARAJÓ [Die Insel Marajó], und COLONOS ALEMAES NO BRASIL [Deutsche Kolonien in Brasilien]. Letzterer scheint identisch mit AUF GROSSER FAHRT. EIN FILM VON KRIEGSMARINE UND AUSLANDSDEUTSCHEN (Hans-Hein von Adlerstein, D 1936). Vgl. http://www.filmarchives-online.eu/viewDetailForm?FilmworkID=dca453179b5df647038de54ffb3240ff&content_tab=deu (Zugriff am 22.10.2009).
23   AIMST, Correspondência Deutscher Lehrerverein, São Paulo 1931. Bericht aus der Vorstandssitzung des Verbandes Deutscher Vereine, 9.11.1931. Die Gründung des VDV ging auf eine Initiative der Ortsgruppe der NSDAP São Paulo zurück, die damit größere Einflussnahme auf das kulturelle Leben der deutschstämmigen Bevölkerung erreichte (vgl. Müller 1997, 159) Die obgenannte Kritik zeigt aber, dass man sich innerhalb des Vereins der Einflussnahme bewusst war.

ten besucht wurde.²⁴ Auf dem Lande scheinen ohne die portugiesischsprachige Bevölkerung Filmvorführungen kaum möglich gewesen zu sein. Im Juni 1931 musste eine Veranstaltung in Cosmópolis im Innern São Paulos aufgrund des fehlenden Stroms ins Stadtkino verlegt werden. Nur dank des Besuches der brasilianischen Bevölkerung konnte ein finanzieller Verlust an diesem Abend vermieden werden. Ein Bericht bemerkt dazu:

> Obgleich die Handlung der Filme leicht verständlich war, ist doch bemerkenswert, dass besonders von den Brasilianern bedauert wurde, dass die Texte außer in deutscher nicht auch in der portugiesischen Landessprache abgefasst waren. Und zweifellos könnten wir mit noch größeren Erfolgen rechnen, wenn zukünftig dieser Wunsch berücksichtigt würde.²⁵

Ähnlich ‹brasilianisch› geprägt war eine Vorführung in Congonhas do Campo in Minas Gerais im Jahr 1938, bei der von 200 Zuschauern nur 10–15 deutschstämmig waren.²⁶

Dass ein brasilianisches Publikum zumindest in der Planung mitgedacht wurde, zeigt eine eigentümliche Verbindung deutscher und brasilianischer Filmtitel in einem Programm im März 1935 in São Caetano in Minas Gerais. Neben den Filmen VON AMMERGAU ZUM STAFFELSEE,²⁷ DIE OSTSEE, 5 UND 6 TEIL und SPORT IM SCHNEE kamen OS 3 CAVALHEIROS und KOKO E O CACIQUE zur Aufführung.²⁸ Bemerkenswert in der Programmlistung ist nicht nur das Nebeneinander von deutschen und brasilianischen Titeln, sondern auch, dass die deutschen auf den Kulturfilm verweisen, während es sich bei den übrigen beiden Titeln um Animationsfilme handelt. Die Programmgestaltung des Abends lässt sich als eine Alternative zum Dilemma in Cosmopolis lesen. Es ist nicht überliefert, in welcher Sprache der Filmabend durchgeführt wurde und ob die ersten drei Filme portugiesisch eingesprochen wurden, doch bedurften zumindest die Trickfilme keines erläuternden Textes oder speziellen Idioms, um verstanden zu werden. Sie vermittelten sich als das, was sie sein wollten – lustige Unterhaltung für ein breites Publikum, ungeachtet ob brasilianischer oder deutscher Herkunft.

---

24 Von 426 Schülern im Jahr 1923 waren 259 Deutsch-Brasilianer, 79 Deutsche und 88 Brasilianer und andere Nationalitäten. Zum 60-jährigen Bestehen 1938 betrug die Zahl 947 Schüler, davon 126 Deutsche, 520 Deutsch-Brasilianer, 249 Brasilianer und 52 andere Nationalitäten (Tiemann 2008, 4).
25 AIMST, GIV f Nr. 25 Schubert Chor. Bericht des Deutschen Lehrervereins-São Paulo über die Filmvorführungen vom 22.5.1931.
26 AIMST, Correspondência Landesverband Deutsch-Brasilianischer Lehrer 1937–1938, 22.4.1938.
27 Hier handelt es sich wahrscheinlich um den Emelka-Kulturfilm VOM STAFFELSEE INS AMMERGAUER LAND (F. Möhl, D 1925). Vgl. www.filmportal.de.
28 AIMST, GIV f Nr 25/ Schubert-Chor. 13.3.1935. Für letztgenannte Filme konnten bisher keine filmografischen Angaben gefunden werden.

Angesichts der heiklen Elektrifizierung waren Filmveranstaltungen im Landesinnern nicht selten eine improvisatorische Meisterleistung und, im Gegensatz zu Vorführungen in den Städten, oft gar die ersten Filmvorführungen überhaupt für die ansässige Bevölkerung.[29] Auch hier wird in abgewandelter Weise vom bekannten Gründungsmythos der Filmgeschichte berichtet, nicht in Form eines gefilmten einfahrenden Zuges, der nach der Legende dafür gesorgt haben soll, dass das Publikum in den ersten Reihen vor Schrecken in Deckung ging, sondern in Form eines Lastautos mit SA-Leuten.[30] Dies verweist sowohl auf den ideologischen Gehalt des Films, der auf eine faschistisch-patriotische oder ehrfürchtige Bewunderung des Zuschauers spekuliert, als auch auf das Filmereignis als Attraktion, das von den «Kolonistenkindern» [...] «unsicher zwischen Furcht und Staunen» erlebt wurde.[31]

Als fantastische Seh-Erfahrung und Novität entfalteten Filme über den Tag von Potsdam, den Maifeiertag oder das Turnfest in Stuttgart eine Reihe von Rezeptionsmöglichkeiten im Spannungsfeld politischer Propaganda, Attraktionskino und der «Ästhetik der Ansicht» (Gunning 1990; 1995). Higson weist darauf hin, dass fremde Filme exotische Elemente in die indigene Kultur einführen können und damit zur Diversität des nationalen Filmrepertoires beitragen (Higson 2000, 69). Angesichts des spärlichen Unterhaltungsangebots im Landesinneren trugen jedoch nicht nur die Filme, sondern auch die Filmprojektion an sich zu einer Erweiterung des Kulturangebots bei.

Gunning definiert die «Ästhetik der Ansicht» in Aktualitäten und Reisebildern als etwas, das bereits vor der Aufnahme existiert hat und somit weitgehend unabhängig vom Akt des Filmens ist (Gunning 1995, 114). Die vermeintliche Unveränderbarkeit und Unabhängigkeit der Ansicht von ihrer medialen Verfasstheit machten Aufnahmen aus Deutschland zu einer Art nostalgisch-visuellem Erinnerungsalbum an eine vergangene Zeit, das die Zuschauer mit «tränenfeuchten Augen» und «Tränen wehmütiger Erinnerung bei den Bildern aus der alten Heimat» gemeinsam ansahen.[32] Mit den Filmen verwandelte sich der Zuschauer in einen virtuellen Zeit-Reisenden, der Bilder aus der alten Heimat und seiner Vergangenheit sah, wohl wissend, dass er diese so nie wieder sehen würde. Als eine Art Zeit-Erfahrung lässt sich auch die bereits erwähnte Programmierung der Filme

29 Bericht Deutsche Schule 1933 (1934), 76.
30 Ibid. Die vermeintliche Panik bei den ersten Filmvorführungen der Lumière-Brüder in Paris ist, wie Martin Loiperdinger gezeigt hat, nicht belegt. Vielmehr verweist die ‹Panik-Legende› auf eine neue Erfahrung der Wirklichkeitswahrnehmung, eine fantastische Erfahrung der Wirklichkeit (Loiperdinger 1996, 49).
31 Bericht Deutsche Schule 1933 (1934), 76.
32 Ibid.

in der Olinda-Schule verstehen: Der Blick über Brasilien aus dem Flugzeug war der gegenwärtige Blick auf die neue Heimat, gefolgt von der nostalgischen Erinnerung an die alte. Bedenkt man den immensen Unterschied der Distanzen, die in den Filmen zurückgelegt werden – 3'000 km entlang der brasilianischen Küste vom Nordosten des Landes (Natal) bis nach São Paulo (Santos) beziehungsweise 400 km von Koblenz bis Rotterdam –, so lässt sich die alte Heimat durchaus als zu klein verstehen, die zu Gunsten einer um ein Vielfaches größeren neuen Heimat verlassen wurde.

Der Fokus auf das Filmprogramm, das nicht standardisiert war, sondern gemäß den lokalen Bedürfnissen der nachfragenden Institutionen variierte, zeigt, dass die Vorführungen der Schulen oder des Kulturfilmdienstes nicht ausschließlich als exterritoriale Verlängerung nationalsozialistischer Filmpropaganda verstanden werden dürfen. Während für brasilianische Zuschauer die Filme eine Erweiterung des kulturellen Angebots darstellten, maßen deutsch-brasilianische Zuschauer ihnen auf sehr unterschiedliche Weise Bedeutung bei: Kulturfilmveranstaltungen konnten das Band einer *imagined community* stärken – aber nicht nur das einer deutschen, sondern eben auch das einer brasilianischen, der sich Deutsch-Brasilianer zugehörig fühlten.

Spielfilme in Brasilien

Folgt man den Rezensionen deutscher Spielfilme in Brasilien, so wurden die Filme zunächst als willkommene Abwechslung und Herausforderung zum dominierenden Hollywoodkino gesehen und erst zu einem späten Zeitpunkt mit faschistischer Propaganda in Verbindung gebracht (vgl. Nazario 2007, 88-90).

Anders als das privat organisierte Netzwerk für den Kulturfilm konzentrierte sich die Spielfilmdistribution auf die öffentlichen Kinos. Der brasilianische Markt wurde zwar von verschiedenen deutschen Filmgesellschaften beliefert, für das brasilianische Publikum war jedoch jeder deutsche Film ein UFA-Film: *Um-filme-alemão*.[33]

Ihre Popularität verdankten deutsche Unterhaltungsfilme dem hohen technischen Standard, der sich vor allem in der *mise-en-scène* von Licht, Musik und Kameraarbeit ausdrückte und die Presse immer wieder zu Lobeshymnen und Superlativen hinriss. METROPOLIS (Fritz Lang, D 1925/26), FAUST (Friedrich Wilhelm Murnau, D 1925/26), VARIETÉ (Ewald

---

33 BArch R 109/5379, fol. 536. Hierbei handelt es sich um einen Bericht des brasilianischen UFA-Vertriebspartners Ugo Sorrentino im *Filmkurier* vom 28.7.1934.

3 Premiere von SENSATIONSPROZESS CASILLA (Eduard von Borsody, D 1939) in Rio de Janeiro am 7. Juli 1941.

A. Dupont, D 1925) oder WALZERTRAUM (Ludwig Berger, D 1925) wurden überschwänglich als «Wunder der modernen Kinematografie» und «brillante Arbeit reiner Kunst» gefeiert (Isolan 2006, 89). Sah die Presse Hans Steinhoffs DER ALTE UND DER JUNGE KÖNIG (D 1934/35) als den «grandioseste[n] Film, der bisher vom deutschen Kino produziert wurde», war es kurz darauf MAZURKA (Willi Forst, D 1935), der zum bisher besten der dort je hervorgebrachten Film ausgerufen wurde (ibid., 90).

Das Qualitätsmerkmal der UFA-Filme machten sich einige brasilianische Kinobesitzer in ganz besonderer Weise zu eigen: Im April 1935 erreichte die UFA-Zentrale in Berlin der empörte Brief des in Brasilien lebenden, aber «deutsch denkenden und fühlenden Österreichers» Eugenio de Felix, der auf einen skandalösen Zustand in den brasilianischen Kinos aufmerksam machen wollte.[34] Von Beruf Unternehmer und Produzent von Naturfilmen berichtet de Felix von Kinos in São Paulo und Rio de Janeiro, die täglich von 14 Uhr bis Mitternacht deutsche Filme der Kategorie «Nur für Männer» aufführten:

> Was nun die Filme anbelangt, die dort gespielt werden, so handelt es sich durchwegs um alte stumme Filme, bei denen an den möglichsten und unmöglichsten Stellen *rein pornografische Scenen* hineingesetzt wurden, und dem Publikum den Eindruck geben sollen, dass es sich um komplette Produktionen handelt. Was den Tatbestand besonders interessieren wird: Fast alle die-

---

34 BArch R 109 I/5379, fol. 398-399.

ser Filme sind ältere Filme der UFA mit den bekanntesten Künstlern wie Willi Fritsch, Lilian Harvey, Werner Kraus, Werner Fuetterer, Gustav Fröhlich, Ivan Petrovitch, etc.³⁵

Wie de Felix weiter zu berichten wusste, hatte der Kinobesitzer die Filme von dem brasilianischen Verleih Urania gekauft und anschließend die pornografischen Szenen einarbeiten lassen. Die Reaktion der UFA auf die Beschwerde ist nicht überliefert, doch spricht diese Anekdote für eine kulturelle Aneignung der besonderen Art.³⁶

In seiner Untersuchung der Rezeption des deutschen Kinos in der brasilianischen Presse bemerkt Isolan, dass das liberale Image der Weimarer Republik wesentlich zur Popularität deutscher Filme beitrug und sich damit von der US-amerikanischen Filmindustrie abgrenzen konnte, die in ihren Produktionsvorgaben dem Hays Code unterlag (2006, 91 ff).

Mit der Machtübernahme der Nazis veränderte sich auch die Wahrnehmung des deutschen Kinos in der brasilianischen Presse. Nicht transgressive Momente, die die Moral des Weimarer Kinos kennzeichneten, interessierten die Rezensenten, sondern der erzieherische Charakter von Filmen, die für ein neues Deutschland standen, aber weiterhin auf hohem künstlerischen Niveau produziert wurden (Isolan 2006, 93-95). Zum Paradigmenwechsel im Moraldiskurs der Rezensionen deutscher Filme in Brasilien stehen die ‹UFA-Pornos› geradezu quer. Das Kalkül des Kinobesitzers auf einen Erfolg bei der männlichen Klientel in Rio und São Paulo basierte nicht nur auf der guten Reputation, den die UFA aufgrund ihrer hohen *production values* auf dem brasilianischen Markt genoss, sondern auch auf der spezifischen Filmerfahrung der Zuschauer mit dem deutschen Kino. Es ist anzunehmen, dass Filmzuschauer die Kompilationstechnik durchschauten, aber vielleicht nicht den verantwortlichen Agenten dahinter ausmachen konnten. Somit konnten sie die ‹UFA-Pornos› sowohl als sehr liberales Produkt der deutschen Filmindustrie ansehen als auch als gewitzte Aneignung und Parodie auf das ‹anständige› deutsche Kino seiner Zeit.

Feierte die brasilianische Presse die UFA-Filme aufgrund ihrer künstlerischen Merkmale, war die UFA-Zentrale in Berlin weniger euphorisch

---

35 Ibid. [Herv. i. O.]. Um der UFA einen Eindruck des Umfangs zu geben, teilte de Felix gleich die betreffenden Titel mit: ALMAS PERDIDAS / DIE CARMEN VON ST. PAULI (Erich Waschneck, D 1928); INFERNO DAS VIRGEN / DIE HOELLE DER JUNGFRAUEN (Robert Dinesen, D 1927); EMBRIAGUEZ DA MOCIEDADE / JUGENDRAUSCH (Georg Asagaroff, D 1926/27) und CASTE SUZANA / DIE KEUSCHE SUSANNE (Richard Eichberg, D 1926).

36 Das Beispiel eines mexikanischen Handelspartners, der unautorisiert das UFA-Logo in seinen Briefkopf integriert hatte, zeigt, dass sich die UFA wiederholt mit dem Problem konfrontiert sah, ihren Namen gegen Missbrauch zu schützen (BArch R 109 I/5379, fol. 386).

über den Ertrag ihrer Produktionen und stets auf der Suche nach dem richtigen Vermarktungskonzept für Südamerika. Folgt man den Vorstandsberichten der UFA, war der Markt in Brasilien schwer einzuschätzen. Entgegen der Hoffnung, dass DAS HOFKONZERT (Detlef Sierck, D 1936) einen ähnlichen Erfolg erzielen würde wie in anderen Monopolgebieten, war der Film in Brasilien wenig erfolgreich.[37] Filme wie SCHLUSSAKKORD (Detlef Sierck, D 1936) und DER BETTELSTUDENT (Georg Jacoby, 1936) erwiesen sich ebenfalls nur als knappe Durchschnittserfolge.[38] Als Alternative bot sich eine verstärkte Sichtbarkeit durch ein eigenes Kino an.[39] Dabei ging es sowohl darum, sich durch Markierung von Präsenz der starken Herausforderung seitens der amerikanischen Filmindustrie zu stellen als auch den Wünschen der deutschsprachigen Bevölkerung gerecht zu werden. Bereits 1933 beklagte das Propagandaorgan der NSDAP in São Paulo, *Deutscher Morgen*, dass deutsche Filme in französischer Sprache gezeigt wurden statt auf Deutsch.[40] Im Jahr darauf wandte sich die Ortsgruppe São Paulo der NSDAP in derselben Frage an die UFA, um das Unternehmen zur Aufführung deutscher Filme zu bewegen.[41] In ihrer Antwort teilte die UFA mit, solche Filme seien in erster Linie ein Verlustgeschäft. Deutschsprachige Filme liefen nur in den ersten Tagen erfolgreich und verbuchten, nachdem das deutsche Publikum abgeschöpft sei, kaum nennenswerte Erträge. Die Kinobesitzer sähen sich somit gezwungen, UFA-Filme im Doppelpack mit Hollywood-Produktionen zu zeigen, um auf ihre Kosten zu kommen. Dagegen konnte Ludwig Bergers WALZERKRIEG (D 1933) in französischer Fassung mit einem kleinen Gewinn abschließen.[42] Unter der Bedingung, dass die deutschsprachige Bevölkerung die Kosten erwirtschafte, sicherte die UFA-Vertretung der Ortsgruppe zu, von nun an ausschließlich Filme in deutscher Sprache zu zeigen.[43]

Sehr viel stärker als die Klagen der deutschsprachigen Bevölkerung beschäftigte die UFA die Marktbeherrschung Hollywoods in Brasilien, die Ende des Ersten Weltkriegs bereits 85,9% betrug (Thompson 1985, 134). Um ihre Stellung auf dem südamerikanischen Markt zu stärken, entschied sich die UFA Mitte der 1930er Jahre, mit einem eigenen Premierentheater

---

37 BArch R 109 I/1032b, fol. 295.
38 Ibid.
39 Im März 1935 diskutierte der Vorstand ebenfalls die Frage nach der Eröffnung eigener UFA Kinos in Städten wie London oder New York. Angesichts der zu geringen Zahl geeigneter Filme für ein solches Vorhaben fasste der Vorstand keinen weiterführenden Beschluss (BA-R 109 I-1030a, Niederschrift Nr. 1065 über die Vorstandssitzung vom 12.3.1935).
40 *Deutscher Morgen*, 41, 13.10.1933, S. 7.
41 AIMST; GIV f Nr. 25 / Schubert-Chor; 12.6.1934.
42 Ibid.
43 Ibid.

4 Werbeanzeige zur Eröffnung des UFA Palácio São Paulo 1936.

in der brasilianischen Kinolandschaft Präsenz zu markieren.[44] Verantwortlich für die Suche beziehungsweise Pacht eines entsprechenden Kinos war der brasilianische Vertriebspartner Sorrentino, dem die UFA im Dezember 1935 die Lizenz zum Gebrauch des Namens «UFA-Palácio» erteilte.[45]

Am 12. November 1936 eröffnete der UFA-Palácio mit 3'119 Plätzen an der Lebensader São Paulos, der Avenida São Joao.[46] Mit dem Palácio, dessen Name direkt dem deutschen Begriff «Kino-Palast» entlehnt war, präsentierte sich die UFA in Technik und Architektur mit einem der modernsten Kinosäle seiner Zeit, gebaut von einem der prominentesten Architekten der brasilianischen Moderne, Rino Levi (Santoro, 11).[47] Levi konzipierte das Kino mit einer bis dahin in Brasilien nicht gekannten Akustik und indirekter Beleuchtung.[48] Neben den brasilianischen Vertragspartnern erschien

---

44 Bereits 1926 warb das Colyseo Paulista in São Paulo mit dem UFA-Logo. Es ist nicht bekannt, ob die UFA dies autorisiert hatte. Vgl. http://salasdecinemadesp2.blogspot.com/search/label/Colyseo%20Paulista (Zugriff am 25.10.2009). Im Juni 1928 lag dem UFA-Vorstand ein Antrag vor, sich an der Renovierung und Umgestaltung des Lyrico-Theaters in Rio de Janeiro zu beteiligen. Damit erhoffte man sich eine bessere Marktposition in Lateinamerika. Die UFA stimmte dem Antrag zu, doch kam eine Finanzierung wahrscheinlich nie zustande (BArch-R 109 I/1028b, Vorstand, 334, 12.6.1928).
45 BArch R 109 I/1031a, Niederschrift Nr. 1130 über die Vorstandssitzung vom 17.12.1935.
46 http://salasdecinemadesp2.blogspot.com/2008/06/UFA-palace-so-paulo-sp.html (Zugriff am 25.10.2009).
47 Santoro, Paul Freire, Da relacão das salas de cinema com o urbanismo moderno na construçao de uma centralidade metropolitana: A Cinelandia Paulistana. http://www.polis.org.br/download/256.pdf (Zugriff am 25.10.2009).
48 Ibid.

zur Eröffnung eine Reihe Vertreter der UFA Deutschland, darunter Berthold von Theobald, stellvertretendes Mitglied des Vorstandes und Direktor der Auslandsabteilung, der werbewirksam mit dem Zeppelin eingeflogen wurde. In der deutschsprachigen Presse wurde das Kino als Denkmal der deutsch-brasilianischen Freundschaft und des Kulturaustausches gewürdigt, das für das gegenseitige Verständnis der beiden Völker stehe.[49]

Der UFA-Palácio wurde in kürzester Zeit zu einem der besten Vorführsäle, womit das Qualitätsmerkmal «UFA» nicht mehr nur für deren Filme stand, sondern auch für ein einzigartiges Premierentheater, das allerdings in seiner architektonischen Erscheinung eindeutig brasilianisch war.

Die Reaktion der benachbarten Kinos auf die Neueröffnung ließ nicht lange auf sich warten. Verfolgt man die ersten Monate des UFA-Palácio in der *Deutsche Zeitung*, erkennt man, dass das neue Kino massiv in die Wettbewerbssituation in São Paulo eingriff und um die lokale deutschsprachige (etwa 80'000-90'000) sowie die landessprachige Klientel warb. Anzeigen über neue deutsche Filme wurden stets mit dem deutschen Originaltitel und dem brasilianischen Verleihtitel geschaltet. Ende November 1936 zeigte neben dem UFA-Palácio auch das Pedro II einen Film in deutscher Sprache. Das Pedro hatte bereits zuvor solche Filme aufgeführt und schien sich nun im Kampf um die Kundschaft nicht geschlagen geben zu wollen. Eine Woche vor Weihnachten kam ein drittes Kino hinzu, das Broadway, das mit AVE MARIA (Johannes Riemann, D 1936) einen deutschsprachigen Film zeigte. Am Vorweihnachtstag bot schließlich neben dem UFA-Palácio mit LIEBESLIED (Fritz P. Buch, Herbert B. Fredersdorf, D 1935), dem Pedro II mit KLEINE MUTTI (Henry Koster, AU 1935) und dem Broadway mit AVE MARIA auch das Rosario mit DER POSTILLON VON LONJUMEAU (Carl Lamač, AU/CH 1935) einen Film in deutscher Sprache an.

Die Eröffnung des UFA-Palácio stellt eine Reihe von Fragen an die weitere Erforschung der transnationalen Filmbeziehungen zwischen Deutschland und Brasilien. Welchen Einfluss hatte die Präsenz des UFA-Kinos auf die Kinolandschaft São Paulos in den folgenden Jahren? War der anfängliche Wettbewerb nur von kurzer Dauer, oder wurden UFA Filme zu einem ernstzunehmenden Konkurrenten für die amerikanischen Studios? Eine genaue Auswertung der Arbeit und des Erfolges des UFA-Palácio steht noch aus, doch dürfte seine Beliebtheit die UFA darin bestärkt haben, ihre Präsenz in Brasilien weiter auszubauen. Im April 1938 reiste Berthold von Theobald nach Rio de Janeiro, um die Gründung einer eigenen brasilianischen UFA-Kino-Kette, der Ufa-Palácios do Brasil Limitada, in die

---

49 *Deutsche Zeitung*, 4.11.1936.

Wege zu leiten.[50] Als internationales Unternehmen und mit dem erklärten Ziel, ihre Position in Brasilien zu stärken, dürfte sich die UFA jedoch kaum auf die deutsprachige Klientel verlassen haben. Die exponierte Stellung des UFA-Palácio im Herzen São Paulos war ein Angebot an die gesamte Bevölkerung der Stadt, konnte der wirtschaftliche Erfolg der Filme doch nur durch ein großes Publikum garantiert werden.

Die Verteidigung der eigenen Kultur und die Gefahr eines *cultural imperialism* durch fremde Filme und Kulturen ist eines der wesentlichen Argumente im Diskurs des *national cinema* (Jarvie 2005, 78; Higson 2000, 69). Das Beispiel des deutschen Kultur- und Spielfilmvertriebes in Brasilien zeigt, dass die brasilianische Film- und Kinolandschaft zu keiner Zeit bedroht war, weder in abgelegenen Gebieten noch in der Millionenmetropole São Paulo. Im Gegenteil: Ausländische Filme trugen zur Diversität des Filmangebots bei und konnten, wie die Anekdote der nachbearbeiteten, hybriden ‹UFA-Pornos› zeigt, zu einer Aneignungsstrategie führen, in der das Fremde in einen völlig neuen Sinnzusammenhang gesetzt wurde – eine Strategie, die durchaus als parodistischer Ausdruck einer typischen brasilianischen Ambivalenz gegenüber ausländischen Produkten angesehen werden kann (Johnson/Stam 1995, 23). Eine transnationale Perspektivierung nationaler Filmgeschichte eröffnet somit nicht nur neue Sichtweisen auf alte Kinos, sondern unterstreicht einmal mehr, dass der Film als ein von Anfang an internationales Medium gedacht werden muss.

Stellvertretend für das Archiv des Instituto Martius-Staden im Colégio Visconde de Porto Seguro in São Paulo gilt mein Dank Daniela Rothfuss für die herzliche Aufnahme und Betreuung während meiner Recherchen im Juli 2008.

Literatur

Blank, Thais (2008) O Papel dos Cinejornais Alemaes sobre o brasil na ‹Comuindade Imaginada› Nazista. Vortrag anlässlich des XXXI Congresso Brasileiro de Ciências da Comunicação – Natal, RN – 2 a 6 de setembro de 2008 http://www.intercom.org.br/papers/nacionais/2008/resumos/R3-1708-1.pdf (Zugriff 15.10.2009).
Chanan, Michael (1998) Das Kino in Lateinamerika. In: *Geschichte des internationalen Films* [engl. 1997]. Hg. v. Geoffrey Nowell-Smith. Stuttgart: Metzler, S. 703–710.
Crofts, Stephen (2002) Reconceptualizing National Cinema/s. In: *Film and Nationalism*. Hg. v. Alan Williams. New Brunswick: Rutgers University Press, S. 25–51.

---

50 BArch R 109 I/2909, keine Paginierung.

Eckardt, Michael (2008) *Zwischenspiele der Filmgeschichte. Zur Rezeption des Kinos der Weimarer Republik in Südafrika 1928–1933*. Berlin: trafo.
Forster, Ralf / Goergen, Jeanpaul (2007) Ozaphan. Home Cinema on Cellophane. In: *Film History* 19,4, S. 372–383.
Freire Santoro, Paula (2005) A relação das salas de cinema como o urbanismo moderna na constrcução de uma centralidade metropolitana. A cinelândia paulistana. http://www.polis.org.br/download/256.pdf (Zugriff am 11.10.2009).
Fuhrmann, Wolfgang (2008) Fortschritt, Modernität und neue Lebenswege. Brasilienbilder im westdeutschen Kino der 1950er Jahre. In: *Kulturdialog Brasilien-Deutschland. Design, Film, Literatur, Medien*. Hg. v. Geane Alzamora, Renira Rampazzo Gambarato & Simone Malaguti. Berlin: Tranvía, S. 61–75.
Geertz, René (1991) *O perigo alemão*. Porte Alegre: Editora da Universidade.
Geertz, René (1987) *O facismo no sul do Brasil*. Porte Alegre: Editora Mercado Aberto.
Gunning, Tom (1995) Vor dem Dokumentarfilm. Frühe non-fiction-Filme und die Ästhetik der ‹Ansicht›. In: *KINtop. Jahrbuch zur Erforschung des frühen Films*. 4: Anfänge des dokumentarischen Films. Frankfurt/M./Basel: Stroemfeld/Roter Stern, S. 111–122.
Gunning, Tom (1990) The Cinema of Attraction. Early Film, its Spectator and the Avant-Garde [1986]. In: *Early Cinema. Space, Frame, Narrative*. Hg. v. Thomas Elsaesser & Adam Barker. London: BFI, S. 56–65.
Hall, Stuart (1999) Kodieren/Dekodieren [engl. 1973]. In: *Cultural Studies. Grundlagentext zur Einführung*. Hg. v. Roger Bromley, Udo Göttlich & Carsten Winter. Lüneburg: zu Klampen, S. 92–110.
Halle, Randall (2008) *German Film after Germany. Toward a Transnational Aesthetic*. Urbana: University of Illinois Press.
Higson, Andrew (2000) The Limiting Imagination of National Cinema. In: *Cinema and Nation*. Hg. v. Mette Hjort & Scott MacKenzie. London, New York: Routledge, S. 63–74.
Higson, Andrew (1989) The Concept of National Cinema. In: *Screen* 30,4, S. 36–46.
Isolan, Flaviano Bugatti (2006) *Das páginas à tela: cinema alemão e imprensa na década de 1930*. Santa Cruz do Sul: EDUNISC.
Jarvie, Ian (2005) National Cinema. A Theoretical Assessment. In: *Cinema and Nation*. Hg. v. Mette Hjort & Scott MacKenzie. London, New York: Routledge, S. 75–87.
Jung, Uli / Loiperdinger, Martin (Hg.) (2005) *Geschichte des dokumentarischen Films in Deutschland. Band 1: Kaiserreich (1895–1918)*. Stuttgart: Reclam.
Johnson, Randal / Stam, Robert (Hg.) (1995) *Brazilian Cinema*. New York: Columbia University Press.
Kreimeier, Klaus (1992) *Die UFA-Story. Geschichte eines Filmkonzerns*. München: Carl Hanser.
Kreimeier, Klaus / Ehmann, Antje / Goergen, Jeanpaul (Hg.) (2005) *Geschichte des dokumentarischen Films in Deutschland. Band 2: Weimarer Republik (1918–1933)*. Stuttgart: Reclam.
Loiperdinger, Martin (1996) Lumières ANKUNFT DES ZUGES. Gründungsmythos eines neuen Mediums. In: *KINtop. Jahrbuch zur Erforschung des frühen Films*. 5: Aufführungsgeschichten. Frankfurt/M./Basel: Stroemfeld/Roter Stern, S. 36–70.
Müller, Jürgen (1997) *Nationalsozialismus in Lateinamerika. Die Auslandsorganisation der NSDAP in Argentinien, Brasilien, Chile und Mexiko, 1931–1945*. Stuttgart: Hans-Dieter Heinz.

Nazario, Luiz (2007) Nazi Film Politics in Brazil, 1933–1942. In: *Cinema and the Swastika. The International Expansion of the Third Reich.* Hg. v. Roel Van de Winkel & David Welch. New York: Palgrave MacMillan, S. 85–98.

Rodrigues, Olga e Moraes von Simson (2005) Imagem e momória. In: *O Fotográfico.* 2. Aufl. Hg. v. Etienne Samain. São Paulo: Editora Hucitec, S. 21–34.

Shaw, Lisa/Dennison, Stephanie (2007) *Brazilian National Cinema.* Oxon: Routledge.

Tiemann, Joachim (2008) Deutsche Schulen in Brasilien im Rahmen des brasilianischen Bildungssystems.
http://www.topicos.net/fileadmin/pdf/Tiemann.pdf (Zugriff am 13.09.2009).

Thompson, Kristin (1985) *Exporting Entertainment. America in the World Film Market 1907–1934.* London: BFI.

Zimmermann, Peter/Hoffman, Kay (Hg.) (2005) *Geschichte des dokumentarischen Films in Deutschland. Band 3: Drittes Reich (1933–1945).* Stuttgart: Reclam.

PIERRE SORLIN

Reception in Context
What Spectators Learned from Newsreels during the Spanish Civil War

The current notion of "reception" in media studies is insubstantial. Taken literally, it means that people "receive" messages or information just as they accept the delivery of parcels or letters. At the same time, the term "reception" implies, but does not formalize the interpretations that spectators assign to a movie and the influence this in turn exerts on them. But how shall we gauge such reactions? Statistics reveal whether a film was a hit or a failure, but they do not tell us what stayed in people's minds. As for reviews, they speak only for a minority of specialists. I would like to put forward another approach. Mine is a tentative, certainly arguable attempt, but such little theoretical work has been undertaken in the field that I shall nevertheless venture into this uncharted territory.

Sometimes, we are absolutely delighted by a gift: it is the object we have desired, or indeed it acknowledges who we are. On other occasions, however, we are pleased, no more and no less than that. What makes the difference? In the first instance, we were counting on a thing or a gesture; that is, our expectation endows the gift with its meaning. While comparisons are often insubstantial, the following claim may nevertheless help us sharpen the issue: what spectators are awaiting, however vague their expectation may be, makes them respond to a movie. In what follows, I assume that taking into account the general, collective expectations that pass through a society at the time of a particular movie's release is the best opening onto reception. There are many forms of anticipation. The most common concerns a concrete event, a crisis, a turning point, or even a well-advertised sports event or performance. In 2006, the Italian journalist Roberto Saviano published *Gomorra*, an inquiry into the Neapolitan Camorra that provoked debates, polemics, and psychodramas. Shortly after the announcement that the book would be adapted to the silver screen, excitement peaked, especially that the crimes and misdeeds of the secret clique would be brought to light. Italian spectators impatiently awaited the film, and then rushed to see it when it was released in May 2008.

But there are also unclear expectations. The German occupation was an ordeal for the Italians who, at the end of the Second World War, were confusedly looking for some kind of recognition of what they had endured. The amazing success of ROMA, CITTÀ APERTA (Roberto Rossellini, IT 1945), screened for seven weeks in two Roman cinemas, proved that Rossellini's film had met such expectations. While the film did not explain anything, it bore witness to the prevailing sense that this period had been sheer agony. Expectancy need not always involve or anticipate the tragic; for instance, I would defend the idea that Federico Fellini's persistent fame, from I VITELLONI (IT, 1953) to LA CITTÀ DELLE DONNE (IT 1980), corresponded to his tackling of ongoing problems, such as protracted adolescence, welfare, the sweet life, and feminism, that were elusively worrying his contemporaries.

There are, of course, big hits that do not respond to any special concern. They are gratifying because they provoke emotion or empathy, because they evoke aesthetic sensations, and because they afford spectators a sense of participation in what unfolds before their eyes. While these are extremely important forms of participation, unfortunately we cannot gauge them. They are in-depth and private, and therefore elude any kind of wording. In some cases, reception lies beyond our reach.

The need for information

In order to test my primary assumption that spectatorial expectations are decisive for reception, I have chosen a particular instance, namely, the reception of newsreels in democratic countries during the Spanish Civil War. I have dismissed the totalitarian regimes since their informative films, firmly under government control, spread a unilateral version of events, while Great Britain, France, and the USA sent camera teams to both camps and attempted to maintain a balance between them. With regard to reception, what makes the Spanish case especially interesting is a contradiction between what citizens were looking for and what they considered irrelevant. For obvious reasons, all Europeans were eager to know what was happening. The opposition between communism and fascism was shaking the Western world, and the aggressive policy of the fascist powers, rearmament in Germany, and the Italian conquest of Ethiopia could all entail a general conflict. Information about Spain was read with reference to an impending European conflagration; caught between fear, hope, rage, sorrow and optimism, everybody felt concerned and was expecting news.

In the first decade of cinema, film shows mixed at random brief fictions and "real life" scenes. In 1908, Pathé began to edit everyday images separately and inline. Most film producers followed this example so that, within two years, brief films exploring current issues were projected before the feature film and became a regular part of the cinematic institution. It is neither easy to characterize newsreels nor to explain their objective. Featuring arbitrarily short items dedicated to sport, royal weddings, fashion, gastronomy, or folkloric events, newsreels were an "un-specific" category of film often ignored by spectators in "normal," that is to say, peaceful times.

Let us remember that radio, in the late 1930s, aimed only at entertaining listeners, even the more so as advertising financed broadcasting stations. Their news reports were short and consisted mostly of newspaper reviews. Radio stations only began gaining ground from 1940. Beforehand, cinema played a much more important role than broadcasting. There were thus three sources of information: newspapers, magazines, and films. Dailies offered detailed news but many restraints limited their impact. They had eight or at best ten pages, mostly dedicated to regular columns, sport, entertainment, and advertisements. Most papers were aimed at distinct interest groups, characterised not only by their political opinions but also by their editorial style. More importantly, illustrated weeklies now challenged the dailies. Launched in the nineteenth century, some magazines, such as *The Illustrated London News* or *L'Illustration*, offered quality pictures and long texts to a well-heeled readership. Newer weeklies, however, were already beginning to stir up the market. For example, *Picture Post, Vu*, or *Life* published entire pages of lively and surprising snapshots including short and pointed captions. Rather than analysing a situation, such images sought to "plunge" the reader into their midst. Quick, light cameras – manufactured by Leica and Rolleiflex, among others – allowed young photographers to provide immediacy, closeness, and emotion. Only four days after the military insurrection in Spain, *Vu* displayed images of insurgents disembarking from Morocco and of loyalists preparing a counterattack.

Printed media were hampered by their connection, real or supposed, to one camp. Cinema was a different matter. Viewers chose their films according to age, place of residence, and taste. While different audiences attended specific shows in separate theatres, newsreels were programmed in both downtown and suburban theatres; they were shown before comedies of manners or melodramas, westerns or slapsticks. Informative shorts were common in all cinemas, and turned their heterogeneous audiences into a single community for the brief on-screen presence. The applause or hissing that greeted the appearance of one of the contenders on-screen proved that opinion was split over the Spanish conflict. Notwithstanding the efforts of production companies to remain "neutral," the demonstrations never stopped. Clearly, the same film did not look the same to all spectators: images were interpreted in utterly different ways. During the projection of

COMMENT
ILS
SONT TOMBÉS

LA GUERRE

Le jarret vif, la poitrine au vent, fusil au poing, ils dévalaient la pente couverte d'un chaume raide... Soudain l'essor est brisé, une balle a sifflé — une balle fratricide — et leur sang est bu par la terre natale...

PHOTOS CAPA

N 445 VU P. 1106

1 Stories told in pictures: *Vu*'s coverage of the Spanish Civil War, No. 445, 23.9.1936.

CIVILE EN ESPAGNE

COMMENT
ILS
ONT FUI

Telle une scène calquée sur la Bible, la vision de ces trois fugitives au visage douloureux évoque les exodes tragiques de l'Ancien Testament. PHOTO CAPA

Longeant les rails infinis, les enfants, insoucieux, croient à une promenade joyeuse, mais leur mère, d'un long regard, contemple une dernière fois le village embrasé. PHOTO REISNER

C'est la migration du peuple d'une province tout entière, au pas lent des mulets lourdement chargés, parmi les cris des enfants, sous le dur soleil. PHOTO CAPA

Peut-être vivaient-ils heureux, peut-être coulaient-ils des jours paisibles dans un calme village. La guerre civile est venue et avec elle le désespoir, l'écroulement d'un foyer dans la misère.

Solitaire, les larmes coulant sans bruit sur ses joues, cette pèlerine emporte avec elle tout son humble bien.

newsreels, movie theatres thus became places where people could publicly manifest their opinions and boo those who took contrary views.

Cinema did not rival the dailies. It could neither follow military operations on a daily basis, nor could it go into detail. Also, it lagged behind the latest news. In July and August 1936, however, the frontline was confused so that newspapers could not provide a clear view of the situation. People seeking information turned to images, photographs or films, believing that they were directly witnessing what was happening. In that respect, the position of cinema was not bad. The shots, dispatched to London or Paris by airplane, were immediately developed and sent to major European cities, where they were screened three or four days later. The first cinematic report, diffused by *Éclair*, closely followed on the heels of the latest issue of *The Illustrated London News* that announced the uprising, and gained the edge over *L'Illustration*. Films were not on time, but they brought to life and rendered more vivid printed newspaper reports. It is important to remember that in the 1930s, the general approach to the moving image was probably far removed from ours. Many people considered real what they saw with their own eyes. In connection with events in Spain, the issue of *Life* published on July 12, 1937 stated that "photographs don't lie." Pictures could be used in an unfair manner, but what they showed was true. Gullible spectators did not marvel at soldiers charging in front of a cameraman who, in actual combat, would have been under enemy fire. They were not surprised to observe a firing gun and the impact of the shell a few miles away. The recent addition of a soundtrack had enhanced the impression of perfect accuracy. Few people knew that the sound, edited in a studio, was totally artificial; on the contrary, most spectators believed that they were hearing real planes, real guns, and authentic shouts. Cinema enjoyed a confidence often denied to newspapers.

Reception – but whereof?

At first sight, the conflict would not last long. Most people thought that the Republic would either crush the rebels or collapse within a few weeks. Operators and photographers, anxious to capture the showdown, whatever it was, rushed to the peninsula. For a few months, people carrying a camera were a familiar sight in the street. They shot as many images as possible, quantity compensating for the vagueness of information. It was only in autumn that two events, the victorious resistance of the insurgents in Toledo and their later setback before Madrid, proved to be a

2 "Photographs don't lie." *Life Magazine,* July 12, 1937, displaying Robert Capa's 1936 photograph "The Falling Soldier."

watershed: everybody understood that neither camp was in a position to win quickly.

The initial weeks were therefore crucial; it was then that images bestowed a certain look upon the warring fractions, their programmes and their methods. In this respect, it is important to grasp the situation of a camera operator upon arriving in Spain: he did not have many local connections and only saw the tiny zone where he had alighted. The insurgents had conquered the southwestern part of the peninsula without meeting any resistance. In their zone, the army patrolled the streets, people remained at home and avoided moving around unless they had to. A seeming calm prevailed for a time. In the loyalist regions, a great stir followed as civilians roamed in search of information, politicians held meetings, and volunteers enlisted. Stunned, operators hurried to take a few shots, but did not know how to present two worlds so different.

Let us focus on concrete examples. The *Fox* cameraman landed in Madrid a week after the insurrection. He immediately filmed what he encountered: a shooting, armed women, people raising their fists, some smoke. The material was heterogeneous, and thus the studio added a commentary to make it more titillating: "The *Movietone* operators film the bloody civil war that cost thousands of lives. Street battles in Madrid with the participation of women armed with guns. Bombing of industrial and residential districts. The communists applaud while churches burn." Various aspects of such reporting are worth mentioning here: dramatisation ("thousands of lives"), a hotchpotch of ideas (not a lot of women were involved in the fighting; the anarchists, not the communists attacked the churches), and hasty conclusions (no evidence was provided to prove that the residential districts were bombed or that smoke came out of a church). Meanwhile, the *Gaumont British* cameraman sent images from Seville of (fascist) insurgents parading in a perfectly ordered way whom the London editorial staff presented as "rebels marching on Madrid."

The contrast between disorder and discipline is well illustrated by two films that *British Pathé* devoted first to events in Barcelona on 27th August, and then to those occurring in Burgos on 12th October. The first film showed ruined buildings, devastated churches, and militiamen carrying a gun in one hand and a stolen religious object in the other; the second film, shot in Burgos, featured a long line of soldiers marching past an enthusiast crowd, including women and children giving the fascist salute.

At the very beginning of the conflict, when the future of the rebellion was still undecided, two clichés were made public that assumed great symbolic significance, namely, anti-religious persecution and the military participation of women. These images were not spread by the rebels. Distrusting the press, they did not bother to establish an information office and, from July through September 1936, they did not exploit the murders of priests and profanations. The international press, jumping at the chance to create a sensation, spoke of burned churches and armed women. Written documents, as we know, lack accuracy and can always be laced with exaggeration. It was on the screens that concrete, unquestionable data appeared. Profaners were happy to show off in front of a camera; they believed that their example would be catching and the (Republican) government, badly in need of support, did not want to interfere. At the time, there was an anti-clerical trend within the European left, especially among anarchists, but only a minority approved of the attacks against the clergy. The Spanish church was quick to take advantage of the indignation expressed by a great many Catholics. On 30th September, the bishop of Salamanca, an important figure in the Spanish hierarchy, announced the launching of a "holy war," a "crusade." The loyalist camp, despite the adherence of numerous believers, was henceforward branded "atheist," while insurgents boasted of rescuing the true faith.

Women participating in the defence of the Republic enthused the loyalists: it was a sign of female emancipation. The international press did not expand on the subject, thus behaving as if it were anecdotal. The German *Illustrierte Zeitung* (2nd August), hostile to the Republic and *L'Illustration* (8th August) published almost similar photographs of women clumsily trying to load a gun. *Vu* (5th August) printed a poetic picture of two lovers on watch behind a barricade: "They stroll together, they dance together, they are about to fight side by side."

Films created a different impression. The long item published by *Gaumont* on 7th August was filled with women, some parading in uniform, others fraternizing with soldiers or demonstrating vociferously in the streets. Unlike magazines, films could not play on irony or romanticism; the bellicose gesticulation of women in trousers, bareheaded, raising their fists or brandishing guns, was liberating and heroic for some spectators, while perhaps improper and even threatening for others. Understanding the negative effect of such images, the government, at the end of 1936, filmed extensively women serving in hospitals, caring for children, sewing uniforms – images that, except for the fascist salute, did not differ from the pictures shot by the rebel side. Nevertheless, the stereotype had taken shape. Sixty years later, in LAND AND FREEDOM (UK, E, D, IT 1995), a feature film dealing with the anarchists fighting in Aragon, Ken Loach refers back to these early representations by showing women going into an attack, mounting guard in the trenches, and sharing in full the life of male soldiers – all of it rather implausible compared to actual historical events.

These two images were already firmly established when the first "media event" of the war occurred. Having joined the rebellion, the officer cadets had entrenched themselves in the Toledo Alcázar. The government, certain that it would easily capture the place, summoned international cameramen and photographers to the scene; they first recorded the Republican failure, thereafter the rescue by insurgent troops. While pictures featuring smiling wounded men, tired women and children, cadets fraternizing with the legionnaires appeared in magazines, the daily press did not devote much space to Franco's arrival upon the liberation. Little-known outside Spain, the general was preparing his appointment as head of the government and commander-in-chief, and he intended to be centrestage when entering the fortress. The camera operators, hampered by their heavy equipment, had not covered the liberation. They came later, during Franco's arrival. *Gaumont* (2nd October) and *Universal* (5th October) singled out the arrogant silhouette of the general. At the beginning of the conflict, personal rivalries had prevented both camps from using any leader as a front. Franco's appearance in newsreels was therefore important, since from now on the Spaniards were fighting either for or indeed against Franco.

In November, Madrid resisted the insurgents' attack, and the front stabilized. Realizing that the war would last long, film companies and newspapers called back their agents; *Fox*, an American company, was the only producer that kept an operator in Spain until the nationalist victory. After a while, both Republicans and insurgents had set up a film office. Gradually, items bought from the Americans or from the combatants replaced original films and images, and cinematic information became more standardized.

Unable to take the capital, the rebels and their German and Italian allies systematically bombed the cities, hoping that civilians would demand surrender. The Republicans had no aircraft. In lack of anything better, they turned ruins into an instrument of counter-propaganda. Their films, sent all over the world, showed people running for cover, blazing buildings collapsing, and above all the wounded and the dead. A picture, shot in February 1937 after a raid over Madrid, created a considerable public stir: a little girl was rescued from under a pile of rubble and was rushed to hospital seriously injured. The film was screened everywhere. Its impact was such that the nationalists appropriated it, pretending that the girl had been wounded during a Republican bombing over Saragossa.

Another clue is the evolution of the *Illustrated London News* and of the American magazines *Time* and *Life*. Initially biased in favour of the insurgents, they began, in spring 1937, to condemn the airstrikes against cities. According to a Gallup poll published in *Life* (23rd August 1938), 70% of Americans supported the rebels in January 1937, while only 50 % did so in 1938.

Newsreels had evoked the Japanese bombings over China, albeit only in a brief, superficial way. In the case of Spain, fires, destroyed houses, panicked civilians, dead bodies of elderly people, women, and children were released every week. On 18th October, the headline in *Life* read, "Murder with bombs from the air is modern warfare," and the weekly edition expanded on this: "Modern warfare makes the whole nation a military objective." European audiences did not remain unconcerned by a drama that was happening in a neighbouring country and that could potentially extend to their own territory.

Another image filled spectators with anxiety. From March 1937, when the nationalists launched an offensive against the Basque Provinces until the end of the war in March 1939, refugees rushed toward France. Filming people fleeing is "disarming": it introduces emotion onto the screen. From spring 1938, those operators who did want to go to Spain settled on the border and filmed large numbers of exhausted soldiers and civilians, loaded with packs, dragging their kids, and often moving painfully along snow-covered roads. The filmed war had become an agonizing rout. What were the repercussions in other European countries? To what extent was the exodus of Belgians and French rushing south in May and June 1940 prepared in advance, or had it perhaps been prompted by the memory of films seen a year before? Such an interpretation is likely, but difficult to prove.

Information – or impressions?

Before 1936, French and British newsreels seldom dealt with diplomacy and foreign affairs. Even serious events like the rise of Hitler to power were only briefly mentioned. The Spanish war was an exception. *Gaumont*, to take but one example, displayed images of the conflict in one out of three newsreels broadcast weekly during the conflict. Audiences could not ignore that something tragic and of great consequence was occurring on the peninsula; the recurrence of the topic contributed to dramatizing the hostilities and worrying the general public.

The totalitarian countries pursued a coherent policy in the face of events. Soviet cinema devoted much space to the conflict, which was presented on-screen every week, sometimes for as long as ten minutes. Moscow feared German rearmament, the annexation of Austria, and Hitler claiming Czechoslovakia, and was therefore eager to keep its citizens on their toes. The Spanish war was seen as a rehearsal of what might happen. Italy, which never concealed its participation on Franco's side, also devoted much time to the war. Since the only total victory of the Republicans, at Guadalajara, had been won over the Italian army, Mussolini wanted to mask the defeat by overemphasising the strength and efficacy of his troops. Is it absurd to assume that such triumphant pictures deluded the

Italian people and even Italian leaders by giving the impression that the country was ready for a European conflagration? German cinema did not reveal the support given to Franco before the victory; Hitler was cautious neither to look aggressive nor to alarm the population.

On the other hand, democratic governments did not weigh up what was at stake. There was no control over cinematic information in France and the United States. The British Foreign Office monitored commentaries, for fear of an offence being committed against one of the contenders, but it maintained that images did not matter. Newsreels screened in democratic countries prominently featured the Spanish situation, but offered no serious information. They did not explain the roots of the conflict, nor the strength of each camp, nor indeed their respective objectives. The items were short, nobody dared change routine procedure and conduct serious analysis instead. These images conveyed impressions that did not influence those committed to one side or the other, but they may have affected those who were wavering. I have singled out four main themes, each simple and striking. Three issues – religious persecution, armed women, the promotion of a nationalist leader – were likely to work in favour of the nationalists, at least by persuading hesitant people that it was not necessary to back the Republic. As regards the bombings and the subsequent exodus, they made concrete and terrifying the fear of an impending European war that had been growing since the advent of Nazism.

Did cinema provoke defeatism? Obviously, many factors account for the collapse of France in 1940. Long before the Spanish war, French opinion, politically split between right and left, dreaded a conflict with Germany. While cinema was not so much a cause, it did contribute to reinforcing a diffuse, vague fear. Newsreels are simplistic but efficacious, because they furnish direct and brutal evidence of bombs, namely, civilians bleeding, crying, and dying. They are influential when spectators are prone to influence. Here is probably the crucial point: films create impressions that intensify antecedent thinking.

Shall we define reception as the confirmation of an apprehension? Not always. What I have said about Spain does not apply to all situations; the context is not necessarily as passionate and does not bear so strongly on the reading of information by the public. However, it would appear that spectators or readers look for striking, telling images, at least in a worrying situation where precise facts are not available. What prompted the media people to emphasize a given set of news – for instance, the bombing of Spanish cities? To what extent did rivalries between various media prompt some media managers to seize a theme – thus prompting other media to follow the same track? While these are important questions, they do not interfere with audience reactions. Between 1936 and 1939, the media provided illustrations and stereotypes that the public embraced, because they rendered concrete the violence and impending dangers most people had already vaguely anticipated. Thus, the roots of reception preceded the intervention of the media. The attention paid to newsreels was a function of the context. Thus, it is within the particular historical circumstances that we can understand how contemporaries perceived newsreels. I would add that the various interpretations were nevertheless strongly influenced and, in some cases even entirely shaped by images. Spanish images were not neutral, but instead they "fixed," in the photographic sense, some formless ideas and aroused new fears.

I began this paper with a question: how do spectators "receive" films? While I am unable to give a straightforward answer, I can make some few suggestions. Reception is an active process in which antecedent questions predetermine the selection of the relevant data. Cinematic messages do not affect uninterested people who forget them immediately, but rather they have an effect on those who feel concerned and are looking for more information. Curiosity or concerns, born in a historical context, provoke a receptiveness to the facts and figures conveyed by the media that, in turn, materialize what was, previously, a mere impression. Reception is a dialectic intercourse between anxiety and tentative answers.

GIANNI HAVER

"To Rely on Verdi's Harmonies and not on Wagnerian Force."
The Reception of Italian Cinema in Switzerland, 1939–45

Adopting an approach that appeals to the study of reception means emphasising an analysis of the discourses called forth by films rather than an analysis of the films themselves. To be analysed, these discourses must have left certain traces, although it is of course difficult to know what two spectators actually said to one another on leaving a cinema in 1939. The most obvious, visible, and regular source of information are film reviews in the daily press. Reception studies have, moreover, often privileged such sources, even if some scholars have drawn attention to the lack of compliance between the expression of a cultured minority – the critics – and the consumption of mass entertainment (see Daniel 1972, 19; Lindeperg 1997, 14). In my view, the press inevitably ranks among those discourses that have to be taken into consideration, but it is indispensable to confront it with others. Two of these discourses merit particular attention, namely that of the authorities, as communicated through the medium of censorship, and that of programming, which responds to rules that are chiefly commercial. To be sure, both are the mouthpieces of cultural, political, and economic elites. Accordingly, their discourses are governed by the ruling classes, especially with regard to the topic and period under investigation here: the reception of Italian cinema in Switzerland between 1939 and 1945. The possibilities of expressing opposition were practically ruled out, or at least muted and kept under control.

For want of a phantasmal spectator's voice, I therefore consider, as basic sources, discourses that claim to organise and determine reception, namely the "triad" consisting of the press, censorship, and programming. This approach has the considerable advantage that these three sources have left a relatively constant, regular, and coherent trace in Switzerland. It is nevertheless essential, in any historical approach, not to detach the analysis of reception from the complex context that conditions it. Thus, it is necessary to examine the structures on which these discourses rest, structures that in turn inevitably co-determine such discourses. Such structures include cinema legislation, the organisation and characteristics of cinema networks, the professional organisation of the sector, the functioning of the boards of censors, the space reserved for cinema in the press as well as the autonomy of the latter, and the organisation of distribution companies.[1]

Studying these procedures of presentation, explanation, and authorisation, as well as analysing the discourses engendered by films, allows us to reveal the mechanisms underlying the logic of the legitimisation and hierarchisation of certain ideological positions. Such discursive work, moreover, enables us to illustrate different attitudes toward the Second World War and the countries that were waging it, most notably Italy in this particular case. Exploring the opinions expressed about what occurs on the screen permits us to go beyond the purely cinematic realm, for such views reveal a much wider world-view. This concerns feature films in particular, which the press, for example, comments on with less restraint than on a war report. The cinema justifies a displaced form of political discourse by shifting it onto the terrain of entertainment.

Taking programming into account partly explains the success of certain films. A title that remains on the bill for many weeks, and which has various reruns, is an indication of public interest. On the other hand, it tells us nothing about the reasons for such an interest – which may be linked to current events, to aesthetic and artistic enthusiasm, or simply to seeking amusement and distraction. With this method, it is difficult to measure failures with any precision: the programming of a film for a single week may conceal a bad business deal for the exhibitor or a respectable commercial operation. Likewise, it is conceivable that titles that have done well have, despite everything else, been taken off the bill due to other commitments entered into by the exhibitor and the distributor. Consequently, it is advisable to contrast the data produced by studying film programmes with those constructed on the basis of the two other sources considered.

Criticism and censorship have common characteristics and totally different objectives. Both involve viewing films and pronouncing a one-off judgement. Another similarity is that they involve artistic and qualitative judgments. This may seem astonishing on the part of censorship, unless we consider that censorship boards comprise journalists, artists and, more generally, film enthusiasts. Moreover, it is by no means rare to find in the records of such bodies aesthetic accounts rather than the reasons for authorising or banning the screening of a particular film. Criticism, as far as it goes, has certainly been subject to commercial constraints (cinemas provide an important part of the advertising revenue of many daily papers),

---

1 I have developed these aspects in detail in Haver 2003.

and indeed to editorial policy, even if it is difficult to gauge its importance today. Press comments form a discourse that is, by definition, destined to be made public, unlike the discourse of censorship, which is addressed to the authorities. In fact, only the final decision is made public, and not the records. The few lines that accompany the decision sometimes put forward arguments that are quite different from those that have actually led to it. The two modes of discourse (press and censorship) are thus at once comparable and complementary.

Finally, none of these three discourses in itself suffices for studying historical film reception – their interest for the researcher lies in their confrontation.

Italian cinema in Switzerland: from the silent period to the Second World War

The history of the cinematic relations between Switzerland and Italy is a rich and complex area that I do not for a moment claim to exhaust here. What follows is an outline of the main points.[2] During the 1910s, Italy was one of the world's major film exporters. In Switzerland, as in a number of other countries, many a film show relied upon its output. Italian 'divas' like Lyda Borelli, Pina Menichelli, Francesca Bertini, and Soava Gallone proved to be tremendously successful on Swiss screens, just as the adventures of Maciste, the famous "strongman." The massive presence of Italian films in Switzerland did not last long, because transalpine cinema suffered a crisis toward the end of the First World War and began to disappear from Swiss cinemas at the beginning of the 1920s. Although this demise coincided with Benito Mussolini's ascent to power, it was not the outcome of some ideological opposition to Fascism on the part of the Swiss authorities, public, or cinema exhibitors, but rather the result of the economic collapse of Italian film production. The figures for 1922 (the year of the March on Rome) evidence this development: only 144 films were made that year, as opposed to 333 in 1921 (Bernardini 1991, 1112);[3] that is, there was a severe downturn, which continued in subsequent years.

Thus, Italian cinema disappeared from the commercial circuit, to the great regret of the large Italian community in Switzerland, or for all intents and purposes to the great regret of its representatives.[4] It did not, on the

---

2 For further detail, see my earlier studies: Haver/Kromer 1996; Haver/Kromer 1997; Haver 2000.
3 Only films longer than 3'000 feet are considered.
4 In the issue of *La Squilla Italica* that appeared on November 30, 1935, the editor noted

other hand, disappear everywhere, for a less apparent parallel distribution of sorts continued to exist. This was encouraged by Rome, and was mainly aimed at Italian citizens resident in Switzerland. Parallel distribution did not use the usual commercial cinema circuit, because screenings took place at the *Case d'Italia*. Present in almost every important Swiss town, such venues were run by local sections of the Fascist Party, which did its utmost to provide a framework for the activities of Italians living abroad. Up until the beginning of the war, these screenings (which were extremely frequent and far cheaper than the conventional cinema circuit) were also attended by Swiss citizens. Their visibility was less important, however, since only the Italian community's press took regular notice; the critics of the Swiss daily papers limited themselves to reviewing the new releases on the regular circuit.

In other words, Italian cinema was all but absent during the 1930s. In 1940, however, the conditions that had led to this absence began to change. On the one hand, film production was relaunched in Italy due to a series of government measures and subsidies, which enabled it to become relatively important once again: 45 feature films emerged from Italian studios in 1938. Such progress was to continue until the beginning of the 1940s and was to turn the Italian peninsula into the foremost producer of feature films in 1941 and 1942. On the other hand, after summer 1940 and following the occupation of France, the regular ways of supplying the Swiss film market were thrown into confusion, since without any warning the importing of films from certain countries became difficult. French output suddenly ground to a halt in June 1940, with exports only being gradually resumed under German control.[5] The importing of Anglo-American films also met with some difficulties. Thus, the opportunity to reconquer the Swiss market arose for Italy, and the market share of Italian films experienced a certain increase, as shown by import figures, but also, more conspicuously, by actual cinema programming quotas.

Nevertheless, it has to be said straightaway that a relatively modest presence was involved, one that would never really call the supremacy of American, French, and German films into question: American films dominated the national market, whereas German films held second place in German-speaking Switzerland and French films held second place in the French-speaking part of the country.

>with bitterness that "Italian films are rarely seen in Switzerland, and certainly much less than films from other countries." *La Squilla Italica* was the main newspaper of the Italian community. It was controlled by the Fascist Party and was very close to the Italian diplomatic authorities.
5 French production accounted for more than half of the French-speaking market in Switzerland.

Italian films and the press

The arrival of the first films made at *Cinecittà*, an important group of studios that opened in the suburbs of Rome in April 1937, seems to have triggered the memories of critics who had known, and often appreciated, Italian silent cinema. This earlier, hallowed era was recalled so often that it became a sort of leitmotif. In early articles about SCIPIONE L'AFRICANO (Carmine Gallone, 1937), this evocation may seem quite logical, moreover. In fact, Italian silent cinema was well known for its peplums; as it was, this genre had fallen into disuse and Gallone's film appeared to be seeking to bring it back into fashion. Everything therein seems to be orchestrated so that the link with the hallowed period of the silents is made, from the choice of subject to that of the director, which did not escape Jeanne Clouzot, the critic of the *Journal de Genève:*

> LES DERNIERS JOURS DE POMPEJ [GLI ULTIMI GIORNI DI POMPEI, Carmine Gallone, Amleto Palermi, 1926], grande production historique de Carmine Gallone, mise au jour en 1926 ou 1927, avait été comme le chant du cygne de la première période du cinéma italien. On sait que ce dernier, après des années de stérilité fait depuis peu un gros effort de relèvement, d'où sont déjà sortis de beaux films, en tête desquels L'ESCADRON BLANC [LO SQUADRONE BIANCO, Augusto Genina, 1936] et SCIPION L'AFRICAIN [SCIPIONE L'AFRICANO] que voici à l'Alhambra et que signe de nouveau Carmine Gallone.[6]

This nostalgic refrain lasted for several years, less so when a particular film was criticised and more so when Italian cinema was spoken of in more general terms. Thus, in an article aptly called "Renaissance du cinéma italien," Eva Elie reverts to the same terms as her colleague, this time using an almost sentimental tone:

> Il y a pire que brûler ce qu'on avait adoré, c'est: l'oublier. Oublié, le vieux cinéma italien qui, voici près d'un quart de siècle, occupait la première place dans la production d'alors. […] Mais sur la tombe où l'on jetait des fleurs, s'élève aujourd'hui une petite cité, Cinecittà, sorte d'usine où s'impriment… les rêves.[7]

---

6 Jeanne Clouzot, De film en film. In: *Journal de Genève*, December 12, 1938. ["GLI ULTIMI GIORNI DI POMPEI, a major historical production by Carmine Gallone, released in 1926 or 1927, was a sort of swansong of the first period of Italian cinema. One knows that, after years of sterility, the latter has recently made a big effort to get back on its feet, leading to the release of some fine films, foremost among which are LO SQUADRONE BIANCO and SCIPIONE L'AFRICANO, now on at the Alhambra and to which Carmine Gallone has once again put his name."]

7 Eva Elie, Renaissance du cinéma italien. In: *L'Illustré,* 35, August 29, 1940. ["There is something worse than burning what one has loved, and that's forgetting it. Forgotten,

Even in 1942, when the Italian film industry was making good headway (119 films were produced that year), the vision suggested by an article in the Bernese newspaper *Der Bund* is, like those above, oriented toward the past:

> Seit der vor einigen Jahren erfolgten Verstaatlichung des Filmschaffens hat für den italienischen Film eine ganz neue Epoche begonnen. Auf grosszügiger Basis und mit modernsten Mitteln ausgerüstet, begann damals die Bearbeitung des in vielen Hinsichten brachliegenden Arbeitsfeldes. Der italienische Film hatte sich nie vom Sturz aus der glorreichen Höhe erholt, in die ihn das Schaffen der Jahre vor dem ersten Weltkrieg gebracht hatte, als Grossfilme wie JULIUS CAESAR [GIULIO CESARE, Enrico Guazzoni, 1914], QUO VADIS? [Enrico Guazzoni, 1912], und CABIRIA [Giovanni Pastrone, 1914] die Welt in Erstaunen setzten. Der amerikanische Film mit seinen grössern Mitteln und weitern Möglichkeiten setzte in den Nachkriegsjahren so intensiv ein, dass sich das italienische Filmschaffen nach einigem vergeblichen Widerstand im Sande einer trüben Mittelmässigkeit verlor.[8]

In order to really grasp the meaning of these quotations, it must be borne in mind that the opening of the Italian studios and the desire on the part of the Fascist regime to grant an important place to cinema were bits of information that were well-known to film journalists and their readers. Many declarations and press releases of this ilk had in fact preceded the films.[9] A well-orchestrated press campaign was used to announce the filming of SCIPIONE L'AFRICANO, and although the film only screened in the French-speaking cantons in December 1938, it had received much press coverage for two years prior to this. Press reports highlighted the costs of the imposing sets and the impressive number of extras, horses, and elephants.[10] In

---

8   N. Maillart, Italienisches Filmschaffen. In: *Der Bund*, August 28, 1942. ["Some years ago, a new era commenced for Italian cinema, the nationalisation of film production being effectively set in place. Thus, provided with money as well as modern technology, work began on the in many respects uninvested sphere. Italian cinema had never quite recovered from the fall from its heyday before the First World War, when full-length feature films like GIULIO CESARE, QUO VADIS? and CABIRIA astonished the world. With its much higher budgets as well as other means, American cinema conquered international markets in the years after the war in such an effective manner that Italian film production – despite its vain resistance – was lost to cheerless mediocrity."] Similar comments appeared in *Ciné Suisse*, 32, September 20, 1941, and in *Journal de Genève*, November 28, 1942. [the old Italian cinema that, almost a quarter of a century ago now, had pride of place in the production of the time. [...] But on the grave on which flowers were tossed there stands a small city, Cinecittà, a sort of factory where dreams are registered."]

9   The fact that Italian films were not current in Switzerland between the 1920s and the 1930s ought not to be taken to mean that they were totally absent. From time to time, a title made it across the border, such as STADIO (Carlo Campogalliani, 1934), which was shown in many towns in 1935.

10 See, in particular, Hannibal au cinéma. In: *Journal de Genève*, November 10, 1936.

other words, then-contemporary commentators knew that Italian cinema had been "great." Writing in 1936, they could legitimately presume that the Fascist regime would employ every means to restore a sense of pride in Italian cinema. It was only logical, then, that they repeatedly recalled the respectable production of the silent era while adopting a wait-and-see attitude toward new films. Their underlying question was which hallmark, ideological and artistic, would the new regime confer upon this new generation of films?[11]

Contemporary critics were therefore steadfastly reticent and avoided overly engaging in a display of support for the first *Cinecittà* productions. SCIPIONE L'AFRICANO impressed them, it is true, due to the means used or to its technical mastery, but the film did not manage to arouse their enthusiasm. Instead, the first film to be greeted with enthusiasm was L'ASSEDIO DELL'ALCAZAR (1940), directed by Augusto Genina, another veteran of Italian cinema. The film deals with the occupation of the military academy of Toledo by the Republican troups until the arrival of Franco's forces ended the siege. Italy's involvement in the conflict is absent. In Switzerland, the subject was very suggestive, because it was able to profit from the anti-Communist feelings of an ample fringe of intellectuals and almost all of the press. Arriving two years after SCIPIONE, the film was viewable in prints dubbed into French and German, in addition to Italian.[12] It was a huge critical and public success from the first. It ran for many weeks in numerous towns and was widely praised in the press: "An excellent film, one of the best of the year, not to say of these last few years."[13] In *L'Illustré*, Eva Elie called it "grandiose" and saw it as a confirmation of the renaissance of Italian cinema.[14] If the critics are to be believed, the film was also a great success with the public, for when it premiered in November 1940 at the Scala cinema in Zurich, "an empty seat was not to be found […]. The public, usually so undemonstrative in these towns of ours, brought the house down. The showing of ALCAZAR over, the programme carried on and the applause continued."[15] While a number of voices expressed their reservations, these were not aimed at the film itself but rather at the opportunity to deal with such a delicate subject so soon after the Spanish Civil War.[16]

---

11   On the politics of propaganda in Italy, see Haver 2008.
12   *Schweizer Film Suisse*, 87, May 1940, p. 19.
13   In: Feuille d'Avis de Lausanne, May 19, 1941.
14   Eva Elie, Le siège de l'Alcazar. In: *L'Illustré*, 42, October 17, 1940.
15   E. W., Pourquoi le film ALCAZAR nous intéresse-t-il? In: *Almanach du cinéma*. Geneva: Film-Press Service 1941, n. p. This public success seems to be confirmed by its many weeks of programming and by its numerous reruns. See also *Journal de Genève*, May 13, 1941; *Der Bund*, February 24, 1942.
16   In: *Neue Zürcher Zeitung*, November 22, 1940; *La Vie protestante*, May 16, 1941.

1 Advertisment for BENGASI (Augusto Genina, I 1942) in the Annual Book of the Swiss Film Industry, 1943.

L'Assedio dell'Alcazar opened the way to a particular type of Italian cinema, namely one depicting the realism of war, remote from the cardboard sets of Scipione but just as ideologically loaded. The most widely circulated Italian films in Switzerland were Uomini sul fondo (Francesco de Robertis, 1941), La nave bianca (Roberto Rossellini, 1941), Bengasi (Augusto Genina, 1942) and Alfa Tau (Francesco de Robertis, 1942). All these productions were well-received by the critics, particularly Alfa Tau. They adopted an appreciative tone, pointing out the realism, restraint, objectivity, and even nobility in the handling of the conflict. Moreover, they often rated Italian output about the war as the best.[17]

Distribution and programming

During the 1930s, the main supplier of Italian films for the Swiss commercial circuit was SEFI in Lugano, whose name clearly announced its aims: *Società Espansione Films Italiani*. Notwithstanding the company's efforts, Italian cinema did not achieve what might be called a solid presence in Switzerland, except in the Ticino, the Italian-speaking part of the country. With the outbreak of war, the situation became slightly more advantageous for SEFI. Alongside it, other distribution companies turned to Italian producers because of the above-mentioned supply problems. Nevertheless, while Italy began to be thought of as a country able to supply Swiss movie theatres, its cinema was barely known to a wide section of the public. As a result, many different attempts at promoting it were organised.

From 25th to 30th September 1941, SEFI, in collaboration with the distributor Columbus Film and with the support of *Pro Lugano*, an association responsible for promoting the city's touristic and cultural development, organised an Italian film festival, which was held at the *Kursaal* and the *Supercinema* in Lugano, and involved various personalities and stars connected with *Cinecittà*. The event went far beyond the cantonal framework: the national press was invited, and the event received a lot of press cover-

---

17 I have consulted the following articles in particular. On Alfa Tau: *La Revue*, March 22, 1943; *Gazette de Lausanne*, March 22, 1943; *Gazette de Lausanne*, May 10, 1943; *Journal de Genève*, March 1, 1943; *Neue Zürcher Zeitung*, February 16, 1943; May 5, 1943; *Nouvelliste Valaisan*, September 25, 1943. On Bengasi: *Feuille d'Avis de Lausanne*, March 22, 1943; *La Revue*, May 10, 1943; *Feuille d'Avis de Lausanne*, May 10, 1943; *Journal de Genève*, May 31, 1943. On Uomini sul fondo: *Neue Zürcher Zeitung*, June 3, 1941; *Journal de Genève*, June 5, 1944; *Nouvelliste Valaisan*, August 5, 1944; *Neue Zürcher Zeitung*, June 16, 1943; April 19, 1943. On La nave bianca: *Feuille d'Avis de Vevey*, November 2, 1942; *Journal de Genève*, November 28, 1942.

age. The weekly *Ciné Suisse* even devoted a whole issue to Italian cinema.[18] Following this success, a new edition of the festival was organised for the following year. Due to the war, however, the second festival was also the last. In order to reap the fruits of this event, the SEFI catalogue for the 1942 festival featured fifty films in a German version and forty in a French version.

On account of these different factors and events, the importing of Italian films effectively increased between 1939 and 1943. Following the armistice of 8th September 1943, this tendency came to a halt in 1944, thereby paralysing the Italian film industry. On the other hand, the number of screenings seems to have been modest up until 1942.[19] *Cinecittà* productions only began to take hold in 1943, as if a period of assimilation had been necessary. Many Italian films were released in Switzerland with a time lag of one or two, or indeed sometimes even three years after being made.

A survey undertaken by Josef Fässler in twenty-eight cinemas in Greater Zurich between 1st November 1943 and 29th February 1944 provides a snapshot of the programming of feature-length fiction films in the most important city in German-speaking Switzerland. This survey was published in *Der Filmberater*, the Lucerne Catholic journal.[20] By way of comparison, I have examined the programmes of ten Lausanne cinemas over the same period.

The following table shows the distribution of the 622 films screened in Zurich and the 164 films shown in Lausanne according to the country of provenance (the number of first-run films appears in brackets):

Origin of the films	Zurich		Lausanne	
	absolute figures	%	absolute figures	%
USA	380 (48)	61.09	82 (41)	50.00
Germany	135 (16)	21.70	6 (3)	3.66
France	44 (2)	7.07	57 (5)	34.76
Italy	22 (5)	3.54	9 (7)	5.49
UK	15 (3)	2.41	2 (1)	1.22
Others	13 (5)	2.08	7 (3)	4.27
Switzerland	13 (4)	2.09	1 (1)	0.61
Total	622	100.00	164	100.00

18 *Ciné Suisse*, 32, September 20, 1941. See also Emile Grêt, Rassegna del film italiano. In: *Ciné Suisse*, 34, October 4, 1941.
19 My programming survey focuses on Lausanne, Geneva, and Zurich.
20 *Der Filmberater*, May 1944, p. 39. The figures are taken from a seminar project carried out by Fässler at Fribourg University.

More than 80 percent of the films screened in the two cities come from two countries, with the USA claiming the lion's share for itself in both instances. In order to establish how matters progressed during the war years, the table below shows the figures relative to the screening of Italian films in Lausanne. The weeks of programming rather than the films are counted; a film programmed for two weeks is thus accounted for twice.

Year	Total number of programmes in Lausanne	Programmes of Italian films in Lausanne		Importing of Italian films into Switzerland[21]	Production of feature-length fiction films in Italy[22]
1939	558	4	0.72 %	32	50
1940	546	3	0.55 %	43	83
1941	526	8	1.52 %	54	89
1942	524	4	0.76 %	50	119
1943	543	23	4.24 %	63	70
1944	562	25	4.45 %	20	20
1945[23]	205	16	7.80 %	(14)[24]	–

The commercial takeoff of Italian cinema was marked by a comedy distributed by SEFI in 1942. This was SCAMPOLO (Nunzio Malasomma, 1941), whose heroine, Lilia Silvi, became instantly famous in Switzerland. The film ran for four months at the Bellevue in Zurich,[25] a 770-seater cinema, for nine weeks at the Rex in Lausanne in 1943, and for nine weeks at the Alhambra in Geneva in 1943 and 1944; all three cinemas had a capacity of 1'500 and 1'200 seats respectively, without counting numerous reruns. However, the film does not appear to have been distributed in a dubbed version, at least not in French-speaking Switzerland.[26] This success suddenly gave a commercial value to other films starring the same actress, such as DOPO DIVORZIEREMO (Nunzio Malasomma, 1940), IL DIAVOLO VA IN COLLEGIO (Jean Boyer, 1944), LA BISBETICA DOMATA (Ferdinando Maria Poggioli, 1942), and lastly LA VISPA TERESA (Mario Mattoli, 1943). Without achieving the success of SCAMPOLO, all these titles were good money-makers and had runs of two to three weeks in many towns.

---

21 Aeppli 1981, 155 and 201.
22 Gili 1985, 42.
23 For 1945, only screenings from January 1 to May 10, have been taken into consideration.
24 Figure for the whole of 1945.
25 See *Feuille d'Avis de Lausanne*, September 10, 1943.
26 See *Journal de Genève*, November 15, 1943.

Institutions and censorship

In Switzerland, censorship was traditionally a local-level institution. Initially, it was mainly exercised by the municipal authorities; subsequently, many cantonal committees were set up during the 1920s. Although these bodies did not involve the disappearance of local decision-making, their work involved regulating the cinema admission age, waiving regulations, and implementing other routine, less important measures. This, at all events, was the situation in French-speaking Switzerland, which I have studied in greater detail than the German-Swiss context. Systematic federal censorship only arrived with the mobilisation of the Swiss army in 1939. Logically, it was controlled by the military and was exercised in Berne by the Film Section of the Press and Radio Division of the Army General Staff. Since the municipal and cantonal boards of censors had remained in place, the goal of military censorship was not to deal with questions of morality or public order, but instead to look into matters concerning the new international situation. Its main concern was to safeguard army secrets and honour, and to guarantee Swiss neutrality by protecting the country from foreign films promoting too insidious propaganda.

Federal censors exercised only moderate censorship on Italian films. A few rare feature films were banned, like DOCUMENTO Z3 (Alfredo Guarini, 1943),[27] which recounts the story of Italian secret agents active in Yugoslavia before the invasion of the country by the Axis troops; another case was I PIRATI DELLA MALESIA (Enrico Guazzoni, 1941), an adaptation of a late-nineteenth-century novel by Emilio Salgari that was critical of British colonialism. ADDIO KIRA and NOI VIVI (Goffredo Alessandrini, 1942), a two-part anti-Soviet film, was initially approved, but subsequently banned when the Swiss government attempted to establish diplomatic relations with the USSR. Other films suffered cuts, like BENGASI and GIARABUB (Goffredo Alessandrini, 1942). Overall, however, Italian films did not give cause for concern, including those whose ideological colours were not concealed. At times there was a sort of projection or co-opting of the subject matter of a film, such as when the *Neue Zürcher Zeitung* explained the authorisation of an ideologically pointed film like L'ASSEDIO DELL'ALCAZAR:

> Wenn die schweizerische Armeefilmzensur diesen realistischen Kriegsfilm zur Vorführung freigegeben hat, so geschah es in der Erwägung, dass hier ein würdiges Beispiel vorliegt, wie eine kleine Gruppe entschlossener Soldaten und Offiziere durch persönlichen Mut und Treue zur Fahne einem ungleich stärkeren Gegner heroischen Widerstand geleistet hat.[28]

27 Verbotene Filme. Swiss Federal Archives, E 4450, no. 5803.
28 *Neue Zürcher Zeitung*, November 22, 1940. ["If the censorship agencies of the Swiss mili-

2 Advertisement for the Italian newsreel *LUCE* in the Annual Book of the Swiss Film Industry, 1942.

Yet the activity of the military censors was not restricted to authorising, cutting, or banning films. At the start of mobilisation, the commanding officer of the Film Section, Werner Sautter, held a series of interviews with De Mandato, press attaché of the Italian Legation, in order to draw up rules for the organisation of screenings for Italian nationals.[29] Their negotiations were also concerned with the possibility of a greater openness of the Swiss market toward films from the Italian peninsula. Following the occupation of France, the Swiss cinema network lacked new films and German cinema looked set to become dominant in the highly sensitive newsreel market. According to Sautter and his superiors, Italy was able to help avoid this

> tary approved the release of this realistic war film, they did so considering it a dignified instance of heroic resistance toward a much stronger enemy, exemplified by a small group of soldiers and officers, their personal courage as well as their loyalty to the flag."]
29 The contacts between Sautter and De Mandato are mentioned in a report presented by the former on August 5, 1940 to Colonel Victor Perrier, the acting head of the Press and Radio Division since April (Swiss Federal Archives, E 4450, no. 5798.

situation. Negotiations had rapid results: a special version of the newsreel *LUCE* was distributed in Switzerland in the three main national languages. The commercial importing of *LUCE* – which exhibitors, it must be added, did not hold in high regard – was thus strongly encouraged, even instigated, by the Press and Radio Division of the Army General Staff. Its commanding officer, Colonel Perrier, explained the reasons for this measure in a note written during summer 1940:

> J'ai pensé qu'il est urgent de rétablir l'équilibre et d'opposer aux puissances wagnériennes les harmonies de Verdi. C'est pourquoi, j'ai chargé un de mes collaborateurs de prendre officieusement contact avec un représentant de la Légation d'Italie, pour voir s'il était possible d'introduire en Suisse l'actualité italienne.[30]

The "collaborator" in question was undoubtedly Lieutenant Werner Sautter, who, according to the same report, had also acted (always *officieusement*, that is, unofficially) as a mediator with many exhibitors so that they would start booking *LUCE*. It is noteworthy that when not donning his grey-green army uniform, Sautter was director of Columbus Film in Zurich. Hitherto specialising in Swiss, French, and American films, this distribution company suddenly became one of the three main importers of Italian films.[31] Toward the end of 1940, a full-page announcement appeared in the trade journal *Schweizer Film Suisse:*

> Der italienische Film ist im Aufstieg!
> Angesichts der jüngsten Erfolge und der zunehmenden Beliebtheit italienischer Grossfilme beim schweizerischen Publikum, freuen wir uns, mitteilen zu können, dass wir die Alleinvertretung der bedeutendsten italienischen Produktionsgesellschaft, der ENIC, übernommen haben.
> Wir werden eine sorgfältige Auswahl aus der umfangreichen Produktion vornehmen und sie teils in deutscher Sprache, teils in Originalfassung mit deutschen Untertiteln, herausbringen. Eine besondere ausführliche Ankündigung wird demnächst näheren Aufschluss über die ersten ausgewählten Filme geben.
> Columbus Film A.G.[32]

30 Note by Colonel Perrier, August 8, 1940, Swiss Federal Archives, E 4450, no. 5887. ["I think that it is urgent to restore the balance and to rely on Verdi's harmonies and not on Wagnerian force. This is why I have instructed one of my collaborators to make contact, unofficially, with a representative of the Italian Legation to see if it is possible to introduce the Italian newsreel into Switzerland."]
31 Apart from the SEFI in Lugano, the third company is Geneva-based Royal-Film; a few other Italian films were imported by Monopol-Films in Zurich. See the catalogues published in the different issues of the *Annuaire de la cinématographie suisse*.
32 *Schweizer Film Suisse*, 93, December 1940. ["Italian film is on the rise! Taking into ac-

Sautter's meeting with De Mandato seems to have had interesting repercussions for Columbus.

Colonel Perrier's canvassing went further: it was not just limited to furthering the entry into Switzerland of the *LUCE* newsreel, but it also organised a market for it by intervening directly with exhibitors. Moreover, its underlying rationale is extremely surprising, as it led the Swiss authorities to compensate for the predominance of German newsreels with Italian ones, that is, produced in a country that, from the beginning of the previous month, was now fighting alongside Nazi Germany. Perrier's note provides an immediate explanation for this rationale: in this particular instance, he is less concerned with military propaganda than with the 'Germanisation' of filmed information in Switzerland. The few Italian claims, kept to a minimum, and the irredentism of the Canton of Ticino, liable to be encouraged by the presence of a Fascist discourse on Swiss screens, were considered, on the one hand, to be a lesser evil with regard to the German threat, and, on the other, to be reduced by the fact that the *Istituto LUCE* was to create ad hoc edited versions for Switzerland. Nevertheless, Perrier's position confirms that a watered-down Fascist discourse was considered to be perfectly suitable to Switzerland by the authorities responsible for censorship. As the attitude of various French-speaking daily papers suggests, Fascism enjoyed a better reputation than National Socialism, at least among the bourgeoisie in the French-speaking part of Switzerland, and even managed to attract a certain amount of sympathy.

Conclusion

The Swiss example reveals one of the aspects of the massive investment that Fascist Italy effected in the cinema sector. The two main axes of this effort are well represented: firstly, the rallying of support for the regime's ideological discourse; and secondly, the attempt to commercially promote an industry largely subsidised by the State. The penetration of Italian cinema into Switzerland was certainly made easier by the Italian associative network, but it also tended to gain an increasingly important place for itself on the regular Swiss movie theatre market. During the Second World

> count the recent successes and the increasing popularity of Italian feature films among the Swiss public, we are delighted to announce that we have acquired the exclusive rights of the most important Italian production company, ENIC. We shall be making a careful selection of this vast output and be distributing it partly in the German language, partly in the original version with German subtitles. Soon, a special detailed announcement will provide more information about the first films chosen. Columbus Film Ltd."]

War, a series of favourable conditions made this breakthrough possible: the flourishing of Italian cinema coincided with a discontinuity in the supply of films from the USA and France – the former dominant suppliers of the Swiss market –, giving way to a growing presence of German productions. The big commercial successes were lightweight productions like SCAMPOLO. Although the critics paid little attention to such comedies, they nevertheless enabled Italian cinema to consolidate its presence. As shown, another great Italian success was the much more committed L'ASSEDIO DELL'ALCAZAR. These two films, which intervened at two very different levels – pure entertainment, on the one hand, and the ideological promotion of government policy, on the other – were the spearheads of Italian production in Switzerland during the war. Both enjoyed box-office and critical success that by far exceeded SCIPIONE L'AFRICANO, despite the enormous resources provided by the Fascist government. Instead, the production of war films followed the example of L'ASSEDIO DELL'ALCAZAR with a number of so-called sober works that, as we have seen, were much appreciated in Switzerland, often appearing as extremely "neutral" in the critics' eyes. Censorship probably did not interfere with their distribution for the same reason. Contrary to what occurred with a certain number of the German ally's productions, Italian feature films depicting the war were not banned from Swiss screens. This genre was even over-represented in Switzerland in relation to its numerical importance within Italian production. As for newsreels, censorship turned into an active ally of the Italian film industry by seeking productions in Rome for distribution in Switzerland. The southern neighbour seemed less threatening than the one to the north, and the ideological dimension of numerous films seemed to trouble neither the censors nor the professionals, nor the critics.

English Translation by Paul Hammons

References

Aeppli, Felix (1981) *Der Schweizer Film 1929–1964. Die Schweiz als Ritual.* Zurich: Limmat.
Bernardini, Aldo (1991) *Archivio del cinema Italiano.* Vol. 1: 1905–1931. Rome: ANICA.
Daniel, Joseph (1972) *Guerre et cinéma.* Paris: A. Colin/FNSP.
Gili, Jean A. (1985) *L'Italie de Mussolini et son cinéma.* Paris: Henri Veyrier.
Haver, Gianni (2000) Le réseau de pénétration du cinéma fasciste en Suisse (1924–43). In: *Cinéma suisse: nouvelles approches. Histoire – esthétique – thèmes – matériaux.* Maria Tortajada & François Albera (eds.). Lausanne: Payot, pp. 111–122.

Haver, Gianni (2003) *Les lueurs de la guerre. Écrans vaudois 1939–1945.* Lausanne: Payot.

Haver, Gianni (2008) Autoreprésentation et propagande dans le cinéma de l'Italie fasciste. In: *Une histoire des cinémas de propagande.* Jean-Pierre Bertin-Maghit (ed.). Paris: Nouveau monde, pp. 119–136.

Haver, Gianni/Kromer, Reto (1996) Proiezioni per gli italiani in Svizzera (1912–1929). In: *Quaderni grigionitaliani* 4, pp. 368-376.

Haver, Gianni/Kromer, Reto (1997) Sul cinema muto italiano in Svizzera. In: *Cinema italiano in Europa 2, 1907–1929.* Francesco Bono (ed.). Rome: AIRSC, pp. 16–28.

Lindeperg, Sylvie (1997) *Les Écrans de l'ombre. La seconde guerre mondiale dans le cinéma français (1944–1969).* Paris: CNRS.

JÖRG SCHWEINITZ

Ein amerikanischer Spielfilm als ‹Kultfilm› in der DDR
1968, THE STRAWBERRY STATEMENT und die Dialektik der Rezeption

Die Konstituierung einer ‹phantom community›

Bisher kannte noch keiner meiner im Westen Deutschlands sozialisierten Kolleginnen und Kollegen aus der Filmwissenschaft, die ich darauf angesprochen habe, den amerikanischen Spielfilm THE STRAWBERRY STATEMENT. Und selbst bei Amerikanern habe ich kaum einen Treffer gelandet. Das überrascht zunächst, errang die MGM-Produktion in der Regie von Stuart Hagmann doch im Premierenjahr 1970 in Cannes den Spezialpreis der Jury und trägt sie das filmstilistische Signalement des damals aktuellen *New Hollywood*. Hinzu kommt, dass es um eine amerikanische Studentenrevolte aus der 1968er Zeit geht. Die literarische Vorlage, der gleichnamige Roman von James S. Kunen (1969), bezieht sich auf Ereignisse an der New Yorker Columbia University vom Frühjahr 1968 (die der Film in ein fiktives College in San Francisco verlegt). Dennoch spielte THE STRAWBERRY STATEMENT weder bei der Retrospektive «New Hollywood 1967–1976» der 54. Internationalen Filmfestspiele 2004 in Berlin irgendeine Rolle, noch fand er 2008 im Zuge des 40-Jahre-1968-Erinnerungsdiskurses in den überregionalen deutschen Medien Erwähnung. Man könnte also meinen, THE STRAWBERRY STATEMENT gehöre nicht zum Gedächtnis der Deutschen, auch nicht zum kinematografischen. Ist er durch den Rost der Erinnerung gefallen und vergessen worden?

Sucht man den Film bei einschlägigen Internethändlern, so taucht eine Merkwürdigkeit auf. Zunächst scheint alles die Vergessensthese zu bestätigen: Weder in den USA, etwa bei *Amazon.com*, noch in einem westeuropäischen Land ist eine DVD in Umlauf. Ausgerechnet aber *Amazon.de* bietet unter dem deutschen Verleihtitel BLUTIGE ERDBEEREN sowohl auf DVD als auch auf VHS die Synchronfassung an.[1] Nun empfiehlt *Amazon*

---

1   So das Ergebnis im Juli 2008, das bei der letzten Einsicht im Januar 2010 immer noch bestand.

gern weitere Produkte unter dem Motto: «Kunden, die BLUTIGE ERDBEE-REN gekauft haben, bestellten auch ...». An dieser Stelle wird es interessant. Am 26. Juli 2008 tauchte dort neben dem englischsprachig angebotenen Buch von James S. Kunen eine bemerkenswerte Produktvernetzung auf, nämlich:

- zwei Musik-DVDs – zum einen *Stern-Combo Meissen, Electra, Lift: Sachsendreier Live* und zum anderen *Folk Blues Best* von Stefan Diestelmann;
- das Buch *Bye Bye Lübben City. Bluesfreaks, Tramps und Hippies in der DDR;*
- der Spielfilm DIE LEGENDE VON PAUL UND PAULA (Heiner Carow, DDR 1973);
- der Film SIGNOR ROBINSON, MOSTRUOSA STORIA D'AMORE E D'AVVENTURE II (Sergio Corbucci, IT 1976), der unter dem deutschen Verleihtitel ROBINSON JR. in der Synchronfassung angeboten wird;
- der Sidney-Poitier-Film TO SIR, WITH LOVE (James Clavell, GB 1967) unter dem deutschen Verleihtitel HERAUSGEFORDERT!;
- die Western-Parodie CAT BALLOU (Elliot Silverstein, USA 1965) mit Jane Fonda in der (gleichnamigen) deutschen Synchronfassung;
- und das Film-Melodrama KRAMER VS. KRAMER (Robert Benton, USA 1979) mit Dustin Hoffman, ebenfalls in deutscher Synchronfassung (KRAMER GEGEN KRAMER).

Diese Produktreihe hat eine für den ‹westlichen Blick› verborgene, aber dennoch eindeutige Logik. Die gesamte Sortierung, die – glaubt man *Amazon* – durch die spontane Kombinatorik des Kaufverhaltens entstanden ist, gehört zur Erinnerungswelt jener Deutschen, die in den frühen 1970er Jahren ihre Jugend in der DDR erlebt haben. Es sind drei Bands, ein Liedermacher und ein Film aus der DDR. Hinzu kommen der italienische und der britische Film[2] sowie die zwei amerikanischen Filme, alle herausragende Kinohits in der DDR.

Ebendies trifft – in gesteigerter Weise – auch auf THE STRAWBERRY STATEMENT zu. Der Film kam am 3. März 1973 in der bundesdeutschen Synchronfassung als BLUTIGE ERDBEEREN in die Kinos der DDR.[3] Fragt man Ostdeutsche, die zu jener Zeit zwischen 15 und 25 Jahre alt waren, so wird man kaum Eine oder Einen ohne Erinnerung an ihn treffen. Viele von

---

2 TO SIR, WITH LOVE lief in der DDR freilich nicht in der westdeutschen Verleihfassung HERAUSGEFORDERT!, sondern in einer eigenen DEFA-Synchronversion unter dem Titel JUNGE DORNEN.
3 Hochschule für Film und Fernsehen der DDR/Staatliches Filmarchiv der DDR (Hg.) 1975, 268.

jenen, mit denen ich rückblickend darüber sprach, sagten spontan, dass sie den Film damals gleich mehrfach gesehen haben.

Die Begeisterung hatte weitreichende Folgen. Denn darauf, dass der Film bis heute eine wichtige symbolische Stellung im Gedächtnis jener Generation Ostdeutscher einnimmt, deutet weit mehr als nur die spezifische Produktvernetzung bei *Amazon.de* hin. Als BLUTIGE ERDBEEREN kurz nach der Wende 1991 in einem Potsdamer Kino wieder aufgeführt wurde, jubelte die größte Tageszeitung der Stadt fast halbseitig: «Ein Kultfilm kommt endlich nach Potsdam».[4] Seit den 1990ern zeigte zudem das kleine Kino «Kiste» im östlichen Berliner Stadtbezirk Hellersdorf mehr als zehn Jahre lang Woche für Woche freitags eine abgespielte Kopie im – gut besuchten – Nachtprogramm. Von der *Berliner Zeitung* nach den Gründen für das bemerkenswerte Ritual befragt, bezeichnet der um 1960 geborene Kinochef, Fred Schöner, THE STRAWBERRY STATEMENT «als prägend für seine Generation. ‹Allerdings wohl nur in der DDR [...]››».[5] Und als sich ein Verleih entschloss, im Sommer 2003 mit frischen Kopien auf den Markt zu gehen, zielte auch das offenbar in erster Hinsicht auf die Kinos im Osten. Jedenfalls wurde der Film fast ausschließlich dort eingesetzt, auch in Berlin überwiegend in den Ostbezirken. Wiederum waren es (von wenigen Ausnahmen, vor allem in Berlin, abgesehen) in erster Linie Zeitungen mit ostdeutscher Leserschaft, die ihm – teils groß aufgemacht wie in der *Berliner Zeitung*[6] – Aufmerksamkeit widmeten. Zu dem schon angesprochenen Medienereignis ‹40 Jahre 1968› nahmen schließlich allein die beiden ostdeutschen Regionalfernsehstationen, der Mitteldeutsche Rundfunk (MDR) am 13. April 2008 und der Rundfunk Berlin-Brandenburg (RBB) am 15. April 2008, BLUTIGE ERDBEEREN in ihr Programm auf. Der MDR bewarb ihn auf seiner Website mit der Zeile, er sei für jene «Million Zuschauer, die den Film 1973 in den Kinos der DDR sahen, [...] ein Kultfilm».[7]

Eine Produktion aus den USA gilt also als ‹DDR-Kultfilm›, während sie im deutschen Westen (und auch in den USA selbst) nahezu unbekannt ist. Sie gehört mithin bis heute zum stabilen kulturellen Erinnerungsrepertoire einer besonderen informellen *community*, die sich – wie letztlich alle Insidergruppen – an der Vertrautheit mit einem symbolischen Repertoire erkennt und hierüber die Zugehörigkeit regelt. Gemeint ist die Generation

---

4   Michael Maciejok, Ein Kultfilm kommt nach Potsdam. In: *Märkische Allgemeine*, 25.4.1991.
5   Birgitt Eltzel, Der Klassiker: Im Club Kiste läuft seit zehn Jahren der Film BLUTIGE ERDBEEREN. In: *Berliner Zeitung*, 10.9.2003.
6   Ralph Schenk, Revolution auf den Lippen. In: *Berliner Zeitung*, 3.7.2003.
7   So der Aufmacher zur Programmseite für die Sendung des Films im MDR am 13.4.2008 unter http://www.mdr.de/tv/3837928.html (eingesehen am 13.9.2008).

Ostdeutscher, die zwischen dem Ende der 1940er Jahre und 1960 geboren wurde (die Begeisterung für ‹ihren› Film inzwischen aber teilweise auch ihren Kindern mitgeteilt hat). Es ist eine *imagined community* – eine, die sich nicht über reale, praktische Interaktion, sondern vor allem über Imaginationen definiert, welche auf dem eigenen kulturellen Gedächtnis beruhen, und die letztlich nur in dieser Hinsicht als *community* existiert. Die Formel erinnert an Benedict Andersons Prägung von der *imagined (political) community* für die Nation (Anderson 2006). Im Unterschied dazu basiert die hier in Rede stehende, heutige ostdeutsche *imagined community* aber weder auf einem Staat noch auf der Idee einer Nation oder gar auf dem Wunsch danach, sondern auf einem *Phantom* – dem Erfahrungs- und Erinnerungsraum eines nicht mehr existierenden Staates. Damit hat diese *phantom community* eine deutlich andere Qualität als etwa eine übliche Fangruppe. Denn ihre Angehörigen haben ihre Jugenderfahrungen in einem Staat gemacht, der verschwunden ist, wobei das Leben in ihm (selbst wenn die meisten ihn nicht sonderlich liebten) tiefe Spuren in der Erinnerung und Sozialisierung und mithin im kollektiven Selbstverständnis hinterlassen hat – zumal es um einen Staat geht, der das Alltagsleben besonders rigide zu strukturieren und gegen unwillkommene Einflüsse abzuschirmen suchte. Das steigerte nun gerade die kulturelle Visibilität einzelner ‹abweichender› Angebote, so auch die von BLUTIGE ERDBEEREN, und trägt dazu bei, deren symbolischen Status im kulturellen Gedächtnis markant zu vertiefen und hinsichtlich der DDR-Referenz sekundär zu semantisieren. Mit anderen Worten: Sobald die Rede auf diesen Film kommt, ist für jene, die zur *phantom community* gehören, das eigene Leben in der DDR der 1970er Jahre mit präsent.

Dialektiken der Rezeption

Die nähere Beschäftigung mit der DDR-Rezeption von THE STRAWBERRY STATEMENT erscheint nicht allein hinsichtlich des konkreten Einzelfalles einer Rezeptionsgeschichte (im Sinne der *New Film History*) interessant, sondern darüber hinaus auch in theoretischer Hinsicht. So wirft die ostdeutsche Karriere des Films Schlaglichter auf zwei Zusammenhänge, die theoretisch zwar viel diskutiert wurden, in der filmwissenschaftlichen Praxis aber weithin ausgeblendet bleiben:

Erstens: Das differente Schicksal des Films in zeitlich parallelen Situationen – also die stark voneinander abweichende Rezeption im Westen und in der DDR – unterstreicht die Notwendigkeit einer theoretischen Konzeption von Rezeption, die von der Einsicht ausgeht, dass es keine einfach ‹naturwüchsig› von der ‹Rezeptionsvorgabe› eines Films her definierte Standardrezeption oder keine schlicht ‹normale› Lesart gibt. Also keine Rezeption, über die ein für allemal Einvernehmen herzustellen sei und der gegenüber allenfalls abweichende oder widersetzliche Lesarten markiert werden könnten. Die Rezeptionsgeschichte von THE STRAWBERRY STATEMENT macht besonders plastisch, in welch hohem Masse die kulturelle Disposition der jeweiligen Interpretations- und Erlebensgemeinschaft eine Rolle spielt und entsprechend theoretisch mit zu bedenken ist, sowohl wenn es um den Erfolg und die Qualitätszuschreibung als auch um die Interpretation eines Films geht.

Ein Konzept wie die in den *Cultural Studies* weit verbreitete Triade, die ursprünglich auf Stuart Hall (1999 [1973]) zurückgeht, von (1) *preferred/ dominant (or hegemonic) reading*, (2) *negotiated reading* and (3) *oppositional or resistant reading* mag mit Blick auf eine bestimmte kulturelle Situation zu relevanten Erkenntnissen führen; der darin eingeschriebene Gedanke einer Art Normrezeption (zumal wenn Letztere mit der Intentionalität von Textproduzenten vermischt wird) greift jedoch nicht. Einerseits wird ein solcher Gedanke dem grundlegend polysemischen Potenzial künstlerischer Texte nicht gerecht, das eine essentielle Vielfalt von – und einen zu ihrem Wesen gehörenden Reichtum an – Nuancen, Akzenten, Differenzen in der Rezeption bedingt. Das reduktive Raster versagt hier, und rezeptionstheoretisch ist letztlich *jede* Rezeption in diesem Sinne ein *negotiated reading*. Andererseits wird die Festlegung einer dominanten oder hegemonialen Lesart, gleichsam als Nullpunkt für die Abgrenzung der beiden anderen Typen, praktisch unbrauchbar, wenn man die Rezeption desselben Textes in unterschiedlichen kulturellen Situationen analysiert, in zeitlich parallelen – wie bei der im Fall von THE STRAWBERRY STATEMENT gegebenen transnationalen Zirkulation – ebenso wie in historisch differenten.

Die hier zu betrachtende Konstellation macht besonders transparent, dass es um eine *dialektische* Rezeptionskonzeption gehen muss. Also um eine, welche die Rezeption in einem Feld situiert, das einerseits durch all jene Faktoren und Merkmale definiert ist, die dem Text als Rezeptionsvorgabe eingeschrieben sind, und andererseits (gleichzeitig) durch all jene Faktoren der kulturellen/historischen Situation, die jeweils bestimmte, für eine Interpretationsgemeinde charakteristische Lesarten hervorbringt. Ich spreche von «dialektischer Konzeption», weil es um ein Feld des Widerspruchs, um ein polares Modell zwischen Text und Rezeptionskontext/rezeptiver Disposition geht, das immer neue und differente Formen der Aneignung, also auch der Reibung, Aushandlung und des Konflikts kennt, ohne dass eine der beiden Seiten als die letzthin allein bestimmende angesehen werden kann. Diese Art der Sichtweise schliesst innerhalb der Filmtheorie am direktesten an Janet Staigers (2000) Idee von den «perverse spectators» an, obgleich ich diesen – bei ihr den ‹Eigensinn› jeder Rezeption ausstellenden (vgl. S. 32) – Begriff nicht übernehme, vor allem weil «pervers» im Deutschen eher sexuell denotiert ist, aber auch, weil der Terminus einen Schuss Normativität enthält. In der Sache formuliert Staiger indessen sehr treffend, wenn sie proklamiert, ihr Ansatz anerkenne

> [texual] modes of address and exhibition, but it also establishes the identities and interpretative strategies and tactics *brought by the spectators to the cinema*. These strategies and tactics are historically constructed by particular historical circumstances. The historical circumstances create ‹interpretative communities› or cultural groups such as fans who produce their own conventionalized modes of reception. *(Staiger 2000, 23, Herv. i. O.)*

In diesem Sinne führt die Untersuchung der DDR-Rezeption von THE STRAWBERRY STATEMENT auf die Spur sowohl einer Facette seines Lektüre*potenzials* als auch jener *interpretative community*, die heute als die schon beschriebene *phantom community* fortlebt.

Zweitens: Der Fall von THE STRAWBERRY STATEMENT als ‹DDR-Kultfilm› unterstreicht, dass das Konzept des *national cinema* niemals allein auf einer Liste von Filmen basieren kann, die in dem betreffenden Land *produziert* wurden – zumindest sofern man in der Tradition Siegfried Kracauers etwas über nationale ‹Mentalitäten› in einem gewissen historisch-kulturellen Augenblick aussagen möchte (1979, 9–18). Wollen kulturwissenschaftlich orientierte Filmwissenschaftler tatsächlich etwas über die Spezifika kultureller Befindlichkeit erfahren, die sich in den Erfolgsfilmen eines Landes reflektieren, so sollten sie nicht allein auf die nationale Filmproduktion schauen, sondern auf das tatsächliche Kino-Angebot und die Reaktionen des Publikums darauf. Das heisst, sie werden sich mit einer spezifischen Sortierung von Erfolgsfilmen zu befassen haben, darunter sicher inländischen, vor allem aber solchen, die auf dem transnationalen Filmmarkt zirkulieren, unter denen sich ja (nicht erst heute, sondern spätestens seit den 1920er Jahren, aber heute umso mehr) herausragende Publikumserfolge befinden. Es geht also – ganz in dem von Andrew Higson (2006 [2000]) dargelegten Sinne – darum, die zunehmende *transnationale* Dimension in die Überlegungen zu *national cinemas* einzubeziehen. Die in einem nationalen Kontext potenziell spezifische Art und Weise der Rezeption transnational zirkulierender Angebote erscheint für rezeptionstheoretische Untersuchungen und für Erwägungen über alltagskulturelle Befindlichkeiten in einem nationalen (oder wie im Fall der DDR: staatlichen) Raum besonders aussagefähig. Denn gerade solche Filme, an denen eine markant abweichende Reaktion der Zuschauer erkennbar wird – wie bei THE STRAWBERRY STATEMENT – erscheinen ergiebig, um etwas über die *Besonderheiten* der jeweiligen sozio-psychologischen Disposition und der kulturellen Verfasstheit der *community* zu erfahren. Es zeigt sich, dass dabei selbst im Falle der relativ abgeschlossenen DDR eine transnationale Dimension im Spiel war. Hier deutet sich eine zweite Dialektik der Rezeption an, die weit über den konkreten Fall hinaus von Bedeutung ist – jene zwischen transnationalen und nationalen Tendenzen (vgl. Wilson/Dissanayake 1996).

Wer also aus solcher Perspektive etwas über das DDR-Kino und dessen Publikum, über die Vorlieben, Sehnsüchte, Bedeutungskonstrukte damals junger Ostdeutscher und überhaupt die alltagskulturelle Verfasstheit der DDR-Gesellschaft in den 1970er Jahren wissen möchte, dem helfen (inhaltsorientierte) Studien von Filmen, die dort produziert wurden, allein nicht weiter. Teilweise desorientieren sie sogar – etwa, weil sie beim Publikum durchfielen. Aber selbst wenn man *annähernd* weiss und in Erwägung zieht, welche DDR-Produktionen erfolgreich liefen und welche weniger gut, bleiben offene Fragen. So gilt Heiner Carows DIE LEGENDE VON PAUL UND PAULA, der im März 1973 nahezu zeitgleich mit BLUTIGE ERDBEEREN ins Kino kam, heute als *der* Symbolfilm für die frühe Honecker-Ära und – gleich nach dem verbotenen SPUR DER STEINE (Frank Beyer, DDR 1966) – als einer der am stärksten symbolischen Filme für das DDR-Kino überhaupt. Schaut man indes ins reale Kino jener Zeit, so hatte fast niemand den Film von Frank Beyer gesehen, weil er unmittelbar nach der Premiere verboten wurde.

DIE LEGENDE VON PAUL UND PAULA allerdings war tatsächlich ein Publikumserfolg, vor allem vor dem Hintergrund, dass er die nach 1965/66 fast durchgängige Tendenz brach, DEFA-Gegenwartsfilme plan- und pflichtgemäss, aber meist vor nahezu leerem Haus zu spielen. Denn nach der Verbotswelle im Anschluss an das 11. Plenum der SED von 1965,[8] das eine kulturpolitische Wende verbunden mit einem rigiden Kahlschlag vollzog (dem fast eine ganze Jahresproduktion von DEFA-Spielfilmen zu Gegenwartsthemen zum Opfer fiel), galten vielen die fortan produzierten Filme als konform, affirmativ und wenig interessant. Man spürte, dass sie mit grosser Vorsicht und nichts riskierend hergestellt waren.[9] Carows Film markierte in dieser Hinsicht ein Moment der Zäsur: Das Publikum, bis hin

---

8   Zu diesem politischen Ereignis, seinen kultur- und kunstpolitischen Folgen vgl. Agde 2000.
9   Dieser Ruf war nicht immer gerecht, denn gerade Anfang der 1970er Jahre versuchten (teils jüngere) DEFA-Regisseure einen neuen Anlauf. Zu den schönsten Filmen dieser Zeit gehört rückblickend DER DRITTE (Egon Günther, DDR 1972).

zum ‹Familienpublikum›, das ihn etwa während des Sommerurlaubs in den beliebten «Zeltkinos» sah, freute sich an der melodramatischen und gleichzeitig komödiantischen Handlung und vor allem an den kleinen – zuvor undenkbaren – Frechheiten gegenüber der DDR-Realität und der SED-Funktionärskaste, auf deren Widerwillen und teils Widerstand der Film auch traf. Dieser politisch-spektakuläre Ruf verbreitete sich und sorgte beim Publikum für Zuspruch.

Der Film im Kinojahrgang 1973, der den Ton, das Lebensgefühl und die populärästhetischen Präferenzen der Jugendlichen nahtlos traf, war DIE LEGENDE VON PAUL UND PAULA jedoch nicht. Das war eindeutig THE STRAWBERRY STATEMENT. Dem Carow-Film ist seine heutige überragende Rolle im symbolischen Repertoire der Gedächtniskultur *in vollem Umfang* wohl erst mit der Postwende-Mediatisierung des ironischen Erinnerns an die DDR, also in den 1990er Jahren, zugewachsen – mithin in einer Zeit, in der das Gefühl für die «feinen Unterschiede» (Bourdieu 1987), das die ursprüngliche Rezeption beider Filme entscheidend prägte, bereits eingeebnet war.

Ich bekenne mich an dieser Stelle methodisch dazu, mich auch auf die persönliche Erinnerung zu stützen, zumindest als Ergänzung oder Korrektiv zur damals veröffentlichten Meinung. Denn Letztere bedarf gerade in der DDR – mehr noch als dies ohnehin stets der Fall ist – der Interpretation. Auch verlässliche Zuschauerzahlen sind kaum zu erlangen. In der DDR wurden sie geheim gehalten, und nach 1990 ist wohl vieles bei der Auflösung der Institutionen (etwa der Bezirksfilmdirektionen oder der Hauptverwaltung Film beim Ministerium für Kultur) endgültig im Kehricht gelandet. Im Übrigen lohnte es sich auch nur begrenzt, sie heranzuziehen, denn sie wurden schon von den Kinoleitern und dann wahrscheinlich von Ebene zu Ebene weiter manipuliert: Es war zum Beispiel prämienträchtiger, die für westliche Publikumserfolge verkauften Tickets in der Statistik sozialistischen ‹Schwerpunktfilmen›, die ja nicht selten vor leerem Haus liefen, zuzuordnen.

Filmrezeption und das Lebensgefühl von Ausbruch und Differenz

THE STRAWBERRY STATEMENT bediente das Lebensgefühl, das Repertoire an Wunschimaginationen von DDR-Jugendlichen 1973 nahtlos. Dafür sorgte nicht zuletzt die prominent eingesetzte Filmmusik – wie im *New Hollywood* üblich: aktuelle Pop-Musik. Die Soundtracks stammen von Crosby, Stills, Nash and Young mit Titeln wie «Helpless» oder «Something in the

Air», aber auch von John Lennon & Yoko Ono mit «Give Peace a Chance». Hinzu kamen die jugendlichen Protagonisten, die im Strudel der Studentenrevolte den Ausbruch aus der Enge der vorgeplanten Lebensschemata und eine neue Selbstdefinition versuchen. Der Film zeigt die – vor DDR-Hintergrund besonders faszinierenden – Rituale des Ausbruchs, wie etwa ein nächtliches Sit-in im Büro des Universitätspräsidenten. Und er zeigt sie als eine Art von *Spiel*, das Leichtigkeit hat.

Diese Leichtigkeit beruht zunächst darauf, dass die jugendlichen Hauptfiguren weit entfernt sind von jeder verfestigten Revolutionsrhetorik. Der Protagonist Simon (Bruce Davison) gerät hinein in die Revolte, zu der er als zu einer Art Spiel aus eher orientierungsloser Neugierde und auch aus erotischem Interesse kommt, bevor es – durch die unangemessene Gegenreaktion der staatlichen Macht – auch für ihn ernst wird. Wenn der Film bei Nebenfiguren dennoch revolutionäre Floskeln präsentiert, so geschieht das mit ironischem Blick – und das war, nebenbei bemerkt, immer noch weit entfernt von den ‹revolutionären› Sprachregelungen der DDR, schien also auch in dieser Hinsicht eher exotisch. Das Spielerische, das Simons Haltung und Aktionen lange Zeit kennzeichnet, wiederholt sich in vielen Sequenzen des Films, die vielfach ins Komödiantische kippen – so etwa eine Verführungsszene im besetzten Kopierraum oder die Nahrungsbeschaffungsaktion der Besetzer des Präsidentenbüros bei einem Lebensmittelhändler. Gekoppelt ist dies, ganz im Stil eines *double plots* des klassischen Hollywood, mit der Liebesgeschichte zwischen Simon und Linda (Kim Darby) sowie schön gezeichneten emotionalen Momenten der Romanze.

Der Gestus zwischen Spiel, Ausbruchslust, jugendlicher Romantik, moralischem Bekenntnis und freundlicher Ironie reflektiert sich aber nicht allein in der Handlungswelt, sondern auch in der filmischen Gestalt, einschliesslich der extradiegetischen. Besonders spürbar wird das dort, wo die Popsongs präsentiert werden und die Komposition des Bilderstroms zu bestimmen scheinen. *Pars pro toto* sei eine Sequenz betrachtet, die durch den Song «Helpless» strukturiert ist. Handlungslogisch lässt sie sich als atmosphärische Montage lesen, die Impressionen von einem Abend während der Besetzung des Präsidentenbüros gibt. Bevor aus dem extradiegetischen Off der Neal-Young-Song einsetzt, wird im überfüllten Büro getanzt und man begrüsst mit grossem Jubel die Lebensmittelbeschaffer, Linda und Simon, die ihre gut gefüllten Papiertüten hereinschleppen. Es erklingen die ersten Töne von «Helpless» – nun begleitet von Aufnahmen aus dem Auto während einer Brückenüberfahrt und von der abendlichen Skyline. Die narrative Ökonomie ist spätestens jetzt massiv gelockert; während der gesamten Songsequenz von etwa 160 Sekunden werden Innen-

1–8 THE STRAWBERRY STATEMENT (Stuart Hagmann, USA 1970): Die «Helpless»-Sequenz als Videoclip *avant la lettre*.

und Außenbilder (mit wechselnder Logik) gegeneinander geschnitten. Innen bereiten sich die Teilnehmer am Sit-in auf die Nacht vor und schlafen schliesslich dicht an dicht auf dem Boden oder den Sitzmöbeln des Präsidenten, abwechselnd präsentiert in eher impressionistischen Nahaufnahmen einzelner Figuren und leicht kreisenden *top shots* der Gesamtszenerie. Die Stadtbilder weisen untereinander keine unmittelbare Handlungsverknüpfung und auch keine topografische Kontinuität auf; es sind Impressionen, vielfach mit akzentuiertem Zeichencharakter. Auf eine Einstellung der Golden-Gate-Brücke im Abendlicht folgt ein Stakkato von Bildern (aus unterschiedlicher Distanz) eines Denkmals auf dem Universitätscampus, das eine Papierschärpe mit der handgeschriebenen Losung «Revolt» trägt, später Fragmente einer Kamerafahrt durch nächtliche Strassen und der Buchstabe für Buchstabe gezeigte Schriftzug am Portal der Universität: «Though man be wise it is no shame for him to live and learn.» Darauf folgt ein Zoom-out des im Nachthimmel verschwindenden Halbmonds, untersichtige Bilder von Polizisten und Wolkenkratzern – all dies immer wieder durch den Strang der schlafenden Besetzer unterbrochen.

Es ist offensichtlich, hier wird *in nuce* jene Atmosphäre geschaffen, die der Film über weite Strecken auch als Ganzes entfaltet: ein Lebensgefühl zwischen jugendlichen Gesten der Revolte, des Ausbruchs, den Ritualen, Attitüden und Zeichen des Anders-sein-Wollens, aber auch – etwa mit dem Bild der Schlafenden – der Ungeschütztheit und Hilflosigkeit («Helpless») der jungen Protagonisten einerseits, den offiziellen Symbolen idealer Geistigkeit andererseits sowie schließlich der (für den weiteren Verlauf zeichenhaft sich ankündigenden) staatlichen Macht und Gewalt. Die ganze, jenseits klassischer *continuity* entfaltete hybride Bilderreihe mündet in der «Helpless»-Sequenz, die kreisenden Bewegungen der Kamera ins Extrem steigernd, in einem Lichterkreis. Unentscheidbar, ob in starker Auf- oder Untersicht präsentiert, erscheint er als eine ornamentale Form à la Busby Berkeley, die ein zentrales Bildprinzip im furiosen Finale des Films vorwegnimmt: Die *top shots* der in geschachtelten Kreisen knienden und «Give Peace a Chance» performenden Studierenden. Mit anderen Worten, die «Helpless»-Sequenz ist als eine Art Videoclip *avant la lettre* inszeniert – als eine emotional zeichenhafte Sequenz. Sie folgt teilweise Inszenierungsprinzipien von Musicals und betont jenen Gestus des Differenten und Spielerischen, der den Film über weite Strecken kennzeichnet.

Erlebnisangebote dieser Art kannte man in der DDR 1973 allenfalls von einzelnen Filmen, die im bundesdeutschen Fernsehen gezeigt wurden (sofern man wie in Berlin und Umland in dessen Sendebereich wohnte). In den eigenen Kinos, die bis dahin noch keinen der New-Hollywood-Filme gezeigt hatten, auf grosser Leinwand und in *Technicolor*, hatte man dergleichen noch nicht erlebt. Diese Präsentation, das vom Film ausgehende Lebensgefühl, die Sehnsüchte der Protagonisten, ihre Attitüden, die Szenerie, in der sie sich bewegten, die Musik, aber auch die visuelle *clip performance* erschien aus der Perspektive der Jugendlichen unglaublich attraktiv.

Rezeptionssituation: Parteitag, Weltfestspiele, Blue Jeans

An dieser Stelle mag sich die Frage aufdrängen, warum ausgerechnet dieser Film, der so anders als das übliche Angebot war, 1973 in die DDR-Kinos kam. War es ein Missverständnis, war es kulturpolitisches Konzept? Wahrscheinlich beides, aber zunächst ein Konzept – freilich eines, das teilweise auf Missverständnissen beruhte. Als Hintergrund für diese Frage und als Kontext für die Rezeption von BLUTIGE ERDBEEREN müssen hier zwei Ereignisse näher in den Blick genommen werden: der politische Kurswechsel nach 1971 und das Grossereignis der «X. Weltfestspiele der Jugend und Studenten» 1973 in Ost-Berlin.

Der Kurswechsel: Der mit dem VIII. SED-Parteitag im Juni 1971 vollzogene Machtübergang von Ulbricht auf Honecker und das im Sommer 1972 folgende 6. Plenum zur Kulturpolitik brachten eine partiell neue politische Orientierung. Die herrschende Partei machte noch ein (wohl letztes) Mal den Versuch, mehr Menschen für die eigene Politik zu gewinnen. Sie sprach jetzt vermehrt programmatisch von der «Bedürfnisbefriedigung» und der «Erhöhung des materiellen und kulturellen Lebensniveaus» als politischer «Hauptaufgabe», auch im konsumtiven Sinne (wobei man neben einem grossen Wohnungsbauprogramm einen zumindest symbolischen Anschluss an die westliche Konsumwelt versuchte). Und andererseits proklamierte sie mit dem Slogan von «Weite und Vielfalt» eine vorsichtige Öffnung der Kulturpolitik (Honecker 1971, 38; Hager 1972, 35). Letztere wurde durch die Welle der internationalen diplomatischen Anerkennung der DDR, die Uno-Mitgliedschaft, die Teilnahme am Helsinki-Prozess, die neuen Beziehungen zur Bundesrepublik unter Willy Brandt und das wachsende Selbstbewusstsein der Herrschenden flankiert. Die kleine Öffnung machte sich im kulturellen Bereich bemerkbar, insbesondere auch im Verhältnis zur populären Alltagskultur – hier vielleicht am nachhaltigsten.[10] Man verzichtete jetzt auf einen Teil der Windmühlen-

---

10   Während im kunstpolitischen Bereich die Grenzen bald wieder enger gezogen wurden (spätestens nach der Biermann-Affäre von 1976), blieb es, was die – *partielle und selektive* – Öffnung zur westlichen Populärkultur betrifft, im wesentlichen bei diesem Kurs, wiewohl auch in diesem Feld Konflikte und Eingriffe an der Tagesordnung waren. Ein

kämpfe. War in den späten 1960ern nach Ulbrichts vergeblichem Feldzug gegen das «Yeah, yeah, yeah» des Beats nahezu keine westliche Popmusik in DDR-Sendern zu hören,[11] so brachten sie jetzt in Jugendsendungen wie «DT 64» bis zu 40 Prozent solcher Musik. Ja mehr noch, der *VEB Deutsche Schallplatten* begann um 1973 damit, auf seinem Label *Amiga* einige LPs westlicher Rock- und Popstars zu verkaufen (vorwiegend Sampler vom Typus: «Best of ...»).

Emblematisch für die neue Position zur Populärkultur ist die 1972/73 vollzogene geänderte Haltung zu den *Blue Jeans* – also zu einem wirklichen kulturellen Symbol des Westens. Wurden Jugendliche, die Jeans trugen, noch Ende der 1960er Jahre in der Schule nicht geduldet oder manchmal sogar von der Polizei schikaniert, begann man nun demonstrativ und in großem Stil (wenn auch nie ausreichend) mit dem Verkauf importierter Jeans.

Wenn Ulrich Plenzdorfs Protagonist Edgar Wibeau in *Die neuen Leiden des jungen W.* ausruft «Natürlich Jeans! Oder kann sich einer ein Leben ohne Jeans vorstellen? [...] Ich meine, Jeans sind eine Einstellung und keine Hosen» (Plenzdorf 1973, 20) und mittels seines «Bluejeans-Song» die eigene Identität definiert, so ist das doppelt symbolisch für die politische Öffnung um 1972. Einerseits ist die Tatsache, dass Plenzdorfs Bühnenstück und Roman überhaupt erscheinen konnten (ebenso wie der Film DIE LEGENDE VON PAUL UND PAULA, dessen Co-Autor ebenfalls Plenzdorf war), Ausdruck der kulturpolischen Öffnung. Andererseits ist die kaum zu überschätzende emblematische Bedeutung von Jeans für das Lebensgefühl der Jugendlichen an diesem Text gut nachvollziehbar – und mithin der kulturelle Druck, dem die Regierenden jetzt ein Stückweit nachgaben. Liest man Wibeaus fiktiven (in dieser Sache aber realitätsnahen) Erlebnisbericht weiter, so wird die aufgestaute Bedürfnislage, auf welche die Kurskorrektur bei den Jugendlichen stieß, einsichtig:

in seiner Argumentationsstruktur interessantes Plädoyer für die neue Linie verfasste gegen Ende der Dekade der damalige Professor für Kulturwissenschaft an der SED-Akademie für Gesellschaftswissenschaften: Helmut Hanke «Unterhaltung und Geselligkeit im Sozialismus», in: *Informationen der Generaldirektion für Unterhaltungskunst beim Komitee für Unterhaltungskunst* (1979, 1), erschienen als Beilage zur Zeitschrift *Unterhaltungskunst* 1979, 4.

11 Ulbricht hatte auf dem 11. Plenum der SED 1965 (siehe Anm. 8) nicht allein das Verbot einer nahezu kompletten Jahresproduktion von DEFA-Spielfilmen zu Gegenwartsthemen eingeleitet, sondern proklamierte auch eine Alltagskultur frei von westlichen Einflüssen. Berühmt ist sein in einer Diskussion auf dem Plenum gesprochener Satz: «Ist es denn wirklich so, dass wir jeden Dreck, der vom Westen kommt, nu, kopieren müssen? Ich denke, Genossen, mit der Monotonie des Yeah, yeah, yeah, und wie das alles heisst, ja, sollte man doch Schluss machen» (zitiert nach einem Tonbandmitschnitt der nicht publizierten Diskussion des Plenums. Ich danke Günter Agde für dessen Präsentation auf einer Zusammenkunft von Mitarbeitern der Akademie der Künste zu Berlin [Ost] im Frühjahr 1990).

> Um diese Zeit gab es in Berlin nämlich plötzlich echte Jeans. Keine Ahnung, warum. Es war mal wieder kurz vor irgendwas. Es sprach sich natürlich sofort rum, jedenfalls in gewissen Kreisen. Sie verkauften sie in einem Hinterhaus, weil sie wussten, dass kein Kaufhaus Berlins die Massen fassen konnte, die wegen der Jeans kamen. [...] So früh war ich lange nicht mehr aufgestanden, um rechtzeitig dazusein. Ich hätte mir doch sonstwas abgebissen, wenn ich keine Jeans abgekriegt hätte. Wir standen da zu dreitausend Mann in dem Treppenhaus und warteten auf den Einlass. Kein Mensch kann sich vorstellen, wie dicht wir da standen. [...] Wir waren alle echt high. Ich war kurz davor, meinen Bluejeans-Song loszulassen, als sie die Tür aufmachten und das Theater anfing. Hinter der Tür standen vier ausgewachsene Verkäufer. Die wurden beiseite geschoben wie nichts, und wir stürzten uns auf die Jeans.
> *(Plenzdorf 1973, 78–79)*

Verbunden mit diesen ‹kleinen› Öffnungen und dem versuchten Brückenschlag in die Konsumwelt des Westens kam nun das zweite Ereignis[12] ins Spiel, eben jenes, worauf Plenzdorfs Held anspielte: «Es war mal wieder kurz vor irgendwas.»

Das Großereignis: Die «X. Weltfestspiele der Jugend und Studenten» fanden im August 1973 in Ost-Berlin statt. Man beging dieses internationale Treffen linker Jugend- und Studentenorganisationen[13] als *das* kulturell-politische Großereignis der DDR des Jahrzehnts mit Stadioneinmarsch nach Olympia-Vorbild, mehrtägigem Strassenkarneval, Openair-Rock-Konzerten, mit Kongressen, aber auch Aufmärschen in grossem Stil. Die DDR-Führung suchte offensichtlich den politischen Schulterschluss mit Teilen der westlichen Protestbewegungen, etwa der Anti-Vietnamkriegs- und der US-Bürgerrechtsbewegung, auch der nichtkommunistischen. Einzelne Figuren dieser Bewegungen, vor allem aus den USA, erlangten nun in DDR-Medien offiziellen Starstatus. Unter ihnen war Jane Fonda. Die Vietnamkriegsgegnerin kam 1974 zum Dokumentarfilm-Festival nach Leipzig, um INTRODUCTION TO THE ENEMY (Haskell Wexler, USA 1974) vorzustellen, und Sidney Pollacks Film THEY SHOOT HORSES, DON'T THEY? (USA 1969) mit Jane Fonda in der Hauptrolle wurde nicht zufällig 1973 in den DDR-Kinos gezeigt. Dean Reed, ein linker Schauspieler und Sänger aus den USA, der Anfang der 1970er Jahre sogar in die DDR übergesiedelt

---

12 In der DDR wurden politische Großereignisse häufig von besonderen Import-Angeboten begleitet. Offenbar sollte die Konsumoffensive eine gute Stimmung im Umfeld des Ereignisses fördern.
13 Die «Weltfestspiele der Jugend und Studenten» waren vom kommunistisch dominierten «Weltbund der Demokratischen Jugend» (WBDJ) ins Leben gerufen worden und fanden 1947 erstmalig – in Prag – statt. Nach Budapest (1949) war Ost-Berlin schon einmal 1951 der Austragungsort gewesen.

war,[14] trat bei den Weltfestspielen und bei ihrer Vorbereitung vielfach im DDR-Fernsehen auf.

Auch die linke Bürgerrechtlerin und Vietnamkriegsgegnerin Angela Davis gehört in diese Reihe. Für ihre Freilassung aus einem amerikanischen Gefängnis hatten der DDR-Jugendverband FDJ und dessen Tageszeitung *Junge Welt* 1971/72 die Solidaritätsaktion «Eine Million Rosen für Angela» organisiert, die mit einer Protestpostkarten-Kampagne von Jugendlichen aus der DDR an das Weiße Haus verbunden war. Auf die Anwesenheit der frei gekommenen Angela Davis auf den Tribünen des Jugendfestivals neben Erich Honecker und seinen Spitzenfunktionären war man dann besonders stolz. Die Kino-Wochenschau AUGENZEUGE (Nr. 34, 8.8.1973) – wie auch der Dokumentarfilm WER DIE ERDE LIEBT (Joachim Hellwig, DDR 1973/74) – heben Angela Davis gleich mehrfach als *den Star* der Weltfestspiele hervor. Schaut man auf *screen shots* aus diesen Filmen, so zeigt sich *in nuce* der politische Versuch, die linke Protestästhetik aus dem Westen mit den bemüht aufgelockerten, im Kern aber versteinerten Kodes der realsozialistischen Jubelkultur zu vereinen. Eines der Ziele der DDR-Herrschenden war es (neben dem Versuch, Bündnisse mit Linken im Westen herzustellen) offenbar auch, damit bei den eigenen Jugendlichen an Popularität zu gewinnen.

Gleichzeitig stellt sich schon beim Blick auf diese Bilder der Eindruck ein, dass sich zwar Angela Davis von der Atmosphäre begeistern liess, aber ästhetisch-medial die ‹Versöhnung› der beiden Sphären – linke Protestästhetik und realsozialistische Kodes – von vornherein zum Scheitern verurteilt war. Die Bilder der beiden ‹Komponenten› bleiben klar voneinander geschieden, es herrscht ästhetischer Gegensatz, wo Synthese demonstriert werden soll (vgl. Abb. 9–18). Schon die Differenz der Körper und ihres gestischen Programms lässt die fundamentale kulturelle Differenz hervortreten. Dieser – damals gerade von Jugendlichen in der DDR wahrgenommene – Bruch im Ästhetischen verweist symbolisch auf viele spätere Konflikte nicht nur in diesem Feld.

Der Import von THE STRAWBERRY STATEMENT fügt sich nun nahtlos in die Strategie dieses ästhetisch-politischen Brückenschlages ein, der mit der neuen Haltung zu Teilen der westlichen Populärkultur verbunden war. In die Kinos kam der Film nicht zufällig vier Monate vor Beginn des Jugendfestivals; ähnlich dem Verkauf von amerikanischen Jeans bildete er eine Art Vorprogramm dazu. Und die Begeisterung der jungen Zuschauer war

---

14   Zur Person Dean Reed vgl. unter anderem zwei biografisch angelegte Bücher: Laszewski 2005 und Habel 2007, sowie drei Dokumentarfilme: AMERICAN REBEL: THE DEAN REED STORY (Will Roberts, USA 1985), EIN COWBOY IM SOZIALISMUS (auch: DEAN REED – GLAMOUR UND PROTEST; Peter Gehring, D 1993), DER ROTE ELVIS (Leopold Grün, D 2007).

9–14 Die Kino-Wochenschau AUGENZEUGE (Nr. 34, 8.8.1973): Angela Davis und Erich Honecker als Stars.

nicht selten von ähnlich eruptiver Art wie die von Plenzdorf beschriebene Szene beim Jeanskauf.

Der Zentralrat des DDR-Jugendverbands «Freie Deutsche Jugend» (FDJ) empfahl den Film ausdrücklich zur «Vorbereitung» des Festivals.[15]

15 Das berichtet Horst Schwarz-Linek in seinem Artikel «BLUTIGE ERDBEEREN. Ein interessanter Film über Amerikas Jugend» in der *Schweriner Volkszeitung* (das Bezirksblatt der SED) am 2.3.1973: «Wenn der Zentralrat der FDJ ihn zur Vorbereitung der X. Weltfestspiele empfiehlt, so hat er damit eine verantwortungsvolle Entscheidung getroffen und setzt großes Vertrauen in die politische Reife unserer Jugend.»

15–18 WER DIE ERDE LIEBT (Joachim Hellwig, DDR 1973/74): missglückte Synthese.

Und der Progress-Filmvertrieb, *der* Verleih der DDR, fügte der Kopie auf der üblichen internen Filmeinsatzkarte «Einsatzhinweise» bei, die klar in Richtung einer solchen Vorbereitung zielten, nachdem der Film zunächst ins eigene politische Raster eingeordnet wird (um den Mitarbeitern des Lichtspielwesens entsprechende Sprachregelungen an die Hand zu geben):

> BLUTIGE ERDBEEREN ist ein Film, der sich äußerst kritisch mit Erscheinungen der amerikanischen Gesellschaft auseinandersetzt. Er nimmt zu aktuellen politischen Situationen Stellung, verdeutlicht die Gefährlichkeit des USA-Imperialismus und vermittelt ein desillusionierendes Bild des kapitalistischen Systems. Die emotionale Wirksamkeit des Films unterstützt die politische Aussage.
>
> Deshalb sollte der Film breiten Publikumskreisen zugänglich gemacht werden. Er wäre ein guter Beitrag für die Kultur- und Bildungspläne der Gewerkschaftsgruppen sowie für die FDJ-Arbeit. Der Anlauf erfolgt in Theatern der Bedeutungsgruppe Ia, mit einer relativ geringen Anzahl an Importkopien. Es muss darauf geachtet werden, dass der Einsatz des Films durch eine gründliche Öffentlichkeitsarbeit vorbereitet wird. Sein Einsatz sollte vorrangig in Universitätsstädten erfolgen, und der weitere Durchlauf kann durch

die Größenordnung der Städte bestimmt werden. Freilichtbühnen sind nicht in die Terminierung einzubeziehen.¹⁶

Der Hinweis auf die gründliche Öffentlichkeitsarbeit, womit auch die Verbreitung der erwünschten politischen Lesart durch die Presse gemeint war, aber auch die Sperre für Freilichtbühnen (die nicht nur mit der wohl aus ökonomischen Gründen beschränkten Anzahl importierter Kopien zu tun haben dürfte) machen klar, dass der Einsatz von BLUTIGE ERDBEEREN den Verantwortlichen nicht ganz geheuer erschien. Die Geste des jugendlichen Aufbegehrens gegen die Autorität musste aus ihrer Sicht verunsichern, zumal der Film sie nirgendwo mit den Vorstellungen von ‹Klassenkampf› verbindet. Daher wird in einigen Rezensionen und Artikeln, die 1973 in der DDR erschienen, immer wieder von «mangelnder politischer Klarheit»¹⁷ der revoltierenden Studierenden gesprochen. Ernst Günther beruft sich in einem langen Text im *Sächsischen Tageblatt* (Dresden) ganz in diesem Sinne auf den sowjetischen Parteichef Breschnew, der zwar in dem Protest der 68er im Westen «die tiefe Krise der bürgerlichen Gesellschaft» gespiegelt sah, aber hinzufügt: «In den Aktionen der Jugendlichen macht sich noch häufig ein Mangel an politischen Erfahrungen und an Verbindungen mit der Vorhut des revolutionären Kampfes geltend. Deshalb sind ihre Aktionen nicht selten spontan und nehmen politisch unreife Formen an.»¹⁸

Das entscheidende Argument für Ankauf und Zulassung des Films mag den DDR-Ideologen wohl der wirkungsvoll inszenierte brutale Einsatz der US-Nationalgarde gegen die protestierenden Studierenden im Finale geboten haben. Tatsächlich stellt diese annähernd 15 Minuten lange Sequenz zu den Klängen von «Give Peace a Chance» auch auf dramaturgischer und

---

16 Ein Exemplar dieser Einsatzkarte wird in der Mappe zum Film in der Presseausschnittsammlung der Hochschule für Film und Fernsehen, Potsdam-Babelsberg, verwahrt. Wenn darauf von der geringen Zahl an Importkopien die Rede ist (man bezog die Kopien der deutschen Synchronfassung direkt aus der Bundesrepublik), so dürfte dies vor allem mit der notorischen Devisenknappheit zu tun gehabt haben. Die Hinweise zur Einsatzhierarchie richteten sich an die Bezirksfilmdirektionen, die den Filmeinsatz in den Kinos planten.
17 NN., Nach den Ereignissen von 1969. Amerikanischer Film BLUTIGE ERDBEEREN im Capitol. In: *Der Demokrat* (Schwerin), 1.3.1973. Ein anderer Kommentator merkt die Unklarheit einräumend an, offenbar um Verteidigung des Films bemüht: «Noch aus der Darstellung von Unklarheit in BLUTIGE ERDBEEREN kann ich als Sozialist Klarheit gewinnen.» – Rulo Melchert, Nachdenken über einen Film. BLUTIGE ERDBEEREN (USA). In: *Junge Welt* (Berlin [DDR]), 5.4.1973. Im selben Sinne kommentiert in der zentralen Parteizeitung der SED Rolf Richter, «Kritischer Blick auf soziale Widersprüche. BLUTIGE ERDBEEREN, ein amerikanischer Film». In: *Neues Deutschland* (Berliner Ausgabe), 22.3.1973: «[…] ein Film, der viele Probleme offen lässt, der aber als ein Hinweis auf die sozialen Widersprüche der amerikanischen Gesellschaft Interesse verdient.»
18 Zit. in: Ernst Günther, BLUTIGE ERDBEEREN nicht mehr aktuell?. In: *Sächsisches Tageblatt* (Dresden), 1.3.1973.

19–24 THE STRAWBERRY STATEMENT: «Give Peace a Chance».

visueller Ebene den emotionalen Höhepunkt dar. Mit ihrer furiosen Inszenierung, die in dem von Tränengaswolken vorbereiteten Einbruch der Uniformierten in die – im *top shot* gezeigten – Kreise der knienden Jugendlichen gipfelt und von Einzelbildern eines Chaos der Gewalt gefolgt wird, hat die Sequenz bis heute kaum an emotionaler und visueller Kraft eingebüsst.

Aus Sicht von DDR-Funktionären dürfte angesichts dieser Sequenz der Gedanke aufgestiegen sein, hier werde der eigenen Jugend eindringlich vorgeführt, wie *auch* im Westen protestierende Jugendliche brutaler Repression unterliegen. Der Einsatzhinweis, den Film vorrangig in Universitätsstädten zu zeigen, erklärt sich sicher auch aus dieser Überlegung. Hans-Dieter Tok von der *Leipziger Volkszeitung*, der keinerlei Sinn für die innovative visuelle Form zeigt, fasst jedenfalls das Für und Wider und die erhoffte Lesart in seiner Premierenkritik aus offiziöser ideologischer Sicht zusammen:

> Schonungslos beschreibt Hagmann den Terror, die zynische Brutalität, mit der die Nationalgarde und Polizei gegen die wehrlosen Studenten vorgehen, sie mit Tränengas und Gummiknüppeln aus der Universität vertreiben. Der Film, der so die angebliche Demokratie und Freiheit in Gottes eigenem Land brüsk demaskiert, wirkt wie ein gellender Aufschrei, ein zorniges Pamphlet angesichts solcherart menschenunwürdiger Zustände.
>
> Trotz einer spürbaren ideellen Konfusität, einer offensichtlichen Originalitätssucht in der Form zählt BLUTIGE ERDBEEREN zu jenen kritischen und enthüllenden Filmen, die [...] das Unbehagen ihrer Schöpfer an der sozialen Misere ihres Landes signalisieren.[19]

Damit schien THE STRAWBERRY STATEMENT zur neuen Linie der DDR-Politik von gleichzeitiger Öffnung einerseits und ‹antiimperialistischem Bündnis› andererseits zu passen.

Varianten der Rezeption: Postmoderne Lektüre, zwischen den Stühlen und eine Straßenschlacht

Bei der Mehrzahl ostdeutscher Jugendlicher dürfte die erwünschte ‹Lesart› aber kaum funktioniert haben. Denn die furiose emotionale Aktivierung gegen den Einsatz der Nationalgarde verband sich bei vielen Zuschauern – wenn ich mich recht an damalige Gespräche und eigene Regungen erinnere – mit dem fatalistischen Gedanken, dass die DDR-Obrigkeit in einem vergleichbaren Fall schon viel, viel früher zugeschlagen hätte.

Die ideologische Absicht, die man hinter dem Einkauf des Films vermutete, erschien manchen schon damals etwas lächerlich, man kümmerte sich aber nicht darum und sah ihn begeistert. Als ideologischer Trumpf gegen den Westen funktionierte er jedenfalls kaum, wiewohl die Ablehnung der amerikanischen Vietnamkriegspolitik auch unter DDR-Jugendlichen sehr verbreitet war. Was sie 1973 an BLUTIGE ERDBEEREN faszinierte, das waren neben der musikalischen Ebene, dem Bildstil und der Exotik der San-Francisco-Szenerie vor allem der Lebensstil der Altersgenossen, die damit verbundenen Zeichen von der Kleidung bis zu den Attributen in den Räumen, die Attitüden des Unangepassten, die sexuelle Direktheit,

---

19 Hans-Dieter Tok, Härte und Poesie [Sammelrezension]. In: *Leipziger Volkszeitung*, 11.3.1973.

der differente, unkorrekte und manchmal ironische, ja semantisch entleerte Umgang mit revolutionären Ikonen (zumal mit in der DDR wenig geduldeten oder gar tabuisierten) wie Che Guevara oder Mao, die vom Film auf derselben Ebene angesiedelt werden wie ein Robert-Kennedy-Poster, Coca-Cola-Signets oder die Abbildungsserie von Stellungen beim Sex an der Wohnungstür der studentischen Mini-Wohngemeinschaft.

Im Grunde genommen, so erinnere ich mich, haben viele den Film auf eine Weise wahrgenommen, die man retrospektiv – mit Blick auf den Umgang mit kulturellen Zeichen – als geradezu ‹postmodern› charakterisieren könnte. Gleichzeitig bot der Film – in Anlehnung an eine Formulierung von Winter/Nestler – ein treffendes Beispiel für einen fiktionalen «Raum einer Utopie, weil sie Alternativen zum Bestehenden aufzeigt und zumindest in der Imagination die Möglichkeit eröffnet, diese Alternativen zu verwirklichen» (2010, 104). ‹Utopie› versteht sich in diesem Fall vor allem im Sinne jugendlicher Sehnsucht nach eigenem Ausdruck und Lebensstil, nach Modernität und eigener Generationsästhetik. Hierin standen junge Zuschauer der DDR den amerikanischen Protagonisten und deren Sehnsüchten nicht allzu fern. Die Details, die Musik, die Stimmung, die Attitüden, die Revue der ‹gekippten› Ikonen und Symbole waren so wichtig wie die bediente Schaulust – aber (nach meiner Erinnerung) kaum irgendein welthistorischer revolutionärer Sinn. Auch am Revoltieren der Protagonisten interessierte viele wohl vor allem, dass man sich im Alltag mit demonstrativen Differenzen zu den Kodes der älteren Generation und zur erlebten Enge der Verhältnisse inszenierte. An der Revolte im Film faszinierte mithin in erster Linie die unbestimmte Idee, *anders zu sein*, vor allem: sich anders *zu präsentieren* und präsentieren zu dürfen, als es der herrschenden Norm entsprach. So wie den Postmodernisten war auch vielen jungen Zuschauern in der DDR an THE STRAWBERRY STATEMENT der Stil, die *performance*, wichtiger als der historische Sinn.

Am nachhaltigsten wirkte offenbar die Faszination, die von dem Film als populärkulturellem Phänomen und dessen performativen Ritualen ausging. Wenn in DDR-Diskotheken Mitte der 1970er Jahre der DJ «Give Peace a Chance» auflegte, so formierten junge Besucher nicht selten Kreise und schlugen dabei kniend mit den Händen rhythmisch auf den Boden, ganz so wie sie es bei den Studenten in BLUTIGE ERDBEEREN gesehen hatten. Dass solche Fan-Rituale nun in einem anderen Sinne als dem politisch gewollten nicht politikfrei waren, sondern (ganz in der Logik des Films) durch Repression plötzlich hoch politisch wurden – darauf weist eine Episode aus dem Jahr 1977 hin. Am 7. Oktober, dem Staatsfeiertag der DDR, ahmten Jugendliche auf dem Berliner Alexanderplatz die «Give-Peace-a-Chance»-Performance aus BLUTIGE ERDBEEREN nach. Das geschah am

Ende eines offiziell veranstalteten Rockkonzerts, als die Volkspolizei zum Verlassen des Platzes aufforderte. Die Bereitschaftspolizei, die den Platz daraufhin zu räumen suchte, übernahm gleichsam den Part der Nationalgarde aus dem Film. Die Untersuchungsakten des Ministeriums für Staatssicherheit «zur Aufklärung der Vorkommnisse während des Volksfestes am 7.10.1977 in der Hauptstadt der DDR» verzeichnen eine mehrstündige Strassenschlacht mit 83 Verletzten und 468 Festnahmen sowie groß angelegte Ermittlungen mit 155 weiteren Festnahmen in den Wochen danach.[20]

Es könnte mit diesen Ereignissen zusammenzuhängen, dass der Film – nachdem er ein Jahr zuvor (am 6. Juni 1976)[21] noch im DDR-Fernsehen gesendet worden war – nach 1977 aus dem Progress-Verleihprogramm verschwand (mit der Begründung, die Aufführungslizenz sei abgelaufen) und mithin auch für Reprisen in Filmklubs, die den «regelrechten Kultfilm» als Highlight einsetzten (Becker/Petzold 2001, 206), nicht mehr greifbar war. Und sicher wird dieselbe Besorgnis im Spiel gewesen sein, als im Sommer 1989 – kurz vor den Oktoberereignissen der ‹Wende› – nach dem Bericht eines Beteiligten (Michael Maciejok)[22] ‹von oben› ein schnelles Nein kam zu der Idee, den Film während der Open-Air-Filmnächte des Potsdamer Filmmuseums aufzuführen.

Aus heutiger Sicht besitzt BLUTIGE ERDBEEREN in seiner narrativen Haltung einen großen Vorzug für die ostdeutsche Lesart: Er nimmt die ‹revolutionären› Aktivitäten der Protagonisten selbst nicht ‹wörtlich›, sondern bleibt auf Distanz, markiert ihre Hilflosigkeit und führt sie über weite Strecken als großes Happening vor, nicht ohne Ironie. Dort, wo Nebenfiguren der eigenen Revolutionsrhetorik gar zu sehr verfallen, ist der Film sogar von der Parodie nicht weit entfernt. Erscheint die Revolte, der Streik, anfänglich als Abenteuer, das erst durch die Reaktion der Gegenseite (mit dem finalen Einsatz der Nationalgarde) politische Konsequenz erhält und wirklich ernst wird, so inszeniert der Film die von den Figuren proklamierten, durchaus verständlichen politischen Ziele und Motive zunächst nicht emotional erlebbar (weil sie auch für die Fokalisatorfigur Simon eher ein Vorwand sind ‹dazuzugehören›). Im Gegenteil, die Rhetorik der Revolte wird im ersten Teil gelegentlich als eine Form sprechblasenartiger Geschwätzigkeit präsentiert. Dennoch scheint THE STRAWBERRY STATEMENT eine politische Botschaft nahe zu legen, die man als Appell an den

---

20 Andreas Förster, Blutige Erdbeeren unterm Fernsehturm. Vor 23 Jahren rebellierten am Alex Tausende von Jugendlichen. Jetzt tauchen die Stasi-Akten auf. In: *Berliner Zeitung*, 7.10.2000.
21 Hochschule für Film und Fernsehen der DDR/Staatliches Filmarchiv der DDR (Hg.) (1979), 276.
22 Vgl. ders., Ein Kultfilm kommt nach Potsdam. In: *Märkische Allgemeine* (Potsdam), 25.4.1991.

common sense verstehen und wie folgt formulieren könnte: Diese Jugendlichen gefährden mit ihren Streikritualen doch nicht ernsthaft den Staat: Wie töricht, unangemessen und brutal, derart auf sie einzuschlagen.

Genau diese Haltung in einem die 68er Revolte thematisierenden Film hat – so mein Eindruck – dazu beigetragen, dass THE STRAWBERRY STATEMENT im Westen zwischen alle Stühle fiel. Konservative fühlten sich wohl eher unangenehm berührt und Linke nicht ernst genommen, ja angegriffen. Jedenfalls vermittelt sich dieser Eindruck beim Lesen der wenigen Besprechungen aus westlichen Zeitungen. Der Kritiker des Berliner *Tagesspiegel* spricht noch 1974 (als der Film sechsmal im Rahmen eines «1. Off-Filmfestivals» in West-Berlin gezeigt wurde) von einem der Universität benachbarten «Neger-Arbeiterviertel» und zeigt – ironischerweise ganz ähnlich dem zitierten Kritiker der *Leipziger Volkszeitung* – völliges Unverständnis gegenüber dem innovativen *New-Hollywood*-Stil, während er das Finale und damit die politische Haltung des Films schlicht ablehnt:

> Die Kamera nimmt ungewöhnliche, ‹schöne› Positionen ein, und eine zuckelige Gummilinse wird überbeansprucht. Solche ‹Kunst›-Kalkulationen nehmen den Regisseur so stark in Anspruch, dass er sich der inhaltlichen Entwicklung seiner Geschichte nicht mehr so recht widmen kann. Auch das Schreckens-Finale wird zu einer fragwürdigen Demonstration von Hagmanns filmischem Können. Mit geheimer Lust am Terror inszeniert der Regisseur sehr effektvoll den Überfall von Polizei und Nationalgarde auf die friedlich am Boden sitzenden Studenten. Das Knüppeln, Wegschleifen, Schreien und Kreischen hört schier nicht mehr auf.[23]

Stand hinter dieser Fundamentalkritik wohl ein eher konservativer Widerwillen, so stießen sich Linke noch entschiedener an dem Film, weil sie sich durch den ironischen Blick auf die Protestrituale im ersten Teil denunziert fühlten. Ein besonders markantes Beispiel liefert die Schweizer Zeitung *AZ* im November 1970 (der Film war – offenbar in der deutschen Verleihfassung als BLUTIGE ERDBEEREN – bereits im November 1970 im Zürcher «Bellevue» in der Schweiz angelaufen):

> Progressive sind bärtig und langhaarig und wissen nicht, warum sie eben die Uni besetzt haben. Von welcher Seite auch besehen, ist Stuart Hagmanns Werk verhängnisvoll. Es gibt nicht nur jene der Lächerlichkeit preis, die gegen die antiquierten Strukturen der Universitätsorganisation ankämpfen, es ist ebenso geeignet, den altbekannten Ressentiments breiter Bevölkerungsschichten gegenüber den ‹Studierenden› neue Vorurteile zu liefern und die alten zu bestätigen. Die Gegner des Universitätsbaus im Kanton Zürich soll-

---

23 W.S., BLUTIGE ERDBEEREN [Rezension]. In: *Der Tagesspiegel* (Berlin), 14.8.1974.

ten sich überlegen, ob sie den Film nicht für die kommende Abstimmungskampagne kaufen wollen.[24]

Zur Position zwischen den Stühlen,[25] die wohl zur Marginalisierung des Films im Westen beigetragen hat, kam hinzu, dass es vermutlich etwas zu spät war, als er dort 1970/71 in den Verleih kam, um noch einmal die Neuigkeiten von gestern, die Ereignisse aus dem Jahr 1968, mit appellativer Attitüde auf die Leinwand zu bringen. Und auch für eine der Wahrnehmung im Osten vergleichbare, performative Lektüre war es hier vielleicht zu spät. Während THE STRAWBERRY STATEMENT 1970 in Cannes lief, spielten die bundesdeutschen Kinos bereits *den* amerikanischen Festivalbeitrag des Vorjahres: EASY RIDER (Dennis Hopper, USA 1969)!

Für die Rezeption durch Jugendliche in der DDR, denen EASY RIDER unerreichbar blieb, mochte die Handlungskonstellation, die Fokalisierung über einen naiven Helden und die partiell ironische Haltung des Films aber eher von Vorteil gewesen sein. Denn eine West-Revolte, die ausgerechnet Mao verehrte, irritierte hier nicht wenige. So blieb die *Lust an der Attitüde* des Ausbruchs, am Nonkonformismus des Lebensstils und dessen Ausdruck in Musik, Kleidung, Ritualen und Gestik. Mit dieser Haltung war man vielleicht gar nicht so weit entfernt von jenem Publikum, das im Westen zu EASY RIDER in die Kinos strömte.

Sieht man THE STRAWBERRY STATEMENT heute wieder, so scheinen – inzwischen auch über den Osten hinaus – gerade Momente wie die ironische Distanz zu den politischen Ritualen und Rhetoriken (verbunden mit klarer Sympathie für die Protagonisten), wie die Inszenierung spielerischer Leichtigkeit und der lebendige *New-Hollywood*-Stil sowie die Clip-Ästhetik, den Film noch anschauenswert zu machen. Für Daniela Sannwald, die Kritikerin des Berliner *Tagesspiegel*, die zum Neueinsatz von 2003 eine Rezension verfasste, ist der Film nun ganz in diesem Sinne ein mit

---

24 a:r., BLUTIGE ERDBEEREN – Altbekannte Ressentiments. In: *AZ* (= *Arbeiter Zeitung*, Zürich), 24.11.1970. In der DDR formuliert allein Fred Gehler, der mit seinen Rezensionen in der Wochenzeitung des Kulturbundes als unangepasste Stimme innerhalb der DDR-Filmkritik galt, aber auch eine Generation älter war als die jungen Zuschauer des Films, ein Urteil mit ähnlicher Tendenz: «Bevor er Emotion gegen Gewalt, Brutalität und polizeilichen Terror produziert, kolportiert Stuart Hagmanns Film getreulich alle reaktionären Klischees und fatalen kleinbürgerlichen Ressentiments über studentische Protesthaltungen. Die Beschäftigung mit Politik erscheint letztlich als Angelegenheit der Sinne und des Unterleibes.» – F[red] G[ehler], BLUTIGE ERDBEEREN [Kurzrezension], in: *Sonntag* (Berlin [DDR]), 8.4.1973.

25 Eine der besonnensten, am präzisesten beobachtenden und abwägenden Rezensionen findet sich interessanterweise in der *Neuen Zürcher Zeitung*. Sie macht sich die Position zwischen den Stühlen selbst zu eigen. Vgl. db., Eine ‹Ästhetik der Revolution›. Stuart Hagmanns THE STRAWBERRY STATEMENT im Kino Bellevue. In: *Neue Zürcher Zeitung* Nr. 543, 21.11.1970.

Vergnügen anzuschauendes «eindringliches Pop-Dokument» (von dessen symbolischem Status im Osten der Stadt sie nichts erwähnt, vielleicht nichts weiss: sie gehört nicht zur *phantom community* ...).[26]

Die neuerliche Verschiebung des Blicks auf den Film im Sinne einer nun effektiv postmodernen Lektüre, bedingt durch die historische Veränderung, unterstreicht noch einmal, wie wichtig eine dialektische Konzeption der Rezeption ist, die ihren Gegenstand im Spannungsfeld zwischen dem Text und der jeweiligen historisch-kulturellen Rezeptionssituation sowie den damit verbundenen rezeptiven Dispositionen ansiedelt und mithin in ständiger Variation und Wandlung begreift. Zugleich fordert der Fall der DDR-Rezeption von THE STRAWBERRY STATEMENT geradezu heraus, der DDR/DEFA-Filmhistoriografie eine (noch ungeschriebene) *Rezeptionsgeschichte* internationaler Filmangebote in der DDR an die Seite zu stellen – und so der anderen angesprochenen Dialektik von Transnationalem und Nationalem gerecht zu werden. Man erfährt aus einer solchen Rezeptionsgeschichte mindestens ebensoviel über die alltägliche Verfasstheit der Gesellschaft wie aus den im Lande produzierten Filmen, wenn nicht mehr. Und man kann viel darüber erfahren, wie populäre Kultur als transnationales Phänomen jeweils lokal funktioniert. Ihre Produkte sind bei ihrem Weg um die Welt überall dieselben, und doch sind es nicht die gleichen.

Literatur

Agde, Günter (Hg.) (2000) *Kahlschlag. Das 11. Plenum des ZK der SED 1965. Studien und Dokumente* [2. erw. Aufl.]. Berlin: Aufbau-Taschenbuch-Verlag, 2000.

Anderson, Benedict (2006) *Imagined Communities. Reflections on the Origin and Spread of Nationalism* [1986]. London, New York: Verso.

---

26 Daniela Sannwald, Trauerflower. Wieder im Kino: BLUTIGE ERDBEEREN, ein Film von 1968. In: *Der Tagesspiegel* (Berlin), 4.7.2003. Letzteres trifft erst recht für Diedrich Diederichsen zu, der in seinem Artikel «Isolierten Stilmitteln bei der Arbeit zusehen» (*die tageszeitung* [Berlin], 3.7.2003) den Film wie Sannwald angesichts des Neueinsatzes von 2003, und offenbar durch diesen Neueinsatz auf ihn aufmerksam geworden, bespricht. Bei Diederichsen bleibt die retrospektive politische Kritik im Geiste der 1970er Jahre aber vorherrschend, anders lässt sich kaum die hinter den paradoxen Formulierungen spürbare (im Zeitalter des postmodernen Kinos eher anachronistische) Sehnsucht nach Integration, Einheit, historischem Sinn und Originalität erklären: «Ein undurchdachter, aber hübscher und angenehm sinnloser Effekt jagt den nächsten. Das Unvermögen zur Integration der Teile verhindert auch die Instrumentalisierung der geklauten oder halb verdauten Ideen: Sie stehen plötzlich prächtig sinnlos in der Gegend rum und freuen sich des Daseins. Ein beliebiger Bilderbogen aus lauter brillanten, aber solitären Shots.»

Becker, Wieland / Petzold, Volker (2001) *Tarkowski trifft King Kong. Geschichte der Filmklubbewegung der DDR*. Berlin: Vistas.

Bourdieu, Pierre (1987) *Die feinen Unterschiede. Kritik der gesellschaftlichen Urteilskraft* [frz. 1979]. Frankfurt a. M.: Suhrkamp.

Habel, F.-B., unter Mitarbeit von Thomas Grossman (2007) *Dean Reed – Die wahre Geschichte*. Berlin: Neues Leben.

Hall, Stuart (1999) Kodieren/Dekodieren [engl. 1973]. In: *Cultural Studies. Grundlagentexte zur Einführung*. Hg. von Roger Bromley, Udo Goettlich & Carsten Winter. Lüneburg: Klampen, S. 92–110.

Higson, Andrew (2006) The Limiting Imagination of National Cinema [2000]. In: *Transnational Cinema. The Film Reader*. Hg. von Elizabeth Ezra & Terry Rowden. London, New York: Routledge, S. 15–26.

Hager, Kurt (1972) *Zu Fragen der Kulturpolitik der SED. 6. Tagung des Zentralkomitees 6./7. Juli 1972*. Berlin [DDR]: Dietz.

Hochschule für Film und Fernsehen der DDR/Staatliches Filmarchiv der DDR (Hg.) (1975) *Filmobibliografischer Jahresbericht 1973*. Berlin [DDR]: Henschel.

Hochschule für Film und Fernsehen der DDR/Staatliches Filmarchiv der DDR (Hg.) (1979) *Filmobibliografischer Jahresbericht 1976*, Berlin [DDR]: Henschel.

[Honecker, Erich (1971)] *VIII. Parteitag der Sozialistischen Einheitspartei Deutschlands. Berlin, 15. bis 19. Juni 1971. Bericht des Zentralkomitees an den VIII. Parteitag der SED.* Berlin [DDR]: Dietz.

Kracauer, Siegfried (1979) *Von Caligari zu Hitler. Eine psychologische Geschichte des deutschen Films* [amerik. 1947]. Frankfurt a. M.: Suhrkamp.

Kunen, James S. (1969) *The Strawberry Statement. Notes of a College Revolutionary*. New York: Random House.

Laszewski, Chuck (2005) *Rock 'n' Roll Radical. The Life & Mysterious Death of Dean Reed*. Edina: Beaver's Pond Press.

Plenzdorf, Ulrich (1973) *Die neuen Leiden des jungen W*. Rostock: Hinstorff.

Staiger, Janet (2000) *Perverse Spectators. The Practices of Film Reception*. New York: New York University Press.

Wilson, Rob/Dissanayake, Wimal (1996) *Global/Local. Cultural Production and the Transnational Imaginary*. Durham, London: Duke University Press.

Winter, Rainer/Nestler, Sebastian (2010) «‹Doing Cinema›. Filmanalyse als Kulturanalyse in der Tradition der Cultural Studies», im vorliegenden Band S. 99–115

Autoren und Autorinnen / Herausgeberinnen und Herausgeber
Authors and editors

Daniel Biltereyst, *1962, Professor der Film, TV- und Kulturmedienwissenschaften am Fachbereich Kommunikationswissenschaft der Universiteit Gent sowie Leiter des Centre for Cinema and Media Studies (CIMS). Mitinitiator von *The 'Enlightened' City-Project* zur Geschichte der Filmvorführung und Filmkultur in Flandern und Brüssel (mit Philippe Meers und Marnix Beyen, 2005–2008). Initiator des Folgeprojekts *Gent Kinemastad* (2009–2011).

Francesco Casetti, *1947, Professor und Leiter des Seminars für Medien und Darstellende Künste an der Università Cattolica di Milano. Zahlreiche Gastprofessuren, so beispielsweise an der Yale University. Präsident der Gesellschaft der Film- und TV-Lehrenden an italienischen Universitäten. Veröffentlichungen u.a.: *Inside the Gaze. The Fiction Film and its Spectator* (1999); *Theories of Cinema, 1945–1995* (1999) und *Eye of the Century. Film, Experience, Modernity* (2008). Mitherausgeber der Spezialausgabe von *Communications*, 51, 1990: «Télévisions/Mutations».

Raphaëlle Costa de Beauregard, Professorin Emerita der Université Toulouse II. Gründungsmitglied von SERCIA, der europäischen Organisation zur Förderung der Forschung zum anglophonen Kino. Publikationen u.a.: *Nicholas Hilliard et l'imaginaire élisabéthain 1547–1619* (1991), *Silent Elizabethans. The Language of Colour in the Miniatures of Nicholas Hilliard and Isaac Oliver* (2000). Zahlreiche Aufsätze über das englischsprachige Kino. Herausgeberschaft u.a. von *Cinéma et couleur / Film and Colour* (2009).

Thomas Elsaesser, *1944, Professor Emeritus der Fakultät Medien und Kultur der Universiteit van Amsterdam, seit 2005 Gastprofessor an der Yale University. Neuere Buchveröffentlichungen: *European Cinema. Face to Face with Hollywood* (2005), *Terror und Trauma. Über die Gewalt des Vergangenen in der BRD* (2007), *Filmtheorie zur Einführung* (mit Malte Hagener, 2007) und *Hollywood heute. Geschichte, Gender und Nation im postklassischen Kino* (2009).

Mariagrazia Fanchi, *1970, Professorin Audiovisuelle Mediengeschichte an der Università Cattolica di Milano. Forschungen insbesondere zum Publikum, zur Filmvorführung und -rezeption, zur Geschichte der Zuschauerschaft und zu den Grasswurzelkulturen in Italien. Publikationen u.a.: *Identità mediatiche* (2002) und *Spettatore* (2005). Herausgeberin verschiedener Zeitschriften und Anthologien zur Geschichte der Zuschauerschaft und zu neuen Sehgewohnheiten in Italien.

Wolfgang Fuhrmann, Dr., *1965, Oberassistent am Seminar für Filmwissenschaft der Universität Zürich. 2003 Promotion an der Universität Utrecht zur deutschen Kolonialkinematografie. 2007 DAAD Assistant Professor an der University of British Columbia in Vancouver. 2005 bis 2008 DFG-Forschungsprojektleiter «Film und Ethnographie in Deutschland 1900–1930». Veröffentlichungen zum frühen deutschen Film, zur ethnographischen Filmgeschichte und zum Post-Wendekino.

Sabine Hake, *1956, Texas Chair of German Literature and Culture am Deutschen Seminar der University of Texas at Austin. Autorin u.a. von *German National Cinema* (2008, 2. rev. Aufl.) sowie *Topographies of Class. Modern Architecture and Mass Society in Weimar Berlin* (2008). Unzählige Artikel und Anthologien zum deutschen Film sowie zur Weimarer Kultur. Neues Buchprojekt zum faschistischen Imaginären im postfaschistischen Film.

Gianni Haver, *1963, Professor der Soziologie der Bilder und Sozialgeschichte der Medien an der Université Lausanne. Besonderes Interesse für mediale Produktionen der Zeit zwischen beiden Weltkriegen und des Zweiten Weltkriegs. Forschungen namentlich zum Kino sowie zu Comics und zur illustrierten Presse. Leiter der Reihe «Médias et histoire» bei den Editions Antipodes. Jüngste Veröffentlichung: *Photo de presse, pratique et usages* (2009).

Knut Hickethier, *1945, Professor für Medienwissenschaft und Direktor des Research Center for Media and Communication an der Universität Hamburg. Herausgeber bzw. Mitherausgeber der Reihen «Aufblende» (Marburg), «Handbücher und Studien zur Medienkulturwissenschaft» (Trier) sowie «Beiträge zur Medienästhetik und Mediengeschichte» (Münster). Veröffentlichungen über Medientheorie, Film, Fernsehen und Radio. Zuletzt: *Einführung in die Medienwissenschaft* (2003); *Filmgenres: Kriminalfilm* (Hg., 2005); *Komiker, Komödianten, Komödienspieler* (Hg., 2006); *Film- und Fernsehanalyse* (2007, 4. Aufl.); *Die schönen und die nützlichen Künste* (Hg. mit Katja Schumann, 2007).

Frank Kessler, *1957, Professor für Mediengeschichte an der Universiteit Utrecht. Forschungsgebiete insbesondere das frühe Kino und die Geschichte der Filmtheorie. Von 2003 bis 2007 Präsident von DOMITOR, internationale Gesellschaft zur Förderung der Forschung zum frühen Kino. Mitbegründer und Mitherausgeber von *KINtop. Jahrbuch zur Erforschung des frühen Films* sowie der *KINtop*-Schriften-Reihe. Jüngste Herausgeberschaft: *Networks of Entertainment. Early Film Distribution 1895–1915* (mit Nanna Verhoeff, 2007).

Helmut Korte, *1942, Professor Emeritus für Interdisziplinäre Medienwissenschaft (Film-, Fernsehwissenschaft und Neue Medien) der Georg-August-Universität Göttingen sowie Gründungsdirektor des Zentrums für interdisziplinäre Medienwissenschaft (ZiM). Zahlreiche Forschungsprojekte und Publikationen zur internationalen Filmgeschichte, Filmtheorie, Medienästhetik, Film- und Fernsehanalyse, Mediendokumentation, Design und Neue Medien (Multimedia, Computeranimation/Virtuelle Realität).

Annette Kuhn, Professorin für Filmwissenschaft an der School of Languages, Linguistics and Film, Queen Mary, University of London. Langjährige Mitherausgeberin von *Screen*. Jüngste Buchveröffentlichungen: *Family Secrets. Acts of Memory and Imagination* (1995 und 2002); *An Everyday Magic. Cinema and Cultural Memory* (2002) sowie *Locating Memory. Photographic Acts* (Hg. mit Kirsten Emiko McAllister, 2006); *Ratcatcher* (2008). Herausgeberin von *Screen Theorizing Today. A Celebration of Screen's Fiftieth Anniversary* (2009).

Michèle Lagny, *1938, seit 2003 Professorin Emerita der Université de Paris III, Sorbonne Nouvelle. Insbesondere Publikationen zum Verhältnis von Geschichte und Kino darunter jüngst: «Peut-on (et faut-il) mettre de l'ordre dans le temps de l'histoire du cinéma?» in *The Ages of the Cinema. Criteria and Models for the Construction of Historical Periods* (2008); «Histoire du cinéma» in *50 fiches sur les Médias* (2009).

Martin Loiperdinger, *1952, Professor für Medienwissenschaft an der Universität Trier und Mitherausgeber von *KINtop. Jahrbuch zur Erforschung des frühen Films*. Publikationen insbesondere zur Filmpropaganda und zur frühen Kinogeschichte, darunter: *Rituale der Mobilmachung. Der Parteitagsfilm* Triumph des Willens *von Leni Riefenstahl* (1987); *Film & Schokolade. Stollwercks Geschäfte mit lebenden Bildern* (1999). Herausgeber von *Celluloid Goes Digital* (2003); *Travelling Cinema in Europe* (2008); Mitherausgeber der *Geschichte des dokumentarischen Films in Deutschland. Bd. 1: Kaiserreich (1895–1918)* (mit Uli Jung, 2005).

Stephen Lowry, *1952, Professor für Medienwissenschaft an der Hochschule der Medien, Stuttgart. Forschungsschwerpunkte: Deutsche Kultur- und Filmgeschichte, Film im Nationalsozialismus, Filmstars. Mitherausgeber der Zeitschrift *Montage AV*. Veröffentlichungen zur Filmgeschichte und -theorie, zum Beispiel *Pathos und Politik. Ideologie in Spielfilmen des Nationalsozialismus* (1991).

Philippe Meers, *1969, Professor für Kommunikationswissenschaft an der Universiteit Antwerp. Lehre zu Filmgeschichte, Filmtheorie und Weltkino. Mitglied der Visual Culture Research Group; in diesem Zusammenhang Initiator des *'Enlightened' City-Project* zur Geschichte der Filmvorführung und Filmkultur in Flandern und Brüssel (mit Daniel Biltereyst und Marnix Beyen, 2005–2008). Initiator des Folgeprojekts *Antwerpen Kinemastad* (2009–2012).

Sebastian Nestler, MA, *1975, Universitätsassistent am Institut für Medien- und Kommunikationswissenschaft der Alpen-Adria-Universität Klagenfurt. Lehr- und Forschungsschwerpunkte: *Cultural Studies*, Kritische Medienpädagogik, visuelle Kultur/Film und Kommunikationskultur. Veröffentlichungen u.a.: *Die Dezentrierung des Weste(r)ns. Zum Begriff fragmentierter Identitäten in Jim Jarmuschs* Dead Man (2006); V for Vendetta – *Utopie im Film* (mit Rainer Winter, 2008).

Leonardo Quaresima, *1947, Professor für Film, Fotografie und Fernsehen und Leiter des filmwissenschaftlichen Seminars der Università di Udine. Herausgeber von *Bianco e Nero* (Rom) und Mitherausgeber der internationalen Zeitschrift *Cinéma & Cie*. Zahlreiche Veröffentlichungen zur Film- und Medienwissenschaft in Italien, Deutschland, Frankreich, Spanien. Buchveröffentlichungen u.a.: *Leni Riefenstahl* (1985); *Walter Ruttmann. Cinema, pittura, ars acustica* (Hg., 1994); *Il cinema e le altre arti* (Hg., 1996). Herausgeber der revidierten amerikanischen Edition von Siegfried Kracauers *From Caligari to Hitler* (2004) und der ersten italienischen Übersetzung von Béla Balázs' *Der sichtbare Mensch* (2008).

Irmbert Schenk, *1941, Professor Emeritus für Medienwissenschaft der Universität Bremen. Forschungsschwerpunkte: deutsche und europäische Filmgeschichte. Letzte Publikationen als Autor oder Herausgeber: *Experiment Mainstream? Uniformierung und Differenz im populären Kino* (Hg.,

2006); *Kino und Modernisierung – Von der Avantgarde zum Videoclip* (2008); *Das goldene Zeitalter des italienischen Films. Die 1960er Jahre* (Hg., 2008).

Jörg Schweinitz, *1953, Professor für Filmwissenschaft an der Universität Zürich und seit 2008 Leiter des Seminars für Filmwissenschaft. Mitherausgeber der Zeitschrift *Montage AV*. Buchveröffentlichungen: *Prolog vor dem Film* (1992); Hugo Münsterberg: *Das Lichtspiel* (Hg., 1995), *Film und Stereotyp. Eine Herausforderung für das Kino und die Filmtheorie. Zur Geschichte eines Mediendiskurses* (2006, engl. 2011).

Pierre Sorlin, *1933, Professor Emeritus der Université Paris III, Sorbonne Nouvelle, Forscher am Istituto Parri-Emilia Romagna in Bologna. Hauptveröffentlichungen: *Sociologie du cinéma* (1977); *The Film in History. Restaging the Past* (1980); *European Cinemas, European Societies* (1991); *Esthétiques de l'audiovisuel* (1992); *Mass Media* (1994); *Italian National Cinema* (1996); *Les Fils de Nadar, Le Siècle de l'image analogique* (1997); *L'immagine e l'evento* (1999); *Dream Telling* (2003); *Gli Italiani al cinema* (2009).

Janet Staiger, *1946, William P. Hobby Centennial Professor für Kommunikation an der University of Texas at Austin. Lehre in den Fächern Radio, TV, Film sowie Frauen- und Geschlechterforschung. Autorin und Herausgeberin von zehn Büchern und über fünfzig Essays. Buchpublikationen u.a.: *The Classical Hollywood Cinema* (mit David Bordwell und Kristin Thompson, 1985); *Interpreting Films* (1992); *Perverse Spectators* (2000); *Blockbuster TV* (2000); *Media Reception Studies* (2005).

Melvyn Stokes, *1947, Senior Lecturer am University College London. Lehre in amerikanischer Geschichte und Filmgeschichte. (Mit-)Herausgeber von zwölf Büchern, darunter vier über Hollywoods Kinopublikum für das British Film Institute. Als Autor u.a.: *D.W. Griffith's THE BIRTH OF A NATION. A History of 'The Most Controversial Film of All Time'* (2007). Der *BFI Film Classic* zu GILDA erscheint 2010.

Anna Lisa Tota, *1965, Professorin der Soziologie der Kultur und Kommunikation an der Università Roma Tre. Gastprofessuren an der Università Svizzera Italiana, Lugano, und an der Universität St. Gallen. Vorsitzende des Research Network Sociology of Culture der European Sociological Association. Veröffentlichungen: Artikel, Essays und Bücher in Italienisch, Englisch, Spanisch und Portugiesisch über Kunst, Museen, öffentliches Gedächtnis, kulturelles Trauma sowie über Terrorismus, Geschlecht und Medien.

Margrit Tröhler, *1961, Professorin für Filmwissenschaft an der Universität Zürich seit 2003. Publikationen u.a. *Le produit anthropomorphe ou les figurations du corps humain dans le film publicitaire français* (1997) und *Offene Welten ohne Helden. Plurale Figurenkonstellationen im Film* (2007). Mitherausgeberin von *Iris. Revue de théorie de l'image et du son* (Paris/Iowa) von 1992–2002; *Home Stories. Neue Studien zu Film und Kino in der Schweiz* (2001); *Kinogefühle. Emotionalität und Film* (2005; 2009). Zahlreiche Aufsätze zur Figurentheorie, zum Grenzbereich zwischen Fiktion und Nichtfiktion, zu Körper und Gender wie zur Geschichte der Filmtheorie

Lies Van de Vijver, MA, *1980. Forscht am Centre for Cinema and Media Studies der Universiteit Gent. Nach Mitarbeit am *'Enlightened' City-Project* nun Einbindung ins Folgeprojekt *Gent Kinemastad* (2009–2011, Initiant: Daniel Biltereyst).

Johannes von Moltke, *1966, Professor am Deutschen Seminar und im Department for Screen Arts & Cultures der University of Michigan. Umfangreiche Arbeiten zur Frage der Emotion im deutschen Kino. Mitherausgeber von *The Germanic Review* und der Buchreihe «Screen Cultures. German Film and the Visual». Autor von *No Place Like Home. Locations of Heimat in German Cinema* (2005) sowie von zahlreichen Artikeln zur deutschen Filmgeschichte und -theorie. Gegenwärtig Vorbereitung einer Publikationsreihe zum Werk von Siegfried Kracauer.

Rainer Winter, *1960, Professor für Medien- und Kulturtheorie an der Alpen-Adria-Universität Klagenfurt. Herausgeber von *Widerspenstige Kulturen. Cultural Studies als Herausforderung* (mit Karl H. Hörning, 1999) und *Ethnographie, Kino und Interpretation. Die performative Wende der Sozialwissenschaften. Der Norman K. Denzin Reader* (mit Elisabeth Niederer, 2008). Autor von *Der produktive Zuschauer. Medienaneignung als kultureller und ästhetischer Prozess* (überarbeitete und erweiterte zweite Auflage 2009).

Yvonne Zimmermann, Dr., *1969, Oberassistentin am Seminar für Filmwissenschaft der Universität Zürich. Autorin von *Bergführer Lorenz. Karriere eines missglückten Films* (2005) und Hauptautorin sowie Herausgeberin von *Schaufenster Schweiz. Dokumentarische Gebrauchsfilme im Kontext 1896–1964* (erscheint 2011). Vielfache Publikationen zum Industrie- und Auftragsfilm. Edition der DVD-Serie *Zeitreisen in die Vergangenheit der Schweiz. Auftragsfilme 1939–1959* (2007).

Bildnachweis

Soweit nicht anders vermerkt, sind die Illustrationen Screenshots von den DVDs der entsprechenden Filme oder es handelt sich um freigegebenes Pressematerial.

Wolfgang Fuhrmann: Abb. 1: Jahrbuch Deutsche Schule São Paulo 1936, S. 89; Abb. 2: Diario Dr. Gustav Adolf Hoch 1924–1926, Acervo Colégio Visconde de Porto Seguro; Abb. 3: Hans Traub (Hg.), *Die Ufa. Ein Beitrag zur Entwicklungsgeschichte des deutschen Filmschaffens,* Berlin: Ufa-Buchverlag 1943, S. 258; Abb. 4: *Deutsche Zeitung,* 6.11.1936, S. 6.
Gianni Haver: Fig. 1: *Jahrbuch der Schweizer Filmindustrie,* Geneva: Film-Press Service 1943; Fig. 2: *Jahrbuch der Schweizer Filmindustrie,* Geneva: Film-Press Service 1942.
Frank Kessler: Fig. 1: The Cinema Museum London; Fig. 2: Mit Dank an Lobster Films und Lina Zigelyte.
Annette Kuhn: Abb. 1-3: Photographs reproduced with the kind permission of The Royal Pavilion & Museums, Brighton & Hove.
Martin Loiperdinger: Abb. 1 & 2: Det Danske Filminstitut, Kopenhagen; Abb. 3: *Breslauer General-Anzeiger,* 347, 20.12.1910; 348, 21.12.1910; 350, 23.12.1910.
Stephen Lowry: Fig. 7 & 8: *Filmwelt,* 37/38, 17.9.1941; Fig. 9: *Koralle,* 9/47, 23.11.1941; Fig. 10: *Koralle,* 9/28, 13.7.1941; Fig. 11: *Koralle,* 9/29, 20.7.1941; Fig. 12: *Koralle,* 9/28, 13.7.1941; Fig. 13: *Berliner Illustrirte Zeitung,* 48/17, 27.4.1939, p. 693; Fig. 14: *Berliner Illustrirte Zeitung,* 48/8, 23.2.1939, p. 289.
Philippe Meers, Daniel Biltereyst, Lies Van de Vijver: Fig. 1: State Archives Belgium; Fig. 2: Roger De Smul; Fig. 3: Royal Belgian Film Archiv.
Pierre Sorlin: Fig. 1: *Vu,* 23.9.1936; Fig. 2: *Life,* 12.7.1936.
Yvonne Zimmermann: Fig. 1: *Fip-Fop Zeitung* 3,2, February 1940, p. 1; Fig. 2: Archives Historiques de Nestlé, NPCK F3/21; Fig. 3: Archives Historiques de Nestlé, NPCK F3/6; Fig. 4: Archives Historiques de Nestlé, NPCK F3/22, Photomontage Lau; Fig. 5: Archives Historique de Nestlé, NPCK F3/23h; Fig. 6a/b: Archives Historiques de Nestlé, NPCK F3/6; Fig. 7: Archives Historiques de Nestlé, NPCK F3/22; Fig. 8: *Fip-Fop Zeitung* 11,7/8, July/August 1948, p. 3; Fig. 9: Archives Historiques de Nestlé, NPCK F3/9.

Zürcher Filmstudien ISSN 1867-3708

Hediger/Sahli/Schneider/
Tröhler (Hrsg.)
Home Stories
360 S., Klappbr., zahlr. Abb.
€ 24,80/SFr 41,60 UVP
ISBN 978-3-89472-504-4
(vergriffen)

Vinzenz Hediger
**Verführung zum Film:
Der amerikanische
Kinotrailer seit 1912**
304 S., Klappbr., viele Abb.,
mit CD
€ 24,80/SFr 42,70 UVP
ISBN 3-89472-505-2
(vergriffen)

Barbara Flückiger
Sound Design
Die virtuelle Klangwelt
des Films 3. Auflage
520 S., Pb., viele,
zum Teil farbige Abb.
€ 34,00/SFR 53,90 UVP
ISBN 978-3-89472-506-8

Thomas Christen
Das Ende im Spielfilm
Vom klassischen Hollywood
zu Antonionis offenen
Formen
224 S., Klappbr., zahlr.,
z.T. farb. Abb.
€ 24,80/SFr 41,60 UVP
ISBN 978-3-89472-507-5

Henry McKean Taylor
Rolle des Lebens.
Die Filmbiographie als
narratives System
412 S., einige Abb.
€ 24,80/SFr 41,60 UVP
ISBN 978-3-89472-508-2

Alexandra Schneider
Die Stars sind wir
Heimkino als filmische
Praxis
280 S., Klappbr., einige Abb.
€ 24,90/SFr 41,70 UVP
ISBN 978-3-89472-509-9

Hediger/Vonderau (Hrsg.)
Demnächst in ihrem Kino
Grundlagen der Filmwer-
bung und Filmvermarktung
2. Auflage
432 S., Pb., zahlr. Abb.
€ 24,90 SFr 41,70 UVP
ISBN 978-3-89472-389-7

Yvonne Zimmermann
Bergführer Lorenz
Karriere eines
missglückten Films
336 S., Klappbr., zahlr. Abb.
€ 24,90/SFr 41,70
ISBN 978-3-89472-511-2

Zürcher Filmstudien ISSN 1867-3708

Brütsch/Hediger/Schneider Tröhler/v. Keitz (Hrsg.)
Kinogefühle: Emotionalität und Film
2. Auflage
464 S., Pb., zahlr. Abb.
€ 24,90/SFr 41,70 UVP
ISBN 978-3-89472-512-9

Ursula v. Keitz
Im Schatten des Gesetzes
Schwangerschaftskonflikt und Reproduktion im deutschen Film 1918-1933
416 S., Klappbr., zahlr. Abb.
€ 24,90/SFr 41,70 UVP
ISBN 978-3-89472-513-6

Jan Sahli
Filmische Sinneserweiterung:
László Moholy-Nagys Filmwerk und Theorie
208 S., Klappbr., zahlr. Abb.
€ 24,90/SFr 41,70 UVP
ISBN 978-3-89472-514-3

Margrit Tröhler
Offene Welten ohne Helden
Plurale Figurenkonstellationen im Film
576 S., Klappbr., einige Abb.,
€ 24,90/SFr 41,70 UVP
ISBN 978-3-89472-515-0

Simon Spiegel
Die Konstitution des Wunderbaren
Zu einer Poetik des Science-Fiction- Films
396 S, Klappbr., zahlr., z.T. farb. Abb.
€ 24,90/SFr 41,70 UVP
ISBN 978-3-89472-516-7

Matthias Brütsch
Traumbühne Kino
Der Traum als filmtheoretische Metapher und narratives Motiv
368 S., Klappbr., zahlr. Abb.
€ 24,90/SFr 41,90 UVP
ISBN 978-3-89472-517-4

Barbara Flückiger
Visual Effects
Filmbilder aus dem Computer
528 S., Klappbr., zahlr. farbige Abb.
€ 38,- CHF 59,90 UVP
ISBN 978-3-89472-518-1

Philipp Brunner
Konventionen eines Sternmoments.
Die Liebeserklärung im Spielfilm
288 S., Klappbr., zahlr. Abb.
€ 24,90/SFr 41,90 UVP
ISBN 978-3-89473-519-8

Zürcher Filmstudien ISSN 1867-3708

Kathleen Bühler
Autobiografie als Performance.
Carolee Schneemanns Experimentalfilme
272 S., Klappbr.
zahlr. tw. farb. Abb.
€ 24,90/SFr 41,90 UVP
978-3-89472-520-4

Christian Jungen
Hollywood in Cannes:
Die Geschichte einer Hassliebe, 1939-2008
368 S., Klappbr.
€ 29,90/SFr 47,90 UVP
ISBN 978-3-89472-521-0

Britta Hartmann
Aller Anfang
Zur Initialphase des Spielfilms
414 S., Klappbr.
€29,90/SFr 47,90 UVP
ISBN 978-3-89472-522-8

Matthias Christen
Der Zirkusfilm
Exotismus – Konformität – Transgression
384 S., zahlr., tw. farb. Abb.
€ 24,90/SFr 42,80 UVP
ISBN 978-3-89472-523-5

Blanchet/Köhler/Smid Zutavern (Hrsg.)
Serielle Formen:
Von den frühen Film-Serials zu aktuellen Quality-TV- und Onlineserien
320 S., Pb., zahlr. Abb.
€ 29,90/SFr 47,90 UVP
ISBN 978-3-89472-525-9